IIILegalteca IIIARANZADI LA LEY

Activa tu IIILegalteca

Código de activación *: A4BKI3CN

Accede a la versión electrónica de este libro en la Biblioteca Digital IIILegalteca siguiendo estas instrucciones:

1. Escanea este código QR
   o abre tu navegador de internet y accede a
   https://www.aranzadilaley.es/activatulegalteca

2. Inserta el **Código de activación** que aparece al inicio de esta página y pulsa **Validar código.**

AF744423

3. Una vez validado el código aparecerá una nueva pantalla, en la que debes identificarte con tu usuario y contraseña o definirla si no eres usuario, a continuación, pulsa **Activar.**

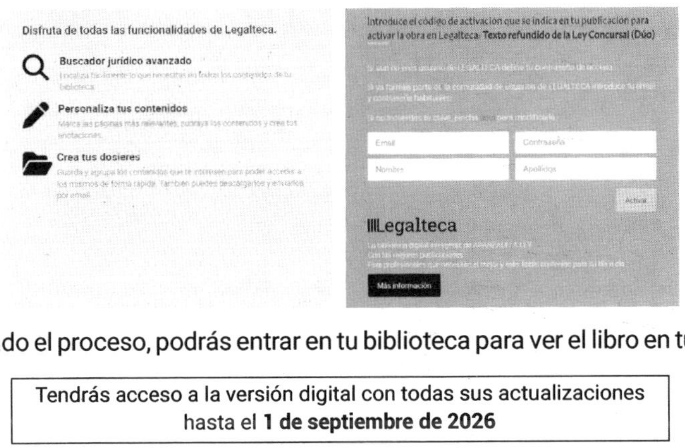

Completado el proceso, podrás entrar en tu biblioteca para ver el libro en tu estantería.

Tendrás acceso a la versión digital con todas sus actualizaciones hasta el **1 de septiembre de 2026**

* Este código podrá ser utilizado para una descarga, dejará de estar operativo a partir del momento en el que exista una edición posterior o descatalogación. Te recomendamos que procedas a la descarga de la obra en **IIILegalteca** lo antes posible.

CÓDIGOS
2025

Código de Extranjería

ARANZADI LA LEY

ARANZADI LA LEY, S.A.U.
C/ Collado Mediano, 9
28231 Las Rozas (Madrid)
www.aranzadilaley.es
Atención al cliente: https://areacliente.aranzadilaley.es/

Primera edición: 2025, cerrada a 7 marzo.

Depósito Legal: M-6568-2025
ISBN versión impresa con complemento electrónico: 978-84-1309-635-3

Diseño, Preimpresión e Impresión: ARANZADI LA LEY, S.A.U.
Printed in Spain

NORMATIVA INCLUIDA A TEXTO COMPLETO EN VERSIÓN DIGITAL

Normativa internacional

- Convención sobre el Estatuto de los Refugiados, hecha en Ginebra el 28 de julio de 1951 y Protocolo sobre el Estatuto de los Refugiados, hecho en Nueva York el 31 de enero de 1967. Instrumento de Adhesión de España
- Convención sobre el Estatuto de los Apátridas, hecha en Nueva York el 28 de septiembre de 1954. Instrumento de Adhesión de España

Normativa europea

- Reglamento (UE) 2016/399, de 9 de marzo, por el que se establece el Código de fronteras Schengen
- Directiva 2004/38/CE de 29 de abril, relativa al derecho de los ciudadanos de la Unión y de los miembros de sus familias a circular y residir libremente en el territorio de los Estados miembros

Normativa estatal

- Ley Orgánica de derechos y libertades de los extranjeros en España y su integración social
- Reglamento de la Ley Orgánica de derechos y libertades de los extranjeros en España y su integración social
- Real Decreto 1155/2024, de 19 de noviembre, por el que se aprueba el Reglamento de la Ley Orgánica 4/2000, de 11 de enero, sobre derechos y libertades de los extranjeros en España y su integración social
- Ley 12/2009, de 30 de octubre, reguladora del derecho de asilo y de la protección subsidiaria
- Reglamento de aplicación de la Ley reguladora del derecho de asilo y de la condición de refugiado
- Reglamento de reconocimiento del estatuto de apátrida, aprobado por Real Decreto 865/2001, de 20 de julio
- Reglamento sobre régimen de protección temporal en caso de afluencia masiva de personas desplazadas, aprobado por Real Decreto 1325/2003, de 24 de octubre
- Real Decreto 1946/2000, de 1 de diciembre, por el que se regula la composición y el funcionamiento de la Comisión Interministerial de Extranjería
- Real Decreto 240/2007, de 16 de febrero, sobre entrada, libre circulación y residencia en España de ciudadanos de los Estados miembros de la Unión Europea y de otros Estados parte en el Acuerdo sobre el Espacio Económico Europeo
- Real Decreto 1262/2007, de 21 de septiembre, por el que se regula la composición, competencias y régimen de funcionamiento del Consejo para la Promoción de la Igualdad de Trato y no Discriminación de las Personas por el Origen Racial o Étnico

- Real Decreto 116/2013, de 15 de febrero, por el que se regula la expedición del pasaporte provisional y del salvoconducto
- Real Decreto 1154/2024, de 19 de noviembre, por el que se regula la expedición del pasaporte provisional y del salvoconducto.
- Real Decreto 162/2014, de 14 de marzo, por el que se aprueba el reglamento de funcionamiento y régimen interior de los centros de internamiento de extranjeros
- Real Decreto 220/2022, de 29 de marzo, por el que se aprueba el Reglamento por el que se regula el sistema de acogida en materia de protección internacional.
- Orden PRE/1283/2007, de 10 de mayo, por la que se establecen los términos y requisitos para la expedición de la carta de invitación de particulares a favor de extranjeros que pretendan acceder al territorio nacional por motivos de carácter turístico o privado
- Orden PRE/1803/2011, de 30 de junio, por la que se establece el importe de las tasas por tramitación de autorizaciones administrativas, solicitudes de visados en frontera y documentos de identidad en materia de inmigración y extranjería
- Orden INT/3321/2011, de 21 de noviembre, sobre expedición de título de viaje a extranjeros
- Orden PRE/1490/2012, de 9 de julio, por la que se dictan normas para la aplicación del artículo 7 del Real Decreto 240/2007, de 16 de febrero, sobre entrada, libre circulación y residencia en España de ciudadanos de los Estados miembros de la Unión Europea y de otros Estados parte en el Acuerdo sobre el Espacio Económico Europeo

Código de Extranjería

SUMARIO

Legislación sobre ciudadanos extranjeros

Asilados, refugiados, desplazados y apátridas

Ciudadanos de Estados miembros de la UE

LEGISLACIÓN SOBRE CIUDADANOS EXTRANJEROS

Nueva generación de
BASES DE DATOS con [IA]
La unión perfecta de experiencia y tecnología

§ 1. Ley Orgánica 4/2000, de 11 de enero, sobre derechos y libertades de los extranjeros en España y su integración social

(*BOE* de 12 de Enero de 2000; c. e. *BOE* de 24 de Enero de 2000)

ÍNDICE SISTEMÁTICO

§ 1. Ley Orgánica 4/2000, de 11 de enero, sobre derechos y libertades de los extranjeros en España y su integración social

(*BOE* de 12 de Enero de 2000; c. e. *BOE* de 24 de Enero de 2000)

L.O. 4/2000, 11 enero, rectificada por Corrección de errores («B.O.E.» 24 enero).

Téngase en cuenta que todas las referencias al término "permiso" incluidas en la presente Ley, han sido sustituidas por el de "autorización", conforme establece la disposición adicional única de la Ley Orgánica 14/2003, de 20 de noviembre, de Reforma de la Ley Orgánica 4/2000, de 11 de enero, sobre derechos y libertades de los extranjeros en España y su integración social, modificada por la Ley Orgánica 8/2000, de 22 de diciembre; de la Ley 7/1985, de 2 de abril, Reguladora de las Bases del Régimen Local; de la Ley 30/1992, de 26 de noviembre, de Régimen Jurídico de las Administraciones Públicas y del Procedimiento Administrativo Común, y de la Ley 3/1991, de 10 de enero, de Competencia Desleal («B.O.E.» 21 de noviembre).

JUAN CARLOS I REY DE ESPAÑA

A todos los que la presente vieren y entendieren.

Sabed: Que las Cortes Generales han aprobado y Yo vengo en sancionar la siguiente Ley Orgánica.

TÍTULO PRELIMINAR
DISPOSICIONES GENERALES

Artículo 1. *Delimitación del ámbito.* 1. Se consideran extranjeros, a los efectos de la aplicación de la presente Ley, a los que carezcan de la nacionalidad española.

2. Lo dispuesto en esta Ley se entenderá, en todo caso, sin perjuicio de lo establecido en leyes especiales y en los Tratados internacionales en los que España sea parte.

Véase la Sección 2.ª del Título V de la Ley 14/2013, de 27 de septiembre, de apoyo a los emprendedores y su internacionalización («B.O.E.» 28 septiembre), sobre movilidad internacional.

3. Los nacionales de los Estados miembros de la Unión Europea y aquellos a quienes sea de aplicación el régimen comunitario se regirán por las normas que lo regulan, siéndoles de aplicación la presente Ley en aquellos aspectos que pudieran ser más favorables.

Número 3 del artículo 1 redactado por el apartado uno del artículo único de la L.O. 2/2009, de 11 de diciembre, de reforma de la L.O. 4/2000, de 11 de enero, sobre derechos y libertades de los extranjeros en España y su integración social («B.O.E.» 12 diciembre).
Vigencia: 13 diciembre 2009

Artículo 1 redactado por el apartado 1 del artículo 1 de la L.O. 8/2000, 22 diciembre, de reforma de la L.O. 4/2000, de 11 de enero, sobre derechos y libertades de los extranjeros en España y su integración social («B.O.E.» 23 diciembre; corrección de errores «B.O.E.» 23 febrero 2001).
Vigencia: 23 enero 2001

Véanse, sobre nacionalidad:

- Artículo 11 de la Constitución Española.

- Artículos 17 y siguientes del Código Civil.

Artículo 2. *Exclusión del ámbito de la ley.* Quedan excluidos del ámbito de aplicación de esta ley:

a) Los agentes diplomáticos y los funcionarios consulares acreditados en España, así como los demás miembros de las misiones diplomáticas permanentes o especiales y de las oficinas consulares y sus familiares que, en virtud de las normas del Derecho internacional, estén exentos de las obligaciones relativas a su inscripción como extranjeros y a la obtención de la autorización de residencia.

Las referencias al término "autorización" han sido introducidas conforme establece la disposición adicional única de la Ley Orgánica 14/2003, de 20 de noviembre, en sustitución del anterior término "permiso".

Vigencia: 21 diciembre 2003

b) Los representantes, delegados y demás miembros de las Misiones permanentes o de las Delegaciones ante los Organismos intergubernamentales con sede en España o en Conferencias internacionales que se celebren en España, así como sus familiares.

Letra b) del artículo 2 redactada por el apartado dos del artículo único de la L.O. 2/2009, de 11 de diciembre, de reforma de la L.O. 4/2000, de 11 de enero, sobre derechos y libertades de los extranjeros en España y su integración social («B.O.E.» 12 diciembre).

Vigencia: 13 diciembre 2009

c) Los funcionarios destinados en Organizaciones internacionales o intergubernamentales con sede en España, así como sus familiares, a quienes los Tratados en los que sea parte España eximan de las obligaciones mencionadas en el párrafo a) de este artículo.

Véanse:

- Convenio de Viena sobre relaciones diplomáticas de 8 de abril de 1961, al que se adhirió España el 21 de noviembre de 1967.

- Convenio de Viena sobre relaciones consulares de 24 de abril de 1963, al que se adhirió España el 3 de febrero de 1970.

- Convención sobre Misiones Especiales aprobada en Nueva York por la Asamblea General de la ONU el 8 de diciembre de 1969.

Artículo 2 bis. *La política inmigratoria.* 1. Corresponde al Gobierno, de conformidad con lo previsto en el artículo 149.1.2.ª de la Constitución, la definición, planificación, regulación y desarrollo de la política de inmigración, sin perjuicio de las competencias que puedan ser asumidas por las Comunidades Autónomas y por las Entidades Locales.

2. Todas las Administraciones Públicas basarán el ejercicio de sus competencias vinculadas con la inmigración en el respeto a los siguientes principios:

a) la coordinación con las políticas definidas por la Unión Europea;

b) la ordenación de los flujos migratorios laborales, de acuerdo con las necesidades de la situación nacional del empleo;

c) la integración social de los inmigrantes mediante políticas transversales dirigidas a toda la ciudadanía;

d) la igualdad efectiva entre mujeres y hombres;

e) la efectividad del principio de no discriminación y, consecuentemente, el reconocimiento de iguales derechos y obligaciones para todos aquellos que vivan o trabajen legalmente en España, en los términos previstos en la Ley;

f) la garantía del ejercicio de los derechos que la Constitución, los tratados internacionales y las leyes reconocen a todas las personas;

g) la lucha contra la inmigración irregular y la persecución del tráfico ilícito de personas;

h) la persecución de la trata de seres humanos;

i) la igualdad de trato en las condiciones laborales y de Seguridad Social;

j) la promoción del diálogo y la colaboración con los países de origen y tránsito de inmigración, mediante acuerdos marco dirigidos a ordenar de manera efectiva los flujos migratorios, así como a fomentar y coordinar las iniciativas de cooperación al desarrollo y codesarrollo.

3. El Estado garantizará el principio de solidaridad, consagrado en la Constitución, atendiendo a las especiales circunstancias de aquellos territorios en los que los flujos migratorios tengan una especial incidencia.

Artículo 2 bis introducido por el apartado tres del artículo único de la L.O. 2/2009, de 11 de diciembre, de reforma de la L.O. 4/2000, de 11 de enero, sobre derechos y libertades de los extranjeros en España y su integración social («B.O.E.» 12 diciembre).

Vigencia: 13 diciembre 2009

Artículo 2 ter. *Integración de los inmigrantes.* 1. Los poderes públicos promoverán la plena integración de los extranjeros en la sociedad española, en un marco de convivencia de identidades y culturas diversas sin más límite que el respeto a la Constitución y la ley.

2. Las Administraciones Públicas incorporarán el objetivo de la integración entre inmigrantes y sociedad receptora, con carácter transversal a todas las políticas y servicios públicos, promoviendo la participación económica, social, cultural y política de las personas inmigrantes, en los términos previstos en la Constitución, en los Estatutos de Autonomía y en las demás leyes, en condiciones de igualdad de trato.

Especialmente, procurarán, mediante acciones formativas, el conocimiento y respeto de los valores constitucionales y estatutarios de España, de los valores de la Unión Europea, así como de los derechos humanos, las libertades públicas, la democracia, la tolerancia y la igualdad entre mujeres y hombres, y desarrollarán medidas específicas para favorecer la incorporación al sistema educativo, garantizando en todo caso la escolarización en la edad obligatoria, el aprendizaje del conjunto de lenguas oficiales, y el acceso al empleo como factores esenciales de integración.

3. La Administración General del Estado cooperará con las Comunidades Autónomas, las Ciudades de Ceuta y Melilla y los Ayuntamientos para la consecución de las finalidades descritas en el presente artículo, en el marco de un plan estratégico plurianual que incluirá entre sus objetivos atender a la integración de los menores extranjeros no acompañados. En todo caso, la Administración General del Estado, las Comunidades Autónomas y los Ayuntamientos colaborarán y coordinarán sus acciones en este ámbito tomando como referencia sus respectivos planes de integración.

4. De conformidad con los criterios y prioridades del Plan Estratégico de Inmigración, el Gobierno y las Comunidades autónomas acordarán en la Conferencia Sectorial de Inmigración programas de acción bienales para reforzar la integración social de los inmigrantes. Tales programas serán financiados con cargo a un fondo estatal para la integración de los inmigrantes, que se dotará anualmente, y que podrá incluir fórmulas de cofinanciación por parte de las Administraciones receptoras de las partidas del fondo.

Queda sin efecto lo previsto en el número 4 del artículo 2 ter para el ejercicio 2013, conforme establece la disposición adicional octogésima sexta de la Ley 17/2012, de 27 de diciembre, de Presupuestos Generales del Estado para el año 2013 («B.O.E.» 28 diciembre).

Queda sin efecto lo previsto en el número 4 del artículo 2 ter para el ejercicio 2014, conforme establece la disposición adicional octogésima segunda de la Ley 22/2013, de 23 de diciembre, de Presupuestos Generales del Estado para el año 2014 («B.O.E.» 26 diciembre).

Queda sin efecto lo previsto en el número 4 del artículo 2 ter para el ejercicio 2017, conforme establece la disposición adicional centésima cuarta de la Ley 3/2017, de 27 de junio, de Presupuestos Generales del Estado para el año 2017 («B.O.E.» 28 junio).

Queda sin efecto para el ejercicio 2018 lo previsto en el presente artículo 2 ter 4 conforme establece la disposición adicional centésima quinta de la Ley 6/2018, de 3 de julio, de Presupuestos Generales del Estado para el año 2018 («B.O.E.» 4 julio).

Queda sin efecto lo previsto en el número 4 del artículo 2 ter para el ejercicio 2015, conforme establece la disposición adicional septuagésima segunda de la Ley 36/2014, de 26 de diciembre, de Presupuestos Generales del Estado para el año 2015 («B.O.E.» 30 diciembre).

Queda sin efecto lo previsto en el número 4 del artículo 2 ter para el ejercicio 2016, conforme establece la disposición adicional septuagésima quinta de Ley 48/2015, de 29 de octubre, de Presupuestos Generales del Estado para el año 2016 («B.O.E.» 30 octubre).

Artículo 2 ter introducido por el apartado cuatro del artículo único de la L.O. 2/2009, de 11 de diciembre, de reforma de la L.O. 4/2000, de 11 de enero, sobre derechos y libertades de los extranjeros en España y su integración social («B.O.E.» 12 diciembre).
Vigencia: 13 diciembre 2009

TÍTULO I
DERECHOS Y LIBERTADES DE LOS EXTRANJEROS

CAPÍTULO I
DERECHOS Y LIBERTADES DE LOS EXTRANJEROS

Artículo 3. *Derechos de los extranjeros e interpretación de las normas.* 1. Los extranjeros gozarán en España de los derechos y libertades reconocidos en el Título I de la Constitución en los términos establecidos en los Tratados internacionales, en esta Ley y en las que regulen el ejercicio de cada uno de ellos. Como criterio interpretativo general, se entenderá que los extranjeros ejercitan los derechos que les reconoce esta Ley en condiciones de igualdad con los españoles.

2. Las normas relativas a los derechos fundamentales de los extranjeros serán interpretadas de conformidad con la Declaración Universal de Derechos Humanos y con los tratados y acuerdos internacionales sobre las mismas materias vigentes en España, sin que pueda alegarse la profesión de creencias religiosas o convicciones ideológicas o culturales de signo diverso para justificar la realización de actos o conductas contrarios a las mismas.

Número 2 del artículo 3 redactado por el apartado cinco del artículo único de la L.O. 2/2009, de 11 de diciembre, de reforma de la L.O. 4/2000, de 11 de enero, sobre derechos y libertades de los extranjeros en España y su integración social («B.O.E.» 12 diciembre).
Vigencia: 13 diciembre 2009

Rúbrica y número 1 del artículo 3 modificados por el apartado 2 del artículo primero de la L.O. 8/2000, de 22 de diciembre, de reforma de la L.O. 4/2000, de 11 de enero, sobre derechos y libertades de los extranjeros en España y su integración social («B.O.E.» 23 diciembre).
Vigencia: 23 enero 2001

Véanse:

- Artículo 10 de la Constitución Española.

- artículo 27 del Código Civil.

- Artículos 2 y 13 a 15 de la Declaración Universal de los Derechos Humanos proclamada por la Asamblea General de la ONU el 10 de diciembre de 1948.

Artículo 4. *Derecho a la documentación.* 1. Los extranjeros que se encuentren en territorio español tienen el derecho y el deber de conservar la documentación que acredite su identidad, expedida por las autoridades competentes del país de origen o de procedencia, así como la que acredite su situación en España.

2. Todos los extranjeros a los que se haya expedido un visado o una autorización para permanecer en España por un período superior a seis meses, obtendrán la tarjeta de identidad de extranjero, que deberán solicitar personalmente en el plazo de un mes desde su entrada en España o desde que se conceda la autorización, respectivamente. Estarán exceptuados de dicha obligación los titulares de un visado de residencia y trabajo de temporada.

Reglamentariamente se desarrollarán los supuestos en que se podrá obtener dicha tarjeta de identidad cuando se haya concedido una autorización para permanecer en España por un periodo no superior a seis meses.

3. Los extranjeros no podrán ser privados de su documentación, salvo en los supuestos y con los requisitos previstos en esta Ley Orgánica y en la Ley Orgánica 1/1992, de 21 de febrero, sobre Protección de la Seguridad Ciudadana.

Artículo 4 redactado por el apartado seis del artículo único de la L.O. 2/2009, de 11 de diciembre, de reforma de la L.O. 4/2000, de 11 de enero, sobre derechos y libertades de los extranjeros en España y su integración social («B.O.E.» 12 diciembre).

Vigencia: 13 diciembre 2009

Véanse artículos 205 y 206 del Reglamento de la L.O. 4/2000, sobre derechos y libertades de los extranjeros en España y su integración social, tras su reforma por L.O. 2/2009, aprobado por R.D. 557/2011, de 20 de abril («B.O.E.» 30 abril).

Artículo 5. *Derecho a la libertad de circulación.* 1. Los extranjeros que se hallen en España de acuerdo con lo establecido en el Título II de esta Ley, tendrán derecho a circular libremente por el territorio español y a elegir su residencia sin más limitaciones que las establecidas con carácter general por los tratados y las leyes, o las acordadas por la autoridad judicial, con carácter cautelar o en un proceso penal o de extradición en el que el extranjero tenga la condición de imputado, víctima o testigo, o como consecuencia de sentencia firme.

2. No obstante, podrán establecerse medidas limitativas específicas cuando se acuerden en la declaración de estado de excepción o de sitio, en los términos previstos en la Constitución, y, excepcionalmente por razones de seguridad pública, de forma individualizada, motivada y en proporción a las circunstancias que concurran en cada caso, por resolución del Ministro del Interior, adoptada de acuerdo con las garantías jurídicas del procedimiento sancionador previsto en la Ley. Las medidas limitativas, cuya duración no excederá del tiempo imprescindible y proporcional a la persistencia de las circunstancias que justificaron la adopción de las mismas, podrán consistir en la presentación periódica ante las autoridades competentes y en el alejamiento de fronteras o núcleos de población concretados singularmente.

Artículo 5 redactado por el apartado siete del artículo único de la L.O. 2/2009, de 11 de diciembre, de reforma de la L.O. 4/2000, de 11 de enero, sobre derechos y libertades de los extranjeros en España y su integración social («B.O.E.» 12 diciembre).

Vigencia: 13 diciembre 2009

Véanse artículos 10 y 19 de la Constitución Española.

Artículo 6. *Participación pública.* 1. Los extranjeros residentes en España podrán ser titulares del derecho de sufragio, en las elecciones municipales, en los términos establecidos en la Constitución, en los tratados internacionales, en su caso, y en la Ley.

2. Los extranjeros residentes, empadronados en un municipio, tienen todos los derechos establecidos por tal concepto en la legislación de bases de régimen local, pudiendo ser oídos en los asuntos que les afecten de acuerdo con lo que disponga la normativa de aplicación.

3. Los Ayuntamientos incorporarán al padrón a los extranjeros que tengan su domicilio habitual en el municipio y mantendrán actualizada la información relativa a los mismos.

4. Los poderes públicos facilitarán el ejercicio del derecho de sufragio de los extranjeros en los procesos electorales democráticos del país de origen.

Artículo 6 redactado por el apartado ocho del artículo único de la L.O. 2/2009, de 11 de diciembre, de reforma de la L.O. 4/2000, de 11 de enero, sobre derechos y libertades de los extranjeros en España y su integración social («B.O.E.» 12 diciembre).

Vigencia: 13 diciembre 2009

Artículo 7. *Libertades de reunión y manifestación.* 1. Los extranjeros tienen el derecho de reunión en las mismas condiciones que los españoles.

Número 1 del artículo 7 redactado por el apartado nueve del artículo único de la L.O. 2/2009, de 11 de diciembre, de reforma de la L.O. 4/2000, de 11 de enero, sobre derechos y libertades de los extranjeros en España y su integración social («B.O.E.» 12 diciembre).

Vigencia: 13 diciembre 2009

2. Los promotores de reuniones o manifestaciones en lugares de tránsito público darán comunicación previa a la autoridad competente con la antelación prevista en la Ley Orgánica reguladora del Derecho de Reunión, la cual no podrá prohibirla o proponer su modificación sino por las causas previstas en dicha Ley.

Véanse:

- Artículo 20 de la Constitución Española. - Ley Orgánica 9/1983, de 15 de julio, reguladora del derecho de reunión («B.O.E.» 18 julio). - Artículo II del Convenio Europeo para la protección de los derechos humanos y de las libertades fundamentales, aprobado en Roma el 4 de noviembre de 1950 («B.O.E.» 10 octubre 1979).

Artículo 8. *Libertad de asociación.* Todos los extranjeros tienen el derecho de asociación en las mismas condiciones que los españoles.

Artículo 8 redactado por el apartado diez del artículo único de la L.O. 2/2009, de 11 de diciembre, de reforma de la L.O. 4/2000, de 11 de enero, sobre derechos y libertades de los extranjeros en España y su integración social («B.O.E.» 12 diciembre).

Vigencia: 13 diciembre 2009

Artículo 9. *Derecho a la educación.* 1. Los extranjeros menores de dieciséis años tienen el derecho y el deber a la educación, que incluye el acceso a una enseñanza básica, gratuita y obligatoria. Los extranjeros menores de dieciocho años también tienen derecho a la enseñanza posobligatoria.

Este derecho incluye la obtención de la titulación académica correspondiente y el acceso al sistema público de becas y ayudas en las mismas condiciones que los españoles.

En caso de alcanzar la edad de dieciocho años en el transcurso del curso escolar, conservarán ese derecho hasta su finalización.

2. Los extranjeros mayores de dieciocho años que se hallen en España tienen derecho a la educación de acuerdo con lo establecido en la legislación educativa. En todo caso, los extranjeros residentes mayores de dieciocho años tienen el dere-

cho a acceder a las demás etapas educativas posobligatorias, a la obtención de las titulaciones correspondientes, y al sistema público de becas en las mismas condiciones que los españoles.

3. Los poderes públicos promoverán que los extranjeros puedan recibir enseñanzas para su mejor integración social.

4. Los extranjeros residentes que tengan en España menores a su cargo en edad de escolarización obligatoria, deberán acreditar dicha escolarización, mediante informe emitido por las autoridades autonómicas competentes, en las solicitudes de renovación de su autorización o en su solicitud de residencia de larga duración.

Artículo 9 redactado por el apartado once del artículo único de la L.O. 2/2009, de 11 de diciembre, de reforma de la L.O. 4/2000, de 11 de enero, sobre derechos y libertades de los extranjeros en España y su integración social («B.O.E.» 12 diciembre).
Vigencia: 13 diciembre 2009

Véanse: - Artículo 27 de la Constitución Española. - Ley Orgánica 2/2006, de 3 de mayo, de Educación («B.O.E.» 4 mayo).
- Artículo 67.6 de la Ley Orgánica 2/2006, de 3 de mayo, de Educación («B.O.E.» 4 mayo).

Artículo 10. *Derecho al trabajo y a la Seguridad Social.* 1. Los extranjeros residentes que reúnan los requisitos previstos en esta Ley Orgánica y en las disposiciones que la desarrollen tienen derecho a ejercer una actividad remunerada por cuenta propia o ajena, así como a acceder al sistema de la Seguridad Social, de conformidad con la legislación vigente.

2. Los extranjeros podrán acceder al empleo público en los términos previstos en la Ley 7/2007, de 12 de abril, del Estatuto Básico del Empleado Público.

Artículo 10 redactado por el apartado doce del artículo único de la L.O. 2/2009, de 11 de diciembre, de reforma de la L.O. 4/2000, de 11 de enero, sobre derechos y libertades de los extranjeros en España y su integración social («B.O.E.» 12 diciembre).
Vigencia: 13 diciembre 2009

Artículo 11. *Libertad de sindicación y huelga.* 1. Los extranjeros tienen derecho a sindicarse libremente o a afiliarse a una organización profesional, en las mismas condiciones que los trabajadores españoles.

2. Los extranjeros podrán ejercer el derecho a la huelga en las mismas condiciones que los españoles.

Artículo 11 redactado por el apartado trece del artículo único de la L.O. 2/2009, de 11 de diciembre, de reforma de la L.O. 4/2000, de 11 de enero, sobre derechos y libertades de los extranjeros en España y su integración social («B.O.E.» 12 diciembre).
Vigencia: 13 diciembre 2009

Véanse: - Artículo 28 de la Constitución Española. - Ley Orgánica 11/1985, de 2 de agosto, de libertad sindical («B.O.E.» 8 agosto). - Real Decreto-Ley 17/1977, de 4 de marzo, sobre relaciones de trabajo («B.O.E.» 9 marzo), regulador del derecho de huelga.

Artículo 12. *Derecho a la asistencia sanitaria.* Los extranjeros tienen derecho a la asistencia sanitaria en los términos previstos en la legislación vigente en materia sanitaria.

Artículo 12 redactado por la disposición final tercera del R.D.-ley 16/2012, de 20 de abril, de medidas urgentes para garantizar la sostenibilidad del Sistema Nacional de Salud y mejorar la calidad y seguridad de sus prestaciones («B.O.E.» 24 abril).
Vigencia: 24 abril 2012

Artículo 13. *Derechos en materia de vivienda.* Los extranjeros residentes tienen derecho a acceder a los sistemas públicos de ayudas en materia de vivienda en los términos que establezcan las leyes y las Administraciones competentes. En todo caso, los extranjeros residentes de larga duración tienen derecho a dichas ayudas en las mismas condiciones que los españoles.

Artículo 13 redactado por el apartado quince del artículo único de la L.O. 2/2009, de 11 de diciembre, de reforma de la L.O. 4/2000, de 11 de enero, sobre derechos y libertades de los extranjeros en España y su integración social («B.O.E.» 12 diciembre).
Vigencia: 13 diciembre 2009

Artículo 14. *Derecho a la Seguridad Social y a los servicios sociales.* 1. Los extranjeros residentes tienen derecho a acceder a las prestaciones y servicios de la Seguridad Social en las mismas condiciones que los españoles.

2. Los extranjeros residentes tienen derecho a los servicios y a las prestaciones sociales, tanto a las generales y básicas como a las específicas, en las mismas condiciones que los españoles. En cualquier caso, los extranjeros con discapacidad, menores de dieciocho años, que tengan su domicilio habitual en España, tendrán derecho a recibir el tratamiento, servicios y cuidados especiales que exija su estado físico o psíquico.

3. Los extranjeros, cualquiera que sea su situación administrativa, tienen derecho a los servicios y prestaciones sociales básicas.

Artículo 14 redactado porel apartado dieciséis del artículo único de la L.O. 2/2009, de 11 de diciembre, de reforma de la L.O. 4/2000, de 11 de enero, sobre derechos y libertades de los extranjeros en España y su integración social («B.O.E.» 12 diciembre).
Vigencia: 13 diciembre 2009

Artículo 15. *Sujeción de los extranjeros a los mismos impuestos que los españoles.* 1. Sin perjuicio de lo dispuesto en los acuerdos aplicables sobre doble imposición internacional, los extranjeros estarán sujetos, con carácter general, a los mismos impuestos que los españoles.

Número 1 del artículo 15 redactado por el apartado 11 del artículo 1 de la L.O. 8/2000, 22 diciembre, de reforma de la L.O. 4/2000, de 11 de enero, sobre derechos y libertades de los extranjeros en España y su integración social («B.O.E.» 23 diciembre; corrección de errores «B.O.E.» 23 febrero 2001).
Vigencia: 23 enero 2001

2. Los extranjeros tienen derecho a transferir sus ingresos y ahorros obtenidos en España a su país, o a cualquier otro, conforme a los procedimientos establecidos en la legislación española y de conformidad con los acuerdos internacionales aplicables. El Gobierno adoptará las medidas necesarias para facilitar dichas transferencias.

Número 2 del artículo 15 redactado por el apartado diecisiete del artículo único de la L.O. 2/2009, de 11 de diciembre, de reforma de la L.O. 4/2000, de 11 de enero, sobre derechos y libertades de los extranjeros en España y su integración social («B.O.E.» 12 diciembre).
Vigencia: 13 diciembre 2009

CAPÍTULO II
REAGRUPACIÓN FAMILIAR

Véanse los artículos 65 y siguientes del R.D. 1155/2024, de 19 de noviembre, por el que se aprueba el Reglamento de la L.O. 4/2000, de 11 de enero, sobre derechos y libertades de los extranjeros en España y su integración social («B.O.E.» 20 noviembre).

Véanse artículos 52 a 61 del Reglamento de la L.O. 4/2000, sobre derechos y libertades de los extranjeros en España y su integración social, tras su reforma por L.O. 2/2009, aprobado por R.D. 557/2011, de 20 de abril («B.O.E.» 30 abril).

Artículo 16. *Derecho a la intimidad familiar.* 1. Los extranjeros residentes tienen derecho a la vida en familia y a la intimidad familiar en la forma prevista en esta Ley Orgánica y de acuerdo con lo dispuesto en los Tratados internacionales suscritos por España.

Véase Convenio Europeo para la protección de los derechos humanos y de las libertades fundamentales, aprobado en Roma el 4 de noviembre de 1950 («B.O.E.» 10 octubre 1979).

2. Los extranjeros residentes en España tienen derecho a reagrupar con ellos a los familiares que se determinan en el artículo 17.

Número 2 del artículo 16 redactado por el apartado 12 del artículo 1 de la L.O. 8/2000, 22 diciembre, de reforma de la L.O. 4/2000, de 11 de enero, sobre derechos y libertades de los extranjeros en España y su integración social («B.O.E.» 23 diciembre; corrección de errores «B.O.E.» 23 febrero 2001).
Vigencia: 23 enero 2001

3. El cónyuge que hubiera adquirido la residencia en España por causa familiar y sus familiares con él agrupados conservarán la residencia aunque se rompa el vínculo matrimonial que dio lugar a la adquisición.

Reglamentariamente se podrá determinar el tiempo previo de convivencia en España que se tenga que acreditar en estos supuestos.

Número 3 del artículo 16 redactado por el apartado 12 del artículo 1 de la L.O. 8/2000, 22 diciembre, de reforma de la L.O. 4/2000, de 11 de enero, sobre derechos y libertades de los extranjeros en España y su integración social («B.O.E.» 23 diciembre; corrección de errores «B.O.E.» 23 febrero 2001).
Vigencia: 23 enero 2001

Artículo 17. *Familiares reagrupables.* 1. El extranjero residente tiene derecho a reagrupar con él en España a los siguientes familiares:

a) El cónyuge del residente, siempre que no se encuentre separado de hecho o de derecho, y que el matrimonio no se haya celebrado en fraude de ley. En ningún caso podrá reagruparse a más de un cónyuge aunque la ley personal del extranjero admita esta modalidad matrimonial. El extranjero residente que se encuentre casado en segundas o posteriores nupcias por la disolución de cada uno de sus anteriores matrimonios sólo podrá reagrupar con él al nuevo cónyuge si acredita que la disolución ha tenido lugar tras un procedimiento jurídico que fije la situación del cónyuge anterior y de sus hijos comunes en cuanto al uso de la vivienda común, a la pensión compensatoria a dicho cónyuge y a los alimentos que correspondan a los hijos menores, o mayores en situación de dependencia. En la disolución por nulidad, deberán haber quedado fijados los derechos económicos del cónyuge de buena fe y de los hijos comunes, así como la indemnización, en su caso.

b) Los hijos del residente y del cónyuge, incluidos los adoptados, siempre que sean menores de dieciocho años o personas con discapacidad que no sean objetivamente capaces de proveer a sus propias necesidades debido a su estado de salud. Cuando se trate de hijos de uno solo de los cónyuges se requerirá, además, que éste ejerza en solitario la patria potestad o que se le haya otorgado la custodia y estén efectivamente a su cargo. En el supuesto de hijos adoptivos deberá acreditarse que la resolución por la que se acordó la adopción reúne los elementos necesarios para producir efecto en España.

c) Los menores de dieciocho años y los mayores de esa edad que no sean objetivamente capaces de proveer a sus propias necesidades, debido a su estado de salud, cuando el residente extranjero sea su representante legal y el acto jurídico del que surgen las facultades representativas no sea contrario a los principios del ordenamiento español.

d) Los ascendientes en primer grado del reagrupante y de su cónyuge cuando estén a su cargo, sean mayores de sesenta y cinco años y existan razones que justifiquen la necesidad de autorizar su residencia en España. Reglamentariamente se determinarán las condiciones para la reagrupación de los ascendientes de los residentes de larga duración en otro Estado miembro de la Unión Europea, de los trabajadores titulares de la tarjeta azul de la U.E. y de los beneficiarios del régimen especial de investigadores. Excepcionalmente, cuando concurran razones de carácter humanitario, podrá reagruparse al ascendiente menor de sesenta y cinco años si se cumplen las demás condiciones previstas en esta Ley.

2. Los extranjeros que hubieran adquirido la residencia en virtud de una previa reagrupación podrán, a su vez, ejercer el derecho de reagrupación de sus propios familiares, siempre que cuenten ya con una autorización de residencia y trabajo, obtenida independientemente de la autorización del reagrupante, y acrediten reunir los requisitos previstos en esta Ley Orgánica.

3. Cuando se trate de ascendientes reagrupados, éstos sólo podrán ejercer, a su vez, el derecho de reagrupación familiar tras haber obtenido la condición de residentes de larga duración y acreditado solvencia económica.

Excepcionalmente, el ascendiente reagrupado que tenga a su cargo uno o más hijos menores de edad, o hijos con discapacidad que no sean objetivamente capaces de proveer a sus propias necesidades debido a su estado de salud, podrá ejercer el derecho de reagrupación en los términos dispuestos en el apartado segundo de este artículo, sin necesidad de haber adquirido la residencia de larga duración.

4. La persona que mantenga con el extranjero residente una relación de afectividad análoga a la conyugal se equiparará al cónyuge a todos los efectos previstos en este capítulo, siempre que dicha relación esté debidamente acreditada y reúna los requisitos necesarios para producir efectos en España.

En todo caso, las situaciones de matrimonio y de análoga relación de afectividad se considerarán incompatibles entre sí.

No podrá reagruparse a más de una persona con análoga relación de afectividad, aunque la ley personal del extranjero admita estos vínculos familiares.

5. Reglamentariamente, se desarrollarán las condiciones para el ejercicio del derecho de reagrupación así como para acreditar, a estos efectos, la relación de afectividad análoga a la conyugal.

Artículo 17 redactado por el apartado dieciocho del artículo único de la L.O. 2/2009, de 11 de diciembre, de reforma de la L.O. 4/2000, de 11 de enero, sobre derechos y libertades de los extranjeros en España y su integración social («B.O.E.» 12 diciembre).

Vigencia: 13 diciembre 2009

Véase artículo 53 del Reglamento de la L.O. 4/2000, sobre derechos y libertades de los extranjeros en España y su integración social, tras su reforma por L.O. 2/2009, aprobado por R.D. 557/2011, de 20 de abril («B.O.E.» 30 abril).

Artículo 18. *Requisitos para la reagrupación familiar.* 1. Los extranjeros podrán ejercer el derecho a la reagrupación familiar cuando hayan obtenido la renovación de su autorización de residencia inicial, con excepción de la reagrupación de los familiares contemplados en el artículo 17.1 d) de esta Ley, que solamente podrán ser reagrupados a partir del momento en que el reagrupante adquiera la residencia de larga duración.

La reagrupación de los familiares de residentes de larga duración, de los trabajadores titulares de la tarjeta azul de la U.E. y de los beneficiarios del régimen especial de investigadores, podrá solicitarse y concederse, simultáneamente, con la solicitud de residencia del reagrupante. Cuando tengan reconocida esta condición en otro Estado miembro de la Unión Europea, la solicitud podrá presentarse en España o desde el Estado de la Unión Europea donde tuvieran su residencia, cuando la familia estuviera ya constituida en aquél.

2. El reagrupante deberá acreditar, en los términos que se establezcan reglamentariamente, que dispone de vivienda adecuada y de medios económicos suficientes para cubrir sus necesidades y las de su familia, una vez reagrupada.

En la valoración de los ingresos a efectos de la reagrupación, no computarán aquellos provenientes del sistema de asistencia social, pero se tendrán en cuenta otros ingresos aportados por el cónyuge que resida en España y conviva con el reagrupante.

Las Comunidades Autónomas o, en su caso, los Ayuntamientos informarán sobre la adecuación de la vivienda a los efectos de reagrupación familiar.

Las Administraciones Públicas promoverán la participación de los reagrupados en programas de integración socio-cultural y de carácter lingüístico.

3. Cuando los familiares a reagrupar sean menores en edad de escolarización obligatoria, la Administración receptora de las solicitudes deberá comunicar a las autoridades educativas competentes una previsión sobre los procedimientos iniciados de reagrupación familiar, a los efectos de habilitar las plazas necesarias en los centros escolares correspondientes.

Artículo 18 redactado por el apartado diecinueve del artículo único de la L.O. 2/2009, de 11 de diciembre, de reforma de la L.O. 4/2000, de 11 de enero, sobre derechos y libertades de los extranjeros en España y su integración social («B.O.E.» 12 diciembre).

Vigencia: 13 diciembre 2009

Artículo 18 bis. *Procedimiento para la reagrupación familiar.* 1. El extranjero que desee ejercer el derecho a la reagrupación familiar deberá solicitar una autorización de residencia por reagrupación familiar a favor de los miembros de su familia que desee reagrupar, pudiendo solicitarse de forma simultánea la renovación de la autorización de residencia y la solicitud de reagrupación familiar.

2. En caso de que el derecho a la reagrupación se ejerza por residentes de larga duración en otro Estado miembro de la Unión Europea que residan en España, la solicitud podrá presentarse por los familiares reagrupables, aportando prueba de residencia como miembro de la familia del residente de larga duración en el primer Estado miembro.

Artículo 18 bis introducido por el apartado veinte del artículo único de L.O. 2/2009, de 11 de diciembre, de reforma de la L.O. 4/2000, de 11 de enero, sobre derechos y libertades de los extranjeros en España y su integración social («B.O.E.» 12 diciembre).

Vigencia: 13 diciembre 2009

Véase artículo 56 del Reglamento de la L.O. 4/2000, sobre derechos y libertades de los extranjeros en España y su integración social, tras su reforma por L.O. 2/2009, aprobado por R.D. 557/2011, de 20 de abril («B.O.E.» 30 abril).

Artículo 19. *Efectos de la reagrupación familiar en circunstancias especiales.* 1. La autorización de residencia por reagrupación familiar de la que sean titulares el cónyuge e hijos reagrupados cuando alcancen la edad laboral, habilitará para trabajar sin necesidad de ningún otro trámite administrativo.

2. El cónyuge reagrupado podrá obtener una autorización de residencia independiente cuando disponga de medios económicos suficientes para cubrir sus propias necesidades.

En caso de que la cónyuge reagrupada fuera víctima de violencia de género, sin necesidad de que se haya cumplido el requisito anterior, podrá obtener la autorización de residencia y trabajo independiente, desde el momento en que se hubiera dictado a su favor una orden de protección o, en su defecto, informe del Ministerio Fiscal que indique la existencia de indicios de violencia de género.

3. Los hijos reagrupados podrán obtener una autorización de residencia independiente cuando alcancen la mayoría de edad y dispongan de medios económicos suficientes para cubrir sus propias necesidades.

4. Reglamentariamente se determinará la forma y la cuantía de los medios económicos considerados suficientes para que los familiares reagrupados puedan obtener una autorización independiente.

5. En caso de muerte del reagrupante, los familiares reagrupados podrán obtener una autorización de residencia independiente en las condiciones que se determinen.

Artículo 19 redactado por el apartado veintiuno del artículo único de la L.O. 2/2009, de 11 de diciembre, de reforma de la L.O. 4/2000, de 11 de enero, sobre derechos y libertades de los extranjeros en España y su integración social («B.O.E.» 12 diciembre).
Vigencia: 13 diciembre 2009

CAPÍTULO III
GARANTÍAS JURÍDICAS

Artículo 20. *Derecho a la tutela judicial efectiva.* 1. Los extranjeros tienen derecho a la tutela judicial efectiva.

Véase artículo 24.1 de la Constitución Española.

2. Los procedimientos administrativos que se establezcan en materia de extranjería respetarán en todo caso las garantías previstas en la legislación general sobre procedimiento administrativo, especialmente en lo relativo a publicidad de las normas, contradicción, audiencia del interesado y motivación de las resoluciones, salvo lo dispuesto en el artículo 27 de esta Ley.

Número 2 del artículo 20 redactado por el apartado 14 del artículo 1 de la L.O. 8/2000, 22 diciembre, de reforma de la L.O. 4/2000, de 11 de enero, sobre derechos y libertades de los extranjeros en España y su integración social («B.O.E.» 23 diciembre; corrección de errores «B.O.E.» 23 febrero 2001).
Vigencia: 23 enero 2001

3. En los procedimientos administrativos estarán legitimadas para intervenir como interesadas las organizaciones constituidas legalmente en España para la defensa de los inmigrantes, expresamente designadas por éstos.

Número 3 del artículo 20 redactado por el apartado 14 del artículo 1 de la L.O. 8/2000, 22 diciembre, de reforma de la L.O. 4/2000, de 11 de enero, sobre derechos y libertades de los extranjeros en España y su integración social («B.O.E.» 23 diciembre; corrección de errores «B.O.E.» 23 febrero 2001).
Vigencia: 23 enero 2001

Véase el artículo 4 de la Ley 39/2015, de 1 de octubre, del Procedimiento Administrativo Común de las Administraciones Públicas («B.O.E.» 2 octubre).

4. En los procesos contencioso-administrativos en materia de extranjería estarán legitimadas para intervenir las entidades que resulten afectadas en los términos previstos por el artículo 19.1.b) de la Ley reguladora de dicha jurisdicción.

Número 4 del artículo 20 introducido por el apartado 14 del artículo 1 de la L.O. 8/2000, 22 diciembre, de reforma de la L.O. 4/2000, de 11 de enero, sobre derechos y libertades de los extranjeros en España y su integración social («B.O.E.» 23 diciembre; corrección de errores «B.O.E.» 23 febrero 2001).
Vigencia: 23 enero 2001

Véase Ley 29/1998, de 13 de julio, reguladora de la jurisdicción contencioso-administrativa («B.O.E.» 14 julio).

Artículo 20 renumerado por el apartado 14 del artículo 1 de la L.O. 8/2000, 22 diciembre, de reforma de la L.O. 4/2000, de 11 de enero, sobre derechos y libertades de los extranjeros en España y su integración social («B.O.E.» 23 diciembre; corrección de errores «B.O.E.» 23 febrero 2001). Se corresponde con el anterior artículo 18.
Vigencia: 23 enero 2001

Artículo 21. *Derecho al recurso contra los actos administrativos.* 1. Los actos y resoluciones administrativas adoptados en relación con los extranjeros serán recurribles con arreglo a lo dispuesto en las leyes.

Véanse los artículos 112 y siguientes de la Ley 39/2015, de 1 de octubre, del Procedimiento Administrativo Común de las Administraciones Públicas («B.O.E.» 2 octubre).

2. El régimen de ejecutividad de los actos administrativos dictados en materia de extranjería será el previsto con carácter general en la legislación vigente, salvo lo dispuesto en esta Ley para la tramitación de expedientes de expulsión con carácter preferente.

Número 2 del artículo 21 redactado por el apartado 15 del artículo 1 de la L.O. 8/2000, 22 diciembre, de reforma de la L.O. 4/2000, de 11 de enero, sobre derechos y libertades de los extranjeros en España y su integración social («B.O.E.» 23 diciembre; corrección de errores «B.O.E.» 23 febrero 2001).
Vigencia: 23 enero 2001

Véase el artículo 38 de la Ley 39/2015, de 1 de octubre, del Procedimiento Administrativo Común de las Administraciones Públicas («B.O.E.» 2 octubre).

Artículo 21 renumerado por el apartado 15 del artículo 1 de la L.O. 8/2000, 22 diciembre, de reforma de la L.O. 4/2000, de 11 de enero, sobre derechos y libertades de los extranjeros en España y su integración social («B.O.E.» 23 diciembre; corrección de errores «B.O.E.» 23 febrero 2001). Se corresponde con el anterior artículo 19.
Vigencia: 23 enero 2001

Artículo 22. *Derecho a la asistencia jurídica gratuita.* 1. Los extranjeros que se hallen en España tienen derecho a la asistencia jurídica gratuita en los procesos en los que sean parte, cualquiera que sea la jurisdicción en la que se sigan, en las mismas condiciones que los ciudadanos españoles.

2. Los extranjeros que se hallen en España tienen derecho a asistencia letrada en los procedimientos administrativos que puedan llevar a su denegación de entrada, devolución, o expulsión del territorio español y en todos los procedimientos en materia de protección internacional, así como a la asistencia de intérprete si no comprenden o hablan la lengua oficial que se utilice. Estas asistencias serán gratuitas cuando carezcan de recursos económicos suficientes según los criterios establecidos en la normativa reguladora del derecho de asistencia jurídica gratuita.

3. En los procesos contencioso-administrativos contra las resoluciones que pongan fin a la vía administrativa en materia de denegación de entrada, devolución o expulsión, el reconocimiento del derecho a la asistencia jurídica gratuita requerirá la oportuna solicitud realizada en los términos previstos en las normas que regulan la asistencia jurídica gratuita. La constancia expresa de la voluntad de interponer el recurso o ejercitar la acción correspondiente deberá realizarse de conformidad con lo previsto en la Ley 1/2000, de 7 de enero, de Enjuiciamiento Civil, o en caso de que el extranjero pudiera hallarse privado de libertad, en la forma y ante el funcionario público que reglamentariamente se determinen.

A los efectos previstos en este apartado, cuando el extranjero tuviera derecho a la asistencia jurídica gratuita y se encontrase fuera de España, la solicitud de la misma y, en su caso, la manifestación de la voluntad de recurrir, podrán realizarse ante la misión diplomática u oficina consular correspondiente.

Véase el artículo 222 del R.D. 1155/2024, de 19 de noviembre, por el que se aprueba el Reglamento de la L.O. 4/2000, de 11 de enero, sobre derechos y libertades de los extranjeros en España y su integración social («B.O.E.» 20 noviembre).

Artículo 22 redactado por el apartado veintidós del artículo único de la L.O. 2/2009, de 11 de diciembre, de reforma de la L.O. 4/2000, de 11 de enero, sobre derechos y libertades de los extranjeros en España y su integración social («B.O.E.» 12 diciembre).
Vigencia: 13 diciembre 2009

Véase Ley 1/1996, de 10 de enero, de Asistencia Jurídica Gratuita («B.O.E.» 12 enero).

CAPÍTULO IV
DE LAS MEDIDAS ANTIDISCRIMINATORIAS

Artículo 23. *Actos discriminatorios.* 1. A los efectos de esta Ley, representa discriminación todo acto que, directa o indirectamente, conlleve una distinción, exclusión, restricción o preferencia contra un extranjero basada en la raza, el color, la ascendencia o el origen nacional o étnico, las convicciones y prácticas religiosas, y que tenga como fin o efecto destruir o limitar el reconocimiento o el ejercicio, en condiciones de igualdad, de los derechos humanos y de las libertades fundamentales en el campo político, económico, social o cultural.

2. En cualquier caso, constituyen actos de discriminación:

a) Los efectuados por la autoridad o funcionario público o personal encargado de un servicio público, que en el ejercicio de sus funciones, por acción u omisión, realice cualquier acto discriminatorio prohibido por la ley contra un extranjero sólo por su condición de tal o por pertenecer a una determinada raza, religión, etnia o nacionalidad.

Letra a) del número 2 del artículo 23 redactada por el apartado veintitrés del artículo único de la L.O. 2/2009, de 11 de diciembre, de reforma de la L.O. 4/2000, de 11 de enero, sobre derechos y libertades de los extranjeros en España y su integración social («B.O.E.» 12 diciembre).
Vigencia: 13 diciembre 2009

b) Todos los que impongan condiciones más gravosas que a los españoles, o que impliquen resistencia a facilitar a un extranjero bienes o servicios ofrecidos al público, sólo por su condición de tal o por pertenecer a una determinada raza, religión, etnia o nacionalidad.

c) Todos los que impongan ilegítimamente condiciones más gravosas que a los españoles o restrinjan o limiten el acceso al trabajo, a la vivienda, a la educación, a la formación profesional y a los servicios sociales y socioasistenciales, así como a cualquier otro derecho reconocido en la presente Ley Orgánica, al extranjero que se encuentre regularmente en España, sólo por su condición de tal o por pertenecer a una determinada raza, religión, etnia o nacionalidad.

d) Todos los que impidan, a través de acciones u omisiones, el ejercicio de una actividad económica emprendida legítimamente por un extranjero residente legalmente en España, sólo por su condición de tal o por pertenecer a una determinada raza, religión, etnia o nacionalidad.

e) Constituye discriminación indirecta todo tratamiento derivado de la adopción de criterios que perjudiquen a los trabajadores por su condición de extranjeros o por pertenecer a una determinada raza, religión, etnia o nacionalidad.

Letra e) del número 2 del artículo 23 redactada por el apartado 17 del artículo 1 de la L.O. 8/2000, 22 diciembre, de reforma de la L.O. 4/2000, de 11 de enero, sobre derechos y libertades de los extranjeros en España y su integración social («B.O.E.» 23 diciembre; corrección de errores «B.O.E.» 23 febrero 2001).
Vigencia: 23 enero 2001

Artículo 23 renumerado por el apartado 17 del artículo 1 de la L.O. 8/2000, 22 diciembre, de reforma de la L.O. 4/2000, de 11 de enero, sobre derechos y libertades de los extranjeros en España y su integración social («B.O.E.» 23 diciembre; corrección de errores «B.O.E.» 23 febrero 2001). Se corresponde con el anterior artículo 21.

Vigencia: 23 enero 2001

Artículo 24. *Aplicabilidad del procedimiento sumario.* La tutela judicial contra cualquier práctica discriminatoria que comporte vulneración de derechos y libertades fundamentales podrá ser exigida por el procedimiento previsto en el artículo 53.2 de la Constitución en los términos legalmente establecidos.

Artículo 24 renumerado por el apartado 4 del artículo 3 de la L.O. 8/2000, 22 diciembre, de reforma de la L.O. 4/2000, de 11 de enero, sobre derechos y libertades de los extranjeros en España y su integración social («B.O.E.» 23 diciembre; corrección de errores «B.O.E.» 23 febrero 2001). Su contenido literal se corresponde con el del anterior artículo 22.

Vigencia: 23 enero 2001

TÍTULO II
RÉGIMEN JURÍDICO DE LOS EXTRANJEROS

Rúbrica del Título II redactada por el apartado 1 del artículo 3 de la L.O. 8/2000, 22 diciembre, de reforma de la L.O. 4/2000, de 11 de enero, sobre derechos y libertades de los extranjeros en España y su integración social («B.O.E.» 23 diciembre; corrección de errores «B.O.E.» 23 febrero 2001).

Vigencia: 23 enero 2001

CAPÍTULO I
DE LA ENTRADA Y SALIDA DEL TERRITORIO ESPAÑOL

Artículo 25. *Requisitos para la entrada en territorio español.* 1. El extranjero que pretenda entrar en España deberá hacerlo por los puestos habilitados al efecto, hallarse provisto del pasaporte o documento de viaje que acredite su identidad, que se considere válido para tal fin en virtud de convenios internacionales suscritos por España y no estar sujeto a prohibiciones expresas. Asimismo, deberá presentar los documentos que se determinen reglamentariamente que justifiquen el objeto y condiciones de estancia, y acreditar medios de vida suficientes para el tiempo que pretenda permanecer en España, o estar en condiciones de obtener legalmente dichos medios.

Número 1 del artículo 25 redactado por el apartado 18 del artículo 1 de la L.O. 8/2000, 22 diciembre, de reforma de la L.O. 4/2000, de 11 de enero, sobre derechos y libertades de los extranjeros en España y su integración social («B.O.E.» 23 diciembre; corrección de errores «B.O.E.» 23 febrero 2001).

Vigencia: 23 enero 2001

Véanse artículos 207 a 210 del Reglamento de la L.O. 4/2000, sobre derechos y libertades de los extranjeros en España y su integración social, tras su reforma por L.O. 2/2009, aprobado por R.D. 557/2011, de 20 de abril («B.O.E.» 30 abril).

2. Salvo en los casos en que se establezca lo contrario en los convenios internacionales suscritos por España o en la normativa de la Unión Europea, será preciso, además, un visado.

No será exigible el visado cuando el extranjero se encuentre provisto de la tarjeta de identidad de extranjero o, excepcionalmente, de una autorización de regreso.

Número 2 del artículo 25 redactado por el apartado seis del artículo primero de la L.O. 14/2003, de 20 de noviembre, de Reforma de la Ley orgánica 4/2000, de 11 de enero, sobre derechos y libertades de los extranjeros en España y su integración social, modificada por la L.O. 8/2000, de 22 de diciembre; de la Ley 7/1985, de 2 de abril, Reguladora de las Bases del Régimen Local; de la Ley 30/1992, de 26 de noviembre, de Régimen Jurídico de las Administraciones Públicas y del Procedimiento Ad-

ministrativo Común, y de la Ley 3/1991, de 10 de enero, de Competencia Desleal («B.O.E.» 21 noviembre).
Vigencia: 21 diciembre 2003

Véase el artículo 5 del R.D. 1155/2024, de 19 de noviembre, por el que se aprueba el Reglamento de la L.O. 4/2000, de 11 de enero, sobre derechos y libertades de los extranjeros en España y su integración social («B.O.E.» 20 noviembre).

3. Lo dispuesto en los párrafos anteriores no será de aplicación a los extranjeros que soliciten acogerse al derecho de asilo en el momento de su entrada en España, cuya concesión se regirá por lo dispuesto en su normativa específica.

4. Se podrá autorizar la entrada en España de los extranjeros que no reúnan los requisitos establecidos en los párrafos anteriores cuando existan razones excepcionales de índole humanitaria, interés público o cumplimiento de compromisos adquiridos por España. En estos casos, se procederá a hacer entrega al extranjero de la documentación que se establezca reglamentariamente.

Véase el artículo 6 del R.D. 1155/2024, de 19 de noviembre, por el que se aprueba el Reglamento de la L.O. 4/2000, de 11 de enero, sobre derechos y libertades de los extranjeros en España y su integración social («B.O.E.» 20 noviembre).

5. La entrada en territorio nacional de los extranjeros a los que no les sea de aplicación el régimen comunitario, podrá ser registrada por las autoridades españolas a los efectos de control de su período de permanencia legal en España, de conformidad con la Ley Orgánica 15/1999, de 13 de diciembre, de protección de datos de carácter personal.

Número 5 del artículo 25 introducido por el apartado veinticuatro del artículo único de la L.O. 2/2009, de 11 de diciembre, de reforma de la L.O. 4/2000, de 11 de enero, sobre derechos y libertades de los extranjeros en España y su integración social («B.O.E.» 12 diciembre).
Vigencia: 13 diciembre 2009

Véase el artículo 4 del R.D. 1155/2024, de 19 de noviembre, por el que se aprueba el Reglamento de la L.O. 4/2000, de 11 de enero, sobre derechos y libertades de los extranjeros en España y su integración social («B.O.E.» 20 noviembre).

Véase artículo 4 del Reglamento de la L.O. 4/2000, sobre derechos y libertades de los extranjeros en España y su integración social, tras su reforma por L.O. 2/2009, aprobado por R.D. 557/2011, de 20 de abril («B.O.E.» 30 abril).

Artículo 25 renumerado por el apartado 18 del artículo 1 de la L.O. 8/2000, 22 diciembre, de reforma de la L.O. 4/2000, de 11 de enero, sobre derechos y libertades de los extranjeros en España y su integración social («B.O.E.» 23 diciembre; corrección de errores «B.O.E.» 23 febrero 2001). Se corresponde con el anterior artículo 23.
Vigencia: 23 enero 2001

Artículo 25 bis. *Tipos de visado.* 1. Los extranjeros que se propongan entrar en territorio español deberán estar provistos de visado, válidamente expedido y en vigor, extendido en su pasaporte o documento de viaje o, en su caso, en documento aparte, salvo lo dispuesto en el apartado 2 del artículo 25 de esta Ley.

2. Los visados a que se refiere el apartado anterior serán de una de las clases siguientes:

a) Visado de tránsito, que habilita a transitar por la zona de tránsito internacional de un aeropuerto español o a atravesar el territorio español. No será exigible la obtención de dicho visado en casos de tránsito de un extranjero a efectos de repatriación o alejamiento por vía aérea solicitado por un Estado miembro de la Unión Europea o por un tercer estado que tenga suscrito con España un acuerdo internacional sobre esta materia.

Véase el artículo 29 del R.D. 1155/2024, de 19 de noviembre, por el que se aprueba el Reglamento de la L.O. 4/2000, de 11 de enero, sobre derechos y libertades de los extranjeros en España y su integración social («B.O.E.» 20 noviembre).

Véase artículo 26 del Reglamento de la L.O. 4/2000, sobre derechos y libertades de los extranjeros en España y su integración social, tras su reforma por L.O. 2/2009, aprobado por R.D. 557/2011, de 20 de abril («B.O.E.» 30 abril).

b) Visado de estancia, que habilita para una estancia ininterrumpida o estancias sucesivas por un período o suma de períodos cuya duración total no exceda de tres meses por semestre a partir de la fecha de la primera entrada.

Véanse los artículos 30 y siguientes del R.D. 1155/2024, de 19 de noviembre, por el que se aprueba el Reglamento de la L.O. 4/2000, de 11 de enero, sobre derechos y libertades de los extranjeros en España y su integración social («B.O.E.» 20 noviembre).

Véanse artículos 28 a 36 del Reglamento de la L.O. 4/2000, sobre derechos y libertades de los extranjeros en España y su integración social, tras su reforma por L.O. 2/2009, aprobado por R.D. 557/2011, de 20 de abril («B.O.E.» 30 abril).

c) Visado de residencia, que habilita para residir sin ejercer actividad laboral o profesional.

Véanse artículos 46 a 51 del Reglamento de la L.O. 4/2000, sobre derechos y libertades de los extranjeros en España y su integración social, tras su reforma por L.O. 2/2009, aprobado por R.D. 557/2011, de 20 de abril («B.O.E.» 30 abril).

d) Visado de residencia y trabajo, que habilita para la entrada y estancia por un período máximo de tres meses y para el comienzo, en ese plazo, de la actividad laboral o profesional para la que hubiera sido previamente autorizado. En este tiempo deberá producirse el alta del trabajador en la Seguridad Social, que dotará de eficacia a la autorización de residencia y trabajo, por cuenta propia o ajena. Si transcurrido el plazo no se hubiera producido el alta, el extranjero quedará obligado a salir del territorio nacional, incurriendo, en caso contrario, en la infracción contemplada en el artículo 53.1.a) de esta Ley.

Véanse artículos 62 a 72 del Reglamento de la L.O. 4/2000, sobre derechos y libertades de los extranjeros en España y su integración social, tras su reforma por L.O. 2/2009, aprobado por R.D. 557/2011, de 20 de abril («B.O.E.» 30 abril).

e) Visado de residencia y trabajo de temporada, que habilita para trabajar por cuenta ajena hasta nueve meses en un período de doce meses consecutivos.

Véanse los artículos 37 y siguientes del R.D. 1155/2024, de 19 de noviembre, por el que se aprueba el Reglamento de la L.O. 4/2000, de 11 de enero, sobre derechos y libertades de los extranjeros en España y su integración social («B.O.E.» 20 noviembre).

Véanse artículos 97 a 102 del Reglamento de la L.O. 4/2000, sobre derechos y libertades de los extranjeros en España y su integración social, tras su reforma por L.O. 2/2009, aprobado por R.D. 557/2011, de 20 de abril («B.O.E.» 30 abril).

f) Visado de estudios, que habilita a permanecer en España para la realización de cursos, estudios, trabajos de investigación o formación, intercambio de alumnos, prácticas no laborales o servicios de voluntariado, no remunerados laboralmente.

Véanse los artículos 34 y siguientes del R.D. 1155/2024, de 19 de noviembre, por el que se aprueba el Reglamento de la L.O. 4/2000, de 11 de enero, sobre derechos y libertades de los extranjeros en España y su integración social («B.O.E.» 20 noviembre).

Véanse artículos 37 a 44 del Reglamento de la L.O. 4/2000, sobre derechos y libertades de los extranjeros en España y su integración social, tras su reforma por L.O. 2/2009, aprobado por R.D. 557/2011, de 20 de abril («B.O.E.» 30 abril).

g) Visado de investigación, que habilita al extranjero a permanecer en España para realizar proyectos de investigación en el marco de un convenio de acogida firmado con un organismo de investigación.

Véanse artículos 73 a 84 del Reglamento de la L.O. 4/2000, sobre derechos y libertades de los extranjeros en España y su integración social, tras su reforma por L.O. 2/2009, aprobado por R.D. 557/2011, de 20 de abril («B.O.E.» 30 abril).

3. Reglamentariamente, se desarrollarán los diferentes tipos de visados.

Artículo 25 bis redactado por el apartado veinticinco del artículo único de la L.O. 2/2009, de 11 de diciembre, de reforma de la L.O. 4/2000, de 11 de enero, sobre derechos y libertades de los extranjeros en España y su integración social («B.O.E.» 12 diciembre).
Vigencia: 13 diciembre 2009

Véase el artículo 25 del R.D. 1155/2024, de 19 de noviembre, por el que se aprueba el Reglamento de la L.O. 4/2000, de 11 de enero, sobre derechos y libertades de los extranjeros en España y su integración social («B.O.E.» 20 noviembre).

Véase la disposición adicional novena del Reglamento de la L.O. 4/2000, sobre derechos y libertades de los extranjeros en España y su integración social, tras su reforma por L.O. 2/2009, aprobado por R.D. 557/2011, de 20 de abril («B.O.E.» 30 abril).

Artículo 26. *Prohibición de entrada en España.* 1. No podrán entrar en España, ni obtener un visado a tal fin, los extranjeros que hayan sido expulsados, mientras dure la prohibición de entrada, así como aquellos que la tengan prohibida por otra causa legalmente establecida o en virtud de convenios internacionales en los que sea parte España.

2. A los extranjeros que no cumplan los requisitos establecidos para la entrada, les será denegada mediante resolución motivada, con información acerca de los recursos que puedan interponer contra ella, plazo para hacerlo y autoridad ante quien deben formalizarlo, y de su derecho a la asistencia letrada, que podrá ser de oficio, y de intérprete, que comenzará en el momento mismo de efectuarse el control en el puesto fronterizo.

Artículo 26 renumerado y redactado por el apartado 19 del artículo 1 de la L.O. 8/2000, 22 diciembre, de reforma de la L.O. 4/2000, de 11 de enero, sobre derechos y libertades de los extranjeros en España y su integración social («B.O.E.» 23 diciembre; corrección de errores «B.O.E.» 23 febrero 2001). Se corresponde con el anterior artículo 24.
Vigencia: 23 enero 2001

Véase el artículo 11 del R.D. 1155/2024, de 19 de noviembre, por el que se aprueba el Reglamento de la L.O. 4/2000, de 11 de enero, sobre derechos y libertades de los extranjeros en España y su integración social («B.O.E.» 20 noviembre).

Véase artículo 11 del Reglamento de la L.O. 4/2000, sobre derechos y libertades de los extranjeros en España y su integración social, tras su reforma por L.O. 2/2009, aprobado por R.D. 557/2011, de 20 de abril («B.O.E.» 30 abril).

Artículo 27. *Expedición del visado.* 1. El visado se solicitará y expedirá en las Misiones Diplomáticas y Oficinas Consulares de España, salvo en los supuestos excepcionales que se contemplen reglamentariamente o en los supuestos en los que el Estado español, de acuerdo con la normativa comunitaria sobre la materia, haya acordado su representación con otro Estado miembro de la Unión Europea en materia de visados de tránsito o estancia.

Número 1 del artículo 27 redactado por el apartado veintiséis del artículo único de la L.O. 2/2009, de 11 de diciembre, de reforma de la L.O. 4/2000, de 11 de enero, sobre derechos y libertades de los extranjeros en España y su integración social («B.O.E.» 12 diciembre).
Vigencia: 13 diciembre 2009

2. La concesión del visado:

a) Habilitará al extranjero para presentarse en un puesto fronterizo español y solicitar su entrada.

b) Habilitará al extranjero, una vez se ha efectuado la entrada en territorio español, a permanecer en España en la situación para la que hubiese sido expedido, sin perjuicio de la obligatoriedad de obtener, en su caso, la tarjeta de identidad de extranjero.

Número 2 del artículo 27 introducido en su actual redacción por el apartado ocho del artículo primero de la L.O. 14/2003, de 20 de noviembre, de Reforma de la Ley orgánica 4/2000, de 11 de enero, sobre derechos y libertades de los extranjeros en España y su integración social, modificada por la L.O. 8/2000, de 22 de diciembre; de la Ley 7/1985, de 2 de abril, Reguladora de las Bases del Régimen Local; de la Ley 30/1992, de 26 de noviembre, de Régimen Jurídico de las Administraciones Públicas y del Procedimiento Administrativo Común, y de la Ley 3/1991, de 10 de enero, de Competencia Desleal («B.O.E.» 21 noviembre).
Vigencia: 21 diciembre 2003

3. Reglamentariamente se establecerá la normativa específica del procedimiento de concesión y expedición de visados, conforme a lo previsto en la disposición adicional undécima de la Ley 30/1992, de 26 de noviembre. En dicho procedimiento podrá requerirse la comparecencia personal del solicitante.

Téngase en cuenta que la Ley 30/1992, de 26 de noviembre, ha sido derogada por la Ley 39/2015, de 1 de octubre, del Procedimiento Administrativo Común de las Administraciones Públicas («B.O.E.» 2 octubre).

Véase el Reglamento (CE) n.º 1683/95 del Consejo, de 29 de mayo de 1995, por el que se establece un modelo uniforme de visado («D.O.U.E.L.» 14 julio).

Número 3 del artículo 27 renumerado por el apartado ocho del artículo primero de la L.O. 14/2003, de 20 de noviembre, de Reforma de la Ley orgánica 4/2000, de 11 de enero, sobre derechos y libertades de los extranjeros en España y su integración social, modificada por la L.O. 8/2000, de 22 de diciembre; de la Ley 7/1985, de 2 de abril, Reguladora de las Bases del Régimen Local; de la Ley 30/1992, de 26 de noviembre, de Régimen Jurídico de las Administraciones Públicas y del Procedimiento Administrativo Común, y de la Ley 3/1991, de 10 de enero, de Competencia Desleal («B.O.E.» 21 noviembre). Su contenido literal se corresponde con el del anterior número 2 del mismo artículo.
Vigencia: 21 diciembre 2003

4. El ejercicio de la potestad de otorgamiento o denegación de visados se sujetará a los compromisos internacionales vigentes en la materia y se orientará al cumplimiento de los fines de la política exterior del Reino de España y de otras políticas públicas españolas o de la Unión Europea, como la política de inmigración, la política económica y la de seguridad ciudadana.

Véase el Capítulo III del Título II del Convenio de Aplicación del Acuerdo Schengen de 14 de junio de 1985 entre los Gobiernos de los Estados de la Unión Económica Benelux, de la República Federal de Alemania y de la República Francesa, relativo a la supresión gradual de controles en las fronteras comunes, al cual se adhirió la República Italiana por Acuerdo firmado en París. («B.O.E.» 5 abril 1994).

Número 4 del artículo 27 renumerado por el apartado ocho del artículo primero de la L.O. 14/2003, de 20 de noviembre, de Reforma de la Ley orgánica 4/2000, de 11 de enero, sobre derechos y libertades de los extranjeros en España y su integración social, modificada por la L.O. 8/2000, de 22 de diciembre; de la Ley 7/1985, de 2 de abril, Reguladora de las Bases del Régimen Local; de la Ley 30/1992, de 26 de noviembre, de Régimen Jurídico de las Administraciones Públicas y del Procedimiento Administrativo Común, y de la Ley 3/1991, de 10 de enero, de Competencia Desleal («B.O.E.» 21 noviembre). Su contenido literal se corresponde con el del anterior número 3 del mismo artículo.

Vigencia: 21 diciembre 2003

5. Para supuestos excepcionales podrán fijarse por vía reglamentaria otros criterios a los que haya de someterse el otorgamiento y denegación de visados.

Número 5 del artículo 27 renumerado por el apartado ocho del artículo primero de la L.O. 14/2003, de 20 de noviembre, de Reforma de la Ley orgánica 4/2000, de 11 de enero, sobre derechos y libertades de los extranjeros en España y su integración social, modificada por la L.O. 8/2000, de 22 de diciembre; de la Ley 7/1985, de 2 de abril, Reguladora de las Bases del Régimen Local; de la Ley 30/1992, de 26 de noviembre, de Régimen Jurídico de las Administraciones Públicas y del Procedimiento Administrativo Común, y de la Ley 3/1991, de 10 de enero, de Competencia Desleal («B.O.E.» 21 noviembre). Su contenido literal se corresponde con el del anterior número 4 del mismo artículo.

Vigencia: 21 diciembre 2003

6. La denegación de visado deberá ser motivada cuando se trate de visados de residencia para reagrupación familiar o para el trabajo por cuenta ajena, así como en el caso de visados de estancia o de tránsito. Si la denegación se debe a que el solicitante del visado está incluido en la lista de personas no admisibles prevista en el Convenio de aplicación del Acuerdo de Schengen de 14 de junio de 1990, se le comunicará así de conformidad con las normas establecidas por dicho Convenio. La resolución expresará los recursos que contra la misma procedan, órgano ante el que hubieran de presentarse y plazo para interponerlos.

Número 6 del artículo 27 redactado por el apartado veintisiete del artículo único de la L.O. 2/2009, de 11 de diciembre, de reforma de la L.O. 4/2000, de 11 de enero, sobre derechos y libertades de los extranjeros en España y su integración social («B.O.E.» 12 diciembre).

Vigencia: 13 diciembre 2009

Artículo 27 renumerado y redactado por el apartado 20 del artículo 1 de la L.O. 8/2000, 22 diciembre, de reforma de la L.O. 4/2000, de 11 de enero, sobre derechos y libertades de los extranjeros en España y su integración social («B.O.E.» 23 diciembre; corrección de errores «B.O.E.» 23 febrero 2001). Se corresponde con el anterior artículo 25.

Vigencia: 23 enero 2001

Véase el artículo 27 del R.D. 1155/2024, de 19 de noviembre, por el que se aprueba el Reglamento de la L.O. 4/2000, de 11 de enero, sobre derechos y libertades de los extranjeros en España y su integración social («B.O.E.» 20 noviembre).

Véase la disposición adicional decimocuarta del Reglamento de la L.O. 4/2000, sobre derechos y libertades de los extranjeros en España y su integración social, tras su reforma por L.O. 2/2009, aprobado por R.D. 557/2011, de 20 de abril («B.O.E.» 30 abril).

Artículo 28. *De la salida de España.* 1. Las salidas del territorio español podrán realizarse libremente, excepto en los casos previstos en el Código Penal y en la presente Ley. La salida de los extranjeros a los que no les sea de aplicación el régimen comunitario, podrá ser registrada por las autoridades españolas a los efectos de control de su período de permanencia legal en España de conformidad con la Ley Orgánica 15/1999, de 13 de diciembre, de Protección de Datos de Carácter Personal.

2. Excepcionalmente, el Ministro del Interior podrá prohibir la salida del territorio español por razones de seguridad nacional o de salud pública. La instrucción y resolución de los expedientes de prohibición tendrá siempre carácter individual.

3. La salida será obligatoria en los siguientes supuestos:

a) Expulsión del territorio español por orden judicial, en los casos previstos en el Código Penal.

b) Expulsión o devolución acordadas por resolución administrativa en los casos previstos en la presente Ley.

c) Denegación administrativa de las solicitudes formuladas por el extranjero para continuar permaneciendo en territorio español, o falta de autorización para encontrarse en España.

d) Cumplimiento del plazo en el que un trabajador extranjero se hubiera comprometido a regresar a su país de origen en el marco de un programa de retorno voluntario.

Véanse artículos 23 y 24 del Reglamento de la L.O. 4/2000, sobre derechos y libertades de los extranjeros en España y su integración social, tras su reforma por L.O. 2/2009, aprobado por R.D. 557/2011, de 20 de abril («B.O.E.» 30 abril).

Artículo 28 redactado por el apartado veintiocho del artículo único de la L.O. 2/2009, de 11 de diciembre, de reforma de la L.O. 4/2000, de 11 de enero, sobre derechos y libertades de los extranjeros en España y su integración social («B.O.E.» 12 diciembre).
Vigencia: 13 diciembre 2009

Véanse los artículos 19 y siguientes del R.D. 1155/2024, de 19 de noviembre, por el que se aprueba el Reglamento de la L.O. 4/2000, de 11 de enero, sobre derechos y libertades de los extranjeros en España y su integración social («B.O.E.» 20 noviembre).

Véanse artículos 19 a 22 del Reglamento de la L.O. 4/2000, sobre derechos y libertades de los extranjeros en España y su integración social, tras su reforma por L.O. 2/2009, aprobado por R.D. 557/2011, de 20 de abril («B.O.E.» 30 abril).

CAPÍTULO II
DE LA AUTORIZACIÓN DE ESTANCIA Y DE RESIDENCIA

Rúbrica del Capítulo II del Título II redactada por el apartado veintinueve del artículo único de la L.O. 2/2009, de 11 de diciembre, de reforma de la L.O. 4/2000, de 11 de enero, sobre derechos y libertades de los extranjeros en España y su integración social («B.O.E.» 12 diciembre).
Vigencia: 13 diciembre 2009

Artículo 29. *Enumeración de las situaciones.* 1. Los extranjeros podrán encontrarse en España en las situaciones de estancia o residencia.

2. Las diferentes situaciones de los extranjeros en España podrán acreditarse mediante pasaporte o documento de viaje que acredite su identidad, visado o tarjeta de identidad de extranjero, según corresponda.

Número 2 del artículo 29 redactado por el apartado treinta del artículo único de la L.O. 2/2009, de 11 de diciembre, de reforma de la L.O. 4/2000, de 11 de enero, sobre derechos y libertades de los extranjeros en España y su integración social («B.O.E.» 12 diciembre).
Vigencia: 13 diciembre 2009

Véase artículo 207 del Reglamento de la L.O. 4/2000, sobre derechos y libertades de los extranjeros en España y su integración social, tras su reforma por L.O. 2/2009, aprobado por R.D. 557/2011, de 20 de abril («B.O.E.» 30 abril).

Artículo 29 redactado por el apartado nueve del artículo primero de la L.O. 14/2003, de 20 de noviembre, de Reforma de la Ley orgánica 4/2000, de 11 de enero, sobre derechos y libertades de los extranjeros en España y su integración social, modificada

por la L.O. 8/2000, de 22 de diciembre; de la Ley 7/1985, de 2 de abril, Reguladora de las Bases del Régimen Local; de la Ley 30/1992, de 26 de noviembre, de Régimen Jurídico de las Administraciones Públicas y del Procedimiento Administrativo Común, y de la Ley 3/1991, de 10 de enero, de Competencia Desleal («B.O.E.» 21 noviembre).
Vigencia: 21 diciembre 2003

Artículo 30. *Situación de estancia.* 1. Estancia es la permanencia en territorio español por un período de tiempo no superior a 90 días, sin perjuicio de lo dispuesto en el artículo 33 para la admisión a efectos de estudios, intercambio de alumnos, prácticas no laborales o servicios de voluntariado.

Número 1 del artículo 30 redactado por el apartado treinta y uno del artículo único de la L.O. 2/2009, de 11 de diciembre, de reforma de la L.O. 4/2000, de 11 de enero, sobre derechos y libertades de los extranjeros en España y su integración social («B.O.E.» 12 diciembre).
Vigencia: 13 diciembre 2009

2. Transcurrido dicho tiempo, para permanecer en España será preciso obtener o una prórroga de estancia o una autorización de residencia.

Las referencias al término "autorización" han sido introducidas conforme establece la disposición adicional única de la Ley Orgánica 14/2003, de 20 de noviembre, en sustitución del anterior término "permiso".
Vigencia: 21 diciembre 2003

3. En los supuestos de entrada con visado, cuando la duración de éste sea inferior a tres meses, se podrá prorrogar la estancia, que en ningún caso podrá ser superior a tres meses, en un período de seis meses.

Número 3 del artículo 30 redactado por el apartado 23 del artículo 1 de la L.O. 8/2000, 22 diciembre, de reforma de la L.O. 4/2000, de 11 de enero, sobre derechos y libertades de los extranjeros en España y su integración social («B.O.E.» 23 diciembre; corrección de errores «B.O.E.» 23 febrero 2001).
Vigencia: 23 enero 2001

4. En los supuestos de entrada sin visado, cuando concurran circunstancias excepcionales que lo justifiquen, podrá autorizarse la estancia de un extranjero en el territorio español más allá de tres meses.

Número 4 del artículo 30 introducido por el apartado 23 del artículo 1 de la L.O. 8/2000, 22 diciembre, de reforma de la L.O. 4/2000, de 11 de enero, sobre derechos y libertades de los extranjeros en España y su integración social («B.O.E.» 23 diciembre; corrección de errores «B.O.E.» 23 febrero 2001).
Vigencia: 23 enero 2001

Artículo 30 renumerado por el apartado 23 del artículo 1 de la L.O. 8/2000, 22 diciembre, de reforma de la L.O. 4/2000, de 11 de enero, sobre derechos y libertades de los extranjeros en España y su integración social («B.O.E.» 23 diciembre; corrección de errores «B.O.E.» 23 febrero 2001). Se corresponde con el anterior artículo 28.
Vigencia: 23 enero 2001

Artículo 30 bis. *Situación de residencia.* 1. Son residentes los extranjeros que se encuentren en España y sean titulares de una autorización para residir.

2. Los residentes podrán encontrarse en la situación de residencia temporal o de residencia de larga duración.

Número 2 del artículo 30 bis redactado por el apartado treinta y dos del artículo único de la L.O. 2/2009, de 11 de diciembre, de reforma de la L.O. 4/2000, de 11 de enero, sobre derechos y libertades de los extranjeros en España y su integración social («B.O.E.» 12 diciembre).
Vigencia: 13 diciembre 2009

Artículo 30 bis introducido por el apartado once del artículo primero de la L.O. 14/2003, de 20 de noviembre, de Reforma de la Ley orgánica 4/2000, de 11 de enero, sobre derechos y libertades de los extranjeros en España y su integración social, modificada por la L.O. 8/2000, de 22 de diciembre; de la Ley 7/1985, de 2 de abril, Reguladora de las Bases del Régimen Local; de la Ley 30/1992, de 26 de noviembre, de Régimen Jurídico de las Administraciones Públicas y del Procedimiento Administrativo Común, y de la Ley 3/1991, de 10 de enero, de Competencia Desleal («B.O.E.» 21 noviembre).

Vigencia: 21 diciembre 2003

Artículo 31. *Situación de residencia temporal.* 1. La residencia temporal es la situación que autoriza a permanecer en España por un período superior a 90 días e inferior a cinco años. Las autorizaciones de duración inferior a cinco años podrán renovarse, a petición del interesado, atendiendo a las circunstancias que motivaron su concesión. La duración de las autorizaciones iniciales de residencia temporal y de las renovaciones se establecerá reglamentariamente.

2. La autorización inicial de residencia temporal que no comporte autorización de trabajo se concederá a los extranjeros que dispongan de medios suficientes para sí y, en su caso, para los de su familia. Reglamentariamente se establecerán los criterios para determinar la suficiencia de dichos medios.

3. La Administración podrá conceder una autorización de residencia temporal por situación de arraigo, así como por razones humanitarias, de colaboración con la Justicia u otras circunstancias excepcionales que se determinen reglamentariamente.

En estos supuestos no será exigible el visado.

4. La autorización inicial de residencia temporal y trabajo, que autorizará a realizar actividades lucrativas por cuenta propia y/o ajena, se concederá de acuerdo a lo dispuesto por los artículos 36 y siguientes de esta Ley.

5. Para autorizar la residencia temporal de un extranjero será preciso que carezca de antecedentes penales en España o en los países anteriores de residencia, por delitos existentes en el ordenamiento español, y no figurar como rechazable en el espacio territorial de países con los que España tenga firmado un convenio en tal sentido.

6. Los extranjeros con autorización de residencia temporal vendrán obligados a poner en conocimiento de las autoridades competentes los cambios de nacionalidad, estado civil y domicilio.

7. Para la renovación de las autorizaciones de residencia temporal, se valorará en su caso:

a) Los antecedentes penales, considerando la existencia de indultos o las situaciones de remisión condicional de la pena o la suspensión de la pena privativa de libertad.

b) El incumplimiento de las obligaciones del extranjero en materia tributaria y de seguridad social.

A los efectos de dicha renovación, se valorará especialmente el esfuerzo de integración del extranjero que aconseje su renovación, acreditado mediante un informe positivo de la Comunidad Autónoma que certifique la asistencia a las acciones formativas contempladas en el artículo 2 ter de esta Ley.

Artículo 31 redactado por el apartado treinta y tres del artículo único de la L.O. 2/2009, de 11 de diciembre, de reforma de la L.O. 4/2000, de 11 de enero, sobre derechos y libertades de los extranjeros en España y su integración social («B.O.E.» 12 diciembre).

Vigencia: 13 diciembre 2009

Véanse los artículos 60 y siguientes del R.D. 1155/2024, de 19 de noviembre, por el que se aprueba el Reglamento de la L.O. 4/2000, de 11 de enero, sobre derechos y libertades de los extranjeros en España y su integración social («B.O.E.» 20 noviembre).

Véase artículo 162 del Reglamento de la L.O. 4/2000, sobre derechos y libertades de los extranjeros en España y su integración social, tras su reforma por L.O. 2/2009, aprobado por R.D. 557/2011, de 20 de abril («B.O.E.» 30 abril).

Artículo 31 bis. *Residencia temporal y trabajo de mujeres extranjeras víctimas de violencia de género o de violencias sexuales.* 1. Las mujeres extranjeras, cualquiera que sea su situación administrativa, tienen garantizados los derechos reconocidos en la Ley Orgánica 1/2004, de 28 de diciembre, de Medidas de Protección Integral contra la Violencia de Género, en caso de que sean víctimas de violencia de género; y los derechos reconocidos en la Ley Orgánica de garantía integral de la libertad sexual, en caso de que sean víctimas de violencias sexuales; así como, en ambos casos, a las medidas de protección y seguridad establecidas en la legislación vigente.

2. Si al denunciarse una situación de violencia de género o de violencia sexual contra una mujer extranjera se pusiera de manifiesto su situación irregular, no se incoará el expediente administrativo sancionador por infracción del artículo 53.1.a), y se suspenderá el expediente administrativo sancionador que se hubiera incoado por la comisión de dicha infracción con anterioridad a la denuncia o, en su caso, la ejecución de las órdenes de expulsión o de devolución eventualmente acordadas.

3. La mujer extranjera que se halle en la situación descrita en el apartado anterior podrá solicitar una autorización de residencia y trabajo por circunstancias excepcionales a partir del momento en que se hubiera dictado una orden de protección a su favor o, en su defecto, informe del Ministerio Fiscal que indique la existencia de indicios de violencia de género o sexual. Dicha autorización no se resolverá hasta que concluya el procedimiento penal. En el momento de presentación de la solicitud, o en cualquier otro posterior a lo largo del proceso penal, la mujer extranjera, por sí misma o a través de representante, también podrá solicitar una autorización de residencia por circunstancias excepcionales a favor de sus hijos menores de edad o que tengan una discapacidad y no sean objetivamente capaces de proveer a sus propias necesidades, o una autorización de residencia y trabajo en caso de que fueran mayores de dieciséis años y se encuentren en España en el momento de la denuncia.

Sin perjuicio de lo anterior, la autoridad competente para otorgar la autorización por circunstancias excepcionales concederá una autorización provisional de residencia y trabajo a favor de la mujer extranjera y, en su caso, las autorizaciones de residencia provisionales a favor de sus hijos menores de edad o con discapacidad, o de residencia y trabajo si fueran mayores de dieciséis años, previstas en el párrafo anterior, que se encuentren en España en el momento de la denuncia. Las autorizaciones provisionales eventualmente concedidas concluirán en el momento en que se concedan o denieguen definitivamente las autorizaciones por circunstancias excepcionales.

4. Cuando el procedimiento penal concluyera con una sentencia condenatoria o con una resolución judicial de la que se deduzca que la mujer ha sido víctima de violencia de género o de violencia sexual, incluido el archivo de la causa por encontrarse el investigado en paradero desconocido o el sobreseimiento provisional por expulsión del denunciado, se notificará a la interesada la concesión de las autorizaciones solicitadas. En el supuesto de que no se hubieran solicitado, se le informará de la posibilidad de concederlas, otorgándole un plazo para su solicitud.

Si del procedimiento penal concluido no pudiera deducirse la situación de violencia de género o sexual, se incoará el expediente administrativo sancionador por infracción del artículo 53.1.a) o se continuará, en el supuesto de que se hubiera suspendido inicialmente.

Artículo 31 bis redactado por la disposición final sexta de la L.O. 10/2022, de 6 de septiembre, de garantía integral de la libertad sexual («B.O.E.» 7 septiembre).
Vigencia: 7 octubre 2022

Véase el artículo 240.2 y 3 del R.D. 1155/2024, de 19 de noviembre, por el que se aprueba el Reglamento de la L.O. 4/2000, de 11 de enero, sobre derechos y libertades de los extranjeros en España y su integración social («B.O.E.» 20 noviembre).

Artículo 32. *Residencia de larga duración.* 1. La residencia de larga duración es la situación que autoriza a residir y trabajar en España indefinidamente, en las mismas condiciones que los españoles.

2. Tendrán derecho a residencia de larga duración los que hayan tenido residencia temporal en España durante cinco años de forma continuada, que reúnan las condiciones que se establezcan reglamentariamente. A los efectos de obtener la residencia de larga duración computarán los periodos de residencia previa y continuada en otros Estados miembros, como titular de la tarjeta azul de la UE. Se considerará que la residencia ha sido continuada aunque por períodos de vacaciones u otras razones que se establezcan reglamentariamente el extranjero haya abandonado el territorio nacional temporalmente.

3. Los extranjeros residentes de larga duración en otro Estado miembro de la Unión Europea podrán solicitar por sí mismos y obtener una autorización de residencia de larga duración en España cuando vayan a desarrollar una actividad por cuenta propia o ajena, o por otros fines, en las condiciones que se establezcan reglamentariamente. No obstante, en el supuesto de que los extranjeros residentes de larga duración en otro estado miembro de la Unión Europea deseen conservar el estatuto de residente de larga duración adquirido en el primer estado miembro, podrán solicitar y obtener una autorización de residencia temporal en España.

3 bis. Los extranjeros a quienes España u otro Estado miembro de la Unión Europea hubiese reconocido protección internacional y que se encuentren en España, podrán solicitar por sí mismos y obtener una autorización de residencia de larga duración en España en las condiciones que se establezcan reglamentariamente.

No se reconocerá la condición de residente de larga duración en España al beneficiario de protección internacional cuyo estatuto hubiese sido revocado, cesado, finalizado, o cuya renovación hubiese sido denegada, de acuerdo con las normas de la Unión Europea aplicables, y en las condiciones que se establezcan reglamentariamente.

Nímero 3 bis del artículo 32 introducido por el número uno de la disposición final segunda de la L.O. 4/2013, de 28 de junio, de reforma del Consejo General del Poder Judicial, por la que se modifica la L.O. 6/1985, de 1 de julio, del Poder Judicial («B.O.E.» 29 junio).
Vigencia: 30 junio 2013

4. Con carácter reglamentario se establecerán criterios para la concesión de otras autorizaciones de residencia de larga duración en supuestos individuales de especial vinculación con España.

5. La extinción de la residencia de larga duración se producirá en los casos siguientes:

a) Cuando la autorización se haya obtenido de manera fraudulenta.

b) Cuando se dicte una orden de expulsión en los casos previstos en la Ley.

c) Cuando se produzca la ausencia del territorio de la Unión Europea durante 12 meses consecutivos. Reglamentariamente se establecerán las excepciones a la pérdida de la autorización por este motivo, así como el procedimiento y requisitos para recuperar la autorización de residencia de larga duración.

d) Cuando se adquiera la residencia de larga duración en otro Estado miembro.

e) cuando, obtenida la autorización por la persona a quien otro Estado miembro reconoció protección internacional, las autoridades de dicho Estado hubieran resuelto el cese o la revocación de la citada protección.

Letra e) del número 5 del artículo 32 introducida por el número uno de la disposición final segunda de la L.O. 4/2013, de 28 de junio, de reforma del Consejo General del Poder Judicial, por la que se modifica la L.O. 6/1985, de 1 de julio, del Poder Judicial («B.O.E.» 29 junio).
Vigencia: 30 junio 2013

6. Las personas extranjeras que hayan perdido la condición de residentes de larga duración podrán recuperar dicho estatuto mediante un procedimiento simplificado que se desarrollará reglamentariamente.

Véanse artículos 238 a 240 del Reglamento de la L.O. 4/2000, sobre derechos y libertades de los extranjeros en España y su integración social, tras su reforma por L.O. 2/2009, aprobado por R.D. 557/2011, de 20 de abril («B.O.E.» 30 abril).

Dicho procedimiento se aplicará sobre todo en el caso de personas que hayan residido en otro Estado miembro para la realización de estudios.

Artículo 32 redactado por el apartado treinta y cinco del artículo único de la L.O. 2/2009, de 11 de diciembre, de reforma de la L.O. 4/2000, de 11 de enero, sobre derechos y libertades de los extranjeros en España y su integración social («B.O.E.» 12 diciembre).
Vigencia: 13 diciembre 2009

Artículo 33. *Régimen de admisión a efectos de estudios, intercambio de alumnos, prácticas no laborales o servicios de voluntariado.* 1. Podrá ser autorizado, en régimen de estancia, conforme a lo dispuesto en la presente ley, el extranjero que tenga como fin único o principal realizar una de las siguientes actividades de carácter no laboral:

a) Cursar o ampliar estudios.

b) Realizar actividades de investigación o formación, sin perjuicio del régimen especial de los investigadores.

c) Participar en programas de intercambio de alumnos en cualesquiera centros docentes o científicos, públicos o privados, oficialmente reconocidos.

d) Realizar prácticas no laborales.

e) Realizar servicios de voluntariado.

Número 1 del artículo 33 redactado por el apartado dos de la disposición final tercera de la L.O. 2/2023, de 22 de marzo, del Sistema Universitario («B.O.E.» 23 marzo).
Vigencia: 12 abril 2023

2. La vigencia de la autorización coincidirá con la duración del curso para el que esté matriculado, de los trabajos de investigación, del intercambio de alumnos, de las prácticas o del servicio de voluntariado. En el caso de los estudios superiores, en los supuestos en los que el solicitante vaya a estudiar más de un curso académico, la vigencia de la autorización coincidirá con la duración oficial de los estudios en las condiciones que reglamentariamente se determinen, que incluirán el mantenimiento y comprobación de los requisitos que dieron lugar al otorgamiento de la autorización.

Número 2 del artículo 33 redactado por el apartado dos de la disposición final tercera de la L.O. 2/2023, de 22 de marzo, del Sistema Universitario («B.O.E.» 23 marzo).
Vigencia: 12 abril 2023

3. La autorización se prorrogará con el límite de un año en cada prórroga en los términos y con los periodos de cada actividad de conformidad con su legislación específica siempre y cuando el titular demuestre que sigue reuniendo las condiciones requeridas en la autorización inicial y que cumple los requisitos exigidos con carácter general y los específicos de cada una de ellas.

Número 3 del artículo 33 redactado por el apartado dos de la disposición final tercera de la L.O. 2/2023, de 22 de marzo, del Sistema Universitario («B.O.E.» 23 marzo).
Vigencia: 12 abril 2023

4. Los extranjeros admitidos con fines de estudio, prácticas no laborales o voluntariado podrán ser autorizados para ejercer una actividad retribuida por cuenta propia o ajena, en la medida en que ello no limite la prosecución de los estudios o actividad asimilada, en los términos que reglamentariamente se determinen.

5. La realización de trabajo en una familia para compensar la estancia y mantenimiento en la misma, mientras se mejoran los conocimientos lingüísticos o profesionales se regulará de acuerdo con lo dispuesto en los acuerdos internacionales sobre colocación "au pair".

6. Se facilitará la entrada y permanencia en España, en los términos establecidos reglamentariamente, de los estudiantes extranjeros que participen en programas de la Unión Europea destinados a favorecer la movilidad con destino a la Unión o en la misma.

7. Todo extranjero, admitido en calidad de estudiante en otro Estado miembro de la Unión Europea, que solicite cursar parte de sus estudios ya iniciados o completar éstos en España podrá solicitar una autorización de estancia por estudios y obtenerla, si reúne los requisitos reglamentarios para ello, no siendo exigible el visado.

A fin de que todo extranjero admitido en calidad de estudiante en España pueda solicitar cursar parte de sus estudios ya iniciados o completar éstos en otro Estado miembro de la Unión Europea, las Autoridades españolas facilitarán la información oportuna sobre la permanencia de aquél en España, a instancia de las Autoridades competentes de dicho Estado miembro.

8. Se someten al régimen de estancia previsto en este artículo los extranjeros que cursen en España estudios de formación sanitaria especializada de acuerdo con la Ley 44/2003, de 11 de noviembre, de profesiones sanitarias, salvo que ya contaran con una autorización de residencia previamente al inicio de los mismos, en cuyo caso podrán continuar en dicha situación.

Artículo 33 redactado por el apartado treinta y seis del artículo único de la L.O. 2/2009, de 11 de diciembre, de reforma de la L.O. 4/2000, de 11 de enero, sobre derechos y libertades de los extranjeros en España y su integración social («B.O.E.» 12 diciembre).
Vigencia: 13 diciembre 2009

Artículo 34. *Residencia de apátridas, indocumentados y refugiados.* 1. El Ministro del Interior reconocerá la condición de apátrida a los extranjeros que manifestando que carecen de nacionalidad reúnen los requisitos previstos en la Convención sobre el Estatuto de Apátridas, hecha en Nueva York el 28 de septiembre de 1954, y les expedirá la documentación prevista en el artículo 27 de la citada Convención. El estatuto de apátrida comportará el régimen específico que reglamentariamente se determine.

Téngase en cuenta que el Instrumento de Adhesión de España a la Convención sobre el Estatuto de los Apátridas, hecha en Nueva York el 28 septiembre 1954, ha sido publicado en «B.O.E.» 4 julio de 1997.

2. En cualquier caso, el extranjero que se presente en dependencias del Ministerio del Interior acreditando que no puede ser documentado por las autoridades de ningún país y que desea ser documentado por España, una vez verificada la pertinente información y siempre que concurran y se acrediten razones excepcionales de índole humanitaria, interés público o cumplimiento de compromisos adquiridos por España, podrá obtener, en los términos que reglamentariamente se determinen, un documento identificativo que acredite su inscripción en las referidas dependencias. En todo caso, se denegará la documentación solicitada cuando el peti-

cionario esté incurso en alguno de los supuestos del artículo 26, o se haya dictado contra él una orden de expulsión.

Número 2 del artículo 34 redactado por el apartado catorce del artículo primero de la L.O. 14/2003, de 20 de noviembre, de Reforma de la Ley orgánica 4/2000, de 11 de enero, sobre derechos y libertades de los extranjeros en España y su integración social, modificada por la L.O. 8/2000, de 22 de diciembre; de la Ley 7/1985, de 2 de abril, Reguladora de las Bases del Régimen Local; de la Ley 30/1992, de 26 de noviembre, de Régimen Jurídico de las Administraciones Públicas y del Procedimiento Administrativo Común, y de la Ley 3/1991, de 10 de enero, de Competencia Desleal («B.O.E.» 21 noviembre).
Vigencia: 21 diciembre 2003

Véase la Orden INT/3321/2011, de 21 de noviembre, sobre expedición de título de viaje a extranjeros («B.O.E.» 5 diciembre).

Véanse artículos 211 y 212 del Reglamento de la L.O. 4/2000, sobre derechos y libertades de los extranjeros en España y su integración social, tras su reforma por L.O. 2/2009, aprobado por R.D. 557/2011, de 20 de abril («B.O.E.» 30 abril).

3. La resolución favorable sobre la petición de asilo en España supondrá el reconocimiento de la condición de refugiado del solicitante, el cual tendrá derecho a residir en España y a desarrollar actividades laborales, profesionales y mercantiles de conformidad con lo dispuesto en la Ley 5/1984, de 26 de marzo, reguladora del derecho de asilo y de la condición de refugiado, modificada por la Ley 9/1994, de 19 de mayo, y su normativa de desarrollo. Dicha condición supondrá su no devolución ni expulsión en los términos del artículo 33 de la Convención sobre el Estatuto de los Refugiados, hecha en Ginebra el 28 de julio de 1951.

Artículo 34 renumerado y redactado por el apartado 27 del artículo 1 de la L.O. 8/2000, 22 diciembre, de reforma de la L.O. 4/2000, de 11 de enero, sobre derechos y libertades de los extranjeros en España y su integración social («B.O.E.» 23 diciembre; corrección de errores «B.O.E.» 23 febrero 2001). Se corresponde con el anterior artículo 31.
Vigencia: 23 enero 2001

Véanse artículos 123 a 130 del Reglamento de la L.O. 4/2000, sobre derechos y libertades de los extranjeros en España y su integración social, tras su reforma por L.O. 2/2009, aprobado por R.D. 557/2011, de 20 de abril («B.O.E.» 30 abril).

Véanse:

- Convención sobre el Estatuto de los Refugiados, hecha en Ginebra el 28 de julio de 1951, y al Protocolo sobre el Estatuto de los Refugiados, hecho en Nueva York el 31 de enero de 1967 («B.O.E.» 21 octubre 1978).

- Real Decreto 865/2001, 20 julio, por el que se aprueba el Reglamento de reconocimiento del estatuto de apátrida («B.O.E.» 21 julio).

Artículo 35. *Menores no acompañados.* 1. El Gobierno promoverá el establecimiento de Acuerdos de colaboración con los países de origen que contemplen, integradamente, la prevención de la inmigración irregular, la protección y el retorno de los menores no acompañados. Las Comunidades Autónomas serán informadas de tales Acuerdos.

2. Las Comunidades Autónomas podrán establecer acuerdos con los países de origen dirigidos a procurar que la atención e integración social de los menores se realice en su entorno de procedencia. Tales acuerdos deberán asegurar debidamente la protección del interés de los menores y contemplarán mecanismos para un adecuado seguimiento por las Comunidades Autónomas de la situación de los mismos.

3. En los supuestos en que los Cuerpos y Fuerzas de Seguridad del Estado localicen a un extranjero indocumentado cuya minoría de edad no pueda ser establecida con seguridad, se le dará, por los servicios competentes de protección de menores,

la atención inmediata que precise, de acuerdo con lo establecido en la legislación de protección jurídica del menor, poniéndose el hecho en conocimiento inmediato del Ministerio Fiscal, que dispondrá la determinación de su edad, para lo que colaborarán las instituciones sanitarias oportunas que, con carácter prioritario, realizarán las pruebas necesarias.

La Sentencia TS (Sala 1.ª) de 23 septiembre 2014, Rec.=1382/2013, fija como doctrina jurisprudencial la siguiente: el inmigrante de cuyo pasaporte o documento equivalente de identidad se desprenda su minoría de edad no puede ser considerado un extranjero indocumentado para ser sometido a pruebas complementarias de determinación de su edad, pues no cabe cuestionar sin una justificación razonable por qué se realizan tales pruebas cuando se dispone de un pasaporte válido. Por tanto, procede realizar un juicio de proporcionalidad y ponderar adecuadamente las razones por las que se considera que el documento no es fiable y que por ello se debe acudir a las pruebas de determinación de la edad. En cualquier caso, ya se trate de personas documentadas como indocumentadas, las técnicas médicas, especialmente si son invasivas, no podrán aplicarse indiscriminadamente para la determinación de la edad.

4. Determinada la edad, si se tratase de un menor, el Ministerio Fiscal lo pondrá a disposición de los servicios competentes de protección de menores de la Comunidad Autónoma en la que se halle.

5. La Administración del Estado solicitará informe sobre las circunstancias familiares del menor a la representación diplomática del país de origen con carácter previo a la decisión relativa a la iniciación de un procedimiento sobre su repatriación. Acordada la iniciación del procedimiento, tras haber oído al menor si tiene suficiente juicio, y previo informe de los servicios de protección de menores y del Ministerio Fiscal, la Administración del Estado resolverá lo que proceda sobre el retorno a su país de origen, a aquel donde se encontrasen sus familiares o, en su defecto, sobre su permanencia en España. De acuerdo con el principio de interés superior del menor, la repatriación al país de origen se efectuará bien mediante reagrupación familiar, bien mediante la puesta a disposición del menor ante los servicios de protección de menores, si se dieran las condiciones adecuadas para su tutela por parte de los mismos.

6. A los mayores de dieciséis y menores de dieciocho años se les reconocerá capacidad para actuar en el procedimiento de repatriación previsto en este artículo, así como en el orden jurisdiccional contencioso administrativo por el mismo objeto, pudiendo intervenir personalmente o a través del representante que designen.

Cuando se trate de menores de dieciséis años, con juicio suficiente, que hubieran manifestado una voluntad contraria a la de quien ostenta su tutela o representación, se suspenderá el curso del procedimiento, hasta el nombramiento del defensor judicial que les represente.

7. Se considerará regular, a todos los efectos, la residencia de los menores que sean tutelados en España por una Administración Pública o en virtud de resolución judicial, por cualquier otra entidad. A instancia del organismo que ejerza la tutela y una vez que haya quedado acreditada la imposibilidad de retorno con su familia o al país de origen, se otorgará al menor una autorización de residencia, cuyos efectos se retrotraerán al momento en que el menor hubiere sido puesto a disposición de los servicios de protección de menores. La ausencia de autorización de residencia no impedirá el reconocimiento y disfrute de todos los derechos que le correspondan por su condición de menor.

8. La concesión de una autorización de residencia no será obstáculo para la ulterior repatriación cuando favorezca el interés superior del menor, en los términos establecidos en el apartado cuarto de este artículo.

9. Reglamentariamente se determinarán las condiciones que habrán de cumplir los menores tutelados que dispongan de autorización de residencia y alcancen la mayoría de edad para renovar su autorización o acceder a una autorización de re-

sidencia y trabajo teniendo en cuenta, en su caso, los informes positivos que, a estos efectos, puedan presentar las entidades públicas competentes referidos a su esfuerzo de integración, la continuidad de la formación o estudios que se estuvieran realizando, así como su incorporación, efectiva o potencial, al mercado de trabajo. Las Comunidades Autónomas desarrollarán las políticas necesarias para posibilitar la inserción de los menores en el mercado laboral cuando alcancen la mayoría de edad.

10. Los Cuerpos y Fuerzas de Seguridad del Estado adoptarán las medidas técnicas necesarias para la identificación de los menores extranjeros indocumentados, con el fin de conocer las posibles referencias que sobre ellos pudieran existir en alguna institución pública nacional o extranjera encargada de su protección. Estos datos no podrán ser usados para una finalidad distinta a la prevista en este apartado.

11. La Administración General del Estado y las Comunidades Autónomas podrán establecer convenios con organizaciones no gubernamentales, fundaciones y entidades dedicadas a la protección de menores, con el fin de atribuirles la tutela ordinaria de los menores extranjeros no acompañados.

Cada convenio especificará el número de menores cuya tutela se compromete a asumir la entidad correspondiente, el lugar de residencia y los medios materiales que se destinarán a la atención de los mismos.

Estará legitimada para promover la constitución de la tutela la Comunidad Autónoma bajo cuya custodia se encuentre el menor. A tales efectos, deberá dirigirse al juzgado competente que proceda en función del lugar en que vaya a residir el menor, adjuntando el convenio correspondiente y la conformidad de la entidad que vaya a asumir la tutela.

El régimen de la tutela será el previsto en el Código Civil y en la Ley de Enjuiciamiento Civil. Además, serán aplicables a los menores extranjeros no acompañados las restantes previsiones sobre protección de menores recogidas en el Código Civil y en la legislación vigente en la materia.

12. Las Comunidades Autónomas podrán llegar a acuerdos con las Comunidades Autónomas donde se encuentren los menores extranjeros no acompañados para asumir la tutela y custodia, con el fin de garantizar a los menores unas mejores condiciones de integración.

Artículo 35 redactado por el apartado treinta y siete del artículo único de la L.O. 2/2009, de 11 de diciembre, de reforma de la L.O. 4/2000, de 11 de enero, sobre derechos y libertades de los extranjeros en España y su integración social («B.O.E.» 12 diciembre).

Vigencia: 13 diciembre 2009

Véanse artículos 189 a 198 y 215 del Reglamento de la L.O. 4/2000, sobre derechos y libertades de los extranjeros en España y su integración social, tras su reforma por L.O. 2/2009, aprobado por R.D. 557/2011, de 20 de abril («B.O.E.» 30 abril).

Véanse: - Ley Orgánica 1/1996, de 15 de enero, de Protección Jurídica del Menor («B.O.E.» 17 enero). - Convención sobre los Derechos del Niño, adoptada por la Asamblea General de las Naciones Unidas el 20 de noviembre de 1989 («B.O.E.» 31 diciembre 1990).

CAPÍTULO III
DE LAS AUTORIZACIONES PARA LA REALIZACIÓN DE ACTIVIDADES LUCRATIVAS

Rúbrica del Capítulo III del Título II redactada por el apartado treinta y ocho del artículo único de la L.O. 2/2009, de 11 de diciembre, de reforma de la L.O. 4/2000, de 11 de enero, sobre derechos y libertades de los extranjeros en España y su integración social («B.O.E.» 12 diciembre).

Vigencia: 13 diciembre 2009

Artículo 36. *Autorización de residencia y trabajo.* 1. Los extranjeros mayores de dieciséis años precisarán, para ejercer cualquier actividad lucrativa, laboral o profesional, de la correspondiente autorización administrativa previa para residir y trabajar. La autorización de trabajo se concederá conjuntamente con la de residencia, salvo en los supuestos de penados extranjeros que se hallen cumpliendo condenas o en otros supuestos excepcionales que se determinen reglamentariamente.

2. La eficacia de la autorización de residencia y trabajo inicial se condicionará al alta del trabajador en la Seguridad Social. La Entidad Gestora comprobará en cada caso la previa habilitación de los extranjeros para residir y realizar la actividad.

3. Cuando el extranjero se propusiera trabajar por cuenta propia o ajena, ejerciendo una profesión para la que se exija una titulación especial, la concesión de la autorización se condicionará a la tenencia y, en su caso, homologación del título correspondiente y, si las leyes así lo exigiesen, a la colegiación.

4. Para la contratación de un extranjero, el empleador deberá solicitar la autorización a que se refiere el apartado 1 del presente artículo, que en todo caso deberá acompañarse del contrato de trabajo que garantice una actividad continuada durante el periodo de vigencia de la autorización.

5. La carencia de la autorización de residencia y trabajo, sin perjuicio de las responsabilidades del empresario a que dé lugar, incluidas las de Seguridad Social, no invalidará el contrato de trabajo respecto a los derechos del trabajador extranjero, ni será obstáculo para la obtención de las prestaciones derivadas de supuestos contemplados por los convenios internacionales de protección a los trabajadores u otras que pudieran corresponderle, siempre que sean compatibles con su situación. En todo caso, el trabajador que carezca de autorización de residencia y trabajo no podrá obtener prestaciones por desempleo.

Salvo en los casos legalmente previstos, el reconocimiento de una prestación no modificará la situación administrativa del extranjero.

6. En la concesión inicial de la autorización administrativa para trabajar podrán aplicarse criterios especiales para determinadas nacionalidades en función del principio de reciprocidad.

7. No se concederá autorización para residir y realizar una actividad lucrativa, laboral o profesional, a los extranjeros que, en el marco de un programa de retorno voluntario a su país de origen, se hubieran comprometido a no retornar a España durante un plazo determinado en tanto no hubiera transcurrido dicho plazo.

8. Reglamentariamente se determinarán las condiciones y requisitos para hacer posible la participación de trabajadores extranjeros en sociedades anónimas laborales y sociedades cooperativas.

Artículo 36 redactado por el apartado treinta y nueve del artículo único de la L.O. 2/2009, de 11 de diciembre, de reforma de la L.O. 4/2000, de 11 de enero, sobre derechos y libertades de los extranjeros en España y su integración social («B.O.E.» 12 diciembre).

Vigencia: 13 diciembre 2009

Véase Res. de 11 de septiembre de 2008, de la Subsecretaría, por la que se establece el procedimiento para la liquidación y el pago por vía telemática de la tasa con código 062 «Tasa por expedición de permisos de trabajo y autorización a ciudadanos extranjeros» («B.O.E.» 13 septiembre).

Artículo 37. *Autorización de residencia y trabajo por cuenta propia.* 1. Para la realización de actividades económicas por cuenta propia habrá de acreditarse el cumplimiento de todos los requisitos que la legislación vigente exige a los nacionales para la apertura y funcionamiento de la actividad proyectada, así como los relativos a la suficiencia de la inversión y la potencial creación de empleo, entre otros que reglamentariamente se establezcan.

2. La autorización inicial de residencia y trabajo por cuenta propia se limitará a un ámbito geográfico no superior al de una Comunidad Autónoma, y a un sector de actividad. Su duración se determinará reglamentariamente.

3. La concesión de la autorización inicial de trabajo, en necesaria coordinación con la que corresponde al Estado en materia de residencia, corresponderá a las Comunidades Autónomas de acuerdo con las competencias asumidas en los correspondientes Estatutos.

Artículo 37 redactado por el apartado cuarenta del artículo único de la L.O. 2/2009, de 11 de diciembre, de reforma de la L.O. 4/2000, de 11 de enero, sobre derechos y libertades de los extranjeros en España y su integración social («B.O.E.» 12 diciembre).

Vigencia: 13 diciembre 2009

Véanse artículos 103 a 109 del Reglamento de la L.O. 4/2000, sobre derechos y libertades de los extranjeros en España y su integración social, tras su reforma por L.O. 2/2009, aprobado por R.D. 557/2011, de 20 de abril («B.O.E.» 30 abril).

Artículo 38. *Autorización de residencia y trabajo por cuenta ajena.* 1. Para la concesión inicial de la autorización de residencia y trabajo, en el caso de trabajadores por cuenta ajena, se tendrá en cuenta la situación nacional de empleo.

2. La situación nacional de empleo será determinada por el Servicio Público de Empleo Estatal con la información proporcionada por las Comunidades Autónomas y con aquella derivada de indicadores estadísticos oficiales y quedará plasmada en el Catálogo de Ocupaciones de Difícil Cobertura. Dicho catálogo contendrá una relación de empleos susceptibles de ser satisfechos a través de la contratación de trabajadores extranjeros y será aprobado previa consulta de la Comisión Laboral Tripartita de Inmigración.

Igualmente, se entenderá que la situación nacional de empleo permite la contratación en ocupaciones no catalogadas cuando de la gestión de la oferta se concluya la insuficiencia de demandantes de empleo adecuados y disponibles. Reglamentariamente se determinarán los requisitos mínimos para considerar que la gestión de la oferta de empleo es considerada suficiente a estos efectos.

3. El procedimiento de concesión de la autorización de residencia y trabajo inicial, sin perjuicio de los supuestos previstos cuando el extranjero que se halle en España se encuentre habilitado para solicitar u obtener una autorización de residencia y trabajo, se basará en la solicitud de cobertura de un puesto vacante, presentada por un empresario o empleador ante la autoridad competente, junto con el contrato de trabajo y el resto de documentación exigible, ofrecido al trabajador extranjero residente en un tercer país. Verificado el cumplimiento de los requisitos, la autoridad competente expedirá una autorización cuya eficacia estará condicionada a que el extranjero solicite el correspondiente visado y que, una vez en España, se produzca el alta del trabajador en la Seguridad Social.

4. El empresario o empleador estará obligado a comunicar el desistimiento de la solicitud de autorización si, mientras se resolviera la autorización o el visado, desapareciera la necesidad de contratación del extranjero o se modificasen las condiciones del contrato de trabajo que sirvió de base a la solicitud. Asimismo, cuando el extranjero habilitado se hallase en España deberá registrar en los Servicios Públicos de Empleo el contrato de trabajo que dio lugar a la solicitud y formalizar el alta del trabajador en la Seguridad Social, y si no pudiera iniciarse la relación laboral, el empresario o empleador estará obligado a comunicarlo a las autoridades competentes.

5. La autorización inicial de residencia y trabajo se limitará, salvo en los casos previstos por la Ley y los Convenios Internacionales firmados por España, a un determinado territorio y ocupación. Su duración se determinará reglamentariamente.

6. La autorización de residencia y trabajo se renovará a su expiración:

a) Cuando persista o se renueve el contrato de trabajo que motivó su concesión inicial, o cuando se cuente con un nuevo contrato.

b) Cuando por la autoridad competente, conforme a la normativa de la Seguridad Social, se hubiera otorgado una prestación contributiva por desempleo.

c) Cuando el extranjero sea beneficiario de una prestación económica asistencial de carácter público destinada a lograr su inserción social o laboral.

d) Cuando concurran otras circunstancias previstas reglamentariamente, en particular, los supuestos de extinción del contrato de trabajo o suspensión de la relación laboral como consecuencia de ser víctima de violencia de género.

7. A partir de la primera concesión, las autorizaciones se concederán sin limitación alguna de ámbito geográfico u ocupación.

8. La concesión de la autorización inicial de trabajo, en necesaria coordinación con la que corresponde al Estado en materia de residencia, corresponderá a las Comunidades Autónomas de acuerdo con las competencias asumidas en los correspondientes Estatutos.

Artículo 38 redactado por el apartado cuarenta y uno del artículo único de la L.O. 2/2009, de 11 de diciembre, de reforma de la L.O. 4/2000, de 11 de enero, sobre derechos y libertades de los extranjeros en España y su integración social («B.O.E.» 12 diciembre).
Vigencia: 13 diciembre 2009

Véanse artículos 62 a 72 del Reglamento de la L.O. 4/2000, sobre derechos y libertades de los extranjeros en España y su integración social, tras su reforma por L.O. 2/2009, aprobado por R.D. 557/2011, de 20 de abril («B.O.E.» 30 abril).

Artículo 38 bis. *Régimen especial de los investigadores. ...*

Artículo 38 bis derogado por la disposición derogatoria única del R.D.-ley 11/2018, de 31 de agosto, de transposición de directivas en materia de protección de los compromisos por pensiones con los trabajadores, prevención del blanqueo de capitales y requisitos de entrada y residencia de nacionales de países terceros y por el que se modifica la Ley 39/2015, de 1 de octubre, del Procedimiento Administrativo Común de las Administraciones Públicas («B.O.E.» 4 septiembre).
Vigencia: 4 septiembre 2018

Artículo 38 ter. *Residencia y trabajo de profesionales altamente cualificados. ...*

Artículo 38 ter derogado por la letra a) de la disposición derogatoria única de la Ley 11/2023, de 8 de mayo, de trasposición de Directivas de la Unión Europea en materia de accesibilidad de determinados productos y servicios, migración de personas altamente cualificadas, tributaria y digitalización de actuaciones notariales y registrales; y por la que se modifica la Ley 12/2011, de 27 de mayo, sobre responsabilidad civil por daños nucleares o producidos por materiales radiactivos («B.O.E.» 9 mayo).
Vigencia: 10 mayo 2023

Artículo 39. *Gestión colectiva de contrataciones en origen.* 1. El Ministerio de Trabajo e Inmigración, teniendo en cuenta la situación nacional de empleo, podrá aprobar una previsión anual de las ocupaciones y, en su caso, de las cifras previstas de empleos que se puedan cubrir a través de la gestión colectiva de contrataciones en origen en un período determinado, a los que sólo tendrán acceso aquellos que no se hallen o residan en España. Asimismo, podrá establecer un número de visados para búsqueda de empleo en las condiciones que se determinen, dirigidos a hijos o nietos de español de origen o a determinadas ocupaciones. La mencionada previsión tendrá en cuenta las propuestas que, previa consulta de los agentes sociales en su ámbito correspondiente, sean realizadas por las Comunidades Autónomas, y será adoptada previa consulta de la Comisión Laboral Tripartita de Inmigración.

2. El procedimiento de concesión de la autorización inicial de residencia y trabajo mediante tramitación colectiva de los contratos en origen, estará basado en la gestión simultánea de una pluralidad de autorizaciones, presentadas por uno o varios empleadores, respecto de trabajadores seleccionados en sus países, con la participación, en su caso, de las autoridades competentes. En la gestión del mismo se actuará coordinadamente con las Comunidades Autónomas competentes para la concesión de la autorización de trabajo inicial.

3. Las ofertas de empleo realizadas a través de este procedimiento se orientarán preferentemente hacia los países con los que España haya firmado acuerdos sobre regulación de flujos migratorios.

Artículo 39 redactado por el apartado cuarenta y cuatro del artículo único de la L.O. 2/2009, de 11 de diciembre, de reforma de la L.O. 4/2000, de 11 de enero, sobre derechos y libertades de los extranjeros en España y su integración social («B.O.E.» 12 diciembre).

Vigencia: 13 diciembre 2009

Véase la Orden ISM/1488/2024, de 27 de diciembre, por la que se regula la gestión colectiva de contrataciones en origen para 2025 («B.O.E.» 28 diciembre).

Véanse los artículos 113 y siguientes del R.D. 1155/2024, de 19 de noviembre, por el que se aprueba el Reglamento de la L.O. 4/2000, de 11 de enero, sobre derechos y libertades de los extranjeros en España y su integración social («B.O.E.» 20 noviembre).

Véase la disposición adicional decimoquinta del R.D. 1155/2024, de 19 de noviembre, por el que se aprueba el Reglamento de la L.O. 4/2000, de 11 de enero, sobre derechos y libertades de los extranjeros en España y su integración social («B.O.E.» 20 noviembre).

Véanse artículos 167 a 177 y disposición adicional vigésimo segunda del Reglamento de la L.O. 4/2000, sobre derechos y libertades de los extranjeros en España y su integración social, tras su reforma por L.O. 2/2009, aprobado por R.D. 557/2011, de 20 de abril («B.O.E.» 30 abril).

Artículo 40. *Supuestos específicos de exención de la situación nacional de empleo.* 1. No se tendrá en cuenta la situación nacional de empleo cuando el contrato de trabajo vaya dirigido a:

a) Los familiares reagrupados en edad laboral, o el cónyuge o hijo de extranjero residente en España con una autorización renovada, así como al hijo de español nacionalizado o de ciudadanos de otros Estados miembros de la Unión Europea y de otros Estados parte en el Espacio Económico Europeo, siempre que estos últimos lleven, como mínimo, un año residiendo legalmente en España y al hijo no le sea de aplicación el régimen comunitario.

b) Los titulares de una autorización previa de trabajo que pretendan su renovación.

c) Los trabajadores necesarios para el montaje por renovación de una instalación o equipos productivos.

d) Los que hubieran gozado de la condición de refugiados, durante el año siguiente a la cesación de la aplicación de la Convención de Ginebra de 28 de julio de 1951, sobre el Estatuto de los Refugiados, por los motivos recogidos en el supuesto 5 de la sección C de su artículo 1.

e) Los que hubieran sido reconocidos como apátridas y los que hubieran perdido la condición de apátridas el año siguiente a la terminación de dicho estatuto.

f) Los extranjeros que tengan a su cargo ascendientes o descendientes de nacionalidad española.

g) Los extranjeros nacidos y residentes en España.

h) Los hijos o nietos de español de origen.

i) Los menores extranjeros en edad laboral con autorización de residencia que sean tutelados por la entidad de protección de menores competente, para aquellas actividades que, a criterio de la mencionada entidad, favorezcan su integración social, y una vez acreditada la imposibilidad de retorno con su familia o al país de origen.

j) Los extranjeros que obtengan la autorización de residencia por circunstancias excepcionales en los supuestos que se determinen reglamentariamente y, en todo caso, cuando se trate de víctimas de violencia de género o de trata de seres humanos.

k) Los extranjeros que hayan sido titulares de autorizaciones de trabajo para actividades de temporada, durante dos años naturales, y hayan retornado a su país.

l) Los extranjeros que hayan renunciado a su autorización de residencia y trabajo en virtud de un programa de retorno voluntario.

2. Tampoco se tendrá en cuenta la situación nacional de empleo, en las condiciones que se determinen reglamentariamente para:

a) La cobertura de puestos de confianza y directivos de empresas.

Véase la disposición adicional decimoquinta del Reglamento de la L.O. 4/2000, sobre derechos y libertades de los extranjeros en España y su integración social, tras su reforma por L.O. 2/2009, aprobado por R.D. 557/2011, de 20 de abril («B.O.E.» 30 abril).

b) Los profesionales altamente cualificados, incluyendo técnicos y científicos contratados por entidades públicas, universidades o centros de investigación, desarrollo e innovación dependientes de empresas, sin perjuicio de la aplicación del régimen específico de autorización aplicable de conformidad con la presente Ley.

c) Los trabajadores en plantilla de una empresa o grupo de empresas en otro país que pretendan desarrollar su actividad laboral para la misma empresa o grupo en España.

d) Los artistas de reconocido prestigio.

Artículo 40 redactado por el apartado cuarenta y cinco del artículo único de la L.O. 2/2009, de 11 de diciembre, de reforma de la L.O. 4/2000, de 11 de enero, sobre derechos y libertades de los extranjeros en España y su integración social («B.O.E.» 12 diciembre).
Vigencia: 13 diciembre 2009

Artículo 41. *Excepciones a la autorización de trabajo.* 1. No será necesaria la obtención de autorización de trabajo para el ejercicio de las actividades siguientes:

Las referencias al término "autorización" han sido introducidas conforme establece la disposición adicional única de la Ley Orgánica 14/2003, de 20 de noviembre, en sustitución del anterior término "permiso".
Vigencia: 21 diciembre 2003

a) Los técnicos y científicos extranjeros, invitados o contratados, por el Estado, las comunidades autónomas o los entes locales o los organismos que tengan por objeto la promoción y desarrollo de la investigación promovidos o participados mayoritariamente por las anteriores.

Letra a) del número 1 del artículo 41 redactada por el apartado diecinueve del artículo primero de la L.O. 14/2003, de 20 de noviembre, de Reforma de la Ley orgánica 4/2000, de 11 de enero, sobre derechos y libertades de los extranjeros en España y su integración social, modificada por la L.O. 8/2000, de 22 de diciembre; de la Ley 7/1985, de 2 de abril, Reguladora de las Bases del Régimen Local; de la Ley 30/1992, de 26 de noviembre, de Régimen Jurídico de las Administraciones Públicas y del Procedimiento Administrativo Común, y de la Ley 3/1991, de 10 de enero, de Competencia Desleal («B.O.E.» 21 noviembre).
Vigencia: 21 diciembre 2003

b) Los profesores extranjeros invitados o contratados por una universidad española.

c) El personal directivo y el profesorado extranjeros, de instituciones culturales y docentes dependientes de otros Estados, o privadas, de acreditado prestigio, oficialmente reconocidas por España, que desarrollen en nuestro país programas culturales y docentes de sus países respectivos, en tanto limiten su actividad a la ejecución de tales programas.

d) Los funcionarios civiles o militares de las Administraciones estatales extranjeras que vengan a España para desarrollar actividades en virtud de acuerdos de cooperación con la Administración española.

e) Los corresponsales de medios de comunicación social extranjeros, debidamente acreditados, para el ejercicio de la actividad informativa.

f) Los miembros de misiones científicas internacionales que realicen trabajos e investigaciones en España, autorizados por el Estado.

g) Los artistas que vengan a España a realizar actuaciones concretas que no supongan una actividad continuada.

h) Los ministros, religiosos o representantes de las diferentes iglesias y confesiones, debidamente inscritas en el Registro de Entidades Religiosas, en tanto limiten su actividad a funciones estrictamente religiosas.

i) Los extranjeros que formen parte de los órganos de representación, gobierno y administración de los sindicatos homologados internacionalmente, siempre que limiten su actividad a funciones estrictamente sindicales.

j) Los menores extranjeros en edad laboral tutelados por la entidad de protección de menores competente, para aquellas actividades que, a propuesta de la mencionada entidad, mientras permanezcan en esa situación, favorezcan su integración social.

Letra j) del número 1 del artículo 41 renombrada por el apartado cuarenta y seis del artículo único de la L.O. 2/2009, de 11 de diciembre, de reforma de la L.O. 4/2000, de 11 de enero, sobre derechos y libertades de los extranjeros en España y su integración social («B.O.E.» 12 diciembre). Su contenido literal se corresponde con el de la anterior letra k) del mismo artículo.
Vigencia: 13 diciembre 2009

2. Reglamentariamente se establecerá el procedimiento para acreditar la excepción. En todo caso, este procedimiento será el mismo tanto para el personal de instituciones públicas como de organismos promovidos o participados mayoritariamente por una Administración pública.

Número 2 del artículo 41 redactado por el apartado diecinueve del artículo primero de la L.O. 14/2003, de 20 de noviembre, de Reforma de la Ley orgánica 4/2000, de 11 de enero, sobre derechos y libertades de los extranjeros en España y su integración social, modificada por la L.O. 8/2000, de 22 de diciembre; de la Ley 7/1985, de 2 de abril, Reguladora de las Bases del Régimen Local; de la Ley 30/1992, de 26 de noviembre, de Régimen Jurídico de las Administraciones Públicas y del Procedimiento Administrativo Común, y de la Ley 3/1991, de 10 de enero, de Competencia Desleal («B.O.E.» 21 noviembre).
Vigencia: 21 diciembre 2003

3....

Número 3 del artículo 41 suprimido por el apartado cuarenta y seis del artículo único de la L.O. 2/2009, de 11 de diciembre, de reforma de la L.O. 4/2000, de 11 de enero, sobre derechos y libertades de los extranjeros en España y su integración social («B.O.E.» 12 diciembre).
Vigencia: 13 diciembre 2009

Artículo 41 renumerado y redactado por el apartado 34 del artículo 1 de la L.O. 8/2000, 22 diciembre, de reforma de la L.O. 4/2000, de 11 de enero, sobre derechos y libertades de los extranjeros en España y su integración social («B.O.E.» 23 diciembre;

corrección de errores «B.O.E.» 23 febrero 2001). Se corresponde con el anterior artículo 39.

Vigencia: 23 enero 2001

Véase artículo 117 del Reglamento de la L.O. 4/2000, sobre derechos y libertades de los extranjeros en España y su integración social, tras su reforma por L.O. 2/2009, aprobado por R.D. 557/2011, de 20 de abril («B.O.E.» 30 abril).

Las referencias al término "autorización" han sido introducidas conforme establece la disposición adicional única de la Ley Orgánica 14/2003, de 20 de noviembre, en sustitución del anterior término "permiso".

Vigencia: 21 diciembre 2003

Artículo 42. *Régimen especial de los trabajadores de temporada.* 1. El Gobierno regulará reglamentariamente la autorización de residencia y trabajo para los trabajadores extranjeros en actividades de temporada o campaña que les permita la entrada y salida del territorio nacional, así como la documentación de su situación, de acuerdo con las características de las citadas campañas y la información que le suministren las Comunidades Autónomas donde se promuevan.

2. Para conceder las autorizaciones de residencia y trabajo deberá garantizarse que los trabajadores temporeros serán alojados en condiciones de dignidad e higiene adecuadas.

3. Las Administraciones públicas promoverán la asistencia de los servicios sociales adecuados.

4. Las ofertas de empleo de temporada se orientarán preferentemente hacia los países con los que España haya firmado acuerdos sobre regulación de flujos migratorios.

5. Las Comunidades Autónomas, los Ayuntamientos y los agentes sociales promoverán los circuitos que permitan la concatenación de los trabajadores de temporada, en colaboración con la Administración General del Estado.

6. Reglamentariamente se determinarán las condiciones para que los trabajadores en plantilla de una empresa o grupo de empresas que desarrollen su actividad en otro país puedan ser autorizados a trabajar temporalmente en España para la misma empresa o grupo.

Artículo 42 redactado por el apartado cuarenta y siete del artículo único de la L.O. 2/2009, de 11 de diciembre, de reforma de la L.O. 4/2000, de 11 de enero, sobre derechos y libertades de los extranjeros en España y su integración social («B.O.E.» 12 diciembre).

Vigencia: 13 diciembre 2009

Véanse los artículos 100 y siguientes del R.D. 1155/2024, de 19 de noviembre, por el que se aprueba el Reglamento de la L.O. 4/2000, de 11 de enero, sobre derechos y libertades de los extranjeros en España y su integración social («B.O.E.» 20 noviembre).

Véanse artículos 97 a 102 del Reglamento de la L.O. 4/2000, sobre derechos y libertades de los extranjeros en España y su integración social, tras su reforma por L.O. 2/2009, aprobado por R.D. 557/2011, de 20 de abril («B.O.E.» 30 abril).

Artículo 43. *Trabajadores transfronterizos y prestación transnacional de servicios.* 1. Los trabajadores extranjeros que, residiendo en la zona limítrofe, desarrollen su actividad en España y regresen a su lugar de residencia diariamente deberán obtener la correspondiente autorización administrativa, con los requisitos y condiciones con que se conceden las autorizaciones de régimen general, siéndoles de aplicación en cuanto a los derechos de seguridad social lo establecido en el artículo 14.1 de esta Ley

2. Reglamentariamente se establecerán las condiciones para la autorización de residencia y trabajo en el marco de prestaciones transnacionales de servicios, de acuerdo con la normativa vigente.

Artículo 43 redactado por el apartado cuarenta y ocho del artículo único de la L.O. 2/2009, de 11 de diciembre, de reforma de la L.O. 4/2000, de 11 de enero, sobre derechos y libertades de los extranjeros en España y su integración social («B.O.E.» 12 diciembre).
Vigencia: 13 diciembre 2009

Véanse artículos 110 a 116 y 182 a 184 del Reglamento de la L.O. 4/2000, sobre derechos y libertades de los extranjeros en España y su integración social, tras su reforma por L.O. 2/2009, aprobado por R.D. 557/2011, de 20 de abril («B.O.E.» 30 abril).

CAPÍTULO IV
DE LAS TASAS POR AUTORIZACIONES ADMINISTRATIVAS Y POR TRAMITACIÓN DE LAS SOLICITUDES DE VISADO Y DE LOS PRECIOS PÚBLICOS

Título del capítulo IV del título II redactado por el apartado uno de la disposición final tercera de la L.O. 2/2023, de 22 de marzo, del Sistema Universitario («B.O.E.» 23 marzo).
Vigencia: 12 abril 2023

Artículo 44. *Hecho imponible.* 1. Las tasas se regirán por la presente Ley y por las demás fuentes normativas que para las tasas se establecen en el artículo 9 de la Ley 8/1989, de 13 de abril, de Tasas y Precios Públicos.

2. Constituye el hecho imponible de las tasas la tramitación de las autorizaciones administrativas y de los documentos de identidad previstos en esta Ley, así como de sus prórrogas, modificaciones y renovaciones; en particular:

a) La tramitación de autorizaciones para la prórroga de la estancia en España.
b) La tramitación de las autorizaciones para residir en España.
c) La tramitación de autorizaciones de trabajo, salvo que se trate de autorizaciones para un período inferior a seis meses.
d) La tramitación de tarjetas de identidad de extranjeros.
e) La tramitación de documentos de identidad a indocumentados.
f) La tramitación de visado.

Véase la disposición adicional duodécima, sobre tasas por tramitación de procedimientos, del R.D. 1155/2024, de 19 de noviembre, por el que se aprueba el Reglamento de la L.O. 4/2000, de 11 de enero, sobre derechos y libertades de los extranjeros en España y su integración social («B.O.E.» 20 noviembre).

3. Se podrán establecer precios públicos por la prestación de servicios de tramitación de visados por parte de proveedores de servicios externos, de conformidad con la normativa aplicable.

Número 3 del artículo 44 introducido por el apartado tres de la disposición final tercera de la L.O. 2/2023, de 22 de marzo, del Sistema Universitario («B.O.E.» 23 marzo).
Vigencia: 12 abril 2023

Artículo 44 redactado por el apartado cuarenta y nueve del artículo único de la L.O. 2/2009, de 11 de diciembre, de reforma de la L.O. 4/2000, de 11 de enero, sobre derechos y libertades de los extranjeros en España y su integración social («B.O.E.» 12 diciembre).
Vigencia: 13 diciembre 2009

Artículo 45. *Devengo.* 1. Las tasas se devengarán cuando se solicite la autorización, la prórroga, la modificación, la renovación, o el visado.

En el caso de las Comunidades Autónomas que tengan traspasadas las competencias en materia de autorización de trabajo, les corresponderá el devengo del rendimiento de las tasas.

2. En los casos de autorización de residencia y trabajo por cuenta ajena a favor de trabajadores de servicio doméstico de carácter parcial o discontinuo, el devengo de la tasa se producirá en el momento de afiliación y/o alta del trabajador en la Seguridad Social.

3. En los casos de renovación de la autorización de residencia y trabajo por cuenta ajena, en ausencia de empleador, y cuando se trate de trabajadores de servicio doméstico de carácter parcial o discontinuo, el devengo de la tasa se producirá en el momento de alta del trabajador en la Seguridad Social.

4. El importe de las tasas se establecerá por orden ministerial de los departamentos competentes. Cuando las Comunidades Autónomas tengan traspasadas las competencias en materia de autorización inicial de trabajo, éstas se regirán por la legislación correspondiente.

Artículo 45 redactado por el apartado cincuenta del artículo único de la L.O. 2/2009, de 11 de diciembre, de reforma de la L.O. 4/2000, de 11 de enero, sobre derechos y libertades de los extranjeros en España y su integración social («B.O.E.» 12 diciembre).

Vigencia: 13 diciembre 2009

Artículo 46. *Sujetos pasivos.* 1. Serán sujetos pasivos de las tasas los solicitantes de visado y las personas en cuyo favor se concedan las autorizaciones o se expidan los documentos previstos en el artículo 44, salvo en las autorizaciones de trabajo por cuenta ajena, en cuyo caso será sujeto pasivo el empleador o empresario, excepto en el supuesto de relaciones laborales en el sector del servicio doméstico de carácter parcial o discontinuo, en que lo será el propio trabajador.

2. Será nulo todo pacto por el que el trabajador por cuenta ajena asuma la obligación de pagar en todo o en parte el importe de las tasas establecidas.

Artículo 46 redactado por el apartado cincuenta y uno del artículo único de la L.O. 2/2009, de 11 de diciembre, de reforma de la L.O. 4/2000, de 11 de enero, sobre derechos y libertades de los extranjeros en España y su integración social («B.O.E.» 12 diciembre).

Vigencia: 13 diciembre 2009

Artículo 47. *Exención.* No vendrán obligados al pago de las tasas por la concesión de las autorizaciones para trabajar los nacionales iberoamericanos, filipinos, andorranos, ecuatoguineanos, los sefardíes, los hijos y nietos de español o española de origen, y los extranjeros nacidos en España cuando pretendan realizar una actividad lucrativa, laboral o profesional, por cuenta propia.

Las solicitudes de visado presentadas por nacionales de terceros países beneficiarios de derecho comunitario en materia de libre circulación y residencia estarán exentas del pago de las tasas de tramitación.

Las entidades públicas de protección de menores estarán exentas del pago de las tasas derivadas de las autorizaciones que están obligadas a solicitar para éstos en ejercicio de la representación legal que de ellos ostentan.

En aplicación de la normativa comunitaria sobre la materia, quedarán exentos del pago de la tasa relativa a visados de tránsito o estancia, los niños menores de seis años; los investigadores nacionales de terceros países que se desplacen con fines de investigación científica en los términos establecidos por la Recomendación 2005/761/CE, del Parlamento y del Consejo; y los representantes de organizaciones sin ánimo de lucro que no sean mayores de 25 años y vayan a participar en seminarios, conferencias o acontecimientos deportivos o educativos, organizados por organizaciones sin ánimo de lucro.

Artículo 47 redactado por el apartado cincuenta y dos del artículo único de la L.O. 2/2009, de 11 de diciembre, de reforma de la L.O. 4/2000, de 11 de enero, sobre derechos y libertades de los extranjeros en España y su integración social («B.O.E.» 12 diciembre).

Vigencia: 13 diciembre 2009

Artículo 48. *Cuantía de las tasas.* 1. El importe de las tasas se establecerá por Orden ministerial de los Departamentos competentes, sin perjuicio de lo dispuesto por la normativa comunitaria en relación con procedimientos de solicitud de visados de tránsito o estancia.

Número 1 del artículo 48 redactado por el apartado cincuenta y tres del artículo único de la L.O. 2/2009, de 11 de diciembre, de reforma de la L.O. 4/2000, de 11 de enero, sobre derechos y libertades de los extranjeros en España y su integración social («B.O.E.» 12 diciembre).

Vigencia: 13 diciembre 2009

Véase la Orden AUC/891/2024, de 13 de agosto, por la que se establecen las cuantías de las tasas por la tramitación de visados («B.O.E.» 24 agosto).

2. Las normas que determinen la cuantía de las tasas deberán ir acompañadas de una memoria económico-financiera sobre el coste de la actividad de que se trate y sobre la justificación de la cuantía propuesta, la cual deberá ajustarse a lo establecido en los artículos 7 y 19.2 de la Ley 8/1989, de 13 de abril.

3. Se consideran elementos y criterios esenciales de cuantificación que sólo podrán modificarse mediante norma del mismo rango, los siguientes:

a) En la tramitación de la solicitud de visado, los gastos administrativos de tramitación, la limitación de los efectos del visado de tránsito aeroportuario, la duración de la estancia, el número de entradas autorizadas, el carácter de la residencia, así como, en su caso, el hecho de que se expida en frontera. También se tendrán en cuenta los costes complementarios que se originen por la expedición de visados, cuando, a petición del interesado, deba hacerse uso de procedimientos tales como mensajería, correo electrónico, correo urgente, telefax, telegrama o conferencia telefónica.

b) En la concesión de autorizaciones para la prórroga de estancia en España, la duración de la prórroga.

c) En la concesión de autorizaciones de residencia, la duración de la autorización, así como su carácter definitivo o temporal, y, dentro de estas últimas, el hecho de que se trate de la primera o ulteriores concesiones o sus renovaciones.

d) En la concesión de autorizaciones de trabajo, la duración de la misma, su extensión y ámbito, el carácter y las modalidades de la relación por cuenta ajena, así como, en su caso, el importe del salario pactado.

e) En la expedición de tarjetas de identidad de extranjeros, la duración de la autorización y el hecho de que se trate de la primera o ulteriores concesiones o sus renovaciones.

En todo caso, será criterio cuantitativo de las tasas el carácter individual o colectivo de las autorizaciones, prórrogas, modificaciones o renovaciones.

Número 3 del artículo 48 redactado por el apartado veintiséis del artículo primero de la L.O. 14/2003, de 20 de noviembre, de Reforma de la Ley orgánica 4/2000, de 11 de enero, sobre derechos y libertades de los extranjeros en España y su integración social, modificada por la L.O. 8/2000, de 22 de diciembre; de la Ley 7/1985, de 2 de abril, Reguladora de las Bases del Régimen Local; de la Ley 30/1992, de 26 de noviembre, de Régimen Jurídico de las Administraciones Públicas y del Procedimiento Administrativo Común, y de la Ley 3/1991, de 10 de enero, de Competencia Desleal («B.O.E.» 21 noviembre).

Vigencia: 21 diciembre 2003

4. Los importes de las tasas por tramitación de la solicitud de visado se adecuarán a la revisión que proceda por aplicación del derecho comunitario. Se acomodarán, asimismo, al importe que pueda establecerse por aplicación del principio de reciprocidad.

Número 4 del artículo 48 redactado por el apartado veintiséis del artículo primero de la L.O. 14/2003, de 20 de noviembre, de Reforma de la Ley orgánica 4/2000, de 11 de enero, sobre derechos y libertades de los extranjeros en España y su integración social, modificada por la L.O. 8/2000, de 22 de diciembre; de la Ley 7/1985, de 2 de abril, Reguladora de las Bases del Régimen Local; de la Ley 30/1992, de 26 de noviembre, de Régimen Jurídico de las Administraciones Públicas y del Procedimiento Administrativo Común, y de la Ley 3/1991, de 10 de enero, de Competencia Desleal («B.O.E.» 21 noviembre).
Vigencia: 21 diciembre 2003

Artículo 48 renumerado y redactado por el apartado 41 del artículo 1 de la L.O. 8/2000, 22 diciembre, de reforma de la L.O. 4/2000, de 11 de enero, sobre derechos y libertades de los extranjeros en España y su integración social («B.O.E.» 23 diciembre; corrección de errores «B.O.E.» 23 febrero 2001). Se corresponde con el anterior artículo 45.
Vigencia: 23 enero 2001

Véase el apartado primero de la Res. 4/2001, de 22 de octubre, de la Dirección General de Tributos, por la que se convierten a euros las cuantías exigibles por las tasas cuya gestión está atribuida a órganos dependientes del Ministerio del Interior («B.O.E.» 10 noviembre).

Artículo 49. *Gestión, recaudación y autoliquidación.* 1. La gestión y recaudación de las tasas corresponderá a los órganos competentes para la concesión de las autorizaciones, modificaciones, renovaciones y prórrogas, la expedición de la documentación a que se refiere el artículo 44 y la tramitación de la solicitud de visado.

Número 1 del artículo 49 redactado por el apartado cincuenta y cuatro del artículo único de la L.O. 2/2009, de 11 de diciembre, de reforma de la L.O. 4/2000, de 11 de enero, sobre derechos y libertades de los extranjeros en España y su integración social («B.O.E.» 12 diciembre).
Vigencia: 13 diciembre 2009

2. Los sujetos pasivos de las tasas estarán obligados a practicar operaciones de autoliquidación tributaria y a realizar el ingreso de su importe en el Tesoro cuando así se prevea reglamentariamente.

Artículo 49 introducido en su actual redacción por el apartado 42 del artículo 1 de la L.O. 8/2000, 22 diciembre, de reforma de la L.O. 4/2000, de 11 de enero, sobre derechos y libertades de los extranjeros en España y su integración social («B.O.E.» 23 diciembre; corrección de errores «B.O.E.» 23 febrero 2001).
Vigencia: 23 enero 2001

Véase la disposición adicional decimoctava del Reglamento de la L.O. 4/2000, sobre derechos y libertades de los extranjeros en España y su integración social, tras su reforma por L.O. 2/2009, aprobado por R.D. 557/2011, de 20 de abril («B.O.E.» 30 abril).

TÍTULO III
DE LAS INFRACCIONES EN MATERIA DE EXTRANJERÍA Y SU RÉGIMEN SANCIONADOR

Artículo 50. *La potestad sancionadora.* El ejercicio de la potestad sancionadora por la comisión de las infracciones administrativas previstas en la presente Ley Orgánica, se ajustará a la dispuesto en la misma y en sus disposiciones de desarrollo, y en la Ley 30/1992, de Régimen Jurídico de las Administraciones Públicas y del Procedimiento Administrativo Común.

La 30/1992, de 26 de noviembre, ha sido derogada por la Ley 39/2015, de 1 de octubre, del Procedimiento Administrativo Común de las Administraciones Públicas («B.O.E.» 2 octubre).

Véanse los artículo 215 y siguientes del R.D. 1155/2024, de 19 de noviembre, por el que se aprueba el Reglamento de la L.O. 4/2000, de 11 de enero, sobre derechos y libertades de los extranjeros en España y su integración social («B.O.E.» 20 noviembre).

Artículo 50 renumerado por el apartado 43 del artículo 1 de la L.O. 8/2000, 22 diciembre, de reforma de la L.O. 4/2000, de 11 de enero, sobre derechos y libertades de los extranjeros en España y su integración social («B.O.E.» 23 diciembre; corrección de errores «B.O.E.» 23 febrero 2001). Su contenido literal se corresponde con el del anterior artículo 46.
Vigencia: 23 enero 2001

Artículo 51. *Tipos de infracciones.* 1. Incurrirán en responsabilidad administrativa quienes sean autores o participen en cualquiera de las infracciones tipificadas en los artículos siguientes.

2. Las infracciones administrativas establecidas en la presente Ley Orgánica se clasifican en leves, graves y muy graves.

Artículo 51 renumerado por el apartado 44 del artículo 1 de la L.O. 8/2000, 22 diciembre, de reforma de la L.O. 4/2000, de 11 de enero, sobre derechos y libertades de los extranjeros en España y su integración social («B.O.E.» 23 diciembre; corrección de errores «B.O.E.» 23 febrero 2001). Su contenido literal se corresponde con el del anterior artículo 47.
Vigencia: 23 enero 2001

Artículo 52. *Infracciones leves.* Son infracciones leves:

a) La omisión o el retraso en la comunicación a las autoridades españolas de los cambios de nacionalidad, de estado civil o de domicilio, así como de otras circunstancias determinantes de su situación laboral cuando les sean exigibles por la normativa aplicable.

b) El retraso, hasta tres meses, en la solicitud de renovación de las autorizaciones una vez hayan caducado.

c) Encontrarse trabajando en España sin haber solicitado autorización administrativa para trabajar por cuenta propia, cuando se cuente con autorización de residencia temporal.

Las referencias al término "autorización" han sido introducidas conforme establece la disposición adicional única de la Ley Orgánica 14/2003, de 20 de noviembre, en sustitución del anterior término "permiso".
Vigencia: 21 diciembre 2003

d) Encontrarse trabajando en una ocupación, sector de actividad, o ámbito geográfico no contemplado por la autorización de residencia y trabajo de la que se es titular.

Letra d) del artículo 52 introducida por el apartado cincuenta y cinco del artículo único de la L.O. 2/2009, de 11 de diciembre, de reforma de la L.O. 4/2000, de 11 de enero, sobre derechos y libertades de los extranjeros en España y su integración social («B.O.E.» 12 diciembre).
Vigencia: 13 diciembre 2009

e) La contratación de trabajadores cuya autorización no les habilita para trabajar en esa ocupación o ámbito geográfico, incurriéndose en una infracción por cada uno de los trabajadores extranjeros ocupados.

Letra e) del artículo 52 introducida por el apartado cincuenta y cinco del artículo único de la L.O. 2/2009, de 11 de diciembre, de reforma de la L.O. 4/2000, de 11 de enero, sobre derechos y libertades de los extranjeros en España y su integración social («B.O.E.» 12 diciembre).
Vigencia: 13 diciembre 2009

Artículo 52 renumerado y redactado por el apartado 45 del artículo 1 de la L.O. 8/2000, 22 diciembre, de reforma de la L.O. 4/2000, de 11 de enero, sobre derechos y libertades de los extranjeros en España y su integración social («B.O.E.» 23 diciembre; corrección de errores «B.O.E.» 23 febrero 2001). Se corresponde con el anterior artículo 48.

Vigencia: 23 enero 2001

Véase el artículo 237 del R.D. 1155/2024, de 19 de noviembre, por el que se aprueba el Reglamento de la L.O. 4/2000, de 11 de enero, sobre derechos y libertades de los extranjeros en España y su integración social («B.O.E.» 20 noviembre).

Artículo 53. *Infracciones graves.* 1. Son infracciones graves:

a) Encontrarse irregularmente en territorio español, por no haber obtenido la prórroga de estancia, carecer de autorización de residencia o tener caducada más de tres meses la mencionada autorización, y siempre que el interesado no hubiere solicitado la renovación de la misma en el plazo previsto reglamentariamente.

Véase el artículo 240.1 del R.D. 1155/2024, de 19 de noviembre, por el que se aprueba el Reglamento de la L.O. 4/2000, de 11 de enero, sobre derechos y libertades de los extranjeros en España y su integración social («B.O.E.» 20 noviembre).

b) Encontrarse trabajando en España sin haber obtenido autorización de trabajo o autorización administrativa previa para trabajar, cuando no cuente con autorización de residencia válida.

Véase el artículo 241.2 del R.D. 1155/2024, de 19 de noviembre, por el que se aprueba el Reglamento de la L.O. 4/2000, de 11 de enero, sobre derechos y libertades de los extranjeros en España y su integración social («B.O.E.» 20 noviembre).

c) Incurrir en ocultación dolosa o falsedad grave en el cumplimiento de la obligación de poner en conocimiento de las autoridades competentes los cambios que afecten a nacionalidad, estado civil o domicilio, así como incurrir en falsedad en la declaración de los datos obligatorios para cumplimentar el alta en el padrón municipal a los efectos previstos en esta Ley, siempre que tales hechos no constituyan delito. Cuando cualquier autoridad tuviera conocimiento de una posible infracción por esta causa, lo pondrá en conocimiento de las autoridades competentes con el fin de que pueda instruirse el oportuno expediente sancionador.

d) El incumplimiento de las medidas impuestas por razón de seguridad pública, de presentación periódica o de alejamiento de fronteras o núcleos de población concretados singularmente, de acuerdo con lo dispuesto en la presente Ley.

e) La comisión de una tercera infracción leve, siempre que en un plazo de un año anterior hubiera sido sancionado por dos faltas leves de la misma naturaleza.

f) La participación por el extranjero en la realización de actividades contrarias al orden público previstas como graves en la Ley Orgánica 1/1992, de 21 de febrero, sobre Protección de la Seguridad Ciudadana.

g) Las salidas del territorio español por puestos no habilitados, sin exhibir la documentación prevista o contraviniendo las prohibiciones legalmente impuestas.

h) Incumplir la obligación del apartado 2 del artículo 4.

2. También son infracciones graves:

a) No dar de alta, en el Régimen de la Seguridad Social que corresponda, al trabajador extranjero cuya autorización de residencia y trabajo por cuenta ajena hubiera solicitado, o no registrar el contrato de trabajo en las condiciones que sirvieron de base a la solicitud, cuando el empresario tenga constancia de que el trabajador se halla legalmente en España habilitado para el comienzo de la relación laboral. No obstante, estará exento de esta responsabilidad el empresario que comunique a las autoridades competentes la concurrencia de razones sobrevenidas que puedan poner en riesgo objetivo la viabilidad de la empresa o que, conforme a la legislación, impidan el inicio de dicha relación.

b) Contraer matrimonio, simular relación afectiva análoga o constituirse en representante legal de un menor, cuando dichas conductas se realicen con ánimo de lucro o con el propósito de obtener indebidamente un derecho de residencia, siempre que tales hechos no constituyan delito.

c) Promover la permanencia irregular en España de un extranjero, cuando su entrada legal haya contado con una invitación expresa del infractor y continúe a su cargo una vez transcurrido el período de tiempo permitido por su visado o autorización. Para graduar la sanción se tendrán en cuenta las circunstancias personales y familiares concurrentes.

d) Consentir la inscripción de un extranjero en el Padrón Municipal por parte del titular de una vivienda habilitado para tal fin, cuando dicha vivienda no constituya el domicilio real del extranjero. Se incurrirá en una infracción por cada persona indebidamente inscrita.

Artículo 53 redactado por el apartado cincuenta y seis del artículo único de la L.O. 2/2009, de 11 de diciembre, de reforma de la L.O. 4/2000, de 11 de enero, sobre derechos y libertades de los extranjeros en España y su integración social («B.O.E.» 12 diciembre).

Vigencia: 13 diciembre 2009

Artículo 54. *Infracciones muy graves.* 1. Son infracciones muy graves:

a) Participar en actividades contrarias a la seguridad nacional o que pueden perjudicar las relaciones de España con otros países, o estar implicados en actividades contrarias al orden público previstas como muy graves en la Ley Orgánica 1/1992, de 21 de febrero, sobre Protección de la Seguridad Ciudadana.

b) Inducir, promover, favorecer o facilitar con ánimo de lucro, individualmente o formando parte de una organización, la inmigración clandestina de personas en tránsito o con destino al territorio español o su permanencia en el mismo, siempre que el hecho no constituya delito.

Véase el artículo 244.4 del R.D. 1155/2024, de 19 de noviembre, por el que se aprueba el Reglamento de la L.O. 4/2000, de 11 de enero, sobre derechos y libertades de los extranjeros en España y su integración social («B.O.E.» 20 noviembre).

c) La realización de conductas de discriminación por motivos raciales, étnicos, nacionales o religiosos, en los términos previstos en el artículo 23 de la presente Ley, siempre que el hecho no constituya delito.

d) La contratación de trabajadores extranjeros sin haber obtenido con carácter previo la correspondiente autorización de residencia y trabajo, incurriéndose en una infracción por cada uno de los trabajadores extranjeros ocupados, siempre que el hecho no constituya delito.

Véase el artículo 244.5 del R.D. 1155/2024, de 19 de noviembre, por el que se aprueba el Reglamento de la L.O. 4/2000, de 11 de enero, sobre derechos y libertades de los extranjeros en España y su integración social («B.O.E.» 20 noviembre).

e) Realizar, con ánimo de lucro, la infracción prevista en la letra d) del apartado 2 del artículo anterior.

f) Simular la relación laboral con un extranjero, cuando dicha conducta se realice con ánimo de lucro o con el propósito de obtener indebidamente derechos reconocidos en esta Ley, siempre que tales hechos no constituyan delito.

g) La comisión de una tercera infracción grave siempre que en un plazo de un año anterior hubiera sido sancionado por dos faltas graves de la misma naturaleza.

2. También son infracciones muy graves:

a) El incumplimiento de las obligaciones previstas para los transportistas en el artículo 66, apartados 1 y 2.

b) El transporte de extranjeros por vía aérea, marítima o terrestre, hasta el territorio español, por los sujetos responsables del transporte, sin que hubieran comprobado la validez y vigencia, tanto de los pasaportes, títulos de viaje o documentos de identidad pertinentes, como, en su caso, del correspondiente visado, de los que habrán de ser titulares los citados extranjeros.

c) El incumplimiento de la obligación que tienen los transportistas de hacerse cargo sin pérdida de tiempo del extranjero o transportado que, por deficiencias en la documentación antes citada, no haya sido autorizado a entrar en España, así como del extranjero transportado en tránsito que no haya sido trasladado a su país de destino o que hubiera sido devuelto por las autoridades de éste, al no autorizarle la entrada.

Esta obligación incluirá los gastos de mantenimiento del citado extranjero y, si así lo solicitan las autoridades encargadas del control de entrada, los derivados del transporte de dicho extranjero, que habrá de producirse de inmediato, bien por medio de la compañía objeto de sanción o, en su defecto, por medio de otra empresa de transporte, con dirección al Estado a partir del cual haya sido transportado, al Estado que haya expedido el documento de viaje con el que ha viajado o a cualquier otro Estado donde esté garantizada su admisión.

3. No obstante lo dispuesto en los apartados anteriores, no se considerará infracción a la presente Ley el hecho de transportar hasta la frontera española a un extranjero que, habiendo presentado sin demora su solicitud de protección internacional, ésta le sea admitida a trámite, de conformidad con lo establecido en la Ley 12/2009, de 30 de octubre reguladora del derecho de asilo y de la protección subsidiaria.

Artículo 54 redactado por el apartado cincuenta y siete del artículo único de la L.O. 2/2009, de 11 de diciembre, de reforma de la L.O. 4/2000, de 11 de enero, sobre derechos y libertades de los extranjeros en España y su integración social («B.O.E.» 12 diciembre).

Vigencia: 13 diciembre 2009

Véanse:

- Ley 12/2009, de 30 de octubre, reguladora del derecho de asilo y de la protección subsidiaria («B.O.E.» 31 de octubre).

- Artículo 36 y 37 del Texto Refundido de Infracciones y Sanciones en el orden social.

Artículo 55. *Sanciones.* 1. Las infracciones tipificadas en los artículos anteriores serán sancionadas en los términos siguientes:

a) Las infracciones leves con multa de hasta 500 euros.

b) Las infracciones graves con multa de 501 hasta 10.000 euros. En el supuesto contemplado en el artículo 53.2.a) de esta Ley, además de la sanción indicada, el empresario también estará obligado a sufragar los costes derivados del viaje.

c) Las infracciones muy graves con multa desde 10.001 hasta 100.000 euros, excepto la prevista en el artículo 54.2.b), que lo será con una multa de 5.000 a 10.000 euros por cada viajero transportado o con un mínimo de 750.000 euros a tanto alzado, con independencia del número de viajeros transportados. La prevista en el artículo 54.2.a) en relación con el artículo 66.1 lo será con una multa de 10.001 hasta 100.000 euros por cada viaje realizado sin haber comunicado los datos de las personas transportadas o habiéndolos comunicado incorrectamente, con independencia de que la Autoridad gubernativa pueda adoptar la inmovilización, incautación y decomiso del medio de transporte, o la suspensión provisional o retirada de la autorización de explotación.

2. La imposición de sanciones por las infracciones administrativas establecidas en la presente Ley Orgánica corresponderá al Subdelegado del Gobierno o al Delegado del Gobierno en las Comunidades Autónomas uniprovinciales. Cuando una Comunidad Autónoma tenga atribuidas competencias en materia de autorización inicial de trabajo de extranjeros la imposición de las sanciones establecidas en esta Ley en los supuestos de infracción a que se refiere el párrafo siguiente correspon-

derá a la Comunidad Autónoma y se ejercerá por la Autoridad que la misma determine, dentro del ámbito de sus competencias.

En los supuestos calificados como infracción leve del artículo 52.c), d) y e), graves del artículo 53.1.b), y 53.2.a), y muy grave del artículo 54.1.d) y f), el procedimiento sancionador se iniciará por acta de la Inspección de Trabajo y Seguridad Social, de acuerdo con lo establecido en el procedimiento sancionador por infracciones del orden social, correspondiendo la imposición de las sanciones a las autoridades referidas en el párrafo anterior.

En los supuestos de participación en actividades contrarias a la seguridad nacional o que pueden perjudicar las relaciones de España con otros países, previstos en el artículo 54.1.a), de acuerdo con lo establecido en el procedimiento sancionador que se determine reglamentariamente, la competencia sancionadora corresponderá al Secretario de Estado de Seguridad.

Véase artículo 254 del Reglamento de la L.O. 4/2000, sobre derechos y libertades de los extranjeros en España y su integración social, tras su reforma por L.O. 2/2009, aprobado por R.D. 557/2011, de 20 de abril («B.O.E.» 30 abril).

3. Para la graduación de las sanciones, el órgano competente en imponerlas se ajustará a criterios de proporcionalidad, valorando el grado de culpabilidad y, en su caso, el daño producido o el riesgo derivado de la infracción y su trascendencia.

4. Para la determinación de la cuantía de la sanción se tendrá especialmente en cuenta la capacidad económica del infractor.

5. A no ser que pertenezcan a un tercero no responsable de la infracción, en el supuesto de la letra b) del apartado 1 del artículo 54, serán objeto de decomiso los vehículos, embarcaciones, aeronaves, y cuantos bienes muebles o inmuebles, de cualquier naturaleza que sean, hayan servido de instrumento para la comisión de la citada infracción.

A fin de garantizar la efectividad del comiso, los bienes, efectos e instrumentos a que se refiere el apartado anterior podrán ser aprehendidos y puestos a disposición de la autoridad gubernativa, desde las primeras intervenciones, a resultas del expediente sancionador que resolverá lo pertinente en relación con los bienes decomisados.

Véase el artículo 220 del R.D. 1155/2024, de 19 de noviembre, por el que se aprueba el Reglamento de la L.O. 4/2000, de 11 de enero, sobre derechos y libertades de los extranjeros en España y su integración social («B.O.E.» 20 noviembre).

6. En el supuesto de la infracción prevista en la letra d) del apartado 1 del artículo 54 de la presente Ley, la autoridad gubernativa podrá adoptar, sin perjuicio de la sanción que corresponda, la clausura del establecimiento o local desde seis meses a cinco años.

7. Si el sancionado por una infracción prevista en los artículos 52.e) o 54.1.d) de esta Ley fuera subcontratista de otra empresa, el contratista principal y todos los subcontratistas intermedios que conocieran que la empresa sancionada empleaba a extranjeros sin contar con la correspondiente autorización, responderán, solidariamente, tanto de las sanciones económicas derivadas de las sanciones, como de las demás responsabilidades derivadas de tales hechos que correspondan al empresario con las Administraciones públicas o con el trabajador. El contratista o subcontratista intermedios no podrán ser considerados responsables si hubieran respetado la diligencia debida definida en el cumplimiento de sus obligaciones contractuales.

Artículo 55 redactado por el apartado cincuenta y ocho del artículo único de la L.O. 2/2009, de 11 de diciembre, de reforma de la L.O. 4/2000, de 11 de enero, sobre derechos y libertades de los extranjeros en España y su integración social («B.O.E.» 12 diciembre).

Vigencia: 13 diciembre 2009

Véase el artículo 243 del R.D. 1155/2024, de 19 de noviembre, por el que se aprueba el Reglamento de la L.O. 4/2000, de 11 de enero, sobre derechos y libertades de los extranjeros en España y su integración social («B.O.E.» 20 noviembre).

Véanse artículos 216 a 225 y 249 a 252 del Reglamento de la L.O. 4/2000, sobre derechos y libertades de los extranjeros en España y su integración social, tras su reforma por L.O. 2/2009, aprobado por R.D. 557/2011, de 20 de abril («B.O.E.» 30 abril).

Artículo 56. *Prescripción de las infracciones y de las sanciones.* 1. Las infracciones muy graves prescribirán a los tres años, las graves a los dos años y las leves a los seis meses.

2. Las sanciones impuestas por infracciones muy graves prescribirán a los cinco años, las graves a los dos años y las impuestas por infracciones leves al año.

3. Si la sanción impuesta fuera la de expulsión del territorio nacional la prescripción no empezará a contar hasta que haya transcurrido el período de prohibición de entrada fijado en la resolución con un máximo de diez años.

Véase el artículo 224 del R.D. 1155/2024, de 19 de noviembre, por el que se aprueba el Reglamento de la L.O. 4/2000, de 11 de enero, sobre derechos y libertades de los extranjeros en España y su integración social («B.O.E.» 20 noviembre).

Artículo 56 renumerado por el apartado 49 del artículo 1 de la L.O. 8/2000, 22 diciembre, de reforma de la L.O. 4/2000, de 11 de enero, sobre derechos y libertades de los extranjeros en España y su integración social («B.O.E.» 23 diciembre; corrección de errores «B.O.E.» 23 febrero 2001). Su contenido literal se corresponde con el del anterior artículo 52.
Vigencia: 23 enero 2001

Artículo 57. *Expulsión del territorio.* 1. Cuando los infractores sean extranjeros y realicen conductas de las tipificadas como muy graves, o conductas graves de las previstas en los apartados a), b), c), d) y f) del artículo 53.1 de esta Ley Orgánica, podrá aplicarse, en atención al principio de proporcionalidad, en lugar de la sanción de multa, la expulsión del territorio español, previa la tramitación del correspondiente expediente administrativo y mediante la resolución motivada que valore los hechos que configuran la infracción.

Véase artículo 242 del Reglamento de la L.O. 4/2000, sobre derechos y libertades de los extranjeros en España y su integración social, tras su reforma por L.O. 2/2009, aprobado por R.D. 557/2011, de 20 de abril («B.O.E.» 30 abril).

2. Asimismo, constituirá causa de expulsión, previa tramitación del correspondiente expediente, que el extranjero haya sido condenado, dentro o fuera de España, por una conducta dolosa que constituya en nuestro país delito sancionado con pena privativa de libertad superior a un año, salvo que los antecedentes penales hubieran sido cancelados.

3. En ningún caso podrán imponerse conjuntamente las sanciones de expulsión y multa.

4. La expulsión conllevará, en todo caso, la extinción de cualquier autorización para permanecer legalmente en España, así como el archivo de cualquier procedimiento que tuviera por objeto la autorización para residir o trabajar en España del extranjero expulsado. No obstante, la expulsión podrá revocarse en los supuestos que se determinen reglamentariamente.

En el caso de las infracciones previstas en las letras a) y b) del artículo 53.1 de esta Ley, salvo que concurran razones de orden público o de seguridad nacional, si el extranjero fuese titular de una autorización de residencia válida expedida por otro Estado miembro, se le advertirá, mediante diligencia en el pasaporte, de la obligación de dirigirse de inmediato al territorio de dicho Estado. Si no cumpliese esa advertencia se tramitará el expediente de expulsión.

5. La sanción de expulsión no podrá ser impuesta, salvo que la infracción cometida sea la prevista en el artículo 54, letra a) del apartado 1, o suponga una reincidencia en la comisión, en el término de un año, de una infracción de la misma naturaleza sancionable con la expulsión, a los extranjeros que se encuentren en los siguientes supuestos:

a) Los nacidos en España que hayan residido legalmente en los últimos cinco años.

b) Los residentes de larga duración. Antes de adoptar la decisión de la expulsión de un residente de larga duración, deberá tomarse en consideración el tiempo de su residencia en España y los vínculos creados, su edad, las consecuencias para el interesado y para los miembros de su familia, y los vínculos con el país al que va a ser expulsado.

c) Los que hayan sido españoles de origen y hubieran perdido la nacionalidad española.

d) Los que sean beneficiarios de una prestación por incapacidad permanente para el trabajo como consecuencia de un accidente de trabajo o enfermedad profesional ocurridos en España, así como los que perciban una prestación contributiva por desempleo o sean beneficiarios de una prestación económica asistencial de carácter público destinada a lograr su inserción o reinserción social o laboral.

Tampoco se podrá imponer o, en su caso, ejecutar la sanción de expulsión al cónyuge del extranjero que se encuentre en alguna de las situaciones señaladas anteriormente y que haya residido legalmente en España durante más de dos años, ni a sus ascendientes e hijos menores, o mayores con discapacidad que no sean objetivamente capaces de proveer a sus propias necesidades debido a su estado de salud, que estén a su cargo.

6. La expulsión no podrá ser ejecutada cuando ésta conculcase el principio de no devolución, o afecte a las mujeres embarazadas, cuando la medida pueda suponer un riesgo para la gestación o la salud de la madre.

7.

a) Cuando el extranjero se encuentre procesado o imputado en un procedimiento judicial por delito o falta para el que la Ley prevea una pena privativa de libertad inferior a seis años o una pena de distinta naturaleza, y conste este hecho acreditado en el expediente administrativo de expulsión, en el plazo más breve posible y en todo caso no superior a tres días, el Juez, previa audiencia del Ministerio Fiscal, la autorizará salvo que, de forma motivada, aprecie la existencia de circunstancias que justifiquen su denegación.

En el caso de que el extranjero se encuentre sujeto a varios procesos penales tramitados en diversos juzgados, y consten estos hechos acreditados en el expediente administrativo de expulsión, la autoridad gubernativa instará de todos ellos la autorización a que se refiere el párrafo anterior.

b) No obstante lo señalado en el párrafo a) anterior, el juez podrá autorizar, a instancias del interesado y previa audiencia del Ministerio Fiscal, la salida del extranjero del territorio español en la forma que determina la Ley de Enjuiciamiento Criminal.

c) No serán de aplicación las previsiones contenidas en los párrafos anteriores cuando se trate de delitos tipificados en los artículos 312.1, 313.1 y 318 bis del Código Penal.

Véase artículo 247 del Reglamento de la L.O. 4/2000, sobre derechos y libertades de los extranjeros en España y su integración social, tras su reforma por L.O. 2/2009, aprobado por R.D. 557/2011, de 20 de abril («B.O.E.» 30 abril).

8. Cuando los extranjeros, residentes o no, hayan sido condenados por conductas tipificadas como delitos en los artículos 312.1, 313.1 y 318 bis del Código Penal, la expulsión se llevará a efecto una vez cumplida la pena privativa de libertad.

9. La resolución de expulsión deberá ser notificada al interesado, con indicación de los recursos que contra la misma se puedan interponer, órgano ante el que hubieran de presentarse y plazo para presentarlos.

10. En el supuesto de expulsión de un residente de larga duración de otro Estado miembro de la Unión Europea que se encuentre en España, dicha expulsión sólo podrá efectuarse fuera del territorio de la Unión cuando la infracción cometida sea una de las previstas en los artículos 53.1.d) y f) y 54.1.a) y b) de esta Ley Orgánica, y deberá consultarse al respecto a las Autoridades competentes de dicho Estado miembro de forma previa a la adopción de esa decisión de expulsión. En caso de no reunirse estos requisitos para que la expulsión se realice fuera del territorio de la Unión, la misma se efectuará al Estado miembro en el que se reconoció la residencia de larga duración.

11. Cuando, de acuerdo con la normativa vigente, España decida expulsar a un residente de larga duración que sea beneficiario de protección internacional reconocida por otro Estado miembro de la Unión Europea, las autoridades españolas competentes en materia de extranjería solicitarán a las autoridades competentes de dicho Estado miembro información sobre si dicha condición de beneficiario de protección internacional continúa vigente. Dicha solicitud deberá ser respondida en el plazo de un mes, entendiéndose, en caso contrario, que la protección internacional sigue vigente.

Si el residente de larga duración continúa siendo beneficiario de protección internacional, será expulsado a dicho Estado miembro.

Lo dispuesto en los dos párrafos anteriores será de aplicación para las solicitudes cursadas por autoridades de otros Estados miembros de la Unión Europea respecto a los extranjeros a los que España hubiera concedido la condición de beneficiario de protección internacional.

De conformidad con sus obligaciones internacionales, y de acuerdo con las normas de la Unión Europea, España podrá expulsar al residente de larga duración a un país distinto al Estado miembro de la Unión Europea que concedió la protección internacional si existen motivos razonables para considerar que constituye un peligro para la seguridad de España o si, habiendo sido condenado por sentencia firme por un delito de especial gravedad, constituye un peligro para España. En todo caso, cuando la protección internacional hubiera sido reconocida por las autoridades españolas, la expulsión sólo podrá efectuarse previa tramitación del procedimiento de revocación previsto en la normativa vigente en España en materia de protección internacional.

Número 11 del artículo 57 introducido por el número dos de la disposición final segunda de la L.O. 4/2013, de 28 de junio, de reforma del Consejo General del Poder Judicial, por la que se modifica la L.O. 6/1985, de 1 de julio, del Poder Judicial («B.O.E.» 29 junio).

Vigencia: 30 junio 2013

Artículo 57 redactado por el apartado cincuenta y nueve del artículo único de la L.O. 2/2009, de 11 de diciembre, de reforma de la L.O. 4/2000, de 11 de enero, sobre derechos y libertades de los extranjeros en España y su integración social («B.O.E.» 12 diciembre).

Vigencia: 13 diciembre 2009

Artículo 58. *Efectos de la expulsión y devolución.* 1. La expulsión llevará consigo la prohibición de entrada en territorio español. La duración de la prohibición se determinará en consideración a las circunstancias que concurran en cada caso y su vigencia no excederá de cinco años.

2. Excepcionalmente, cuando el extranjero suponga una amenaza grave para el orden público, la seguridad pública, la seguridad nacional o para la salud pública, podrá imponerse un período de prohibición de entrada de hasta diez años.

En las circunstancias que se determinen reglamentariamente, la autoridad competente no impondrá la prohibición de entrada cuando el extranjero hubiera abandonado el territorio nacional durante la tramitación de un expediente administrativo sancionador por alguno de los supuestos contemplados en las letras a) y b) del artículo 53.1 de esta Ley Orgánica, o revocará la prohibición de entrada impuesta por las mismas causas, cuando el extranjero abandonara el territorio nacional en el plazo de cumplimiento voluntario previsto en la orden de expulsión.

3. No será preciso expediente de expulsión para la devolución de los extranjeros en los siguientes supuestos:

a) Los que habiendo sido expulsados contravengan la prohibición de entrada en España.

b) Los que pretendan entrar ilegalmente en el país.

Véanse los artículo 23 y 24 del R.D. 1155/2024, de 19 de noviembre, por el que se aprueba el Reglamento de la L.O. 4/2000, de 11 de enero, sobre derechos y libertades de los extranjeros en España y su integración social («B.O.E.» 20 noviembre).

4. En el supuesto de que se formalice una solicitud de protección internacional por personas que se encuentren en alguno de los supuestos mencionados en el apartado anterior, no podrá llevarse a cabo la devolución hasta que se haya decidido la inadmisión a trámite de la petición, de conformidad con la normativa de protección internacional.

Tampoco podrán ser devueltas las mujeres embarazadas cuando la medida pueda suponer un riesgo para la gestación o para la salud de la madre.

5. La devolución será acordada por la autoridad gubernativa competente para la expulsión.

6. Cuando la devolución no se pudiera ejecutar en el plazo de 72 horas, se solicitará de la autoridad judicial la medida de internamiento prevista para los expedientes de expulsión.

7. La devolución acordada en el párrafo a) del apartado 3 de este artículo conllevará la reiniciación del cómputo del plazo de prohibición de entrada que hubiese acordado la resolución de expulsión quebrantada. *Asimismo, toda devolución acordada en aplicación del párrafo b) del mismo apartado de este artículo llevará consigo la prohibición de entrada en territorio español por un plazo máximo de tres años.*

La Sentencia TC Pleno 17/2013, de 31 enero, declara inconstitucional y nulo el inciso «Asimismo, toda devolución acordada en aplicación del párrafo b) del mismo apartado de este artículo llevará consigo la prohibición de entrada en territorio español por un plazo máximo de tres años» del anterior número 6 del artículo 58, en la redacción dada al mismo por el artículo 1.31 de la Ley Orgánica 14/2003, de 20 de noviembre y que actualmente se corresponde con el número 7 del mismo artículo.

Artículo 58 redactado por el apartado sesenta del artículo único de la L.O. 2/2009, de 11 de diciembre, de reforma de la L.O. 4/2000, de 11 de enero, sobre derechos y libertades de los extranjeros en España y su integración social («B.O.E.» 12 diciembre).

Vigencia: 13 diciembre 2009

Véase el Capítulo I del Título II de la Ley 12/2009, de 30 de octubre, reguladora del derecho de asilo y de la protección subsidiaria («B.O.E.» 31 de octubre).

Artículo 59. *Colaboración contra redes organizadas.* 1. El extranjero que se encuentre irregularmente en España y sea víctima, perjudicado o testigo de un acto de tráfico ilícito de seres humanos, inmigración ilegal, explotación laboral o de tráfico ilícito de mano de obra o de explotación en la prostitución abusando de su situación de necesidad, podrá quedar exento de responsabilidad administrativa y no será expulsado si denuncia a los autores o cooperadores de dicho tráfico, o coopera y colabora con las autoridades competentes, proporcionando datos esenciales o testificando, en su caso, en el proceso correspondiente contra aquellos autores.

2. Los órganos administrativos competentes encargados de la instrucción del expediente sancionador informarán a la persona interesada sobre las previsiones del presente artículo a fin de que decida si desea acogerse a esta vía, y harán la propuesta oportuna a la autoridad que deba resolver, que podrá conceder una autorización provisional de residencia y trabajo a favor del extranjero, según el procedimiento previsto reglamentariamente.

El instructor del expediente sancionador informará de las actuaciones en relación con este apartado a la autoridad encargada de la instrucción del procedimiento penal.

3. A los extranjeros que hayan quedado exentos de responsabilidad administrativa se les podrá facilitar, a su elección, el retorno asistido a su país de procedencia o la autorización de residencia y trabajo por circunstancias excepcionales, y facilidades para su integración social, de acuerdo con lo establecido en la presente Ley velando, en su caso, por su seguridad y protección.

4. Cuando el Ministerio Fiscal tenga conocimiento de que un extranjero, contra el que se ha dictado una resolución de expulsión, aparezca en un procedimiento penal como víctima, perjudicado o testigo y considere imprescindible su presencia para la práctica de diligencias judiciales, lo pondrá de manifiesto a la autoridad gubernativa competente para que valore la inejecución de su expulsión y, en el supuesto de que se hubiese ejecutado esta última, se procederá de igual forma a los efectos de que autorice su regreso a España durante el tiempo necesario para poder practicar las diligencias precisas, sin perjuicio de que se puedan adoptar algunas de las medidas previstas en la Ley Orgánica 19/1994, de 23 de diciembre, de protección a testigos y peritos en causas criminales.

5. Las previsiones del presente artículo serán igualmente de aplicación a extranjeros menores de edad, debiendo tenerse en cuenta en el procedimiento la edad y madurez de éstos y, en todo caso, la prevalencia del principio del interés superior del menor.

6. Reglamentariamente se desarrollarán las condiciones de colaboración de las organizaciones no gubernamentales sin ánimo de lucro que tengan por objeto la acogida y protección de las víctimas de los delitos señalados en el apartado primero.

Artículo 59 redactado por el apartado sesenta y uno del artículo único de la L.O. 2/2009, de 11 de diciembre, de reforma de la L.O. 4/2000, de 11 de enero, sobre derechos y libertades de los extranjeros en España y su integración social («B.O.E.» 12 diciembre).

Vigencia: 13 diciembre 2009

Véase el artículo 240.2 y 3 del R.D. 1155/2024, de 19 de noviembre, por el que se aprueba el Reglamento de la L.O. 4/2000, de 11 de enero, sobre derechos y libertades de los extranjeros en España y su integración social («B.O.E.» 20 noviembre).

Véanse artículos 135 a 139 del Reglamento de la L.O. 4/2000, sobre derechos y libertades de los extranjeros en España y su integración social, tras su reforma por L.O. 2/2009, aprobado por R.D. 557/2011, de 20 de abril («B.O.E.» 30 abril).

Artículo 59 bis. *Víctimas de la trata de seres humanos.* 1. Las autoridades competentes adoptarán las medidas necesarias para la identificación de las víctimas de la trata de personas conforme a lo previsto en el artículo 10 del Convenio del Consejo de Europa sobre la lucha contra la trata de seres humanos, de 16 de mayo de 2005.

2. Los órganos administrativos competentes, cuando estimen que existen motivos razonables para creer que una persona extranjera en situación irregular ha sido víctima de trata de seres humanos, informarán a la persona interesada sobre

las previsiones del presente artículo y elevarán a la autoridad competente para su resolución la oportuna propuesta sobre la concesión de un período de restablecimiento y reflexión, de acuerdo con el procedimiento previsto reglamentariamente.

Dicho período de restablecimiento y reflexión tendrá una duración de, al menos, noventa días, y deberá ser suficiente para que la víctima pueda decidir si desea cooperar con las autoridades en la investigación del delito y, en su caso, en el procedimiento penal. Tanto durante la fase de identificación de las víctimas, como durante el período de restablecimiento y reflexión, no se incoará un expediente sancionador por infracción del artículo 53.1.a) y se suspenderá el expediente administrativo sancionador que se le hubiere incoado o, en su caso, la ejecución de la expulsión o devolución eventualmente acordadas. Asimismo, durante el período de restablecimiento y reflexión, se le autorizará la estancia temporal y las administraciones competentes velarán por la subsistencia y, de resultar necesario, la seguridad y protección de la víctima y de sus hijos menores de edad o con discapacidad, que se encuentren en España en el momento de la identificación, a quienes se harán extensivas las previsiones del apartado 4 del presente artículo en relación con el retorno asistido o la autorización de residencia, y en su caso trabajo, si fueren mayores de 16 años, por circunstancias excepcionales. Finalizado el período de reflexión las administraciones públicas competentes realizarán una evaluación de la situación personal de la víctima a efectos de determinar una posible ampliación del citado período.

Con carácter extraordinario la Administración Pública competente velará por la seguridad y protección de aquellas otras personas, que se encuentren en España, con las que la víctima tenga vínculos familiares o de cualquier otra naturaleza, cuando se acredite que la situación de desprotección en que quedarían frente a los presuntos traficantes constituye un obstáculo insuperable para que la víctima acceda a cooperar.

Número 2 del artículo 59 bis redactado por la disposición final segunda de la L.O. 8/2015, de 22 de julio, de modificación del sistema de protección a la infancia y a la adolescencia («B.O.E.» 23 julio).
Vigencia: 12 agosto 2015

3. El periodo de restablecimiento y reflexión podrá denegarse o ser revocado por motivos de orden público o cuando se tenga conocimiento de que la condición de víctima se ha invocado de forma indebida. La denegación o revocación deberán estar motivadas y podrán ser recurridas según lo establecido en la Ley 30/1992, de 26 de noviembre, de Régimen Jurídico de las Administraciones Públicas y del Procedimiento Administrativo Común.

Número 3 del artículo 59 bis redactado por el artículo 2 de la L.O. 10/2011, de 27 de julio, de modificación de los artículos 31 bis y 59 bis de la L.O. 4/2000, de 11 de enero, sobre derechos y libertades de los extranjeros en España y su integración social («B.O.E.» 28 julio).
Vigencia: 29 julio 2011

Véanse los artículos 112 y siguientes de la Ley 39/2015, de 1 de octubre, del Procedimiento Administrativo Común de las Administraciones Públicas («B.O.E.» 2 octubre).

4. La autoridad competente podrá declarar a la víctima exenta de responsabilidad administrativa y podrá facilitarle, a su elección, el retorno asistido a su país de procedencia o la autorización de residencia y trabajo por circunstancias excepcionales cuando lo considere necesario a causa de su cooperación para los fines de investigación o de las acciones penales, o en atención a su situación personal, y facilidades para su integración social, de acuerdo con lo establecido en la presente Ley. Asimismo, en tanto se resuelva el procedimiento de autorización de residencia y trabajo por circunstancias excepcionales, se le podrá facilitar una autorización

provisional de residencia y trabajo en los términos que se determinen reglamentariamente.

En la tramitación de las autorizaciones referidas en el párrafo anterior se podrá eximir de la aportación de aquellos documentos cuya obtención suponga un riesgo para la víctima.

5. Las previsiones del presente artículo serán igualmente de aplicación a personas extranjeras menores de edad, debiendo tenerse en cuenta la edad y madurez de éstas y, en todo caso, la prevalencia del interés superior del menor.

6. Reglamentariamente se desarrollarán las condiciones de colaboración de las organizaciones no gubernamentales sin ánimo de lucro que tengan por objeto la acogida y protección de las víctimas de la trata de seres humanos.

Artículo 59 bis introducido por el apartado sesenta y dos del artículo único de la L.O. 2/2009, de 11 de diciembre, de reforma de la L.O. 4/2000, de 11 de enero, sobre derechos y libertades de los extranjeros en España y su integración social («B.O.E.» 12 diciembre).

Vigencia: 13 diciembre 2009

Véase el artículo 240.2 y 3 del R.D. 1155/2024, de 19 de noviembre, por el que se aprueba el Reglamento de la L.O. 4/2000, de 11 de enero, sobre derechos y libertades de los extranjeros en España y su integración social («B.O.E.» 20 noviembre).

Véase artículo 165 del Reglamento de la L.O. 4/2000, sobre derechos y libertades de los extranjeros en España y su integración social, tras su reforma por L.O. 2/2009, aprobado por R.D. 557/2011, de 20 de abril («B.O.E.» 30 abril).

Véanse artículos 140 a 146 del Reglamento de la L.O. 4/2000, sobre derechos y libertades de los extranjeros en España y su integración social, tras su reforma por L.O. 2/2009, aprobado por R.D. 557/2011, de 20 de abril («B.O.E.» 30 abril).

Artículo 60. *Efectos de la denegación de entrada.* 1. Los extranjeros a los que en frontera se les deniegue la entrada según lo previsto por el artículo 26.2 de esta Ley, estarán obligados a regresar a su punto de origen.

La resolución de la denegación de entrada conllevará la adopción inmediata de las medidas necesarias para que el extranjero regrese en el plazo más breve posible. Cuando el regreso fuera a retrasarse más de setenta y dos horas, la autoridad que hubiera denegado la entrada se dirigirá al Juez de Instrucción para que determine el lugar donde hayan de ser internados hasta ese momento.

2. Los lugares de internamiento para extranjeros no tendrán carácter penitenciario, y estarán dotados de servicios sociales, jurídicos, culturales y sanitarios. Los extranjeros internados estarán privados únicamente del derecho ambulatorio.

3. El extranjero durante su internamiento se encontrará en todo momento a disposición de la autoridad judicial que lo autorizó, debiéndose comunicar a ésta por la autoridad gubernativa cualquier circunstancia en relación a la situación de los extranjeros internados.

4. La detención de un extranjero a efectos de proceder al regreso a consecuencia de la denegación de entrada será comunicada al Ministerio de Asuntos Exteriores y a la embajada o consulado de su país.

Artículo 60 redactado por el apartado sesenta y tres del artículo único de la L.O. 2/2009, de 11 de diciembre, de reforma de la L.O. 4/2000, de 11 de enero, sobre derechos y libertades de los extranjeros en España y su integración social («B.O.E.» 12 diciembre).

Vigencia: 13 diciembre 2009

Véanse los artículos 15 y 243 del R.D. 1155/2024, de 19 de noviembre, por el que se aprueba el Reglamento de la L.O. 4/2000, de 11 de enero, sobre derechos y libertades de los extranjeros en España y su integración social («B.O.E.» 20 noviembre).

Véase R.D. 162/2014, de 14 de marzo, por el que se aprueba el reglamento de funcionamiento y régimen interior de los centros de internamiento de extranjeros («B.O.E.» 15 marzo).

Artículo 61. *Medidas cautelares.* 1. Desde el momento en que se incoe un procedimiento sancionador en el que pueda proponerse la expulsión, el instructor, a fin de asegurar la resolución final que pudiera recaer, podrá adoptar alguna de las siguientes medidas cautelares:

a) Presentación periódica ante las autoridades competentes.

b) Residencia obligatoria en determinado lugar.

c) Retirada del pasaporte o documento acreditativo de su nacionalidad, previa entrega al interesado del resguardo acreditativo de tal medida.

d) Detención cautelar, por la autoridad gubernativa o sus agentes, por un período máximo de 72 horas previas a la solicitud de internamiento.

En cualquier otro supuesto de detención, la puesta a disposición judicial se producirá en un plazo no superior a 72 horas.

e) Internamiento preventivo, previa autorización judicial en los centros de internamiento.

f) Cualquier otra medida cautelar que el juez estime adecuada y suficiente.

Letra f) del número 1 del artículo 61 introducida por el apartado sesenta y cuatro del artículo único de la L.O. 2/2009, de 11 de diciembre, de reforma de la L.O. 4/2000, de 11 de enero, sobre derechos y libertades de los extranjeros en España y su integración social («B.O.E.» 12 diciembre).
Vigencia: 13 diciembre 2009

Número 1 del artículo 61 redactado por el número tres del artículo segundo de la L.O. 11/2003, de 29 de septiembre, de medidas concretas en materia de seguridad ciudadana, violencia doméstica e integración social de los extranjeros («B.O.E.» 30 septiembre).
Vigencia: 1 octubre 2003

Véase artículo 244 del Reglamento de la L.O. 4/2000, sobre derechos y libertades de los extranjeros en España y su integración social, tras su reforma por L.O. 2/2009, aprobado por R.D. 557/2011, de 20 de abril («B.O.E.» 30 abril).

2. En los expedientes sancionadores en la comisión de infracciones por transportistas, si éstos infringen la obligación de tomar a cargo al extranjero transportado ilegalmente, podrá acordarse la suspensión de sus actividades, la prestación de fianzas, avales, o la inmovilización del medio de transporte utilizado.

Artículo 61 renumerado y redactado por el apartado 54 del artículo 1 de la L.O. 8/2000, 22 diciembre, de reforma de la L.O. 4/2000, de 11 de enero, sobre derechos y libertades de los extranjeros en España y su integración social («B.O.E.» 23 diciembre; corrección de errores «B.O.E.» 23 febrero 2001). Se corresponde con el anterior artículo 57.
Vigencia: 23 enero 2001

Véase el artículo 223.2 del R.D. 1155/2024, de 19 de noviembre, por el que se aprueba el Reglamento de la L.O. 4/2000, de 11 de enero, sobre derechos y libertades de los extranjeros en España y su integración social («B.O.E.» 20 noviembre).

Artículo 62. *Ingreso en centros de internamiento.* 1. Incoado el expediente por alguno de los supuestos contemplados en las letras a) y b) del artículo 54.1, en las letras a), d) y f) del artículo 53.1 y en el artículo 57.2 de esta Ley Orgánica en el que pueda proponerse expulsión del territorio español, el instructor podrá solicitar al Juez de Instrucción competente que disponga el ingreso del extranjero en un centro de internamiento en tanto se realiza la tramitación del expediente sancionador.

El Juez, previa audiencia del interesado y del Ministerio Fiscal, resolverá mediante auto motivado, en el que, de acuerdo con el principio de proporcionalidad, tomará en consideración las circunstancias concurrentes y, en especial, el riesgo de incomparecencia por carecer de domicilio o de documentación identificativa, las actuaciones del extranjero tendentes a dificultar o evitar la expulsión, así como la existencia de condena o sanciones administrativas previas y de otros procesos penales o procedimientos administrativos sancionadores pendientes. Asimismo, en caso de enfermedad grave del extranjero, el juez valorará el riesgo del internamiento para la salud pública o la salud del propio extranjero.

2. El internamiento se mantendrá por el tiempo imprescindible para los fines del expediente, siendo su duración máxima de 60 días, y sin que pueda acordarse un nuevo internamiento por cualquiera de las causas previstas en un mismo expediente.

3. Cuando hayan dejado de cumplirse las condiciones descritas en el apartado 1, el extranjero será puesto inmediatamente en libertad por la autoridad administrativa que lo tenga a su cargo, poniéndolo en conocimiento del Juez que autorizó su internamiento. Del mismo modo y por las mismas causas, podrá ser ordenado el fin del internamiento y la puesta en libertad inmediata del extranjero por el Juez, de oficio o a iniciativa de parte o del Ministerio Fiscal.

4. No podrá acordarse el ingreso de menores en los centros de internamiento, sin perjuicio de lo previsto en el artículo 62 bis 1. i) de esta Ley. Los menores extranjeros no acompañados que se encuentren en España serán puestos a disposición de las entidades públicas de protección de menores conforme establece la Ley Orgánica de Protección Jurídica del Menor y de acuerdo con las normas previstas en el artículo 35 de esta Ley.

5. La incoación del expediente, las medidas cautelares de detención e internamiento y la resolución final del expediente de expulsión del extranjero serán comunicadas al Ministerio de Asuntos Exteriores y a la embajada o consulado de su país.

6. A los efectos del presente artículo, el Juez competente para autorizar y, en su caso, dejar sin efecto el internamiento será el Juez de Instrucción del lugar donde se practique la detención. El Juez competente para el control de la estancia de los extranjeros en los Centros de Internamiento y en las Salas de Inadmisión de fronteras, será el Juez de Instrucción del lugar donde estén ubicados, debiendo designarse un concreto Juzgado en aquellos partidos judiciales en los que existan varios. Este Juez conocerá, sin ulterior recurso, de las peticiones y quejas que planteen los internos en cuanto afecten a sus derechos fundamentales. Igualmente, podrá visitar tales centros cuando conozca algún incumplimiento grave o cuando lo considere conveniente.

Artículo 62 redactado por el apartado sesenta y cinco del artículo único de la L.O. 2/2009, de 11 de diciembre, de reforma de la L.O. 4/2000, de 11 de enero, sobre derechos y libertades de los extranjeros en España y su integración social («B.O.E.» 12 diciembre).

Vigencia: 13 diciembre 2009

Véase R.D. 162/2014, de 14 de marzo, por el que se aprueba el reglamento de funcionamiento y régimen interior de los centros de internamiento de extranjeros («B.O.E.» 15 marzo).

Artículo 62 bis. *Derechos de los extranjeros internados.* 1. Los centros de internamiento de extranjeros son establecimientos públicos de carácter no penitenciario; el ingreso y estancia en los mismos tendrá únicamente finalidad preventiva y cautelar, salvaguardando los derechos y libertades reconocidos en el ordenamiento jurídico, sin más limitaciones que las establecidas a su libertad ambulatoria, conforme al contenido y finalidad de la medida judicial de ingreso acordada. En particular, el extranjero sometido a internamiento tiene los siguientes derechos:

a) A ser informado de su situación.

b) A que se vele por el respeto a su vida, integridad física y salud, sin que puedan en ningún caso ser sometidos a tratos degradantes o a malos tratos de palabra o de obra y a que sea preservada su dignidad y su intimidad.

c) A que se facilite el ejercicio de los derechos reconocidos por el ordenamiento jurídico, sin más limitaciones que las derivadas de su situación de internamiento.

d) A recibir asistencia médica y sanitaria adecuada y ser asistidos por los servicios de asistencia social del centro.

e) A que se comunique inmediatamente a la persona que designe en España y a su abogado el ingreso en el centro, así como a la oficina consular del país del que es nacional.

f) A ser asistido de abogado, que se proporcionará de oficio en su caso, y a comunicarse reservadamente con el mismo, incluso fuera del horario general del centro, cuando la urgencia del caso lo justifique.

g) A comunicarse en el horario establecido en el centro, con sus familiares, funcionarios consulares de su país u otras personas, que sólo podrán restringirse por resolución judicial.

h) A ser asistido de intérprete si no comprende o no habla castellano y de forma gratuita, si careciese de medios económicos.

i) A tener en su compañía a sus hijos menores, siempre que el Ministerio Fiscal informe favorablemente tal medida *y existan en el centro módulos que garanticen la unidad e intimidad familiar.*

Inciso "y existan en el centro módulos que garanticen la unidad e intimidad familiar" de la letra i) del número 1 del artículo 62 declarado inaplicable por Sentencia TS (Sala 3.ª) de 10 febrero 2015, Rec. 373/2014 («B.O.E.» 19 mayo).

j) A entrar en contacto con organizaciones no gubernamentales y organismos nacionales, internacionales y no gubernamentales de protección de inmigrantes.

2. Los centros dispondrán de servicios de asistencia social y sanitaria con dotación suficiente. Las condiciones para la prestación de estos servicios se desarrollarán reglamentariamente.

3. Las organizaciones constituidas legalmente en España para la defensa de los inmigrantes y los organismos internacionales pertinentes podrán visitar los centros de internamiento; reglamentariamente se desarrollarán las condiciones de las mismas.

Artículo 62 bis redactado por el apartado sesenta y seis del artículo único de la L.O. 2/2009, de 11 de diciembre, de reforma de la L.O. 4/2000, de 11 de enero, sobre derechos y libertades de los extranjeros en España y su integración social («B.O.E.» 12 diciembre).

Vigencia: 13 diciembre 2009

Artículo 62 ter. *Deberes de los extranjeros internados.* El extranjero sometido a internamiento estará obligado:

a) A permanecer en el centro a disposición del Juez de Instrucción que hubiere autorizado su ingreso.

b) A observar las normas por las que se rige el centro y cumplir las instrucciones generales impartidas por la dirección y las particulares que reciban de los funcionarios en el ejercicio legítimo de sus funciones, encaminadas al mantenimiento del orden y la seguridad dentro del mismo, así como las relativas a su propio aseo e higiene y la limpieza del centro.

c) A mantener una actividad cívica correcta y de respeto con los funcionarios y empleados del centro, con los visitantes y con los otros extranjeros internados, absteniéndose de proferir insultos o amenazas contra los mismos, o de promover o intervenir en agresiones, peleas, desórdenes y demás actos individuales o colectivos que alteren la convivencia.

d) A conservar el buen estado de las instalaciones materiales, mobiliario y demás efectos del centro, evitando el deterioro o inutilización deliberada, tanto de éstos como de los bienes o pertenencias de los demás extranjeros ingresados o funcionarios.

e) A someterse a reconocimiento médico a la entrada y salida del centro, así como en aquellos casos en que, por razones de salud colectiva, apreciadas por el servicio médico, y a petición de éste, lo disponga el director del centro.

Artículo 62 ter redactado por el apartado sesenta y siete del artículo único de la L.O. 2/2009, de 11 de diciembre, de reforma de la L.O. 4/2000, de 11 de enero, sobre derechos y libertades de los extranjeros en España y su integración social («B.O.E.» 12 diciembre).

Vigencia: 13 diciembre 2009

Artículo 62 quáter. *Información y reclamaciones.* 1. Los extranjeros recibirán a su ingreso en el centro información escrita sobre sus derechos y obligaciones, las cuestiones de organización general, las normas de funcionamiento del centro, las normas disciplinarias y los medios para formular peticiones o quejas. La información se les facilitará en un idioma que entiendan.

2. Los internados podrán formular, verbalmente o por escrito, peticiones y quejas sobre cuestiones referentes a su situación de internamiento.

Dichas peticiones o quejas también podrán ser presentadas al director del centro, el cual las atenderá si son de su competencia o las pondrá en conocimiento de la autoridad competente, en caso contrario.

Artículo 62 quáter introducido por el apartado treinta y dos del artículo primero de la L.O. 14/2003, de 20 de noviembre, de Reforma de la Ley orgánica 4/2000, de 11 de enero, sobre derechos y libertades de los extranjeros en España y su integración social, modificada por la L.O. 8/2000, de 22 de diciembre; de la Ley 7/1985, de 2 de abril, Reguladora de las Bases del Régimen Local; de la Ley 30/1992, de 26 de noviembre, de Régimen Jurídico de las Administraciones Públicas y del Procedimiento Administrativo Común, y de la Ley 3/1991, de 10 de enero, de Competencia Desleal («B.O.E.» 21 noviembre).

Vigencia: 21 diciembre 2003

Artículo 62 quinquies. *Medidas de seguridad.* 1. Las actuaciones de vigilancia y seguridad interior en los centros podrán suponer, en la forma y con la periodicidad que se establezca, inspecciones de los locales y dependencias y siempre que fuera necesario para la seguridad en los centros registros de personas, ropas y enseres de los extranjeros internados.

Número 1 del artículo 62 quinquies declarado constitucional por Sentencia TC (Sala Pleno) de 31 enero de 2013, si se interpreta en los téminos establecidos en su fundamento jurídico 14.

2. Se podrán utilizar medios de contención física personal o separación preventiva del agresor en habitación individual para evitar actos de violencia o lesiones de los extranjeros, impedir actos de fuga, daños en las instalaciones del centro o ante la resistencia al personal del mismo en el ejercicio legítimo de su cargo. El uso de los medios de contención será proporcional a la finalidad perseguida, no podrán suponer una sanción encubierta y sólo se usarán cuando no exista otra manera menos gravosa para conseguir la finalidad perseguida y por el tiempo estrictamente necesario.

3. La utilización de medios de contención será previamente autorizada por el director del centro, salvo que razones de urgencia no lo permitan, en cuyo caso se pondrá en su conocimiento inmediatamente. El director deberá comunicar lo antes posible a la autoridad judicial que autorizó el internamiento la adopción y cese de los medios de contención física personal, con expresión detallada de los hechos que hubieren dado lugar a dicha utilización y de las circunstancias que pudiesen

aconsejar su mantenimiento. El juez, en el plazo más breve posible y siempre que la medida acordada fuere separación preventiva del agresor, deberá si está vigente, acordar su mantenimiento o revocación.

Artículo 62 quinquies introducido por el apartado treinta y dos del artículo primero de la L.O. 14/2003, de 20 de noviembre, de Reforma de la Ley orgánica 4/2000, de 11 de enero, sobre derechos y libertades de los extranjeros en España y su integración social, modificada por la L.O. 8/2000, de 22 de diciembre; de la Ley 7/1985, de 2 de abril, Reguladora de las Bases del Régimen Local; de la Ley 30/1992, de 26 de noviembre, de Régimen Jurídico de las Administraciones Públicas y del Procedimiento Administrativo Común, y de la Ley 3/1991, de 10 de enero, de Competencia Desleal («B.O.E.» 21 noviembre).

Vigencia: 21 diciembre 2003

Artículo 62 sexies. *Funcionamiento y régimen interior de los centros de internamiento de extranjeros.* En cada centro de internamiento de extranjeros habrá un director responsable de su funcionamiento para lo cual deberá adoptar las directrices de organización necesarias, coordinando y supervisando su ejecución. Asimismo será el responsable de adoptar las medidas necesarias para asegurar el orden y la correcta convivencia entre extranjeros y asegurar el cumplimiento de sus derechos, y de la imposición de medidas a los internos que no respeten las normas de correcta convivencia o régimen interior.

Artículo 62 sexies introducido por el apartado treinta y dos del artículo primero de la L.O. 14/2003, de 20 de noviembre, de Reforma de la Ley orgánica 4/2000, de 11 de enero, sobre derechos y libertades de los extranjeros en España y su integración social, modificada por la L.O. 8/2000, de 22 de diciembre; de la Ley 7/1985, de 2 de abril, Reguladora de las Bases del Régimen Local; de la Ley 30/1992, de 26 de noviembre, de Régimen Jurídico de las Administraciones Públicas y del Procedimiento Administrativo Común, y de la Ley 3/1991, de 10 de enero, de Competencia Desleal («B.O.E.» 21 noviembre).

Vigencia: 21 diciembre 2003

Artículo 63. *Procedimiento preferente.* 1. Incoado el expediente en el que pueda proponerse la expulsión por tratarse de uno de los supuestos contemplados en el artículo 53.1.d), 53.1.f), 54.1.a), 54.1.b), y 57.2, la tramitación del mismo tendrá carácter preferente.

Igualmente, el procedimiento preferente será aplicable cuando, tratándose de las infracciones previstas en la letra a) del apartado 1 del artículo 53, se diera alguna de las siguientes circunstancias:

a) riesgo de incomparecencia.

b) el extranjero evitara o dificultase la expulsión, sin perjuicio de las actuaciones en ejercicio de sus derechos.

c) el extranjero representase un riesgo para el orden público, la seguridad pública o la seguridad nacional.

En estos supuestos no cabrá la concesión del período de salida voluntaria.

2. Durante la tramitación del procedimiento preferente, así como en la fase de ejecución de la expulsión que hubiese recaído, podrán adoptarse las medidas cautelares y el internamiento establecidas en los artículos 61 y 62.

3. Se garantizará el derecho del extranjero a asistencia letrada, que se le proporcionará de oficio, en su caso, y a ser asistido por intérprete, si no comprende o no habla castellano, y de forma gratuita en el caso de que careciese de medios económicos.

4. Iniciado el expediente, se dará traslado al interesado del acuerdo de iniciación debidamente motivado y por escrito, para que alegue lo que considere adecuado, en el plazo de 48 horas, advirtiéndole de las consecuencias de no hacerlo así.

5. Si el interesado, o su representante, no efectuase alegaciones ni realizasen proposición de prueba sobre el contenido del acuerdo de iniciación, o si no se ad-

mitiesen, por improcedentes o innecesarias, de forma motivada, por el instructor las pruebas propuestas, sin cambiar la calificación de los hechos, el acuerdo de iniciación del expediente será considerado como propuesta de resolución con remisión a la autoridad competente para resolver.

De estimarse la proposición de prueba, esta se realizará en el plazo máximo de tres días.

6. En el supuesto de las letras a) y b) del apartado 1 del artículo 53 cuando el extranjero acredite haber solicitado con anterioridad autorización de residencia temporal conforme a lo dispuesto en el artículo 31.3 de esta Ley, el órgano encargado de tramitar la expulsión suspenderá la misma hasta la resolución de la solicitud, procediendo a la continuación del expediente en caso de denegación.

7. La ejecución de la orden de expulsión en los supuestos previstos en este artículo se efectuará de forma inmediata.

Artículo 63 redactado por el apartado sesenta y ocho del artículo único de la L.O. 2/2009, de 11 de diciembre, de reforma de la L.O. 4/2000, de 11 de enero, sobre derechos y libertades de los extranjeros en España y su integración social («B.O.E.» 12 diciembre).

Vigencia: 13 diciembre 2009

Véanse artículos 234 a 237 del Reglamento de la L.O. 4/2000, sobre derechos y libertades de los extranjeros en España y su integración social, tras su reforma por L.O. 2/2009, aprobado por R.D. 557/2011, de 20 de abril («B.O.E.» 30 abril).

Artículo 63 bis. *Procedimiento ordinario.* 1. Cuando se tramite la expulsión para supuestos distintos a los previstos en el artículo 63 el procedimiento a seguir será el ordinario.

2. La resolución en que se adopte la expulsión tramitada mediante el procedimiento ordinario incluirá un plazo de cumplimiento voluntario para que el interesado abandone el territorio nacional. La duración de dicho plazo oscilará entre siete y treinta días y comenzará a contar desde el momento de la notificación de la citada resolución.

El plazo de cumplimiento voluntario de la orden de expulsión podrá prorrogarse durante un tiempo prudencial en atención a las circunstancias que concurran en cada caso concreto, como pueden ser, la duración de la estancia, estar a cargo de niños escolarizados o la existencia de otros vínculos familiares y sociales.

3. Tanto en la fase de tramitación del procedimiento como durante el plazo de cumplimiento voluntario, podrá adoptarse alguna o algunas de las medidas cautelares establecidas en el artículo 61, excepto la de internamiento prevista en la letra e).

Artículo 63 bis introducido por el apartado sesenta y nueve del artículo único de la L.O. 2/2009, de 11 de diciembre, de reforma de la L.O. 4/2000, de 11 de enero, sobre derechos y libertades de los extranjeros en España y su integración social («B.O.E.» 12 diciembre).

Vigencia: 13 diciembre 2009

Véase el artículo 223.2 del R.D. 1155/2024, de 19 de noviembre, por el que se aprueba el Reglamento de la L.O. 4/2000, de 11 de enero, sobre derechos y libertades de los extranjeros en España y su integración social («B.O.E.» 20 noviembre).

Véanse artículos 226 a 233 del Reglamento de la L.O. 4/2000, sobre derechos y libertades de los extranjeros en España y su integración social, tras su reforma por L.O. 2/2009, aprobado por R.D. 557/2011, de 20 de abril («B.O.E.» 30 abril).

Artículo 64. *Ejecución de la expulsión.* 1. Expirado el plazo de cumplimiento voluntario sin que el extranjero haya abandonado el territorio nacional, se procederá a su detención y conducción hasta el puesto de salida por el que se deba hacer efectiva la expulsión. Si la expulsión no se pudiera ejecutar en el plazo de setenta y dos horas, podrá solicitarse la medida de internamiento regulada en los artículos anteriores, que no podrá exceder del período establecido en el artículo 62 de esta Ley.

2. Tanto en los supuestos de prórroga del plazo de cumplimiento voluntario como de aplazamiento o suspensión de la ejecución de la expulsión, lo que se acreditará en documento debidamente notificado al interesado, se tendrá en cuenta la garantía para el extranjero afectado de:

a) El mantenimiento de la unidad familiar con los miembros que se hallen en territorio español.

b) La prestación de atención sanitaria de urgencia y tratamiento básico de enfermedades.

c) El acceso para los menores, en función de la duración de su estancia, al sistema de enseñanza básica.

d) Las necesidades especiales de personas vulnerables.

3. La ejecución de la resolución de expulsión se efectuará, en su caso, a costa del empleador que hubiera sido sancionado por las infracciones previstas en el artículo 53.2 a) o 54.1.d) de esta Ley o, en el resto de los supuestos, a costa del extranjero si tuviere medios económicos para ello. De no darse ninguna de dichas condiciones, se comunicará al representante diplomático o consular de su país, a los efectos oportunos.

4. Cuando un extranjero sea detenido en territorio español y se constate que contra él se ha dictado una resolución de expulsión por un Estado miembro de la Unión Europea, se procederá a ejecutar inmediatamente la resolución, sin necesidad de incoar nuevo expediente de expulsión. Se podrá solicitar la autorización del Juez de instrucción para su ingreso en un centro de internamiento, con el fin de asegurar la ejecución de la sanción de expulsión, de acuerdo con lo previsto en la presente Ley.

5. Se suspenderá la ejecución de la resolución de expulsión cuando se formalice una petición de protección internacional, hasta que se haya inadmitido a trámite o resuelto, conforme a lo dispuesto en la normativa de protección internacional.

6. No será precisa la incoación de expediente de expulsión:

a) para proceder al traslado, escoltados por funcionarios, de los solicitantes de protección internacional cuya solicitud haya sido inadmitida a trámite en aplicación de la Ley 12/2009, de 30 de octubre reguladora del derecho de asilo y de la protección subsidiaria, al ser responsable otro Estado del examen de la solicitud, de conformidad con los convenios internacionales en que España sea parte, cuando dicho traslado se produzca dentro de los plazos que el Estado responsable tiene la obligación de proceder al estudio de la solicitud.

b) para proceder al traslado, escoltados por funcionarios, manutención, o recepción, custodia y transmisión de documentos de viaje, de los extranjeros que realicen un tránsito en territorio español, solicitado por un Estado miembro de la Unión Europea, a efectos de repatriación o alejamiento por vía aérea.

Artículo 64 redactado por el apartado setenta del artículo único de la L.O. 2/2009, de 11 de diciembre, de reforma de la L.O. 4/2000, de 11 de enero, sobre derechos y libertades de los extranjeros en España y su integración social («B.O.E.» 12 diciembre).

Vigencia: 13 diciembre 2009

Véase artículo 246 del Reglamento de la L.O. 4/2000, sobre derechos y libertades de los extranjeros en España y su integración social, tras su reforma por L.O. 2/2009, aprobado por R.D. 557/2011, de 20 de abril («B.O.E.» 30 abril).

Artículo 65. *Carácter recurrible de las resoluciones sobre extranjeros.* 1. Las resoluciones administrativas sancionadoras serán recurribles con arreglo a lo dispuesto en las leyes. El régimen de ejecutividad de las mismas será el previsto con carácter general.

2. En todo caso, cuando el extranjero no se encuentre en España, podrá cursar los recursos procedentes, tanto en vía administrativa como jurisdiccional, a través de las representaciones diplomáticas o consulares correspondientes, quienes los remitirán al organismo competente.

Artículo 65 renumerado y redactado por el apartado 58 del artículo 1 de la L.O. 8/2000, 22 diciembre, de reforma de la L.O. 4/2000, de 11 de enero, sobre derechos y libertades de los extranjeros en España y su integración social («B.O.E.» 23 diciembre; corrección de errores «B.O.E.» 23 febrero 2001). Se corresponde con el anterior artículo 59.

Vigencia: 23 enero 2001

Artículo 66. *Obligaciones de los transportistas.* 1. Cuando así lo determinen las autoridades españolas respecto de las rutas procedentes de fuera del Espacio Schengen en las que la intensidad de los flujos migratorios lo haga necesario, a efectos de combatir la inmigración ilegal y garantizar la seguridad pública, toda compañía, empresa de transporte o transportista estará obligada, en el momento de finalización del embarque y antes de la salida del medio de transporte, a remitir a las autoridades españolas encargadas del control de entrada la información relativa a los pasajeros que vayan a ser trasladados, ya sea por vía aérea, marítima o terrestre, y con independencia de que el transporte sea en tránsito o como destino final, al territorio español.

La información será transmitida por medios telemáticos, o, si ello no fuera posible, por cualquier otro medio adecuado, y será comprensiva del nombre y apellidos de cada pasajero, de su fecha de nacimiento, nacionalidad, número de pasaporte o del documento de viaje que acredite su identidad y tipo del mismo, paso fronterizo de entrada, código de transporte, hora de salida y de llegada del transporte, número total de personas transportadas, y lugar inicial de embarque. Las autoridades encargadas del control de entrada guardarán los datos en un fichero temporal, borrándolos tras la entrada y en un plazo de veinticuatro horas desde su comunicación, salvo necesidades en el ejercicio de sus funciones. Los transportistas deberán haber informado de este procedimiento a los pasajeros, estando obligados a borrar los datos en el mismo plazo de veinticuatro horas.

Párrafo segundo del número 1 del artículo 66 redactado por el apartado setenta y uno del artículo único de la L.O. 2/2009, de 11 de diciembre, de reforma de la L.O. 4/2000, de 11 de enero, sobre derechos y libertades de los extranjeros en España y su integración social («B.O.E.» 12 diciembre).

Vigencia: 13 diciembre 2009

2. Toda compañía, empresa de transporte o transportista estará obligada a enviar a las autoridades españolas encargadas del control de entrada la información comprensiva del número de billetes de vuelta no utilizados por los pasajeros que previamente hubiesen transportado a España, ya sea por vía aérea, marítima o terrestre, y con independencia de que el transporte sea en tránsito o como destino final, de rutas procedentes de fuera del Espacio Schengen.

Cuando así lo determinen las autoridades españolas, en los términos y a los efectos indicados en el apartado anterior, la información comprenderá, además, para pasajeros no nacionales de la Unión Europea, del Espacio Económico Europeo o de países con los que exista un convenio internacional que extienda el régimen jurídico previsto para los ciudadanos de los Estados mencionados, el nombre y apellidos de cada pasajero, su fecha de nacimiento, nacionalidad, número de pasaporte o del documento de viaje que acredite su identidad.

La información señalada en el presente apartado deberá enviarse en un plazo no superior a 48 horas desde la fecha de caducidad del billete.

3. Asimismo, toda compañía, empresa de transporte o transportista estará obligada a:

a) Realizar la debida comprobación de la validez y vigencia, tanto de los pasaportes, títulos de viaje o documentos de identidad pertinentes, como, en su caso, del correspondiente visado de los que habrán de ser titulares los extranjeros.

b) Hacerse cargo inmediatamente del extranjero que hubiese trasladado hasta la frontera aérea, marítima o terrestre correspondiente del territorio español, si a éste se le hubiera denegado la entrada por deficiencias en la documentación necesaria para el cruce de fronteras.

c) Tener a su cargo al extranjero que haya sido trasladado en tránsito hasta una frontera aérea, marítima o terrestre del territorio español, si el transportista que deba llevarlo a su país de destino se negara a embarcarlo, o si las autoridades de este último país le hubieran denegado la entrada y lo hubieran devuelto a la frontera española por la que ha transitado.

d) Transportar a los extranjeros a que se refieren los párrafos b) y c) de este apartado hasta el Estado a partir del cual le haya transportado, bien hasta el Estado que haya expedido el documento de viaje con el que ha viajado, o bien a cualquier otro Estado que garantice su admisión y un trato compatible con los derechos humanos.

La compañía, empresa de transportes o transportista que tenga a su cargo un extranjero en virtud de alguno de los supuestos previstos en este apartado deberá garantizar al mismo unas condiciones de vida adecuadas mientras permanezca a su cargo.

4. Lo establecido en este artículo se entiende también para el caso en que el transporte aéreo o marítimo se realice desde Ceuta o Melilla hasta cualquier otro punto del territorio español.

Artículo 66 redactado por el apartado treinta y cinco del artículo primero de la L.O. 14/2003, de 20 de noviembre, de Reforma de la Ley orgánica 4/2000, de 11 de enero, sobre derechos y libertades de los extranjeros en España y su integración social, modificada por la L.O. 8/2000, de 22 de diciembre; de la Ley 7/1985, de 2 de abril, Reguladora de las Bases del Régimen Local; de la Ley 30/1992, de 26 de noviembre, de Régimen Jurídico de las Administraciones Públicas y del Procedimiento Administrativo Común, y de la Ley 3/1991, de 10 de enero, de Competencia Desleal («B.O.E.» 21 noviembre).
Vigencia: 21 diciembre 2003

Véanse los artículos 16 a 18 del R.D. 1155/2024, de 19 de noviembre, por el que se aprueba el Reglamento de la L.O. 4/2000, de 11 de enero, sobre derechos y libertades de los extranjeros en España y su integración social («B.O.E.» 20 noviembre).

Véase Res. de 14 de febrero de 2007, de la Subsecretaría, por la que se dispone la publicación de la RES. de las Secretarías de Estado, de Seguridad, del Ministerio del Interior y de Inmigración y Emigración, del Ministerio de Trabajo y Asuntos Sociales, por la que se determinan las rutas sobre las que se establecen obligaciones de información por parte de las compañías, empresas de transportes o transportistas («B.O.E.» 17 febrero).

TÍTULO IV
COORDINACIÓN DE LOS PODERES PÚBLICOS

Rúbrica del Título IV redactada por el apartado 3 del artículo 3 de la L.O. 8/2000, 22 diciembre, de reforma de la L.O. 4/2000, de 11 de enero, sobre derechos y libertades de los extranjeros en España y su integración social («B.O.E.» 23 diciembre; corrección de errores «B.O.E.» 23 febrero 2001).
Vigencia: 23 enero 2001

Artículo 67. *Coordinación de los órganos de la Administración del Estado.* 1. El Gobierno llevará a cabo una observación permanente de las magnitudes y características más significativas del fenómeno inmigratorio con objeto de analizar su impacto en la sociedad española y facilitar una información objetiva y contrastada que evite o dificulte la aparición de corrientes xenófobas o racistas.

2. El Gobierno unificará en Oficinas provinciales los servicios existentes, dependientes de diferentes órganos de la Administración del Estado con competencia en inmigración, al objeto de conseguir una adecuada coordinación de su actuación administrativa.

Véase OM PRE/2277/2002, de 16 de septiembre, por la que se crea la Oficina de Extranjeros en A Coruña («B.O.E.» 18 septiembre).

Véase O.M. 2 noviembre 2000, por la que se crea la Oficina de Extranjeros en Sevilla («B.O.E.» 7 noviembre).

Véase O.M. 14 septiembre 2000, por la que se crea la Oficina de Extranjeros en Valencia («B.O.E.» 16 septiembre).

Véase O.M. 11 noviembre 1999, por la que se crea la Oficina de Extranjeros en Lleida («B.O.E.» 19 noviembre).

Véase O.M. 17 junio 1999, por la que se crea la Oficina de Extranjeros en Illes Balears («B.O.E.» 19 junio).

3. El Gobierno elaborará planes, programas y directrices sobre la actuación de la Inspección de Trabajo previa al procedimiento sancionador destinados especialmente a comprobar el cumplimiento del principio de igualdad y no discriminación de los trabajadores extranjeros, así como el cumplimiento efectivo de la normativa en materia de autorización de trabajo de extranjeros, todo ello sin perjuicio de las facultades de planificación que correspondan a las Comunidades Autónomas con competencias en materia de ejecución de la legislación laboral.

Las referencias al término "autorización" han sido introducidas conforme establece la disposición adicional única de la Ley Orgánica 14/2003, de 20 de noviembre, en sustitución del anterior término "permiso".
Vigencia: 21 diciembre 2003

Véanse los Protocolos adicionales a los Convenios de colaboración suscritos entre el Ministerio de Trabajo y Asuntos Sociales y las diferentes Comunidades Autónomas, para el desarrollo de actuaciones conjuntas en materia de atención a inmigrantes, refugiados, solicitantes de asilo y desplazados, publicados por Resoluciones de 11 de febrero de 2002 («B.O.E.» 20 marzo).

Véase R.D. 345/2001, 4 abril, por el que se regula el Observatorio Permanente de la Inmigración («B.O.E.» 6 abril).

Artículo 67 renumerado por el apartado 60 del artículo 1 de la L.O. 8/2000, 22 diciembre, de reforma de la L.O. 4/2000, de 11 de enero, sobre derechos y libertades de los extranjeros en España y su integración social («B.O.E.» 23 diciembre; corrección de errores «B.O.E.» 23 febrero 2001). Su contenido literal se corresponde con el anterior artículo 60.
Vigencia: 23 enero 2001

Artículo 68. *Coordinación de las Administraciones Públicas.* 1. La Conferencia Sectorial de Inmigración es el órgano a través del cual se asegurará la adecuada coordinación de las actuaciones que desarrollen las Administraciones Públicas en materia de inmigración.

2. Las Comunidades Autónomas que asuman competencias ejecutivas en la concesión de la autorización inicial de trabajo, deberán desarrollarlas en necesaria coordinación con las competencias estatales en materia de extranjería, inmigración y autorización de residencia, de manera que se garantice la igualdad en la aplicación de la normativa de extranjería e inmigración en todo el territorio, la celeridad de los procedimientos y el intercambio de información entre las Administraciones necesario para el desarrollo de sus respectivas competencias. La coordinación de-

berá realizarse preservando la capacidad de autoorganización de cada Comunidad Autónoma así como su propio sistema de descentralización territorial.

3. Con carácter previo a la concesión de autorizaciones por arraigo, las Comunidades Autónomas o, en su caso, los Ayuntamientos, emitirán un informe sobre la integración social del extranjero cuyo domicilio habitual se encuentre en su territorio. Reglamentariamente se determinarán los contenidos de dicho informe. En todo caso, el informe tendrá en cuenta el periodo de permanencia, la posibilidad de contar con vivienda y medios de vida, los vínculos con familiares residentes en España, y los esfuerzos de integración a través del seguimiento de programas de inserción sociolaborales y culturales.

Véase el artículo 240.2 y 3 del R.D. 1155/2024, de 19 de noviembre, por el que se aprueba el Reglamento de la L.O. 4/2000, de 11 de enero, sobre derechos y libertades de los extranjeros en España y su integración social («B.O.E.» 20 noviembre).

4. Las Comunidades Autónomas que hayan asumido competencias en materia de seguridad ciudadana y orden público mediante la creación de una policía propia, podrán aportar, en su caso, un informe sobre afectación al orden público en todos los procedimientos de autorización de residencia o su renovación, referidas a extranjeros que se encuentran en España, en los que se prevea la necesidad de informe gubernativo. Tal informe se incorporará al expediente al igual que el que, en su caso, aporten las Fuerzas y Cuerpos de Seguridad del Estado en el ejercicio de sus competencias sobre seguridad pública.

Artículo 68 redactado por el apartado setenta y dos del artículo único de la L.O. 2/2009, de 11 de diciembre, de reforma de la L.O. 4/2000, de 11 de enero, sobre derechos y libertades de los extranjeros en España y su integración social («B.O.E.» 12 diciembre).
Vigencia: 13 diciembre 2009

Artículo 69. *Apoyo al movimiento asociativo de los inmigrantes.* Los poderes públicos impulsarán el fortalecimiento del movimiento asociativo entre los inmigrantes y apoyarán a los sindicatos, organizaciones empresariales y a las organizaciones no gubernamentales que, sin ánimo de lucro, favorezcan su integración social, facilitándoles ayuda económica, tanto a través de los programas generales como en relación con sus actividades específicas.

Artículo 69 renumerado y redactado por el apartado 62 del artículo 1 de la L.O. 8/2000, 22 diciembre, de reforma de la L.O. 4/2000, de 11 de enero, sobre derechos y libertades de los extranjeros en España y su integración social («B.O.E.» 23 diciembre; corrección de errores «B.O.E.» 23 febrero 2001). Se corresponde con el anterior artículo 62.
Vigencia: 23 enero 2001

Artículo 70. *El Foro para la Integración Social de los Inmigrantes.* 1. El Foro para la Integración Social de los Inmigrantes, constituido de forma tripartita y equilibrada, por representantes de las Administraciones Públicas, de las asociaciones de inmigrantes y de otras organizaciones con interés e implantación en el ámbito migratorio, incluyendo entre ellas a las organizaciones sindicales y empresariales más representativas, constituye el órgano de consulta, información y asesoramiento en materia de integración de los inmigrantes.

Número 1 del artículo 70 redactado por el apartado setenta y tres del artículo único de la L.O. 2/2009, de 11 de diciembre, de reforma de la L.O. 4/2000, de 11 de enero, sobre derechos y libertades de los extranjeros en España y su integración social («B.O.E.» 12 diciembre).
Vigencia: 13 diciembre 2009

2. Reglamentariamente se determinará su composición, competencias, régimen de funcionamiento y adscripción administrativa.

Artículo 70 renumerado y redactado por el apartado 63 del artículo 1 de la L.O. 8/2000, 22 diciembre, de reforma de la L.O. 4/2000, de 11 de enero, sobre derechos y libertades de los extranjeros en España y su integración social («B.O.E.» 23 diciembre; corrección de errores «B.O.E.» 23 febrero 2001). Se corresponde con el anterior artículo 63.

Vigencia: 23 enero 2001

Véase R.D. 3/2006, de 16 de enero, por el que se regula la composición, competencias y régimen de funcionamiento del Foro para la integración social de los inmigrantes («B.O.E.» 17 enero).

Artículo 71. *Observatorio Español del Racismo y la Xenofobia.* Se constituirá el Observatorio Español del Racismo y la Xenofobia, con funciones de estudio y análisis, y con capacidad para elevar propuestas de actuación, en materia de lucha contra el racismo y la xenofobia.

Artículo 71 introducido por el apartado treinta y siete del artículo primero de la L.O. 14/2003, de 20 de noviembre, de Reforma de la Ley orgánica 4/2000, de 11 de enero, sobre derechos y libertades de los extranjeros en España y su integración social, modificada por la L.O. 8/2000, de 22 de diciembre; de la Ley 7/1985, de 2 de abril, Reguladora de las Bases del Régimen Local; de la Ley 30/1992, de 26 de noviembre, de Régimen Jurídico de las Administraciones Públicas y del Procedimiento Administrativo Común, y de la Ley 3/1991, de 10 de enero, de Competencia Desleal («B.O.E.» 21 noviembre).

Vigencia: 21 diciembre 2003

Artículo 72. *Comisión Laboral Tripartita de Inmigración.* 1. La Comisión Laboral Tripartita de Inmigración es el órgano colegiado adscrito al Ministerio competente en materia de inmigración, de la que forman parte las organizaciones sindicales y empresariales más representativas.

2. La Comisión Laboral Tripartita de Inmigración será informada sobre la evolución de los movimientos migratorios en España y, en todo caso, será consultada sobre las propuestas de Catálogo de ocupaciones de difícil cobertura, las previstas en el artículo 39 de esta Ley y las de contratación de trabajadores de temporada que se determinen.

3. Mediante Orden Ministerial se determinará su composición, forma de designación de sus miembros, competencias y régimen de funcionamiento.

Artículo 72 introducido por el apartado setenta y cuatro del artículo único de la L.O. 2/2009, de 11 de diciembre, de reforma de la L.O. 4/2000, de 11 de enero, sobre derechos y libertades de los extranjeros en España y su integración social («B.O.E.» 12 diciembre).

Vigencia: 13 diciembre 2009

DISPOSICIONES ADICIONALES

Disposición adicional primera. *Plazo máximo para resolución de expedientes.* 1. El plazo general máximo para notificar las resoluciones de las solicitudes de autorizaciones que formulen los interesados a tenor de lo previsto en esta Ley será de tres meses, contados a partir del día siguiente al de la fecha en que hayan tenido entrada en el registro del órgano competente para tramitarlas; ello, sin perjuicio del plazo máximo de 15 días naturales establecido por la normativa comunitaria en relación con procedimientos de solicitud de visado de tránsito o estancia (así como de las excepciones previstas en la misma para su posible ampliación). Transcurrido el plazo para notificar las resoluciones de las solicitudes, salvo lo dispuesto en el apartado siguiente, éstas podrán entenderse desestimadas.

Inciso «ello, sin perjuicio del plazo máximo de 15 días naturales establecido por la normativa comunitaria en relación con procedimientos de solicitud de visado de tránsito o estancia (así como de las excepciones previstas en la misma para su posible am-

pliación)» del número 1 de la disposición adicional primera introducido por el apartado setenta y cinco del artículo único de la L.O. 2/2009, de 11 de diciembre, de reforma de la L.O. 4/2000, de 11 de enero, sobre derechos y libertades de los extranjeros en España y su integración social («B.O.E.» 12 diciembre).
Vigencia: 13 diciembre 2009

2. Las solicitudes de prórroga de la autorización de residencia, la renovación de la autorización de trabajo, así como las solicitudes de autorización de residencia de larga duración que se formulen por los interesados a tenor de lo dispuesto en la presente Ley Orgánica se resolverán y notificarán en el plazo máximo de tres meses contados a partir del día siguiente al de la fecha en que hayan tenido entrada en el registro del órgano competente para tramitarlas. Transcurrido dicho plazo sin que la Administración haya dado respuesta expresa, se entenderá que la prórroga o renovación han sido concedidas.

Número 2 de la disposición adicional primera redactado por el apartado setenta y seis del artículo único de la L.O. 2/2009, de 11 de diciembre, de reforma de la L.O. 4/2000, de 11 de enero, sobre derechos y libertades de los extranjeros en España y su integración social («B.O.E.» 12 diciembre).
Vigencia: 13 diciembre 2009

3. Las solicitudes de modificación de la limitación territorial o de ocupación de las autorizaciones iniciales de residencia y trabajo se resolverán y notificarán por la administración autonómica o estatal competente en el plazo máximo de un mes. Transcurrido dicho plazo sin que la Administración haya dado respuesta expresa, se entenderá que la solicitud ha sido concedida.

Número 3 de la disposición adicional primera introducido por el apartado setenta y seis del artículo único de la L.O. 2/2009, de 11 de diciembre, de reforma de la L.O. 4/2000, de 11 de enero, sobre derechos y libertades de los extranjeros en España y su integración social («B.O.E.» 12 diciembre).
Vigencia: 13 diciembre 2009

Las referencias al término "autorización" han sido introducidas conforme establece la disposición adicional única de la Ley Orgánica 14/2003, de 20 de noviembre, en sustitución del anterior término "permiso".
Vigencia: 21 diciembre 2003

Véase la disposición adicional duodécima del Reglamento de la L.O. 4/2000, sobre derechos y libertades de los extranjeros en España y su integración social, tras su reforma por L.O. 2/2009, aprobado por R.D. 557/2011, de 20 de abril («B.O.E.» 30 abril).

Disposición adicional segunda. *Subcomisiones de Cooperación.* En atención a la situación territorial y a la especial incidencia del fenómeno migratorio y a las competencias que tengan reconocidas en sus respectivos Estatutos de Autonomía en materia de ejecución laboral y en materia de asistencia social, y en concordancia con los mismos, se podrán constituir subcomisiones en el seno de las Comisiones Bilaterales de Cooperación entre el Estado y las Comunidades Autónomas, en concordancia con lo que prevean sus respectivos Estatutos de Autonomía, para analizar cuestiones sobre trabajo y residencia de extranjeros que les afecten directamente.

En particular, en atención a la situación geográfica del archipiélago canario, a la fragilidad de su territorio insular y a su lejanía con el continente europeo, de acuerdo con lo establecido en el artículo 37.1 de su Estatuto de Autonomía, en el seno de la Comisión Bilateral de Cooperación Canarias-Estado se constituirá una subcomisión que conocerá de las cuestiones que afecten directamente a Canarias en materia de residencia y trabajo de extranjeros.

Disposición adicional segunda introducida por el apartado 2 del artículo 2 de la L.O. 8/2000, 22 diciembre, de reforma de la L.O. 4/2000, de 11 de enero, sobre derechos y

libertades de los extranjeros en España y su integración social («B.O.E.» 23 diciembre; corrección de errores «B.O.E.» 23 febrero 2001).
Vigencia: 23 enero 2001

Disposición adicional tercera. *Lugares de presentación de las solicitudes y exigencia de comparecencia personal.* 1. Cuando el sujeto legitimado se encuentre en territorio español habrá de presentar personalmente las solicitudes relativas a las autorizaciones de residencia y de trabajo en los registros de los órganos competentes para su tramitación. Igualmente, en los procedimientos en los que el sujeto legitimado fuese un empleador, las solicitudes podrán ser presentadas por éste, o por quien válidamente ostente la representación legal empresarial. Reglamentariamente se podrán establecer excepciones a la presentación ante el órgano competente para su tramitación o a la necesidad de presentación personal de solicitudes.

Número 1 de la disposición adicional tercera redactado por el apartado setenta y siete del artículo único de la L.O. 2/2009, de 11 de diciembre, de reforma de la L.O. 4/2000, de 11 de enero, sobre derechos y libertades de los extranjeros en España y su integración social («B.O.E.» 12 diciembre).
Vigencia: 13 diciembre 2009

2. Cuando el sujeto legitimado se encuentre en territorio extranjero, la presentación de solicitudes de visado y su recogida se realizarán personalmente ante la misión diplomática u oficina consular en cuya demarcación aquél resida. Excepcionalmente, cuando el interesado no resida en la población en que tenga su sede la misión diplomática u oficina consular y se acrediten razones que obstaculicen el desplazamiento, como la lejanía de la misión u oficina o dificultades de transporte que hagan el viaje especialmente gravoso, podrá acordarse que la solicitud de visado pueda presentarse por representante debidamente acreditado. Las solicitudes relativas a los visados también podrán presentarse electrónicamente mediante las aplicaciones específicas de tramitación que existan. Asimismo, se podrán presentar en los locales de un proveedor de servicios externo con el que el Ministerio de Asuntos Exteriores, Unión Europea y Cooperación mantenga un contrato de concesión de servicios, con sujeción a las condiciones previstas en la normativa comunitaria sobre visados.

Párrafo primero del número 2 de la disposición adicional tercera redactado por el apartado cuatro de la disposición final tercera de la L.O. 2/2023, de 22 de marzo, del Sistema Universitario («B.O.E.» 23 marzo).
Vigencia: 12 abril 2023

Sin perjuicio de lo dispuesto en el párrafo anterior, en los supuestos de presentación de solicitudes y recogida de visado de estancia, tránsito y de residencia por reagrupación familiar de menores, ambos trámites podrán realizarse mediante representante debidamente acreditado.

En cualquier caso, la misión diplomática u oficina consular podrá requerir la comparecencia del solicitante y, cuando lo estime necesario, mantener una entrevista personal.

Lo dispuesto en este apartado se entenderá sin perjuicio de lo establecido en la normativa comunitaria que desarrolla la política común de visados en lo relativo a la posibilidad de celebrar acuerdos con otros Estados miembros de la Unión Europea a efectos de representación en terceros Estados, en cuanto a procedimientos de solicitud de visados de tránsito o estancia.

Número 2 de la disposición adicional tercera redactado conforme establece el apartado setenta y ocho del artículo único de la L.O. 2/2009, de 11 de diciembre, de reforma de la L.O. 4/2000, de 11 de enero, sobre derechos y libertades de los extranjeros en España y su integración social («B.O.E.» 12 diciembre).
Vigencia: 13 diciembre 2009

3. Asimismo, no se requerirá la comparecencia personal en los procedimientos de contratación colectiva de trabajadores, en los supuestos contemplados en un convenio o acuerdo internacional, en cuyo caso se estará a lo dispuesto en el mismo.

Disposición adicional tercera introducida por el apartado treinta y ocho del artículo primero de la L.O. 14/2003, de 20 de noviembre, de Reforma de la Ley orgánica 4/2000, de 11 de enero, sobre derechos y libertades de los extranjeros en España y su integración social, modificada por la L.O. 8/2000, de 22 de diciembre; de la Ley 7/1985, de 2 de abril, Reguladora de las Bases del Régimen Local; de la Ley 30/1992, de 26 de noviembre, de Régimen Jurídico de las Administraciones Públicas y del Procedimiento Administrativo Común, y de la Ley 3/1991, de 10 de enero, de Competencia Desleal («B.O.E.» 21 noviembre).

Vigencia: 21 diciembre 2003

Véase la disposición adicional tercera del Reglamento de la L.O. 4/2000, sobre derechos y libertades de los extranjeros en España y su integración social, tras su reforma por L.O. 2/2009, aprobado por R.D. 557/2011, de 20 de abril («B.O.E.» 30 abril).

Disposición adicional cuarta. *Inadmisión a trámite de solicitudes.* 1. La autoridad competente para resolver inadmitirá a trámite las solicitudes relativas a los procedimientos regulados en esta ley, en los siguientes supuestos:

a) Falta de legitimación del solicitante, o insuficiente acreditación de la representación.

b) Presentación de la solicitud fuera del plazo legalmente establecido.

c) Cuando se trate de reiteración de una solicitud ya denegada, siempre que las circunstancias que motivaron la denegación no hayan variado.

d) Cuando conste un procedimiento administrativo sancionador contra el solicitante en el que pueda proponerse la expulsión o cuando se haya decretado en contra del mismo una orden de expulsión, judicial o administrativa salvo que, en este último caso, la orden de expulsión hubiera sido revocada o se hallase en uno de los supuestos regulados por los artículos 31 bis, 59, 59 bis o 68.3 de esta ley.

e) Cuando el solicitante tenga prohibida su entrada en España.

f) Cuando se trate de solicitudes manifiestamente carentes de fundamento.

g) Cuando se refieran a extranjeros que se encontrasen en España en situación irregular, salvo que pueda encontrarse en uno de los supuestos del artículo 31, apartado 3.

h) Cuando dicha solicitud no sea realizada personalmente y dicha circunstancia sea exigida por ley.

2. En los procedimientos relativos a solicitudes de visado de tránsito o estancia, la autoridad competente para resolver inadmitirá a trámite las solicitudes, en los siguientes supuestos:

a) Presentación de la solicitud fuera del plazo de los tres meses anteriores al comienzo del viaje.

b) Presentación de la solicitud en documento distinto al modelo oficialmente establecido a los efectos.

c) No aportación de documento de viaje válido al menos hasta tres meses después de la fecha (en su caso, última fecha) prevista de salida del territorio de los Estados miembros de la Unión Europea; en el que figuren al menos dos páginas en blanco; y expedido dentro de los diez años anteriores a la presentación de la solicitud de visado.

d) Cuando no se aporte fotografía del solicitante, acorde a lo dispuesto en la normativa reguladora del Sistema de Información de Visados (VIS) de la Unión Europea.

e) Cuando no se hayan tomado los datos biométricos del solicitante.

f) Cuando no se haya abonado la tasa de visado.

Disposición adicional cuarta redactada por el apartado setenta y nueve del artículo único de la L.O. 2/2009, de 11 de diciembre, de reforma de la L.O. 4/2000, de 11 de enero, sobre derechos y libertades de los extranjeros en España y su integración social («B.O.E.» 12 diciembre).
Vigencia: 13 diciembre 2009

Disposición adicional quinta. *Acceso a la información, colaboración entre Administraciones públicas y gestión informática de los procedimientos.* 1. En el cumplimiento de los fines que tienen encomendadas, y con pleno respeto a la legalidad vigente, las Administraciones públicas, dentro de su ámbito competencial, colaborarán en la cesión de datos relativos a las personas que sean consideradas interesados en los procedimientos regulados en esta Ley Orgánica y sus normas de desarrollo.

2. Para la exclusiva finalidad de cumplimentar las actuaciones que los órganos de la Administración General del Estado competentes en los procedimientos regulados en esta Ley Orgánica y sus normas de desarrollo tienen encomendadas, la Agencia Estatal de Administración Tributaria, la Tesorería General de la Seguridad Social y el Instituto Nacional de Estadística, este último en lo relativo al Padrón Municipal de Habitantes, facilitarán a aquéllos el acceso directo a los ficheros en los que obren datos que hayan de constar en dichos expedientes, y sin que sea preciso el consentimiento de los interesados, de acuerdo con la legislación sobre protección de datos.

Igualmente, los anteriores organismos facilitarán a las Comunidades Autónomas la información necesaria para ejercer sus competencias sobre autorizaciones iniciales de trabajo sin que tampoco sea preciso el consentimiento de los interesados.

La Sentencia TC (Sala Pleno) de 31 enero 2013, declara constitucional el anterior párrafo 2.º de la disposición adicional quinta, introducido por el artículo 1.cuarenta de la Ley Orgánica 14/2003, de 20 de noviembre, si se interpreta en los téminos establecidos en su fundamento jurídico 7. Téngase en cuenta que actualmente se corresponde con el párrafo 1.º del número 2 de la misma disposición.

3. La tramitación de los procedimientos en materia de extranjería derivados del cumplimiento de lo dispuesto en la presente Ley Orgánica, se realizará sobre una aplicación informática común cuya implantación y coordinación respecto de los restantes Departamentos implicados corresponderá al Ministerio de Trabajo e Inmigración. Dicha aplicación, garantizando la protección de datos de carácter personal, registrará la información y datos relativos a los extranjeros y ciudadanos de la Unión Europea residentes en España y sus autorizaciones, impulsará el cumplimiento de lo establecido por la legislación en materia de acceso electrónico de los ciudadanos a los servicios públicos y permitirá el conocimiento, en tiempo real, de la situación de las solicitudes de autorización reguladas en esta Ley por parte de los órganos administrativos que sean competentes en cada una de las fases del mismo, así como su intervención en la fase que recaiga dentro de su ámbito de competencias. Asimismo, la aplicación informática permitirá la generación de bases de datos estadísticas por las administraciones intervinientes para la obtención de la información actualizada y fiable sobre las magnitudes relativas a la inmigración y la extranjería.

En cumplimiento de lo establecido por la normativa comunitaria sobre la materia, la tramitación de procedimientos relativos a visados de tránsito y de estancia se realizará sobre la aplicación informática específicamente creada a los efectos, dependiente del Ministerio de Asuntos Exteriores y de Cooperación, que estará interconectada con la aplicación informática común, en orden a que en la base de datos de esta última conste información sobre los datos de los visados solicitados y concedidos en las Oficinas consulares o Misiones diplomáticas españolas en el exterior.

El Ministerio del Interior, de acuerdo con sus competencias en materia de orden público, seguridad pública y seguridad nacional, mantendrá un Registro central de extranjeros. Reglamentariamente, se establecerá la interconexión que, en su caso, resulte necesaria para que en la aplicación informática común conste la información que pueda repercutir en la situación administrativa de los extranjeros en España.

Véanse artículos 213 y 214 del Reglamento de la L.O. 4/2000, sobre derechos y libertades de los extranjeros en España y su integración social, tras su reforma por L.O. 2/2009, aprobado por R.D. 557/2011, de 20 de abril («B.O.E.» 30 abril).

4. Cuando las Comunidades Autónomas, en el ámbito de sus competencias, intervengan en alguno de los procedimientos regulados en esta Ley, se garantizará que su participación en los procedimientos informatizados responda a estándares comunes que garanticen la necesaria coordinación de la actuación de todos los órganos administrativos intervinientes. Igualmente, la aplicación informática común dará acceso a las Comunidades Autónomas con competencias en materia de autorización de trabajo a la información necesaria para el ejercicio de sus competencias, entre la que se encontrará aquella relativa a la concesión y extinción de autorizaciones de reagrupación familiar concedidas en su territorio así como de las altas en Seguridad Social de las autorizaciones de trabajo iniciales concedidas por ellas.

5. El Observatorio Permanente de la Inmigración aunará el conjunto de la información estadística disponible en materia de extranjería, inmigración, protección internacional y nacionalidad, con independencia de la Administración Pública, Departamento ministerial u Organismo responsable de su elaboración, con la finalidad de servir como sistema de análisis e intercambio de la información cualitativa y cuantitativa relacionada con los movimientos migratorios al servicio de las entidades responsables de gestionar las políticas públicas en dichas materias.

Disposición adicional quinta redactada por el apartado ochenta del artículo único de la L.O. 2/2009, de 11 de diciembre, de reforma de la L.O. 4/2000, de 11 de enero, sobre derechos y libertades de los extranjeros en España y su integración social («B.O.E.» 12 diciembre).
Vigencia: 13 diciembre 2009

Véase la disposición adicional cuarta, sobre sistema de información migratoria, del R.D. 1155/2024, de 19 de noviembre, por el que se aprueba el Reglamento de la L.O. 4/2000, de 11 de enero, sobre derechos y libertades de los extranjeros en España y su integración social («B.O.E.» 20 noviembre).

Véase la cláusula segunda de la Res. de 24 de mayo de 2021, de la Subsecretaría, por la que se publica el Convenio entre el Ministerio de Política Territorial y Función Pública y el Instituto Nacional de Estadística, sobre acceso a la base padronal del Instituto («B.O.E.» 27 mayo).

Véase la disposición adicional sexta del Reglamento de la L.O. 4/2000, sobre derechos y libertades de los extranjeros en España y su integración social, tras su reforma por L.O. 2/2009, aprobado por R.D. 557/2011, de 20 de abril («B.O.E.» 30 abril).

Disposición adicional sexta. *Acuerdos de readmisión.* A los extranjeros que, en virtud de los acuerdos que regulen la readmisión de las personas en situación irregular suscritos por España, deban ser entregados o enviados a los países de los que sean nacionales o desde los que se hayan trasladado hasta el territorio español, les será de aplicación lo dispuesto en los citados acuerdos así como su normativa de desarrollo.

Dichos acuerdos contendrán cláusulas de respeto a los derechos humanos en virtud de lo que establecen en esta materia los tratados y convenios internacionales.

En el caso de que el titular de la tarjeta azul de la U.E. concedida en España fuera objeto de una medida de repatriación en otro Estado miembro, por haberse extinguido la vigencia de la autorización originaria para permanecer en dicho Estado o por denegarse su solicitud para residir en él, se le readmitirá sin necesidad de ninguna otra formalidad, incluyendo, en su caso, a los miembros de su familia previamente reagrupados.

Disposición adicional sexta redactada por el apartado ochenta y uno del artículo único de la L.O. 2/2009, de 11 de diciembre, de reforma de la L.O. 4/2000, de 11 de enero, sobre derechos y libertades de los extranjeros en España y su integración social («B.O.E.» 12 diciembre).

Vigencia: 13 diciembre 2009

Disposición adicional séptima. *Delimitación del Espacio Schengen.* A los efectos de lo dispuesto en esta ley, se entenderá por Espacio Schengen el conjunto de los territorios de los Estados a los que se apliquen plenamente las disposiciones relativas a la supresión de controles en las fronteras interiores y circulación de personas, previstas en el título II del Convenio para la aplicación del Acuerdo de Schengen, de 19 de junio de 1990.

Disposición adicional séptima introducida por el apartado cuarenta y dos del artículo primero de la L.O. 14/2003, de 20 de noviembre, de Reforma de la Ley orgánica 4/2000, de 11 de enero, sobre derechos y libertades de los extranjeros en España y su integración social, modificada por la L.O. 8/2000, de 22 de diciembre; de la Ley 7/1985, de 2 de abril, Reguladora de las Bases del Régimen Local; de la Ley 30/1992, de 26 de noviembre, de Régimen Jurídico de las Administraciones Públicas y del Procedimiento Administrativo Común, y de la Ley 3/1991, de 10 de enero, de Competencia Desleal («B.O.E.» 21 noviembre).

Vigencia: 21 diciembre 2003

Disposición adicional octava. *Ayudas al retorno voluntario.* El Gobierno contemplará anualmente la financiación de programas de retorno voluntario de las personas que así lo soliciten y planteen proyectos que supongan su reasentamiento en la sociedad de la que partieron y siempre que los mismos sean de interés para aquella comunidad.

Disposición adicional octava introducida por el apartado cuarenta y tres del artículo primero de la L.O. 14/2003, de 20 de noviembre, de Reforma de la Ley orgánica 4/2000, de 11 de enero, sobre derechos y libertades de los extranjeros en España y su integración social, modificada por la L.O. 8/2000, de 22 de diciembre; de la Ley 7/1985, de 2 de abril, Reguladora de las Bases del Régimen Local; de la Ley 30/1992, de 26 de noviembre, de Régimen Jurídico de las Administraciones Públicas y del Procedimiento Administrativo Común, y de la Ley 3/1991, de 10 de enero, de Competencia Desleal («B.O.E.» 21 noviembre).

Vigencia: 21 diciembre 2003

Disposición adicional novena. *Autorizaciones autonómicas de trabajo en origen.* En el marco de los procedimientos de contratación colectiva en origen, las comunidades autónomas con competencias ejecutivas en materia de autorizaciones de trabajo podrán establecer servicios que faciliten la tramitación de los correspondientes visados ante los consulados españoles, así como promover el desarrollo de programas de acogida para los trabajadores extranjeros y sus familias.

Disposición adicional novena introducida por el apartado ochenta y dos del artículo único de la L.O. 2/2009, de 11 de diciembre, de reforma de la L.O. 4/2000, de 11 de enero, sobre derechos y libertades de los extranjeros en España y su integración social («B.O.E.» 12 diciembre).

Vigencia: 13 diciembre 2009

Disposición adicional décima. *Régimen especial de Ceuta y Melilla.* 1. Los extranjeros que sean detectados en la línea fronteriza de la demarcación territorial de Ceuta o Melilla mientras intentan superar los elementos de contención fronterizos para cruzar irregularmente la frontera podrán ser rechazados a fin de impedir su entrada ilegal en España.

2. En todo caso, el rechazo se realizará respetando la normativa internacional de derechos humanos y de protección internacional de la que España es parte.

3. Las solicitudes de protección internacional se formalizarán en los lugares habilitados al efecto en los pasos fronterizos y se tramitarán conforme a lo establecido en la normativa en materia de protección internacional.

Disposición adicional décima introducida por el número 1 de la disposición final primera de la L.O. 4/2015, de 30 de marzo, de protección de la seguridad ciudadana («B.O.E.» 31 marzo).
Vigencia: 1 abril 2015

La Sentencia TC (Pleno) 172/2020 de 19 noviembre declara que la disposición final primera de la Ley Orgánica 4/2015, de 30 de marzo, de protección de la seguridad ciudadana, por la que se introduce la disposición adicional décima, es conforme a la Constitución, siempre que se interprete tal y como se ha indicado en el fundamento jurídico 8 C), concretado en los siguientes puntos:
a) Aplicación a las entradas individualizadas.
b) Pleno control judicial.
c) Cumplimiento de las obligaciones internacionales.

La Sentencia TC (Pleno) 13/2021, de 28 enero 2021 declara que la disposición final primera de la Ley Orgánica 4/2015, de 30 de marzo, por la que se introduce la disposición adicional décima en la Ley Orgánica 4/2000, de 11 de enero, es conforme a la Constitución, siempre que se interprete tal y como indica en el Fundamento jurídico 2 e).

DISPOSICIONES TRANSITORIAS

Primera. *Regularización de extranjeros que se encuentren en España.* El Gobierno, mediante Real Decreto, establecerá el procedimiento para la regularización de los extranjeros que se encuentren en territorio español antes del día 1 de junio de 1999 y que acrediten haber solicitado en alguna ocasión autorización de residencia o trabajo o que lo hayan tenido en los tres últimos años.

Las referencias al término "autorización" han sido introducidas conforme establece la disposición adicional única de la Ley Orgánica 14/2003, de 20 de noviembre, en sustitución del anterior término "permiso".
Vigencia: 21 diciembre 2003

Véanse:

- Real Decreto 239/2000, de 18 de febrero, por el que se establece el procedimiento para la regularización de extranjeros prevista en la disposición transitoria primera de la Ley Orgánica 4/2000, de 11 de enero, sobre derechos y libertades de los extranjeros en España y su integración social («B.O.E.» 19 febrero).

- Real Decreto 142/2001, de 16 de febrero, por el que se establecen los requisitos para la regularización prevista en la disposición transitoria cuarta de la Ley Orgánica 8/2000, de 22 de diciembre, de Reforma de la Ley Orgánica 4/2000, de 11 de enero, sobre Derechos y libertades de los extranjeros en España y su integración social («B.O.E.» 20 febrero).

Segunda. *Validez de las autorizaciones vigentes.* Las distintas autorizaciones o tarjetas que habilitan para entrar, residir y trabajar en España a las personas incluidas en el ámbito de aplicación de la Ley que tengan validez a la entrada en vigor de la misma, la conservarán por el tiempo para el que hubieren sido expedidas.

Las referencias al término "autorización" han sido introducidas conforme establece la disposición adicional única de la Ley Orgánica 14/2003, de 20 de noviembre, en sustitución del anterior término "permiso".
Vigencia: 21 diciembre 2003

Tercera. *Normativa aplicable a procedimientos en curso.* Los procedimientos administrativos en curso se tramitarán y resolverán de acuerdo con la normativa vigente en el momento de la iniciación, salvo que el interesado solicite la aplicación de la presente Ley.

DISPOSICIÓN DEROGATORIA ÚNICA

Derogación normativa.

Queda derogada la Ley Orgánica 7/1985, de 1 de julio, sobre derechos y libertades de los extranjeros en España, y cuantas disposiciones se opongan a lo establecido en esta Ley.

DISPOSICIONES FINALES

Primera. *Modificación del artículo 312 del Código Penal.* El apartado 1 del artículo 312 del Código Penal queda redactado de la forma siguiente:

«**Artículo 312.**

1. Serán castigados con las penas de prisión de dos a cinco años y multa de seis a doce meses, los que trafiquen de manera ilegal con mano de obra.»

Segunda. *Inclusión de un nuevo Título XV bis en el Código Penal.* Se introduce un nuevo Título XV bis con la siguiente redacción:

«TÍTULO XV BIS
DELITOS CONTRA LOS DERECHOS DE LOS CIUDADANOS EXTRANJEROS

Artículo 318 bis.

1. Los que promuevan, favorezcan o faciliten el tráfico ilegal de personas desde, en tránsito o con destino a España serán castigados con las penas de prisión de seis meses a tres años y multa de seis a doce meses.

2. Los que realicen las conductas descritas en el apartado anterior con ánimo de lucro, o empleando violencia, intimidación o engaño o abusando de una situación de necesidad de la víctima, serán castigados con las penas de prisión de dos a cuatro años y multa de doce a veinticuatro meses.

3. Se impondrán las penas correspondientes en su mitad superior a las previstas en los apartados anteriores, cuando en la comisión de los hechos se hubiere puesto en peligro la vida, la salud o la integridad de las personas o la víctima sea menor de edad.

4. En las mismas penas del apartado anterior y además en la inhabilitación absoluta de seis a doce años incurrirán los que realicen los hechos prevaliéndose de su condición de autoridad, agente de ésta o funcionario público.

5. Se impondrán las penas superiores en grado a las previstas en los apartados anteriores, en sus respectivos casos, cuando el culpable pertene-

ciere a una organización o asociación, incluso de carácter transitorio que se dedicare a la realización de tales actividades.»

Tercera. *Modificaciones en los artículos 515, 517 y 518 del Código Penal.* 1. Se añade un nuevo apartado 6.º en el artículo 515 con la siguiente redacción:

«6.º Las que promuevan el tráfico ilegal de personas.»

2. Se modifica el primer párrafo del artículo 517, que quedará redactado de la siguiente forma:

«En los casos previstos en los números 1.º y 3.º al 6.º del artículo 515 se impondrán las siguientes penas:»

3. Se modifica el artículo 518, que quedará redactado de la siguiente forma:

«Los que con su cooperación económica o de cualquier otra clase, en todo caso relevante, favorezcan la fundación, organización o actividad de las asociaciones comprendidas en los números 1.º y 3.º al 6.º del artículo 515, incurrirán en la pena de prisión de uno a tres años, multa de doce a veinticuatro meses, e inhabilitación para empleo o cargo público por tiempo de uno a cuatro años.»

Cuarta. *Preceptos no orgánicos.* 1. Tienen naturaleza orgánica los preceptos contenidos en los siguientes artículos de esta Ley: 1, 2, 3, 4.1, 4.3, 5, 6, 7, 8, 9, 11, 15, 16, 17, 18, 18 bis, 19, 20, 21, 22.1, 23, 24, 25, 25 bis, 27, 29, 30, 30 bis, 31, 31 bis, 33, 34, 36, 37, 39, 40, 41, 42, 53, 54, 55, 57, 58, 59, 59 bis, 60, 61, 62, 62 bis, 62 ter, 62 quáter, 62 quinquies, 62 sexies, 63, 63 bis, 64, 66, 71, las disposiciones adicionales tercera a octava y décima y las disposiciones finales.

2. Los preceptos no incluidos en el apartado anterior no tienen naturaleza orgánica.

Disposición final cuarta redactada por el número 2 de la disposición final primera de la L.O. 4/2015, de 30 de marzo, de protección de la seguridad ciudadana («B.O.E.» 31 marzo).
Vigencia: 1 abril 2015

Quinta. *Apoyo al sistema de información de Schengen.* El Gobierno, en el marco de lo previsto en el Convenio de aplicación del Acuerdo de Schengen, adoptará cuantas medidas fueran precisas para mantener la exactitud y la actualización de los datos del sistema de información de Schengen, facilitando el ejercicio del derecho a la rectificación o supresión de datos a las personas cuyos datos figuren en el mismo.

Quinta bis. *Código Comunitario de Visados.* Las previsiones de la presente Ley en materia de visados de tránsito y estancia se entenderán sin perjuicio de lo establecido en el Reglamento (CE) n.º 810/2009, de 13 de julio, por el que se establece un Código Comunitario sobre Visados.

Disposición final quinta bis introducida por el apartado ochenta y cuatro del artículo único de la L.O. 2/2009, de 11 de diciembre, de reforma de la L.O. 4/2000, de 11 de enero, sobre derechos y libertades de los extranjeros en España y su integración social («B.O.E.» 12 diciembre).
Vigencia: 13 diciembre 2009

Sexta. *Reglamento de la Ley.* El Gobierno en el plazo de seis meses aprobará el Reglamento de esta Ley Orgánica.

Véase el R.D. 1155/2024, de 19 de noviembre, por el que se aprueba el Reglamento de la L.O. 4/2000, de 11 de enero, sobre derechos y libertades de los extranjeros en España y su integración social («B.O.E.» 20 noviembre).

Véase el R.D. 162/2014, de 14 de marzo, por el que se aprueba el reglamento de funcionamiento y régimen interior de los centros de internamiento de extranjeros («B.O.E.» 15 marzo).

Véase el R.D. 557/2011, de 20 de abril, por el que se aprueba el Reglamento de la L.O. 4/2000, sobre derechos y libertades de los extranjeros en España y su integración social, tras su reforma por L.O. 2/2009 («B.O.E.» 30 abril).

Séptima. *Información sobre la Ley a organismos y organizaciones interesados.* Desde el momento de la entrada en vigor de esta Ley, el Gobierno adoptará las medidas necesarias para informar a los funcionarios de las diversas Administraciones públicas, a los directivos de asociaciones de inmigrantes, a los Colegios de Abogados, a los sindicatos y a las organizaciones no gubernamentales de los cambios que sobre la aplicación de la normativa anterior supone la aprobación de esta Ley Orgánica.

Octava. *Habilitación de créditos.* El Gobierno dictará las disposiciones necesarias para hacer frente a los gastos originados por la aplicación y desarrollo de la presente Ley.

Novena. *Entrada en vigor.* Esta Ley Orgánica entrará en vigor a los veinte días de su completa publicación en el «Boletín Oficial del Estado».

Por tanto,
Mando a todos los españoles, particulares y autoridades, que guarden y hagan guardar esta Ley Orgánica.

§ 2. Real Decreto 557/2011, de 20 de abril, por el que se aprueba el Reglamento de la Ley Orgánica 4/2000, sobre derechos y libertades de los extranjeros en España y su integración social, tras su reforma por Ley Orgánica 2/2009

(*BOE* de 30 de Abril de 2011; c. e. *BOE* de 18 de Junio de 2011)

ÍNDICE SISTEMÁTICO

§ 2. Real Decreto 557/2011, de 20 de abril, por el que se aprueba el Reglamento de la Ley Orgánica 4/2000, sobre derechos y libertades de los extranjeros en España y su integración social, tras su reforma por Ley Orgánica 2/2009

(*BOE* de 30 de Abril de 2011; c. e. *BOE* de 18 de Junio de 2011)

R.D. 557/2011, 20 abril rectificado por Corrección de errores («B.O.E.» 18 junio).

R.D. 557/2011, 20 abril, derogado por la disposición derogatoria única del R.D. 1155/2024, de 19 de noviembre, por el que se aprueba el Reglamento de la L.O. 4/2000, de 11 de enero, sobre derechos y libertades de los extranjeros en España y su integración social («B.O.E.» 20 noviembre), el 20 de mayo de 2025.

REAL DECRETO POR EL QUE SE APRUEBA EL REGLAMENTO DE LA LEY ORGÁNICA 4/2000, SOBRE DERECHOS Y LIBERTADES DE LOS EXTRANJEROS EN ESPAÑA Y SU INTEGRACIÓN SOCIAL

La Ley Orgánica 2/2009, de 11 de diciembre, en su Disposición Final tercera, habilita al Gobierno a dictar las disposiciones que resulten necesarias para la aplicación y desarrollo de la reforma de la Ley Orgánica 4/2000, de 11 de enero, sobre derechos y libertades de los extranjeros en España y su integración social. El presente Real Decreto viene a aprobar el nuevo Reglamento de Extranjería, derogando el Reglamento aprobado por Real Decreto 2393/2004, de 30 de diciembre.

La decisión de aprobar un nuevo Reglamento de Extranjería que desarrolle al máximo la adaptación reglamentaria de la última reforma de la Ley Orgánica 4/2000, y, por lo tanto, de ejercer en sentido amplio la potestad reglamentaria que el artículo 97 de la Constitución Española atribuye al Gobierno, obedece a diversas causas.

Por un lado, a la evolución del fenómeno migratorio, que ha sido una causa constante de las sucesivas reformas de la Ley Orgánica. Dicha evolución, que en los últimos años ha dado lugar, entre otras cosas, a un descenso del número de solicitudes de entrada por motivos laborales y a un aumento del número de procedimientos instados por personas extranjeras que se encuentran en España y que pretenden renovar o prorrogar sus autorizaciones o ejercer las facultades que la Ley Orgánica les otorga, debe ser tenida en cuenta al desarrollar reglamentariamente las previsiones de la Ley de Extranjería. El nuevo Reglamento pretende optimizar en este nuevo contexto los principios de la política migratoria reconocidos por primera vez a través de la Ley Orgánica 2/2009, de 11 de diciembre, principios entre los que se encuentran la ordenación de los flujos migratorios laborales de acuerdo con la situación nacional de empleo, la integración social de las personas inmigrantes, la lucha contra la inmigración irregular y las relaciones con terceros países en materia de inmigración.

Por otro lado, la reforma del Reglamento de Extranjería también ofrece la oportunidad de clarificar, simplificar y ordenar procedimientos complejos, cuya tramitación puede ser mejorada desde la perspectiva de la agilidad y seguridad jurídica.

La ubicación y reordenación sistemática de algunos procedimientos, la distinción entre requisitos y documentos acreditativos de los mismos, la mayor concreción de unos y otros, su simplificación, así como una regulación más clara de la relación entre autorizaciones y visados que evite dobles comprobaciones contribuirán, sin duda, a mejorar la gestión y la seguridad jurídica de los procedimientos de extranjería. Mención aparte, en este mismo sentido, merece la introducción de las nuevas tecnologías en un ámbito con un volumen de gestión elevado y, concretamente, la utilización de una aplicación informática común que permitirá la integración de las diversas fases procedimentales y su gestión por parte de las diversas Administraciones con competencia en la materia, así como una mejor relación con la ciudadanía en consonancia con la normativa de acceso electrónico a los servicios públicos.

Finalmente, más allá de mejorar su naturaleza de norma procedimental, la aprobación de un nuevo Reglamento de Extranjería también permite introducir modificaciones materiales que no sólo responden a cambios legales y al creciente protagonismo de la normativa comunitaria en este ámbito, sino que pretenden tener en cuenta la ya dilatada experiencia de las Oficinas de Extranjería.

El alcance de la reforma ha reforzado, por otro lado, la voluntad de implicar al mayor número de fuerzas políticas, agentes sociales y organizaciones no gubernamentales en la misma. Más allá de los canales institucionales de participación, se ha hecho un esfuerzo notable para conseguir un acuerdo global con los agentes sociales en el ámbito de la Mesa de Diálogo Social, así como para tener en cuenta las aportaciones presentadas por las organizaciones con mayor implantación en el ámbito de la extranjería. Este proceso de diálogo y consenso ha supuesto un grado de participación importante que tiene su reflejo en el propio texto.

Desde una perspectiva material, las novedades del Reglamento responden sobre todo a la voluntad de consolidar un modelo basado en la regularidad y vinculado al mercado de trabajo. Ello se ha traducido, entre otras cuestiones, en una regulación más completa del Catálogo de Ocupaciones de Difícil Cobertura y de los certificados que emiten los servicios públicos de empleo en relación con la insuficiencia de demandantes de empleo para cubrir las ofertas existentes. En ambos casos lo que se pretende es mejorar la información que los sustenta, así como tener en cuenta las posibilidades de cubrir las ofertas de empleo con trabajadores que ya se encuentran en el mercado de trabajo nacional y que podrían satisfacerlas con actuaciones formativas promovidas por los servicios públicos de empleo. La consideración de la situación nacional de empleo también se ha tenido en cuenta en la regulación de las autorizaciones de trabajo por cuenta ajena de duración determinada y en la gestión colectiva de contrataciones en origen, donde se han introducido mecanismos que pretenden evitar la sustitución de mano de obra que ya existe en el mercado laboral.

Junto a la ordenación de los flujos migratorios laborales y la promoción de la cultura de la regularidad, el nuevo Reglamento también pretende fomentar la integración y la igualdad de derechos y deberes, fortaleciendo la integración y la cohesión social en un contexto de diversidad cultural, desde la lógica de la igualdad de derechos y deberes.

En coherencia con la última reforma de la Ley de Extranjería, que fortaleció a través de diversas medidas el papel de las Administraciones autonómicas y locales, el Reglamento que ahora se aprueba también refuerza la colaboración con tales Administraciones en múltiples ámbitos. Uno de los más importantes, pero no el único, es el de los informes previstos en la Ley Orgánica a través de los cuales las Administraciones locales y autonómicas pueden participar, en ejercicio de sus competencias, en los procedimientos que corresponde resolver a la Administración General del Estado. La regulación de los informes de esfuerzo de integración en el ámbito de las renovaciones, de la adecuación de la vivienda a los efectos de la reagrupación familiar y de integración social en el ámbito del arraigo constituyen, en efecto, ejemplos claros de dicha colaboración, que también se ha extendido a la comunicación de datos estadísticos en el ámbito de la reagrupación o a la determinación de la situación nacional de empleo.

Adaptándose al nuevo ciclo migratorio, el Reglamento también apuesta por fomentar y garantizar la movilidad y el retorno voluntario de los inmigrantes. La atracción de investigadores y personal altamente cualificado, así como la regulación en sede reglamentaria de los flujos laborales que afectan a actividades en que concurren razones de interés económico, social o laboral, o a actividades docentes, de investigación o artísticas constituyen medidas que favorecerán indudablemente la competitividad de la economía española y la internacionalización de las empresas. Al mismo tiempo, y dando respuesta al fenómeno creciente de la movilidad, se introducen previsiones sobre el retorno voluntario que hacen posible el regreso en un futuro recuperando los periodos de residencia previos siempre que se cumplan los requisitos para ello y el compromiso de no retorno.

En este sentido, de acuerdo con el mandato legal y con la política europea de inmigración, se ha efectuado el desarrollo reglamentario de determinadas Directivas europeas, cuya transposición se efectuaba en la propia reforma de la Ley Orgánica. Estas Directivas, en algún caso ya incorporadas a nuestro ordenamiento jurídico, configuran un marco normativo europeo común en materia de inmigración en el que España participa plenamente.

Finalmente, el Reglamento apuesta claramente por proporcionar rigor, transparencia y objetividad a los procedimientos de extranjería. La mejora, en definitiva, de la seguridad jurídica mediante unas previsiones más detalladas y concretas que disminuyen el reenvío a otras normas, y la introducción de las nuevas tecnologías en los procedimientos regulados constituyen novedades que contribuirán sin duda a mejorar la gestión y, con ello, las necesidades de todos los diversos agentes que actúan en el ámbito de la extranjería.

Las modificaciones que se introducen afectan de manera generalizada a todas las situaciones de las personas extranjeras en España. De aquí que se vea conveniente hacer un somero repaso de cada título que compone el nuevo Reglamento.

En el título I se introduce una regulación más detallada de la autorización de regreso, se concretan las circunstancias de la custodia en puestos fronterizos, se reordenan las cuestiones relativas a salidas obligatorias y devoluciones, estableciendo un plazo de prescripción para estas últimas.

En el título II, relativo al tránsito aeroportuario, se incorporan las modificaciones frutos de la aplicación del Derecho de la Unión Europea, y en particular, del Código Comunitario de Visados.

En el título III, dedicado a la estancia, se introducen reformas derivadas de la normativa comunitaria, así como se lleva a cabo la transposición de la Directiva relativa a estancias por estudios, investigación o formación, intercambio de alumnos, prácticas no laborales o servicios de voluntariado. Asimismo, se simplifican las normas de procedimiento y se establece la figura de la prórroga de estancia por estudios, así como la posibilidad de realizar actividades por cuenta propia.

El título IV recoge profundas novedades al referirse a la situación de residencia temporal en sus diferentes modalidades. Por una parte, se fijan con precisión los requisitos y medios económicos a acreditar por la persona extranjera en los supuestos de residencia no lucrativa y que con otras magnitudes también se fija para la reagrupación familiar. En la reagrupación familiar se desarrolla el mandato legal de inclusión de la pareja de hecho, regulando con más detalle la residencia independiente de los familiares reagrupados. Por otra parte, en el ámbito laboral se regulan los medios económicos, materiales y personales a acreditar por el empleador, así como se reglamenta la eficacia de la autorización al alta en la Seguridad Social. Asimismo, se introducen sendos capítulos destinados a la transposición de la Directiva de investigadores, así como la Directiva de profesionales altamente cualificados o Tarjeta azul. Finalmente, se incluye un capítulo dedicado a regular los efectos del retorno voluntario de la persona extranjera en el supuesto de que decidiera volver a España.

En este título se despliega con plena visualización el papel de las Comunidades Autónomas de cara a la gestión colaborativa de la inmigración, dedicándose una consideración central a la elaboración y efectos del informe de esfuerzo de integración y al informe sobre la vivienda para la reagrupación familiar. Esta consideración, derivada de la reforma legal, contempla igualmente el papel de los Ayuntamientos en el supuesto de que la Comunidad Autónoma delegue sobre ellos sus competencias.

El título V, referido a la residencia por circunstancias excepcionales, mantiene inalterada la configuración del arraigo, con dos importantes matizaciones. Por una parte, se reduce el periodo de relación laboral a acreditar en el denominado arraigo laboral; por otra parte, en consonancia con la doctrina de nuestros Tribunales y del Tribunal de Justicia de la Unión Europea, se introduce la figura del arraigo familiar para progenitores de menores españoles. Sí se introduce, como novedad, un capítulo destinado a regular la figura de la víctima de violencia de género, en el que opera con profusión la figura de la autorización provisional de residencia y trabajo. También se incorpora como situación especialmente regulada la figura de la víctima de trata de seres humanos, tanto en su vertiente de trata con fines de explotación sexual como en su vertiente de fines de explotación laboral.

En el título VI se recoge la residencia de larga duración en sus dos modalidades: larga duración y larga duración UE, facilitando la movilidad del residente en otros Estados miembros.

En el título VII, al hacerse referencia a las extinciones de las autorizaciones de residencia y trabajo, se incorpora la posible extinción de las nuevas figuras incorporadas al Reglamento (investigación, profesionales altamente cualificados, víctimas de trata y residencia de larga duración).

El título VIII da acogida a la regulación de la gestión colectiva de contrataciones en origen, que sustituye a la tradicional denominación del contingente, previendo una continua relevancia de la Comisión Laboral Tripartita de Inmigración.

El título IX introduce por primera vez las autorizaciones de residencia y trabajo en cuya actividad profesional concurran razones de interés económico, social o laboral, o relativas a la realización de trabajos o desarrollo o docentes, que requieran alta cualificación, o de actividades artísticas de especial interés cultural, y que está vinculada a la denominada Unidad de Grandes Empresas, dando cabida a pequeñas y medianas empresas en razón de sectores estratégicos de la economía.

El título X mejora la actual redacción de los trabajadores transfronterizos, detallando los requisitos que deberán cumplirse para la obtención de la pertinente autorización.

El título XI introduce diferentes mejoras en relación con los menores extranjeros, tanto acompañados como no acompañados. En este sentido, configura un régimen jurídico integral, de especial interés en el caso de estos últimos. Por primera vez, se regula en detalle el procedimiento de repatriación del menor, con intervención intensa del Ministerio Fiscal, así como el tránsito de la minoría a la mayoría de edad.

El título XII se refiere a la modificación de las situaciones de las personas extranjeras en España, teniendo en cuenta la introducción de las nuevas figuras que se añaden (investigadores y altamente cualificados).

En cuanto a la documentación de los extranjeros, regulada en el título XIII, en consonancia con la inclusión del retorno voluntario, se prevé la forma de entrega de la Tarjeta de Identidad de Extranjero. Igualmente, se incluye una nueva regulación del Registro de Menores Extranjeros No Acompañados, que también será coordinado por la Fiscalía.

El título XIV se destina a las infracciones en materia de extranjería y su régimen sancionador, derivadas de la reforma legal.

El título XV contempla las Oficinas de Extranjería y los Centros de Migraciones, reiterando la dependencia orgánica y funcional que aquéllas poseen.

Por otra parte, el Reglamento contiene veinticinco disposiciones adicionales, de las que destaca la aplicación de las nuevas tecnologías tanto por parte de la Administración como por parte de la ciudadanía, así como la gestión en los procedimientos con intervención de las Comunidades Autónomas.

En coherencia con lo expuesto, se considera que este Reglamento permitirá continuar desarrollando en España una política migratoria integral, integrada y sostenible, de acuerdo con las necesidades de este país, contribuyendo a la cohesión social.

En su virtud, a propuesta de los titulares de los Ministerios de Asuntos Exteriores y de Cooperación, del Interior, de Trabajo e Inmigración y de Política Territorial y Administración Pública, de acuerdo con el Consejo de Estado y previa deliberación del Consejo de Ministros en su reunión del día 15 de abril de 2011,

DISPONGO:

Artículo único. *Aprobación y ámbito de aplicación del Reglamento.* 1. Se aprueba el Reglamento de la Ley Orgánica 4/2000, de 11 de enero, sobre derechos y libertades de los extranjeros en España y su integración social, cuyo texto se inserta a continuación.

2. Las normas del Reglamento de la Ley Orgánica 4/2000, de 11 de enero, sobre derechos y libertades de los extranjeros en España y su integración social, se aplicarán con carácter supletorio, o a los efectos que pudieran ser más favorables, a los nacionales de los Estados miembros de la Unión Europea y a las demás personas incluidas en el ámbito del Real Decreto 240/2007, de 16 de febrero, sobre entrada, libre circulación y residencia en España de ciudadanos de los Estados miembros de la Unión Europea y de otros Estados parte en el Acuerdo sobre el Espacio Económico Europeo. Asimismo, las normas del Reglamento de la Ley Orgánica 4/2000, de 11 de enero, se aplicarán con carácter supletorio a quienes sea de aplicación la Ley 12/2009, de 30 de octubre, reguladora del derecho de asilo y de la protección subsidiaria.

DISPOSICIÓN ADICIONAL ÚNICA

Identificación y protección de la víctima de trata de seres humanos.

Las previsiones establecidas en el artículo 140 del Reglamento aprobado por este Real Decreto serán igualmente de aplicación a las víctimas potenciales de trata de seres humanos nacionales de un Estado miembro de la Unión Europea o incluidas en el ámbito subjetivo de aplicación del régimen comunitario de extranjería.

DISPOSICIONES TRANSITORIAS

Disposición transitoria primera. *Validez de las autorizaciones o tarjetas en vigor.* Las distintas autorizaciones o tarjetas que habilitan para entrar, residir y trabajar en España, concedidas a las personas incluidas en el ámbito de aplicación del Reglamento que se aprueba mediante este Real Decreto y que tengan validez a la fecha de su entrada en vigor, conservarán dicha validez durante el tiempo para el que hubieren sido expedidas.

Disposición transitoria segunda. *Solicitudes presentadas con anterioridad a la entrada en vigor del Reglamento.* Las solicitudes presentadas con anterioridad a la entrada en vigor de este Real Decreto y del Reglamento que por él se aprueba se tramitarán y resolverán conforme a la normativa vigente en la fecha de su presentación, salvo que el interesado solicite la aplicación de lo dispuesto en este Real Decreto y en el Reglamento que por él se aprueba y siempre que se acredite el cumplimiento de los requisitos exigidos para cada tipo de solicitud.

DISPOSICIÓN DEROGATORIA ÚNICA

Derogación normativa.

Quedan derogados el Reglamento de la Ley Orgánica 4/2000, de 11 de enero, sobre derechos y libertades de los extranjeros en España y su integración social, aprobado por el Real Decreto 2393/2004, de 30 de diciembre; la Resolución de la Secretaría de Estado de Inmigración y Emigración, de 28 de febrero de 2007, relativa al acuerdo por el que se aprueban las instrucciones por las que se determina el procedimiento para autorizar la entrada, residencia y trabajo en España, de extranjeros en cuya actividad profesional concurran razones de interés económico, social o laboral, o relativas a la realización de trabajos de investigación o desarrollo o docentes, que requieran alta cualificación, o de actuaciones artísticas de especial interés cultural; y cuantas otras disposiciones, de igual o inferior rango, se opongan a lo dispuesto en este Real Decreto y en el Reglamento que por él se aprueba.

No obstante, las previsiones del Reglamento de la Ley Orgánica 4/2000, de 11 de enero, aprobado por Real Decreto 2393/2004, de 30 de diciembre, relativas al régimen de internamiento de los extranjeros permanecerán vigentes hasta la fecha de entrada en vigor del Reglamento previsto en la disposición adicional tercera de la Ley Orgánica 2/2009.

DISPOSICIONES FINALES

Disposición final primera. *Títulos competenciales.* El presente Real Decreto se dicta al amparo de lo dispuesto en el artículo 149.1.2.ª de la Constitución, que atribuye al Estado la competencia exclusiva en materia de nacionalidad, inmigración, extranjería y derecho de asilo.

Se exceptúan de lo anterior las referencias al procedimiento sobre autorizaciones iniciales de trabajo por cuenta propia o ajena de los extranjeros en aquellas Comunidades Autónomas a las que haya sido traspasada esta competencia, que se dictan al amparo del artículo 149.1.7.ª de la Constitución, que otorga al Estado la competencia exclusiva sobre legislación laboral sin perjuicio de su ejecución por los órganos de las Comunidades Autónomas.

Disposición final segunda. *Desarrollo normativo.* Se autoriza a los titulares de los Ministerios de Asuntos Exteriores y de Cooperación, del Interior, de Trabajo e Inmigración, y de Política Territorial y Administración Pública para dictar, en el ámbito de sus respectivas competencias y, en su caso, previo informe de la Comisión Interministerial de Extranjería, las normas que sean necesarias para la ejecución y desarrollo de lo dispuesto en este Real Decreto y en el Reglamento que por él se aprueba. En el supuesto de que las materias no sean objeto de la exclusiva competencia de cada uno de ellos, la ejecución y desarrollo de lo dispuesto en este Real Decreto y en el Reglamento que por él se aprueba se llevará a cabo mediante Orden del titular del Ministerio de la Presidencia, a propuesta conjunta de los Ministerios afectados, previo informe de la Comisión Interministerial de Extranjería.

Véase la Res. de 29 de enero de 2024, de la Subsecretaría, por la que se publica el Acuerdo de encomienda de gestión de la Secretaría de Estado de Política Territorial a la Secretaría de Estado de Migraciones, para la gestión de expedientes de extranjería («B.O.E.» 30 enero).

Disposición final tercera. *Entrada en vigor.* El presente Real Decreto y el Reglamento que por él se aprueba entrarán en vigor a los dos meses de su publicación en el «Boletín Oficial del Estado».

TÍTULO I
RÉGIMEN DE ENTRADA Y SALIDA DE TERRITORIO ESPAÑOL

CAPÍTULO I
PUESTOS DE ENTRADA Y SALIDA

Artículo 1. *Entrada por puestos habilitados.* 1. Sin perjuicio de lo dispuesto por los convenios internacionales suscritos por España, el extranjero que pretenda entrar en territorio español deberá hacerlo por los puestos habilitados al efecto, hallarse provisto del pasaporte o documento de viaje en vigor que acredite su identidad y que se considere válido para tal fin, estar en posesión de un visado válido cuando éste sea exigible, y no estar sujeto a prohibiciones expresas de entrada. Asimismo, deberá presentar los documentos determinados en este Reglamento que justifiquen el objeto y condiciones de entrada y estancia, y acreditar la posesión de los medios económicos suficientes para el tiempo que pretenda permanecer en España o, en su caso, estar en condiciones de obtener legalmente dichos medios.

2. Excepcionalmente, las autoridades o los funcionarios responsables del control fronterizo podrán autorizar el cruce de fronteras, fuera de los puestos habilitados o de los días y horas señalados, en los siguientes casos:

a) Las personas a las que les haya sido expedida una autorización extraordinaria para cruzar la frontera ante una necesidad concreta.

b) Los beneficiarios de acuerdos internacionales en tal sentido con países limítrofes.

3. Los marinos que estén en posesión de un documento de identidad de la gente del mar en vigor podrán circular mientras dure la escala del buque por el recinto del puerto o por las localidades próximas, en un entorno de 10 kilómetros, sin la obligación de presentarse en el puesto fronterizo, siempre que los interesados figuren en la lista de tripulantes del buque al que pertenezcan, sometida previamente a control y verificación de la identidad de los marinos por los funcionarios mencionados en el apartado 2. Podrá denegarse el derecho a desembarcar al marino que represente una amenaza para el orden público, la salud pública o la seguridad nacional, o a aquel en el que concurran circunstancias objetivas de las que pueda deducirse su incomparecencia en el buque antes de su partida.

Artículo 2. *Habilitación de puestos.* 1. De conformidad con el interés nacional y lo dispuesto en los convenios internacionales en los que España sea parte, la habilitación de un puesto en frontera terrestre se adoptará, previo acuerdo con las autoridades del país limítrofe correspondiente, mediante Orden del titular del Ministerio de la Presidencia, a propuesta conjunta de los titulares de los Ministerios de Asuntos Exteriores y de Cooperación, de Economía y Hacienda y del Interior.

2. Cuando se trate de la habilitación de puestos en puertos o aeropuertos, la Orden del titular del Ministerio de la Presidencia se adoptará a propuesta conjunta de los titulares de los Ministerios de Asuntos Exteriores y de Cooperación, de Economía y Hacienda y del Interior, previo informe favorable del departamento ministerial u órgano autonómico del que dependan el puerto o el aeropuerto.

Véase la Orden PRE/1665/2014, de 12 de septiembre, por la que se habilita el aeropuerto de Burgos como paso fronterizo («B.O.E.» 16 septiembre).

Véase la Orden PRE/1596/2014, de 5 de septiembre, por la que se habilita el aeropuerto de San Sebastián como paso fronterizo («B.O.E.» 9 septiembre).

Véase Orden PRE/1224/2014, de 14 de julio, por la que se habilita el aeropuerto de Badajoz como puesto fronterizo («B.O.E.» 15 julio).

Véase Orden PRE/70/2014, de 28 de enero, por la que se habilita el aeropuerto de Teruel como puesto fronterizo («B.O.E.» 29 enero).

Véase Orden PRE/3275/2011, de 29 de noviembre, por la que se habilita el aeropuerto de Lleida-Alguaire como puesto fronterizo («B.O.E.» 1 diciembre).

Véase la Orden PRA/223/2018, de 6 de marzo, por la que se habilita el Aeropuerto de Logroño-Agoncillo como paso fronterizo («B.O.E.» 7 marzo).

Artículo 3. *Cierre de puestos habilitados.* 1. El cierre, con carácter temporal o indefinido, de los puestos habilitados para la entrada y la salida de España se podrá acordar por Orden del titular del Ministerio de la Presidencia, a propuesta de los titulares de los Ministerios competentes, cuando así resulte bien de las disposiciones que deban regir a consecuencia de los estados de alarma, excepción o sitio, bien en aplicación de leyes especiales, en supuestos en que lo requieran los intereses de la defensa nacional, la seguridad del Estado y la protección de la salud y seguridad de los ciudadanos, así como en supuestos de elevada presión migratoria irregular, sin perjuicio de la posibilidad de desconcentrar dicha competencia.

2. Podrá procederse, a través de los trámites previstos normativamente, al cierre o traslado de los puestos habilitados en supuestos distintos de los previstos en el apartado anterior, siempre y cuando su ubicación resultara innecesaria o inconveniente.

3. El cierre de los puestos habilitados deberá comunicarse a aquellos países con los que España tenga obligación de hacerlo como consecuencia de los compromisos internacionales suscritos con ellos.

Véase la Res. 13 diciembre 2022, de la Secretaría de Estado de Seguridad, por la que se acuerda mantener el cierre parcial temporal de los puestos terrestres habilitados para la entrada y la salida de España a través de las ciudades de Ceuta y Melilla («B.O.E.» 15 diciembre).

CAPÍTULO II
ENTRADA: REQUISITOS Y PROHIBICIONES

Artículo 4. *Requisitos.* 1. La entrada de un extranjero en territorio español estará condicionada al cumplimiento de los siguientes requisitos:

a) Titularidad del pasaporte o documentos de viaje a los que se refiere el artículo siguiente.

b) Titularidad del correspondiente visado en los términos establecidos en el artículo 7.

c) Justificación del objeto y las condiciones de la entrada y estancia en los términos establecidos en el artículo 8.

d) Acreditación, en su caso, de los medios económicos suficientes para su sostenimiento durante el periodo de permanencia en España, o de estar en condiciones de obtenerlos, así como para el traslado a otro país o el retorno al de procedencia, en los términos establecidos en el artículo 9.

e) Presentación, en su caso, de los certificados sanitarios a los que se refiere el artículo 10.

f) No estar sujeto a una prohibición de entrada, en los términos del artículo 11.

g) No suponer un peligro para la salud pública, el orden público, la seguridad nacional o las relaciones internacionales de España o de otros Estados con los que España tenga un convenio en tal sentido.

2. La Comisaría General de Extranjería y Fronteras podrá autorizar la entrada en España de los extranjeros que no reúnan los requisitos establecidos en el apartado anterior cuando existan razones excepcionales de índole humanitaria, interés pú-

blico o cumplimiento de compromisos adquiridos por España. En estos casos, se procederá a hacer entrega al extranjero de la resolución acreditativa de la autorización de entrada por cualquiera de estas causas.

Sin perjuicio de la posible consideración de las causas que motivaron su concesión en el marco del procedimiento relativo a la residencia por circunstancias excepcionales, la autorización de la entrada en España en base a lo dispuesto en el párrafo anterior no supondrá, por sí misma y de forma aislada a otras circunstancias que pudieran ser alegadas, el cumplimiento de los requisitos a acreditar de cara a la obtención de una autorización de residencia por circunstancias excepcionales.

Artículo 5. *Autorización de regreso.* 1. No obstante lo dispuesto en el artículo anterior, al extranjero cuya autorización de residencia o de estancia se encuentre en periodo de renovación o prórroga se le expedirá una autorización de regreso que le permita una salida de España y el posterior retorno al territorio nacional, siempre que el solicitante acredite que ha iniciado los trámites de renovación o prórroga del título que le habilita para permanecer en España dentro del plazo legal fijado al efecto.

Igualmente, el titular de una Tarjeta de Identidad de Extranjero en vigor podrá solicitar una autorización de regreso en caso de robo, extravío, destrucción o inutilización de aquélla, siempre que acredite haber presentado solicitud de duplicado de la tarjeta.

2. La autorización de regreso tendrá una vigencia no superior a noventa días desde la caducidad de la autorización de residencia o de estancia, si se solicita con anterioridad a dicha caducidad.

En caso de que se solicite en un momento posterior a la caducidad de la autorización de residencia o de estancia, la autorización de regreso tendrá una vigencia no superior a noventa días desde que sea concedida.

Cuando el viaje responda a una situación de necesidad, la autorización de regreso se tramitará con carácter preferente.

3. Cuando el extranjero acredite que el viaje responde a una situación de necesidad y concurran razones excepcionales, podrá expedirse la autorización de regreso referida en el apartado anterior, con una vigencia no superior a noventa días desde que se conceda la autorización de regreso, si se ha resuelto favorablemente la solicitud inicial de autorización de residencia o de autorización de estancia y está en trámite la expedición de la Tarjeta de Identidad de Extranjero.

4. La autorización de regreso será concedida por el Delegado o Subdelegado del Gobierno competente, por el Comisario General de Extranjería y Fronteras o por los titulares de las comisarías y puestos fronterizos del Cuerpo Nacional de Policía.

La concesión por el Delegado o Subdelegado del Gobierno se realizará tras la tramitación del expediente por la Oficina de Extranjería correspondiente.

Artículo 6. *Documentación para la entrada.* 1. Para acreditar su identidad, el extranjero que pretenda entrar en España deberá hallarse provisto de uno de los siguientes documentos:

a) Pasaporte, individual, familiar o colectivo, válidamente expedido y en vigor. Los menores de 16 años podrán figurar incluidos en el pasaporte de su padre, madre o tutor cuando tengan la misma nacionalidad del titular del pasaporte y viajen con éste.

b) Título de viaje, válidamente expedido y en vigor.

c) Documento nacional de identidad, cédula de identificación o cualquier otro documento en vigor que acredite su identidad, que hayan sido considerados válidos para la entrada en territorio español, en virtud de compromisos internacionales asumidos por España.

2. Tanto los pasaportes como los títulos de viaje y demás documentos que se consideren válidos deberán estar expedidos por las autoridades competentes del país de origen o de procedencia de sus titulares o por las organizaciones internacionales habilitadas para ello por el Derecho Internacional y contener, en todo caso, datos suficientes para la determinación de la identidad y la nacionalidad de los titulares. Los pasaportes deberán permitir el retorno al país que los haya expedido.

3. Las misiones diplomáticas u oficinas consulares españolas, previa autorización expresa de la Dirección General de Asuntos Consulares y Migratorios del Ministerio de Asuntos Exteriores y de Cooperación, podrán expedir documentos de viaje y salvoconductos a extranjeros cuya protección internacional haya sido determinada por España en aplicación de la legislación española sobre protección internacional o para proceder a su evacuación hacia países con los que existan acuerdos de cooperación a tal efecto.

4. La admisión de pasaportes colectivos se ajustará a los convenios internacionales que sobre ellos existan o se concierten por España. En ambos casos será preciso contar con el informe previo del Ministerio del Interior.

Artículo 7. *Exigencia de visado.* 1. Los extranjeros que se propongan entrar en territorio español deberán ir provistos del correspondiente visado, válidamente expedido y en vigor, extendido en sus pasaportes o documentos de viaje o, en su caso, en documento aparte, salvo lo dispuesto en el apartado siguiente.

2. Para estancias de hasta tres meses en un periodo de seis no necesitarán visado:

a) Los nacionales de países exentos de dicho requisito en virtud de lo establecido en la normativa de la Unión Europea.

b) Los titulares de pasaportes diplomáticos, de servicio u otros pasaportes oficiales expedidos por países con los que se haya acordado su supresión, en la forma y condiciones establecidas en el acuerdo correspondiente.

c) Los titulares de salvoconductos expedidos por determinadas organizaciones internacionales intergubernamentales a sus funcionarios, cuando España haya acordado la supresión de dicho requisito.

d) Los extranjeros que tengan la condición de refugiados y estén documentados como tales por un país signatario del Acuerdo Europeo número 31, de 20 de abril de 1959, relativo a la exención de los visados para refugiados.

e) Los miembros de las tripulaciones de barcos de pasaje y comerciales extranjeros, cuando se hallen documentados con un documento de identidad de la gente del mar en vigor y sólo durante la escala del barco o cuando se encuentren en tránsito para embarcar hacia otro país.

f) Los miembros de las tripulaciones de aviones comerciales extranjeros que estén documentados como tales mediante la tarjeta de miembro de la tripulación durante la escala de su aeronave o entre dos escalas de vuelos regulares consecutivos de la misma compañía aérea a que pertenezca la aeronave.

g) Los extranjeros titulares de una autorización de residencia, una autorización provisional de residencia, un visado de larga duración o una tarjeta de acreditación diplomática, expedidos por las autoridades de otro Estado con el que España haya suscrito un acuerdo internacional que contemple esta posibilidad. Estas autorizaciones habrán de tener una vigencia mínima igual al plazo de estancia, o de la duración del tránsito, previsto en el momento de solicitar la entrada.

3. No precisarán visado para entrar en territorio español los extranjeros titulares de una Tarjeta de Identidad de Extranjero, de una tarjeta de acreditación diplomática, o de la autorización de regreso prevista en el artículo 5 ni los titulares de una Tarjeta de Identidad de Extranjero de trabajador transfronterizo respecto a la entrada en el territorio español que forma frontera con el país del trabajador, siempre que las autorizaciones que acreditan dichos documentos hayan sido expedidas por los órganos españoles y estén vigentes en el momento de solicitar la entrada.

Artículo 8. *Justificación del motivo y condiciones de la entrada y estancia.* 1. Los extranjeros deberán, si así se les requiere, especificar el motivo de su solicitud de entrada y estancia en España.

Los funcionarios responsables del control de entrada en función, entre otras circunstancias, del motivo y duración del viaje podrán exigirles la presentación de documentos que justifiquen o establezcan la verosimilitud de la razón de entrada invocada.

Los extranjeros que soliciten la entrada, para justificar la verosimilitud del motivo invocado, podrán presentar cualquier documento o medio de prueba que, a su juicio, justifique los motivos de entrada manifestados.

2. A estos efectos, podrá exigirse la presentación, entre otros, de los siguientes documentos:

En relación con cualquiera de los motivos de solicitud de entrada y estancia previstos en este apartado, billete de vuelta o de circuito turístico.

a) Además, para los viajes de carácter profesional, alternativamente:

1.º La invitación de una empresa o de una autoridad expedida, en los términos fijados mediante Orden del titular del Ministerio de la Presidencia, a propuesta conjunta de los titulares de los Ministerios de Asuntos Exteriores y de Cooperación, del Interior y de Trabajo e Inmigración, para participar en reuniones de carácter comercial, industrial o vinculadas a la actividad.

2.º Documentos de los que se desprenda que existen relaciones comerciales o vinculadas a la actividad.

3.º Tarjetas de acceso a ferias y congresos.

b) Además, para los viajes de carácter turístico o privado, alternativamente:

1.º Documento justificativo de la existencia de lugar de hospedaje a disposición del extranjero: bien emitido por el establecimiento de hospedaje o bien consistente en carta de invitación de un particular, expedida en los términos fijados mediante Orden del titular del Ministerio de la Presidencia, a propuesta conjunta de los titulares de los Ministerios de Asuntos Exteriores y de Cooperación, del Interior y de Trabajo e Inmigración, cuyo contenido habrá de responder exclusivamente a que quede constancia de la existencia de hospedaje cierto a disposición del extranjero.

En ningún caso, la carta de invitación suplirá la acreditación por el extranjero de los demás requisitos exigidos para la entrada.

Sin perjuicio de lo establecido en el párrafo anterior, el documento justificativo de la existencia de lugar de hospedaje a disposición del extranjero contendrá la información relativa a si el alojamiento supone o no la cobertura de toda o parte de su manutención.

2.º Confirmación de la reserva de un viaje organizado.

c) Además, para los viajes por motivos de estudios o formación: matrícula o la documentación acreditativa de la admisión en un centro de enseñanza.

d) Además, para los viajes por otros motivos, alternativamente:

1.º Invitaciones, reservas o programas.

2.º Certificados de partipación en eventos relacionados con el viaje, tarjetas de entrada o recibos.

Artículo 9. *Acreditación de medios económicos.* El extranjero deberá acreditar, en el momento de la entrada, que dispone de recursos o medios económicos suficientes para su sostenimiento y el de las personas a su cargo que viajen con él, durante el periodo de permanencia en España, o que está en condiciones de obtener legalmente dichos medios, así como para cubrir el traslado a otro país o el retorno al país de procedencia. Mediante Orden del titular del Ministerio de la Presidencia, a propuesta de los titulares de los Ministerios de Asuntos Exteriores y de Cooperación, del Interior y de Trabajo e Inmigración, se determinará la cuantía de los medios económicos exigibles a estos efectos, así como el modo de acreditar su posesión.

Dicha regulación tendrá en consideración, en cuanto a las cuantías exigibles, las circunstancias de que de la documentación del establecimiento de hospedaje o la carta de invitación de un particular, aportada por el extranjero en el marco del artículo 8, pueda derivarse que el alojamiento comprende toda o parte de su manutención.

Artículo 10. *Requisitos sanitarios.* Cuando así lo determine el Ministerio del Interior, de acuerdo con los Ministerios de Sanidad, Política Social e Igualdad y de Trabajo e Inmigración, las personas que pretendan entrar en territorio español deberán presentar en los puestos fronterizos un certificado sanitario expedido en el país de procedencia por los servicios médicos que designe la misión diplomática u oficina consular española, o someterse a su llegada, en la frontera, a un reconocimiento médico por parte de los servicios sanitarios españoles competentes, para acreditar que no padecen ninguna de las enfermedades que pueden tener repercusiones de salud pública graves de conformidad con lo dispuesto en el Reglamento Sanitario Internacional de 2005, así como en los compromisos internacionales sobre la materia suscritos por España, sin perjuicio de lo que se disponga, al efecto, por la normativa de la Unión Europea.

Los reconocimientos médicos se realizarán en todo caso de acuerdo con lo establecido en el Reglamento Sanitario Internacional de 2005.

Artículo 11. *Prohibición de entrada.* Se considerará prohibida la entrada de los extranjeros, y se les impedirá el acceso al territorio español, aunque reúnan los requisitos exigidos en los artículos precedentes, cuando:

a) Hayan sido previamente expulsados de España y se encuentren dentro del plazo de prohibición de entrada que se hubiera determinado en la resolución de expulsión, o cuando haya recaído sobre ellos una resolución de expulsión, salvo caducidad del procedimiento o prescripción de la infracción o de la sanción.

b) Hayan sido objeto de una medida de devolución y se encuentren dentro del plazo de prohibición de entrada que se hubiera determinado en el correspondiente acuerdo de devolución.

c) Se tenga conocimiento, por conductos diplomáticos, a través de Interpol o por cualquier otra vía de cooperación internacional, judicial o policial, de que se encuentran reclamados, en relación con causas criminales derivadas de delitos comunes graves, por las autoridades judiciales o policiales de otros países, siempre que los hechos por los que figuran reclamados constituyan delito en España y sin perjuicio de su detención, en los casos en que ésta proceda.

d) Hayan sido objeto de prohibición expresa de entrada, en virtud de resolución del titular del Ministerio del Interior, por sus actividades contrarias a los intereses españoles o a los derechos humanos o por sus notorias conexiones con organizaciones delictivas, nacionales o internacionales, u otras razones judiciales o administrativas que justifiquen la adopción de esta medida, sin perjuicio de su detención, en los casos en que ésta proceda.

e) Tengan prohibida la entrada en virtud de convenios internacionales en los que España sea parte o de acuerdo con lo establecido en la normativa comunitaria, salvo que se considere necesario establecer una excepción por motivos humanitarios o de interés nacional.

Artículo 12. *Forma de efectuar la entrada.* 1. A su llegada al puesto habilitado para la entrada en España, los extranjeros acreditarán con carácter prioritario ante los funcionarios responsables del control que reúnen los requisitos previstos en los artículos de este capítulo para la obligada comprobación de éstos.

2. Si la documentación presentada fuera hallada conforme y no existe ninguna prohibición o impedimento para la entrada del titular, se estampará en el pasaporte o título de viaje el sello, signo o marca de control establecido, salvo que las leyes internas o los tratados internacionales en que España sea parte prevean la no estampación, con lo que, previa devolución de la documentación, quedará franco el paso al interior del país.

3. Si el acceso se efectúa con documento de identidad o de otra clase en los que no se pueda estampar el sello de entrada, el interesado deberá cumplimentar el impreso previsto para dejar constancia de la entrada, que deberá conservar en su poder y presentar junto a la documentación identificativa, si le fuese requerida.

Artículo 13. *Declaración de entrada.* 1. Tendrán la obligación de declarar la entrada personalmente ante las autoridades policiales españolas los extranjeros que accedan a territorio español procedentes de un Estado con el que España haya firmado un acuerdo de supresión de controles fronterizos.

2. Si no se hubiese efectuado en el momento de la entrada, dicha declaración deberá efectuarse en el plazo de tres días hábiles a partir de aquélla, en cualquier comisaría del Cuerpo Nacional de Policía u Oficina de Extranjería.

Artículo 14. *Registro de entrada en territorio español.* 1. Las entradas realizadas en territorio español, de acuerdo con lo previsto en los artículos 12 y 13, por extranjeros a los que no les sea de aplicación el régimen comunitario de extranjería, podrán ser registradas por las autoridades competentes en el Registro Central de Extranjeros, a los efectos de control de su periodo de permanencia legal en España, de conformidad con la Ley Orgánica 15/1999, de 13 de diciembre, de protección de datos de carácter personal.

2. El sistema de registro de entradas en España será regulado mediante Orden del titular del Ministerio de la Presidencia dictada a propuesta de los titulares de los Ministerios del Interior y de Trabajo e Inmigración.

Artículo 15. *Denegación de entrada.* 1. Los funcionarios responsables del control denegarán la entrada en el territorio español a los extranjeros que no reúnan los requisitos establecidos en este capítulo. Dicha denegación se realizará mediante resolución motivada y notificada, con información acerca de los recursos que puedan interponerse contra ella, el plazo para hacerlo y el órgano ante el que deban formalizarse, así como de su derecho a la asistencia letrada, que podrá ser de oficio en el caso de que el interesado carezca de recursos económicos suficientes y, en su caso, de intérprete, que comenzará en el momento de efectuarse el control en el puesto fronterizo.

La resolución contendrá, entre otros contenidos, el siguiente:

a) La determinación expresa de la causa por la que se deniega la entrada.

b) La información al interesado de que el efecto que conlleva la denegación de entrada es el regreso a su punto de origen.

c) La información al interesado de su derecho a la asistencia jurídica, así como la asistencia de intérprete, si no comprende o habla las lenguas oficiales que se utilicen, a partir del momento en que se dicte el acuerdo de iniciación del procedimiento. Ambas asistencias serán gratuitas en el caso de que el interesado carezca de recursos económicos suficientes, de acuerdo con lo previsto en la normativa reguladora del derecho de asistencia jurídica gratuita.

La información, que igualmente se habrá proporcionado tan pronto se inicie el procedimiento administrativo, hará expresa mención a la necesidad de presentar la oportuna solicitud en los términos previstos en las normas que regulan la asistencia jurídica gratuita para el ejercicio de éste en caso de que se decidiera impugnar la resolución en vía jurisdiccional contencioso-administrativa, de conformidad con el artículo 22.3 de la Ley Orgánica 4/2000, de 11 de enero.

Cuando existiesen acuerdos que regulen la readmisión de las personas en situación irregular suscritos por España, los funcionarios responsables del control, tras facilitar la información a la que se refiere el artículo 26.2 de la Ley Orgánica 4/2000, de 11 de enero, denegarán, en los términos previstos en los citados acuerdos, la entrada de las personas a las que les sean de aplicación, siempre que la denegación se produzca dentro del plazo previsto en los mismos.

2. La resolución de denegación de entrada conllevará los efectos previstos en el artículo 60 de la Ley 4/2000 y será recurrible con arreglo a lo dispuesto en las leyes. Si el extranjero no se hallase en España, podrá interponer los recursos que correspondan, tanto en vía administrativa como jurisdiccional, a través de las representaciones diplomáticas u oficinas consulares correspondientes, que los remitirán al órgano competente.

A los efectos previstos en el apartado 3 del artículo 22 de la Ley Orgánica 4/2000, de 11 de enero, el extranjero que se hallase privado de libertad podrá manifestar su voluntad de interponer recurso contencioso-administrativo o de ejercitar la acción correspondiente contra la resolución que ponga fin a la vía administrativa, ante el Delegado o Subdelegado del Gobierno competente o el Director del Centro de Internamiento de Extranjeros o el responsable del puesto fronterizo bajo cuyo control se encuentre, que lo harán constar en acta que se incorporará al expediente.

3. El regreso se ejecutará de forma inmediata y, en todo caso, dentro del plazo de 72 horas desde que se hubiese acordado. Si no pudiera ejecutarse dentro de dicho plazo, la autoridad gubernativa o, por delegación de ésta, el responsable del puesto fronterizo habilitado se dirigirá al juez de instrucción para que determine, en su caso, el lugar donde haya de ser internado el extranjero, hasta que llegue el momento del regreso, de conformidad con lo establecido en la Ley Orgánica 4/2000, de 11 de enero.

4. Al extranjero al que le sea denegada la entrada en el territorio nacional por los funcionarios responsables del control, de conformidad con lo dispuesto en los acuerdos internacionales suscritos por España, se le estampará en el pasaporte un sello de entrada tachado con una cruz de tinta indeleble negra, y deberá permanecer en las instalaciones destinadas al efecto en el puesto fronterizo hasta que, con la mayor brevedad posible, retorne al lugar de procedencia o continúe viaje hacia otro país donde sea admitido.

La permanencia del extranjero en estas instalaciones tendrá como única finalidad garantizar, en su caso, su regreso al lugar de procedencia o la continuación de su viaje hacia otro país donde sea admitido. La limitación de la libertad ambulatoria del extranjero responderá exclusivamente a esta finalidad en su duración y ámbito de extensión.

Las instalaciones estarán dotadas de servicios adecuados y, especialmente, de servicios sociales, jurídicos y sanitarios acordes con su cifra media de ocupación.

5. Durante el tiempo en que el extranjero permanezca en las instalaciones del puesto fronterizo o en el lugar en que se haya acordado su internamiento, todos los gastos de mantenimiento que se ocasionen serán a cargo de la compañía o transportista que lo hubiese transportado, siempre que no concurra el supuesto previsto en el apartado 3 del artículo 54 de la Ley Orgánica 4/2000, de 11 de enero, y sin perjuicio de la sanción que pueda llegar a imponerse.

Igualmente, la compañía o transportista se hará cargo inmediatamente del extranjero al que se le haya denegado la entrada y serán a cuenta de ella todos los gastos que se deriven del transporte para su regreso al Estado a partir del cual haya sido transportado, al que haya expedido el documento de viaje con el que ha viajado el extranjero o a cualquier otro donde esté garantizada su admisión. Lo anterior será de aplicación sin perjuicio de que el regreso pueda ser realizado por la misma compañía o por otra empresa de transporte.

6. La limitación de la libertad ambulatoria de un extranjero a efectos de proceder al regreso a consecuencia de la denegación de entrada será comunicada a la embajada o consulado de su país. No obstante, en caso de que dicha comunicación no haya podido realizarse o la embajada o consulado del país de origen del extranjero no radique en España, dicha situación será comunicada al Ministerio de Asuntos Exteriores y de Cooperación.

7. La resolución no agota la vía administrativa y será recurrible con arreglo a lo dispuesto en las leyes. Si el extranjero no se hallase en España, podrá interponer los recursos que correspondan, tanto administrativos como jurisdiccionales, a través de las representaciones diplomáticas o consulares correspondientes, las cuales los remitirán al organismo competente.

Artículo 16. *Obligaciones de los transportistas de control de documentos.* 1. La persona o personas que designe la empresa de transportes deberán requerir a los extranjeros que presenten sus pasaportes, títulos de viaje o documentos de identidad pertinentes, así como, en su caso, visado, cuando embarquen fuera del territorio de los países en los que esté en vigor el Convenio de aplicación del Acuerdo de Schengen, de 14 de junio de 1985, con destino o en tránsito al territorio español. El requerimiento tendrá por objeto comprobar la validez y vigencia de los documentos.

2. Los transportistas de viajeros por vía terrestre deberán adoptar las medidas que estimen oportunas para que se compruebe la documentación de todos los extranjeros que embarquen fuera del territorio de los países en los que esté en vigor el Convenio de aplicación del Acuerdo de Schengen, de 14 de junio de 1985. Tales comprobaciones podrán realizarse en las instalaciones de la estación o parada en la que se vaya a producir el embarque, a bordo del vehículo antes de iniciarse la marcha o, una vez iniciada, siempre que sea posible el posterior desembarque en una estación o parada situada fuera del territorio de los países en los que esté en vigor el Convenio de aplicación del Acuerdo de Schengen.

Cuando se constate que un extranjero no dispone de la documentación necesaria, no deberá ser admitido a bordo del vehículo y, si hubiera iniciado la marcha, deberá abandonarlo en la parada o lugar adecuado más próximos en el sentido de la marcha fuera del territorio de los países en los que esté en vigor el Convenio de aplicación del Acuerdo de Schengen.

En el caso de que el extranjero con documentación aparentemente deficiente decidiese embarcar o no abandonar el vehículo, el conductor o el acompañante, al llegar a la frontera exterior, deberán comunicar a los agentes encargados del control las deficiencias detectadas a fin de que adopten la decisión que resulte procedente.

Artículo 17. *Obligaciones de los transportistas de remisión de información.* 1. En los términos establecidos en el artículo 66.1 y 2 de la Ley Orgánica 4/2000, de 11 de enero, toda compañía, empresa de transporte o transportista deberá remitir a las autoridades españolas encargadas del control de la entrada la información sobre los pasajeros que vayan a ser trasladados, ya sea por vía aérea, marítima o terrestre, con independencia de que el transporte sea en tránsito o tenga como destino final al territorio español. Asimismo, las empresas de transporte deberán suministrar la información comprensiva del número de billetes de vuelta no utilizados por los pasajeros a los que previamente hubieran transportado a España.

2. Por resolución conjunta del Ministerio de Trabajo e Inmigración y del Ministerio del Interior, se determinarán las rutas procedentes de fuera del Espacio Schengen respecto de las cuales sea necesario remitir a las autoridades españolas encargadas del control de entrada, con la antelación suficiente, la información a la que se refiere el artículo 66.1 y 2 de la Ley Orgánica 4/2000, de 11 de enero. La reso-

lución indicará, entre otros aspectos, el plazo y la forma en la que dicha información deba remitirse.

Artículo 18. *Obligaciones de los transportistas en caso de denegación de entrada.* 1. Si se negara la entrada en el territorio español a un extranjero por deficiencias en la documentación necesaria para el cruce de fronteras, el transportista que lo hubiera traído a la frontera por vía aérea, marítima o terrestre estará obligado a hacerse cargo de él inmediatamente. A petición de las autoridades encargadas del control de entrada, deberá llevar al extranjero al tercer Estado a partir del cual le hubiera transportado, al Estado que hubiese expedido el documento de viaje con el que hubiera viajado, o a cualquier otro tercer Estado donde se garantice su admisión y un trato compatible con los derechos humanos. Esta misma obligación deberá asumir el transportista que haya trasladado a un extranjero en tránsito hasta una frontera del territorio español si el transportista que deba llevarlo a su país de destino se negara a embarcarlo, o si las autoridades de este último país le hubieran denegado la entrada y lo hubieran devuelto a la frontera española por la que ha transitado.

En los supuestos de transporte aéreo, se entenderá por sujeto responsable del transporte la compañía aérea o explotador u operador de la aeronave. La responsabilidad será solidaria en el caso de que se utilice un régimen de código compartido entre transportistas aéreos. En los casos en que se realicen viajes sucesivos mediante escalas, el responsable será el transportista aéreo que efectúe el último tramo de viaje hasta territorio español.

2. Las obligaciones de los transportistas en caso de denegación de entrada a las que se refiere este artículo, así como las de control de documentos y remisión de información a las que se refieren los dos artículos anteriores, serán igualmente aplicables a los supuestos de transporte aéreo o marítimo que se realice desde Ceuta o Melilla hasta cualquier otro punto del territorio español.

CAPÍTULO III
SALIDAS: REQUISITOS Y PROHIBICIONES

Artículo 19. *Requisitos.* 1. En ejercicio de su libertad de circulación, los extranjeros podrán efectuar libremente su salida del territorio español, salvo en los casos previstos en el artículo 28.3 de la Ley Orgánica 4/2000, de 11 de enero, en los que la salida será obligatoria, y salvo en los supuestos previstos en el artículo 57.7 de dicha Ley Orgánica, en los que la salida requiere autorización judicial. Excepcionalmente, la salida podrá ser prohibida por el titular del Ministerio del Interior, de conformidad con el artículo 28.2 de dicha Ley Orgánica.

2. Las salidas mediante autorización judicial podrán ser instadas por los órganos legalmente competentes, sin perjuicio del derecho de los extranjeros afectados a instar la salida por sí mismos.

3. A los efectos previstos en el apartado anterior y salvo en los casos en que lo impida el carácter secreto, total o parcial, del sumario, las unidades o servicios de policía judicial informarán a la Dirección General de la Policía y de la Guardia Civil y al Delegado o Subdelegado del Gobierno de aquellos supuestos en los que hubiera extranjeros incursos en procesos penales por delitos cometidos en España.

Artículo 20. *Documentación y plazos.* 1. Todas las salidas voluntarias del territorio nacional deberán realizarse, cualquiera que sea la frontera que se utilice para tal fin, por los puestos habilitados y previa exhibición del pasaporte, título de viaje o documento válido para la entrada en el país.

2. También podrán realizarse las salidas, con documentación defectuosa o incluso sin ella, si no existiese prohibición ni impedimento alguno a juicio de los servicios policiales de control.

3. Los extranjeros en tránsito que hayan entrado en España con pasaporte o con cualquier otro documento al que se atribuyan análogos efectos habrán de abandonar el territorio español con tal documentación, y deberán hacerlo dentro del plazo para el que hubiese sido autorizado el tránsito, del establecido por los acuerdos internacionales o del plazo de validez de la estancia fijada en el visado.

4. Los que se encuentren en situación de estancia o de prórroga de estancia habrán de salir del territorio español dentro del tiempo de vigencia de dicha situación. Su ulterior entrada y permanencia en España habrán de someterse a los trámites establecidos.

5. Quienes disfruten de una autorización de residencia pueden salir y volver a entrar en territorio español cuantas veces lo precisen, mientras la autorización y el pasaporte o documento análogo se encuentren en vigor.

Artículo 21. *Forma de efectuar la salida.* 1. A su salida del territorio español, los extranjeros presentarán a los funcionarios responsables del control en los puestos habilitados para ello la documentación señalada para su obligada comprobación.

2. Si la documentación fuera hallada conforme y no existiese ninguna prohibición o impedimento para la salida del titular o de los titulares, se estampará en el pasaporte o título de viaje el sello de salida, salvo que las leyes internas o acuerdos internacionales en que España sea parte prevean la no estampación. Previa devolución de la documentación, quedará franco el paso al exterior del país.

3. Si la salida se hiciera con documentación defectuosa, sin documentación o con documento de identidad en el que no se pueda estampar el sello de salida, el extranjero cumplimentará, en los servicios policiales de control, el impreso previsto para dejar constancia de la salida.

4. Las salidas de territorio español de los extranjeros a los que no les sea de aplicación el régimen comunitario de extranjería podrán ser registradas por las autoridades competentes en el Registro Central de Extranjeros, a los efectos de control de su periodo de permanencia legal en España, de conformidad con la Ley Orgánica 15/1999, de 13 de diciembre, de protección de datos de carácter personal.

El sistema de registro de salidas de España será regulado en la Orden prevista en el artículo 14.2 de este Reglamento.

Artículo 22. *Prohibiciones de salida.* 1. De conformidad con lo previsto en el artículo 28.2 de la Ley Orgánica 4/2000, de 11 de enero, el titular del Ministerio del Interior podrá acordar la prohibición de salida de extranjeros del territorio nacional, en los casos siguientes:

a) Los de extranjeros incursos en un procedimiento judicial por la comisión de delitos en España, salvo los supuestos del artículo 57.7 de la Ley Orgánica 4/2000, de 11 de enero, cuando la autoridad judicial autorizase su salida o expulsión.

b) Los de extranjeros condenados por la comisión de delitos en España a pena de privación de libertad y reclamados, cualquiera que fuera el grado de ejecución de la condena, salvo los supuestos del artículo 57.7, de la Ley Orgánica 4/2000, de 11 de enero, y los de aplicación de convenios sobre cumplimiento de penas en el país de origen de los que España sea parte.

c) Los de extranjeros reclamados y, en su caso, detenidos para extradición por los respectivos países, hasta que se dicte la resolución procedente.

d) Los supuestos de padecimiento de enfermedad contagiosa que, con arreglo a la legislación española o a los convenios internacionales, impongan la inmovilización o el internamiento obligatorio en establecimiento adecuado.

2. Las prohibiciones de salida se adoptarán con carácter individual por el titular del Ministerio del Interior, según los casos, a iniciativa propia, a propuesta del titular de la Secretaría de Estado de Inmigración y Emigración, del titular de la Secretaría de Estado de Seguridad, del Delegado o Subdelegado del Gobierno, de las au-

toridades sanitarias o a instancias de los ciudadanos españoles y de los extranjeros residentes legales en España que pudieran resultar perjudicados, en sus derechos y libertades, por la salida de los extranjeros del territorio español. Las prohibiciones de salida deberán notificarse formalmente al interesado.

CAPÍTULO IV
DEVOLUCIÓN Y SALIDAS OBLIGATORIAS

Artículo 23. *Devoluciones.* 1. De conformidad con lo establecido en el artículo 58.3 de la Ley Orgánica 4/2000, de 11 de enero, no será necesario un expediente de expulsión para la devolución, en virtud de resolución del Subdelegado del Gobierno, o del Delegado del Gobierno en las Comunidades Autónomas uniprovinciales, de los extranjeros que se hallaran en alguno de los siguientes supuestos:

a) Los extranjeros que habiendo sido expulsados contravengan la prohibición de entrada en España.

A estos efectos, se considerará contravenida la prohibición de entrada en España cuando así conste, independientemente de si fue adoptada por las autoridades españolas o por las de alguno de los Estados con los que España tenga suscrito convenio en ese sentido.

b) Los extranjeros que pretendan entrar irregularmente en el país. Se considerarán incluidos, a estos efectos, a los extranjeros que sean interceptados en la frontera o en sus inmediaciones.

Véase la Res. de 6 de marzo de 2017, de la Subdelegación del Gobierno en Sevilla, por la que se delegan determinadas competencias en materia de extranjería («B.O.E.» 15 marzo).

2. En el supuesto del párrafo b) del apartado anterior, las Fuerzas y Cuerpos de Seguridad del Estado encargadas de la custodia de costas y fronteras que hayan interceptado a los extranjeros que pretenden entrar irregularmente en España los conducirán con la mayor brevedad posible a la correspondiente comisaría del Cuerpo Nacional de Policía, para que pueda procederse a su identificación y, en su caso, a su devolución.

3. En cualquiera de los supuestos del apartado 1, el extranjero respecto del cual se sigan trámites para adoptar una resolución de devolución tendrá derecho a la asistencia jurídica, así como a la asistencia de intérprete, si no comprende o habla las lenguas oficiales que se utilicen. Ambas asistencias serán gratuitas en el caso de que el interesado carezca de recursos económicos suficientes, de acuerdo con lo previsto en la normativa reguladora del derecho de asistencia jurídica gratuita.

4. Cuando la devolución no se pudiera ejecutar en el plazo de 72 horas, se solicitará de la autoridad judicial la medida de internamiento prevista para los expedientes de expulsión.

A los efectos previstos en el apartado 3 del artículo 22 de la Ley Orgánica 4/2000, si durante la situación de privación de libertad el extranjero manifestase su voluntad de interponer recurso contencioso-administrativo o ejercitar la acción correspondiente contra la resolución de devolución una vez agotada la vía administrativa ante el Delegado o Subdelegado del Gobierno o el Director del Centro de Internamiento de Extranjeros bajo cuyo control se encuentre, éste lo hará constar en acta que se incorporará al expediente.

5. La ejecución de la devolución conllevará el nuevo inicio del cómputo del plazo de prohibición de entrada contravenida, cuando se hubiese adoptado en virtud de una resolución de expulsión dictada por las autoridades españolas.

Asimismo, toda devolución acordada en aplicación del párrafo b) del artículo 58.3 de la Ley Orgánica 4/2000, de 11 de enero, llevará consigo la prohibición de entrada en territorio español por un plazo máximo de tres años.

6. Aun cuando se haya adoptado una resolución de devolución, ésta no podrá llevarse a cabo y quedará en suspenso su ejecución cuando:

a) Se trate de mujeres embarazadas y la medida pueda suponer un riesgo para la gestación o para la salud de la madre; o se trate de personas enfermas y la medida pueda suponer un riesgo para su salud.

b) Se formalice una solicitud de protección internacional, hasta que se resuelva sobre la solicitud o ésta no sea admitida conforme con lo dispuesto en el artículo 19.1 de la Ley 12/2009, de 30 de octubre, reguladora del derecho de asilo y de la protección subsidiaria.

La admisión a trámite de la solicitud de protección internacional llevará aparejada la autorización de entrada y la permanencia provisional del solicitante.

7. El plazo de prescripción de la resolución de devolución será de cinco años si se hubiera acordado en aplicación del apartado a) del artículo 58.3 de la Ley Orgánica 4/2000, de 11 de enero; y de dos años si se hubiera acordado en aplicación del apartado b) del artículo 58.3 de la Ley Orgánica 4/2000, de 11 de enero. La prescripción se aplicará de oficio por los órganos competentes.

El plazo de prescripción de la resolución de devolución acordada en aplicación del apartado a) del artículo 58.3 de la Ley Orgánica 4/2000, de 11 de enero, no empezará a contar hasta que haya transcurrido el periodo de prohibición de entrada reiniciado.

El plazo de prescripción de la resolución de devolución acordada en aplicación del apartado b) del artículo 58.3 de la Ley Orgánica 4/2000, de 11 de enero, no empezará a contar hasta que haya transcurrido el periodo de prohibición de entrada determinado en la resolución de devolución.

8. Cuando en el marco de un procedimiento relativo a autorizaciones de residencia por circunstancias excepcionales, se comprobase que consta contra el solicitante una resolución de devolución no ejecutada, ésta será revocada, siempre que del análisis de la solicitud derive la procedencia de la concesión de la autorización de residencia por circunstancias excepcionales.

En caso de que el órgano competente para resolver sobre la solicitud de autorización no fuera el mismo que dictó la resolución de devolución a revocar, instará de oficio su revocación al órgano competente para ello. En el escrito por el que se inste la revocación se hará constar el tipo de autorización solicitada y expresa mención a la procedencia de la concesión de la misma, por cumplimiento de los requisitos exigibles para ello, salvo el relativo a la existencia de la resolución de devolución no ejecutada.

Artículo 24. *Salidas obligatorias.* 1. En los supuestos de falta de autorización para encontrarse en España, en especial por no cumplir o haber dejado de cumplir los requisitos de entrada o de estancia, o en los de denegación administrativa de solicitudes de prórrogas de estancia, de autorizaciones de residencia o de cualquier otro documento necesario para la permanencia de extranjeros en territorio español, así como de las renovaciones de las propias autorizaciones o documentos, la resolución administrativa dictada al efecto contendrá la advertencia al interesado de la obligatoriedad de su salida del país, sin perjuicio de que, igualmente, se materialice dicha advertencia mediante diligencia en el pasaporte o documento análogo o en documento aparte, si se encontrase en España amparado en documento de identidad en el que no se pueda estampar dicha diligencia.

No contendrán orden de salida obligatoria las resoluciones de inadmisión a trámite de solicitudes dictadas de conformidad con lo dispuesto en la disposición adicional cuarta de la Ley Orgánica 4/2000, de 11 de enero.

2. La salida obligatoria habrá de realizarse dentro del plazo establecido en la resolución denegatoria de la solicitud formulada, o, en su caso, en el plazo máximo de quince días contado desde el momento en que se notifique la resolución denegatoria, salvo que concurran circunstancias excepcionales y se justifique que se

cuenta con medios económicos suficientes; en tal caso, se podrá prorrogar el plazo hasta un máximo de noventa días. Una vez transcurrido el plazo indicado sin que se haya efectuado la salida, se aplicará lo previsto en este Reglamento para los supuestos a que se refiere el artículo 53.1.a) de la Ley Orgánica 4/2000, de 11 de enero.

3. Si los extranjeros a que se refiere este artículo realizasen efectivamente su salida del territorio español conforme a lo dispuesto en los apartados anteriores, no serán objeto de prohibición de entrada en el país y eventualmente podrán volver a España, con arreglo a las normas que regulan el acceso al territorio español.

4. Se exceptúan del régimen de salidas obligatorias los casos de los solicitantes de protección internacional que hayan visto rechazado el examen de su solicitud por no corresponder a España su estudio a tenor de lo dispuesto en el Reglamento (CE) N.º 343/2003 del Consejo, de 18 de febrero de 2003, por el que se establecen los criterios y mecanismos de determinación del Estado miembro responsable del examen de una solicitud de asilo presentada en uno de los Estados miembros por un nacional de un tercer país. Una vez notificada la resolución de inadmisión a trámite o de denegación, se deberá proceder a su traslado, escoltado por funcionarios, al territorio del Estado responsable del examen de su solicitud de asilo, sin necesidad de incoar expediente de expulsión, siempre y cuando dicho traslado se produzca dentro de los plazos en los que el Estado responsable tiene la obligación de proceder al examen de dicha solicitud, sin perjuicio de lo dispuesto en el artículo 16.1.e) del citado Reglamento comunitario.

TÍTULO II
TRÁNSITO AEROPORTUARIO

Artículo 25. *Definición.* Se encuentran en tránsito aeroportuario aquellos extranjeros habilitados para permanecer en la zona de tránsito internacional de un aeropuerto español, sin acceder al territorio nacional, durante las escalas o enlaces de vuelos.

Artículo 26. *Exigencia de visado de tránsito.* 1. El régimen de exigencia de visado de tránsito aeroportuario será el establecido por el Derecho de la Unión Europea.

2. El visado de tránsito aeroportuario podrá permitir transitar una, dos o, excepcionalmente, varias veces, y habilita al extranjero específicamente sometido a esta exigencia a permanecer en la zona de tránsito internacional de un aeropuerto español, sin acceder al territorio nacional, durante escalas o enlaces del vuelo.

Artículo 27. *Procedimiento.* 1. El procedimiento y condiciones para la expedición del visado de tránsito aeroportuario se regulará por lo establecido en el Derecho de la Unión Europea.

2. En la tramitación del procedimiento, la misión diplomática u oficina consular podrá requerir la comparecencia del solicitante y, cuando lo estime necesario, mantener una entrevista personal para comprobar su identidad, la validez de su documentación personal o de la documentación aportada, el motivo, el itinerario, la duración del viaje, la prueba de su continuidad hasta el destino final, las garantías de retorno al país de residencia o de procedencia, así como que no tiene intención de entrar en el territorio de los Estados Schengen. En todo caso, si transcurridos quince días desde el requerimiento el solicitante no comparece personalmente, se le tendrá por desistido de su solicitud y se producirá el archivo del procedimiento.

3. Presentada en forma o subsanada la solicitud de visado y una vez instruido el procedimiento, la misión diplomática u oficina consular ante la que se presente la solicitud resolverá motivadamente y expedirá, en su caso, el visado.

4. En el supuesto de resolución denegatoria por incumplimiento de algunos de los requisitos de tránsito aeroportuario, incluido el de figurar como persona no admisible, ésta se notificará mediante el impreso normalizado previsto por la normativa de la Unión Europea y expresará el recurso que contra ella proceda, así como el órgano ante el que hubiese de plantearse y el plazo de interposición.

5. En el supuesto de concesión del visado, el extranjero deberá recogerlo en el plazo de un mes desde su notificación, personalmente o mediante representante debidamente acreditado. De no efectuarse la recogida en el plazo mencionado, se entenderá que el interesado ha renunciado al visado concedido y se producirá el archivo del expediente.

TÍTULO III
LA ESTANCIA EN ESPAÑA

CAPÍTULO I
ESTANCIA DE CORTA DURACIÓN

Artículo 28. *Definición.* 1. Se halla en situación de estancia de corta duración el extranjero que no sea titular de una autorización de residencia y se encuentre autorizado para permanecer en España por un periodo ininterrumpido o suma de periodos sucesivos cuya duración total no exceda de noventa días por semestre a partir de la fecha de la primera entrada, sin perjuicio de lo dispuesto en el capítulo II de este título para la admisión a efectos de estudios, movilidad de alumnos, prácticas no laborales o servicios de voluntariado.

Si se trata de una estancia con fines de tránsito, la duración de la estancia autorizada corresponderá al tiempo necesario para efectuar el tránsito.

2. El régimen de exigencia de visado de estancia será el establecido por el Derecho de la Unión Europea o, para los titulares de pasaportes diplomáticos, oficiales o de servicio, el que dispongan los acuerdos internacionales suscritos por España.

3. En los supuestos en que la situación de estancia exija visado, ésta deberá realizarse dentro de su periodo de validez.

SECCIÓN 1.ª
REQUISITOS Y PROCEDIMIENTO

Artículo 29. *Visados de estancia de corta duración. Clases.* Los visados de estancia de corta duración pueden ser:

a) Visado uniforme: válido para el tránsito por el Espacio Schengen durante un periodo no superior al tiempo necesario para realizar dicho tránsito o para la estancia en dicho Espacio Schengen hasta un máximo de noventa días por semestre. Podrá permitir uno, dos o múltiples tránsitos o estancias cuya duración total no podrá exceder de noventa días por semestre.

Únicamente en los supuestos previstos en el artículo 39 de la Ley Orgánica 4/2000, de 11 de enero, el visado de estancia autorizará al titular para buscar empleo y solicitar la autorización de residencia y trabajo en España durante su vigencia en los términos y condiciones establecidos en este Reglamento, que el Ministerio de Trabajo e Inmigración completará mediante Orden al respecto.

b) Visado de validez territorial limitada: válido para el tránsito o la estancia en el territorio de uno o más de los Estados que integran el Espacio Schengen, pero no para todos ellos. La duración total del tránsito o de la estancia no podrá exceder de noventa días por semestre.

Artículo 30. *Solicitud de visados de estancia de corta duración.* 1. El procedimiento y condiciones para la expedición de visados uniformes y de validez territorial limitada se regulan por lo establecido en el Derecho de la Unión Europea.

2. En la tramitación del procedimiento, la misión diplomática u oficina consular podrá requerir la comparecencia del solicitante y, cuando lo estime necesario, mantener una entrevista personal para comprobar su identidad, la validez de su documentación personal o de la documentación aportada, la regularidad de la estancia o residencia en el país de solicitud, el motivo, itinerario, duración del viaje y las garantías de que el solicitante tiene intención de abandonar el territorio de los Estados miembros antes de la expiración del visado solicitado. En todo caso, si transcurridos quince días desde el requerimiento el solicitante no comparece personalmente, se le tendrá por desistido de su solicitud y se producirá el archivo del procedimiento.

3. Presentada en forma o subsanada la solicitud de visado y una vez instruido el procedimiento, la misión diplomática u oficina consular ante la que se presente la solicitud resolverá motivadamente y expedirá, en su caso, el visado.

4. En el supuesto de resolución denegatoria por incumplimiento de algunos de los requisitos, ésta se notificará mediante el impreso normalizado previsto por la normativa de la Unión Europea y expresará el recurso que contra ella proceda, el órgano ante el que hubiese de plantearse y el plazo para la interposición.

5. En el supuesto de concesión del visado, el extranjero deberá recogerlo en el plazo de un mes desde su notificación, personalmente o mediante representante debidamente acreditado. De no efectuarse la recogida en el plazo mencionado, se entenderá que el interesado ha renunciado al visado concedido y se producirá el archivo del expediente.

Artículo 31. *Visados expedidos en las fronteras exteriores.* 1. En supuestos excepcionales debidamente acreditados o por encomienda del Ministerio de Asuntos Exteriores y de Cooperación, los responsables de los servicios policiales del Ministerio del Interior a cargo del control de entrada de personas en territorio español podrán expedir en frontera visados uniformes o de validez territorial limitada.

2. Asimismo se podrá expedir un visado uniforme o de validez territorial limitada con fines de tránsito al marino que pretenda embarcar o desembarcar en un buque en el que vaya a trabajar o haya trabajo como marino.

3. Los visados mencionados en los dos apartados anteriores se tramitarán según lo establecido en el Derecho de la Unión Europea.

SECCIÓN 2.ª
PRÓRROGA Y EXTINCIÓN DE LA ESTANCIA DE CORTA DURACIÓN

Artículo 32. *Prórroga de estancia sin visado. Procedimiento.* 1. El extranjero que haya entrado en España para fines que no sean de trabajo o residencia, salvo en los casos de ser titular de un visado para búsqueda de empleo, y se encuentre en el periodo de estancia que señala el artículo 30 de la Ley Orgánica 4/2000, de 11 de enero, podrá solicitar una prórroga de estancia de corta duración, con el límite temporal previsto en dicho artículo.

2. La solicitud se formalizará en los modelos oficiales, determinados por la Secretaría de Estado de Inmigración y Emigración, y a ella se acompañarán los siguientes documentos:

a) Pasaporte ordinario o documento de viaje, con vigencia superior a la de la prórroga de estancia que se solicite, que se anotará en el expediente y se devolverá al interesado.

b) Acreditación de las razones alegadas para la solicitud, que deberán ser excepcionales, en el supuesto de nacionales de Estados a los que no se exige visado para su entrada en España.

c) Prueba suficiente de que dispone de medios económicos adecuados para el tiempo de prórroga que solicita, en los términos que establece el título I.

d) Un seguro de asistencia en viaje con la misma cobertura que el necesario para la solicitud del visado de estancia de corta duración, y con una vigencia igual o superior a la prórroga solicitada.

e) Las garantías de retorno al país de procedencia o, en su caso, de admisión en el Estado tercero de destino, con anterioridad a la fecha de finalización de la prórroga que se solicita. Podrá servir como medio para acreditar dicha circunstancia la aportación de un billete adquirido a nombre del solicitante con fecha de retorno cerrada anterior a la finalización del periodo de prórroga de estancia solicitada.

3. El solicitante deberá identificarse personalmente ante la Oficina de Extranjería, jefatura superior o Comisaría de Policía de la localidad donde se encuentre, al hacer la presentación de la solicitud o en el momento de la tramitación en que a tal efecto fuera requerido por el órgano competente.

4. La prórroga de estancia podrá ser concedida por los Subdelegados del Gobierno, por los Delegados del Gobierno en las Comunidades Autónomas uniprovinciales, y por el Comisario General de Extranjería y Fronteras de la Dirección General de la Policía y de la Guardia Civil, previo informe de la jefatura superior o Comisaría de Policía, si concurren las siguientes circunstancias:

a) Que la documentación se adapte a lo preceptuado en este artículo.

b) Que el solicitante no esté incurso en ninguna de las causas:

1.ª De prohibición de entrada determinadas en el título I, porque no se hubieran conocido en el momento de su entrada o porque hubieran acontecido durante su estancia en España.

2.ª De expulsión o devolución.

5. La prórroga de estancia se hará constar en el pasaporte o título de viaje, o en documento aparte si el interesado hubiera entrado en España con otro tipo de documentación, y amparará a su titular y a los familiares que, en su caso, figuren en dichos documentos y se encuentren en España.

6. Las resoluciones denegatorias sobre la prórroga de estancia habrán de ser motivadas, deberán notificarse formalmente al interesado y dispondrán su salida del mismo del territorio nacional, que deberá realizarse antes de que finalice el periodo de estancia inicial o, de haber transcurrido éste, en el plazo fijado en la resolución denegatoria, que no podrá ser superior a setenta y dos horas, en la forma regulada en este Reglamento. El plazo de salida se hará constar, conforme a lo dispuesto en este Reglamento, en el pasaporte o título de viaje o en el impreso correspondiente previsto para dejar constancia de la salida del territorio nacional.

Artículo 33. *Extinción de la prórroga de estancia.* La vigencia de la prórroga de estancia se extinguirá por las siguientes causas:

a) El transcurso del plazo para el que hubiera sido concedida.

b) Hallarse el extranjero incurso en alguna de las causas de prohibición de entrada previstas en el título I.

Artículo 34. *Prórroga del visado de estancia de corta duración.* 1. La prórroga de un visado expedido se llevará a cabo según lo establecido en el Derecho de la Unión Europea.

2. Será competente para la tramitación del procedimiento de prórroga del visado la Oficina de Extranjería o la Comisaría de Policía de la provincia donde vaya a permanecer el extranjero. La prórroga concedida se plasmará en una etiqueta de visado que se expedirá en las unidades policiales que determine la Dirección General de la Policía y de la Guardia Civil.

3. La prórroga del visado podrá ser concedida por los Subdelegados del Gobierno, los Delegados del Gobierno en Comunidades Autónomas uniprovinciales y por el Comisario General de Extranjería y Fronteras de la Dirección General de la Policía y de la Guardia Civil.

4. La Dirección General de Asuntos Consulares y Migratorios será competente para prorrogar los visados de estancia de corta duración expedidos a los titulares de pasaportes diplomáticos, oficiales o de servicio por razones de cortesía internacional.

Artículo 35. *Anulación y retirada del visado de estancia de corta duración.* 1. La anulación y retirada del visado uniforme o de validez territorial limitada se llevará a cabo según lo establecido en la normativa de la Unión Europea.

2. La competencia para la anulación y retirada del visado de estancia de corta duración corresponderá a los Subdelegados del Gobierno, a los Delegados del Gobierno en las Comunidades Autónomas uniprovinciales y al Comisario General de Extranjería y Fronteras.

Tramitado el correspondiente procedimiento por la Oficina de Extranjería de la Delegación o Subdelegación del Gobierno competente, dicha unidad notificará la resolución al interesado en el impreso normalizado establecido por la normativa de la Unión Europea.

SECCIÓN 3.ª
SUPUESTOS EXCEPCIONALES DE ESTANCIA DE CORTA DURACIÓN

Artículo 36. *Estancia en supuestos de entrada o documentación irregulares.* Excepcionalmente, y siempre que existan motivos humanitarios, de interés público u obligaciones internacionales, el titular del Ministerio del Interior o el titular del Ministerio de Trabajo e Inmigración podrán autorizar la estancia en territorio español, por un máximo de tres meses en un periodo de seis, a los extranjeros que hubieran entrado en él con documentación defectuosa o incluso sin ella o por lugares no habilitados al efecto.

CAPÍTULO II
AUTORIZACIÓN DE ESTANCIA POR ESTUDIOS, MOVILIDAD DE ALUMNOS, PRÁCTICAS NO LABORALES O SERVICIOS DE VOLUNTARIADO

Artículo 37. *Definición.* 1. Será titular de una autorización de estancia el extranjero que haya sido habilitado a permanecer en España por un periodo superior a noventa días con el fin único o principal de llevar a cabo alguna de las siguientes actividades de carácter no laboral:

a) Realización o ampliación de estudios en un centro de enseñanza autorizado en España, en un programa de tiempo completo, que conduzca a la obtención de un título o certificado de estudios.

b) Realización de actividades de investigación o formación, sin perjuicio del régimen especial de investigadores.

c) Participación en un programa de movilidad de alumnos, para seguir un programa de enseñanza secundaria y/o bachillerato en un centro docente o científico oficialmente reconocido.

d) Realización de prácticas no laborales en un organismo o entidad pública o privada.

e) Prestación de un servicio de voluntariado dentro de un programa que persiga objetivos de interés general.

2. El visado de estudios incorporará la autorización de estancia y habilitará al extranjero a permanecer en España en situación de estancia para la realización de la actividad respecto a la que se haya concedido.

3. Sin perjuicio de lo establecido en el artículo 40, la duración de la estancia será igual a la de la actividad respecto a la que se concedió la autorización, con el límite máximo de un año; o de dos años, cuando el programa de estudios se desarrolle

en una institución de enseñanza superior autorizada y conduzca a la obtención de un título de educación superior reconocido, lo que puede incluir un curso preparatorio a dicha educación superior o unas prácticas de formación obligatoria.

Número 3 del artículo 37 redactado por el apartado uno del artículo cuarto del R.D.-ley 11/2018, de 31 de agosto, de transposición de directivas en materia de protección de los compromisos por pensiones con los trabajadores, prevención del blanqueo de capitales y requisitos de entrada y residencia de nacionales de países terceros y por el que se modifica la Ley 39/2015, de 1 de octubre, del Procedimiento Administrativo Común de las Administraciones Públicas («B.O.E.» 4 septiembre).

Vigencia: 4 septiembre 2018

Artículo 38. *Requisitos para obtener el visado y/o autorización de estancia.*

Se deberá acreditar el cumplimiento de los siguientes requisitos generales para la obtención del visado y/o autorización de estancia previstos en este Capítulo:

1. Con carácter general y para todos los supuestos previstos en el artículo anterior:

a) Requisitos a valorar por la Misión diplomática u Oficina consular en el caso de solicitudes de visado, y por la Oficina de Extranjería en el caso de autorizaciones de estancia solicitadas a favor de extranjeros que ya se encuentran regularmente en España:

1.º Si el extranjero fuera menor de edad, y cuando no venga acompañado de sus padres o tutores y no se encuentre bajo el supuesto del artículo 189, estar autorizado por éstos para el desplazamiento a España a efectos de realizar la actividad de que se trate, con constancia del centro, organización, entidad y organismo responsable de la actividad y del periodo de estancia previsto.

2.º Tener garantizados los medios económicos necesarios para sufragar los gastos de estancia y regreso a su país, y, en su caso, los de sus familiares, de acuerdo con las siguientes cuantías:

Para su sostenimiento, una cantidad que represente mensualmente el 100% del IPREM, salvo que se acredite debidamente tener abonado de antemano el alojamiento por todo el tiempo que haya de durar la estancia.

En el supuesto de participación en un programa de movilidad de alumnos, para seguir un programa de enseñanza secundaria y/o bachillerato en un centro docente o científico oficialmente reconocido, la acreditación de la cuantía prevista en el párrafo anterior será sustituida por el hecho de que el programa de movilidad contenga previsiones que garanticen que el sostenimiento del extranjero queda asegurado dentro del mismo.

Para el sostenimiento de los familiares que estén a su cargo, durante su estancia en España: una cantidad que represente mensualmente el 75% del IPREM, para el primer familiar, y el 50% del IPREM para cada una de las restantes personas que vayan a integrar la unidad familiar en España, salvo que se acredite debidamente tener abonado de antemano el alojamiento por todo el tiempo que haya de durar la estancia.

No se computarán, a los efectos de garantizar ese sostenimiento, las cuantías utilizadas o a utilizar para sufragar, en su caso, el coste de los estudios, del programa de movilidad o de las prácticas no laborales.

3.º Haber abonado la tasa por tramitación del procedimiento.

4.º Contar con un seguro público o un seguro privado de enfermedad concertado con una Entidad aseguradora autorizada para operar en España.

5.º Cuando la duración de la estancia supere los seis meses, se requerirá, además:

No padecer ninguna de las enfermedades que pueden tener repercusiones de salud pública graves de conformidad con lo dispuesto en el Reglamento Sanitario Internacional de 2005.

Cuando se trate de solicitantes mayores de edad penal, carecer de antecedentes penales en los países de residencia durante los últimos cinco años, por delitos previstos en el ordenamiento español.

b) Requisito a valorar por la Oficina de Extranjería: cuando se trate de solicitantes mayores de edad penal y para estancias superiores a seis meses, que carecen de antecedentes penales en España, durante los últimos cinco años.

2. Además de los requisitos de carácter general establecidos en el apartado anterior, será necesario cumplir, para cada uno de los supuestos de estancia previstos, los siguientes requisitos específicos, a valorar por la Oficina de Extranjería:

a) Realización o ampliación de estudios: haber sido admitido en un centro de enseñanza autorizado en España, para la realización de un programa de tiempo completo, que conduzca a la obtención de un título o certificado de estudios.

b) Realización de actividades de investigación o formación: haber sido admitido en un centro reconocido oficialmente en España para la realización de dichas actividades. En el caso de actividades de investigación, dicho centro será una Universidad, un centro del Consejo Superior de Investigaciones Científicas u otra institución pública o privada de I+D.

c) Participación en un programa de movilidad de alumnos, para seguir un programa de enseñanza secundaria y/o bachillerato en un centro docente o científico oficialmente reconocido:

1.º Haber sido admitido en un centro de enseñanza secundaria y/o bachillerato o científico oficialmente reconocido.

2.º Haber sido admitido como participante en un programa de movilidad de alumnos, llevado a cabo por una organización oficialmente reconocida para ello.

3.º Que la organización de movilidad de alumnos se haga responsable del alumno durante su estancia, en particular en cuanto al coste de sus estudios, así como los gastos de estancia y regreso a su país.

4.º Ser acogido por una familia o institución durante su estancia, en las condiciones normativamente establecidas, y que habrá sido seleccionada por la organización responsable del programa de movilidad de alumnos en que participa.

d) Realización de prácticas no laborales, en el marco de un convenio firmado con un organismo o entidad pública o privada: haber sido admitido para la realización de prácticas no remuneradas, en base a la firma de un convenio, en una empresa pública o privada o en un centro de formación profesional reconocido oficialmente.

e) Prestación de un servicio de voluntariado:

1.º Presentar un convenio firmado con la organización encargada del programa de voluntariado, que incluya una descripción de las actividades y de las condiciones para realizarlas, del horario a cumplir, así como de los recursos disponibles para cubrir su viaje, manutención y alojamiento durante su estancia.

2.º Que la organización haya suscrito un seguro de responsabilidad civil por sus actividades. Este requisito no se exigirá a los voluntarios que participen en el Servicio Voluntario Europeo.

Artículo 38 redactado por el apartado dos del artículo cuarto del R.D.-ley 11/2018, de 31 de agosto, de transposición de directivas en materia de protección de los compromisos por pensiones con los trabajadores, prevención del blanqueo de capitales y requisitos de entrada y residencia de nacionales de países terceros y por el que se modifica la Ley 39/2015, de 1 de octubre, del Procedimiento Administrativo Común de las Administraciones Públicas («B.O.E.» 4 septiembre).

Vigencia: 4 septiembre 2018

Artículo 39. *Procedimiento.* 1. La solicitud del visado deberá presentarse personalmente o mediante representación en la misión diplomática u oficina consular española en cuya demarcación resida el extranjero, en modelo oficial.

2. A dicha solicitud se acompañarán los siguientes documentos:

a) Pasaporte en vigor o título de viaje, reconocido como válido en España, con una vigencia mínima del periodo para el que se solicita la estancia.

b) La documentación que acredite el cumplimiento de todos los requisitos previstos en el artículo anterior, en función del supuesto concreto en que se fundamente la solicitud.

Sin perjuicio de ello, la inexistencia de antecedentes penales en España será comprobada de oficio por la Administración.

3. La oficina consular requerirá, por medios electrónicos, resolución de la Delegación o Subdelegación del Gobierno competente sobre la autorización de estancia. Será competente la Delegación o Subdelegación del Gobierno en la provincia en la que vaya a iniciarse la actividad.

Con carácter previo a dictar resolución sobre la autorización de estancia, la Delegación o Subdelegación del Gobierno requerirá informe policial, cuyo contenido valorará en el marco de su decisión.

El plazo máximo para resolver sobre la autorización será de siete días desde la recepción de la solicitud, transcurridos los cuales sin haber obtenido respuesta se entenderá que su sentido es favorable.

4. Si la resolución sobre la autorización de estancia es desfavorable, la misión diplomática u oficina consular notificará al interesado el sentido de la resolución, informándole por escrito en el mismo documento de los recursos administrativos y judiciales que procedan contra la misma, los órganos ante los que deban interponerse y los plazos previstos para ello. Igualmente, la misión diplomática u oficina consular resolverá el archivo del procedimiento relativo al visado.

5. Concedida, en su caso, la autorización de estancia, la misión diplomática u oficina consular resolverá y expedirá, en su caso, el visado. La duración del visado será igual al periodo de estancia autorizado, salvo en los supuestos en los que proceda la emisión de Tarjeta de Identidad de Extranjero.

6. En el supuesto de concesión del visado, el extranjero deberá recogerlo personalmente en el plazo de dos meses desde su notificación. De no efectuarse en el plazo mencionado la recogida, se entenderá que el interesado ha renunciado al visado concedido y se producirá el archivo del procedimiento.

7. En el supuesto del artículo 37.1.a), la solicitud de la autorización de estancia por estudios podrá presentarse por el extranjero, personalmente, mediante representación o a través de los medios telemáticos habilitados para ello, en el modelo oficial, en la Delegación o Subdelegación del Gobierno en la provincia en la que vaya a iniciarse la actividad siempre y cuando se halle regularmente en territorio español y presente la solicitud con una antelación mínima de un mes a la fecha de expiración de su situación. En estos casos, será la Delegación o Subdelegación del Gobierno la encargada de valorar los documentos que acompañen a la solicitud y de resolver y notificar al interesado el sentido de la resolución en un plazo máximo de un mes.

8. Sin perjuicio de lo anterior, la solicitud de autorizaciones de estancia para la realización de programas de enseñanza superior, podrán presentarse por la institución en la que va a cursar los estudios el extranjero, debiendo acompañar a la solicitud los documentos requeridos que serán valorados por la Delegación o Subdelegación del Gobierno correspondiente. El plazo máximo para resolver y notificar será de un mes. Una vez obtenida la autorización, el estudiante deberá obtener el correspondiente visado si se encontrase fuera del territorio español.

Las instituciones de enseñanza superior que suscriban un código de buenas prácticas podrán solicitar la tramitación colectiva de estas autorizaciones, que estará basada en la gestión planificada de un cupo temporal de autorizaciones presentadas por tales instituciones de educación superior. En estos casos, el plazo máximo para resolver y notificar será de 15 días.

9. El visado o autorización de estancia serán denegados:

a) En su caso, cuando consten antecedentes penales del solicitante en los países de residencia durante los últimos cinco años por delitos previstos en el ordenamiento español.

b) Cuando, para fundamentar la petición, se hayan presentado documentos falsos o formulado alegaciones inexactas, o medie mala fe.

c) Cuando concurra una causa prevista legalmente de inadmisión a trámite que no hubiera sido apreciada en el momento de la recepción de la solicitud.

10. Si la estancia tuviera una duración superior a seis meses, el extranjero deberá solicitar la correspondiente Tarjeta de Identidad de Extranjero en el plazo de un mes desde la entrada efectiva en España.

Artículo 39 redactado por el apartado tres del artículo cuarto del R.D.-ley 11/2018, de 31 de agosto, de transposición de directivas en materia de protección de los compromisos por pensiones con los trabajadores, prevención del blanqueo de capitales y requisitos de entrada y residencia de nacionales de países terceros y por el que se modifica la Ley 39/2015, de 1 de octubre, del Procedimiento Administrativo Común de las Administraciones Públicas («B.O.E.» 4 septiembre).

Vigencia: 4 septiembre 2018

Artículo 40. *Prórroga.* 1. La autorización de estancia podrá prorrogarse anualmente cuando el interesado acredite que sigue reuniendo los requisitos previstos en el artículo 38, tanto de carácter general como específicos respecto a la actividad para cuya realización fue autorizado a permanecer en España.

En su caso, habrá de acreditar igualmente que ha superado las pruebas o requisitos pertinentes para la continuidad de sus estudios o que la investigación desarrollada por el extranjero progresa. Este requisito podrá acreditarse a través de la realización de estudios o investigaciones en el territorio de otro Estado miembro de la Unión Europea, en el marco de programas temporales promovidos por la propia Unión.

2. La prórroga deberá solicitarse, en modelo oficial, durante los sesenta días naturales previos a la fecha de expiración de la vigencia de su autorización, dirigida a la Delegación o Subdelegación del Gobierno en la provincia de desarrollo de la actividad. La presentación de la solicitud en este plazo prorrogará la validez de la autorización anterior hasta la resolución del procedimiento. También se prorrogará hasta la resolución del procedimiento en el supuesto en que la solicitud se presentase dentro de los noventa días naturales posteriores a la fecha en que hubiera finalizado la vigencia de la anterior autorización, sin perjuicio de la incoación del correspondiente procedimiento sancionador por la infracción en la que se hubiese incurrido.

La solicitud podrá presentarse en los lugares previstos en el artículo 38.4 de la ley 30/1992, de 26 de noviembre, de Régimen Jurídico de las Administraciones Públicas y Procedimiento Administrativo Común, o de acuerdo con lo establecido en la Ley 11/2007, de 22 de junio, de acceso electrónico de los ciudadanos a los servicios públicos.

Artículo 41. *Familiares del titular de una autorización de estancia.* 1. Los familiares de extranjeros que hayan solicitado un visado de estudios o se encuentren en España de acuerdo con lo regulado en este capítulo podrán solicitar los correspondientes visados de estancia para entrar y permanecer legalmente en España durante la vigencia de su estancia, sin que se exija un periodo previo de estancia al extranjero titular del visado de estudios.

2. El término familiar se entenderá referido, a estos efectos, al cónyuge, pareja de hecho, e hijos menores de dieciocho años o que tengan una discapacidad y no sean objetivamente capaces de proveer a sus propias necesidades debido a su estado de salud.

Los requisitos a acreditar para la concesión del visado a favor del familiar serán los siguientes:

1.º Que el extranjero se encuentre en situación de estancia en vigor de acuerdo con lo previsto en este capítulo.

2.º Que dicho extranjero cuente con medios económicos suficientes para el sostenimiento de la unidad familiar.

3.º Que se acredite el vínculo familiar o de parentesco entre ambos.

3. Los familiares dotados del visado referido podrán permanecer legalmente en territorio español durante el mismo periodo y con idéntica situación que el titular de la autorización principal. Su permanencia estará en todo caso vinculada a la situación de estancia del titular de la autorización principal.

Si su estancia fuera superior a seis meses, deberán solicitar la correspondiente Tarjeta de Identidad de Extranjero en el plazo de un mes desde su entrada en España.

4. Los familiares no podrán obtener la autorización para la realización de actividades lucrativas a la que se refiere el artículo siguiente.

Artículo 42. *Trabajo de titulares de una autorización de estancia.* 1. Los extranjeros que dispongan de la correspondiente autorización de estancia por estudios, formación, prácticas no laborales o servicios de voluntariado podrán ser autorizados a realizar actividades laborales en instituciones públicas o entidades privadas cuando el empleador, como sujeto legitimado, presente la solicitud de autorización de trabajo y los requisitos previstos en el artículo 64, excepto el apartado 2.b) y el apartado 3.a).

Asimismo, podrán ser autorizados a realizar actividades por cuenta propia, siempre y cuando se cumplan los requisitos previstos en el artículo 105, excepto el apartado 2.b) y 3.d).

Dichas actividades deberán ser compatibles con la realización de aquéllas para las que, con carácter principal, se concedió la autorización de estancia.

En su caso, no será preciso solicitar autorización para aquellas prácticas no laborales en entidades públicas o privadas que formen parte del plan de estudios para el que se otorgó la autorización de estancia y que se produzcan en el marco de los correspondientes convenios de colaboración entre dichas entidades y el centro docente o científico de que se trate.

La autorización de estancia por estudios obtenida en virtud del artículo 37.1.a) autorizará a trabajar por cuenta propia y ajena, siempre que esta actividad laboral sea compatible con la realización de esos estudios, y se trate de estudios superiores, de una formación reglada para el empleo o destinada a la obtención de un certificado de profesionalidad, o una formación conducente a la obtención de la certificación de aptitud técnica o habilitación profesional necesaria para el ejercicio de una ocupación específica.

2. La actividad laboral no podrá ser superior a las treinta horas semanales.

3. La autorización que se conceda no tendrá limitaciones geográficas, salvo que la actividad lucrativa coincida con períodos en que se realicen los estudios, la investigación, las prácticas no laborales, o el servicio de voluntariado.

No tendrá tampoco limitaciones geográficas la autorización cuando, pese a su coincidencia con el periodo de realización de la actividad principal, se acredite que la forma de organización de la actividad laboral permitirá su compatibilidad con la consecución de aquélla por no requerir desplazamientos continuos.

La limitación del ámbito geográfico de la autorización para trabajar, de ser establecida, coincidirá con carácter general con el ámbito territorial de estancia de su titular.

Podrá excepcionarse la coincidencia de ámbito geográfico de las autorizaciones siempre que la localización del centro de trabajo o del centro en que se desarrolle la actividad por cuenta propia no implique desplazamientos continuos que supongan la ruptura del requisito de compatibilidad con la finalidad principal para la que se concedió la autorización de estancia.

Cuando la relación laboral se inicie y desarrolle en el ámbito territorial de una sola Comunidad Autónoma y a ésta se le haya traspasado la competencia ejecutiva de tramitación y resolución de las autorizaciones iniciales de trabajo por cuenta propia y ajena, corresponderá a los órganos competentes de la Comunidad Autónoma la admisión, tramitación, resolución de solicitudes y, eventualmente, de los recursos administrativos.

4. La vigencia de la autorización para trabajar coincidirá con la duración de la autorización de estancia. La pérdida de vigencia de la autorización de estancia será causa de extinción de la autorización para trabajar.

Las autorizaciones para trabajar se prorrogarán si subsisten las circunstancias que motivaron la concesión anterior, siempre y cuando se haya obtenido la prórroga de la autorización de estancia.

Artículo 42 redactado por el número uno del artículo único del R.D. 629/2022, de 26 de julio, por el que se modifica el Reglamento de la L.O. 4/2000, sobre derechos y libertades de los extranjeros en España y su integración social, tras su reforma por L.O. 2/2009, aprobado por el R.D. 557/2011, de 20 de abril («B.O.E.» 27 julio).
Vigencia: 16 agosto 2022

Artículo 43. *Régimen especial de los estudios de especialización en el ámbito sanitario.* Los extranjeros que ostenten un título español de licenciado o graduado en medicina, farmacia, enfermería u otros títulos universitarios que habiliten para participar en las convocatorias anuales de pruebas selectivas para el acceso a plazas de formación sanitaria especializada, podrán realizar, si obtienen plaza, las actividades laborales derivadas de lo previsto en el Real Decreto 1146/2006, de 6 de octubre, por el que se regula la relación laboral especial de residencia para la formación de especialistas en Ciencias de la Salud, sin que sea necesario que dispongan de la correspondiente autorización de trabajo.

Lo previsto en el párrafo anterior se entenderá sin perjuicio de la necesidad de comunicación de esta circunstancia a la Oficina de Extranjería competente.

Igual posibilidad se establece en relación con los extranjeros que ostenten un título extranjero debidamente reconocido u homologado a los previstos en el párrafo primero de este artículo, así como los requisitos mencionados.

La Oficina Consular de su lugar de residencia podrá expedir el visado de estudios tras la verificación de que han sido adjudicatarios de plaza en los estudios de especialización mencionados en el párrafo primero.

Artículo 44. *Movilidad dentro de la Unión Europea.* 1. Los estudiantes que posean una autorización de estancia válida para la realización de programas de enseñanza superior, expedida por España, y que participen en un programa de la Unión o multilateral que incluya medidas de movilidad o que estén cubiertos por un acuerdo entre dos o más instituciones de enseñanza superior, tendrán derecho a entrar y permanecer en uno o varios Estados Miembros a fin de realizar parte de sus estudios en una institución de enseñanza superior previa comunicación a las autoridades de dichos Estados de acuerdo con su normativa en aplicación de la Directiva (UE) 2016/801, durante un período de hasta 360 días por Estado miembro.

2. Los estudiantes que posean una autorización válida expedida por otro Estado miembro de conformidad con la Directiva (UE) 2016/801 y que participen en un programa de la Unión o multilateral que incluya medidas de movilidad o que estén cubiertos por un acuerdo entre dos o más instituciones de enseñanza superior, tendrán derecho a entrar y permanecer en España, durante un período de hasta 360 días, a fin de realizar parte de sus estudios en una institución de educación superior española, previa comunicación a la Delegación del Gobierno o Subdelegación en la provincia en la que vaya a iniciarse la actividad.

La comunicación se realizará en cualquier momento anterior a la entrada en territorio español y, a más tardar, en el plazo de un mes desde que se efectúe la misma por la institución de educación superior española, con indicación de la duración prevista y las fechas de la movilidad.

En la comunicación se incluirá el documento de viaje válido y la autorización válida expedida por el primer Estado miembro que abarcará el período total de movilidad. Además la comunicación incluirá la prueba de que el estudiante está realizando parte de sus estudios en el marco de un programa de la Unión o multilateral que incluye medidas de movilidad o de un acuerdo entre dos o más instituciones de enseñanza superior y la prueba de que el estudiante ha sido aceptado por una institución de educación superior española.

La correspondiente Delegación o Subdelegación del Gobierno podrá presentar objeciones a la movilidad del estudiante, dentro de un plazo de 30 días a partir de la fecha de recepción de la comunicación completa, cuando:

a) No se cumplan las condiciones establecidas en este apartado.

b) Los documentos presentados se hayan adquirido fraudulentamente o hayan sido falsificados o manipulados o sea aplicable alguno de los motivos de denegación de una solicitud de autorización.

c) Haya transcurrido la duración máxima de estancia a la que se refiere este apartado.

En caso de oposición a la movilidad no se permitirá al estudiante realizar parte de sus estudios en la institución de enseñanza superior española y el primer Estado permitirá la reentrada sin más trámites del extranjero desplazado. Si no se hubiera producido todavía el desplazamiento a España, la resolución denegatoria impedirá el mismo.

3. Los estudiantes extranjeros que hayan sido admitidos para la realización o ampliación de estudios en otro Estado miembro de la Unión Europea, pero que no estén cubiertos por un programa de la Unión o multilateral que incluya medidas de movilidad o por un acuerdo entre dos o más instituciones de enseñanza superior, podrán presentar una solicitud de autorización para entrar y permanecer en España a fin de cursar o completar parte de sus estudios en una institución de enseñanza superior española no siendo exigible la obtención de visado.

La solicitud podrá ser presentada en cualquier momento anterior a la entrada en territorio español y, a más tardar, en el plazo de un mes desde que se efectúe la misma.

Se presentará, dirigida a la Oficina de Extranjería correspondiente a la provincia en que esté situado el centro de enseñanza, ante la oficina consular española correspondiente al lugar previo de residencia en la Unión Europea o ante la propia Oficina de Extranjería.

A la solicitud se acompañará la siguiente documentación.

a) Documentación acreditativa de su condición de admitido como estudiante en otro Estado miembro de la Unión Europea.

b) Documentación acreditativa del cumplimiento de los requisitos establecidos en el artículo 38, apartados 1 y 2.a).

La Oficina de Extranjería tramitará la solicitud y notificará la resolución en el plazo máximo de un mes.

Concedida, en su caso, la autorización, el extranjero deberá entrar en España en el plazo máximo de tres meses desde la notificación de la resolución, de no encontrarse ya en territorio español.

En caso de autorizaciones de estancia de duración superior a seis meses, el extranjero habrá de solicitar personalmente la Tarjeta de Identidad de Extranjero, ante la Oficina de Extranjería o la Comisaría de Policía correspondientes, en el plazo de un mes desde la notificación de la resolución o, en su caso, de la entrada en España.

Artículo 44 redactado por el apartado cuatro del artículo cuarto del R.D.-ley 11/2018, de 31 de agosto, de transposición de directivas en materia de protección de los compromisos por pensiones con los trabajadores, prevención del blanqueo de capitales y requisitos de entrada y residencia de nacionales de países terceros y por el que se modifica la Ley 39/2015, de 1 de octubre, del Procedimiento Administrativo Común de las Administraciones Públicas («B.O.E.» 4 septiembre).
Vigencia: 4 septiembre 2018

TÍTULO IV
RESIDENCIA TEMPORAL

Artículo 45. *Definición y supuestos de residencia temporal.* 1. Se halla en la situación de residencia temporal el extranjero que se encuentre autorizado a permanecer en España por un periodo superior a noventa días e inferior a cinco años, sin perjuicio de lo establecido en materia de estancia por estudios, movilidad de alumnos, prácticas no laborales o servicios de voluntariado.

2. Los extranjeros en situación de residencia temporal serán titulares de uno de los siguientes tipos de autorización:

a) Autorización de residencia temporal no lucrativa.

b) Autorización de residencia temporal por reagrupación familiar.

c) Autorización de residencia temporal y trabajo por cuenta ajena.

d) Autorización de residencia temporal y trabajo para investigación.

e) Autorización de residencia temporal y trabajo de profesionales altamente cualificados titulares de una Tarjeta azul-UE.

f) Autorización de residencia temporal y trabajo por cuenta ajena de duración determinada.

g) Autorización de residencia temporal y trabajo por cuenta propia.

h) Autorización de residencia temporal y trabajo en el marco de prestaciones transnacionales de servicios.

i) Autorización de residencia temporal con excepción de la autorización de trabajo.

CAPÍTULO I
RESIDENCIA TEMPORAL NO LUCRATIVA

Artículo 46. *Requisitos.* Para la concesión de una autorización inicial de residencia temporal sin realizar actividades laborales o profesionales, así como del correspondiente visado, el extranjero solicitante deberá cumplir los siguientes requisitos:

a) No encontrarse irregularmente en territorio español.

b) En el caso de que el solicitante sea mayor de edad penal, carecer de antecedentes penales en España y en los países anteriores donde haya residido durante los últimos cinco años, por delitos previstos en el ordenamiento español.

c) No figurar como rechazable en el espacio territorial de países con los que España tenga firmado un convenio en tal sentido.

d) Contar con medios económicos suficientes para atender sus gastos de manutención y estancia, incluyendo, en su caso, los de su familia, durante el periodo de tiempo por el que se desee residir en España, y sin necesidad de desarrollar ninguna actividad laboral o profesional, de conformidad con lo dispuesto en esta sección.

e) Contar con un seguro público o un seguro privado de enfermedad concertado con una Entidad aseguradora autorizada para operar en España.

f) No encontrarse, en su caso, dentro del plazo de compromiso de no retorno a España que el extranjero haya asumido al retornar voluntariamente a su país de origen.

g) No padecer ninguna de las enfermedades que pueden tener repercusiones de salud pública graves de conformidad con lo dispuesto en el Reglamento Sanitario Internacional de 2005.

h) Haber abonado la tasa por tramitación de los procedimientos.

Artículo 47. *Medios económicos a acreditar para la obtención de una autorización de residencia temporal.* 1. Los extranjeros que deseen residir en España sin realizar una actividad laboral o lucrativa deberán contar con medios económicos suficientes para el periodo de residencia que solicitan, o acreditar una fuente de percepción periódica de ingresos, para sí mismo y, en su caso, su familia, en las siguientes cuantías, que se establecen con carácter de mínimas y referidas al momento de solicitud del visado o de renovación de la autorización:

a) Para su sostenimiento, durante su residencia en España, una cantidad que represente mensualmente en euros el 400% del IPREM, o su equivalente legal en moneda extranjera.

b) Para el sostenimiento de cada uno de los familiares a su cargo, durante su residencia en España, una cantidad que represente mensualmente en euros el 100% del IPREM, o su equivalente legal en moneda extranjera, cantidad a acreditar de forma adicional a la referida en el apartado a) anterior.

2. En ambos casos, la cuantía global de medios económicos habrá de suponer la disposición de la cuantía mensual calculada con base a lo establecido en el apartado anterior, en relación con el tiempo de vigencia de la autorización solicitada.

3. La disponibilidad de medios económicos suficientes se acreditará mediante la presentación de la documentación que permita verificar la percepción de ingresos periódicos y suficientes o la tenencia de un patrimonio que garantice dicha percepción de ingresos.

La disponibilidad se podrá acreditar por cualquier medio de prueba admitido en Derecho, incluyendo la aportación de títulos de propiedad, cheques certificados o tarjetas de crédito, que deberán ir acompañados de una certificación bancaria que acredite la cantidad disponible como crédito de la citada tarjeta.

Si los medios económicos proceden de acciones o participaciones en empresas españolas, mixtas o extranjeras radicadas en España, el interesado acreditará, mediante certificación de las mismas, que no ejerce actividad laboral alguna en dichas empresas, y presentará declaración jurada en tal sentido.

Artículo 48. *Procedimiento.* 1. El extranjero que desee residir temporalmente en España sin realizar actividades laborales o profesionales deberá solicitar, personalmente, el correspondiente visado, según el modelo oficial, en la misión diplomática u oficina consular española de su demarcación de residencia. El Ministerio de Asuntos Exteriores y de Cooperación, si media causa que lo justifique, podrá determinar otra misión diplomática u oficina consular en la que corresponda presentar la solicitud.

La solicitud del visado conllevará la de la autorización de residencia temporal no lucrativa.

2. A la solicitud deberá acompañar:

a) Pasaporte en vigor o título de viaje, reconocido como válido en España, con una vigencia mínima de un año.

b) Certificado de antecedentes penales, o documento equivalente, en el caso de solicitante mayor de edad penal, expedido por las autoridades del país de origen o del país o países en que haya residido durante los últimos cinco años, y que acredite el cumplimiento del requisito previsto en el apartado b) del artículo 46.

c) Los documentos que acrediten el cumplimiento de los requisitos previstos en los apartados d) y e) del artículo 46.

d) Certificado médico que acredite el cumplimiento del requisito previsto en el apartado g) del artículo 46.

3. Presentada la solicitud, será grabada en el sistema de visados de la aplicación correspondiente, de forma que la Delegación o Subdelegación del Gobierno en cuya demarcación solicite la residencia el extranjero tenga constancia de la solicitud

presentada, así como de la documentación que la acompaña en lo relativo a los requisitos que le corresponde valorar.

4. La Delegación o Subdelegación del Gobierno, en el plazo máximo de un mes desde la recepción de la solicitud, resolverá la concesión o denegación de la autorización de residencia, previa valoración del cumplimiento del requisito previsto en el apartado f) del artículo 46, así como del previsto en su apartado b) en lo que respecta a la carencia de antecedentes penales en España.

A dichos efectos, recabará de oficio el informe de los servicios competentes de la Dirección General de la Policía y la Guardia Civil en materia de seguridad y orden público, así como el del Registro Central de Penados.

La Delegación o Subdelegación del Gobierno grabará la resolución en la aplicación correspondiente, para su conocimiento por el Ministerio de Asuntos Exteriores y de Cooperación y por la oficina consular o misión diplomática correspondiente. La eficacia de la autorización quedará supeditada a la expedición, en su caso, del visado y a la efectiva entrada del extranjero en territorio nacional.

5. Si la resolución es desfavorable, y así se entenderá si en el plazo de un mes no se comunica, la misión diplomática u oficina consular notificará al interesado la resolución. Igualmente, la misión diplomática u oficina consular resolverá el archivo del procedimiento relativo al visado.

6. Concedida, en su caso, la autorización, la misión diplomática u oficina consular resolverá y expedirá el visado, previa valoración del cumplimiento de los requisitos previstos en los apartados a), c), d), e) y g) del artículo 46, así como del previsto en su apartado b) en lo que respecta a la carencia de antecedentes penales en anteriores países de residencia del extranjero y el contemplado en el apartado h) respecto a la tasas por tramitación del procedimiento sobre la autorización.

El visado será denegado:

a) Cuando no se acredite el cumplimiento de los requisitos previstos en el artículo 46 cuya valoración corresponda a la misión diplomática u oficina consular.

b) Cuando, para fundamentar la petición de visado, se hayan presentado documentos falsos o formulado alegaciones inexactas, o medie mala fe.

c) Cuando concurra una causa prevista legalmente de inadmisión a trámite que no hubiera sido apreciada en el momento de la recepción de la solicitud.

7. Notificada, en su caso, la concesión del visado, el solicitante deberá recogerlo personalmente en el plazo de un mes. En caso de no hacerlo así, se entenderá que el interesado ha renunciado al visado concedido, y se producirá el archivo del procedimiento.

8. Asimismo, una vez recogido el visado, el solicitante deberá entrar en el territorio español, de conformidad con lo establecido en el título I, en el plazo de vigencia del visado, que en ningún caso será superior a tres meses.

Una vez efectuada la entrada, deberá solicitar personalmente, en el plazo de un mes, ante la Oficina de Extranjería o Comisaría de Policía correspondientes, la Tarjeta de Identidad de Extranjero. Dicha tarjeta será expedida por el plazo de validez de la autorización de residencia temporal y será retirada por el extranjero.

Artículo 49. *Efectos del visado y duración de la autorización inicial de residencia.* 1. El visado que se expida incorporará la autorización inicial de residencia, y la vigencia de ésta comenzará desde la fecha en que se efectúe la entrada en España, la cual deberá hacerse constar obligatoriamente en el pasaporte o título de viaje.

2. La autorización inicial de residencia temporal tendrá la duración de un año.

Artículo 50. *Visados y autorizaciones de residencia de carácter extraordinario.* 1. El Ministerio de Asuntos Exteriores y de Cooperación, para atender circunstancias extraordinarias y en atención al cumplimiento de los fines de la política exterior del Reino de España y de otras políticas públicas españolas o de la Unión

Europea, en especial la política de inmigración, la política económica y la de seguridad nacional, la salud pública o las relaciones internacionales de España, podrá ordenar a una misión diplomática u oficina consular la expedición de un visado de residencia.

2. La Dirección General de Asuntos Consulares y Migratorios informará de dicha expedición a la Secretaría de Estado de Inmigración y Emigración y remitirá copia de los documentos mencionados en los apartados a), b) y d) del artículo 48.2 de este Reglamento, a los efectos de concesión al interesado, previo informe del titular de la Secretaría de Estado de Seguridad, de una autorización extraordinaria de residencia.

Artículo 51. *Renovación de la autorización de residencia temporal no lucrativa.* 1. El extranjero que desee renovar su autorización de residencia temporal deberá solicitarlo a la Oficina de Extranjería competente para su tramitación durante los sesenta días naturales previos a la fecha de expiración de la vigencia de su autorización. La presentación de la solicitud en este plazo prorroga la validez de la autorización anterior hasta la resolución del procedimiento. También se prorrogará hasta la resolución del procedimiento en el supuesto en que la solicitud se presentase dentro de los noventa días naturales posteriores a la fecha en que hubiera finalizado la vigencia de la anterior autorización, sin perjuicio de la incoación del correspondiente procedimiento sancionador por la infracción en que se hubiese incurrido.

2. Para la renovación de una autorización de residencia temporal no lucrativa, el extranjero solicitante deberá cumplir los siguientes requisitos:

a) Ser titular de una autorización de residencia temporal no lucrativa en vigor o hallarse dentro del plazo de los noventa días naturales posteriores a la caducidad de ésta.

b) Contar con medios económicos suficientes para atender sus gastos de manutención y estancia, incluyendo, en su caso, los de su familia, durante el periodo de tiempo por el que corresponda la renovación, sin necesidad de desarrollar ninguna actividad laboral o profesional, en los términos establecidos en el artículo 47.

c) Contar con un seguro público o un seguro privado de enfermedad concertado con una Entidad aseguradora autorizada para operar en España.

d) Tener escolarizados a los menores a su cargo en edad de escolarización obligatoria durante la permanencia de éstos en España.

e) Haber abonado la tasa por tramitación del procedimiento.

3. A la solicitud, en modelo oficial, deberá acompañar la documentación que acredite que se reúnen los requisitos señalados en el apartado anterior, entre otros:

a) Copia del pasaporte completo en vigor o título de viaje, reconocido como válido en España.

b) Los documentos que acrediten los recursos económicos o los medios económicos suficientes para atender sus gastos de manutención y estancia, así como el seguro de enfermedad, durante el periodo de tiempo por el que se pretenda renovar la residencia en España sin necesidad de desarrollar ninguna actividad laboral o profesional.

c) En su caso, informe emitido por las autoridades autonómicas competentes que acredite la escolarización de los menores en edad de escolarización obligatoria que estén a su cargo.

4. En caso de que a partir de la documentación presentada junto a la solicitud no quede acreditada la escolarización de los menores en edad de escolarización obligatoria que estén a cargo del solicitante, la Oficina de Extranjería pondrá esta circunstancia en conocimiento de las autoridades educativas competentes, y advertirá expresamente y por escrito al extranjero solicitante de que en caso de no pro-

ducirse la escolarización y presentarse el correspondiente informe en el plazo de treinta días, la autorización no será renovada.

5. Para la renovación de la autorización se valorará, en su caso, previa solicitud de oficio de los correspondientes informes:

a) La posibilidad de renovar la autorización de residencia a los extranjeros que hubieren sido condenados por la comisión de un delito y hayan cumplido la condena, los que hubieran sido indultados o se hallasen en situación de remisión condicional de la pena o de suspensión de la pena.

b) El incumplimiento de las obligaciones del extranjero en materia tributaria y de Seguridad Social.

6. Igualmente se valorará el esfuerzo de integración del extranjero acreditado mediante el informe positivo de la Comunidad Autónoma de su lugar de residencia.

Dicho esfuerzo de integración podrá ser alegado por el extranjero como información a valorar en caso de no acreditar el cumplimiento de alguno de los requisitos previstos para la renovación de la autorización.

El informe tendrá como contenido mínimo la certificación, en su caso, de la participación activa del extranjero en acciones formativas destinadas al conocimiento y respeto de los valores constitucionales de España, los valores estatutarios de la Comunidad Autónoma en que se resida, los valores de la Unión Europea, los derechos humanos, las libertades públicas, la democracia, la tolerancia y la igualdad entre mujeres y hombres, así como el aprendizaje de las lenguas oficiales del lugar de residencia. En este sentido, la certificación hará expresa mención al tiempo de formación dedicado a los ámbitos señalados.

El informe tendrá en consideración las acciones formativas desarrolladas por entidades privadas debidamente acreditadas o por entidades públicas.

7. La autorización de residencia temporal renovada tendrá una vigencia de dos años, salvo que corresponda obtener una autorización de residencia de larga duración o de larga duración-UE.

8. La resolución se notificará al interesado. En el supuesto de que la administración no resuelva expresamente en el plazo de tres meses desde la presentación de la solicitud, se entenderá que la resolución es favorable.

9. En el plazo de un mes desde la notificación de la resolución por la que se renueva la autorización, su titular deberá solicitar la renovación de la Tarjeta de Identidad de Extranjero.

CAPÍTULO II
RESIDENCIA TEMPORAL POR REAGRUPACIÓN FAMILIAR

Artículo 52. *Definición.* Se halla en situación de residencia temporal por razón de reagrupación familiar el extranjero que haya sido autorizado a permanecer en España en virtud del derecho a la reagrupación familiar ejercido por un extranjero residente.

Artículo 53. *Familiares reagrupables.* El extranjero podrá reagrupar con él en España a los siguientes familiares:

a) Su cónyuge, siempre que no se encuentre separado de hecho o de derecho y que el matrimonio no se haya celebrado en fraude de ley.

En ningún caso podrá reagruparse a más de un cónyuge, aunque la ley personal del extranjero admita esta modalidad matrimonial.

El extranjero residente que se encuentre casado en segundas o posteriores nupcias sólo podrá reagrupar con él al nuevo cónyuge y sus familiares si acredita que la disolución de sus anteriores matrimonios ha tenido lugar tras un procedimiento jurídico que fije la situación del cónyuge anterior y sus familiares en cuanto a la vivienda común, la pensión al cónyuge y los alimentos para los hijos menores o mayores dependientes.

b) La persona que mantenga con el reagrupante una relación de afectividad análoga a la conyugal. A los efectos previstos en este capítulo, se considerará que existe relación de análoga afectividad a la conyugal cuando:

1.º Dicha relación se encuentre inscrita en un registro público establecido a esos efectos, y no se haya cancelado dicha inscripción; o

2.º Se acredite la vigencia de una relación no registrada, constituida con carácter previo al inicio de la residencia del reagrupante en España. A dichos efectos, sin perjuicio de la posible utilización de cualquier medio de prueba admitido en Derecho, tendrán prevalencia los documentos emitidos por una autoridad pública.

Resultará de aplicación a este supuesto lo previsto, en relación con el cónyuge, en los párrafos segundo y tercero de la letra a) del apartado anterior. Serán incompatibles a efectos de lo previsto en este capítulo las situaciones de matrimonio y de análoga relación de afectividad.

c) Sus hijos o los de su cónyuge o pareja, incluidos los adoptados, siempre que sean menores de dieciocho años en el momento de la solicitud de la autorización de residencia a su favor o tengan una discapacidad y no sean objetivamente capaces de proveer a sus propias necesidades debido a su estado de salud.

Cuando se trate de hijos de uno solo de los cónyuges o miembros de la pareja se requerirá, además, que éste ejerza en solitario la patria potestad o que se le haya otorgado la custodia y estén efectivamente a su cargo.

En el supuesto de hijos adoptivos deberá acreditarse que la resolución por la que se acordó la adopción reúne los elementos necesarios para producir efectos en España.

d) Los representados legalmente por el reagrupante, cuando sean menores de dieciocho años en el momento de la solicitud de la autorización de residencia a su favor o tengan una discapacidad y no sean objetivamente capaces de proveer a sus propias necesidades debido a su estado de salud, cuando el acto jurídico del que surgen las facultades representativas no sea contrario a los principios del ordenamiento español.

e) Sus ascendientes en primer grado, o los de su cónyuge o pareja, cuando estén a su cargo, sean mayores de sesenta y cinco años y existan razones que justifiquen la necesidad de autorizar su residencia en España.

Excepcionalmente, cuando concurran razones de carácter humanitario, se podrá reagrupar a los ascendientes menores de sesenta y cinco años que reúnan los restantes requisitos establecidos en el párrafo anterior.

Se considerará que concurren razones humanitarias, entre otros casos, cuando el ascendiente conviviera con el reagrupante en el país de origen en el momento en que este último obtuvo su autorización; cuando el ascendiente sea incapaz y su tutela esté otorgada por la autoridad competente en el país de origen al extranjero residente o a su cónyuge o pareja reagrupada; o cuando el ascendiente no sea objetivamente capaz de proveer a sus propias necesidades.

Igualmente, se considerará que concurren razones humanitarias cuando el ascendiente del reagrupante, o de su cónyuge o pareja, sea cónyuge o pareja del otro ascendiente, siendo este último mayor de sesenta y cinco años. En este caso, las solicitudes de autorización de residencia por reagrupación familiar podrán ser presentadas de forma conjunta, si bien la aplicación de la excepción del requisito de la edad respecto al ascendiente menor de sesenta y cinco años estará condicionada a que la autorización del otro ascendiente sea concedida.

Cuando el órgano competente para resolver el procedimiento tuviera dudas sobre la concurrencia de otra razón de excepción del requisito elevará consulta previa a la Dirección General de Inmigración.

Se entenderá que los familiares están a cargo del reagrupante cuando acredite que, al menos durante el último año de su residencia en España, ha transferido fondos o soportado gastos de su familiar, que representen al menos el 51% del producto interior bruto per cápita, en cómputo anual, del país de residencia de éste, según lo establecido, en materia de Indicadores sobre renta y actividad económica por país y tipo de indicador, por el Instituto Nacional de Estadística.

Artículo 54. *Medios económicos a acreditar por un extranjero para la obtención de una autorización de residencia por reagrupación a favor de sus familiares.* 1. El extranjero que solicite autorización de residencia para la reagrupación de sus familiares deberá adjuntar en el momento de presentar la solicitud de dicha autorización la documentación que acredite que se cuenta con medios económicos suficientes para atender las necesidades de la familia, incluyendo la asistencia sanitaria en el supuesto de no estar cubierta por la Seguridad Social en la cuantía que, con carácter de mínima y referida al momento de solicitud de la autorización, se expresa a continuación, en euros, o su equivalente legal en moneda extranjera, según el número de personas que solicite reagrupar, y teniendo en cuenta además el número de familiares que ya conviven con él en España a su cargo:

a) En caso de unidades familiares que incluyan, computando al reagrupante y al llegar a España la persona reagrupada, dos miembros: se exigirá una cantidad que represente mensualmente el 150% del IPREM.

b) En caso de unidades familiares que incluyan, al llegar a España la persona reagrupada, a más de dos personas: una cantidad que represente mensualmente el 50% del IPREM por cada miembro adicional.

2. Las autorizaciones no serán concedidas si se determina indubitadamente que no existe una perspectiva de mantenimiento de los medios económicos durante el año posterior a la fecha de presentación de la solicitud. En dicha determinación, la previsión de mantenimiento de una fuente de ingresos durante el citado año será valorada teniendo en cuenta la evolución de los medios del reagrupante en los seis meses previos a la fecha de presentación de la solicitud.

En caso de que la solicitud de autorización de residencia por reagrupación familiar se presente de forma simultánea a la de renovación de la autorización de la que sea titular el reagrupante, la comprobación de la evolución de los medios de éste en los seis meses previos a la fecha de presentación de la solicitud será realizada de oficio por la Oficina de Extranjería.

3. La exigencia de dicha cuantía podrá ser minorada en los supuestos del artículo 53.c) y d) de este real decreto, cuando concurran circunstancias acreditadas que aconsejen dicha minoración de acuerdo con el principio del interés superior del menor, según lo establecido en la Ley Orgánica 1/1996, de 15 de enero, de Protección Jurídica del Menor, y en atención a las circunstancias del caso concreto, valorando la edad, desarrollo físico y emocional del familiar reagrupado, la relación con su reagrupante, y el número de miembros de la unidad familiar, haciendo una interpretación favorable a la vida familiar, y además se reúnan los restantes requisitos legales y reglamentarios para la concesión de la autorización de residencia por reagrupación familiar.

Igualmente, la cuantía podrá ser minorada en relación con la reagrupación de otros familiares por razones humanitarias apreciadas en relación con supuestos individualizados previo informe de la Dirección General de Migraciones.

La flexibilización se referirá a la cuantía mínima exigida en el momento en el que se efectúa la solicitud de la autorización, y a la perspectiva de mantenimiento de los medios económicos durante el año posterior a la fecha de presentación de la solicitud.

En atención a estos criterios, la cuantía a justificar será la siguiente:

a) En caso de que se alcance la cuantía resultante de aplicar los umbrales previstos en el artículo 54.1 del este reglamento, la autorización será concedida.

b) En caso de que no se alcance esa cuantía, se concederá la reagrupación familiar de los menores si el reagrupante acredita medios económicos provenientes de una fuente estable de ingresos igual o superior al salario mínimo interprofesional.

c) Para aquellos casos en los que no se alcance dicha cuantía y en atención a la situación del reagrupado, para una unidad familiar de dos miembros, siendo uno de ellos un menor de edad se exigirá el 110% de la cuantía de la renta garantizada del Ingreso Mínimo Vital con carácter anual y, por cada menor de edad adicional, se exigirá un 10% adicional con el tope máximo del 150% de dicho ingreso.

Número 3 del artículo 54 redactado por el número dos del artículo único del R.D. 629/2022, de 26 de julio, por el que se modifica el Reglamento de la L.O. 4/2000, sobre derechos y libertades de los extranjeros en España y su integración social, tras su reforma por L.O. 2/2009, aprobado por el R.D. 557/2011, de 20 de abril («B.O.E.» 27 julio).

Vigencia: 16 agosto 2022

4. No serán computables a estos efectos los ingresos provenientes del sistema de asistencia social, pero sí los aportados por el cónyuge o pareja del extranjero reagrupante, así como por otro familiar en línea directa en primer grado, con condición de residente en España y que conviva con éste.

5. Sin perjuicio de la presentación de cualquier documento o medio de prueba que, a juicio del solicitante, justifique la disposición de los medios, podrá aportar la siguiente documentación:

a) En caso de realizar actividad lucrativa por cuenta ajena:

1.º Copia del contrato de trabajo.

2.º Declaración, en su caso, del Impuesto sobre la Renta de las Personas Físicas correspondiente al año anterior. Dicha declaración será la correspondiente al penúltimo año en el caso de que no haya expirado el plazo para presentar la correspondiente a la última anualidad.

b) En caso de realizar actividad lucrativa por cuenta propia:

1.º Acreditación de la actividad que desarrolla.

2.º Declaración, en su caso, del Impuesto sobre la Renta de las Personas Físicas correspondiente al año anterior. Dicha declaración será la correspondiente al penúltimo año en el caso de que no haya expirado el plazo para presentar la correspondiente a la última anualidad.

c) En caso de no realizarse ninguna actividad lucrativa en España: cheques certificados, cheques de viaje o cartas de pago o tarjetas de crédito, acompañadas de una certificación bancaria de la cantidad disponible como crédito de la citada tarjeta o certificación bancaria.

6. De alegarse la realización de una actividad por cuenta ajena o por cuenta propia, la Oficina de Extranjería competente comprobará de oficio la información relativa a la afiliación y alta en el régimen correspondiente de la Seguridad Social del solicitante, y, en su caso, las bases de datos de cotización.

Artículo 55. *Requisito sobre vivienda adecuada a acreditar por un extranjero para la obtención de una autorización de residencia por reagrupación a favor de sus familiares.* 1. El extranjero que solicite autorización de residencia para la reagrupación de sus familiares, deberá adjuntar en el momento de presentar la solicitud informe expedido por los órganos competentes de la Comunidad Autónoma del lugar de residencia del reagrupante a los efectos de acreditar que cuenta con una vivienda adecuada para atender sus necesidades y las de su familia.

2. La Comunidad Autónoma deberá emitir el informe y notificarlo al interesado en el plazo máximo de treinta días desde que le sea solicitado. Simultáneamente y por medios electrónicos, deberá dar traslado del informe a la Oficina de Extranjería competente.

A dichos efectos podrá realizar consulta al Ayuntamiento donde el extranjero reagrupante tenga su domicilio habitual sobre la información que pueda constar al mismo en relación con la adecuación de la vivienda.

3. El informe anterior podrá ser emitido por la Corporación local en la que el extranjero tenga su lugar de residencia cuando así haya sido establecido por la Comunidad Autónoma competente, siempre que ello haya sido previamente puesto en conocimiento de la Secretaría de Estado de Inmigración y Emigración.

En su caso, el informe de la Corporación local habrá de ser emitido y notificado al interesado en el plazo de treinta días desde la fecha de la solicitud. Simultáneamente y por medios electrónicos, deberá dar traslado del informe a la Oficina de Extranjería competente.

4. En caso de que el informe no haya sido emitido en plazo, circunstancia que habrá de ser debidamente acreditada por el interesado, podrá justificarse este requisito por cualquier medio de prueba admitido en Derecho.

5. En todo caso, el informe o la documentación que se presente en su sustitución debe hacer referencia, al menos, a los siguientes extremos: título que habilite para la ocupación de la vivienda, número de habitaciones, uso al que se destina cada una de las dependencias de la vivienda, número de personas que la habitan y condiciones de habitabilidad y equipamiento.

El título que habilite para la ocupación de la vivienda se entenderá referido al extranjero reagrupante o a cualquier otra persona que forme parte de la unidad familiar en base a un parentesco de los enunciados en el artículo 17 de la Ley Orgánica 4/2000, de 11 de enero.

Artículo 56. *Procedimiento para la autorización de residencia por reagrupación familiar.* 1. La solicitud de reagrupación familiar se podrá presentar cuando el extranjero reagrupante tenga autorización para residir en España durante un año como mínimo y solicitado la autorización para residir por, al menos, otro año, con las siguientes excepciones:

a) El reagrupante tendrá que ser titular de una autorización de residencia de larga duración o de larga duración-UE concedida en España para la reagrupación de sus ascendientes o de los ascendientes de su cónyuge o pareja de hecho.

La solicitud podrá presentarse cuando se haya solicitado la autorización de residencia de larga duración o de residencia de larga duración-UE.

b) Los extranjeros residentes en España en base a su previa condición de residentes de larga duración-UE en otro Estado miembro de la Unión Europea, titulares de una Tarjeta azul-UE o beneficiarios del régimen especial de investigadores podrán presentar la solicitud de autorización a favor de sus familiares sin estar sometidos al requisito de haber residido legalmente en España, con carácter previo, durante un año.

En todo caso, no podrá concederse la autorización de residencia al familiar reagrupable hasta que, en función de la situación que deba ostentar el reagrupante para el ejercicio del derecho, no se haya producido la efectiva renovación de la autorización del reagrupante, concedido su autorización de residencia de larga duración o de residencia de larga duración-UE o concedido su autorización inicial de residencia en España.

2. El extranjero que desee ejercer el derecho de reagrupación familiar deberá solicitar, personalmente ante la Oficina de Extranjería competente para su tramitación, una autorización de residencia temporal a favor de los miembros de su familia que desee reagrupar.

La reagrupación de los familiares de extranjeros residentes larga duración-UE en otro Estado miembro de la Unión Europea, podrá ser presentada por los propios familiares, aportando prueba de residencia como miembro de la familia del residente de larga duración-UE en el primer Estado miembro.

3. La solicitud, que deberá cumplimentarse en modelo oficial, deberá acompañarse de la siguiente documentación:

a) Relativos al reagrupante:

1.º Copia del pasaporte, documento de viaje o cédula de inscripción del solicitante en vigor, previa exhibición del documento original.

2.º Copia compulsada de documentación que acredite que cuenta con empleo y/o recursos económicos suficientes para atender las necesidades de la familia, incluyendo la asistencia sanitaria, en el supuesto de no estar cubierta por la Seguridad Social, de acuerdo con lo establecido en el artículo 54 de este Reglamento.

3.º Documentación original que acredite la disponibilidad, por parte del reagrupante, de una vivienda adecuada para atender las necesidades del reagrupante y la familia, y que habrá de ser su vivienda habitual, de acuerdo con lo establecido en el artículo 55 de este Reglamento.

4.º En los casos de reagrupación de cónyuge o pareja, declaración jurada del reagrupante de que no reside con él en España otro cónyuge o pareja.

b) Relativos al familiar a reagrupar:

1.º Copia completa del pasaporte o título de viaje, en vigor.

2.º Copia de la documentación acreditativa de los vínculos familiares o de parentesco o de la existencia de la unión de hecho y, en su caso, de la dependencia legal y económica.

4. Presentada la solicitud en forma o subsanados los defectos, el órgano competente la tramitará y resolverá lo que proceda. A dichos efectos, recabará de oficio el informe de los servicios competentes de la Dirección General de la Policía y la Guardia Civil en materia de seguridad y orden público, así como el del Registro Central de Penados.

5. En el supuesto de que se cumpla con los requisitos establecidos para la reagrupación familiar, el órgano competente resolverá la concesión de la autorización de residencia por reagrupación, y se suspenderá la eficacia de la autorización hasta:

a) Con carácter general, la expedición del visado, y la efectiva entrada del extranjero en territorio nacional durante el tiempo de vigencia de éste. En este caso, la resolución de concesión hará mención expresa a que la autorización no desplegará sus efectos hasta que no se produzca la obtención del visado y la posterior entrada en España de su titular.

b) En el supuesto de familiares de residentes de larga duración-UE, titulares de una Tarjeta azul-UE o beneficiarios del régimen especial de investigadores en otro Estado miembro de la Unión Europea en el que la familia ya esté constituida, la eficacia de la autorización estará condicionada a la efectiva entrada del familiar en territorio nacional, si dicha entrada se produjera tras la concesión de la autorización. En este caso, la entrada deberá producirse en el plazo máximo de un mes desde la notificación de la concesión de la autorización, lo que habrá de constar en la resolución.

6. La resolución se grabará en la aplicación correspondiente, de forma que tenga acceso a ella la misión diplomática u oficina consular en cuya demarcación resida el extranjero.

7. Los procedimientos regulados en este artículo, así como los relativos al correspondiente visado y a la renovación de autorizaciones de residencia por reagrupación familiar serán objeto de tramitación preferente.

8. La Secretaría de Estado de Inmigración y Emigración remitirá información estadística sobre las solicitudes y concesiones de autorizaciones iniciales de residencia por reagrupación familiar a los órganos competentes en la correspondiente Comunidad Autónoma, así como a la Federación Española de Municipios y Provincias a los efectos de su traslado a los Ayuntamientos correspondientes. La información será remitida con periodicidad trimestral y desglosada por nacionalidad, sexo y

edad del reagrupado, y municipio en el que el reagrupante haya declarado tener su vivienda habitual.

Artículo 57. *Tramitación del visado en el procedimiento de reagrupación familiar.* 1. En el plazo de dos meses desde la notificación al reagrupante de la concesión de la autorización, el familiar que vaya a ser reagrupado deberá, en su caso, solicitar personalmente el visado en la misión diplomática u oficina consular en cuya demarcación resida. El Ministerio de Asuntos Exteriores y de Cooperación, si media causa que lo justifique, podrá determinar la misión diplomática u oficina consular diferente a la anterior en la que corresponda presentar la solicitud de visado.

Excepcionalmente, en aplicación de lo dispuesto en el primer párrafo del apartado 2 de la disposición adicional tercera de la Ley Orgánica 4/2000, de 11 de enero, la misión diplomática u oficina consular aceptará la presentación por representante legalmente acreditado cuando existan motivos fundados que obstaculicen el desplazamiento del solicitante, como la lejanía de la misión u oficina, dificultades de transporte que hagan el viaje especialmente gravoso o razones acreditadas de enfermedad o condición física que dificulten sensiblemente su movilidad. En el caso de tratarse de un menor podrá solicitarlo un representante debidamente acreditado. Constituirá causa de inadmisión a trámite de la solicitud de visado y, en su caso, de denegación, el hecho de que el extranjero se hallase en España en situación irregular, evidenciado por el poder de representación o por datos que consten en la Administración.

2. Sin perjuicio de que el interesado añada otros documentos que considere oportunos, la solicitud de visado deberá ir acompañada de:

a) Pasaporte ordinario o título de viaje, reconocido como válido en España, con una vigencia mínima de cuatro meses.

b) Certificado de antecedentes penales o documento equivalente, en el caso de solicitante mayor de edad penal, que debe ser expedido por las autoridades del país de origen o del país o países en que haya residido durante los últimos cinco años y en el que no deben constar condenas por delitos previstos en el ordenamiento español.

c) Documentación original que acredite los vínculos familiares o de parentesco o de la existencia de la unión de hecho y, en su caso, la edad y la dependencia legal.

d) Certificado médico con el fin de acreditar que no padece ninguna de las enfermedades que pueden tener repercusiones de salud pública graves de conformidad con lo dispuesto en el Reglamento Sanitario Internacional de 2005.

3. La misión diplomática u oficina consular denegará el visado en los siguientes supuestos:

a) Cuando no se acredite el cumplimiento de los requisitos previstos para su obtención, tras la valoración de la documentación acreditativa de éstos, prevista en el apartado anterior.

b) Cuando, para fundamentar la petición, se hayan presentado documentos falsos o formulado alegaciones inexactas, o medie mala fe.

c) Cuando concurra una causa prevista legalmente de inadmisión a trámite que no hubiera sido apreciada en el momento de la recepción de la solicitud.

4. La misión diplomática u oficina consular, en atención al cumplimiento de los requisitos exigidos, notificará la concesión del visado, en su caso, en el plazo máximo de dos meses. Éste deberá ser recogido por el solicitante, personalmente, salvo en el caso de menores, en que podrá ser recogido por su representante. De no efectuarse en el plazo mencionado la recogida, se entenderá que el interesado ha renunciado al visado concedido, y se producirá el archivo del procedimiento.

Artículo 58. *Entrada en territorio español.* 1. Recogido el visado, el solicitante deberá entrar en el territorio español durante el plazo de vigencia de aquél, que en ningún caso será superior a tres meses, de conformidad con lo establecido en el título I de este Reglamento.

2. En el plazo de un mes desde la entrada en España o, en su caso, desde la notificación de la concesión de la autorización, el extranjero deberá solicitar personalmente la Tarjeta de Identidad de Extranjero, salvo en el caso de menores, en que será solicitada por su representante.

3. Cuando el reagrupante sea titular de una autorización de residencia temporal, la vigencia de la autorización de residencia de los familiares reagrupados se extenderá hasta la misma fecha que la autorización de que sea titular el reagrupante en el momento de la entrada del familiar en España.

Cuando el reagrupante tenga la condición de residente de larga duración o de residencia de larga duración-UE en España, la vigencia de la primera autorización de residencia de los familiares reagrupados se extenderá hasta la fecha de validez de la Tarjeta de Identidad de Extranjero de que sea titular el reagrupante en el momento de la entrada del familiar en España. La posterior autorización de residencia del reagrupado será de larga duración.

4. La autorización de residencia por reagrupación familiar del cónyuge, la pareja de hecho o el hijo reagrupado habilitará a su titular a trabajar, siempre que sea mayor de edad laboral, sin necesidad de realizar ningún trámite administrativo. Dicha autorización les habilita para trabajar por cuenta ajena o por cuenta propia, en cualquier parte del territorio español, ocupación o sector de actividad.

Artículo 59. *Residencia de los familiares reagrupados, independiente de la del reagrupante.* 1. El cónyuge o pareja reagrupado podrá obtener una autorización de residencia y trabajo independiente, cuando reúna alguno de los siguientes requisitos y no tenga deudas con la Administración tributaria o de Seguridad Social:

a) Contar con medios económicos suficientes para la concesión de una autorización de residencia temporal de carácter no lucrativo.

b) Contar con uno o varios contratos de trabajo, desde el momento de la solicitud, de los que se derive una retribución no inferior al salario mínimo interprofesional mensual referido a la jornada legal de trabajo o el que derive del convenio colectivo aplicable.

Letra b) del número 1 del artículo 59 redactada por el número tres del artículo único del R.D. 629/2022, de 26 de julio, por el que se modifica el Reglamento de la L.O. 4/2000, sobre derechos y libertades de los extranjeros en España y su integración social, tras su reforma por L.O. 2/2009, aprobado por el R.D. 557/2011, de 20 de abril («B.O.E.» 27 julio).
Vigencia: 16 agosto 2022

c) Cumplir los requisitos exigibles de cara a la concesión de una autorización de residencia temporal y trabajo por cuenta propia.

En los supuestos de los apartados b) y c) anteriores, la eficacia de la autorización de residencia y trabajo independiente estará condicionada a que se produzca, en caso de que no se hubiera producido con anterioridad, el alta del trabajador en el régimen correspondiente de la Seguridad Social, en el plazo de un mes desde la fecha de notificación de la resolución por la que se concede aquélla. Cumplida la condición, la vigencia de la autorización se retrotraerá al día inmediatamente siguiente al de la caducidad de la autorización anterior.

2. Asimismo, el cónyuge o pareja reagrupado podrá obtener una autorización de residencia y trabajo independiente, cuando se dé alguno de los siguientes supuestos:

a) Cuando se rompa el vínculo conyugal que dio origen a la situación de residencia, por separación de derecho, divorcio o por cancelación de la inscripción, o finalización de la vida en pareja, siempre y cuando acredite la convivencia en España con el cónyuge o pareja reagrupante durante al menos dos años.

b) Cuando fuera víctima de violencia de género, una vez dictada a su favor una orden judicial de protección o, en su defecto, exista un informe del Ministerio Fiscal que indique la existencia de indicios de violencia de género. Este supuesto será igualmente de aplicación cuando fuera víctima de un delito por conductas violentas ejercidas en el entorno familiar, una vez que exista una orden judicial de protección a favor de la víctima o, en su defecto, un informe del Ministerio Fiscal que indique la existencia de conducta violenta ejercida en el entorno familiar.

La tramitación de las solicitudes presentadas al amparo de este apartado tendrá carácter preferente y la duración de la autorización de residencia y trabajo independiente será de cinco años.

c) Por causa de muerte del reagrupante.

3. En los casos previstos en el apartado anterior, cuando, además del cónyuge o pareja, se haya reagrupado a otros familiares, éstos conservarán la autorización de residencia concedida y dependerán, a efectos de la renovación de la autorización de residencia por reagrupación familiar, del miembro de la familia con el que convivan.

4. Los hijos y menores sobre los que el reagrupante ostente la representación legal obtendrán una autorización de residencia independiente cuando alcancen la mayoría de edad y acrediten encontrarse en alguna de las situaciones descritas en el apartado 1 de este artículo, o bien cuando hayan alcanzado la mayoría de edad y residido en España durante cinco años.

5. Los ascendientes reagrupados podrán obtener una autorización de residencia independiente del reagrupante cuando hayan obtenido una autorización para trabajar, sin perjuicio de que los efectos de dicha autorización de residencia independiente, para el ejercicio de la reagrupación familiar, queden supeditados a lo dispuesto en el artículo 17.3 de la Ley Orgánica 4/2000, de 11 de enero.

6. La autorización independiente tendrá la duración que corresponda, en función del tiempo previo de vigencia de la situación de residencia por reagrupación familiar. En todo caso, la autorización independiente tendrá una vigencia mínima de un año.

Artículo 60. *Reagrupación familiar por residentes reagrupados.* 1. Los extranjeros que hubieran adquirido la residencia temporal en virtud de una previa reagrupación familiar podrán, a su vez, ejercer el derecho de reagrupación respecto de sus propios familiares, siempre que cuenten con una autorización de residencia y trabajo obtenidos independientemente de la autorización del reagrupante y reúnan los requisitos establecidos para el ejercicio del derecho a la reagrupación familiar.

2. En el supuesto de los ascendientes, éstos sólo podrán ejercitar, a su vez, el derecho de reagrupación familiar tras haber obtenido la condición de residente de larga duración y acrediten solvencia económica para atender las necesidades de los miembros de su familia que pretendan reagrupar.

3. Excepcionalmente, el ascendiente reagrupado que tenga a su cargo uno o más hijos menores de edad o que tengan una discapacidad y no sean objetivamente capaces de proveer a sus propias necesidades debido a su estado de salud, podrá ejercer el derecho de reagrupación en los términos dispuestos en el apartado 1 de este artículo.

Artículo 61. *Renovación de las autorizaciones de residencia en virtud de reagrupación familiar.* 1. La renovación de las autorizaciones de residencia por reagrupación deberá solicitarse en modelo oficial en el plazo de sesenta días naturales antes de su expiración. La presentación de la solicitud en este plazo prorrogará la validez de la autorización anterior hasta la resolución del procedimiento. También se prorrogará hasta la resolución del procedimiento en el supuesto en que la solicitud se presentase dentro de los noventa días naturales posteriores a la fecha en que hubiera finalizado la vigencia de la anterior autorización, sin perjuicio de la incoación del correspondiente procedimiento sancionador por la infracción en la que se hubiese incurrido.

2. La renovación de la autorización de residencia por reagrupación familiar de descendientes, menores tutelados o ascendientes podrá ser solicitada por el cónyuge o pareja del reagrupante, siempre que dicho cónyuge o pareja sea residente en España, forme parte de la misma unidad familiar, y el reagrupante original no reúna los requisitos exigibles para la renovación de la autorización por reagrupación familiar.

Ello será igualmente de aplicación, en el caso de descendientes o menores tutelados, respecto a su otro progenitor o tutor, siempre que éste tenga la condición de residente en España y sin perjuicio de que forme parte o no de la unidad familiar.

En este caso, la naturaleza y duración de la autorización renovada se vinculará a la del cónyuge o pareja, que asumirán la condición de reagrupante.

3. Para la renovación de una autorización de residencia por reagrupación familiar se deberán cumplir los siguientes requisitos:

a) Relativos al reagrupado:

1.º Que sea titular de una autorización de residencia por reagrupación familiar en vigor o se halle dentro del plazo de los noventa días naturales posteriores a la caducidad de ésta.

2.º Que se mantenga el vínculo familiar o de parentesco o la existencia de la unión de hecho en que se fundamentó la concesión de la autorización a renovar.

3.º Tener escolarizados a los menores a su cargo en edad de escolarización obligatoria durante la permanencia de éstos en España.

4.º Haber abonado la tasa por tramitación del procedimiento.

b) Relativos al reagrupante:

1.º Que sea titular de una autorización de residencia en vigor o se halle dentro del plazo de los noventa días naturales posteriores a la caducidad de ésta.

2.º Que cuente con empleo y/o recursos económicos suficientes para atender las necesidades de la familia, incluyendo la asistencia sanitaria de no estar cubierta por la Seguridad Social, en una cantidad que represente mensualmente el 100% del IPREM.

A dichos efectos serán computables los ingresos provenientes del sistema de asistencia social y resultará de aplicación lo previsto en el artículo 54.3 de este Reglamento.

3.º Que disponga de una vivienda adecuada para atender sus necesidades y las de su familia, y que habrá de ser su vivienda habitual.

Dicha circunstancia será acreditada: de no existir cambio de domicilio en relación con el acreditado para la obtención de la autorización inicial de residencia temporal por reagrupación familiar, con la presentación de documento que acredite la vigencia del título de ocupación; en caso de existir cambio de domicilio, de acuerdo con lo establecido en el artículo 55 de este Reglamento.

En ambos casos, el título que habilite para la ocupación de la vivienda se entenderá referido al extranjero reagrupante o a cualquier otra persona que forme parte de la unidad familiar en base a un parentesco de los enunciados en el artículo 17 de la Ley Orgánica 4/2000, de 11 de enero.

4. A la solicitud, en modelo oficial, deberá acompañar la documentación que acredite que se reúnen los requisitos señalados en el apartado anterior, entre otros:

a) Copia del pasaporte completo en vigor o título de viaje, reconocido como válido en España, del reagrupado y del reagrupante.

b) En su caso, documentación acreditativa de la vigencia del matrimonio o de la relación de análoga afectividad a la conyugal.

c) Los documentos que acrediten que el reagrupante cumple los requisitos establecidos en los puntos 2.º y 3.º del anterior apartado 3.b).

d) En su caso, informe emitido por las autoridades autonómicas competentes que acredite la escolarización de los menores en edad de escolarización obligatoria que estén a su cargo.

5. En caso de que a partir de la documentación presentada junto a la solicitud no quede acreditada la escolarización de los menores en edad de escolarización obligatoria que estén a cargo del solicitante, la Oficina de Extranjería pondrá esta circunstancia en conocimiento de las autoridades educativas competentes, y advertirá expresamente y por escrito al extranjero solicitante de que en caso de no producirse la escolarización y presentarse el correspondiente informe en el plazo de treinta días, la autorización no será renovada.

6. Para la renovación de la autorización, se valorará, en su caso, previa solicitud de oficio de los correspondientes informes:

a) La posibilidad de renovar la autorización de residencia a los extranjeros que hubieren sido condenados por la comisión de un delito y hayan cumplido la condena, los que hubieran sido indultados o se hallasen en situación de remisión condicional de la pena o de suspensión de la pena

b) El incumplimiento de las obligaciones del solicitante en materia tributaria y de Seguridad Social.

7. Igualmente se valorará el esfuerzo de integración del extranjero acreditado mediante el informe positivo de la Comunidad Autónoma de su lugar de residencia.

Dicho esfuerzo de integración podrá ser alegado por el extranjero como información a valorar en caso de no acreditar el cumplimiento de alguno de los requisitos previstos para la renovación de la autorización.

El informe tendrá como contenido mínimo la certificación, en su caso, de la participación activa del extranjero en acciones formativas destinadas al conocimiento y respeto de los valores constitucionales de España, los valores estatutarios de la Comunidad Autónoma en que se resida, los valores de la Unión Europea, los derechos humanos, las libertades públicas, la democracia, la tolerancia y la igualdad entre mujeres y hombres, así como el aprendizaje de las lenguas oficiales del lugar de residencia. En este sentido, la certificación hará expresa mención al tiempo de formación dedicado a los ámbitos señalados.

El informe tendrá en consideración las acciones formativas desarrolladas por entidades privadas debidamente acreditadas o por entidades públicas.

8. Las solicitudes de renovación de los familiares reagrupados se presentarán y se tramitarán conjuntamente con la del reagrupante, salvo causa que lo justifique.

9. Se entenderá que la resolución es favorable en el supuesto de que la Administración no resuelva expresamente en el plazo de tres meses desde la presentación de la solicitud.

10. La resolución favorable se notificará al interesado.

11. La autorización de residencia por reagrupación familiar renovada se extenderá hasta la misma fecha que la autorización de que sea titular el reagrupante en el momento de la renovación. Esta autorización habilitará para trabajar por cuenta ajena y por cuenta propia.

Número 11 del artículo 61 redactado por el número cuatro del artículo único del R.D. 629/2022, de 26 de julio, por el que se modifica el Reglamento de la L.O. 4/2000, sobre derechos y libertades de los extranjeros en España y su integración social, tras su reforma por L.O. 2/2009, aprobado por el R.D. 557/2011, de 20 de abril («B.O.E.» 27 julio).

Vigencia: 16 agosto 2022

CAPÍTULO III
RESIDENCIA TEMPORAL Y TRABAJO POR CUENTA AJENA

Artículo 62. *Definición.* Se halla en situación de residencia temporal y trabajo por cuenta ajena el extranjero mayor de 16 años autorizado a permanecer en España por un periodo superior a noventa días e inferior a cinco años, y a ejercer una actividad laboral por cuenta ajena.

Véase la Res. de 8 de abril de 2019, de la Secretaría de Estado de Migraciones, por la que se publica el Acuerdo por el que se aprueban las instrucciones por las que se determina el procedimiento para la concesión de autorizaciones de residencia y trabajo de nacionales de terceros países enrolados en buques pesqueros de pabellón español que faenen fuera de la Zona Económica Exclusiva de España, y del mar Mediterráneo, sin que exista acuerdo internacional de pesca («B.O.E.» 10 abril).

Artículo 63. *Autorización inicial de residencia temporal y trabajo por cuenta ajena.* 1. La autorización inicial de residencia temporal y trabajo por cuenta ajena habilitará a los extranjeros que residen fuera de España, siempre que hayan obtenido el correspondiente visado y hayan sido dados de alta en el régimen correspondiente de la Seguridad Social dentro del plazo de tres meses desde su entrada legal en España, a residir y trabajar por cuenta ajena en España.

Salvo en los casos en los que no resulte aplicable el requisito de que la situación nacional de empleo permita la contratación del trabajador, la autorización inicial se limitará a un ámbito geográfico provincial y a una ocupación.

No obstante lo dispuesto en el párrafo anterior, en caso de no aplicación del requisito de que la situación nacional de empleo permita la contratación del trabajador en base a los apartados a), b) y d) del artículo 40.2 de la Ley Orgánica 4/2000, la autorización inicial se limitará al tipo de relación laboral para la cual se haya concedido.

2. En los supuestos previstos en el título XII de este Reglamento no será exigible el visado para la obtención de este tipo de autorizaciones.

3. El acceso a la autorización inicial de residencia temporal y trabajo por cuenta ajena de quienes sean titulares de un visado de búsqueda de empleo se regirá por las disposiciones específicas de este Reglamento y por la Orden ministerial de gestión colectiva de contrataciones en origen.

4. Los extranjeros que obtengan una autorización deberán solicitar la Tarjeta de Identidad de Extranjero correspondiente en el plazo de un mes desde su alta en el régimen correspondiente de la Seguridad Social, de acuerdo con lo previsto en el presente capítulo.

5. La autorización inicial de residencia temporal y trabajo por cuenta ajena tendrá una duración de un año y se limitará, en lo relativo al ejercicio de la actividad laboral y salvo en los casos previstos por la Ley y los Convenios Internacionales firmados por España, a un ámbito geográfico y a una ocupación determinada.

Cuando la Comunidad Autónoma tuviera reconocidas competencias en materia de autorización inicial de trabajo podrá fijar el ámbito geográfico de la autorización dentro de su territorio.

Artículo 64. *Requisitos.* 1. Para la concesión de una autorización inicial de residencia temporal y trabajo por cuenta ajena será necesario cumplir los requisitos que se establecen en este artículo relativos a la residencia y al trabajo, respectivamente.

2. En relación con la residencia de los extranjeros que se pretende contratar, será necesario que:

a) No se encuentren irregularmente en territorio español.

b) Carezcan de antecedentes penales, tanto en España como en sus países anteriores de residencia durante los últimos cinco años, por delitos previstos en el ordenamiento español.

c) No figuren como rechazables en el espacio territorial de países con los que España tenga firmado un convenio en tal sentido.

d) Haya transcurrido el plazo de compromiso de no regreso a España del extranjero, asumido por éste en el marco de su retorno voluntario al país de origen.

e) Se haya abonado la tasa por tramitación de la autorización de residencia temporal.

3. En relación con la actividad laboral a desarrollar por los extranjeros que se pretende contratar, será necesario que:

a) La situación nacional de empleo permita la contratación del trabajador extranjero en los términos previstos en el artículo 65 de este Reglamento.

b) El empleador presente un contrato de trabajo firmado por el trabajador y por él mismo y que garantice al trabajador una actividad continuada durante el periodo de vigencia de la autorización inicial de residencia temporal y trabajo por cuenta ajena.

La fecha de comienzo del contrato deberá estar condicionada al momento de eficacia de la autorización de residencia temporal y trabajo por cuenta ajena.

c) Las condiciones fijadas en el contrato de trabajo se ajusten a las establecidas por la normativa vigente y el convenio colectivo aplicable para la misma actividad, categoría profesional y localidad.

En el caso de que la contratación fuera a tiempo parcial, la retribución deberá ser igual o superior al salario mínimo interprofesional para jornada completa y en cómputo anual.

d) Que el empleador solicitante haya formalizado su inscripción en el correspondiente régimen del sistema de Seguridad Social y se encuentre al corriente del cumplimiento de sus obligaciones tributarias y frente a la Seguridad Social.

e) El empleador cuente con medios económicos, materiales o personales, suficientes para su proyecto empresarial y para hacer frente a las obligaciones asumidas en el contrato frente al trabajador en los términos establecidos en el artículo 66 de este Reglamento.

f) El trabajador tenga la capacitación y, en su caso, la cualificación profesional legalmente exigida para el ejercicio de la profesión.

g) Se haya abonado la tasa relativa a la autorización de trabajo por cuenta ajena.

4. Sin perjuicio de lo previsto en el apartado anterior, no se tendrá en cuenta la situación nacional de empleo en los supuestos establecidos en el artículo 40 de la Ley Orgánica 4/2000 o por Convenio internacional.

Igualmente, se autorizará a trabajar sin atender a la situación nacional de empleo a los nacionales de Estados con los que se hayan suscrito convenios internacionales a tal efecto, así como a los nacionales de Estados no pertenecientes a la Unión Europea ni al Espacio Económico Europeo enrolados en buques españoles en virtud de acuerdos internacionales de pesca marítima. En este caso, se concederá validez de autorización para trabajar al duplicado de la notificación de embarque o renovación del contrato de tripulantes extranjeros en buques españoles.

Artículo 65. *Determinación de la situación nacional de empleo.* 1. A los efectos de determinar dicha situación nacional de empleo, el Servicio Público de Empleo Estatal elaborará, con periodicidad trimestral, de acuerdo con la información suministrada por los servicios públicos de empleo autonómicos y previa consulta de la Comisión Laboral Tripartita de Inmigración, un Catálogo de ocupaciones de difícil cobertura para cada provincia o demarcación territorial que, en su caso, establezca la correspondiente Administración autonómica, así como para Ceuta y Melilla. En las provincias insulares, el Catálogo podrá establecerse para cada isla o agrupación de ellas.

El procedimiento de elaboración del Catálogo de ocupaciones de difícil cobertura será establecido por Orden del titular del Ministerio de la Presidencia, Relaciones con las Cortes y Memoria Democrática, a propuesta de los titulares de los Ministerios de Inclusión, Seguridad Social y Migraciones y de Trabajo y Economía Social, previo informe de la Comisión Laboral Tripartita de Inmigración.

Este Catálogo estará basado en la información disponible sobre la gestión de las ofertas presentadas por los empleadores en los Servicios públicos de Empleo. También tendrá en consideración las estadísticas elaboradas por las administraciones públicas y, especialmente, la relativa a personas inscritas como demandantes de empleo en los Servicios públicos de empleo. Asimismo, en él se incorporarán automáticamente aquellas ocupaciones pertenecientes a los sectores económicos que se determinen por Acuerdo de la Comisión Delegada del Gobierno para Asuntos Económicos, a propuesta del Ministerio de Inclusión, Seguridad Social y Migraciones.

Se considerarán como ocupaciones las consignadas en la Clasificación Nacional de Ocupaciones que esté en vigor.

La concreción del detalle con que una ocupación se debe incluir en el Catálogo de ocupaciones de difícil cobertura se realizará teniendo en cuenta el grado de especialización requerido para el desempeño de la actividad.

La calificación de una ocupación como de difícil cobertura implica la posibilidad de tramitar la autorización inicial de residencia temporal y trabajo por cuenta ajena dirigida al extranjero.

2. Asimismo, se considerará que la situación nacional de empleo permite la contratación en las ocupaciones no calificadas como de difícil cobertura cuando el empleador acredite ante la Oficina de Extranjería la dificultad de cubrir los puestos de trabajo vacantes con trabajadores ya incorporados en el mercado laboral interno. A estos efectos, la Oficina de Extranjería tendrá en consideración el informe presentado por los Servicios Públicos de Empleo así como la urgencia de la contratación acreditada por la empresa.

Para ello se deberá presentar una oferta de empleo en el portal Empléate y los Servicios Públicos de Empleo, que estará formulada de forma precisa y ajustada a los requerimientos del puesto de trabajo, sin contener requisitos que no tengan relación directa con su desempeño.

El Servicio Público de Empleo en el que se haya presentado la oferta de empleo, en el marco de sus competencias en materia de intermediación laboral, la gestionará promoviendo el contacto entre el empleador y los demandantes de empleo que se adecuen a los requerimientos de la misma. Asimismo, durante un periodo de tiempo de ocho días, dará publicidad a la oferta de empleo en cualquiera de los espacios públicos destinados a la difusión de ofertas de que disponga el Servicio Público de Empleo, a fin de que los trabajadores que residen en cualquier parte del territorio español puedan concurrir a su cobertura.

Transcurridos ocho días desde la presentación de la oferta por el empleador, éste deberá comunicar al Servicio Público de Empleo el resultado de la selección de candidatos que se han presentado para cubrir los puestos de trabajo vacantes, indicando los candidatos que han sido admitidos y los que han sido rechazados, así como la causa del rechazo.

El Servicio Público de Empleo emitirá la certificación de insuficiencia de demandantes en un plazo máximo de tres días contados a partir de la comunicación por parte del empleador del resultado de la selección.

El certificado emitido por el Servicio Público de Empleo competente deberá contener información que identifique al empleador y la oferta y sobre el número de puestos de trabajo ofertados y de trabajadores puestos a disposición del empleador.

La Comisión Laboral Tripartita de Inmigración realizará un seguimiento de la aplicación de lo dispuesto en este Reglamento sobre la determinación de la Situación Nacional de Empleo.

En la valoración del certificado, la Oficina de Extranjería competente para la tramitación de la solicitud de autorización inicial de residencia temporal y trabajo por cuenta ajena tendrá en consideración, especialmente, la relación entre el número de trabajadores puestos a disposición del empleador y el de puestos de trabajo ofertados por éste.

Artículo 65 redactado por el número cinco del artículo único del R.D. 629/2022, de 26 de julio, por el que se modifica el Reglamento de la L.O. 4/2000, sobre derechos y libertades de los extranjeros en España y su integración social, tras su reforma por L.O. 2/2009, aprobado por el R.D. 557/2011, de 20 de abril («B.O.E.» 27 julio).
Vigencia: 16 agosto 2022

Artículo 66. *Medios económicos, materiales y personales a acreditar por el empleador para hacer frente a las obligaciones dimanantes del contrato de trabajo.* 1. El empleador deberá acreditar que cuenta con medios en cuantía suficiente para hacer frente a su proyecto empresarial y a las obligaciones derivadas del contrato firmado con el trabajador extranjero. Dicha cuantía deberá incluir el pago del salario reflejado en el contrato que obre en el procedimiento.

2. Cuando el empleador requerido sea una persona física, deberá además acreditar que cuenta con medios económicos suficientes para atender sus necesidades y las de su familia. La cuantía mínima exigible se basará en porcentajes del IPREM según el número de personas a su cargo, descontado el pago del salario reflejado en el contrato de trabajo que obre en el procedimiento:

a) En caso de no existir familiares a cargo del empleador: una cantidad que represente mensualmente el 100% del IPREM.

b) En caso de unidades familiares que incluyan dos miembros, contando al empleador solicitante: una cantidad que represente mensualmente el 200% del IPREM.

c) En caso de unidades familiares que incluyan más de dos personas, contando al empleador solicitante: una cantidad que represente mensualmente el 50% del IPREM por cada miembro adicional.

En los casos de unidades familiares que incluyan dos o más miembros, los medios económicos a acreditar resultarán de la suma de aquéllos con los que cuente cada una de las personas que integren la unidad familiar.

Artículo 67. *Procedimiento.* 1. El empleador deberá presentar personalmente, o a través de quien válidamente tenga atribuida la representación legal empresarial, la correspondiente solicitud de autorización inicial de residencia temporal y trabajo por cuenta ajena ante el órgano competente para su tramitación, de la provincia donde se vaya a ejercer la actividad laboral.

2. Con la solicitud de autorización inicial de residencia temporal y trabajo por cuenta ajena en modelo oficial deberá acompañarse la siguiente documentación:

a) El NIF y, en el caso de que la empresa esté constituida como persona jurídica, documento público que otorgue su representación legal en favor de la persona física que formule la solicitud.

Si el empleador fuera persona física, no se le exigirá la presentación del NIF si accede a la verificación de sus datos a través del Sistema de Verificación de Datos de Identidad.

b) Original y copia del contrato de trabajo, en el modelo oficial establecido.

La Oficina de Extranjería sellará la copia del contrato a los efectos de su posterior presentación por el extranjero junto a la correspondiente solicitud de visado de residencia y trabajo.

c) En su caso, certificado del Servicio Público de Empleo competente sobre la insuficiencia de demandantes de empleo para cubrir el puesto de trabajo.

d) Los documentos acreditativos de los medios económicos, materiales o personales de los que dispone para su proyecto empresarial y para hacer frente a dichas obligaciones, de acuerdo con lo establecido en el artículo 66.

La disponibilidad de medios no podrá acreditarse mediante la referencia a ingresos procedentes de subvenciones, subsidios y ayudas de carácter no contributivo o asistencial otorgadas por administraciones públicas españolas, salvo en el ámbito de la asistencia domiciliaria y el cuidado de menores.

Cuando el empleador tenga la condición de empresa, podrá acreditar el cumplimiento de este requisito a través de, entre otros medios de prueba admitidos en Derecho, la presentación o la comprobación de la información relativa a su cifra de negocios, con el límite de los últimos tres años, y al promedio anual de personal contratado, teniendo en consideración las contrataciones realizadas, así como los despidos o bajas que se hayan producido. También podrá presentar, sin perjuicio de la utilización de otros medios de prueba admitidos en Derecho, una declaración relativa a los servicios o trabajos realizados anteriormente, con el límite de los tres últimos años y/o un extracto de las cuentas anuales referido a balance.

e) Copia del pasaporte completo, o documento de viaje, en vigor, del trabajador extranjero.

f) La acreditativa de que se tiene la capacitación y, en su caso, la cualificación profesional legalmente exigida para el ejercicio de la profesión.

g) Aquellos documentos que acrediten, de ser alegada por el interesado, la concurrencia de un supuesto específico de no consideración de la situación nacional de empleo, establecido en el artículo 40 de la Ley Orgánica 4/2000 o por Convenio internacional.

3. Recibida la solicitud, el órgano competente la registrará, dejando constancia inmediata de su presentación, y la grabará en la aplicación informática correspondiente, de tal manera que permita que los órganos competentes para resolver puedan tener conocimiento de la solicitud en tiempo real.

4. El órgano competente para resolver comprobará si concurre o no alguna de las causas de inadmisión a tramite que se recogen en la Ley Orgánica 4/2000, y si apreciara su concurrencia resolverá de forma motivada declarando la inadmisión a trámite de la solicitud.

5. Admitida a trámite la solicitud, se procederá a la instrucción del procedimiento y a su inmediata tramitación y se comprobará de oficio la información de la Agencia Estatal de la Administración Tributaria y de la Tesorería General de la Seguridad Social respecto al cumplimiento de las obligaciones en materia tributaria y de Seguridad Social, así como los informes de los servicios competentes de la Dirección General de la Policía y la Guardia Civil y del Registro Central de Penados. En el caso de que sea necesario solicitar informes en el marco de este apartado, éstos serán emitidos en el plazo máximo de diez días.

Asimismo, el órgano competente para resolver comprobará si con la solicitud se acompaña la documentación exigida, y si estuviera incompleta, formulará al solicitante el oportuno requerimiento a fin de que se subsanen los defectos observados en el plazo de diez días, advirtiéndole que de no subsanarse los mismos en el indicado plazo se le tendrá por desistido de su solicitud y se procederá al archivo de su expediente, dictándose al efecto la oportuna resolución.

La solicitud y emisión de los informes a que se refiere este apartado se realizarán por medios electrónicos.

6. El órgano competente, a la vista de la documentación presentada y de los informes obtenidos, resolverá de forma motivada en el plazo máximo de tres meses, atendiendo a los requisitos previstos en esta sección, sobre la autorización solicitada.

El órgano competente grabará de inmediato la resolución en la aplicación informática correspondiente, de manera que las autoridades de los organismos afectados, incluido el Ministerio de Asuntos Exteriores y de Cooperación y la Misión diplomática u Oficina consular española correspondiente al lugar de residencia del trabajador, tengan conocimiento de la misma en tiempo real.

Cuando la Misión diplomática u Oficina consular competente no disponga, por razón de su ubicación geográfica, de los medios técnicos necesarios para el acceso en tiempo real a la resolución mencionada en el párrafo anterior, los servicios centrales del Ministerio de Asuntos Exteriores y de Cooperación le darán traslado de la misma en el plazo de veinticuatro horas desde su recepción.

7. Concedida la autorización, su eficacia quedará suspendida hasta la obtención del visado y posterior alta del trabajador en el régimen correspondiente de Seguridad Social, en el plazo de tres meses desde su entrada legal en España y por el empleador que solicitó la autorización. Estas circunstancias constarán en la resolución por la que se conceda la autorización.

8. En caso de fallecimiento del empleador o de desaparición del empleador que tenga la condición de empresa, el trabajador podrá ser dado de alta por otro empleador, previa realización de las actuaciones previstas en este apartado y siempre que ésta se produzca dentro de los tres meses desde su entrada legal en España.

A dichos efectos, el nuevo empleador deberá acreditar que cumple los requisitos previstos en los apartados b), c), d) y e) del artículo 64.3 de este Reglamento. El alta en el régimen correspondiente de la Seguridad Social deberá realizarse en el ámbito territorial y la ocupación a los que esté limitada, en su caso, la autorización. De no estar limitada la autorización y producirse un cambio de ocupación, el nuevo empleador deberá acreditar, además, que se cumple el requisito previsto en el apartado f) de dicho precepto.

El trabajador extranjero comunicará a la Oficina de Extranjería competente el fallecimiento o desaparición del empleador, a los efectos de que el citado órgano administrativo compruebe dicha circunstancia y emita un documento para constancia de la misma y de la titularidad de la autorización por el trabajador y el ámbito de limitación de ésta. Dicho documento será entregado, en el plazo máximo de cinco días, al trabajador extranjero a los efectos de que éste pueda dirigirse al Servicio Público de Empleo competente y solicitar sus servicios de intermediación laboral.

La solicitud de autorización del alta por un segundo empleador deberá ser presentada por éste ante la Oficina de Extranjería competente dentro del plazo de sesenta días desde la fecha de entrada del trabajador en territorio español.

El procedimiento relativo a la solicitud del segundo empleador será resuelto en el plazo máximo de quince días, debiendo entenderse que la solicitud es desestimada si no se dicta resolución expresa en plazo.

9. En caso de que el empleador que solicitó la autorización inicial comunique a la Oficina de Extranjería, en el plazo de quince días desde que el extranjero entró en territorio español, la no posibilidad de inicio de la relación laboral, dicha comunicación supondrá la apertura de un plazo de cuarenta cinco días en el cual un segundo empleador interesado en iniciar una relación laboral con el trabajador extranjero podrá dirigirse a dicha Oficina de Extranjería.

A dichos efectos, el nuevo empleador deberá acreditar que cumple los requisitos previstos en los apartados b), c), d) y e) del artículo 64.3 de este Reglamento.

Igualmente, una vez que el empleador que solicitó la autorización inicial haya comunicado la no posibilidad de inicio de la relación laboral, el trabajador extranjero podrá dirigirse a la Oficina de Extranjería a los efectos de solicitar la emisión de un documento para constancia de dicha comunicación y de su titularidad de la autorización y el ámbito de limitación de ésta. Dicho documento será entregado, en el plazo máximo de cinco días, al trabajador extranjero a los efectos de que éste pueda dirigirse al Servicio Público de Empleo competente y solicitar sus servicios de intermediación laboral.

El procedimiento relativo a la solicitud del segundo empleador será resuelto en el plazo máximo de quince días, debiendo entenderse que la solicitud es desestimada si no se dicta resolución expresa en plazo.

El alta en el régimen correspondiente de la Seguridad Social deberá realizarse en el ámbito territorial y la ocupación a los que esté limitada, en su caso, la autorización. De no estar limitada la autorización y producirse un cambio de ocupación, el nuevo empleador deberá acreditar, además, que se cumple el requisito previsto en el apartado f) de dicho precepto.

Lo previsto en este apartado se entenderá sin perjuicio de lo establecido en el artículo 53.2.a) de la Ley Orgánica 4/2000, de 11 de enero en relación con el primer empleador.

Artículo 68. *Procedimiento en el caso de traspaso de competencias ejecutivas en materia de autorización inicial de trabajo por cuenta ajena a Comunidades Autónomas.* 1. Todo procedimiento relativo a una autorización inicial de residencia temporal y trabajo por cuenta ajena supondrá la presentación de una única solicitud y finalizará con una única resolución administrativa.

2. En el caso de que a la Comunidad Autónoma donde se vaya a desarrollar la actividad laboral se le hubieran traspasado competencias en materia de autorización inicial de trabajo por cuenta ajena para extranjeros, la solicitud de autorización inicial de residencia temporal y trabajo por cuenta ajena se presentará ante el órgano autonómico que sea competente de acuerdo con la normativa autonómica.

3. El órgano autonómico ante el que se deba presentar la solicitud de autorización inicial de residencia temporal y trabajo por cuenta ajena será competente para resolver la inadmisión a trámite o para declarar el desistimiento y el archivo de las actuaciones.

Deberá resolver, en todo caso, de acuerdo con el informe preceptivo y vinculante de la Administración General del Estado sobre la concurrencia o no de las indicadas causas de inadmisión a trámite, cuando afecten a la residencia.

Las resoluciones que dicte el órgano autonómico en base al párrafo anterior se notificarán por éste al interesado y se introducirán en la aplicación informática correspondiente, de tal manera que permita el conocimiento de las mismas por parte de la Administración General del Estado en tiempo real.

Los recursos que se pueden interponer contra las resoluciones que dicte el órgano autonómico sobre inadmisión a trámite y desistimiento y archivo de actuaciones serán resueltos por éste, de acuerdo con el informe preceptivo y vinculante emitido por la Administración General del Estado sobre la concurrencia o no de las causas de inadmisión cuando afecten a la residencia. En todo caso, el citado órgano deberá introducir los recursos y las resoluciones adoptadas en la aplicación informática correspondiente.

4. Será el órgano autonómico competente el que comprobará el abono de las tasas correspondientes, y recabará los informes de la Administración Tributaria, incluida, en su caso, el de la propia Comunidad Autónoma, y el de la Seguridad Social, con el fin de comprobar que el empleador está al corriente en el pago de sus obligaciones tributarias y de Seguridad Social.

El órgano competente de la Administración General del Estado solicitará, simultáneamente, los informes de la Dirección General de la Policía y de la Guardia Civil y del Registro Central de Penados.

5. A la vista de la documentación aportada y de los informes obtenidos, los órganos competentes de la Administración General del Estado y de la Comunidad Autó-

noma correspondiente deberán dictar, de manera coordinada y concordante, una resolución conjunta denegando o concediendo la correspondiente autorización inicial de residencia temporal y trabajo por cuenta ajena, que será firmada por los titulares de los órganos competentes de cada una de las Administraciones y expedida y notificada a los interesados por el órgano autonómico.

En todo caso, la resolución conjunta será desfavorable si concurre alguna causa de denegación referida bien a los aspectos laborales, bien a los de residencia, debiendo recogerse en la misma todas las causas específicas de denegación, así como los órganos que, en su caso, deban conocer de un eventual recurso administrativo o judicial contra la resolución.

6. La resolución conjunta a que se hace referencia anteriormente podrá ser impugnada ante cualquiera de los órganos que la firmen, si bien se resolverá de forma conjunta y concordante por los titulares de los órganos competentes de ambas Administraciones y se notificará a los interesados por el órgano competente de la Comunidad Autónoma.

Artículo 69. *Denegación de las autorizaciones iniciales de residencia temporal y trabajo por cuenta ajena.* 1. El órgano u órganos competentes denegarán las autorizaciones iniciales de residencia temporal y trabajo por cuenta ajena en los supuestos siguientes:

a) Cuando no se acredite cumplir alguno de los requisitos establecidos en el artículo 64.

b) Cuando en los 12 meses inmediatamente anteriores a la fecha de solicitud el empleador haya amortizado los puestos de trabajo que pretende cubrir por despido improcedente o nulo, declarado por sentencia o reconocido como tal en acto de conciliación, o por las causas previstas en los artículos 50, 51 y 52.c) del Estatuto de los Trabajadores, excepto en los supuestos de fuerza mayor.

c) Cuando el empleador solicitante haya sido sancionado mediante resolución firme en los últimos 12 meses por infracciones calificadas como graves o muy graves en la Ley Orgánica 4/2000, o por infracciones en materia de extranjería calificadas como graves o muy graves en el Texto Refundido de la Ley sobre Infracciones y Sanciones en el Orden Social, aprobada por el Real Decreto Legislativo 5/2000.

d) Cuando, para fundamentar la petición, se hayan presentado documentos falsos o formulado alegaciones inexactas, o medie mala fe.

e) De así valorarlo el órgano competente para resolver, cuando conste un informe policial desfavorable.

f) Cuando concurra una causa prevista legalmente de inadmisión a trámite que no hubiera sido apreciada en el momento de la recepción de la solicitud.

g) Cuando el empleador solicitante haya sido condenado mediante sentencia firme por delitos contra los derechos de los trabajadores o contra los extranjeros, así como contra la Hacienda Pública o la Seguridad Social, salvo que los antecedentes penales hubieran sido cancelados.

h) De así entenderlo oportuno el órgano competente para la resolución del procedimiento a la vista de las circunstancias concurrentes, cuando en los doce meses inmediatamente anteriores a la fecha de presentación de la solicitud el empleador solicitante haya decidido la extinción del contrato que motivó la concesión de una autorización inicial de residencia temporal y trabajo por cuenta ajena con carácter previo a la finalización de la vigencia de la autorización.

De así entenderlo oportuno el órgano competente para la resolución del procedimiento, será igualmente causa de denegación de una autorización que en los tres años inmediatamente anteriores a la fecha de presentación de la solicitud el empleador solicitante haya sido sancionado por comisión de la infracción prevista en el artículo 53.2.a) de la Ley Orgánica 4/2000.

i) Cuando en la fecha de solicitud de la autorización el empleador mantenga vigentes medidas de suspensión de contratos, de acuerdo con lo previsto en el artículo 47 del Estatuto de los Trabajadores, en relación con los puestos de trabajo que pretende cubrir.

2. La denegación habrá de ser motivada y expresará los recursos que contra ella procedan, el órgano administrativo o judicial ante el que hubieran de presentarlo y el plazo para interponerlos.

Artículo 70. *Visado de residencia y trabajo y entrada en España.* 1. Serán requisitos para la concesión del visado:

a) Que el extranjero sea titular de una autorización inicial de residencia temporal y trabajo por cuenta ajena.

b) En el caso de que el solicitante sea mayor de edad penal, que carezca de antecedentes penales en su país de origen o en sus países anteriores de residencia durante los últimos cinco años, por delitos previstos en el ordenamiento español.

c) Que el extranjero no padezca ninguna de las enfermedades que pueden tener repercusiones de salud pública graves de conformidad con lo dispuesto en el Reglamento Sanitario Internacional de 2005.

d) Que el extranjero haya abonado la tasa por tramitación del procedimiento.

2. En el plazo de un mes desde la notificación de la concesión de la autorización al empleador interesado, el trabajador deberá solicitar personalmente el visado en la Misión diplomática u Oficina consular en cuya demarcación resida. El Ministerio de Asuntos Exteriores y de Cooperación, si media causa que lo justifique, podrá determinar la misión diplomática u oficina consular diferente a la anterior en la que corresponda presentar la solicitud de visado.

De acuerdo con lo previsto por la disposición adicional tercera de la Ley Orgánica 4/2000, podrá realizarse la presentación por un representante legalmente acreditado cuando existan motivos fundados que obstaculicen el desplazamiento del solicitante, como la lejanía de la misión u oficina, dificultades de transporte que hagan el viaje especialmente gravoso o razones acreditadas de enfermedad o condición física que dificulten sensiblemente su movilidad, o cuando se trate de un menor.

Sin perjuicio de lo anterior, cuando a través del poder de representación, de otros documentos aportados en la solicitud o de datos que consten en la Administración, se evidenciase que el extranjero para el que se solicita el visado se hallaba en España en situación irregular en la fecha en que se presentó a su favor la solicitud de autorización inicial de residencia temporal y trabajo por cuenta ajena, se inadmitirá a trámite o, si tal circunstancia se advirtiera en un momento posterior, se denegará la solicitud de visado.

3. La solicitud de visado deberá ir acompañada de la siguiente documentación:

a) Pasaporte ordinario o título de viaje, reconocido como válido en España, con una vigencia mínima de cuatro meses.

b) Certificado de antecedentes penales, que debe ser expedido por las autoridades del país de origen o del país o países en que haya residido durante los últimos cinco años, en el que no deben constar condenas por delitos previstos en el ordenamiento español.

c) Certificado médico con el fin de acreditar que no padece ninguna de las enfermedades que pueden tener repercusiones de salud pública graves de conformidad con lo dispuesto en el Reglamento Sanitario Internacional de 2005.

d) Copia del contrato en relación con el cual se ha concedido la autorización inicial de residencia temporal y trabajo por cuenta ajena, sellada por la Oficina de Extranjería.

De oficio, la misión diplomática u oficina consular verificará, en la aplicación informática correspondiente, que se ha concedido la autorización inicial de residencia temporal y trabajo por cuenta ajena condicionada.

4. La misión diplomática u oficina consular denegará el visado en los siguientes supuestos:

a) Cuando el extranjero se encontrara en situación irregular en España en la fecha en que se presentó a su favor la solicitud de autorización inicial de residencia temporal y trabajo por cuenta ajena.

b) Cuando no se acredite el cumplimiento de los requisitos previstos en este artículo.

c) Cuando, para fundamentar la petición de visado, se hayan presentado documentos falsos o formulado alegaciones inexactas, o medie mala fe.

e) Cuando concurra una causa prevista legalmente de inadmisión a trámite que no hubiera sido apreciada en el momento de la recepción de la solicitud.

f) Cuando la copia del contrato presentada no coincida con la información proporcionada por la Oficina de Extranjería o por el órgano autonómico competente sobre el contrato original.

5. La misión diplomática u oficina consular resolverá sobre la solicitud y expedirá, en su caso, el visado de residencia y trabajo en el plazo máximo de un mes.

Notificada la concesión del visado, el trabajador deberá recogerlo personalmente en el plazo de un mes desde la fecha de notificación. De no efectuarse la recogida en el plazo mencionado, se entenderá que el interesado ha renunciado al visado concedido, y se producirá el archivo del expediente.

6. Una vez recogido el visado, el trabajador deberá entrar en el territorio español, de conformidad con lo establecido en el título I, durante la vigencia de éste, que será de tres meses. El visado le habilitará para la entrada y la permanencia en situación de estancia en España.

7. En el plazo de tres meses desde la entrada del trabajador extranjero en territorio español, deberá producirse su afiliación, alta y posterior cotización, en los términos establecidos por la normativa sobre el régimen de Seguridad Social que resulte de aplicación; el trabajador podrá comenzar su actividad laboral; y el empleador quedará obligado a comunicar el contenido del contrato de trabajo a los Servicios Públicos de Empleo. El alta en el régimen correspondiente de la Seguridad Social dotará de eficacia a la autorización inicial de residencia temporal y trabajo por cuenta ajena.

8. En el plazo de un mes desde el alta del trabajador en la Seguridad Social, éste deberá solicitar la Tarjeta de Identidad de Extranjero, personalmente y ante la Oficina de Extranjería o Comisaría de Policía correspondientes. Dicha tarjeta será expedida por el plazo de validez de la autorización y será retirada por el extranjero.

9. Si finalizada la vigencia de la autorización de estancia no existiera constancia de que el trabajador ha sido dado de alta en el régimen correspondiente de la Seguridad Social, éste quedará obligado a salir del territorio nacional, incurriendo en caso contrario en infracción grave por encontrarse irregularmente en España.

Asimismo, el órgano competente requerirá al empleador que solicitó la autorización para que alegue las razones por las que no se ha iniciado la relación laboral y por las que no se ha cumplido la obligación de comunicación sobre dicha incidencia a las autoridades competentes, prevista en el artículo 38.4 de la Ley Orgánica 4/2000.

En dicho requerimiento, se hará constar que, de no recibirse contestación al mismo en el plazo de diez días o de considerarse insuficientes las razones alegadas por el empleador, el órgano competente dará traslado del expediente a la Inspección de Trabajo y Seguridad Social, por posible concurrencia de una infracción grave de las previstas en el artículo 53.2.a) de la Ley Orgánica 4/2000.

Igualmente, le advertirá que, de finalizar el posible procedimiento sancionador con determinación de la concurrencia de la infracción señalada en el párrafo anterior, podrán denegarse ulteriores solicitudes de autorización que presente por considerar que no se garantiza la actividad continuada de los trabajadores.

Artículo 71. *Renovación de las autorizaciones de residencia temporal y trabajo por cuenta ajena.* 1. La renovación de las autorizaciones de residencia temporal y trabajo por cuenta ajena deberá solicitarse, en modelo oficial, durante los sesenta días naturales previos a la fecha de expiración de la vigencia de su autorización. La presentación de la solicitud en este plazo prorrogará la validez de la autorización anterior hasta la resolución del procedimiento. También se prorrogará hasta la resolución del procedimiento en el supuesto en que la solicitud se presentase dentro de los noventa días naturales posteriores a la fecha en que hubiera finalizado la vigencia de la anterior autorización, sin perjuicio de la incoación del correspondiente procedimiento sancionador por la infracción en la que se hubiese incurrido.

2. La autorización de residencia y trabajo por cuenta ajena se renovará a su expiración en los siguientes supuestos:

a) Cuando se acredite la continuidad en la relación laboral que dio lugar a la concesión de la autorización cuya renovación se pretende.

b) Cuando el trabajador haya tenido un periodo de actividad laboral de al menos tres meses por año, y el trabajador se encuentre en alguna de las siguientes circunstancias:

1.º Haya suscrito un contrato de trabajo con un nuevo empleador acorde con las características de su autorización para trabajar, y figure en situación de alta o asimilada al alta en el momento de solicitar la renovación.

2.º Disponga de un nuevo contrato que reúna los requisitos establecidos en el artículo 64 y con inicio de vigencia condicionado a la concesión de renovación.

3.º Que la relación laboral que dio lugar a la autorización cuya renovación se pretende se interrumpió por causas ajenas a su voluntad, y que ha buscado activamente empleo, mediante su inscripción en el Servicio Público de Empleo competente como demandante de empleo.

c) Cuando el trabajador se encuentre en alguna de las situaciones previstas en el artículo 38.6 b) y c) de la Ley Orgánica 4/2000, de 11 de enero.

d) De acuerdo con el artículo 38.6.d) de la Ley Orgánica 4/2000, de 11 de enero, cuando:

1.º El trabajador acredite que se ha encontrado trabajando y en alta en el régimen correspondiente de la Seguridad Social durante un mínimo de nueve meses en un periodo de doce, o de dieciocho meses en un periodo de veinticuatro, siempre que su última relación laboral se hubiese interrumpido por causas ajenas a su voluntad y haya buscado activamente empleo.

2.º El cónyuge cumpliera con los requisitos económicos para reagrupar al trabajador. Se procederá igualmente a la renovación, cuando el requisito sea cumplido por la persona con la que el extranjero mantenga una relación de análoga afectividad a la conyugal en los términos previstos en materia de reagrupación familiar.

3.º En los supuestos de extinción del contrato de trabajo o suspensión de la relación laboral como consecuencia de que la trabajadora sea víctima de violencia de género.

Número 2 del artículo 71 redactado por el número seis del artículo único del R.D. 629/2022, de 26 de julio, por el que se modifica el Reglamento de la L.O. 4/2000, sobre derechos y libertades de los extranjeros en España y su integración social, tras su reforma por L.O. 2/2009, aprobado por el R.D. 557/2011, de 20 de abril («B.O.E.» 27 julio).

Vigencia: 16 agosto 2022

3. Junto con la solicitud de renovación deberán presentarse los documentos acreditativos de que se reúnen las condiciones para su concesión, de acuerdo con lo establecido en el apartado anterior, así como informe emitido por la autoridades autonómicas competentes que acredite la escolarización de los menores a su cargo en edad de escolarización obligatoria.

4. En caso de que a partir de la documentación presentada junto a la solicitud no quede acreditada la escolarización de los menores en edad de escolarización obligatoria que estén a cargo del solicitante, la Oficina de Extranjería pondrá esta circunstancia en conocimiento de las autoridades educativas competentes, y advertirá expresamente y por escrito al extranjero solicitante de que en caso de no producirse la escolarización y presentarse el correspondiente informe en el plazo de treinta días, la autorización no será renovada.

5. Para la renovación de la autorización se valorará, en su caso, previa solicitud de oficio de los respectivos informes:

a) Que el extranjero haya cumplido la condena, haya sido indultado o se halle en situación de remisión condicional de la pena o de suspensión de la pena.

b) Que el extranjero haya incumplido sus obligaciones en materia tributaria y de Seguridad Social.

6. Igualmente se valorará el esfuerzo de integración del extranjero acreditado mediante el informe positivo de la Comunidad Autónoma de su lugar de residencia.

Dicho esfuerzo de integración podrá ser alegado por el extranjero como información a valorar en caso de no acreditar el cumplimiento de alguno de los requisitos previstos para la renovación de la autorización.

El informe tendrá como contenido mínimo la certificación, en su caso, de la participación activa del extranjero en acciones formativas destinadas al conocimiento y respeto de los valores constitucionales de España, los valores estatutarios de la Comunidad Autónoma en que se resida, los valores de la Unión Europea, los derechos humanos, las libertades públicas, la democracia, la tolerancia y la igualdad entre mujeres y hombres, así como el aprendizaje de las lenguas oficiales del lugar de residencia. En este sentido, la certificación hará expresa mención al tiempo de formación dedicado a los ámbitos señalados.

El informe tendrá en consideración las acciones formativas desarrolladas por entidades privadas debidamente acreditadas o por entidades públicas.

7. Los descubiertos en la cotización a la Seguridad Social no impedirán la renovación de la autorización, siempre que se acredite la realización habitual de la actividad. El órgano competente pondrá en conocimiento de la Inspección de Trabajo y Seguridad Social la situación de descubierto de cotización, a los efectos de que se lleven a cabo las actuaciones que procedan.

8. Será causa de denegación de las solicitudes de renovación, además del incumplimiento de algunos de los requisitos previstos en este artículo, la concurrencia de alguno de los supuestos de denegación previstos en el artículo 69 de este Reglamento, excepto el relativo a que la situación nacional de empleo permita la contratación.

9. Transcurrido el plazo de tres meses para resolver sobre una solicitud de renovación de autorización de residencia y trabajo por cuenta ajena, ésta se entenderá estimada. El órgano competente para conceder la autorización vendrá obligada, previa solicitud por parte del interesado, a expedir el certificado que acredite la renovación por este motivo y, en el plazo de un mes desde la notificación del mismo, su titular deberá solicitar la expedición de la Tarjeta de Identidad de Extranjero.

Artículo 72. *Efectos de la renovación de la autorización de residencia temporal y trabajo por cuenta ajena.* 1. La renovación de la autorización de residencia y trabajo por cuenta ajena se hará por un periodo de cuatro años, salvo que corresponda una autorización de residencia de larga duración, y permitirá el ejercicio de cualquier actividad en cualquier parte del territorio nacional, por cuenta ajena y por cuenta propia. Los efectos de la autorización renovada se retrotraerán al día inmediatamente siguiente al de la caducidad de la autorización anterior.

Número 1 del artículo 72 redactado por el número siete del artículo único del R.D. 629/2022, de 26 de julio, por el que se modifica el Reglamento de la L.O. 4/2000, sobre derechos y libertades de los extranjeros en España y su integración social, tras su

reforma por L.O. 2/2009, aprobado por el R.D. 557/2011, de 20 de abril («B.O.E.» 27 julio).
Vigencia: 16 agosto 2022

2. Notificada la resolución favorable, el extranjero deberá solicitar en el plazo de un mes la Tarjeta de Identidad de Extranjero.

CAPÍTULO IV
RESIDENCIA TEMPORAL Y TRABAJO PARA INVESTIGACIÓN

Artículo 73. *Definición. ...*

Artículo 74. *Autorización de residencia temporal y trabajo para investigación. ...*

Artículo 75. *Convenio de acogida. ...*

Artículo 76. *Requisitos para la concesión de la autorización de residencia temporal y trabajo para investigación. ...*

Artículo 77. *Procedimiento. ...*

Artículo 78. *Procedimiento en el caso de traspaso de competencias ejecutivas en materia de autorización inicial de trabajo para investigación a Comunidades Autónomas. ...*

Artículo 79. *Denegación de las autorizaciones de residencia temporal y trabajo para investigación. ...*

Artículo 80. *Requisitos para la obtención del visado de investigación. ...*

Artículo 81. *Efectos del visado de investigación. ...*

Artículo 82. *Renovación de la autorización de residencia temporal y trabajo para investigación. ...*

Artículo 83. *Familiares de los investigadores extranjeros. ...*

Artículo 84. *Movilidad de los extranjeros admitidos como investigadores en Estados miembros de la Unión Europea. ...*

Capítulo IV del Título IV, integrado por los artículos 73 a 84, derogado por la disposición derogatoria única del R.D.-ley 11/2018, de 31 de agosto, de transposición de directivas en materia de protección de los compromisos por pensiones con los trabajadores, prevención del blanqueo de capitales y requisitos de entrada y residencia de nacionales de países terceros y por el que se modifica la Ley 39/2015, de 1 de octubre, del Procedimiento Administrativo Común de las Administraciones Públicas («B.O.E.» 4 septiembre).
Vigencia: 4 septiembre 2018

CAPÍTULO V
RESIDENCIA TEMPORAL Y TRABAJO DE PROFESIONALES ALTAMENTE CUALIFICADOS TITULARES DE UNA TARJETA AZUL-UE

Artículo 85. *Definición. ...*

Artículo 86. *Autorización de residencia y trabajo de profesionales altamente cualificados titulares de una Tarjeta azul-UE. ...*

Artículo 87. *Requisitos. ...*

Artículo 88. *Procedimiento. ...*

Artículo 89. *Procedimiento en el caso de traspaso de competencias ejecutivas en materia de autorización inicial de trabajo de profesionales altamente cualificados a Comunidades Autónomas. ...*

Artículo 90. *Denegación de las autorizaciones de residencia temporal y trabajo de profesionales altamente cualificados. ...*

Artículo 91. *Visado de residencia y trabajo. ...*

Artículo 92. *Tarjeta de Identidad de Extranjero. ...*

Artículo 93. *Renovación de las autorizaciones de residencia y trabajo de profesionales altamente cualificados. ...*

Artículo 94. *Familiares de profesionales altamente cualificados. ...*

Artículo 95. *Movilidad de los trabajadores extranjeros titulares de una Tarjeta azul-UE expedida en otro Estado miembro de la Unión Europea. ...*

Artículo 96. *Movilidad de los familiares de los trabajadores extranjeros titulares de una Tarjeta azul-UE expedida en otro Estado miembro de la Unión Europea. ...*

Capítulo V del título IV derogado por la letra b) de la disposición derogatoria única de la Ley 11/2023, de 8 de mayo, de trasposición de Directivas de la Unión Europea en materia de accesibilidad de determinados productos y servicios, migración de personas altamente cualificadas, tributaria y digitalización de actuaciones notariales y registrales; y por la que se modifica la Ley 12/2011, de 27 de mayo, sobre responsabilidad civil por daños nucleares o producidos por materiales radiactivos («B.O.E.» 9 mayo).
Vigencia: 10 mayo 2023

CAPÍTULO VI
RESIDENCIA TEMPORAL Y TRABAJO POR CUENTA AJENA DE DURACIÓN DETERMINADA

Artículo 97. *Definición. ...*

Artículo 98. *Autorización de residencia temporal y trabajo por cuenta ajena de duración determinada. ...*

Artículo 99. *Requisitos. ...*

Artículo 100. *Procedimiento. ...*

Artículo 101. *Visado. ...*

Artículo 102. *Prórroga de las autorizaciones. ...*

Capítulo VI, que comprende los artículos 97 a 102, suprimido por el número ocho del artículo único del R.D. 629/2022, de 26 de julio, por el que se modifica el Reglamento de la L.O. 4/2000, sobre derechos y libertades de los extranjeros en España y su integración social, tras su reforma por L.O. 2/2009, aprobado por el R.D. 557/2011, de 20 de abril («B.O.E.» 27 julio).
Vigencia: 27 julio 2023

CAPÍTULO VII
RESIDENCIA TEMPORAL Y TRABAJO POR CUENTA PROPIA

Artículo 103. *Definición, duración y ámbito.* Se halla en situación de residencia temporal y trabajo por cuenta propia el extranjero mayor de 18 años autorizado a permanecer en España por un periodo superior a noventa días e inferior a cinco años, y a ejercer una actividad lucrativa por cuenta propia.

Artículo 104. *Autorización inicial de residencia temporal y trabajo por cuenta propia.* La autorización inicial de residencia temporal y trabajo por cuenta propia tendrá una duración de un año y se limitará a un ámbito geográfico autonómico y a un sector de actividad.

Cuando la Comunidad Autónoma tuviera reconocidas competencias en materia de autorización inicial de trabajo por cuenta propia podrá fijar el ámbito geográfico de la autorización dentro de su territorio.

Artículo 105. *Requisitos.* 1. Para la concesión de una autorización inicial de residencia temporal y de trabajo por cuenta propia será necesario acreditar, en cada caso, los requisitos que se establecen en este artículo relativos al ámbito de la residencia y laboral, respectivamente.

2. Será necesario cumplir las siguientes condiciones, en materia de residencia:

a) Que el trabajador no se encuentre irregularmente en territorio español.

b) Que el trabajador carezca de antecedentes penales, tanto en España como en sus países anteriores de residencia durante los últimos cinco años, por delitos previstos en el ordenamiento español.

c) Que el trabajador no figure como rechazable en el espacio territorial de países con los que España tenga firmado un convenio en tal sentido.

d) Que haya transcurrido el plazo de compromiso de no regreso a España del extranjero, asumido por éste en el marco de su retorno voluntario al país de origen.

e) Que se haya abonado la tasa por tramitación de la autorización de residencia temporal.

3. Por otra parte será necesario cumplir, con carácter previo, las siguientes condiciones en materia de trabajo:

a) Cumplir los requisitos que la legislación vigente exige a los nacionales para la apertura y funcionamiento de la actividad proyectada.

b) Poseer la cualificación profesional legalmente exigida o experiencia acreditada suficiente en el ejercicio de la actividad profesional, así como en su caso la colegiación cuando así se requiera.

c) Acreditar la suficiencia de la inversión prevista para la implantación del proyecto y sobre la incidencia, en su caso, en la creación de empleo, incluyendo como tal el auto empleo.

d) Haber abonado la tasa relativa a la autorización de trabajo por cuenta propia.

Número 3 del artículo 105 redactado por el apartado nueve del artículo único del R.D. 629/2022, de 26 de julio, por el que se modifica el Reglamento de la L.O. 4/2000, sobre derechos y libertades de los extranjeros en España y su integración social, tras su reforma por L.O. 2/2009, aprobado por el R.D. 557/2011, de 20 de abril («B.O.E.» 27 julio).

Vigencia: 16 agosto 2022

Artículo 106. *Procedimiento.* 1. El trabajador extranjero no residente que pretenda trabajar por cuenta propia en España deberá presentar, personalmente, en modelo oficial, la solicitud de autorización de residencia temporal y trabajo por cuenta propia ante la oficina consular española correspondiente a su lugar de residencia.

2. La solicitud de autorización de residencia temporal y trabajo por cuenta propia deberá acompañarse de la documentación acreditativa del cumplimiento de los requisitos previstos en el artículo anterior, y en particular de:

a) Copia del pasaporte completo, o documento de viaje, en vigor, del solicitante.

b) Relación de las autorizaciones o licencias que se exijan para la instalación, apertura o funcionamiento de la actividad proyectada o para el ejercicio profesional, que indique la situación en la que se encuentren los trámites para su consecución, incluyendo, en su caso, las certificaciones de solicitud ante los organismos correspondientes.

c) La acreditativa de la capacitación y, en su caso, la cualificación profesional legalmente exigida para el ejercicio de la profesión.

d) Proyecto de establecimiento o actividad a realizar, con indicación de la inversión prevista, su rentabilidad esperada y, en su caso, puestos de trabajo cuya creación se prevea; así como documentación acreditativa de que cuenta con la inversión económica necesaria para la implantación del proyecto, o bien con compromiso de apoyo suficiente por parte de instituciones financieras u otras.

3. La Misión diplomática u Oficina consular registrará la solicitud y entregará al interesado la comunicación de inicio de procedimiento previa verificación del abono de las tasas por tramitación del procedimiento, *o en su caso resolverá la inadmisión a trámite*.

Inciso final del párrafo 1.º del número 3 del artículo 106 anulado por Sentencia TS (Sala 3.ª, Sección 3.ª) de 12 de marzo de 2013 («B.O.E.» 24 abril 2013), en la medida en que atribuyen a las misiones diplomáticas u oficinas consulares españolas en el exterior la competencia "en materia de admisión a trámite de procedimientos iniciados en el extranjero" cuando no la tengan para resolver el fondo de los procedimientos para la obtención de las siguientes autorizaciones: a) las de estancia por estudios, movilidad de alumnos, prácticas no laborales y servicios de voluntariado; b) las de residencia temporal no lucrativa; c) las de residencia temporal y trabajo por cuenta propia; y d) las de residencia temporal con excepción de la autorización de trabajo cuando la persona extranjera no sea residente en España y siempre que la duración prevista de la actividad sea superior a 90 días.

En el supuesto de que no se presenten los documentos recogidos en el apartado 2 de este artículo, la misión diplomática u oficina consular requerirá al interesado y le advertirá expresamente que, de no aportarlos en el plazo de diez días o no proceder al pago de las tasas por tramitación del procedimiento, se le tendrá por desistido de la petición y se procederá al archivo del expediente.

4. Presentada en forma o subsanada la solicitud de autorización de residencia temporal y trabajo por cuenta propia, la Misión diplomática u Oficina consular o, cuando ésta no disponga de los medios técnicos necesarios, los servicios centrales del Ministerio de Asuntos Exteriores y de Cooperación grabarán la solicitud en el plazo de veinticuatro horas desde su recepción en la aplicación informática correspondiente, de manera que los órganos de la Administración o Administraciones competentes tengan conocimiento de la misma en tiempo real y puedan impulsar su tramitación.

En el caso de que el traslado de la solicitud y de la documentación correspondiente no se pudiera realizar por medios electrónicos, la misión diplomática u oficina consular dará traslado físico de la misma, a través de la Dirección General de Asuntos Consulares y Migratorios, al órgano competente de la Administración General del Estado o al de la Comunidad Autónoma en cuyo territorio solicite la residencia el extranjero, si a ésta se le hubieran traspasado competencias ejecutivas en materia de autorización inicial de trabajo por cuenta propia.

5. El órgano competente de la Administración General del Estado resolverá la concesión o denegación de la autorización. A dichos efectos, recabará de oficio el

informe de los servicios competentes de la Dirección General de la Policía y la Guardia Civil en materia de seguridad y orden público, así como el del Registro Central de Penados. Estos informes serán emitidos en el plazo de siete días.

La autorización inicial de residencia temporal y trabajo por cuenta propia será denegada cuando no se cumplan los requisitos establecidos para su concesión en los apartados 2 y 3 del artículo 105, salvo el previsto en el artículo 105.2.b) en lo que respecta a la carencia de antecedentes penales fuera de España, que será valorado por la Oficina consular en relación con el visado de residencia y trabajo.

La autorización será igualmente denegada en caso de concurrencia de algún supuesto de los previstos en el artículo 69.1, párrafos d), e), o f).

6. Al resolver sobre la autorización inicial de residencia temporal y trabajo por cuenta propia el órgano competente, que será el autonómico cuando tenga competencias en materia de autorización inicial de trabajo por cuenta propia, deberá grabar de inmediato la resolución favorable en la aplicación informática correspondiente, de manera que los órganos de la Administración o Administraciones afectadas tengan conocimiento en tiempo real de la misma, y condicionará su vigencia a la solicitud y, en su caso, a la expedición del visado, y posterior alta del trabajador, durante los tres meses posteriores a su entrada legal en España, en el régimen correspondiente de la Seguridad Social.

Cuando la Misión diplomática u Oficina consular competente no disponga, por razón de su ubicación geográfica, de los medios técnicos necesarios para el acceso en tiempo real a la resolución mencionada en el párrafo anterior, los servicios centrales del Ministerio de Asuntos Exteriores y de Cooperación le darán traslado electrónico de la misma en el plazo de veinticuatro horas desde su recepción.

La Misión diplomática u Oficina consular notificará al interesado la resolución sobre la solicitud de autorización de residencia temporal y trabajo por cuenta propia.

Artículo 107. *Procedimiento en el caso de traspaso de competencias ejecutivas en materia de autorización inicial de trabajo por cuenta propia a Comunidades Autónomas.* Todo procedimiento relativo a una autorización inicial de residencia temporal y trabajo por cuenta propia supondrá la presentación de una única solicitud y finalizará con una única resolución administrativa.

Cuando a la Comunidad Autónoma respecto a la que se solicite la autorización inicial de residencia temporal y trabajo se le hubieran traspasado competencias ejecutivas en materia de autorización inicial de trabajo por cuenta propia, corresponderá al órgano autonómico competente verificar el cumplimiento de los requisitos en materia de trabajo y, simultáneamente, al competente de la Administración General del Estado los requisitos en materia de residencia.

Los órganos competentes de la misma y de la Administración General del Estado, a la vista de la documentación presentada y de los informes obtenidos, dictarán de manera coordinada y concordante resolución conjunta denegando o concediendo la correspondiente autorización inicial de residencia temporal y trabajo por cuenta propia, que será firmada por los titulares de los indicados órganos competentes.

En todo caso, la resolución conjunta será desfavorable si concurre alguna causa de denegación en materia de trabajo o bien en materia de residencia, debiendo recogerse en la misma las causas específicas de denegación, así como el órgano que, en su caso, deba conocer de un eventual recurso administrativo contra la resolución.

La resolución conjunta podrá ser impugnada ante cualquiera de los órganos que la firmen si bien se resolverá de forma conjunta y concordante por los titulares de los órganos competentes de ambas Administraciones y se notificará a los interesados por la misión diplomática u oficina consular.

Artículo 108. *Visado de residencia y trabajo y entrada en España.* 1. El interesado presentará, personalmente, la solicitud de visado en modelo oficial, en el plazo de un mes desde la fecha de la notificación de la concesión de la autorización de residencia temporal y trabajo por cuenta propia ante la misión diplomática u oficina consular española correspondiente a su lugar de residencia.

Junto a la solicitud de visado, el extranjero habrá de presentar la siguiente documentación:

a) Pasaporte ordinario o título de viaje, reconocido como válido en España, con una vigencia mínima de cuatro meses.

b) Certificado de antecedentes penales, que debe ser expedido por las autoridades del país de origen o del país o países en que haya residido durante los últimos cinco años, en el que no debe constar condenas por delitos previstos en el ordenamiento español.

c) Certificado médico con el fin de acreditar que no padece ninguna de las enfermedades que pueden tener repercusiones de salud pública graves de conformidad con lo dispuesto en el Reglamento Sanitario Internacional de 2005.

De oficio, la misión diplomática u oficina consular comprobará que han sido abonadas las tasas por tramitación del procedimiento y verificará, en la aplicación informática correspondiente, que se ha concedido la autorización inicial de residencia temporal y trabajo por cuenta propia condicionada.

2. La Misión diplomática u Oficina consular, en atención al cumplimiento de los requisitos acreditados o verificados de acuerdo con el apartado anterior, resolverá sobre la solicitud y expedirá, en su caso, el visado de residencia y trabajo, en el plazo máximo de un mes.

3. Notificada, en su caso, la concesión del visado, el solicitante deberá recogerlo personalmente en el plazo de un mes desde la notificación. De no efectuarse la recogida en el plazo mencionado, se entenderá que el interesado ha renunciado al visado concedido, y se producirá el archivo del expediente.

4. Una vez recogido el visado, el trabajador deberá entrar en el territorio español, de conformidad con lo establecido en el título I, durante la vigencia de éste, que será de tres meses. El visado le habilitará para la entrada y la permanencia en situación de estancia en España.

5. En el plazo de los tres meses posteriores a la entrada legal del trabajador en España deberá producirse su afiliación, alta y posterior cotización, en los términos establecidos por la normativa de Seguridad Social que resulte de aplicación. El alta en el régimen correspondiente de la Seguridad Social en el mencionado plazo dotará de eficacia a la autorización inicial de residencia temporal y trabajo por cuenta propia.

6. En el plazo de un mes desde el alta del trabajador en el régimen correspondiente de la Seguridad Social, éste deberá solicitar la Tarjeta de Identidad de Extranjero, personalmente y ante la Oficina de Extranjería o la Comisaría de Policía correspondientes. Dicha tarjeta será expedida por el plazo de validez de la autorización y será retirada por el extranjero.

7. Si finalizado el plazo de tres meses de estancia no existiera constancia de que el trabajador se ha dado de alta en el régimen correspondiente de la Seguridad Social, éste quedará obligado a salir del territorio nacional, incurriendo en caso contrario en infracción grave por encontrarse irregularmente en España.

Artículo 109. *Renovación de la autorización de residencia y trabajo por cuenta propia.* 1. La autorización de residencia y trabajo por cuenta propia podrá ser renovada, a su expiración:

a) Cuando se acredite la continuidad en la actividad que dio lugar a la autorización que se renueva, previa comprobación de oficio del cumplimiento de sus obligaciones tributarias y de Seguridad Social.

Los descubiertos en la cotización a la Seguridad Social no impedirán la renovación de la autorización, siempre que se acredite la realización habitual de la actividad. El órgano competente pondrá en conocimiento de la Inspección de Trabajo y

Seguridad Social la situación de descubierto de cotización, a los efectos de que se lleven a cabo las actuaciones que procedan.

b) Cuando el cónyuge cumpliera con los requisitos económicos para reagrupar al trabajador. Se procederá igualmente a la renovación cuando el requisito sea cumplido por la persona con la que el extranjero mantenga una relación de análoga afectividad a la conyugal en los términos previstos en materia de reagrupación familiar.

c) Cuando por el órgano gestor competente, conforme a la normativa sobre la materia, se hubiera reconocido al extranjero trabajador autónomo la protección por cese de actividad.

2. El extranjero que desee renovar su autorización de residencia y trabajo por cuenta propia deberá dirigir su solicitud al órgano competente para su tramitación, durante los sesenta días naturales previos a la fecha de expiración de la vigencia de su autorización. La presentación de la solicitud en este plazo prorroga la validez de la autorización anterior hasta la resolución del procedimiento. También se prorrogará hasta la resolución del procedimiento en el supuesto de que la solicitud se presentase dentro de los noventa días naturales posteriores a la fecha en que hubiera finalizado la vigencia de la anterior autorización, sin perjuicio de la incoación del correspondiente procedimiento sancionador por la infracción en la que se hubiese incurrido.

3. A la solicitud, en modelo oficial, deberá acompañar la documentación que acredite que sigue cumpliendo los requisitos que se exigen para la concesión inicial o, en su caso, de que concurre alguno de los supuestos previstos en los puntos b) y c) del apartado 1 de este artículo. En todo caso, la solicitud irá acompañada de informe emitido por las autoridades autonómicas competentes que acredite la escolarización de los menores a su cargo en edad de escolarización obligatoria.

4. En caso de que a partir de la documentación presentada junto a la solicitud no quede acreditada la escolarización de los menores en edad de escolarización obligatoria que estén a cargo del solicitante, la Oficina de Extranjería pondrá esta circunstancia en conocimiento de las autoridades educativas competentes, y advertirá expresamente y por escrito al extranjero solicitante de que en caso de no producirse la escolarización y presentarse el correspondiente informe en el plazo de treinta días, la autorización no será renovada.

5. La oficina competente para la tramitación del procedimiento comprobará de oficio la información sobre que el interesado está al corriente en el cumplimiento de sus obligaciones tributarias y de Seguridad Social, así como recabará el certificado de antecedentes penales y resolverá.

Se valorará, en función de las circunstancias de cada supuesto, la posibilidad de renovar la autorización de residencia y trabajo a los extranjeros que hubieran sido condenados por la comisión de un delito y hayan cumplido la condena, los que han sido indultados o que se encuentren en la situación de remisión condicional de la pena.

6. Igualmente se valorará el esfuerzo de integración del extranjero acreditado mediante el informe positivo de la Comunidad Autónoma de su lugar de residencia.

Dicho esfuerzo de integración podrá ser alegado por el extranjero como información a valorar en caso de no acreditar el cumplimiento de alguno de los requisitos previstos para la renovación de la autorización.

El informe tendrá como contenido mínimo la certificación, en su caso, de la participación activa del extranjero en acciones formativas destinadas al conocimiento y respeto de los valores constitucionales de España, los valores estatutarios de la Comunidad Autónoma en que se resida, los valores de la Unión Europea, los derechos humanos, las libertades públicas, la democracia, la tolerancia y la igualdad entre mujeres y hombres, así como el aprendizaje de las lenguas oficiales del lugar de residencia. En este sentido, la certificación hará expresa mención al tiempo de formación dedicado a los ámbitos señalados.

El informe tendrá en consideración las acciones formativas desarrolladas por entidades privadas debidamente acreditadas o por entidades públicas.

7. La autorización de residencia y trabajo por cuenta propia renovada tendrá una vigencia de cuatro años, salvo que corresponda una autorización de residencia de larga duración, y habilitará a trabajar por cuenta ajena y por cuenta propia. Los efectos de la autorización renovada se retrotraerán al día inmediatamente siguiente al de la caducidad de la autorización anterior.

Número 7 del artículo 109 redactado por el apartado diez del artículo único del R.D. 629/2022, de 26 de julio, por el que se modifica el Reglamento de la L.O. 4/2000, sobre derechos y libertades de los extranjeros en España y su integración social, tras su reforma por L.O. 2/2009, aprobado por el R.D. 557/2011, de 20 de abril («B.O.E.» 27 julio).

Vigencia: 16 agosto 2022

8. Se entenderá que la resolución es favorable en el supuesto de que la Administración no resuelva expresamente en el plazo de tres meses desde la presentación de la solicitud. El órgano competente para conceder la autorización vendrá obligado a expedir el certificado que acredite la renovación por este motivo y, en el plazo de un mes desde su notificación, su titular deberá solicitar la renovación de la Tarjeta de Identidad de Extranjero.

CAPÍTULO VIII
RESIDENCIA TEMPORAL Y TRABAJO EN EL MARCO DE PRESTACIONES TRANSNACIONALES DE SERVICIOS

Artículo 110. *Definición.* 1. Se halla en situación de residencia temporal y trabajo en el marco de una prestación transnacional de servicios el trabajador extranjero que se desplace a un centro de trabajo en España y dependa, mediante expresa relación laboral, de una empresa establecida en un Estado no perteneciente a la Unión Europea ni al Espacio Económico Europeo, en los siguientes supuestos:

a) Cuando dicho desplazamiento temporal se produzca por cuenta y bajo la dirección de la empresa extranjera en ejecución de un contrato celebrado entre ésta y el destinatario de la prestación de servicios que esté establecido o que ejerza su actividad en España, en el supuesto establecido en la disposición adicional cuarta de la Ley 45/1999, de 29 de noviembre, sobre desplazamiento de trabajadores en el marco de una prestación de servicios transnacional.

b) Cuando dicho desplazamiento temporal se produzca a centros de trabajo en España de la misma empresa o de otra empresa del grupo de que ésta forme parte.

c) Cuando dicho desplazamiento temporal afecte a trabajadores altamente cualificados y tenga por objeto la supervisión o asesoramiento de obras o servicios que empresas radicadas en España vayan a realizar en el exterior.

2. Quedan expresamente excluidos de este tipo de autorización los desplazamientos realizados con motivo del desarrollo de actividades formativas en los supuestos previstos en los párrafos a) y c) del apartado anterior y del personal navegante respecto de las empresas de la marina mercante.

3. Esta autorización de residencia y trabajo se limitará a una ocupación y ámbito territorial concretos. Su duración coincidirá con el tiempo del desplazamiento del trabajador con el límite de un año.

Artículo 111. *Requisitos.* 1. Para la concesión de esta autorización será necesario cumplir los siguientes requisitos:

a) En relación con la residencia de los extranjeros que se pretende desplazar, será necesario que:

1.º No se encuentren irregularmente en territorio español.

2.º Carezcan de antecedentes penales, tanto en España como en sus países anteriores de residencia durante los últimos cinco años, por delitos previstos en el ordenamiento español.

3.º No figuren como rechazables en el espacio territorial de países con los que España tenga firmado un convenio en tal sentido.

4.º Haya transcurrido el plazo de compromiso de no regreso a España del extranjero, asumido por éste en el marco de su retorno voluntario al país de origen.

5.º Que la residencia del trabajador extranjero en el país o países donde está establecida la empresa que le desplaza es estable y regular.

6.º Se haya abonado la tasa por tramitación de la autorización de residencia temporal.

b) En relación con la actividad laboral a desarrollar por los extranjeros que se pretende desplazar, será necesario:

1.º Que la situación nacional de empleo permita el desplazamiento.

En caso de que el empleador acredite que la actividad a desempeñar por el trabajador requiere un conocimiento directo y fehaciente de la empresa no resultará de aplicación este requisito a los supuestos que se encuadren en el artículo 110.1.b), de conformidad con el artículo 40.2.c) de la Ley Orgánica 4/2000, de 11 de enero.

2.º Que la actividad profesional del trabajador extranjero en el país o países en los que está establecida la empresa que le desplaza tenga carácter habitual, y que se haya dedicado a dicha actividad como mínimo durante un año y haya estado al servicio de tal empresa, al menos, nueve meses.

3.º Que la empresa a la que se desplaza se encuentre al corriente del cumplimiento de sus obligaciones tributarias y frente a la Seguridad Social.

4.º Que la empresa que le desplaza garantice a sus trabajadores desplazados temporalmente a España los requisitos y condiciones de trabajo aplicables, de acuerdo con lo establecido en la Ley 45/1999, de 29 de noviembre.

5.º Se haya abonado la tasa por tramitación de la autorización de trabajo.

Artículo 112. *Procedimiento.* El procedimiento de tramitación de la autorización de residencia temporal y trabajo en el marco de prestaciones transnacionales de servicios será el establecido en el capítulo III de este título, con las siguientes especialidades:

1. El empleador que pretenda desplazar a un trabajador extranjero a España deberá presentar, personalmente o a través de quien válidamente tenga atribuida la representación legal empresarial, la correspondiente solicitud de autorización de residencia y trabajo en el marco de prestaciones transnacionales de servicios ante:

a) La Oficina de Extranjería del lugar en donde se vayan a prestar los servicios; o

b) Ante la misión diplomática u oficina consular correspondiente a su lugar de residencia, supuesto en el cual serán de aplicación las reglas de ordenación del procedimiento establecidas para las autorizaciones iniciales de residencia temporal y trabajo por cuenta propia.

2. A la solicitud de autorización de residencia temporal y trabajo en el marco de prestaciones transnacionales de servicios deberá acompañarse la siguiente documentación:

a) Copia del pasaporte completo o documento de viaje en vigor del trabajador extranjero.

b) Los documentos necesarios para acreditar que concurre uno de los supuestos previstos en el artículo 110 de este Reglamento. Ello incluirá en todo caso:

En el supuesto previsto en el artículo 110.1.a), copia del contrato de prestación de servicios.

En el supuesto previsto en el artículo 110.1.b), escritura o documento público que acredite que las empresas pertenecen al mismo grupo.

c) Los documentos que acrediten que la residencia del trabajador extranjero en el país o países donde está establecida la empresa que le desplaza es estable y regular.

d) En su caso, certificado del Servicio Público de Empleo competente sobre la insuficiencia de demandantes de empleo para cubrir el puesto de trabajo.

e) Aquellos documentos que justifiquen la concurrencia, si son alegados por el interesado, de alguno o algunos de los supuestos específicos de no consideración de la situación nacional de empleo establecidos en el artículo 40 de la Ley Orgánica 4/2000 o por Convenio internacional.

f) La documentación acreditativa que identifica a la empresa que desplaza al trabajador extranjero y su domicilio fiscal.

g) La acreditativa de la capacitación y, en su caso, la cualificación profesional legalmente exigida para el ejercicio de la profesión.

h) El contrato de trabajo del trabajador extranjero con la empresa que le desplaza y una memoria de las actividades que el trabajador va a desarrollar en el marco de su desplazamiento.

i) El certificado de desplazamiento de la autoridad o institución competente del país de origen que acredite que el trabajador continúa sujeto a su legislación en materia de Seguridad Social si existe instrumento internacional de Seguridad Social aplicable.

En el caso de inexistencia de instrumento internacional de Seguridad Social aplicable al respecto, un documento público sobre nombramiento de representante legal de la empresa que desplaza al trabajador, a los efectos del cumplimiento de las obligaciones de Seguridad Social.

Artículo 113. *Denegación de las autorizaciones de residencia y trabajo en el marco de prestaciones transnacionales de servicios.* Será causa de denegación de esta autorización, además del incumplimiento de alguno de los requisitos previstos en este capítulo, la concurrencia de alguna circunstancia prevista en el artículo 69.1.

Artículo 114. *Visado de residencia y trabajo en el marco de prestaciones transnacionales de servicios y entrada en España.* 1. El visado de residencia y trabajo que se expida en los supuestos a los que se refiere este capítulo habilita para la entrada y estancia por un periodo máximo de tres meses y para el comienzo, durante los tres meses posteriores a la fecha de entrada legal en España, de la actividad laboral en relación con la cual hubiera sido autorizado el extranjero.

Durante dicho plazo de tres meses deberá producirse el alta del trabajador en el régimen correspondiente de la Seguridad Social, que dotará de eficacia a la autorización de residencia y trabajo.

2. En caso de que en base a un instrumento internacional de Seguridad Social aplicable el trabajador continúe sujeto a la legislación de su país de origen sobre la materia, la eficacia de la autorización de residencia temporal y trabajo en el marco de una prestación transnacional de servicios se producirá en el momento de la entrada legal del trabajador en España durante la vigencia del visado.

3. En el plazo de un mes desde la fecha de eficacia de la autorización, el trabajador cuya autorización tenga una vigencia superior a seis meses deberá solicitar la Tarjeta de Identidad de Extranjero, personalmente y ante la Oficina de Extranjería o la Comisaría de Policía correspondientes. Dicha tarjeta será expedida por el plazo de validez de la autorización y será retirada por el extranjero.

Artículo 115. *Prórroga de la autorización de residencia temporal y trabajo en el marco de prestaciones transnacionales de servicios.* 1. Las autorizaciones reguladas en este capítulo serán prorrogables por el periodo previsto de continuidad de la actividad que motivó el desplazamiento temporal, con el límite máximo de un año o el previsto en Convenios Internacionales firmados por España, si se acreditan idénticas condiciones a las exigidas para la concesión de la autorización inicial.

2. La prórroga de la autorización deberá solicitarse, en modelo oficial, durante los sesenta días naturales previos a la fecha de expiración de su vigencia. La presentación de la solicitud en este plazo prorrogará la validez de la autorización anterior hasta la resolución del procedimiento.

Artículo 116. *Autorización para trabajos de temporada o campaña en el marco de prestaciones transnacionales de servicios.* A los trabajadores de temporada o campaña les será de aplicación lo dispuesto en el capítulo VI de este título en relación con desplazamientos de aquéllos que estén en plantilla de una empresa que desarrolle su actividad en un Estado no perteneciente a la Unión Europea ni al Espacio Económico Europeo, de cara a trabajar temporalmente en España para la misma empresa o grupo, siempre que se reúnan las siguientes condiciones:

a) Que la residencia del trabajador extranjero en el país donde radica la empresa que le desplaza es estable y regular.

b) Que la actividad profesional del trabajador extranjero en el país en el que radica la empresa que le desplaza tiene carácter habitual, y que se ha dedicado a dicha actividad como mínimo durante un año y ha estado al servicio de tal empresa, al menos, nueve meses.

c) Que la empresa que le desplaza garantiza a sus trabajadores desplazados temporalmente a España los requisitos y condiciones de trabajo aplicables, de acuerdo con lo establecido en la Ley 45/1999, de 29 de noviembre.

d) Que la situación nacional de empleo permite la contratación, salvo en el supuesto de que el empleador acredite que la actividad a desempeñar por el trabajador requiere un conocimiento directo y fehaciente de la empresa.

CAPÍTULO IX
RESIDENCIA TEMPORAL CON EXCEPCIÓN DE LA AUTORIZACIÓN DE TRABAJO

Artículo 117. *Excepciones a la autorización de trabajo.* Están exceptuados de la obligación de obtener autorización de trabajo para el ejercicio de una actividad lucrativa, laboral o profesional los extranjeros que estén incluidos en el artículo 41 de la Ley Orgánica 4/2000, de 11 de enero, y cumplan las siguientes condiciones:

a) Técnicos, investigadores y científicos invitados o contratados por la Administración General del Estado, las Comunidades Autónomas, las universidades, los entes locales o los organismos que tengan por objeto la promoción y el desarrollo de la investigación promovidos o participados mayoritariamente por las anteriores.

Tendrán esta consideración los profesionales que por sus conocimientos, especialización, experiencia o prácticas científicas sean invitados o contratados por una de las Administraciones citadas para el desarrollo de una actividad o programa técnico, científico o de interés general.

Esta circunstancia quedará acreditada con la presentación de la invitación o contrato de trabajo, suscritos por quien tenga atribuida la representación legal del órgano correspondiente, donde conste la descripción del proyecto y el perfil profesional que se requiere para su desarrollo.

b) Profesores, técnicos, investigadores y científicos invitados o contratados por una universidad española. Se considera como tales a los docentes que sean invitados o contratados por una universidad española para desarrollar tareas docentes, de investigación o académicas.

Esta circunstancia quedará acreditada con la presentación de la invitación o contrato de trabajo para el ejercicio de dichas actividades, suscritos por quien tenga atribuida la representación legal de la universidad española correspondiente.

c) Personal directivo o profesorado de instituciones culturales o docentes dependientes de otros Estados, o privadas, de acreditado prestigio, oficialmente reconocidas por España, que desarrollen en nuestro país programas culturales y docentes de sus países respectivos, en tanto limiten su actividad a la ejecución de tales programas. Podrán beneficiarse de la excepción los extranjeros en quienes concurran las circunstancias siguientes:

1.ª Ocupar puestos de dirección, de docencia o de investigación y limitar su ocupación al ejercicio de la indicada actividad en instituciones culturales o docentes extranjeras radicadas en España.

2.ª Cuando se trate de instituciones culturales o docentes dependientes de otros Estados, deberán desarrollar en España su actividad de forma que los estudios cursados, programas desarrollados y los títulos o diplomas expedidos tengan validez y sean reconocidos por los países de los que dependan.

3.ª Si se trata de instituciones privadas extranjeras, se considerará acreditado el prestigio cuando la entidad y las actividades realizadas hayan sido oficialmente reconocidas y autorizadas por las autoridades competentes, y los títulos o diplomas que expidan tengan validez y reconocimiento por los países de los que dependan.

Estas circunstancias quedarán acreditadas con la presentación de la documentación que justifique la validez en el país de origen de los títulos o diplomas expedidos en España, del contrato de trabajo, o designación para el ejercicio de actividades de dirección o docencia. Y, en el caso de las entidades privadas, también de la documentación que justifique su reconocimiento oficial en España.

d) Los funcionarios civiles o militares de las Administraciones estatales extranjeras que vengan a España para desarrollar actividades en virtud de acuerdos de cooperación con una Administración española.

Esta situación quedará acreditada con la presentación del certificado emitido por la Administración estatal extranjera competente y la justificación de tales aspectos.

e) Corresponsales de medios de comunicación extranjeros. Tendrán esta consideración los profesionales de la información al servicio de medios de comunicación extranjeros que desarrollen su actividad informativa en España, debidamente acreditados por las autoridades españolas como corresponsales o como enviados especiales.

f) Miembros de misiones científicas internacionales que realicen trabajos e investigaciones en España, autorizados por la Administración, estatal o autonómica, competente.

Tendrán esta consideración los extranjeros que formen parte de una misión científica internacional que se desplace a España para realizar actividades de estudio o investigación programadas por un organismo o agencia internacional, y autorizadas por las autoridades competentes.

g) Los artistas que vengan a España a realizar actuaciones concretas que no supongan una actividad continuada. Estarán incluidas en este supuesto las personas que, de forma individual o colectiva, se desplacen a España para realizar una actividad artística, directamente ante el público o destinada a la grabación de cualquier tipo para su difusión, en cualquier medio o local destinado habitual o accidentalmente a espectáculos públicos o actuaciones de tipo artístico. Las actividades que se realicen no podrán superar cinco días continuados de actuación o veinte días de actuación en un periodo inferior a seis meses.

Esta situación quedará acreditada con la presentación del contrato para el desarrollo de las actividades artísticas y de una relación de las autorizaciones o licencias que se exijan para el desarrollo de las mismas que indique la situación en la que se encuentran los trámites para su consecución, incluyendo, en su caso, las certificaciones de solicitud ante los organismos correspondientes.

h) Ministros religiosos y miembros de la jerarquía de las diferentes iglesias, confesiones y comunidades religiosas, así como religiosos profesos de órdenes religiosas. Tendrán esta consideración las personas en quienes concurran los siguientes requisitos:

1.º Que pertenezcan a una iglesia, confesión, comunidad religiosa u orden religiosa que figure inscrita en el Registro de Entidades Religiosas del Ministerio de Justicia.

2.º Que tengan, efectiva y actualmente, la condición de ministro de culto, miembro de la jerarquía o religioso profeso por cumplir los requisitos establecidos en sus normas estatutarias.

3.º Que las actividades que vayan a desarrollar en España sean estrictamente religiosas o, en el caso de religiosos profesos, sean meramente contemplativas o respondan a los fines estatutarios propios de la orden; quedan expresamente excluidas las actividades laborales que no se realicen en este ámbito.

4.º Que la entidad de la que dependan se comprometa a hacerse cargo de los gastos ocasionados por su manutención y alojamiento, así como a cumplir los requisitos exigibles de acuerdo con la normativa sobre Seguridad Social.

El extremo indicado en el párrafo 1.º se acreditará mediante certificación del Ministerio de Justicia; los expresados en los párrafos 2.º a 4.º se acreditarán mediante certificación expedida por la entidad, con la conformidad del Ministerio de Justicia y la presentación de copia de los Estatutos de la orden.

Quedan expresamente excluidos de este artículo los seminaristas y personas en preparación para el ministerio religioso, aunque temporalmente realicen actividades de carácter pastoral, así como las personas vinculadas con una orden religiosa en la que aún no hayan profesado, aunque realicen una actividad temporal en cumplimiento de sus estatutos religiosos.

i) Los extranjeros que formen parte de los órganos de representación, gobierno y administración de los sindicatos y organizaciones empresariales reconocidos internacionalmente, siempre que su actividad se limite estrictamente al desempeño de las funciones inherentes a dicha condición.

j) Los menores extranjeros en edad laboral tutelados por un servicio de protección de menores competente, para aquellas actividades que, a propuesta de la mencionada entidad, mientras permanezcan en esa situación, favorezcan su integración social.

Esta situación quedará probada con la acreditación de que el servicio citado ejerce la tutela del menor y la presentación por parte de ésta de la propuesta de actividad que favorezca la integración social del menor.

Artículo 118. *Procedimiento.* 1. En el caso de que no sea residente en España y siempre que la duración prevista de la actividad sea superior a noventa días, el extranjero deberá solicitar el correspondiente visado de residencia ante la oficina consular española correspondiente a su lugar de residencia, acompañando a la solicitud la documentación que proceda para cada uno de los supuestos de excepción a la autorización de trabajo previstos en el artículo 117.

La oficina consular verificará la excepción y tramitará el visado de residencia conforme a lo dispuesto en el artículo 48, si bien se reducirá el plazo previsto en el apartado 4 de dicho artículo a siete días. La ausencia de respuesta deberá considerarse como resolución favorable.

Cuando el extranjero no sea residente en España y la duración prevista de la actividad no sea superior a noventa días, deberá solicitar, cualquiera que sea su nacionalidad, el correspondiente visado de estancia ante la Misión diplomática u Oficina consular española en cuya demarcación resida. En estos casos, el procedimiento aplicable a la solicitud de visado será el previsto para la tramitación de visados de estancia de corta duración, debiendo acreditar el extranjero que reúne las condiciones para su inclusión en uno de los supuestos descritos en el artículo anterior.

La expedición del visado de estancia previsto en el párrafo anterior será comunicada, a través de la aplicación informática correspondiente, a la Oficina de Extranjería de la provincia donde se vaya a desarrollar la actividad. Las solicitudes de prórroga de estancia se regirán por lo previsto en el artículo 34 de este Reglamento. La duración total de la estancia y sus posibles prórrogas no podrá ser en ningún caso superior a noventa días.

2. En el caso de que sea residente en España, el extranjero deberá solicitar el reconocimiento de la excepción, y alegar que reúne estas condiciones, ante la Oficina de Extranjería correspondiente a la provincia donde se inicie la actividad, aportando la documentación que lo justifique. Lo previsto en este apartado no será de aplicación a los menores extranjeros no acompañados que obtuviesen la autorización a que se refiere el artículo 196 de este Reglamento.

Esta solicitud se entenderá denegada si en el plazo de tres meses la Subdelegación o Delegación del Gobierno no se pronuncia sobre la misma. La Oficina de Extranjería podrá solicitar la presentación de la documentación adicional que se estime pertinente para acreditar que el extranjero se encuentra en alguno de los supuestos previstos en el artículo 117, así como los informes que sean precisos a otros órganos administrativos.

Número 2 del artículo 118 redactado por el apartado uno del artículo único del R.D. 903/2021, de 19 de octubre, por el que se modifica el Reglamento de la L.O. 4/2000, sobre derechos y libertades de los extranjeros en España y su integración social, tras su reforma por L.O. 2/2009, aprobado por el R.D. 557/2011, de 20 de abril («B.O.E.» 20 octubre).

Vigencia: 9 noviembre 2021

3. La vigencia del reconocimiento de la excepción se adaptará a la duración de la actividad o programa que se desarrolle, con el límite máximo de un año en el reconocimiento inicial, de dos en la primera prórroga y de otros dos años en la siguiente prórroga, si subsisten las circunstancias que motivaron la excepción.

4. El hecho de haber sido titular de una excepción de autorización de trabajo no generará derechos para la obtención de una autorización de trabajo por cuenta propia o ajena.

Artículo 119. *Efectos del visado.* 1. Una vez recogido, en su caso, el visado, el trabajador deberá entrar en el territorio español, de conformidad con lo establecido en el título I, durante la vigencia de éste, no superior a tres meses.

2. El visado incorporará la autorización inicial de residencia con la excepción a la autorización de trabajo, cuya vigencia comenzará desde la fecha en que se efectúe la entrada, y así se haga constar en el visado, pasaporte o título de viaje.

En caso que el extranjero ya tuviera la condición de residente en España, la vigencia de la exceptuación de autorización de trabajo comenzará en la fecha de la resolución por la que haya sido concedida.

3. En caso de concesión de autorizaciones de vigencia superior a seis meses, el trabajador deberá solicitar personalmente, en el plazo de un mes desde su entrada legal en territorio español ante la Oficina de Extranjería o la Comisaría de Policía correspondientes, la Tarjeta de Identidad de Extranjero. En caso que el extranjero ya tuviera la condición de residente en España, dicho plazo será computado desde la fecha de notificación de la resolución de concesión de la exceptuación de la autorización de trabajo.

CAPÍTULO X
RESIDENCIA TEMPORAL DEL EXTRANJERO QUE HA RETORNADO VOLUNTARIAMENTE A SU PAÍS

Artículo 120. *Ámbito de aplicación.* 1. Lo previsto en el presente capítulo será de aplicación al extranjero que, siendo titular de una autorización de residencia temporal:

a) Se acoja a un programa de retorno voluntario impulsado, financiado o reconocido por la Administración General del Estado; o

b) Retorne voluntariamente a su país de origen al margen de programa alguno.

2. En cualquier caso, lo previsto en este capítulo se entenderá sin perjuicio del derecho de los extranjeros residentes en España a salir de territorio español y regresar a éste durante la vigencia de su autorización de residencia, sin más limitaciones que las establecidas de conformidad con el artículo 28 de la Ley Orgánica 4/2000, de 11 de enero, y las derivadas de la posible extinción de su autorización tras un determinado periodo de ausencia de territorio español, de acuerdo con lo previsto en este Reglamento.

Artículo 121. *Compromiso de no regreso a territorio español.* 1. Finalizada la vigencia de su compromiso de no regreso a territorio español, el extranjero podrá solicitar, o podrá solicitarse a su favor, una autorización de residencia temporal o de residencia temporal y trabajo, de acuerdo con lo previsto en este Reglamento en función del tipo autorización que desee obtener.

En caso de que el programa de retorno voluntario no establezca un periodo de compromiso de no regreso a España o si el extranjero retorna a su país de origen al margen de programa alguno, la solicitud de autorización de residencia temporal o residencia temporal y trabajo de acuerdo con lo establecido en este capítulo podrá ser presentada transcurridos tres años desde la fecha del retorno a su país de origen. Este plazo podrá ser modificado por Orden del titular del Ministerio de Trabajo e Inmigración.

2. A efectos de control de la fecha del retorno, el extranjero, cualquiera que sea el programa de retorno voluntario al que se haya acogido o de no haberse acogido a ninguno, deberá comparecer personalmente en la representación diplomática o consular española en el país de origen, entregando su Tarjeta de Identidad de Extranjero en vigor.

3. En caso de que haya regresado a su país de origen en base a un programa de retorno voluntario que no implique su renuncia a la situación de residencia de que fuera titular, o de no haberse acogido a ningún programa, el extranjero, a efectos de que le resulte de aplicación lo previsto en este capítulo, habrá de renunciar expresamente y por escrito a su autorización de residencia, en el momento en que comparezca en la representación diplomática o consular española en su país de origen para acreditar su retorno.

4. La representación diplomática o consular española ante la que el extranjero entregue su tarjeta y renuncie a su autorización de residencia entregará a éste un documento en el que consten ambas actuaciones y la fecha en la que se han producido.

Artículo 122. *Autorizaciones de residencia temporal o de residencia temporal y trabajo.* 1. No resultará de aplicación el requisito relativo a la consideración de la situación nacional de empleo en los procedimientos sobre autorizaciones en los cuales éste fuera generalmente exigible, cuando el extranjero a cuyo favor se soliciten éstas se encuentre incluido en el supuesto previsto en el artículo 120.1.a).

2. En el marco de la gestión colectiva de trabajadores en origen, podrán ser presentadas ofertas de carácter nominativo a favor de los extranjeros que se hubieran acogido al programa de retorno voluntario o hubieran regresado a su país al mar-

gen de un programa en los términos previstos en este capítulo, siempre que con ello hubieran renunciado a la titularidad de una autorización de residencia temporal y trabajo.

Igualmente, los órganos españoles competentes realizarán las actuaciones necesarias para que dichos extranjeros sean preseleccionados en los procedimientos desarrollados en su país de origen a los que concurran, siempre que reúnan los requisitos de capacitación y, en su caso, cualificación profesional legalmente exigida para el ejercicio de la profesión.

3. Los procedimientos de solicitud de una autorización de residencia temporal o de residencia temporal y trabajo derivados de lo previsto en este capítulo serán objeto de tramitación preferente. El plazo máximo para la resolución y notificación será de cuarenta y cinco días desde la fecha de entrada de la solicitud en el registro del órgano competente para su resolución.

4. La situación de residencia temporal del extranjero se entenderá continuada, a los efectos de acceso a la situación de residencia de larga duración, si bien dicho cómputo no incluirá el tiempo transcurrido desde el retorno voluntario del extranjero a su país de origen o país de anterior residencia, hasta la concesión de la nueva autorización de residencia temporal o de residencia temporal y trabajo.

5. Lo previsto en este artículo resultará de aplicación una vez transcurrido el plazo de compromiso de no regreso a España, asumido por el extranjero al retornar voluntariamente a su país de origen.

TÍTULO V
RESIDENCIA TEMPORAL POR CIRCUNSTANCIAS EXCEPCIONALES

CAPÍTULO I
RESIDENCIA TEMPORAL POR CIRCUNSTANCIAS EXCEPCIONALES POR ARRAIGO, PROTECCIÓN INTERNACIONAL, RAZONES HUMANITARIAS, COLABORACIÓN CON AUTORIDADES, SEGURIDAD NACIONAL O INTERÉS PÚBLICO

Artículo 123. *Autorizaciones de residencia temporal por circunstancias excepcionales.* 1. De conformidad con el artículo 31.3 de la Ley Orgánica 4/2000, de 11 de enero, en atención a las circunstancias excepcionales que concurran, se podrá conceder una autorización de residencia temporal a los extranjeros que se hallen en España en los supuestos de arraigo, protección internacional, razones humanitarias, colaboración con autoridades públicas o razones de seguridad nacional o interés público, previstos en los artículos siguientes.

2. El contenido de este capítulo debe ser interpretado sin perjuicio de la posible concesión de autorizaciones de residencia por circunstancias excepcionales en base a lo previsto en los artículos 31bis, 59 y 59bis de la Ley Orgánica 4/2000, de 11 de enero. Igualmente, podrán concederse otras autorizaciones de residencia por circunstancias excepcionales en los términos establecidos en la Disposición adicional primera.4 de este Reglamento.

Artículo 124. *Autorización de residencia temporal por razones de arraigo.* Se podrá conceder una autorización de residencia por razones de arraigo laboral, social, familiar o para la formación cuando se cumplan los siguientes requisitos:

1. Por arraigo laboral, podrán obtener una autorización los extranjeros que acrediten la permanencia continuada en España durante un periodo mínimo de dos años, siempre que carezcan de antecedentes penales en España y en su país de origen o en el país o países en que haya residido durante los últimos cinco años, que demuestren la existencia de relaciones laborales cuya duración no sea inferior a seis meses, y que se encuentren en situación de irregularidad en el momento de la solicitud.

A los efectos de acreditar la relación laboral y su duración, el interesado deberá presentar cualquier medio de prueba que acredite la existencia de una relación laboral previa realizada en situación legal de estancia o residencia. A estos efectos se acreditará la realización, en los últimos 2 años, de una actividad laboral que suponga, en el caso de actividad por cuenta ajena, como mínimo una jornada de 30 horas semanales en el periodo de 6 meses o de 15 horas semanales en un periodo de 12 meses, y en el caso del trabajo por cuenta propia, una actividad continuada de, al menos, seis meses.

2. Por arraigo social, podrán obtener una autorización los extranjeros que acrediten la permanencia continuada en España durante un periodo mínimo de tres años.

Además, deberá cumplir, de forma acumulativa, los siguientes requisitos:

a) Carecer de antecedentes penales en España y en su país de origen o en el país o países en que haya residido durante los últimos cinco años.

b) Contar con un contrato de trabajo firmado por el trabajador y el empresario que garantice al menos el salario mínimo interprofesional o el salario establecido, en su caso, en el convenio colectivo aplicable, en el momento de la solicitud, y cuya suma debe representar una jornada semanal no inferior a treinta horas en el cómputo global y garantizar al menos el salario mínimo interprofesional. El contrato podrá tener una duración de mínimo 20 horas en los casos que se acredite tener a cargo menores o personas que precisen medidas de apoyo para el ejercicio de su capacidad jurídica. Podrá presentarse más de un contrato de trabajo en los siguientes supuestos:

1.º En el caso del sector agrario, cabrá la presentación de dos o más contratos, con distintos empleadores y concatenados, cada uno de ellos.

2.º En el caso de desarrollo de actividades en una misma o distinta ocupación, trabajando parcialmente y de manera simultánea para más de un empleador, se admitirá la presentación de varios contratos.

c) Tener vínculos familiares con otros extranjeros residentes o presentar un informe de arraigo que acredite su integración social, emitido por la Comunidad Autónoma en cuyo territorio tengan su domicilio habitual.

A estos efectos, los vínculos familiares se entenderán referidos exclusivamente a los cónyuges o parejas de hecho registradas, ascendientes y descendientes en primer grado y línea directa.

El informe de arraigo social, que deberá ser emitido y notificado al interesado en el plazo máximo de treinta días desde su solicitud, hará constar, entre otros factores de arraigo que puedan acreditarse por las diferentes Administraciones competentes, el tiempo de permanencia del interesado en su domicilio habitual, en el que deberá estar empadronado, los medios económicos con los que cuente, los vínculos con familiares residentes en España, y los esfuerzos de integración a través del seguimiento de programas de inserción sociolaborales y culturales. Simultáneamente y por medios electrónicos, la Comunidad Autónoma deberá dar traslado del informe a la Oficina de Extranjería competente.

A dichos efectos, el órgano autonómico competente podrá realizar consulta al Ayuntamiento donde el extranjero tenga su domicilio habitual sobre la información que pueda constar al mismo.

El informe de arraigo referido anteriormente podrá ser emitido por la Corporación local en la que el extranjero tenga su domicilio habitual, cuando así haya sido establecido por la Comunidad Autónoma competente, siempre que ello haya sido previamente puesto en conocimiento de la Secretaría de Estado de Migraciones.

El informe de la Corporación local habrá de ser emitido y notificado al interesado en el plazo de treinta días desde la fecha de la solicitud. Simultáneamente y por medios electrónicos, la Corporación local deberá dar traslado del informe a la Oficina de Extranjería competente.

El órgano que emita el informe podrá recomendar que se exima al extranjero de la necesidad de contar con un contrato de trabajo, siempre y cuando acredite que cuenta con medios económicos suficientes que supongan, al menos, el 100% de la cuantía de la renta garantizada del Ingreso Mínimo Vital con carácter anual. En caso de cumplirse los requisitos previstos en el artículo 105.3 de este Reglamento, se podrá alegar que los medios económicos derivan de una actividad desarrollada por cuenta propia.

En caso de que el informe no haya sido emitido en plazo, circunstancia que habrá de ser debidamente acreditada por el interesado, podrá justificarse este requisito por cualquier medio de prueba.

3. Por arraigo familiar:

a) Cuando se trate de padre o madre, o tutor, de un menor de nacionalidad española, siempre que la persona progenitora o tutora solicitante tenga a cargo al menor y conviva con éste o esté al corriente de las obligaciones paternofiliales respecto al mismo. Asimismo, cuando se trate de persona que preste apoyo a la persona con discapacidad de nacionalidad española para el ejercicio de su capacidad jurídica, siempre que la persona solicitante que presta dicho apoyo tenga a cargo a la persona con discapacidad y conviva con ella. En este supuesto se concederá una autorización por cinco años que habilita a trabajar por cuenta ajena y por cuenta propia.

b) Cuando se trate del cónyuge o pareja de hecho acreditada de ciudadano o ciudadana de nacionalidad española. También cuando se trate de ascendientes mayores de 65 años, o menores de 65 años a cargo, descendientes menores de 21 años, o mayores de 21 años a cargo, de ciudadano o ciudadana de nacionalidad española, o de su cónyuge o pareja de hecho. Se concederá una autorización por cinco años que habilita a trabajar por cuenta ajena y propia.

c) Cuando se trate de hijos de padre o madre que hubieran sido originariamente españoles.

4. Por arraigo para la formación, podrán obtener una autorización de residencia, por un periodo de doce meses, los extranjeros que acrediten la permanencia continuada en España durante un periodo mínimo de dos años. Además, deberán cumplir, de forma acumulativa, los siguientes requisitos:

a) Carecer de antecedentes penales en España y en su país de origen o en el país o países en que haya residido durante los últimos cinco años.

b) Comprometerse a realizar una formación reglada para el empleo o a obtener un certificado de profesionalidad, o una formación conducente a la obtención de la certificación de aptitud técnica o habilitación profesional necesaria para el ejercicio de una ocupación específica o una promovida por los Servicios Públicos de Empleo y orientada al desempeño de ocupaciones incluidas en el Catálogo al que se refiere el artículo 65.1, o bien, en el ámbito de la formación permanente de las universidades, comprometerse a la realización de cursos de ampliación o actualización de competencias y habilidades formativas o profesionales así como de otras enseñanzas propias de formación permanente. A estos efectos, la matriculación deberá haberse realizado en un plazo de tres meses desde la notificación de la resolución de concesión de la autorización de residencia.

El solicitante deberá aportar acreditación de dicha matriculación en un plazo de tres meses desde la notificación de la resolución de concesión de la autorización. En caso contrario, la Oficina de Extranjería podrá extinguir dicha autorización. En los casos que la matriculación esté supeditada a periodos concretos de matriculación, deberá remitir a la Oficina de Extranjería prueba de la matrícula en un periodo máximo de tres meses desde la finalización de dicho plazo.

Esta autorización de residencia podrá ser prorrogada una única vez por otro período de doce meses en los casos que la formación tenga una duración superior a doce meses o su duración exceda la vigencia de la primera autorización concedida.

Una vez superada la formación, y durante la vigencia de la autorización de residencia, el interesado presentará la solicitud de autorización de residencia y trabajo ante la Oficina de Extranjería junto con un contrato de trabajo firmado por el trabajador y el empresario que garantice al menos el salario mínimo interprofesional, o el establecido por el convenio colectivo de aplicación, en el momento de la solicitud, y prueba de haber superado la formación prevista en la solicitud de residencia. La Oficina de Extranjería concederá en estos casos una autorización de dos años que habilitará a trabajar.

5. Por Orden del titular del Ministerio de la Presidencia, Relaciones con las Cortes y Memoria Democrática, a propuesta de los titulares de los Ministerios del Interior, de Inclusión Seguridad Social y Migraciones, y de Trabajo y Economía Social y previo informe de la Comisión Laboral Tripartita de Inmigración, se podrá determinar la aplicación de la situación nacional de empleo a las solicitudes de autorización de residencia temporal por razones de arraigo social.

Artículo 124 redactado por el número once del artículo único del R.D. 629/2022, de 26 de julio, por el que se modifica el Reglamento de la L.O. 4/2000, sobre derechos y libertades de los extranjeros en España y su integración social, tras su reforma por L.O. 2/2009, aprobado por el R.D. 557/2011, de 20 de abril («B.O.E.» 27 julio).

Vigencia: 16 agosto 2022

Artículo 125. *Autorización de residencia temporal por razones de protección internacional.* Se podrá conceder una autorización por razones de protección internacional a las personas a las que el Ministro del Interior, a propuesta de la Comisión Interministerial de Asilo y Refugio, haya autorizado la permanencia en España conforme a lo previsto en los artículos 37.b) y 46.3 de la Ley 12/2009, de 30 de octubre, reguladora del derecho de asilo y de la protección subsidiaria, así como a los extranjeros desplazados en el sentido regulado en la normativa sobre protección temporal en caso de afluencia masiva de personas desplazadas.

Asimismo, se podrá conceder una autorización de residencia temporal en los casos que prevea la norma de desarrollo de la Ley 12/2009, de 30 de octubre.

Artículo 126. *Autorización de residencia temporal por razones humanitarias.* Se podrá conceder una autorización por razones humanitarias en los siguientes supuestos:

1. A los extranjeros víctimas de los delitos tipificados en los artículos 311 a315, 511.1 y 512 del Código Penal, de delitos en los que haya concurrido la circunstancia agravante de comisión por motivos racistas, antisemitas o de otra clase de discriminación tipificada en el artículo 22.4 del Código Penal, o de delitos por conductas violentas ejercidas en el entorno familiar, siempre que haya recaído resolución judicial finalizadora del procedimiento judicial en la que se establezca la condición de víctima de tales delitos.

2. A los extranjeros que acrediten sufrir una enfermedad sobrevenida de carácter grave que requiera asistencia sanitaria especializada, no accesible en su país de origen, y que el hecho de ser interrumpida o de no recibirla suponga un grave riesgo para la salud o la vida. A los efectos de acreditar la necesidad, será preciso un informe clínico expedido por la autoridad sanitaria correspondiente.

Excepcionalmente, no se requerirá que la enfermedad sea sobrevenida en el caso de necesidad de prolongar la permanencia de un menor extranjero que se haya desplazado temporalmente a España a efectos de tratamiento médico en base a lo previsto en el artículo 187 de este Reglamento, una vez agotada la posibilidad de prorrogar la situación de estancia y siempre que dicha permanencia sea imprescindible para la continuación del tratamiento. La renovación de este tipo de autorizaciones se vinculará al tiempo mínimo necesario para completar el tratamiento.

3. A los extranjeros que acrediten que su traslado al país del que son originarios o proceden, a efectos de solicitar el visado que corresponda, implica un peligro pa-

ra su seguridad o la de su familia, y que reúnen los demás requisitos para obtener una autorización temporal de residencia o de residencia y trabajo.

Artículo 127. *Autorización de residencia temporal por circunstancias excepcionales de colaboración con autoridades, razones de seguridad nacional o interés público.* 1. Se podrá conceder una autorización a las personas que colaboren con las autoridades administrativas, policiales, fiscales o judiciales en cuestiones ajenas a la lucha contra redes organizadas, o cuando concurran razones de interés público o seguridad nacional que justifiquen la necesidad de autorizar su residencia en España. A estos efectos, dichas autoridades podrán instar a los órganos competentes la concesión de la autorización de residencia a la persona que se encuentre en alguno de estos supuestos.

2. La Dirección General de Migraciones podrá conceder una autorización de colaboración con la administración laboral competente a aquellas personas que acrediten ante la Inspección de Trabajo y Seguridad Social, mediante cualquier medio de prueba, estar trabajando en situación irregular durante un periodo mínimo de seis meses en el último año, y que cumplan con los requisitos del artículo 64.2. de este reglamento, a excepción del apartado a). Esta autorización tendrá un año de duración y habilitará a trabajar por cuenta ajena y por cuenta propia. La solicitud podrá ser presentada por la persona interesada o de oficio por parte de la autoridad laboral, e incorporará la resolución judicial o administrativa relativa al acta de infracción emitida por la Inspección de Trabajo y Seguridad Social.

Artículo 127 redactado por el número doce del artículo único del R.D. 629/2022, de 26 de julio, por el que se modifica el Reglamento de la L.O. 4/2000, sobre derechos y libertades de los extranjeros en España y su integración social, tras su reforma por L.O. 2/2009, aprobado por el R.D. 557/2011, de 20 de abril («B.O.E.» 27 julio).
Vigencia: 16 agosto 2022

Artículo 128. *Procedimiento.* 1. La autorización de residencia temporal por circunstancias excepcionales, que no requerirá visado, deberá ser solicitada personalmente por el extranjero ante el órgano competente para su tramitación, salvo en el caso de menores o incapaces, en el que podrá presentar la solicitud su representante legal, acompañada de la siguiente documentación:

a) Copia del pasaporte en vigor o título de viaje, reconocido como válido en España, con una vigencia mínima de cuatro meses, previa exhibición del documento original. En los términos fijados en la resolución del Ministro del Interior por la que se autorice la permanencia del interesado en España en los casos previstos en los artículos 37.b) y 46.3 de la Ley 12/2009, de 30 de octubre, se podrá eximir de este requisito.

b) En los casos en que se exija, contrato de trabajo firmado por el trabajador y el empresario, cuyos efectos estarán condicionados a la entrada en vigor de la autorización solicitada.

c) Documentación acreditativa de encontrarse en alguna de las situaciones a las que se refieren los artículos anteriores.

2. En particular, para acreditar que se reúnen las condiciones establecidas para los supuestos de arraigo, la documentación aportada deberá ajustarse a las siguientes exigencias:

a) En caso de que el interesado fuera mayor de edad penal, deberá aportar certificado de antecedentes penales o documento equivalente expedido por las autoridades del país o países en que haya residido durante los cinco años anteriores a su entrada en España, en el que no deberán constar condenas por delitos existentes en el ordenamiento español.

b) En los supuestos de arraigo social, se deberá presentar documentación acreditativa del grado de parentesco alegado o, en su caso, el correspondiente informe de arraigo. Igualmente, en caso de solicitarse la exención de la necesidad de contar con un contrato de trabajo, se deberá presentar documentación acreditativa de contar con medios económicos suficientes o, en su caso, del cumplimiento de los requisitos previstos en relación con la actividad por cuenta propia.

3. El órgano competente para resolver comprobará si con la solicitud se acompaña la documentación exigida y, si estuviera incompleta, formulará al solicitante el oportuno requerimiento a fin de que se subsanen los defectos observados en el plazo que se señale en la notificación, que no podrá ser superior a un mes, advirtiéndole que de no subsanarse los mismos en el indicado plazo se le tendrá por desistido de su solicitud y se procederá al archivo de su expediente, dictándose al efecto la oportuna resolución.

4. Asimismo, el órgano competente *podrá requerir la comparecencia del solicitante y mantener con él una entrevista personal.* Cuando se determine la celebración de la entrevista, en ella deberán estar presentes, al menos, dos representantes de la Administración, además del intérprete, en caso necesario, y quedará constancia de su contenido mediante un acta firmada por los presentes, de la que se entregará copia al interesado.

Inciso del número 4 del artículo 128 anulado por Sentencia TS (Sala 3.ª, Sección 3.ª) de 12 de marzo de 2013 («B.O.E.» 24 abril 2013).

Si los representantes de la Administración llegaran al convencimiento de que existen indicios suficientes para dudar de la identidad de las personas, de la validez de los documentos o de la veracidad de otras circunstancias en que se ha basado la solicitud, se recomendará la denegación de la autorización y se remitirá copia del acta al órgano competente para resolver. En caso de que surgieran dudas sobre el criterio a seguir, el órgano competente deberá elevar la consulta correspondiente a la Dirección General de Inmigración.

5. En los supuestos a los que se refiere el artículo 127, la competencia para su resolución corresponderá:

a) Al titular de la Secretaría de Estado de Seguridad cuando la autorización esté basada en la colaboración con las autoridades policiales, fiscales y judiciales y en los casos de seguridad nacional. A la solicitud basada en estos supuestos se acompañará el informe desde la jefatura correspondiente de las Fuerzas y Cuerpos de Seguridad, ya sean del Estado, ya sean de la Comunidad Autónoma, así como, en su caso, el de la autoridad fiscal o judicial, para acreditar las razones que la sustentan.

b) Al titular de la Secretaría de Estado de Inmigración y Emigración en los casos de colaboración con las demás autoridades administrativas y por razones de interés público.

6. La eficacia de la autorización concedida en el supuesto de arraigo del artículo 124.2 de este Reglamento estará condicionada a la posterior afiliación y alta del trabajador en la Seguridad Social en el plazo de un mes desde la notificación realizada al solicitante, salvo en el caso de que se haya eximido al interesado de la presentación de contrato de trabajo y siempre que los medios económicos no deriven de la realización de una actividad por cuenta propia. Cumplida la condición, la autorización comenzará su periodo de vigencia.

7. En el plazo de un mes desde la notificación de la concesión de la autorización de residencia temporal por circunstancias excepcionales o, en su caso, desde su entrada en vigor, el extranjero deberá solicitar personalmente la Tarjeta de Identidad de Extranjero ante la Oficina de Extranjería o la Comisaría de Policía correspondientes.

Artículo 129. *Autorización de trabajo del titular de una autorización de residencia temporal por circunstancias excepcionales.* 1. La concesión de la autorización de residencia temporal por circunstancias excepcionales por razones de arraigo llevará aparejada una autorización de trabajo en España durante la vigencia de aquélla, con excepción de la que se conceda a los menores de edad laboral, o en casos de exención del requisito de contar con contrato por contar con medios económicos que no deriven de la realización de una actividad por cuenta propia

En la misma situación se hallarán las personas a las que se refiere el artículo 125 de este Reglamento.

2. En los demás supuestos, el extranjero podrá solicitar, personalmente, la correspondiente autorización de trabajo ante el órgano competente para su tramitación. Dicha solicitud podrá presentarse de manera simultánea con la solicitud de autorización de residencia por circunstancias excepcionales o bien durante el periodo de vigencia de aquélla, y para su concesión será preciso cumplir:

a) De solicitarse una autorización de trabajo por cuenta ajena, los requisitos establecidos en los párrafos b), c), d), e) y f) del artículo 64.3.

b) De solicitarse una autorización de trabajo por cuenta propia, los requisitos previstos en el artículo 105.3.

Artículo 130. *Prórroga y cese de la situación de residencia temporal por circunstancias excepcionales.* 1. En virtud de su carácter excepcional, las autorizaciones concedidas con base en los artículos precedentes, así como sus prórrogas, tendrán una vigencia de un año, sin perjuicio de lo establecido en este artículo y en la normativa sobre protección internacional.

2. Los titulares de una autorización concedida por el titular de la Secretaría de Estado de Seguridad, o autoridad en quien delegue, podrán prorrogar la autorización siempre que se aprecie por las autoridades competentes que persisten las razones que motivaron su concesión. Solamente en el caso de que las autoridades concluyesen que han cesado las razones que motivaron su concesión, podrán solicitar una autorización de residencia o una autorización de residencia y trabajo de acuerdo con lo previsto en el artículo 202 de este Reglamento.

3. Los supuestos de autorizaciones por circunstancias excepcionales concedidas por los motivos recogidos en el artículo 125 se regirán para su renovación por la normativa sobre protección internacional aplicable.

4. En las autorizaciones concedidas por los demás supuestos, de conformidad con lo dispuesto por el artículo 202, los titulares de la autorización podrán solicitar una autorización de residencia o una autorización de residencia y trabajo, siempre y cuando cumplan los requisitos establecidos para su obtención, incluida la titularidad de las licencias o permisos administrativos imprescindibles para el puesto que se pretende ocupar.

5. Los extranjeros podrán solicitar la autorización de residencia temporal o de residencia temporal y trabajo o, cuando se haya previsto, la prórroga de la autorización por circunstancias excepcionales, durante los sesenta días naturales previos a la fecha de expiración de su autorización. La presentación de la solicitud en este plazo prorroga la validez de la autorización anterior hasta la resolución del procedimiento. También se prorrogará hasta la resolución del procedimiento en el supuesto en que la solicitud se presentase dentro de los noventa días naturales posteriores a la fecha en que hubiera finalizado la vigencia de la anterior autorización, sin perjuicio de la incoación del correspondiente procedimiento sancionador por la infracción en la que se hubiese incurrido.

CAPÍTULO II
RESIDENCIA TEMPORAL Y TRABAJO POR CIRCUNSTANCIAS EXCEPCIONALES DE MUJERES EXTRANJERAS VÍCTIMAS DE VIOLENCIA DE GÉNERO

Artículo 131. *Denuncia a favor de una mujer extranjera víctima de violencia de género.* Si al denunciarse una situación de violencia de género contra una mujer extranjera se pusiera de manifiesto su situación irregular, el expediente administrativo sancionador incoado por infracción del artículo 53.1.a) de la Ley Orgánica 4/2000, de 11 de enero, será inmediatamente suspendido por el instructor hasta la finalización del proceso penal. En caso de que el expediente sancionador no hubiera sido iniciado en el momento de presentación de la denuncia, la decisión sobre su incoación será pospuesta hasta la finalización del proceso penal.

La autoridad ante la que se hubiera presentado la denuncia informará inmediatamente a la mujer extranjera de las posibilidades que le asisten en el marco de este artículo, así como de los derechos que le asisten al amparo de la Ley Orgánica 1/2004, de 28 de diciembre, de Medidas de Protección Integral contra la Víctima de Violencia de Género.

Artículo 132. *Inicio del procedimiento relativo a la residencia temporal y trabajo de la mujer extranjera víctima de violencia de género.* 1. La mujer extranjera que se encuentre en la situación descrita en el artículo anterior podrá solicitar, ante la Oficina de Extranjería correspondiente, una autorización de residencia y trabajo por circunstancias excepcionales, por sí misma o a través de representante, desde el momento en que se haya dictado una orden de protección a su favor o emitido informe del Ministerio Fiscal en el que se aprecie la existencia de indicios de violencia de género.

2. En el momento de presentación de la solicitud, o en cualquier otro posterior a lo largo del proceso penal, la mujer extranjera, por sí misma o a través de representante, podrá solicitar una autorización de residencia por circunstancias excepcionales a favor de sus hijos menores de edad, o de residencia y trabajo por circunstancias excepcionales en caso de mayores de dieciséis años, que se encuentren en España en el momento de la denuncia.

3. La solicitud irá acompañada de la siguiente documentación:

a) Copia del pasaporte completo, o documento de viaje, en vigor, de la mujer extranjera y/o, en su caso, de sus hijos menores de edad. En su caso, este documento será sustituido por cédula de inscripción, en vigor.

b) En su caso, documento por el que se otorgue la representación legal en favor de la persona física que formule la solicitud.

c) Copia de la orden de protección o del informe del Ministerio Fiscal.

La tramitación de las solicitudes presentadas al amparo de este artículo tendrá carácter preferente.

Artículo 133. *Autorización provisional de residencia temporal y trabajo de la mujer extranjera víctima de violencia de género.* 1. Presentada la solicitud de autorización de residencia temporal y trabajo de la mujer víctima de violencia de género, el Delegado o Subdelegado del Gobierno competente concederá de oficio una autorización provisional de residencia y trabajo a favor de la mujer extranjera y, en su caso, autorizaciones de residencia o de residencia y trabajo provisionales a favor de sus hijos menores de edad o que tengan una discapacidad y no sean objetivamente capaces de proveer sus necesidades, siempre que exista una orden de protección a favor de la mujer extranjera o un informe del Ministerio Fiscal que aprecie la existencia de indicios de violencia de género.

2. Concedida la autorización provisional a favor de la mujer extranjera, ésta implicará la posibilidad de trabajar, por cuenta ajena o por cuenta propia, en cualquier ocupación, sector de actividad y ámbito territorial. La autorización provisional a favor de hijos mayores de dieciséis años tendrá el mismo alcance.

3. La autorización provisional tendrá eficacia desde el momento de su concesión. Su vigencia estará condicionada a la concesión o denegación de la autorización definitiva.

4. En el plazo de un mes desde su concesión, la titular de la autorización habrá de solicitar, personalmente y ante la Oficina de Extranjería o la Comisaría de Policía correspondientes, la Tarjeta de Identidad de Extranjero. Dicha tarjeta, que ten-

drá vigencia anual, hará constar que su titular está autorizada a residir y trabajar en España, pero no su carácter provisional ni su condición de víctima de violencia de género.

Las disposiciones previstas en este apartado serán de aplicación, en su caso, a las autorizaciones concedidas a favor de los hijos menores de edad o que tengan una discapacidad y no sean objetivamente capaces de proveer sus necesidades.

5. La Delegación o Subdelegación del Gobierno que haya concedido las autorizaciones provisionales informará de esta circunstancia a la autoridad judicial que esté conociendo del proceso penal.

Artículo 134. *Finalización del procedimiento relativo a la residencia temporal y trabajo de la mujer extranjera víctima de violencia de género.* Concluido el proceso penal, el Ministerio Fiscal lo pondrá en conocimiento de la Oficina de Extranjería y a la Comisaría de Policía correspondientes, a los siguientes efectos:

1. De haber concluido con sentencia condenatoria o resolución judicial de la que se deduzca que la mujer ha sido víctima de violencia de género, a los efectos de:

a) Si se hubiera solicitado la autorización de residencia y trabajo, la concesión de ésta por el Delegado o Subdelegado del Gobierno competente y su notificación, en el plazo máximo de veinte días desde que a la Oficina de Extranjería le conste la sentencia.

La duración de la autorización será de cinco años. Ello, sin perjuicio de la posibilidad de su titular de acceder en el curso de éstos a la situación de residencia de larga duración, previa solicitud, a cuyo efecto se computará, en su caso, el tiempo durante el que hubiera sido titular de una autorización provisional concedida en base al artículo anterior.

En el plazo de un mes desde su concesión, la titular de la autorización habrá de solicitar, personalmente y ante la Oficina de Extranjería o la Comisaría de Policía correspondientes, la Tarjeta de Identidad de Extranjero. Dicha tarjeta hará constar que su titular está autorizada a residir y trabajar en España, pero no su condición de víctima de violencia de género.

Las disposiciones previstas en este apartado serán de aplicación, en su caso, a las autorizaciones solicitadas a favor de los hijos menores de edad o que tengan una discapacidad y no sean objetivamente capaces de proveer sus necesidades.

b) Si no se hubiera solicitado la autorización de residencia y trabajo, el Ministerio Fiscal informará a la mujer extranjera sobre la posibilidad que le asiste en base al presente artículo de solicitar una autorización de residencia temporal y trabajo a su favor, así como autorizaciones de residencia temporal o de residencia temporal y trabajo a favor de sus hijos menores de edad o que tengan una discapacidad y no sean objetivamente capaces de proveer sus necesidades.

Igualmente, le informarán de que dispone de un plazo de seis meses desde la fecha en la que le haya sido notificada la sentencia, para la presentación de la solicitud o solicitudes.

El procedimiento relativo a la solicitud de autorización será tramitado en los términos previstos en el artículo 132. La autorización que, en su caso, se conceda, tendrá los efectos y vigencia previstos en la letra anterior. Ello también será de aplicación a solicitudes presentadas a favor de los hijos menores de edad o que tengan una discapacidad y no sean objetivamente capaces de proveer sus necesidades.

c) La concesión de una autorización de residencia y trabajo por circunstancias excepcionales de acuerdo con lo previsto en este apartado supondrá el archivo del procedimiento sancionador que pudiera existir con la mujer extranjera víctima de violencia de género.

2. De haber concluido con sentencia no condenatoria o resolución judicial de la que no se deduzca que la mujer ha sido víctima de violencia de género, a los efectos de:

a) Si se hubiera solicitado la autorización de residencia y trabajo en base a lo dispuesto en el artículo 132, la denegación de la autorización. En su caso, la denegación de las solicitudes presentadas a favor de los hijos menores de edad o que tengan una discapacidad y no sean objetivamente capaces de proveer sus necesidades.

b) La automática pérdida de eficacia de la autorización provisional que se hubiera podido conceder, cuya titularidad no podrá ser alegada de cara a la obtención de la condición de residente de larga duración. Esta previsión será de aplicación, en su caso, a las autorizaciones provisionales de los hijos menores de edad o que tengan una discapacidad y no sean objetivamente capaces de proveer sus necesidades.

c) El inicio o la continuación del procedimiento sancionador en materia de extranjería inicialmente no incoado o suspendido, y su tramitación y resolución de acuerdo con lo previsto en el título III de la Ley Orgánica 4/2000.

CAPÍTULO III
RESIDENCIA TEMPORAL Y TRABAJO POR CIRCUNSTANCIAS EXCEPCIONALES POR COLABORACIÓN CONTRA REDES ORGANIZADAS

Artículo 135. *Exención de responsabilidad.* 1. De conformidad con el artículo 59 de la Ley Orgánica 4/2000, de 11 de enero, la autoridad con la que esté colaborando un extranjero que se encuentre irregularmente en España y sea víctima, perjudicado o testigo de un acto de tráfico ilícito de seres humanos, inmigración ilegal, explotación laboral o de tráfico ilícito de mano de obra o de explotación en la prostitución abusando de su situación de necesidad, remitirá informe sobre dicha colaboración al órgano administrativo competente para la instrucción del expediente sancionador, a los efectos de que pueda proponer al Delegado o Subdelegado competente la exención de responsabilidad de éste en relación con la infracción del artículo 53.1.a) de la Ley Orgánica 4/2000, de 11 de enero.

2. Será competente para determinar la exención de responsabilidad del extranjero el Delegado o Subdelegado del Gobierno en la provincia en la que se hubiera incoado el procedimiento administrativo sancionador en materia de extranjería.

3. En el marco de la decisión sobre la exención de responsabilidad del extranjero, el Delegado o Subdelegado del Gobierno decidirá igualmente sobre la suspensión temporal del procedimiento sancionador incoado o de la ejecución de la medida de expulsión o devolución que ya hubiera sido acordada.

4. De no determinarse la exención de responsabilidad, se decidirá la continuación del procedimiento sancionador o la ejecución de la medida de expulsión o devolución suspendida.

Artículo 136. *Autorización de residencia y trabajo por colaboración con autoridades administrativas no policiales.* 1. Determinada, en su caso, la exención de responsabilidad, la autoridad que hubiera dictado la resolución en tal sentido informará al extranjero de la posibilidad que le asiste de presentar una solicitud de autorización de residencia y trabajo por circunstancias excepcionales, dirigida al titular de la Secretaría de Estado de Inmigración y Emigración, si la colaboración contra redes organizadas se produce con autoridades administrativas no policiales.

2. La solicitud de autorización, que será presentada ante la Delegación o Subdelegación del Gobierno que hubiera determinado la exención de responsabilidad, podrá ser presentada por el extranjero personalmente o a través de representante.

La solicitud irá acompañada de la siguiente documentación:

a) Copia del pasaporte completo, o documento de viaje, en vigor, del extranjero. En su caso, este documento será sustituido por cédula de inscripción, en vigor.

b) En su caso, documento público por el que se otorgue la representación legal en favor de la persona física que formule la solicitud.

3. La Delegación o Subdelegación del Gobierno dará traslado inmediato de la solicitud a la Secretaría de Estado de Inmigración y Emigración para su resolución, adjuntado informe sobre el sentido de la resolución y el informe emitido por la autoridad con la que hubiese colaborado.

4. La remisión de la solicitud de autorización de residencia y trabajo por circunstancias excepcionales, en caso de incluir informe favorable a la concesión de ésta, supondrá la concesión de autorización provisional de residencia y trabajo por el Delegado o Subdelegado del Gobierno, para la cual no será necesario que el interesado presente una nueva solicitud.

5. El Delegado o Subdelegado del Gobierno notificará al interesado que la propuesta de inicio de oficio del procedimiento ha sido realizada y la concesión o no de la autorización provisional de residencia y trabajo.

6. Concedida, en su caso, la autorización provisional, ésta implicará la posibilidad de trabajar, por cuenta ajena o por cuenta propia, en cualquier ocupación, sector de actividad y ámbito territorial.

La autorización provisional tendrá eficacia desde el momento de la notificación de su concesión y hasta que se dicte resolución sobre la solicitud de autorización definitiva.

En el plazo de un mes desde su concesión, el titular de la autorización provisional habrá de solicitar, personalmente y ante la Oficina de Extranjería o Comisaría de Policía correspondientes, la Tarjeta de Identidad de Extranjero. Dicha tarjeta hará constar que su titular está autorizado a residir y trabajar en España, pero no su carácter provisional ni su condición de colaborador en actuaciones contra redes organizadas.

La Tarjeta de Identidad de Extranjero será renovable con carácter anual.

7. Resuelto favorablemente, en su caso, el procedimiento sobre la autorización definitiva, por el titular de la Secretaría de Estado de Inmigración y Emigración, la autorización de residencia y trabajo tendrá vigencia de cinco años e implicará la posibilidad de trabajar, por cuenta ajena o por cuenta propia, en cualquier ocupación, sector de actividad y ámbito territorial.

Ello, sin perjuicio de la posibilidad de su titular de acceder en el curso de éstos a la situación de residencia de larga duración, previa solicitud, a cuyo efecto se computará, en su caso, el tiempo durante el que hubiera sido titular de una autorización provisional concedida en base a este artículo.

En el plazo de un mes desde su concesión, su titular habrá de solicitar, personalmente y ante la Oficina de Extranjería o la Comisaría de Policía correspondientes, la Tarjeta de Identidad de Extranjero. Dicha tarjeta hará constar que su titular está autorizado a residir y trabajar en España, pero no su condición de colaborador contra redes organizadas.

8. La denegación de la autorización de residencia y trabajo, que será notificada al interesado a través de la Delegación o Subdelegación del Gobierno que hubiera declarado la exención de responsabilidad, supondrá la pérdida de vigencia de la autorización provisional que se hubiera podido conceder, sin necesidad de pronunciamiento administrativo expreso. En este caso, la titularidad de la autorización provisional no podrá ser alegada de cara a la obtención de la condición de residente de larga duración.

9. El apartado anterior será entendido sin perjuicio de la posibilidad de que el extranjero inicie un procedimiento de solicitud de autorización de residencia por circunstancias excepcionales, alegando la concurrencia de un supuesto distinto al previsto en el artículo 59 de la Ley Orgánica 4/2000.

Artículo 137. *Autorización de residencia y trabajo por colaboración con autoridades administrativas policiales, fiscales o judiciales.* 1. Determinada, en su caso, la exención de responsabilidad, la autoridad que hubiera dictado la resolución en tal sentido informará al extranjero de la posibilidad que le asiste de presentar una solicitud de autorización de residencia y trabajo por circunstancias excepcionales, dirigida al titular de la Secretaría de Estado de Seguridad, si la colaboración contra redes organizadas se produce con autoridades policiales, fiscales o judiciales.

2. La solicitud de autorización se presentará por el extranjero ante la correspondiente unidad policial de extranjería, personalmente o a través de representante.

La solicitud irá acompañada de la siguiente documentación:

a) Copia del pasaporte completo, o documento de viaje, en vigor, del extranjero. En su caso, este documento será sustituido por cédula de inscripción, en vigor.

b) En su caso, documento público por el que se otorgue la representación legal en favor de la persona física que formule la solicitud.

3. La unidad policial de extranjería dará traslado inmediato de la solicitud, junto con el informe emitido por la autoridad con la que hubiese colaborado y el informe de la propia unidad policial sobre el sentido de la resolución, a la Comisaría General de Extranjería y Fronteras, que formulará propuesta a la Secretaría de Estado de Seguridad para su resolución.

La unidad policial notificará al interesado que la propuesta de inicio de oficio del procedimiento ha sido realizada.

4. En caso de que el informe de la unidad policial de extranjería fuese favorable a la concesión de la autorización, la remisión de la solicitud a la Comisaría General de Extranjería y Fronteras, conforme a lo dispuesto en el apartado anterior, supondrá la concesión de autorización provisional de residencia y trabajo.

5. La unidad policial de extranjería notificará al interesado la concesión o no de la autorización provisional de residencia y trabajo.

6. Concedida, en su caso, la autorización provisional, ésta implicará la posibilidad de trabajar, por cuenta ajena o por cuenta propia, en cualquier ocupación, sector de actividad y ámbito territorial.

La autorización provisional tendrá eficacia desde el momento de la notificación de su concesión y hasta que se dicte resolución sobre la solicitud de autorización definitiva. En el plazo de un mes desde su concesión, el titular de la autorización provisional habrá de solicitar, personalmente y ante la Oficina de Extranjería o Comisaría de Policía correspondientes, la Tarjeta de Identidad de Extranjero. Dicha tarjeta hará constar que su titular está autorizado a residir y trabajar en España, pero no su carácter provisional ni su condición de colaborador en actuaciones contra redes organizadas. La Tarjeta de Identidad de Extranjero será renovable con carácter anual.

7. Resuelto favorablemente, en su caso, el procedimiento sobre la autorización definitiva, por el titular de la Secretaría de Estado de Seguridad, la autorización de residencia y trabajo tendrá vigencia de cinco años e implicará la posibilidad de trabajar, por cuenta ajena o por cuenta propia, en cualquier ocupación, sector de actividad y ámbito territorial.

Ello, sin perjuicio de la posibilidad de su titular de acceder en el curso de éstos a la situación de residencia de larga duración, previa solicitud, a cuyo efecto se computará, en su caso, el tiempo durante el que hubiera sido titular de una autorización provisional concedida en base a este artículo.

En el plazo de un mes desde su concesión, su titular habrá de solicitar, personalmente y ante la Oficina de Extranjería o Comisaría de Policía competentes, la Tarjeta de Identidad de Extranjero. Dicha tarjeta hará constar que su titular está autorizado a residir y trabajar en España, pero no su condición de colaborador contra redes organizadas.

8. La denegación de la autorización de residencia y trabajo, que será notificada al interesado y comunicada a la Delegación o Subdelegación del Gobierno que hubiera declarado la exención de responsabilidad, supondrá la pérdida de vigencia de la autorización provisional que se hubiera podido conceder, sin necesidad de pro-

nunciamiento administrativo expreso. En este caso, la titularidad de la autorización provisional no podrá ser alegada de cara a la obtención de la condición de residente de larga duración.

9. El apartado anterior será entendido sin perjuicio de la posibilidad de que el extranjero inicie un procedimiento de solicitud de autorización de residencia por circunstancias excepcionales, alegando la concurrencia de un supuesto distinto al previsto en el artículo 59 de la Ley Orgánica 4/2000.

Artículo 138. *Retorno asistido al país de procedencia del extranjero.* 1. Sin perjuicio de lo que las autoridades competentes en el marco de la investigación contra redes organizadas pudieran determinar sobre su necesaria permanencia en territorio español, de acuerdo con la normativa aplicable a su colaboración en dicha investigación o procedimiento, el extranjero, una vez declarada su exención de responsabilidad, podrá solicitar el retorno asistido a su país de procedencia.

2. El extranjero podrá presentar dicha solicitud, dirigida a la Secretaría de Estado de Inmigración y Emigración, ante la Delegación o Subdelegación del Gobierno que hubiera determinado la exención de su responsabilidad.

La Secretaría de Estado de Inmigración y Emigración facilitará la gestión y asistencia del retorno voluntario. En todo caso, el retorno asistido comprenderá la evaluación, previa a la partida, de los riesgos y la seguridad, el transporte, así como la asistencia en el punto de partida, tránsito y destino.

3. En caso de que se hubiera determinado la necesaria permanencia del extranjero en España en relación con su colaboración en la investigación contra redes organizadas, se dará trámite a la solicitud de retorno asistido tan pronto como desaparezcan las causas que determinan su obligada permanencia en territorio español.

Artículo 139. *Extranjeros menores de edad.* En la aplicación de las previsiones de este capítulo a extranjeros menores de edad las actuaciones realizadas estarán en todo momento sometidas a la consecución del interés superior del menor, estableciéndose medidas de protección específicas.

CAPÍTULO IV
RESIDENCIA TEMPORAL Y TRABAJO POR CIRCUNSTANCIAS EXCEPCIONALES DE EXTRANJEROS VÍCTIMAS DE TRATA DE SERES HUMANOS

Artículo 140. *Coordinación de las actuaciones.* Las Secretarías de Estado de Inmigración y Emigración, de Justicia, de Seguridad y de Igualdad impulsarán la adopción de un protocolo marco de protección de víctimas de trata de seres humanos en el que se establezcan las bases de coordinación y actuación de las instituciones y administraciones con competencias relacionadas con este capítulo.

En el citado protocolo se recogerá el ámbito y forma de participación de las organizaciones no gubernamentales, fundaciones u otras asociaciones de carácter no lucrativo que, por su objeto, estén especializadas en la acogida y/o protección de las víctimas de trata de seres humanos y que participen en los programas desarrollados por las administraciones públicas para la asistencia y protección de las mismas.

Las previsiones establecidas en el artículo 140 serán igualmente de aplicación a las víctimas potenciales de trata de seres humanos nacionales de un Estado miembro de la Unión Europea o incluidas en el ámbito subjetivo de aplicación del régimen comunitario de extranjería, conforme establece la Disposición adicional única del presente R.D. 557/2011, de 20 de abril.

Artículo 141. *Identificación de las potenciales víctimas no comunitarias de trata de seres humanos.* 1. Cualquiera que tenga noticia de la existencia de una posible víctima de trata de seres humanos informará inmediatamente de esta circunstancia a la autoridad policial competente para la investigación del delito o a la Delegación o Subdelegación de Gobierno de la provincia donde la potencial victima se encuentre, que activarán sin dilación alguna las previsiones del presente artículo.

De oficio, a instancia de parte, o por orden del Delegado o Subdelegado del Gobierno, las autoridades policiales, tan pronto tengan indicios razonables de la existencia de una potencial victima de trata de seres humanos extranjera en situación irregular, le informarán fehacientemente y por escrito, en un idioma que le resulte comprensible, de las previsiones establecidas en el artículo 59 bis de la Ley Orgánica 4/2000, de 11 de enero, y en este Reglamento. Igualmente, garantizarán que la misma conozca la posibilidad que le asiste de ser derivada a las autoridades autonómicas o municipales competentes en materia de asistencia social y sanitaria.

2. La identificación de la víctima se realizará por las autoridades policiales con formación específica en la investigación de la trata de seres humanos y en la identificación de sus víctimas.

Cuando la identificación exija la toma de declaración de la víctima potencial de trata, se hará mediante entrevista personal realizada en condiciones adecuadas a las circunstancias personales de la víctima, asegurando la ausencia de personas del entorno de los explotadores, y, en la medida en que sea posible, la prestación del debido apoyo jurídico, psicológico y asistencial.

Se recabará toda la información disponible que pueda servir para la identificación de la posible víctima y las organizaciones dedicadas a la promoción y defensa de los derechos de las personas víctimas de trata podrán aportar cuanta información consideren relevante a estos efectos. En aras de la protección de la integridad de la misma tal información tendrá carácter reservado

Durante toda esta fase de identificación, el expediente sancionador o, en su caso, la expulsión o devolución acordada quedarán inmediatamente suspendidos y la autoridad policial competente, si fuera necesario, velará por la seguridad y protección de la potencial víctima.

Artículo 142. *Periodo de restablecimiento y reflexión.* 1. Cuando la identificación haya sido efectuada por las unidades de extranjería, éstas elevarán, en el plazo máximo de cuarenta y ocho horas y previa conformidad de la víctima, la correspondiente propuesta sobre la concesión del periodo de restablecimiento y reflexión a la Delegación o Subdelegación del Gobierno de la provincia donde se hubiere realizado la identificación. La propuesta será favorable cuando estime que existen motivos razonables para creer que el extranjero es víctima potencial de trata de seres humanos y, en tal caso, incluirá la duración del periodo de reflexión, que será de al menos treinta días y, en todo caso, suficiente para que el extranjero pueda restablecerse y decidir si desea cooperar con las autoridades en la investigación del delito y, en su caso, en el procedimiento penal.

La propuesta irá acompañada del expediente completo, informe de la autoridad policial sobre la situación administrativa y personal de la misma, así como de otros que pudieran obrar en el procedimiento y, especialmente, los procedentes de organizaciones dedicadas a la promoción y defensa de los derechos de las personas víctimas de trata que se hubieran aportado en éste.

2. Cuando la víctima haya sido identificada por otras autoridades policiales, éstas remitirán, con la mayor brevedad, a la unidad de extranjería del lugar donde se hubiera realizado la identificación, un informe motivado sobre la existencia de indicios razonables de que la persona podría ser víctima de trata de seres humanos, junto con la solicitud de establecimiento del periodo de reflexión y toda la información y documentación de interés para resolver sobre su concesión.

La unidad de extranjería competente procederá conforme a lo previsto en el apartado 1 de este artículo.

3. El Delegado o Subdelegado competente resolverá sobre la propuesta de concesión del periodo de restablecimiento y reflexión y sobre su duración en el plazo máximo de cinco días, transcurrido el cual el periodo se entenderá concedido por la duración reseñada en la propuesta. No obstante, si en el momento de elevarse a la Delegación o Subdelegación de Gobierno la propuesta favorable la víctima se encontrara ingresada en un Centro de Internamiento de Extranjeros, la resolución deberá realizarse en el plazo de veinticuatro horas.

Los plazos establecidos en este apartado serán computados desde la fecha de recepción de la propuesta en la Delegación o Subdelegación del Gobierno competente.

4. La resolución sobre el periodo de restablecimiento y reflexión será notificada a la persona interesada, de manera inmediata y por el medio más rápido, por la Delegación o Subdelegación del Gobierno, directamente o a través de la autoridad policial que hubiera realizado la propuesta de concesión, a la que en cualquier caso se dará conocimiento de la resolución. Si dicha autoridad policial no fuera la misma que inició la investigación, la resolución será igualmente comunicada a esta última, así como a la que tenga a la víctima bajo su custodia.

5. La resolución, de ser favorable, hará mención expresa, entre otros extremos, a la decisión de suspender temporalmente el procedimiento sancionador que hubiera sido incoado o la ejecución de la medida de expulsión o devolución que hubiera sido acordada en relación con la infracción prevista en el artículo 53.1.a) de la Ley Orgánica 4/2000, de 11 de enero. Igualmente, supondrá la propuesta a la autoridad judicial competente de la puesta en libertad del extranjero en caso de que se hubiera acordado la medida cautelar de su ingreso en un Centro de Internamiento de Extranjeros.

En caso de que el procedimiento sancionador o la medida de expulsión o devolución suspendida fuera competencia de otro Delegado o Subdelegado del Gobierno, se le dará comunicación de la resolución de concesión del periodo de restablecimiento y reflexión, a los efectos que procedan en virtud de lo establecido en el párrafo anterior.

6. La resolución por la que, en su caso, se conceda el periodo de restablecimiento y reflexión autorizará la estancia del extranjero en territorio español por la duración que se haya determinado para éste.

7. Durante el periodo de restablecimiento y reflexión, la autoridad policial competente, de acuerdo con los criterios establecidos en el Protocolo previsto en el artículo 140, velará por la seguridad y protección de la persona. Igualmente, garantizará que la misma conozca la posibilidad que le asiste de ser derivada a las autoridades autonómicas o municipales competentes en materia de asistencia social.

Artículo 143. *Exención de responsabilidad.* 1. La autoridad con la que la víctima de trata de seres humanos estuviera colaborando en el marco de la investigación del delito o del procedimiento penal, podrá proponer al Delegado o Subdelegado competente la exención de responsabilidad de la misma en relación con la infracción del artículo 53.1.a) de la Ley Orgánica 4/2000, de 11 de enero.

Sin perjuicio de lo anterior, y en atención a la situación personal de la víctima, el Delegado o Subdelegado del Gobierno podrá determinar de oficio la exención de responsabilidad.

2. De determinarse la no exención de responsabilidad, se levantará la suspensión del procedimiento sancionador o de la ejecución de la medida de expulsión o devolución.

En caso de que el procedimiento sancionador o la medida expulsión o devolución suspendida fuera competencia de otro Delegado o Subdelegado del Gobierno, se le dará comunicación de lo decidido sobre la exención de responsabilidad del extranjero a los efectos de archivar el procedimiento, de continuarlo o de revocar la medida de expulsión o devolución decretada.

3. Sin perjuicio de lo previsto en el apartado anterior, la continuación del procedimiento sancionador estará igualmente condicionada, en caso de que el extranjero inicie un procedimiento de solicitud de autorización de residencia por circunstancias excepcionales, alegando la concurrencia de un supuesto distinto al previsto en el artículo 59bis de la Ley Orgánica 4/2000, a la resolución del mismo.

Artículo 144. *Autorización de residencia y trabajo.* 1. Determinada, en su caso, la exención de responsabilidad, el órgano que hubiera dictado la resolución en tal sentido informará al extranjero de la posibilidad que le asiste de presentar una solicitud de autorización de residencia y trabajo por circunstancias excepcionales, dirigida al titular de la Secretaría de Estado de Seguridad o de la Secretaría de Estado de Inmigración y Emigración, en función de que la motivación resida, respectivamente, en la colaboración de la víctima en la investigación del delito o en su situación personal.

De haberse determinado la exención de responsabilidad en base a una doble concurrencia de las circunstancias citadas, se le informará de la posibilidad que le asiste de iniciar sendos procedimientos de solicitud de autorización de residencia y trabajo por circunstancias excepcionales.

2. La solicitud de autorización, que será presentada ante la Delegación o Subdelegación del Gobierno que hubiera determinado la exención de responsabilidad, podrá ser presentada por el extranjero personalmente o a través de representante.

Salvo concurrencia de lo previsto en el párrafo segundo del artículo 59bis.4 de la Ley Orgánica 4/2000, de 11 de enero, la solicitud irá acompañada de la siguiente documentación:

a) Copia del pasaporte completo, o título de viaje, en vigor, del extranjero. En su caso, este documento será sustituido por cédula de inscripción, en vigor.

b) En su caso, documento público por el que se otorgue la representación legal en favor de la persona física que formule la solicitud.

3. La Delegación o Subdelegación del Gobierno dará traslado inmediato de la solicitud a la Secretaría de Estado competente para su resolución, adjuntado informe sobre la situación administrativa y personal del extranjero y sobre el sentido de la resolución.

En caso de que, de acuerdo con lo previsto en el apartado 1 de este artículo, el extranjero hubiera presentado dos solicitudes de autorización de residencia por circunstancias excepcionales de acuerdo con lo previsto en este capítulo, la Delegación o Subdelegación del Gobierno, en los correspondientes traslados a las Secretarías de Estado competentes, harán constar la existencia de los dos procedimientos.

4. La remisión de la solicitud de autorización de residencia y trabajo por circunstancias excepcionales, en caso de incluir informe favorable a la concesión de ésta, supondrá la concesión de autorización provisional de residencia y trabajo por el Delegado o Subdelegado del Gobierno, para la cual no será necesario que el interesado presente una nueva solicitud.

La Delegación o Subdelegación del Gobierno comunicará al interesado el traslado de la solicitud a la Secretaría de Estado competente para su resolución y le notificará la concesión o no de la autorización provisional de residencia y trabajo.

La autorización provisional implicará la posibilidad de trabajar, por cuenta ajena o por cuenta propia, en cualquier ocupación, sector de actividad y ámbito territorial, y tendrá eficacia desde el momento de la notificación de su concesión y hasta que se dicte resolución sobre la solicitud de autorización realizada.

En el plazo de un mes desde su concesión, el titular de la autorización provisional habrá de solicitar, personalmente y ante la Oficina de Extranjería o la Comisaría de Policía correspondientes, la Tarjeta de Identidad de Extranjero. Dicha tarjeta hará constar que su titular está autorizado a residir y trabajar en España, pero no su carácter provisional ni su condición de víctima de trata de seres humanos.

La Tarjeta de Identidad de Extranjero será renovable con carácter anual.

5. Resuelto favorablemente el procedimiento sobre la autorización definitiva por el titular de la Secretaría de Estado competente, la autorización de residencia y trabajo tendrá vigencia de cinco años e implicará la posibilidad de trabajar, por cuenta ajena o por cuenta propia, en cualquier ocupación, sector de actividad y ámbito territorial. Ello, sin perjuicio de la posibilidad de su titular de acceder en el curso de éstos a la situación de residencia de larga duración, previa solicitud, a cuyo efecto se computará, en su caso, el tiempo durante el que hubiera sido titular de una autorización provisional concedida en base a este artículo.

En el plazo de un mes desde su concesión, su titular habrá de solicitar, personalmente y ante la Oficina de Extranjería o la Comisaría de Policía correspondientes, la Tarjeta de Identidad de Extranjero. Dicha tarjeta hará constar que su titular está autorizado a residir y trabajar en España, pero no su condición de víctima de trata de seres humanos.

6. La denegación de la autorización de residencia y trabajo supondrá la pérdida de vigencia de la autorización provisional que se hubiera podido conceder, sin necesidad de pronunciamiento administrativo expreso. En este caso, la titularidad de la autorización provisional no podrá ser alegada de cara a la obtención de la condición de residente de larga duración.

7. El apartado anterior será entendido sin perjuicio de la posibilidad de que el extranjero inicie un procedimiento de solicitud de autorización de residencia por circunstancias excepcionales, alegando la concurrencia de un supuesto distinto al previsto en el artículo 59 bis de la Ley Orgánica 4/2000.

8. El contenido de este precepto no afectará al derecho que asiste al extranjero de solicitar y disfrutar de protección internacional.

Artículo 145. *Retorno asistido al país de procedencia.* 1. El extranjero podrá solicitar el retorno asistido a su país de procedencia en cualquier momento desde que sean apreciados motivos razonables sobre su posible condición de víctima de trata de seres humanos, sin perjuicio de lo que las autoridades competentes en el marco de la investigación del delito o del procedimiento penal pudieran determinar sobre su necesaria permanencia en territorio español de acuerdo con la normativa aplicable a su participación en dicha investigación o procedimiento,

2. Dicha solicitud, dirigida a la Secretaría de Estado de Inmigración y Emigración, podrá ser presentada ante cualquiera de las autoridades competentes en el marco de los procedimientos regulados en este capítulo.

La Secretaría de Estado de Inmigración y Emigración facilitará la gestión y asistencia del retorno voluntario atendiendo a lo establecido en el artículo 16 del Convenio del Consejo de Europa sobre la lucha contra la trata de seres humanos. En todo caso, el retorno asistido comprenderá la evaluación, previa a la partida, de los riesgos y la seguridad, el transporte, así como la asistencia en los puntos de partida, tránsito y destino.

3. En caso de que se hubiera determinado la necesidad de que el extranjero permanezca en España en virtud de lo previsto en el apartado 1 de este artículo, la solicitud de retorno asistido será tramitada tan pronto desaparezcan las causas que determinan su obligada permanencia en territorio español.

Artículo 146. *Extranjeros menores de edad víctimas de trata de seres humanos.* 1. En caso de que fuera determinada la minoría de edad de la víctima de trata de seres humanos, las actuaciones que deban realizarse en virtud de lo dispuesto en este capítulo velarán en todo momento por la preservación del interés superior del menor.

2. La institución pública responsable de la tutela legal de la víctima menor de edad o el Ministerio Fiscal podrán proponer la derivación del menor hacia recursos

específicos para víctimas de trata de seres humanos, por razones de protección o de asistencia especializada.

3. En cualquier caso, los recursos específicos para víctimas de trata de seres humanos deberán garantizar la separación entre menores y mayores de edad.

TÍTULO VI
RESIDENCIA DE LARGA DURACIÓN

CAPÍTULO I
RESIDENCIA DE LARGA DURACIÓN

Artículo 147. *Definición.* Se halla en situación de residencia de larga duración el extranjero que haya sido autorizado a residir y trabajar en España indefinidamente en las mismas condiciones que los españoles.

Artículo 148. *Supuestos.* 1. Tendrán derecho a obtener una autorización de residencia de larga duración los extranjeros que hayan residido legalmente y de forma continuada en el territorio español durante cinco años.

Igualmente, tendrán derecho a obtener dicha autorización los extranjeros que acrediten haber residido durante ese periodo de forma continuada en la Unión Europea, en calidad de titulares de una Tarjeta azul-UE, siempre que en los dos años inmediatamente anteriores a la solicitud dicha residencia se haya producido en territorio español.

2. La continuidad a que se refiere el apartado anterior no quedará afectada por ausencias del territorio español de hasta seis meses continuados, siempre que la suma de éstas no supere el total de diez meses dentro de los cinco años referidos en el apartado 1, salvo que las correspondientes salidas se hubieran efectuado de manera irregular.

En caso de ausencias por motivos laborales, la continuación de la residencia no quedará afectada por ausencias del territorio español de hasta seis meses continuados, siempre que la suma de éstas no supere el total de un año dentro de los cinco años requeridos.

En el caso de solicitud de una autorización de residencia de larga duración en base a lo previsto en el segundo párrafo del apartado anterior, la continuidad de la residencia como titular de una Tarjeta azul-UE no quedará afectada por ausencias de la Unión Europea de hasta doce meses continuados, siempre que la suma de éstas no supere el total de dieciocho meses dentro de los cinco años de residencia requeridos.

3. La autorización de residencia de larga duración también se concederá a los extranjeros que acrediten que se encuentran en cualquiera de los siguientes supuestos:

a) Residentes que sean beneficiarios de una pensión de jubilación, en su modalidad contributiva, incluida dentro de la acción protectora del sistema español de la Seguridad Social.

b) Residentes que sean beneficiarios de una pensión de incapacidad permanente absoluta o de gran invalidez, en su modalidad contributiva, incluida dentro de la acción protectora del sistema español de la Seguridad Social o de prestaciones análogas a las anteriores obtenidas en España y consistentes en una renta vitalicia, no capitalizable, suficiente para su sostenimiento.

c) Residentes que hayan nacido en España y, al llegar a la mayoría de edad, hayan residido en España de forma legal y continuada durante, al menos, los tres años consecutivos inmediatamente anteriores a la solicitud.

d) Extranjeros que hayan sido españoles de origen y hayan perdido la nacionalidad española.

e) Residentes que al llegar a la mayoría de edad hayan estado bajo la tutela de una entidad pública española durante los cinco años inmediatamente anteriores de forma consecutiva.

f) Apátridas, refugiados o beneficiarios de protección subsidiaria que se encuentren en territorio español y a quienes se les haya reconocido el respectivo estatuto en España.

g) Extranjeros que hayan contribuido de forma notoria al progreso económico, científico o cultural de España, o a la proyección de España en el exterior. En estos supuestos, corresponderá al titular del Ministerio de Trabajo e Inmigración la concesión de la autorización de residencia de larga duración, previo informe del titular del Ministerio del Interior.

Artículo 149. *Procedimiento.* 1. Los extranjeros que se encuentren en territorio español y se hallen en alguno de los supuestos recogidos en el artículo anterior deberán dirigir su solicitud, en modelo oficial, a la Oficina de Extranjería de la provincia donde residan o, en el caso de que no se requiera la condición previa de residente en España, donde deseen fijar su residencia.

Los extranjeros que no se encuentren en territorio nacional deberán presentar personalmente la solicitud ante la oficina diplomática o consular en cuya demarcación residan, que dará traslado a la Oficina de Extranjería competente para su resolución.

La solicitud de autorización de residencia de larga duración basada en el supuesto previsto en el apartado 3.g) del artículo anterior no será presentada por el interesado, sino instada de oficio por la Dirección General de Inmigración, previa recepción de propuesta en dicho sentido de una autoridad pública con competencias relacionadas con el mérito que fundamenta la petición, acompañada de la documentación acreditativa de dicho mérito.

2. La solicitud deberá acompañarse de la siguiente documentación:

a) Copia del pasaporte completo en vigor o título de viaje, reconocido como válido en España, previa exhibición del documento original.

b) Impreso acreditativo del abono de la tasa por tramitación del procedimiento.

c) En caso de solicitudes fundamentadas en periodos de residencia previos, informe emitido por las autoridades competentes que acredite la escolarización de los menores a su cargo, en edad de escolarización obligatoria.

d) En su caso, documentación acreditativa de los periodos de residencia previa, como titular de una Tarjeta azul-UE, en otros Estados miembros de la Unión Europea.

e) En su caso, documentación acreditativa de encontrarse en alguno de los supuestos previstos en el artículo 148.3, apartados c) a f).

f) En su caso, certificado de antecedentes penales o documento equivalente expedido por las autoridades del país de origen o del país o países en que haya residido durante los últimos cinco años, en el que no debe constar condenas por delitos previstos en el ordenamiento español.

3. Recibida la solicitud, la Oficina de Extranjería comprobará los tiempos de residencia previos en territorio español y recabará de oficio el correspondiente certificado de antecedentes penales en España, así como aquellos informes que estime pertinentes para la tramitación y resolución del procedimiento, lo que incluirá, en su caso, recabar de oficio los informes que acrediten que la persona se encuentra incluida en los supuestos previstos en los apartados a) y b) del artículo 148.3.

Por otro lado, en caso de que a partir de la documentación presentada junto a la solicitud no quede acreditada la escolarización de los menores en edad de escolarización obligatoria que estén a cargo del solicitante, la Oficina de Extranjería pondrá esta circunstancia en conocimiento de las autoridades educativas competentes, y advertirá expresamente y por escrito al extranjero solicitante de que en caso de no producirse la escolarización y presentarse el correspondiente informe en el plazo de treinta días, la autorización no será concedida.

4. En el plazo máximo de tres meses desde la recepción de la solicitud, el órgano competente resolverá.

5. Concedida, en su caso, la autorización de residencia de larga duración, el extranjero deberá solicitar personalmente la Tarjeta de Identidad de Extranjero, en el plazo de un mes desde la notificación de la resolución.

Artículo 150. *Renovación de la Tarjeta de Identidad de Extranjero de los residentes de larga duración.* 1. Los extranjeros que sean titulares de una autorización de residencia de larga duración deberán solicitar la renovación de la Tarjeta de Identidad de Extranjero cada cinco años.

2. La solicitud de renovación deberá presentarse durante los sesenta días naturales inmediatamente anteriores a la fecha de expiración de la vigencia de la tarjeta. La presentación de la solicitud en este plazo prorrogará la validez de la tarjeta anterior hasta la resolución del procedimiento. También se prorrogará hasta la resolución del procedimiento en el supuesto de que la solicitud se presentase dentro de los noventa días naturales posteriores a la fecha en que hubiera finalizado la vigencia de la anterior tarjeta, sin perjuicio de la incoación del correspondiente procedimiento sancionador por la infracción en la que se hubiese incurrido.

3. La no presentación de solicitud de renovación de la Tarjeta de Identidad de Extranjero en los plazos establecidos en el apartado 2 no supondrá en ningún caso la extinción de la autorización de residencia de larga duración.

4. La solicitud de renovación de la Tarjeta de Identidad de Extranjero irá acompañada de la siguiente documentación:

a) Pasaporte completo en vigor o título de viaje, reconocido como válido en España, previa exhibición del documento original.

b) Impreso acreditativo del abono de la tasa por tramitación del procedimiento.

c) Una fotografía, de acuerdo con los requerimientos establecidos en la normativa sobre documento nacional de identidad.

CAPÍTULO II
RESIDENCIA DE LARGA DURACIÓN-UE

Artículo 151. *Definición.* Se halla en situación de residencia de larga duración-UE el extranjero que haya sido autorizado a residir y trabajar en España indefinidamente en las mismas condiciones que los españoles y que se beneficia de lo establecido sobre dicho estatuto en la Directiva 2003/109/CE del Consejo, de 25 de noviembre, relativa al estatuto de los nacionales de terceros países residentes de larga duración.

Artículo 152. *Requisitos.* Tendrán derecho a obtener una autorización de residencia de larga duración-UE los extranjeros que reúnan los siguientes requisitos:

a) Haber residido legalmente y de forma continuada en el territorio español durante cinco años.

La continuidad no quedará afectada por ausencias del territorio español de hasta seis meses continuados, siempre que la suma de éstas no supere el total de diez meses dentro del periodo de permanencia de cinco años exigible, salvo que las correspondientes salidas se hubieran efectuado de manera irregular.

En caso de ausencias por motivos laborales, la continuación de la residencia no quedará afectada por ausencias del territorio español de hasta seis meses continuados, siempre que la suma de éstas no supere el total de un año dentro de los cinco años requeridos.

Se computarán, a los efectos previstos en los párrafos anteriores, los periodos de permanencia en situación de estancia por estudios, movilidad de alumnos o prácticas no laborales, en el 50% de la duración total de los mismos, siempre que en el momento de la solicitud de la autorización de residencia de larga duración-UE, el extranjero se encuentre en situación de residencia en España.

Igualmente, tendrán derecho a obtener dicha autorización los extranjeros que acrediten haber residido de forma continuada en la Unión Europea, en calidad de titulares de una Tarjeta azul-UE, siempre que en los dos años inmediatamente anteriores a la solicitud dicha residencia se haya producido en territorio español. En este caso, la continuidad de la residencia como titular de una Tarjeta azul-UE no quedará afectada por ausencias de la Unión Europea de hasta doce meses continuados, siempre que la suma de éstas no supere el total de dieciocho meses dentro de los cinco años de residencia requeridos.

A aquellos extranjeros a los que se les hubiera reconocido la condición de beneficiario de protección internacional en España, se les computará asimismo el 50% del período transcurrido desde la fecha de presentación de la solicitud de protección internacional en España, sobre cuya base se hubiere concedido la misma, hasta la fecha en la que se hubiere concedido la autorización de residencia y trabajo recogida en la normativa reguladora del derecho de asilo y de la protección subsidiaria.

Si dicho período excediere de 18 meses, se computará la totalidad del mismo.

b) Contar con recursos fijos y regulares suficientes para su manutención y, en su caso, la de su familia. Los términos y las cuantías para valorar el cumplimiento de este requisito serán los previstos en materia de reagrupación familiar. Los recursos podrán provenir de medios propios o de la realización de actividades laborales o profesionales.

c) Contar con un seguro público o un seguro privado de enfermedad concertado con una Entidad aseguradora autorizada para operar en España.

Artículo 152 redactado por el apartado uno del artículo único del R.D. 844/2013, de 31 de octubre, por el que se modifica el Reglamento de la L.O. 4/2000, de 11 de enero, sobre derechos y libertades de los extranjeros en España y su integración social, aprobado por el R.D. 557/2011, de 20 de abril («B.O.E.» 1 noviembre).
Vigencia: 2 noviembre 2013

Artículo 153. *Procedimiento.* 1. Los extranjeros que se encuentren en territorio español y se hallen en el supuesto previsto en el artículo anterior deberán dirigir su solicitud, en modelo oficial, a la Oficina de Extranjería donde residan.

Los extranjeros que no se encuentren en territorio nacional deberán presentar personalmente la solicitud ante la oficina diplomática o consular en cuya demarcación residan, que dará traslado a la Oficina de Extranjería competente para su resolución.

2. A la solicitud deberá acompañarse la siguiente documentación:

a) Copia del pasaporte completo en vigor o título de viaje, reconocido como válido en España, previa exhibición del documento original.

b) Impreso acreditativo del abono de la tasa por tramitación del procedimiento.

c) En su caso, documentación acreditativa de los periodos de residencia previa, como titular de una Tarjeta azul-UE, en otros Estados miembros de la Unión Europea.

d) Documentación acreditativa de que el solicitante cuenta con recursos fijos y regulares suficientes para su manutención y, en su caso, la de su familia.

e) Documentación acreditativa de que el solicitante cuenta con un seguro público o un seguro privado de enfermedad concertado con una Entidad aseguradora autorizada para operar en España.

f) En su caso, certificado de antecedentes penales o documento equivalente expedido por las autoridades del país de origen o del país o países en que haya residido durante los últimos cinco años, en el que no debe constar condenas por delitos previstos en el ordenamiento español.

3. Recibida la solicitud, la Oficina de Extranjería comprobará los tiempos de residencia previos en territorio español; y recabará de oficio el correspondiente certificado de antecedentes penales en España.

4. En el plazo máximo de tres meses desde la recepción de la solicitud, el órgano competente resolverá.

5. Concedida, en su caso, la autorización de residencia de larga duración-UE, el extranjero deberá solicitar personalmente la Tarjeta de Identidad de Extranjero, en el plazo de un mes desde la notificación de la resolución.

En el epígrafe «Tipo de permiso» de la tarjeta expedida, constará la mención «Residente de larga duración-UE».

6. Cuando la Delegación o Subdelegación de Gobierno conceda una autorización de residencia de larga duración-UE a un extranjero al que se hubiera concedido en España la condición de beneficiario de protección internacional, se anotará en el epígrafe "observaciones» de la tarjeta la mención siguiente: "Residente de larga duración-UE, protección internacional concedida por España con fecha...".

La Dirección General de la Policía atenderá en el plazo de 1 mes la petición de información sobre la vigencia de la condición de beneficiario de protección internacional que les formule otro Estado Miembro de la Unión Europea que, con posterioridad, expida al extranjero otra autorización de residencia de larga duración-UE.

Cuando de conformidad con los instrumentos internacionales y demás normativa aplicable, la responsabilidad de la protección internacional de un residente de larga duración-UE haya sido transferida a otro Estado miembro de la Unión Europea, la Comisaría de Policía correspondiente modificará en consecuencia la observación en el plazo de tres meses desde la transferencia.

En el caso de que España expida como segundo Estado miembro una autorización de residente de larga duración-UE a un extranjero que disponga del estatuto de residente de larga duración-UE concedido en otro Estado miembro, y conste en el apartado "observaciones" que se trata de un beneficiario de protección internacional concedida por dicho Estado miembro, la Dirección General de la Policía procederá a anotar la misma observación en su tarjeta, previa solicitud de información sobre su vigencia al otro Estado Miembro. Cuando la protección internacional haya sido retirada por decisión firme en ese Estado miembro, España no anotará dicha observación.

Cuando de conformidad con los instrumentos internacionales y demás normativa aplicable, se produzca la transferencia de responsabilidad de la protección internacional a España de un extranjero con estatuto de residente de larga duración-UE concedido en otro Estado miembro, la Dirección General de la Policía pedirá al otro Estado miembro la modificación de la anotación reflejada en el apartado "observaciones".

Lo previsto en el párrafo anterior será igualmente de aplicación en el caso de que se conceda en España protección internacional a un residente de larga duración-UE cuyo estatuto haya sido concedido en otro Estado miembro.

La Comisaría de Policía correspondiente procederá a anotar la observación correspondiente en el plazo de tres meses desde la petición que se formule desde otro Estado miembro que hubiera concedido la protección internacional, o al que se le hubiera transferido dicha protección internacional, respecto al residente de larga duración-UE con estatuto concedido en España.

Número 6 del artículo 153 introducido por el apartado dos del artículo único del R.D. 844/2013, de 31 de octubre, por el que se modifica el Reglamento de la L.O. 4/2000, de 11 de enero, sobre derechos y libertades de los extranjeros en España y su integración social, aprobado por el R.D. 557/2011, de 20 de abril («B.O.E.» 1 noviembre).
Vigencia: 2 noviembre 2013

Artículo 154. *Renovación de la Tarjeta de Identidad de Extranjero de los residentes de larga duración-UE.* 1. Los extranjeros que sean titulares de una autorización de residencia de larga duración-UE deberán solicitar la renovación de la Tarjeta de Identidad de Extranjero cada cinco años.

2. La solicitud de renovación deberá presentarse durante los sesenta días naturales inmediatamente anteriores a la fecha de expiración de la vigencia de la tarjeta. La presentación de la solicitud en este plazo prorrogará la validez de la tarjeta anterior hasta la resolución del procedimiento. También se prorrogará hasta la resolución del procedimiento en el supuesto de que la solicitud se presentase dentro de los noventa días naturales posteriores a la fecha en que hubiera finalizado la vigencia de la anterior tarjeta.

3. La no presentación de solicitud de renovación de la Tarjeta de Identidad de Extranjero en los plazos establecidos en el apartado 2 no supondrá en ningún caso la extinción de la autorización de residencia de larga duración-UE.

4. La solicitud de renovación de la Tarjeta de Identidad de Extranjero irá acompañada de la siguiente documentación:

a) Copia del pasaporte completo en vigor o título de viaje, reconocido como válido en España, previa exhibición del documento original.

b) Impreso acreditativo del abono de la tasa por tramitación del procedimiento.

CAPÍTULO III
MOVILIDAD DEL RESIDENTE DE LARGA DURACIÓN-UE EN OTRO ESTADO MIEMBRO

Artículo 155. *Residencia de larga duración en España del residente de larga duración-UE en otro Estado miembro de la Unión Europea.* 1. Todo extranjero titular de una autorización de residencia de larga duración-UE concedida por otro Estado miembro de la Unión Europea podrá solicitar residir en España, sin que se requiera la obtención de visado.

2. La solicitud podrá ser presentada en cualquier momento anterior a la entrada en territorio español y, a más tardar, en el plazo de tres meses desde que se efectúe dicha entrada.

Se presentará, dirigida a la Oficina de Extranjería de la provincia en que desee residir o donde vaya a iniciarse la actividad laboral o profesional, ante la oficina consular española correspondiente al lugar previo de residencia en la Unión Europea o ante la propia Oficina de Extranjería.

3. A la solicitud se acompañará:

a) Documentación acreditativa de su condición de residente de larga duración-UE en otro Estado miembro de la Unión Europea.

b) Copia del pasaporte completo, o documento de viaje, en vigor, del extranjero.

c) Impreso acreditativo del abono de la tasa por tramitación del procedimiento.

d) Documentación acreditativa de cumplir los siguientes requisitos, en función de la motivación de la solicitud:

1.º En caso de que la motivación sea residir en España sin desarrollar actividades lucrativas: documentación sobre medios económicos y alojamiento, exigibles para residir en España sin realizar actividades lucrativas.

2.º En caso de que la motivación sea residir en España y desarrollar actividades lucrativas: documentación en materia de trabajo que resulte exigible en función de si se desea desarrollar una actividad por cuenta ajena o por cuenta propia o, en su caso, documentación acreditativa de que concurre el supuesto de excepción de la autorización de trabajo que alegue el interesado. No resultará de aplicación el requisito relativo a que la situación nacional de empleo permita la contratación del extranjero.

La citada documentación deberá acreditar el cumplimiento de dichos requisitos en los términos establecidos en los artículos de este Reglamento en materia de autorización de residencia o de residencia y trabajo, en función del motivo de la solicitud.

4. La Delegación o Subdelegación del Gobierno resolverá sobre la solicitud y notificará la resolución en el plazo máximo de cuarenta y cinco días.

5. Concedida, en su caso, la autorización, el extranjero deberá entrar en España en el plazo máximo de tres meses desde la notificación de la resolución, de no encontrarse ya en territorio español.

6. La autorización cobrará vigencia desde la entrada del extranjero en España dentro del plazo señalado en el apartado anterior o desde la fecha de notificación de la resolución, de encontrarse éste en España.

En caso de que el motivo de la solicitud sea desarrollar en España una actividad por cuenta ajena o por cuenta propia, la autorización cobrará eficacia en el momento del alta del extranjero en el correspondiente régimen de Seguridad Social. El alta en el régimen correspondiente de la Seguridad Social deberá producirse dentro del plazo de tres meses desde la notificación de la concesión.

7. El extranjero deberá solicitar personalmente la Tarjeta de Identidad de Extranjero, ante la Oficina de Extranjería o la Comisaría de Policía correspondientes, en el plazo de un mes desde que la autorización cobre vigencia. La Tarjeta de Identidad de Extranjero deberá ser renovada cada cinco años.

Artículo 156. *Residencia de larga duración en España de la familia del residente de larga duración-UE en otro Estado miembro de la Unión Europea.* 1. Los miembros de la familia de un extranjero titular de una autorización de residencia de larga duración-UE concedida por otro Estado miembro de la Unión Europea podrá solicitar residir en España, no requiriéndose la obtención de visado, en caso de que formaran parte de la unidad familiar constituida en el anterior Estado miembro de residencia.

Se entenderá por miembros de la familia a los efectos del párrafo anterior, los definidos como familiares reagrupables en el artículo 17 de la Ley Orgánica 4/2000, de 11 de enero.

2. La solicitud podrá ser presentada en cualquier momento anterior a la entrada en territorio español y, a más tardar, en el plazo de tres meses desde que se efectúe la misma.

Se presentará, dirigida a la Oficina de Extranjería correspondiente a la provincia en que resida o vaya a residir el residente de larga duración-UE del que deriva el derecho, ante la oficina consular española correspondiente al lugar previo de residencia en la Unión Europea o ante la propia Oficina de Extranjería.

La presentación podrá ser simultánea o posterior a la solicitud de autorización de residencia de larga duración presentada por el titular de la autorización de residencia de larga duración-UE en otro Estado miembro.

3. A la solicitud se acompañará:

a) Documentación acreditativa de su residencia en el anterior Estado miembro en calidad de miembro de la familia de titular de una autorización de residencia de larga duración-UE en éste.

b) Copia del pasaporte completo, o documento de viaje, en vigor, del familiar.

c) Impreso acreditativo del abono de la tasa por tramitación del procedimiento.

d) Documentación acredita de que el familiar o el titular de la autorización de residencia de larga duración-UE cuenta con medios económicos y vivienda en los términos previstos en los artículos de este Reglamento relativos a la residencia por reagrupación familiar.

4. La Delegación o Subdelegación del Gobierno resolverá sobre la solicitud y notificará la resolución en el plazo máximo de cuarenta y cinco días. Sin perjuicio de lo anterior, no podrá concederse la autorización de residencia a favor de un familiar sin que al mismo tiempo o anteriormente se haya concedido la solicitada por el

titular de la autorización de residencia de larga duración-UE del que deriva el derecho.

5. Concedida, en su caso, la autorización, el extranjero deberá entrar en España en el plazo máximo de tres meses desde la notificación de la resolución, de no encontrarse ya en territorio español.

6. La autorización cobrará vigencia desde la entrada del extranjero en España dentro del plazo señalado en el apartado anterior o desde la fecha de notificación de la resolución, de encontrarse éste en España.

7. Salvo en el caso de concesión de autorizaciones de vigencia inferior o igual a seis meses, el extranjero habrá de solicitar personalmente la Tarjeta de Identidad de Extranjero, ante la Oficina de Extranjería o la Comisaría de Policía correspondientes, en el plazo de un mes desde que la autorización cobre vigencia.

8. La autorización concedida a favor del familiar tendrá la consideración de autorización de residencia por reagrupación familiar.

Artículo 157. *Residencia de larga duración-UE en España del residente de larga duración-UE en otro Estado miembro de la Unión Europea.* 1. El extranjero residente en España a partir de su anterior condición de residente de larga duración-UE en otro Estado miembro de la Unión Europea podrá acceder a la situación de residencia de larga duración-UE en España, en los términos y condiciones establecidas sobre la materia en este Reglamento.

2. La concesión de una autorización de residencia de larga duración-UE en España supondrá la pérdida del derecho a conservar el estatuto de residente de larga duración-UE en el anterior Estado miembro de residencia.

CAPÍTULO IV
RECUPERACIÓN DE LA TITULARIDAD DE UNA RESIDENCIA DE LARGA DURACIÓN O DE UNA RESIDENCIA DE LARGA DURACIÓN-UE

SECCIÓN 1.ª
RECUPERACIÓN DE LA TITULARIDAD DE UNA RESIDENCIA DE LARGA DURACIÓN

Artículo 158. *Ámbito de aplicación de la recuperación de la titularidad de una residencia de larga duración.* El procedimiento regulado en esta sección de recuperación de la titularidad de una autorización de residencia de larga duración resultará de aplicación en los siguientes supuestos:

a) Cuando la autorización se hubiera extinguido en base a lo dispuesto en los apartados c) y d) del artículo 166.1 de este Reglamento.

b) Cuando el extranjero regrese a España finalizado el periodo de su compromiso de no retorno asumido de acuerdo con lo previsto en el capítulo X del título IV, siempre que en el momento de su retorno voluntario al país de origen tuviera la condición de residente de larga duración en España.

Artículo 159. *Procedimiento.* 1. La solicitud de recuperación de la titularidad de la autorización de residencia de larga duración será presentada por el extranjero, personalmente y en el modelo oficialmente establecido.

2. La solicitud, dirigida a la Oficina de Extranjería de la provincia en la que desee fijar su residencia, podrá ser presentada ante la propia Oficina de Extranjería o ante la Misión diplomática u Oficina consular española en cuya demarcación resida.

En caso de presentación dentro de España, y a los efectos de la entrada en territorio español, será de aplicación lo dispuesto en los artículos 4 a 14 de este Reglamento.

En caso de presentación fuera de España, la entrada del extranjero en territorio español se producirá como titular de una autorización de residencia de larga duración, una vez estimada, en su caso, la recuperación de dicha condición. A dichos efectos, la misión diplomática u oficina consular competente, previa solicitud del mismo por el interesado, emitirá un visado de residencia a su favor, para cuya obtención serán exclusivos requisitos que al solicitante se le haya reconocido la recuperación de la titularidad de una autorización de residencia de larga duración y el abono de la tasa por tramitación del procedimiento de visado.

3. A la solicitud de recuperación de la condición de residente de larga duración deberá acompañarse la siguiente documentación:

a) Pasaporte ordinario o título de viaje, reconocido como válido en España, con una vigencia mínima de cuatro meses.

b) Certificado de antecedentes penales expedido por las autoridades del país de origen o del país o países en que haya residido durante los últimos cinco años, en el que no debe constar condenas por delitos previstos en el ordenamiento español.

c) Certificado médico con el fin de acreditar que no padece ninguna de las enfermedades susceptibles de cuarentena previstas en el Reglamento sanitario internacional.

4. Recibida la solicitud, el órgano competente la registrará, dejando constancia inmediata de su presentación, y la introducirá en la aplicación correspondiente, de tal manera que permita que los órganos competentes para resolver puedan tener conocimiento de la solicitud en tiempo real.

5. Admitida a trámite la solicitud, se procederá a la instrucción del procedimiento y a su inmediata tramitación y se recabará de oficio el informe del Registro Central de Penados, así como los de los servicios competentes de la Dirección General de la Policía y la Guardia Civil.

Este último informe hará expresa mención a si el extranjero ha cumplido sus obligaciones en cuanto al compromiso de no regreso a España durante tres años. No se entenderá incumplido el compromiso en caso de entradas en España a efectos de estancia de duración no superior a noventa días, salvo en supuestos de permanencia irregular una vez finalizado dicho periodo o, en su caso, la vigencia de las prórrogas de estancia que se hubieran podido conceder.

6. El órgano competente, a la vista de la documentación presentada y de los informes obtenidos, resolverá de forma motivada en el plazo de tres meses desde la presentación de la solicitud, atendiendo a los requisitos previstos en este artículo.

Se entenderá que la resolución es favorable si la Administración no hubiera resuelto expresamente en plazo.

7. En el caso de que la resolución fuera favorable, el extranjero deberá solicitar la Tarjeta de Identidad de Extranjero, personalmente y ante la Oficina de Extranjería o la Comisaría de Policía correspondientes, en el plazo de un mes desde la notificación de su concesión o, en su caso, desde la fecha de su entrada legal en territorio español. La tarjeta tendrá una validez de cinco años.

SECCIÓN 2.ª
RECUPERACIÓN DE LA TITULARIDAD DE UNA RESIDENCIA DE LARGA DURACIÓN-UE

Artículo 160. *Ámbito de aplicación de la recuperación de la titularidad de una residencia de larga duración-UE.* El procedimiento regulado en el presente capítulo, de recuperación de la titularidad de una autorización de residencia de larga duración-UE en España, resultará de aplicación en los siguientes supuestos:

a) Cuando la autorización se hubiera extinguido en base a lo dispuesto en los apartados c) y d) del artículo 166.1 de este Reglamento.

b) Cuando el extranjero hubiera permanecido durante un periodo superior a seis años fuera de territorio español.

Artículo 161. *Procedimiento.* 1. La solicitud de recuperación de la titularidad de la autorización de residencia de larga duración-UE será presentada por el extranjero, personalmente y en el modelo oficialmente establecido.

2. Podrá ser presentada ante la Oficina de Extranjería correspondiente a la provincia en la que desee fijar su residencia o, dirigida a dicha Oficina de Extranjería, ante la misión diplomática u oficina consular española de su demarcación de residencia.

En caso de presentación dentro de España, y a los efectos de la entrada en territorio español, será de aplicación lo dispuesto en los artículos 4 a 14 de este Reglamento.

En caso de presentación fuera de España, la entrada del extranjero en territorio español se producirá como titular de una autorización de residencia de larga duración-UE, una vez estimada, en su caso, la recuperación de dicha condición. A dichos efectos, la misión diplomática u oficina consular competente, previa solicitud del mismo por el interesado, emitirá un visado de residencia a su favor, para cuya obtención serán exclusivos requisitos que al solicitante se le haya reconocido la recuperación de la titularidad de una autorización de residencia de larga duración-UE y el abono de la tasa por tramitación del procedimiento de visado.

No obstante, no serán exigibles los requisitos previstos en los citados artículos para la entrada en España, cuando el extranjero sea titular de un permiso de residencia en otro Estado miembro de la Unión Europea, conforme a lo establecido en el Derecho de la Unión Europea.

3. A la solicitud de recuperación de la condición de residente de larga duración-UE deberá acompañarse la siguiente documentación:

a) Pasaporte completo en vigor o título de viaje, reconocido como válido en España.

b) Certificado de antecedentes penales expedido por las autoridades del país de origen o del país o países en que haya residido durante los últimos cinco años, en el que no debe constar condenas por delitos previstos en el ordenamiento español.

c) Documentación acreditativa de que el solicitante cuenta con recursos fijos y regulares suficientes para su manutención y, en su caso, la de su familia.

d) Documentación acreditativa de que el solicitante cuenta con un seguro público o un seguro privado de enfermedad concertado con una Entidad aseguradora autorizada para operar en España.

e) Impreso acreditativo del abono de la tasa por tramitación del procedimiento.

4. Recibida la solicitud, el órgano competente la registrará, dejando constancia inmediata de su presentación, y la introducirá en la aplicación correspondiente, de tal manera que permita que los órganos competentes para resolver puedan tener conocimiento de la solicitud en tiempo real.

5. Admitida a trámite la solicitud, se procederá a la instrucción del procedimiento y a su inmediata tramitación y se recabará de oficio el informe del Registro Central de Penados.

6. El órgano competente, a la vista de la documentación presentada y de los informes obtenidos, resolverá de forma motivada en el plazo de tres meses desde la presentación de la solicitud, atendiendo a los requisitos previstos en este artículo.

Se entenderá que la resolución es favorable si la Administración no hubiera resuelto expresamente en plazo.

7. En el caso de que la resolución fuera favorable, el extranjero deberá solicitar la Tarjeta de Identidad de Extranjero, personalmente y ante la Oficina de Extranjería o la Comisaría de Policía correspondientes, en el plazo de un mes desde la notificación de su concesión. La tarjeta tendrá una validez de cinco años.

TÍTULO VII
EXTINCIÓN DE LAS AUTORIZACIONES DE RESIDENCIA O DE RESIDENCIA Y TRABAJO

Artículo 162. *Extinción de la autorización de residencia temporal.* La extinción de la autorización de residencia temporal, salvo en los supuestos específicamente regulados en otros artículos de este capítulo, se producirá de acuerdo con lo dispuesto en este artículo.

1. La vigencia de las autorizaciones de residencia temporal se extinguirá sin necesidad de pronunciamiento administrativo:

a) Por el transcurso del plazo para el que se hayan expedido. No obstante, de acuerdo con lo previsto en este Reglamento, la vigencia de la autorización se entenderá prorrogada en caso de que se solicite su renovación en plazo y hasta que se resuelva el procedimiento de renovación.

b) Por venir obligado el residente extranjero a la renovación extraordinaria de la autorización, en virtud de lo dispuesto por las autoridades competentes en estados de excepción o de sitio, de acuerdo con lo dispuesto en el artículo 24 de la Ley Orgánica 4/1981, de 1 de junio, reguladora de los estados de alarma, excepción y sitio.

c) Por la inclusión en alguno de los supuestos de prohibición de entrada previstos en este Reglamento, bien por no haberse conocido dicha circunstancia en el momento de su entrada, bien por haberse producido durante su permanencia en España.

2. La autorización de residencia temporal se extinguirá por resolución del órgano competente para su concesión, conforme a los trámites previstos en la normativa vigente para los procedimientos de otorgamiento, modificación y extinción de autorizaciones, cuando se constate la concurrencia de alguna de las siguientes circunstancias:

a) Cuando el extranjero cambie o pierda su nacionalidad, sin perjuicio de que pueda adquirir otra autorización de residencia en atención a las nuevas circunstancias.

b) Cuando desaparezcan las circunstancias que sirvieron de base para su concesión.

c) Cuando se compruebe la inexactitud grave de las alegaciones formuladas o de la documentación aportada por el titular para obtener dicha autorización de residencia.

d) Cuando deje de poseer pasaporte, documento análogo o, en su caso, cédula de inscripción, válidos y en vigor, salvo que pueda justificar que ha realizado los trámites necesarios para la renovación o recuperación del pasaporte o documento análogo.

e) Cuando se permanezca fuera de España durante más de seis meses en un periodo de un año.

Esta circunstancia no será de aplicación a los titulares de una autorización de residencia temporal y trabajo vinculados mediante una relación laboral a organizaciones no gubernamentales, fundaciones o asociaciones, inscritas en el registro general correspondiente y reconocidas oficialmente de utilidad pública como cooperantes, y que realicen para aquéllas proyectos de investigación, cooperación al desarrollo o ayuda humanitaria, llevados a cabo en el extranjero. Tampoco será de aplicación a los titulares de una autorización de residencia que permanezcan en el territorio de otro Estado miembro de la Unión Europea para la realización de programas temporales de estudios promovidos por la propia Unión.

Letra e) del número 2 del artículo 162 declarada nula por Sentencia TS (Sala Tercera, Sección 5.ª) de 5 junio 2023, Rec. 1843/2022.

f) Cuando el extranjero haya sido condenado mediante sentencia firme por la comisión de alguna de las conductas previstas en los artículos 177 bis y 318 bis de la Ley Orgánica 10/1995, de 23 de noviembre, del Código Penal.

Letra f) del número 2 del artículo 162 introducida por el número trece del artículo único del R.D. 629/2022, de 26 de julio, por el que se modifica el Reglamento de la L.O. 4/2000, sobre derechos y libertades de los extranjeros en España y su integración social, tras su reforma por L.O. 2/2009, aprobado por el R.D. 557/2011, de 20 de abril («B.O.E.» 27 julio).

Vigencia: 16 agosto 2022

Artículo 163. *Extinción de la autorización de residencia temporal y trabajo para investigación.* 1. La vigencia de las autorizaciones de residencia temporal y trabajo para investigación se extinguirá sin necesidad de pronunciamiento administrativo:

a) Por el transcurso del plazo para el que se hayan expedido.

b) Por venir obligado el residente extranjero a la renovación extraordinaria de la autorización, en virtud de lo dispuesto por las autoridades competentes en estados de excepción o de sitio, de acuerdo con lo dispuesto en el artículo 24 de la Ley Orgánica 4/1981, de 1 de junio, reguladora de los estados de alarma, excepción y sitio.

2. La autorización de residencia temporal y trabajo para investigación se extinguirá por resolución del órgano competente para su concesión, conforme a los trámites previstos en la normativa vigente para los procedimientos de otorgamiento, modificación y extinción de autorizaciones, cuando se constate la concurrencia de alguna de las siguientes circunstancias:

a) Cuando la autorización se haya obtenido de manera fraudulenta.

b) Cuando desaparezcan las circunstancias que sirvieron de base para su concesión o en caso de comprobación de que éstas no existían.

c) Cuando su titular resida en España con fines distintos a aquéllos para los que se le autorizó.

Artículo 164. *Extinción de la autorización de residencia temporal de profesionales altamente cualificados.* 1. La vigencia de las autorizaciones de residencia temporal y trabajo de profesionales altamente cualificados se extinguirá sin necesidad de pronunciamiento administrativo:

a) Por el transcurso del plazo para el que se hayan expedido.

b) Por venir obligado el residente extranjero a la renovación extraordinaria de la autorización, en virtud de lo dispuesto por las autoridades competentes en estados de excepción o de sitio, de acuerdo con lo dispuesto en el artículo 24 de la Ley Orgánica 4/1981, de 1 de junio, reguladora de los estados de alarma, excepción y sitio.

2. La autorización de residencia temporal y trabajo de profesionales altamente cualificados se extinguirá por resolución del órgano competente para su concesión, conforme a los trámites previstos en la normativa vigente para los procedimientos de otorgamiento, modificación y extinción de autorizaciones, cuando se constate la concurrencia de alguna de las siguientes circunstancias:

a) Cuando la autorización se haya obtenido de manera fraudulenta.

b) Cuando desaparezcan las circunstancias que sirvieron de base para su concesión o en caso de comprobación de que éstas no existían.

c) Cuando su titular resida en España con fines distintos a aquéllos para los que se le autorizó.

Artículo 165. *Extinción de la autorización de residencia temporal y trabajo de víctimas de trata de seres humanos.* 1. La vigencia de las autorizaciones de residencia temporal y trabajo de víctimas de trata de seres humanos se extinguirá sin necesidad de pronunciamiento administrativo:

a) Por el transcurso del plazo para el que se hayan expedido.

b) Por venir obligado el residente extranjero a la renovación extraordinaria de la autorización, en virtud de lo dispuesto por las autoridades competentes en estados de excepción o de sitio, de acuerdo con lo dispuesto en el artículo 24 de la Ley Orgánica 4/1981, de 1 de junio, reguladora de los estados de alarma, excepción y sitio.

2. La autorización de residencia temporal y trabajo de víctimas de trata de seres humanos que sea concedida en base a la colaboración de la víctima en la investigación del delito se extinguirá por resolución del órgano competente para su concesión, conforme a los trámites previstos en la normativa vigente para los procedimientos de otorgamiento, modificación y extinción de autorizaciones, cuando se constate la concurrencia de alguna de las siguientes circunstancias:

a) Cuando una resolución judicial determine que la denuncia es fraudulenta o infundada, o en caso de fraude en la cooperación.

b) Cuando desaparezcan las circunstancias que sirvieron de base para su concesión.

c) Cuando su titular reanude de forma activa, voluntaria y por iniciativa propia, las relaciones con los presuntos autores del delito.

d) Cuando su titular deje de cooperar.

Artículo 166. *Extinción de la autorización de residencia de larga duración.* 1. La extinción de la autorización de residencia de larga duración y de la autorización de residencia de larga duración-UE se producirá en los casos siguientes:

a) Cuando la autorización se haya obtenido de manera fraudulenta.

b) Cuando se dicte una orden de expulsión en los casos previstos en la Ley.

c) Cuando se produzca la ausencia del territorio de la Unión Europea durante doce meses consecutivos.

Esta circunstancia no será de aplicación a los titulares de una autorización de residencia temporal y trabajo vinculados mediante una relación laboral a organizaciones no gubernamentales, fundaciones o asociaciones, inscritas en el registro general correspondiente y reconocidas oficialmente de utilidad pública como cooperantes, y que realicen para aquéllas proyectos de investigación, cooperación al desarrollo o ayuda humanitaria, llevados a cabo en el extranjero.

d) Cuando hubiera adquirido la residencia de larga duración-UE en otro Estado miembro.

e) Cuando, obtenida la autorización por la persona a quien otro Estado miembro reconoció protección internacional, las autoridades de dicho Estado hubieran resuelto el cese, finalización, denegación de la renovación o la revocación de la citada protección.

Letra e) del número 1 del artículo 166 introducida por el apartado tres del artículo único del R.D. 844/2013, de 31 de octubre, por el que se modifica el Reglamento de la L.O. 4/2000, de 11 de enero, sobre derechos y libertades de los extranjeros en España y su integración social, aprobado por el R.D. 557/2011, de 20 de abril («B.O.E.» 1 noviembre).

Vigencia: 2 noviembre 2013

f) Cuando el extranjero haya sido condenado mediante sentencia firme por la comisión de alguna de las conductas previstas en los artículos 177 bis y 318 bis de la Ley Orgánica 10/1995, de 23 de noviembre, del Código Penal. En la aplicación de esta causa de extinción se atenderá al principio de proporcionalidad.

Letra f) del número 1 del artículo 166 introducida por el número catorce del artículo único del R.D. 629/2022, de 26 de julio, por el que se modifica el Reglamento de la L.O. 4/2000, sobre derechos y libertades de los extranjeros en España y su integración

social, tras su reforma por L.O. 2/2009, aprobado por el R.D. 557/2011, de 20 de abril («B.O.E.» 27 julio).
Vigencia: 16 agosto 2022

2. Además, se producirá la extinción de la autorización de residencia de larga duración-UE tras una ausencia de territorio español de seis años. La Dirección General de Inmigración, previo informe de la Comisaría General de Extranjería y Fronteras, podrá determinar la no extinción de una autorización por esta causa ante la concurrencia de motivos excepcionales que así lo aconsejen.

TÍTULO VIII
GESTIÓN COLECTIVA DE CONTRATACIONES EN ORIGEN

Véase la Orden ISM/1488/2024, de 27 de diciembre, por la que se regula la gestión colectiva de contrataciones en origen para 2025 («B.O.E.» 28 diciembre).

Artículo 167. *Gestión colectiva de contrataciones en origen.* 1. El Ministerio de Inclusión, Seguridad Social y Migraciones, teniendo en cuenta la situación nacional de empleo, podrá aprobar anualmente una previsión de las ocupaciones y, en su caso, de la cifra de puestos de trabajo que se podrán cubrir a través de la gestión colectiva de contrataciones en origen.

En caso de que, transcurrido un año respecto al que se establezca la cifra, el número de contrataciones en origen sea inferior a las inicialmente previstas, el Ministerio de Inclusión, Seguridad Social y Migraciones, previa consulta a la Comisión Laboral Tripartita de Inmigración, podrá prorrogar la vigencia de la cifra que reste.

2. La gestión colectiva permitirá la contratación programada de trabajadores que no se hallen o residan en España, para ocupar empleos estables y que serán seleccionados en sus países de origen a partir de las ofertas presentadas por los empresarios.

La orden anual por la que se establece la contratación en origen podrá prever las siguientes figuras:

a) Migración de carácter estable.
b) Migración circular.
c) Visados de búsqueda de empleo.

3. Las autorizaciones de trabajo previstas en la contratación colectiva en origen para la migración circular tendrán una duración de cuatro años y habilitarán a trabajar por un periodo máximo de nueve meses en un año en un único sector laboral. La vigencia de estas autorizaciones estará supeditada al compromiso de retorno del trabajador al país de origen, y al mantenimiento de las condiciones que justificaron la concesión de la autorización.

Estas autorizaciones se concederán para un único empleador, sin perjuicio de las especificidades que pueda establecer la orden anual que regula la gestión colectiva de contrataciones en origen en relación con los requisitos de las concatenaciones entre provincias y cambios de empleador.

4. Las autorizaciones de trabajo para la migración circular podrán prorrogarse tras la finalización de su vigencia, por iguales períodos.

Los trabajadores que acrediten haber cumplido con el compromiso de retorno durante la vigencia de la autorización de trabajo podrán solicitar, en el periodo de seis meses desde la finalización de esta autorización, una autorización de residencia y trabajo que tendrá una duración de dos años, prorrogables por otros dos, que autorizará a trabajar por cuenta ajena y por cuenta propia.

Artículo 167 redactado por el número quince del artículo único del R.D. 629/2022, de 26 de julio, por el que se modifica el Reglamento de la L.O. 4/2000, sobre derechos y libertades de los extranjeros en España y su integración social, tras su reforma por L.O. 2/2009, aprobado por el R.D. 557/2011, de 20 de abril («B.O.E.» 27 julio).
Vigencia: 16 agosto 2022

Artículo 168. *Elaboración de la previsión anual de la gestión colectiva de contrataciones en origen.* 1. Corresponderá a la Secretaría de Estado de Migraciones la elaboración de la propuesta de previsión anual de puestos de trabajo, por ocupación laboral, que podrán ser cubiertos a través de la gestión colectiva de contrataciones en origen.

Para ello, deberá tenerse en cuenta la información sobre la situación nacional de empleo suministrada por el Servicio Público de Empleo Estatal, así como las propuestas que, previa consulta a las organizaciones sindicales más representativas y empresariales en su ámbito correspondiente, sean realizadas por las Comunidades Autónomas. Dichas propuestas se realizarán tras haber recibido las solicitudes de las organizaciones empresariales de ámbito provincial y las consideraciones que les hubieran hecho llegar las organizaciones sindicales más representativas de idéntico ámbito.

2. La propuesta realizada por la Secretaría de Estado de Migraciones será adoptada previa consulta a la Comisión Laboral Tripartita de Inmigración, a la que con periodicidad trimestral le serán remitidos datos estadísticos sobre las autorizaciones solicitadas y concedidas, así como las solicitudes y concesiones de visados de búsqueda de empleo y las autorizaciones derivadas de éstos, de acuerdo con la Orden ministerial de gestión colectiva de contrataciones en origen.

Elaborada la propuesta, será presentada por la Secretaría de Estado de Migraciones ante la Comisión Interministerial de Extranjería para que informe sobre la procedencia de aprobar la Orden.

Artículo 168 redactado por el número dieciséis del artículo único del R.D. 629/2022, de 26 de julio, por el que se modifica el Reglamento de la L.O. 4/2000, sobre derechos y libertades de los extranjeros en España y su integración social, tras su reforma por L.O. 2/2009, aprobado por el R.D. 557/2011, de 20 de abril («B.O.E.» 27 julio).
Vigencia: 16 agosto 2022

Artículo 169. *Contenido de la norma sobre la gestión colectiva.* 1. La Orden ministerial por la que se apruebe la gestión colectiva de contrataciones en origen comprenderá la cifra provisional de los puestos de trabajo de migración de carácter estable que pueden ser cubiertos a través de este procedimiento por trabajadores extranjeros que no se hallen o residan en España.

2. Asimismo, podrá establecer un número de visados para búsqueda de empleo dirigidos a hijos o nietos de españoles de origen, así como un número de visados para la búsqueda de empleo limitados a determinadas ocupaciones en un ámbito territorial concreto.

3. La Orden ministerial que apruebe la gestión colectiva de contrataciones en origen podrá regular de manera diferenciada las previsiones sobre migración de carácter estable y, sin establecer una cifra de puestos a trabajo a cubrir ni una delimitación de ocupaciones laborales, particularidades en el procedimiento de contratación de trabajadores para un determinado sector.

Sin perjuicio de lo anterior, dichas particularidades podrán ser establecidas, previo informe de la Comisión Laboral Tripartita de Inmigración, por Orden del titular del Ministerio de Inclusión, Seguridad Social y Migraciones específicamente aprobada a dichos efectos, en caso de que, a raíz de las propuestas de las Comunidades Autónomas y en atención a la situación nacional de empleo, se determine la no procedencia de establecer una cifra de contrataciones de carácter estable para una determinada anualidad.

4. A lo largo del año se podrá revisar el número y distribución de las ofertas de empleo admisibles en el marco de la gestión colectiva de contrataciones en origen, para adaptarlo a la evolución del mercado de trabajo.

5. Las ofertas de empleo presentadas de acuerdo con la norma sobre gestión colectiva de contrataciones en origen se orientarán preferentemente hacia los países

con los que España haya firmado acuerdos sobre regulación y ordenación de flujos migratorios.

Artículo 169 redactado por el número diecisiete del artículo único del R.D. 629/2022, de 26 de julio, por el que se modifica el Reglamento de la L.O. 4/2000, sobre derechos y libertades de los extranjeros en España y su integración social, tras su reforma por L.O. 2/2009, aprobado por el R.D. 557/2011, de 20 de abril («B.O.E.» 27 julio).
Vigencia: 16 agosto 2022

Artículo 170. *Especialidades de los procedimientos relativos a autorizaciones en el marco de la gestión colectiva de contrataciones en origen.* 1. Las diferentes actuaciones de gestión, selección e intervención social y concesión de autorizaciones de trabajo, o de residencia y trabajo, entre otras, que sean consecuencia de la ejecución de la gestión colectiva de contrataciones en origen, se desarrollarán en los términos que el Ministerio de Inclusión, Seguridad Social y Migraciones establezca en la correspondiente Orden.

En todo caso, será necesario cumplir los siguientes requisitos:

1.º Los establecidos en el artículo 64 de este Reglamento y el artículo 16 del texto refundido de la Ley del Estatuto de los Trabajadores, aprobado por el Real Decreto Legislativo 2/2015, de 23 de octubre.

2.º El retorno del trabajador extranjero a su país de origen, en los términos previstos por el contrato fijo-discontinuo y en la vigencia de su visado, y la notificación de dicho retorno en los términos previstos en la Orden anual.

3.º La puesta a disposición del trabajador por parte del empleador de un alojamiento adecuado que reúna las condiciones previstas en la normativa en vigor y siempre que quede garantizada, en todo caso, la dignidad e higiene adecuadas del alojamiento, en los términos previstos en la Orden anual.

4.º La organización por el empleador de los viajes de llegada a España y de regreso al país de origen, y la asunción, como mínimo, del coste del primero de tales viajes y los gastos de traslado de ida y vuelta entre el puesto de entrada a España y el lugar del alojamiento, así como las actuaciones diligentes para garantizar el regreso de los trabajadores a su país de origen.

2. La Orden ministerial por la que se apruebe la gestión colectiva de contrataciones en origen establecerá el procedimiento para la contratación de los trabajadores extranjeros, y los requisitos que deban cumplir las empresas para la obtención de estas autorizaciones.

En todo caso, los contratos de trabajo deberán ser firmados por extranjeros que no se hallen ni sean residentes en territorio español, y deberán contener, al menos, los aspectos previstos en el texto refundido de la Ley del Estatuto de los Trabajadores, aprobado por Real Decreto Legislativo 2/2015, de 23 de octubre, en materia de información al trabajador sobre los elementos esenciales del contrato de trabajo, así como una previsión del salario neto que percibirá el trabajador.

3. Los empresarios que pretendan contratar a través del procedimiento de gestión colectiva de contrataciones en origen deberán presentar las solicitudes personalmente, o a través de quien válidamente tenga atribuida la representación legal empresarial que, para estos supuestos, podrán ser organizaciones empresariales.

La orden anual de contratación en origen podrá determinar los requisitos y procedimiento de autorización de cambios de empleador y de provincia. Estas modificaciones no podrán suponer una ampliación del número de meses trabajados por año, ni alterar el sector para el que se concedió.

4. En los procesos de selección en origen de los trabajadores realizados, en su caso, conforme a los procedimientos previstos en los acuerdos de regulación de flujos migratorios, podrán participar los empresarios, directa o indirectamente, siempre que lo soliciten, así como los representantes de la Dirección General de Migraciones encargados específicamente de estas tareas. Igualmente, podrán participar, en calidad de asesores y cuando las Administraciones de ambos países se

lo soliciten, representantes de organizaciones sindicales más representativas y empresariales españolas o del país en el que se desarrolle el proceso de selección.

La Dirección General de Migraciones presentará a la Comisión Laboral Tripartita de Inmigración, con periodicidad trimestral, un informe relativo al desarrollo de los procesos de selección de trabajadores en origen realizados durante el correspondiente periodo.

5. La Dirección General de Migraciones trasladará a la Comisaría General de Extranjería y Fronteras el acta de la selección realizada, para que informe de la posible concurrencia de causas de denegación de la autorización, y asigne, en su caso, número de identidad de extranjero a los trabajadores en el plazo máximo de dos días hábiles.

Excepcionalmente, este plazo podrá ampliarse hasta cinco días hábiles cuando el elevado número de trabajadores lo haga imprescindible, circunstancia que será comunicada a la Dirección General de Migraciones.

Asimismo, el Área de Trabajo e Inmigración de la Delegación del Gobierno o, en el caso de Subdelegaciones del Gobierno, la Dependencia provincial del Área de Trabajo e Inmigración, solicitará informe al Registro Central de Penados, con idéntico plazo y conforme a las anteriores previsiones.

6. Teniendo en cuenta las características del puesto de trabajo que se vaya a desempeñar, se podrán desarrollar cursos de formación, en España o en los países de origen, dirigidos a los trabajadores que hayan sido seleccionados o preseleccionados. A través del medio más adecuado, se procurará el suministro de la información suficiente al trabajador sobre sus derechos y deberes como tal.

Para aquellas ocupaciones que requieran una certificación de aptitud profesional o habilitación específica para el desempeño del trabajo, la autorización de trabajo estará supeditada a la obtención de este requisito. En estos supuestos podrá concederse una autorización de residencia de seis meses para la formación, que no habilitará para trabajar, con el objetivo de obtener dicha certificación. Durante la vigencia de la autorización de residencia deberá presentar la acreditación de haber completado la formación ante el Área de Trabajo e Inmigración de la Delegación del Gobierno o, en el caso de Subdelegaciones del Gobierno, la Dependencia provincial del Área de Trabajo e Inmigración, que concederá la autorización de trabajo en las condiciones previstas en este Título.

En los casos que no se supere dicha formación, el trabajador estará obligado a retornar a su país de origen.

Artículo 170 redactado por el número dieciocho del artículo único del R.D. 629/2022, de 26 de julio, por el que se modifica el Reglamento de la L.O. 4/2000, sobre derechos y libertades de los extranjeros en España y su integración social, tras su reforma por L.O. 2/2009, aprobado por el R.D. 557/2011, de 20 de abril («B.O.E.» 27 julio).

Vigencia: 16 agosto 2022

Artículo 171. *Procedimiento en el caso de traspaso de competencias ejecutivas en materia de autorización inicial de trabajo por cuenta ajena a Comunidades Autónomas.* Cuando se haya traspasado a la Administración autonómica la competencia ejecutiva sobre tramitación y resolución de las autorizaciones iniciales de trabajo por cuenta ajena, la Orden ministerial establecerá su intervención en los trámites de carácter laboral, así como en la recepción de solicitudes, admisión a trámite, comprobación de los requisitos laborales, emisión de informe sobre las mismos y su remisión a la Dirección General de Inmigración para la continuación de los trámites.

El procedimiento que se establezca para resolver sobre la autorización solicitada contemplará que los órganos competentes de la Comunidad Autónoma y de la Administración General del Estado dicten, de manera coordinada y concordante, una resolución conjunta, denegando o concediendo la correspondiente autorización inicial de residencia y trabajo por cuenta ajena, que será firmada por los titulares de cada una de las Administraciones competentes, y expedida y notificada al solicitante por el órgano autonómico, según lo previsto en el artículo 68 del presente Reglamento.

Artículo 172. *Visados de residencia y trabajo.* 1. En el plazo máximo de los dos meses siguientes a la notificación de la resolución de concesión de la autorización de residencia temporal y trabajo por cuenta ajena o de la autorización de residencia temporal y trabajo por cuenta ajena de duración determinada para obra o servicio, y a los efectos de la solicitud de visado, se presentará, en la oficina consular, de forma agrupada, la siguiente documentación:

a) Pasaporte ordinario o título de viaje, reconocido como válido en España, con una vigencia mínima de cuatro meses.

b) Certificado de antecedentes penales, que debe ser expedido por las autoridades del país de origen o del país o países en que haya residido durante los últimos cinco años, en el que no deben constar condenas por delitos previstos en el ordenamiento español.

c) Certificado médico con el fin de acreditar que no padece ninguna de las enfermedades que pueden tener repercusiones de salud pública graves de conformidad con lo dispuesto en el Reglamento Sanitario Internacional de 2005.

d) Los contratos de los trabajadores incluidos en la resolución, firmados previamente por ambas partes.

e) Los compromisos de retorno firmados por los trabajadores, en caso de autorizaciones de residencia temporal y trabajo por cuenta ajena de duración determinada para obra o servicio.

La presentación agrupada se efectuará por la empresa, la organización empresarial o sus representantes acreditados.

En atención a la celeridad del procedimiento, se podrá admitir que la presentación de solicitud de visado se realice a través del organismo de selección, de manera conjunta, para todos los trabajadores cuya contratación se pretende para un mismo periodo.

2. La acreditación del representante para solicitar el visado, cuando sea distinto del representante legal de la empresa u organización empresarial, se efectuará por designación de éste en la Oficina de Extranjería, en la Dirección General de Inmigración o, en su caso, en el órgano competente de la Comunidad Autónoma, así como en la Consejería o Sección de Trabajo e Inmigración de la Misión Diplomática de que se trate o, en su defecto, en la Oficina Consular.

El órgano ante el que se efectúe el trámite certificará con su sello el documento de designación de representante.

3. El visado será emitido por la autoridad consular en un plazo máximo de cinco días.

Excepcionalmente, este plazo podrá ampliarse hasta un máximo de quince días, cuando el elevado número de solicitudes presentadas lo haga imprescindible. La Dirección General de Asuntos Consulares y Migratorios comunicará esta circunstancia a la Dirección General de Inmigración.

4. Los visados tendrán una vigencia máxima de seis meses, y habilitarán para la entrada en España.

Artículo 173. *Entrada en España y eficacia de la autorización inicial de residencia temporal y trabajo.* 1. En el plazo de tres meses desde la entrada del trabajador extranjero en territorio español, deberá producirse su afiliación, alta y posterior cotización, en los términos establecidos por la normativa sobre el régimen de Seguridad Social que resulte de aplicación; el trabajador podrá comenzar su actividad laboral; y el empleador quedará obligado a comunicar el contenido del contrato de trabajo a los Servicios Públicos de Empleo.

El alta en el régimen correspondiente de la Seguridad Social dotará de eficacia a la autorización inicial de residencia temporal y trabajo por cuenta ajena.

2. En el plazo de un mes desde el alta del trabajador en el régimen correspondiente de la Seguridad Social, éste deberá solicitar la Tarjeta de Identidad de Extranjero, personalmente y ante la Oficina de Extranjería o la Comisaría de Policía correspondientes. Dicha tarjeta será expedida por el plazo de validez de la autorización y será retirada por el extranjero.

En el caso de autorizaciones de residencia temporal y trabajo por cuenta ajena de duración determinada para obra o servicio cuya vigencia sea igual o inferior a seis meses, los trabajadores estarán exceptuados de la obligación de obtener la Tarjeta de Identidad de Extranjero.

3. Si finalizada la vigencia de la autorización de estancia no existiera constancia de que el trabajador ha sido dado de alta en el régimen correspondiente de la Seguridad Social, éste quedará obligado a salir del territorio nacional, incurriendo en caso contrario en infracción grave por encontrarse irregularmente en España.

Asimismo, el órgano competente requerirá al empleador que solicitó la autorización para que alegue las razones por las que no se ha iniciado la relación laboral, y por las que no se ha cumplido la obligación de comunicación sobre dicha incidencia a los órganos competentes, prevista en el artículo 38.4 de la Ley Orgánica 4/2000.

En dicho requerimiento, se hará constar que, de no recibirse contestación al mismo en el plazo de diez días o de considerarse insuficientes las razones alegadas por el empleador, el órgano competente dará traslado del expediente a la Inspección de Trabajo y Seguridad Social, por posible concurrencia de una infracción grave de las previstas en el artículo 53.2.a) de la Ley Orgánica 4/2000.

Igualmente, le advertirá que, de finalizar el posible procedimiento sancionador con determinación de la concurrencia de la infracción señalada en el párrafo anterior, podrán denegarse ulteriores solicitudes de autorización que presente por considerar que no se garantiza la actividad continuada de los trabajadores.

Artículo 174. *Visados de residencia y trabajo de temporada.* 1. En el plazo máximo de los dos meses siguientes a la notificación de la resolución de concesión de la autorización de residencia temporal y trabajo por cuenta ajena de duración determinada, para actividades de campaña o temporada, y a los efectos de la solicitud de visado, se presentará, en la oficina consular, de forma agrupada, la siguiente documentación:

a) Pasaporte ordinario o título de viaje, reconocido como válido en España, con una vigencia mínima de cuatro meses.

b) Certificado de antecedentes penales, que debe ser expedido por las autoridades del país de origen o del país o países en que haya residido durante los últimos cinco años, en el que no deben constar condenas por delitos previstos en el ordenamiento español.

c) Certificado médico con el fin de acreditar que no padece ninguna de las enfermedades que pueden tener repercusiones de salud pública graves de conformidad con lo dispuesto en el Reglamento Sanitario Internacional de 2005.

d) Los contratos de los trabajadores incluidos en la resolución, firmados previamente por ambas partes.

e) Los compromisos de retorno firmados por los trabajadores.

La presentación agrupada se efectuará por la empresa, la organización empresarial o sus representantes acreditados.

En atención a la celeridad del procedimiento, se podrá admitir que la presentación de solicitud de visado se realice a través del organismo de selección, de manera conjunta, para todos los trabajadores cuya contratación se pretende para un mismo periodo.

2. La acreditación del representante para solicitar el visado, cuando sea distinto del representante legal de la empresa u organización empresarial, se efectuará por

designación de éste en la Oficina de Extranjería, en la Dirección General de Inmigración o, en su caso, en el órgano competente de la Comunidad Autónoma, así como en la Consejería o Sección de Trabajo e Inmigración de la Misión Diplomática de que se trate o, en su defecto, en la Oficina Consular.

El órgano ante el que se efectúe el trámite certificará con su sello el documento de designación de representante.

3. El visado será emitido por la autoridad consular en un plazo máximo de cinco días.

Excepcionalmente, este plazo podrá ampliarse hasta un máximo de quince días, cuando el elevado número de solicitudes presentadas lo haga imprescindible. La Dirección General de Asuntos Consulares y Migratorios comunicará esta circunstancia a la Dirección General de Inmigración.

4. Los visados tendrán una vigencia será igual al periodo autorizado para residir y trabajar, con un máximo de nueve meses.

En caso de que en el plazo de un mes desde su entrada en España no exista constancia de que el trabajador ha sido dado de alta en el régimen correspondiente de la Seguridad Social, el órgano competente podrá resolver la extinción de la autorización.

Asimismo, el órgano competente requerirá al empleador para que alegue las razones por las que no se ha iniciado la relación laboral, con la advertencia de que, si no alegase ninguna justificación o si las razones aducidas se considerasen insuficientes, podrán denegarse ulteriores solicitudes de autorización que presente por considerar que no se garantiza la actividad continuada de los trabajadores, así como de la posible concurrencia de una infracción grave de las previstas en el artículo 53.2.a) de la Ley Orgánica 4/2000.

5. Los trabajadores estarán exceptuados de la obtención de la Tarjeta de Identidad de Extranjero.

Artículo 175. *Visados para la búsqueda de empleo.* 1. Los visados para búsqueda de empleo autorizarán a desplazarse al territorio español, para buscar trabajo durante el periodo de estancia de tres meses. Si, transcurrido dicho plazo, no hubiera obtenido un contrato, el extranjero quedará obligado a salir del territorio nacional, en caso contrario, incurrirá, en la infracción prevista en el artículo 53.1.a) de la Ley Orgánica 4/2000.

2. A los efectos de verificar la salida del territorio nacional, el extranjero deberá presentarse ante los responsables del control fronterizo por el que se efectuase la salida, para que se estampe sobre su pasaporte un sello de salida. Esta circunstancia será anotada en el Registro Central de Extranjeros y comunicada, por medios electrónicos cuando sea posible, al Ministerio de Asuntos Exteriores y de Cooperación.

3. Cuando corresponda a la Administración autonómica la competencia ejecutiva sobre tramitación y resolución de las autorizaciones iniciales de trabajo por cuenta ajena, la Orden ministerial por la que se apruebe la gestión colectiva de contrataciones en origen establecerá la intervención de las autoridades de la Comunidad Autónoma referidas a la recepción de solicitudes de autorización de residencia y trabajo, admisión a trámite y verificación de los requisitos laborales.

Asimismo, el procedimiento que se establezca en la citada Orden ministerial contemplará que la resolución de la solicitud de autorización inicial de residencia y trabajo tramitada a través de dicho procedimiento, que deberá ser concordante, sea dictada de manera conjunta por los órganos competentes de la Comunidad Autónoma y de la Administración General del Estado, concediendo o denegando la correspondiente autorización, que será firmada por los titulares de los órganos competentes de cada una de las Administraciones, y expedida y notificada al solicitante por el órgano autonómico según lo previsto en el artículo 68 del presente Reglamento.

Artículo 176. *Visados para la búsqueda de empleo dirigidos a hijos o nietos de español de origen.* El número de visados de búsqueda de empleo dirigido a los hijos y nietos de español de origen, que, de acuerdo con lo dispuesto por el artículo 40 de la Ley Orgánica 4/2000, se encuentran exentos de la valoración de la situación nacional de empleo. El sistema de selección de los destinatarios y las fórmulas de presentación de las solicitudes, se regularán en la Orden ministerial por la que se apruebe la gestión colectiva de contrataciones en origen.

Artículo 177. *Visados para la búsqueda de empleo en determinadas ocupaciones y ámbitos territoriales.* 1. La Orden ministerial por la que se apruebe la gestión colectiva de contrataciones en origen podrá aprobar un número de visados de búsqueda de empleo limitados a un ámbito territorial y a una ocupación, donde existan puestos de trabajo de difícil cobertura y las circunstancias específicas del mercado laboral concernido determinen que los puestos puedan cubrirse de manera más adecuada a través de este sistema.

2. En su concesión inicial y sucesivas renovaciones se estará a lo dispuesto en los artículos que establecen las condiciones para la concesión de la autorización de residencia y trabajo que proceda y su renovación.

3. El visado para búsqueda de empleo autorizará a su titular a permanecer legalmente en España durante tres meses. El trabajador deberá buscar un empleo en la ocupación y en el ámbito territorial para el que se haya previsto la concesión de la autorización. Las Oficinas de Extranjería inadmitirán a trámite o denegarán, en su caso, las solicitudes que se presenten para ocupación o ámbito territorial distintos.

Excepcionalmente, cuando se produzcan circunstancias imprevistas en el mercado laboral, la Dirección General de Inmigración podrá disponer que la autorización de residencia y trabajo sea concedida en otro ámbito territorial u ocupación.

4. El empleador que pretenda la contratación del extranjero en estas condiciones presentará un contrato de trabajo-solicitud de autorización, firmado por ambas partes, así como aquellos documentos reflejados en el artículo 67.2, en la Oficina de Extranjería de la Delegación o Subdelegación del Gobierno.

5. El órgano competente deberá pronunciarse en el plazo máximo de diez días sobre la concesión de la autorización de residencia y trabajo, y notificará al solicitante la resolución de manera inmediata.

6. Cuando la competencia ejecutiva en materia de autorización inicial de trabajo corresponda a la Administración autonómica, ésta será competente para la admisión, tramitación, resolución de solicitudes y, eventualmente, de los recursos administrativos. La resolución de solicitudes y recursos se realizará, de forma concordante y conjunta con la decisión de la Administración General del Estado en materia de residencia, de acuerdo con lo previsto en este Reglamento para cada tipo de autorización.

7. La eficacia de la autorización concedida estará condicionada a la posterior afiliación y/o alta del trabajador en la Seguridad Social, en el plazo de un mes desde la notificación realizada al solicitante. Cumplida la condición, la autorización adquirirá vigencia y tendrá la consideración de autorización inicial de residencia y trabajo por cuenta ajena.

8. En el plazo de un mes desde la entrada en vigor de la autorización, los trabajadores vendrán obligados a solicitar personalmente la correspondiente Tarjeta de Identidad de Extranjero. Dicha tarjeta será expedida por el plazo de validez de la autorización de residencia temporal y será retirada, salvo que concurran circunstancias excepcionales que lo impidan, personalmente por el extranjero.

TÍTULO IX
PROCEDIMIENTO PARA AUTORIZAR LA ENTRADA, RESIDENCIA Y TRABAJO EN ESPAÑA, DE EXTRANJEROS EN CUYA ACTIVIDAD PROFESIONAL CONCURRAN RAZONES DE INTERÉS ECONÓMICO, SOCIAL O LABORAL, O CUYO OBJETO SEA LA REALIZACIÓN DE TRABAJOS DE INVESTIGACIÓN O DESARROLLO O DOCENTES, QUE REQUIERAN ALTA CUALIFICACIÓN, O DE ACTUACIONES ARTÍSTICAS DE ESPECIAL INTERÉS CULTURAL

Artículo 178. *Ámbito de aplicación. ...*

Artículo 179. *Tipos de autorización. ...*

Artículo 180. *Particularidades del procedimiento y documentación. ...*

Artículo 181. *Familiares. ...*

Título IX derogado por la letra b) de la disposición derogatoria única de la Ley 11/2023, de 8 de mayo, de trasposición de Directivas de la Unión Europea en materia de accesibilidad de determinados productos y servicios, migración de personas altamente cualificadas, tributaria y digitalización de actuaciones notariales y registrales; y por la que se modifica la Ley 12/2011, de 27 de mayo, sobre responsabilidad civil por daños nucleares o producidos por materiales radiactivos («B.O.E.» 9 mayo).
Vigencia: 10 mayo 2023

TÍTULO X
TRABAJADORES TRANSFRONTERIZOS

Artículo 182. *Definición.* Se halla en situación de trabajo transfronterizo el trabajador que haya sido autorizado para desarrollar actividades lucrativas, laborales o profesionales por cuenta propia o ajena en las zonas fronterizas del territorio español, residiendo en la zona fronteriza de un Estado limítrofe al que regrese diariamente.

Artículo 183. *Ámbito de aplicación, requisitos y procedimiento.* 1. En la concesión inicial de una autorización de trabajo para trabajadores transfronterizos se estará a lo dispuesto en los artículos que establecen las condiciones para la concesión de la autorización de trabajo que proceda, sin perjuicio de que el cumplimiento de los requisitos comúnmente exigibles para la obtención de un visado de residencia y trabajo será valorado por el órgano competente, en el marco de la tramitación y resolución del procedimiento relativo a la autorización de trabajo.

2. De acuerdo con lo previsto en el apartado anterior, para la obtención de una autorización de trabajo para trabajadores transfronterizos deberán cumplirse los siguientes requisitos:

a) Autorización de trabajo por cuenta ajena:

1.º Carecer de antecedentes penales en España y en sus países anteriores de residencia durante los últimos cincos años, por delitos previstos en el ordenamiento español.

2.º No figurar como rechazable en el espacio territorial de países con los que España tenga firmado un convenio en tal sentido.

3.º Residir en la zona fronteriza con territorio español de que se trate.

4.º Que la situación nacional de empleo permita la contratación del trabajador extranjero.

5.º Que el empleador presente un contrato de trabajo, con fecha de comienzo condicionada a la de la eficacia de la autorización, que garantice al trabajador una actividad continuada durante el periodo de vigencia de la autorización.

6.º Que el empleador haya formalizado su inscripción en el correspondiente régimen del sistema de Seguridad Social y se encuentre al corriente del cumplimiento de sus obligaciones tributarias y frente a la Seguridad Social.

7.º Que las condiciones fijadas en el contrato de trabajo se ajusten a las establecidas por la normativa vigente y el convenio colectivo aplicable para la misma actividad, categoría profesional y localidad.

8.º Que el empleador cuente con medios económicos, materiales o personales, suficientes para su proyecto empresarial y para hacer frente a las obligaciones asumidas en el contrato frente al trabajador.

9.º Que se tenga la capacitación y, en su caso, la cualificación profesional legalmente exigida para el ejercicio de la profesión.

b) Autorización de trabajo por cuenta propia:

1.º Carecer de antecedentes penales en España y en sus países anteriores de residencia durante los últimos cincos años, por delitos previstos en el ordenamiento español.

2.º No figurar como rechazable en el espacio territorial de países con los que España tenga firmado un convenio en tal sentido.

3.º Residir en la zona fronteriza con territorio español de que se trate.

4.º Cumplir los requisitos que la legislación vigente exige a los nacionales para la apertura y funcionamiento de la actividad proyectada.

5.º Tener la capacitación y, en su caso, la cualificación profesional legalmente exigida para el ejercicio de la profesión, así como la colegiación cuando así se requiera.

6.º Acreditar que la inversión prevista para la implantación del proyecto sea suficiente y la incidencia, en su caso, en la creación de empleo.

7.º La previsión de que el ejercicio de la actividad producirá desde el primer año recursos económicos suficientes al menos para la manutención del interesado, una vez deducidos los necesarios para el mantenimiento de la actividad.

3. Cuando la competencia ejecutiva en materia de autorización inicial de trabajo por cuenta propia y ajena corresponda a la Administración autonómica, ésta será competente para la admisión, tramitación, resolución de solicitudes y, eventualmente, de los recursos administrativos, de acuerdo con lo previsto en este Reglamento para cada tipo de autorización.

4. En el plazo de un mes desde la fecha de notificación de la resolución por la que se conceda, en su caso, la autorización, el trabajador habrá de darse o ser dado de alta en el régimen correspondiente de la Seguridad Social.

En el mismo plazo, el extranjero deberá solicitar y obtener la correspondiente Tarjeta de Identidad de Extranjero. Esta tarjeta acreditará la condición de trabajador transfronterizo y permitirá la entrada y salida de territorio nacional para la realización de la actividad a la que se refiera.

En base a lo dispuesto en el artículo 4.2 de la Ley Orgánica 4/2000, la Tarjeta de Identidad de Extranjero será solicitada y obtenida sin perjuicio de que la autorización concedida sea de duración menor a seis meses.

5. Se denegarán las autorizaciones de trabajo por cuenta propia o ajena para trabajadores transfronterizos, además de por la concurrencia de alguna de las causas generales de denegación establecidas en este Reglamento para las autorizaciones de residencia y trabajo, por la pérdida de la condición de trabajador transfronterizo.

Artículo 184. *Efectos de la autorización de trabajo para trabajadores transfronterizos.* 1. La duración de la autorización inicial coincidirá con la del contrato de trabajo en relación con la cual se conceda, con el límite mínimo de tres meses y máximo de un año. Los mismos criterios serán de aplicación en relación con la actividad proyectada, en el caso de trabajo por cuenta propia.

2. La validez de la autorización de trabajo estará limitada al ámbito territorial de la Comunidad o Ciudad Autónoma en cuya zona limítrofe resida el trabajador, así como a una ocupación en el caso de trabajo por cuenta ajena o a un sector de actividad en el de trabajo por cuenta propia.

3. La autorización de trabajo se prorrogará a su expiración, en tanto continúe la misma relación laboral o actividad por cuenta propia y subsistan las circunstancias que motivaron su concesión.

La vigencia de las sucesivas prórrogas coincidirá con la del contrato de trabajo o de la actividad por cuenta propia, con el límite máximo de un año.

4. Las autorizaciones se extinguirán cuando concurran las causas previstas para el resto de autorizaciones reguladas en este Reglamento, cuando sean aplicables, así como por la pérdida de la condición de trabajador transfronterizo.

5. El hecho de haber sido titular de una autorización de trabajo por cuenta propia o ajena para trabajadores transfronterizos no generará derecho para la obtención de una autorización de residencia y trabajo por cuenta propia o ajena, sin perjuicio de que sea tenida en cuenta para la valoración de las solicitudes que pudieran presentarse por el titular.

TÍTULO XI
MENORES EXTRANJEROS

CAPÍTULO I
RESIDENCIA DEL HIJO DE RESIDENTE

Artículo 185. *Residencia del hijo nacido en España de residente.* 1. Los hijos nacidos en España de extranjero que se encuentre residiendo en España adquirirán automáticamente la misma autorización de residencia de la que sea titular cualquiera de sus progenitores.

A estos efectos, el padre o la madre deberán solicitar personalmente la autorización de residencia para el hijo desde que tuviera lugar el nacimiento o desde que alguno de sus progenitores acceda a la situación de residencia, acompañando original y copia del certificado de nacimiento.

2. Si el hijo nacido en España es de padre o madre reconocidos como refugiados o beneficiarios de protección subsidiaria, éstos podrán optar entre solicitar para él la extensión familiar del derecho de protección internacional o una autorización de residencia, en función del interés superior del menor.

3. En el caso de hijo nacido en España de un extranjero titular de una autorización de residencia por reagrupación familiar en condición de descendiente de otro residente, aquél adquirirá una autorización de residencia por reagrupación familiar dependiente de su progenitor.

En la renovación de la citada autorización de residencia serán valorados, en cuanto a la acreditación de la disposición de vivienda adecuada y de medios económicos suficientes para cubrir las necesidades de la familia, junto a los del progenitor del menor, los del primer reagrupante, siempre que el progenitor del menor siga siendo titular de una autorización de residencia por reagrupación familiar.

4. Para las renovaciones de las autorizaciones de residencia reguladas en este artículo se seguirán los trámites y el procedimiento establecido para las autorizaciones de residencia de los familiares reagrupados.

5. Las autorizaciones de residencia concedidas en base a lo previsto en los apartados anteriores, cuando sus titulares alcancen la edad laboral, habilitarán para trabajar sin necesidad de ningún otro trámite administrativo.

Artículo 186. *Residencia del hijo no nacido en España de residente.* 1. Los menores no nacidos en España, hijos de extranjeros con residencia en España, así como los menores sujetos legalmente a la tutela de un ciudadano o institución españoles o de un extranjero residente legal en España, podrán obtener autorización de residencia cuando se acredite su permanencia continuada en España durante un mínimo de dos años y sus padres o tutores cumplan los requisitos de medios económicos y alojamiento exigidos en este Reglamento para ejercer el derecho a la reagrupación familiar.

2. Cuando los menores se encuentren en edad de escolarización obligatoria, se deberá presentar certificado que acredite su escolarización durante su permanencia en España.

3. La vigencia de las autorizaciones concedidas por este motivo estará vinculada, en su caso, a la de la autorización de residencia del padre, la madre o el tutor del interesado. En caso de que la autorización derive de su tutela por un ciudadano comunitario, su duración será de cinco años.

4. Para las renovaciones de las autorizaciones de residencia reguladas en este artículo se seguirán los trámites y el procedimiento establecido para las autorizaciones de residencia de los familiares reagrupados.

5. Las autorizaciones de residencia concedidas en base a lo previsto en los apartados anteriores, cuando sus titulares alcancen la edad laboral, habilitarán para trabajar sin necesidad de ningún otro trámite administrativo.

CAPÍTULO II
DESPLAZAMIENTO TEMPORAL DE MENORES EXTRANJEROS

Véase D [PAÍS VASCO] 188/2018, 26 diciembre, sobre los programas de carácter humanitario que tienen por objeto el desplazamiento temporal de personas extranjeras menores de edad a la Comunidad Autónoma del País Vasco («B.O.P.V.» 10 enero 2019).

Artículo 187. *Desplazamiento temporal de menores extranjeros.* 1. El desplazamiento de menores extranjeros a España para periodos no superiores a noventa días, en programas de carácter humanitario promovidos y financiados por las administraciones públicas, asociaciones sin ánimo de lucro o fundaciones u otras entidades ajenas a quienes ejercen su patria potestad o tutela, para estancias temporales con fines de tratamiento médico o disfrute de vacaciones, necesitará la autorización expresa de quien ejerza la patria potestad o tutela, así como el informe previo favorable del Subdelegado del Gobierno o Delegado del Gobierno en las Comunidades Autónomas uniprovinciales, en cuyo territorio vayan a permanecer.

Con carácter previo a la emisión del informe de la Delegación o Subdelegación del Gobierno, la entidad o persona que promueva el programa habrá de presentar ante ésta informe emitido por el órgano autonómico competente en materia de protección de menores sobre el programa.

2. Los requisitos y exigencias de este artículo se entenderán cumplidos, a los efectos de la concesión del visado, a través del informe favorable del Subdelegado del Gobierno o Delegado del Gobierno a que se refiere el apartado 1.

El informe se referirá al cumplimiento, por parte del programa, de los requisitos y autorizaciones exigibles en España, proporcionados para el fin de la estancia y su duración, tanto en materia sanitaria como de protección jurídica del menor en relación con la finalidad expuesta y de esa duración, en orden a garantizar la ausencia de riesgo de desprotección de éste.

Asimismo, se habrá de verificar la existencia de compromiso escrito de facilitar el regreso al país de origen de los menores, y el conocimiento de que el desplazamiento del menor no tiene por objeto la adopción, según lo referido en el apartado 4, y que el mencionado regreso no implica coste para el erario público, salvo que dicho coste haya sido asumido expresa y previamente por el órgano competente.

La Oficina Consular en el país de origen del menor deberá, no obstante, comprobar la autorización expresa de quien ejerza la patria potestad o tutela, así como todo lo relativo a los requisitos de los pasaportes individuales o colectivos, salvoconductos u otra documentación de viaje de los menores.

3. Los Ministerios de Asuntos Exteriores y de Cooperación, de Trabajo e Inmigración y del Interior coordinarán el desplazamiento y estancia de estos menores, y por este último departamento se controlará su regreso al país de origen o de procedencia.

4. En todos los casos, si los menores van a permanecer con familias o personas individuales, éstas deberán expresar por escrito su conocimiento de que el desplazamiento del menor no tiene por objeto la adopción y su compromiso de favorecer el regreso a su país de origen o procedencia.

Véase O Foral [GIPUZKOA] 245/2015, 24 marzo, de aprobación del procedimiento de los Programas de Desplazamiento Temporal («B.O.G.» 10 abril).

Véase D [BALEARES] 11/2013, 22 marzo, por el que se regulan los requisitos y el procedimiento para emitir informes relativos a programas de desplazamiento temporal de menores extranjeros («B.O.I.B.» 23 marzo).

Artículo 188. *Desplazamiento temporal de menores extranjeros con fines de escolarización.* 1. La estancia derivada del desplazamiento temporal de menores con fines de escolarización tendrá naturaleza jurídica de estancia por estudios.

2. Al desplazamiento temporal de menores con fines de escolarización en programas promovidos y financiados por las administraciones públicas, asociaciones sin ánimo de lucro o fundaciones u otras entidades o personas ajenas a quienes ejercen su patria potestad o tutela, le resultará de aplicación el procedimiento establecido en el artículo anterior, debiendo acreditarse que el menor ha sido admitido en un centro de enseñanza reconocido oficialmente en España.

3. La estancia acabará al finalizar el curso académico, en cuyo momento, salvo que razones excepcionales lo impidan, el menor deberá regresar a su país.

En el caso de que desee continuar los estudios por más de un curso académico, se deberá incluir al menor en un nuevo programa.

CAPÍTULO III
MENORES EXTRANJEROS NO ACOMPAÑADOS

Artículo 189. *Definición.* Lo previsto en el presente capítulo será de aplicación al extranjero menor de dieciocho años que llegue a territorio español sin venir acompañado de un adulto responsable de él, ya sea legalmente o con arreglo a la costumbre, apreciándose riesgo de desprotección del menor, mientras tal adulto responsable no se haya hecho cargo efectivamente del menor, así como a cualquier menor extranjero que una vez en España se encuentre en aquella situación.

El contenido de este capítulo deberá interpretarse sin perjuicio de la posibilidad de que el menor extranjero no acompañado pueda cumplir los requisitos establecidos en los artículos 59 y 59bis de la Ley Orgánica 4/2000, de 11 de enero, o en la normativa española en materia de protección internacional.

Artículo 190. *Determinación de la edad.* 1. Cuando los Cuerpos y Fuerzas de Seguridad localicen a un extranjero no acompañado cuya minoría de edad sea indubitada por razón de su documentación o de su apariencia física, éste será puesto a disposición de los servicios de protección de menores competentes, poniéndose tal hecho en conocimiento del Ministerio Fiscal. Los datos de identificación del menor serán inscritos en el Registro de Menores Extranjeros No Acompañados.

En el caso de que la minoría de edad de un extranjero indocumentado no pueda ser establecida con seguridad, las Fuerzas y Cuerpos de Seguridad del Estado, en cuanto tengan conocimiento de esa circunstancia o localicen al supuesto menor en España, informarán a los servicios autonómicos de protección de menores para que, en su caso, le presten la atención inmediata que precise de acuerdo con lo establecido en la legislación de protección jurídica del menor.

Con carácter inmediato, se pondrá el hecho en conocimiento del Ministerio Fiscal, que dispondrá, en el plazo más breve posible, la determinación de su edad, para lo que deberán colaborar las instituciones sanitarias oportunas que, con carácter prioritario y urgente, realizarán las pruebas necesarias.

Igualmente, se dará conocimiento de la localización del menor o posible menor al Delegado o Subdelegado del Gobierno competente por razón del territorio donde éste se encuentre.

2. La Secretaría de Estado de Inmigración y Emigración impulsará la adopción de un Protocolo Marco de Menores Extranjeros No Acompañados destinado a coordinar la intervención de todas las instituciones y administraciones afectadas, desde la localización del menor o supuesto menor hasta su identificación, determinación de su edad, puesta a disposición del servicio público de protección de menores y documentación.

Véase la Res. de 10 de septiembre de 2024, por la que se establece el Protocolo territorial de recepción de menores extranjeros migrantes no acompañados en la Comunidad Autónoma de Canarias («B.O.I.C.» 12 septiembre).

Véase Res. 13 octubre 2014, de la Subsecretaría, por la que se publica el Acuerdo para la aprobación del Protocolo Marco sobre determinadas actuaciones en relación con los Menores Extranjeros No Acompañados («B.O.E.» 16 octubre).

La Sentencia TS (Sala 1.ª) de 23 septiembre 2014, Rec.=1382/2013, fija como doctrina jurisprudencial la siguiente: el inmigrante de cuyo pasaporte o documento equivalente de identidad se desprenda su minoría de edad no puede ser considerado un extranjero indocumentado para ser sometido a pruebas complementarias de determinación de su edad, pues no cabe cuestionar sin una justificación razonable por qué se realizan tales pruebas cuando se dispone de un pasaporte válido. Por tanto, procede realizar un juicio de proporcionalidad y ponderar adecuadamente las razones por las que se considera que el documento no es fiable y que por ello se debe acudir a las pruebas de determinación de la edad. En cualquier caso, ya se trate de personas documentadas como indocumentadas, las técnicas médicas, especialmente si son invasivas, no podrán aplicarse indiscriminadamente para la determinación de la edad.

3. Si durante el procedimiento de determinación de la edad el menor precisara atención inmediata, las Fuerzas y Cuerpos de Seguridad del Estado la solicitarán a los servicios autonómicos competentes en materia de protección de menores.

4. En el decreto del Ministerio Fiscal que fije la edad del menor extranjero se decidirá su puesta a disposición de los servicios competentes de protección de menores, dándose conocimiento de ello al Delegado o Subdelegado del Gobierno competente.

En caso de que la determinación de la edad se realice en base al establecimiento de una horquilla de años, se considerará que el extranjero es menor si la edad más baja de ésta es inferior a los dieciocho años.

El decreto del Ministerio Fiscal en el que se fije la edad del menor extranjero se inscribirá en el Registro de menores no acompañados de conformidad con lo previsto en el artículo 215 de este Reglamento.

5. Tras haber sido puesto el menor a su disposición, el servicio de protección de menores le informará, de modo fehaciente y en un idioma comprensible para éste, del contenido básico del derecho a la protección internacional y del procedimiento previsto para su solicitud, así como de la normativa vigente en materia de protección de menores. De dicha actuación quedará constancia escrita.

Artículo 191. *Competencia sobre el procedimiento de repatriación del menor extranjero no acompañado y actuaciones previas.* 1. Las Delegaciones y Subdelegaciones del Gobierno serán los Centros directivos competentes para llevar a cabo los trámites relativos a la repatriación de un menor extranjero no acompañado, previstos en el artículo 35 de la Ley Orgánica 4/2000, de 11 de enero y en los Acuerdos bilaterales suscritos por España sobre la materia.

La competencia atribuida a la Delegaciones y Subdelegaciones del Gobierno incluirá la práctica de las actuaciones informativas previas y, en su caso, la incoación, tramitación y resolución del procedimiento regulado en este artículo.

2. Se considerará Delegación o Subdelegación del Gobierno competente aquélla en cuyo territorio se halle el domicilio del menor.

El Centro directivo que inicie el procedimiento lo comunicará a la correspondiente Delegación o Subdelegación del Gobierno en la provincia donde esté ubicada la entidad que tenga atribuida la tutela legal, custodia, protección provisional o guarda, cuando su domicilio no coincida con el del menor.

3. La Delegación o Subdelegación del Gobierno solicitará, través de la Comisaría General de Extranjería y Fronteras, informe de la representación diplomática del país de origen del menor sobre las circunstancias familiares de éste. En caso de que dicho país no cuente con representación diplomática en España, el informe será solicitado a través de la Dirección General de Asuntos Consulares y Migratorios.

De cada solicitud y actuaciones posteriores se dará cuenta a la Secretaría de Estado de Inmigración y Emigración, a la Comisaría General de Extranjería y Fronteras y, en su caso, a la Dirección General de Asuntos Consulares y Migratorios.

4. Sin perjuicio del informe reseñado en el apartado anterior, la Delegación o Subdelegación del Gobierno requerirá de la entidad que tenga atribuida la tutela legal, custodia, protección provisional o guarda cualquier información sobre la situación del menor. Dicha información será igualmente requerida a la Administración autonómica del territorio en el que el menor tenga su domicilio, así como a aquélla donde está ubicada la entidad que tenga atribuida la tutela legal, custodia, protección provisional o guarda.

5. La solicitud de informe responderá a un modelo tipo, a elaborar conjuntamente por las Secretarías de Estado de Inmigración y Emigración y de Seguridad. Se solicitarán, entre otros datos, los relativos a la filiación del menor y a las circunstancias sociales y familiares de su entorno en el país de origen.

En la solicitud de informe se hará constar la necesidad de que, de decidir la representación diplomática del país de origen sustituir la información sobre la familia por la relativa a sus servicios de protección del menor, la contestación refleje expresamente el compromiso por escrito de la autoridad competente del país de origen de asumir la responsabilidad sobre el menor.

Artículo 192. *Inicio del procedimiento de repatriación del menor extranjero no acompañado.* 1. El Delegado o Subdelegado de Gobierno competente acordará la incoación del procedimiento de repatriación del menor cuando, según las informaciones recibidas de acuerdo con lo previsto en el artículo anterior, se considere que el interés superior del menor se satisface con la reagrupación con su familia o su puesta a disposición de los servicios de protección de su país de origen. La incoación del procedimiento deberá grabarse en la aplicación informática correspondiente.

En el acuerdo de iniciación se hará constar expresamente la identidad del menor y la existencia de informe de las autoridades competentes del país de origen.

2. El acuerdo de incoación del procedimiento será notificado inmediatamente al menor, al Ministerio Fiscal y a la entidad que ostente su tutela legal, custodia, protección provisional o guarda. Asimismo, cualquier actuación o incidencia que se produzca en el curso de procedimiento será comunicada al Ministerio Fiscal a la mayor brevedad posible.

Al mismo tiempo, el menor será informado por escrito, en una lengua que le sea comprensible y de manera fehaciente, de los antecedentes que han determinado la incoación del procedimiento y de cuantos derechos le asisten, con especial mención a la asistencia de intérprete si no comprende o habla el idioma español.

Artículo 193. *Alegaciones y determinación del periodo de prueba.* 1. Comunicado el acuerdo de incoación del procedimiento se iniciará un periodo de diez días hábiles a computar desde el siguiente a la correspondiente notificación, en el que el menor extranjero, la entidad que ostente su tutela legal, custodia, protección provisional o guarda y, en su caso, el Ministerio Fiscal podrán formular cuantas alegaciones de hecho o de derecho consideren oportunas, así como proponer las pruebas pertinentes sobre los hechos alegados.

Si el menor ha alcanzado la edad de dieciséis años podrá intervenir en esta fase por sí mismo o a través de representante que designe. En caso de que no haya alcanzado dicha edad, será representado por la entidad que ostente su tutela legal, custodia, protección provisional o guarda.

No obstante, cuando el menor de dieciséis años con juicio suficiente hubiera manifestado una voluntad contraria a la de quien ostenta su tutela legal, custodia, protección provisional, guarda o representación legal, se suspenderá el curso del procedimiento hasta que le sea nombrado defensor judicial. Sin perjuicio de que pueda apreciarse dicho grado de madurez en una edad inferior, se entenderá que el extranjero mayor de doce años tiene juicio suficiente.

Corresponderá al Ministerio Fiscal, al propio menor o a cualquier persona con capacidad para comparecer en juicio instar de la autoridad judicial competente el nombramiento de dicho defensor.

2. Durante el trámite de alegaciones la Delegación o Subdelegación del Gobierno recabará informe del servicio público de protección de menores sobre la situación del menor en España, así como cualquier información que pueda conocer sobre la identidad del menor, su familia, su país o su domicilio cuando la misma no se hubiera presentado con anterioridad. El informe habrá de ser emitido en el plazo máximo de diez días desde su solicitud.

3. Cuando los hechos alegados por el menor, su representante legal o defensor judicial o por la entidad que ostente su tutela legal, custodia, protección provisional o guarda tuvieran relevancia decisiva para la adopción del acuerdo de repatriación, el instructor del procedimiento, de oficio o a instancia de parte, acordará la apertura de un periodo de prueba por un plazo no superior a treinta días ni inferior a diez, a fin de que puedan practicarse cuantas sean pertinentes.

En caso de apertura de un periodo de pruebas a instancia de parte, el instructor del procedimiento podrá suspender el transcurso del plazo para la resolución de éste durante el tiempo necesario para la incorporación de los resultados al expediente.

4. Asimismo, el Ministerio Fiscal emitirá informe, a la mayor brevedad posible, a cuyos efectos el instructor del procedimiento le remitirá la documentación que obre en el expediente.

Artículo 194. *Trámite de audiencia y resolución del procedimiento.* 1. Tras la incorporación al expediente de los informes mencionados en los artículos 190 y 191 y, en su caso, el resultado de la prueba practicada, el Delegado o Subdelegado del Gobierno dará inicio al trámite de audiencia. En dicho trámite se garantizará la presencia del menor que tuviera juicio suficiente para que manifieste lo que considere en relación con su repatriación.

Al trámite de audiencia serán convocados el Ministerio Fiscal, el tutor y, en su caso, el defensor judicial o el representante designado por el menor.

La audiencia se documentará en acta, que será suscrita por los presentes y a la que se incorporarán como anexo cuantos documentos y justificantes se aporten.

2. Realizado el trámite de audiencia, el Delegado o Subdelegado del Gobierno resolverá, de acuerdo con el principio de interés superior del menor, sobre la repa-

triación del menor a su país de origen o donde se encuentren sus familiares o sobre su permanencia en España.

La resolución establecerá si la repatriación será realizada en base a la reagrupación familiar o mediante su puesta a disposición de los servicios de protección del menor de su país de origen.

La resolución pondrá fin a la vía administrativa y será grabada en la aplicación informática correspondiente para su constancia en el Registro de Menores Extranjeros No Acompañados. Será notificada, en el plazo de diez días, al menor o, en su caso, a su representante. En el mismo plazo, será comunicada al tutor del menor y al Ministerio Fiscal.

En la propia resolución o en documento aparte, se hará expresa mención a la necesidad de solicitar, de acuerdo con lo previstos en la normativa reguladora del derecho de asistencia jurídica gratuita, el reconocimiento del derecho de asistencia jurídica gratuita para el ejercicio de éste, en caso de que se decidiera impugnar la resolución en vía contencioso-administrativa.

3. El plazo máximo para la resolución y notificación del procedimiento será de seis meses desde la fecha del acuerdo de inicio del procedimiento.

Artículo 195. *Ejecución de la repatriación.* 1. Sin perjuicio de las funciones del Cuerpo Nacional de Policía en la ejecución de la resolución, el menor será acompañado por personal adscrito a los servicios de protección del menor bajo cuya tutela legal, custodia, protección provisional o guarda se encuentre hasta el momento de su puesta a disposición de las autoridades competentes de su país de origen.

2. En el caso de que el menor se encontrase incurso en un proceso judicial y conste este hecho acreditado en el expediente administrativo de repatriación, la ejecución de ésta estará condicionada a la autorización judicial. En todo caso deberá constar en el expediente la comunicación al Ministerio Fiscal.

3. La repatriación se efectuará a costa de la familia del menor o de los servicios de protección de menores de su país. En caso contrario, se comunicará al representante diplomático o consular de su país a estos efectos. Subsidiariamente, la Administración General del Estado se hará cargo del coste de la repatriación, salvo en lo relativo al desplazamiento del personal adscrito a los servicios de protección del menor bajo cuya tutela legal, custodia, protección provisional o guarda se encuentre el menor.

Artículo 196. *Residencia del menor extranjero no acompañado.* 1. La Oficina de Extranjería en la provincia en la que esté fijado el domicilio del menor iniciará, de oficio, por orden superior o a instancia de parte, el procedimiento relativo a la autorización de residencia a la que se refiere el artículo 35.7 de la Ley Orgánica 4/2000, de 11 de enero, una vez haya quedado acreditada la imposibilidad de repatriación del menor y, en todo caso, transcurridos noventa días desde que haya sido puesto a disposición de los servicios competentes de protección de menores.

En caso de inicio de oficio o por orden superior, la Oficina de Extranjería comunicará al menor el acuerdo de inicio del procedimiento a través del servicio de protección de menores bajo cuya tutela, custodia, protección provisional o guarda se encuentre, interesando la aportación de la siguiente documentación, que igualmente será la que deberá ser aportada junto a la solicitud en los casos de inicio a instancia de parte:

a) Copia completa del pasaporte en vigor o título de viaje, reconocido como válido en España, del menor. En su defecto, este documento podrá ser sustituido por cédula de inscripción del menor, obtenida de acuerdo a lo previsto en el artículo 211.5.

b) Documento acreditativo de que la persona física que interviene en el procedimiento tiene competencia para ello en representación del servicio de protección de menores.

c) Documento acreditativo de la relación de tutela, custodia, protección provisional o guarda entre el menor y el servicio de protección de menores.

2. La Delegación o Subdelegación del Gobierno resolverá sobre el procedimiento y notificará la resolución al menor en el plazo máximo de un mes. La resolución será comunicada al Ministerio Fiscal en el plazo de diez días desde que se dicte.

El representante del menor deberá solicitar personalmente, en el plazo de un mes desde la fecha de notificación de la resolución, y ante la Oficina de Extranjería o Comisaría correspondiente, la Tarjeta de Identidad de Extranjero que indicará expresamente «habilita para trabajar de conformidad con el 36.1 y el 41.1 de la Ley Orgánica 4/2000».

3. De acuerdo con el artículo 35.8 de la Ley Orgánica 4/2000, de 11 de enero la concesión de esta autorización de residencia no será obstáculo para la ulterior repatriación cuando favorezca el interés superior del menor. Si la repatriación se produce, se procederá a la extinción de la autorización de residencia. En caso de que se acuerde y ejecute la repatriación, esta conllevará la extinción de la autorización de residencia.

4. La autorización de residencia que habilita para trabajar a partir de los 16 años para aquellas actividades que, a propuesta de la entidad de protección de menores, favorezcan su integración social, tendrá una vigencia de dos años, retrotrayéndose su eficacia a la fecha de la puesta a disposición del menor del servicio de protección de menores.

La habilitación para trabajar que conlleva de acuerdo con lo previsto en el artículo 41.1.j) de la Ley Orgánica 4/2000, de 11 de enero, no tendrá en cuenta, en caso de actividades por cuenta ajena, la situación nacional de empleo de conformidad con lo previsto en el artículo 40.1.i) de la misma ley orgánica. Esta habilitación para trabajar tendrá la misma duración que la autorización de residencia.

5. El procedimiento sobre la renovación de esta autorización de residencia que habilita para trabajar a partir de los 16 años para aquellas actividades que, a propuesta de la entidad de protección de menores, favorezcan su integración social, será iniciado de oficio por la Oficina de Extranjería competente durante los sesenta días naturales previos a la fecha de expiración de su vigencia. Ello sin perjuicio de que este procedimiento pueda iniciarse a instancia de parte en el mismo plazo. En ambos casos, el inicio del procedimiento de renovación prorrogará la validez de la autorización anterior hasta su resolución. También se producirá esta prórroga en el supuesto en que la renovación se tramite dentro de los noventa días naturales posteriores a la fecha en que hubiere finalizado la vigencia de la anterior autorización.

Procederá la renovación de la autorización cuando subsistan las circunstancias que motivaron su concesión inicial.

La vigencia de la autorización renovada será de tres años salvo que corresponda una autorización de residencia de larga duración.

Artículo 196 redactado por el apartado dos del artículo único del R.D. 903/2021, de 19 de octubre, por el que se modifica el Reglamento de la L.O. 4/2000, sobre derechos y libertades de los extranjeros en España y su integración social, tras su reforma por L.O. 2/2009, aprobado por el R.D. 557/2011, de 20 de abril («B.O.E.» 20 octubre). Véase la disposición transitoria única.

Vigencia: 9 noviembre 2021

Artículo 197. *Acceso a la mayoría de edad del menor extranjero no acompañado que es titular de una autorización de residencia.* 1. Los menores sobre los que un servicio de protección de menores haya ejercido la tutela, custodia, protección provisional o guarda, y que alcancen la mayoría de edad siendo titulares de una autorización de residencia concedida conforme a lo previsto en el artículo anterior, podrán solicitar en la Oficina de Extranjería donde haya fijado su residencia la renovación de la misma en modelo oficial, durante los sesenta días naturales previos a la fecha de expiración de su vigencia. La presentación de la solicitud en este plazo prorrogará la validez de la autorización anterior hasta la resolución del procedimiento de renovación.

También se prorrogará hasta la resolución del procedimiento en el supuesto en que la solicitud se presentase dentro de los noventa días naturales posteriores a la fecha en que hubiera finalizado la vigencia de la anterior autorización, sin perjuicio de la incoación del correspondiente procedimiento sancionador por la infracción en la que se hubiese incurrido.

2. La autorización será renovada cuando queden acreditadas las siguientes condiciones:

a) Que el solicitante cuenta con medios económicos suficientes para su sostenimiento. La suficiencia de estos medios se entenderá cumplida cuando se acrediten unos ingresos y rentas mensuales que superen la cuantía mensual individual de la renta garantizada prevista en el Real Decreto Ley 20/2020, de 29 de mayo, por el que se establece el Ingreso Mínimo Vital, o bien, que se acredite que su sostenimiento queda asegurado dentro de un programa desarrollado por una institución pública o privada.

A estos efectos serán computables los ingresos provenientes de un empleo, del sistema social, así como otras cuantías que pueda percibir.

b) De conformidad con el artículo 31.7 de la Ley Orgánica 4/2000, de 11 de enero, se habrá de valorar la existencia de antecedentes penales, considerando la concesión de indultos o la suspensión de la pena privativa de libertad y, en el caso de penas privativas de derechos o de multa, el cumplimiento de las mismas. A tal efecto, la Administración comprobará de oficio los antecedentes registrados en el Registro Central de Penados del Ministerio de Justicia.

c) Igualmente, deberán considerarse los informes que, en su caso y a estos efectos puedan presentar las entidades públicas competentes en materia de protección de menores, de acuerdo con lo previsto en el artículo 35.9 de la Ley Orgánica 4/2000, de 11 de enero, así como los emitidos por otras entidades o instituciones privadas relativos al cumplimiento satisfactorio de los objetivos educativos o de inclusión sociolaboral del programa, haya éste finalizado o esté en curso.

3. La vigencia de la autorización renovada será de dos años, renovables por periodos de dos años si se mantienen los requisitos, salvo que corresponda una autorización de residencia de larga duración.

La habilitación para trabajar que conlleva de acuerdo con lo previsto en el artículo 35.9 de la Ley Orgánica 4/2000, de 11 de enero, no tendrá en cuenta, en caso de actividades por cuenta ajena, la situación nacional de empleo de conformidad con lo previsto en el artículo 40.1.b) de la misma ley orgánica. Esta habilitación para trabajar tendrá la misma duración que la autorización de residencia.

4. En el plazo de un mes desde la notificación de la resolución por la que se renueva la autorización, su titular deberá solicitar ante la Oficina de Extranjería o Comisaría la correspondiente Tarjeta de Identidad de Extranjero que indicará expresamente «habilita para trabajar».

5. Lo dispuesto en los apartados anteriores será sin perjuicio de que la autoridad competente facilite a los menores extranjeros no acompañados que alcancen la mayoría de edad información y acceso a la modalidad o programa de retorno voluntario asistido al que puedan decidir acogerse.

Artículo 197 redactado por el apartado tres del artículo único del R.D. 903/2021, de 19 de octubre, por el que se modifica el Reglamento de la L.O. 4/2000, sobre derechos y libertades de los extranjeros en España y su integración social, tras su reforma por L.O. 2/2009, aprobado por el R.D. 557/2011, de 20 de abril («B.O.E.» 20 octubre). Véase la disposición transitoria única.

Vigencia: 9 noviembre 2021

Artículo 198. *Acceso a la mayoría de edad del menor extranjero no acompañado que no es titular de una autorización de residencia.* 1. Los menores sobre los que un servicio de protección de menores ostentara la tutela, custodia, protección provisional o guarda y alcancen la mayoría de edad sin haber obtenido la autorización de residencia prevista en el artículo 196 de este reglamento pero habiendo cumplido los requisitos para ello, podrán solicitar una autorización de residencia temporal por circunstancias excepcionales. Para ello, deberán haber participado en las acciones formativas y actividades programadas por dicha entidad para favorecer su integración social, lo cual será certificado por esta, o deberá poder acreditar su integración en la sociedad española en los términos previstos en la letra c) del apartado segundo del artículo anterior.

2. La solicitud de autorización será presentada durante los sesenta días naturales previos o en los noventa días naturales posteriores a la fecha en que cumpla los dieciocho años. El plazo se suspenderá cuando quede acreditado que no se ha presentado la solicitud por causas ajenas a la voluntad del solicitante y se reanudará una vez estas hayan cesado.

3. Igualmente, deberá acreditarse:

a) Que el solicitante cuenta con medios económicos suficientes para su sostenimiento. La suficiencia de estos medios se entenderá cumplida cuando se acrediten unos ingresos y rentas mensuales que superen la cuantía mensual individual de la renta garantizada prevista el Real Decreto Ley 20/2020, de 29 de mayo, por el que se establece el Ingreso Mínimo Vital, o bien, que se acredite que su sostenimiento queda asegurado dentro de un programa desarrollado por una institución pública o privada.

A estos efectos serán computables los ingresos provenientes de un empleo, del sistema social, así como otras cuantías que pueda percibir.

b) Que carezca de antecedentes penales en España o en los países anteriores de residencia, por delitos existentes en el ordenamiento español, y no figurar como rechazable en el espacio territorial de países con los que España tenga firmado un convenio en tal sentido. A tal efecto, la Administración comprobará de oficio los antecedentes registrados en el Registro Central de Penados del Ministerio de Justicia.

4. La vigencia de la autorización concedida será de dos años, renovable por periodos de dos años si se mantienen los requisitos, salvo que corresponda una autorización de residencia de larga duración.

La habilitación para trabajar por cuenta ajena o cuanta propia que conlleva la autorización no tendrá en cuenta, en caso de actividades por cuenta ajena, la situación nacional de empleo de conformidad con lo previsto en el artículo 40.1.j) de la Ley Orgánica 4/2000, de 11 de enero. Esta habilitación para trabajar tendrá la misma duración que la autorización de residencia.

5. En el plazo de un mes desde la notificación de la resolución por la que se concede la autorización, su titular deberá solicitar ante la Oficina de Extranjería o Comisaría correspondiente la Tarjeta de Identidad de Extranjero que indicará expresamente «habilita para trabajar por cuenta ajena y propia».

6. Lo dispuesto en los apartados anteriores será sin perjuicio de que la autoridad competente facilite a los menores extranjeros no acompañados que alcancen la mayoría de edad información y acceso a la modalidad o programa de retorno voluntario asistido al que puedan decidir acogerse.

Artículo 198 redactado por el apartado cuatro del artículo único del R.D. 903/2021, de 19 de octubre, por el que se modifica el Reglamento de la L.O. 4/2000, sobre derechos y libertades de los extranjeros en España y su integración social, tras su reforma por L.O. 2/2009, aprobado por el R.D. 557/2011, de 20 de abril («B.O.E.» 20 octubre). Véase la disposición transitoria única.

Vigencia: 9 noviembre 2021

TÍTULO XII
MODIFICACIÓN DE LAS SITUACIONES DE LOS EXTRANJEROS EN ESPAÑA

Artículo 199. *De las situaciones de estancia por estudios, formación, o prácticas a la situación de residencia y trabajo o de residencia con exceptuación de la autorización de trabajo.* 1. Los extranjeros que se encuentren en España en situación de estancia de acuerdo con lo previsto en el artículo 37.1, letras a), b) y d), podrán acceder a la situación de residencia y trabajo sin necesidad de solicitar visado cuando el empleador, como sujeto legitimado, presente la solicitud de autorización y se cumplan los requisitos laborales exigidos en el artículo 64, excepto el apartado 3.a), y haya superado los estudios, la formación o las prácticas, con aprovechamiento.

El extranjero que se acoja a esta posibilidad podrá igualmente solicitar una autorización de residencia a favor de los familiares en situación de estancia previstos en el artículo 41 que se encuentren conviviendo con él en el momento de la solicitud, siempre y cuando acredite suficiencia económica y disponibilidad de vivienda adecuada. La autorización en su caso concedida será de residencia por reagrupación familiar.

2. Las previsiones establecidas en este artículo serán igualmente de aplicación para el acceso a una autorización de residencia y trabajo por cuenta propia, de residencia con excepción de la autorización de trabajo, de residencia y trabajo para investigación, o de residencia y trabajo de profesionales altamente cualificados.

A dichos efectos, el titular de la autorización de estancia deberá cumplir los requisitos laborales para la obtención del correspondiente tipo de autorización o los relativos al supuesto de excepción de trabajo que se alegue, de acuerdo con lo previsto en este Reglamento, resultando aplicable el procedimiento establecido en función de la autorización de que se trate.

3. La autorización concedida tendrá la consideración de autorización inicial.

La eficacia de la autorización de residencia y trabajo estará condicionada al posterior alta del trabajador en el régimen correspondiente de la Seguridad Social en el plazo de un mes desde la notificación de su concesión. La eficacia de la autorización de residencia concedida a favor de los familiares estará condicionada a la de la autorización principal y su vigencia estará vinculada a la de ésta.

En el plazo de un mes desde la entrada en vigor de la autorización su titular deberá solicitar la Tarjeta de Identidad de Extranjero, personalmente, ante la Oficina de Extranjería o la Comisaría de Policía correspondientes.

4. En los supuestos de los extranjeros que hayan obtenido la resolución favorable para el reconocimiento del título de especialista en Ciencias de la Salud, regulado en el Real Decreto 459/2010, de 16 de abril, por el que se regulan las condiciones para el reconocimiento de efectos profesionales a títulos extranjeros de especialista en Ciencias de la Salud, obtenidos en Estados no miembros de la Unión Europea, la autorización de estancia adquirirá el carácter de autorización provisional de residencia y trabajo por cuenta ajena, una vez admitida a trámite la solicitud de modificación, y hasta que se resuelva el procedimiento. La denegación de la modificación supondrá la automática pérdida de vigencia de la autorización provisional, sin necesidad de pronunciamiento administrativo expreso.

5. La autorización de residencia y trabajo, así como, en su caso, la autorización de residencia para los familiares deberá solicitarse durante los sesenta días previos o los noventa posteriores a la vigencia de la autorización de estancia principal. La solicitud realizada en plazo prorrogará, en caso de caducidad, la vigencia de la autorización de estancia hasta que recaiga resolución sobre ella.

6. Cuando en el marco del procedimiento se establezca que el extranjero no reúne los requisitos exigibles de acuerdo con este precepto, pero sí los relativos a la

concesión de la autorización inicial de residencia de que se trate, el órgano competente dictará resolución en relación con ésta, en los términos generalmente aplicables a la autorización en cuestión.

Artículo 199 redactado por el apartado diecinueve del artículo único del R.D. 629/2022, de 26 de julio, por el que se modifica el Reglamento de la L.O. 4/2000, sobre derechos y libertades de los extranjeros en España y su integración social, tras su reforma por L.O. 2/2009, aprobado por el R.D. 557/2011, de 20 de abril («B.O.E.» 27 julio).

Vigencia: 16 agosto 2022

Artículo 200. *De la situación de residencia a la situación de residencia y trabajo o de residencia con exceptuación de la autorización de trabajo.* 1. Los extranjeros que se encuentren en España durante al menos un año en situación de residencia podrán acceder a la situación de residencia y trabajo por cuenta ajena cuando el empleador, como sujeto legitimado, presente la solicitud de autorización y se cumplan los requisitos laborales exigidos en el artículo 64, excepto el previsto en el apartado 3.a).

Excepcionalmente podrá acceder a la situación de residencia y trabajo, sin necesidad de que haya transcurrido el plazo de un año, el extranjero que acredite una necesidad de trabajar por circunstancias sobrevenidas para garantizar su subsistencia.

2. La eficacia de la autorización de trabajo estará condicionada al posterior alta del trabajador en el régimen correspondiente de la Seguridad Social en el plazo de un mes desde la notificación su concesión. Cumplida la condición, la vigencia de la autorización se retrotraerá al día inmediatamente siguiente al de la caducidad de la autorización anterior.

3. Los extranjeros titulares de un certificado de registro como ciudadano comunitario o de una Tarjeta de residencia de familiar de un ciudadano de la Unión, cuando hayan cesado en tal condición, podrán obtener, si cumplen los requisitos establecidos al efecto, a excepción del visado, una autorización de residencia no lucrativa o de residencia y trabajo por cuenta ajena, del tiempo que corresponda, en función de la duración de la documentación de la que fuera titular.

4. Las previsiones establecidas en este artículo serán igualmente de aplicación para el acceso a una autorización de residencia y trabajo por cuenta propia, de residencia con exceptuación de la autorización de trabajo, de residencia y trabajo para investigación, o de residencia y trabajo de profesionales altamente cualificados.

A dichos efectos, el titular de la autorización de residencia o la persona documentada en régimen comunitario deberá cumplir los requisitos laborales para la obtención del correspondiente tipo de autorización, de acuerdo con lo previsto en este Reglamento.

Artículo 201. *Compatibilidad de la situación de residencia y trabajo por cuenta ajena y la de residencia y trabajo por cuenta propia, o de autorizaciones de trabajo por cuenta propia de ámbito geográfico distinto.* 1. Los extranjeros que deseen realizar simultáneamente actividades lucrativas por cuenta propia y ajena habrán de obtener las correspondientes autorizaciones de trabajo, de conformidad con los requisitos generales establecidos para la obtención de cada una de ellas en este Reglamento.

Número 1 del artículo 201 redactado por el apartado veinte del artículo único del R.D. 629/2022, de 26 de julio, por el que se modifica el Reglamento de la L.O. 4/2000, sobre derechos y libertades de los extranjeros en España y su integración social, tras su reforma por L.O. 2/2009, aprobado por el R.D. 557/2011, de 20 de abril («B.O.E.» 27 julio).

Vigencia: 16 agosto 2022

2. La autorización administrativa mediante la que se conceda la compatibilidad del ejercicio de actividades laborales y profesionales tendrá una duración equivalente al periodo de vigencia de la autorización de trabajo de la que fuera titular el extranjero, excepto en el caso de que se conceda sobre la base de un contrato o actividad de duración inferior.

3. Los extranjeros que deseen desarrollar actividades por cuenta propia de forma simultánea en varias Comunidades Autónomas, y siempre en relación con el mismo sector de actividad, habrán de obtener las correspondientes autorizaciones de trabajo por cuenta propia, de conformidad con los requisitos relativos a la actividad generalmente exigidos para la obtención de las mismas.

Artículo 202. *De la situación de residencia por circunstancias excepcionales a la situación de residencia, residencia y trabajo o residencia con exceptuación de la autorización de trabajo.* 1. Los extranjeros que se encuentren en España durante, al menos, un año en situación de residencia por circunstancias excepcionales, en los supuestos que determina el artículo 130, podrán acceder a la situación de residencia o de residencia y trabajo sin necesidad de visado.

2. Cuando el extranjero autorizado a residir por circunstancias excepcionales estuviera habilitado para trabajar, presentará por sí mismo la solicitud de autorización de residencia y trabajo, que será concedida si cumple los requisitos previstos por el artículo 71. Sin perjuicio de ello, y de su vigencia, que será de dos años, la autorización de residencia temporal y trabajo concedida en base a este precepto tendrá la consideración de inicial.

3. En los demás casos, el empleador será el sujeto legitimado para presentar la solicitud de autorización y se exigirán los requisitos laborales previstos en el artículo 64, excepto el apartado 3.a).

La eficacia de la autorización de residencia y trabajo estará condicionada al posterior alta del trabajador en el régimen correspondiente de la Seguridad Social en el plazo de un mes desde la notificación de su concesión. Cumplida la condición, la vigencia de la autorización se retrotraerá al día inmediatamente siguiente al de la caducidad de la autorización anterior. Su vigencia será de dos años, sin perjuicio de que la autorización de residencia temporal y trabajo tendrá la consideración de inicial.

4. Las previsiones establecidas en este artículo serán igualmente de aplicación para el acceso a una autorización de residencia y trabajo por cuenta propia, de residencia con exceptuación de la autorización de trabajo, de residencia y trabajo para investigación, o de residencia y trabajo de profesionales altamente cualificados.

A dichos efectos, el titular de la autorización de residencia deberá cumplir los requisitos laborales para la obtención del correspondiente tipo de autorización, de acuerdo con lo previsto en este Reglamento.

Artículo 203. *Modificaciones de la autorización de residencia y trabajo.* 1. Durante la vigencia de las autorizaciones iniciales de residencia y trabajo, el órgano competente por razón del lugar donde se vaya a iniciar la relación laboral o la actividad por cuenta propia que motiva la solicitud, podrá modificar su alcance en cuanto a la ocupación, sector de actividad y/o ámbito territorial de limitación, siempre a petición de su titular.

En el caso de que se trate de una modificación del alcance de una autorización de residencia temporal y trabajo por cuenta ajena, se tendrá en cuenta lo previsto en el artículo 64.3.a).

2. Las autorizaciones de residencia y trabajo por cuenta propia y por cuenta ajena podrán modificarse, respectivamente, en autorizaciones de residencia y trabajo por cuenta ajena y por cuenta propia, a solicitud del interesado, siempre que se le haya renovado ya su autorización inicial o que presente la solicitud en el momento en el que corresponda solicitar su renovación y reúna las condiciones siguientes:

a) En el caso de las modificaciones de cuenta ajena a cuenta propia, se autorizarán si se reúnen los requisitos establecidos en el artículo 105 y se tiene constancia de la realización habitual de actividad laboral durante el periodo de vigencia de la autorización por un periodo igual al que correspondería si pretendiera su renovación.

b) En el caso de las modificaciones de cuenta propia a cuenta ajena, se autorizarán si se ha suscrito un contrato de trabajo que justifique la nueva actividad laboral del trabajador, siempre que se tenga constancia del cumplimiento de las obligaciones tributarias y de Seguridad Social de su anterior actividad profesional.

Excepcionalmente, podrá acceder a la modificación de la autorización inicial de residencia temporal y trabajo, sin necesidad de que haya llegado el momento de renovación de la misma, el extranjero que acredite una necesidad por circunstancias sobrevenidas para garantizar su subsistencia, como el hecho de que, por causas ajenas a su voluntad, hubiera cesado la actividad por cuenta propia o se hubiera interrumpido la relación laboral por cuenta ajena.

3. Las autorizaciones de residencia y trabajo por cuenta propia o por cuenta ajena podrán modificarse en autorizaciones de residencia temporal no lucrativa, residencia temporal con excepción de la autorización de trabajo, residencia temporal y trabajo para investigación, o residencia temporal y trabajo de profesionales altamente cualificados, a solicitud del interesado, siempre que se le haya renovado ya su autorización inicial o que presente la solicitud en el momento en el que corresponda solicitar su renovación.

A dichos efectos, deberá cumplir los requisitos previstos en el apartado anterior en cuanto al desarrollo de su actividad como titular de la autorización de residencia y trabajo por cuenta propia o por cuenta ajena, así como los propios del tipo de autorización que solicite.

Excepcionalmente, podrá acceder a la modificación de la autorización inicial de residencia temporal y trabajo, sin necesidad de que haya llegado el momento de renovación de la misma, el extranjero que acredite una necesidad por circunstancias sobrevenidas para garantizar su subsistencia, como el hecho de que, por causas ajenas a su voluntad, hubiera cesado la actividad por cuenta propia o se hubiera interrumpido la relación laboral por cuenta ajena.

4. La nueva autorización no ampliará la vigencia de la autorización modificada.

Cuando se trate de modificaciones solicitadas en el momento de la renovación de la autorización del que es titular, su vigencia será la que correspondería a su renovación.

Artículo 204. *Intervención de las Comunidades Autónomas en la modificación de autorizaciones en el caso de traspaso de competencias ejecutivas en materia de autorización inicial de trabajo.* 1. Cuando la Administración autonómica tenga atribuida la competencia ejecutiva sobre tramitación y resolución de las autorizaciones iniciales de trabajo, porque la relación de trabajo se inicie y se desarrolle en el territorio de la Comunidad Autónoma, corresponderá a los órganos competentes de ésta la recepción de solicitudes y la resolución de la autorización laboral en los siguientes supuestos:

a) La autorización de residencia y trabajo en las que se acredita ser hijo de español nacionalizado o de ciudadano comunitario con un año de residencia, prevista en los apartados 3 y 4 del artículo 200 del presente Reglamento.

b) La autorización de residencia y trabajo solicitada como consecuencia de la modificación de la situación de estancia por estudios, de residencia o de residencia por circunstancias excepcionales, así como la concesión de la compatibilidad de las autorizaciones de trabajo por cuenta propia y por cuenta ajena o de la mutación de una en otra o en residencia y trabajo para investigación o de profesionales altamente cualificados. No así en el caso de acceso a la situación de autorización de residencia con exceptuación de la autorización de trabajo en base a lo previsto en este título.

2. Cuando la modificación implique una nueva autorización de residencia y trabajo, se seguirá el procedimiento previsto por el artículo 68 del presente Reglamento. En todos los casos, la Administración autonómica registrará las solicitudes presentadas, en trámite y resueltas, en la aplicación informática correspondiente, garantizando su conocimiento en tiempo real por la Administración General del Estado.

TÍTULO XIII
DOCUMENTACIÓN DE LOS EXTRANJEROS

CAPÍTULO I
DERECHOS Y DEBERES RELATIVOS A LA DOCUMENTACIÓN

Artículo 205. *Derechos y deberes.* 1. Los extranjeros que se encuentren en territorio español tienen el derecho y la obligación de conservar, en vigor, la documentación con la que hubieran efectuado su entrada en España, la que acredite su identidad, expedida por las autoridades competentes del país de origen o de procedencia, así como la que acredite su situación en España.

2. Los extranjeros están obligados a exhibir los documentos referidos en el apartado anterior cuando fueran requeridos por las autoridades o sus agentes, en ejercicio de sus funciones.

3. Los extranjeros no podrán ser privados de su documentación, salvo en los supuestos y con los requisitos previstos en la Ley Orgánica 4/2000, de 11 de enero, y en la Ley Orgánica 1/1992, de 21 de febrero, sobre Protección de la Seguridad Ciudadana.

Artículo 206. *Número de identidad de extranjero.* 1. Los extranjeros a cuyo favor se inicie un procedimiento para obtener un documento que les habilite para permanecer en territorio español que no sea un visado, aquéllos a los que se les haya incoado un expediente administrativo en virtud de lo dispuesto en la normativa sobre extranjería y aquellos que por sus intereses económicos, profesionales o sociales se relacionen con España serán dotados, a los efectos de identificación, de un número personal, único y exclusivo, de carácter secuencial.

2. El número personal será el identificador del extranjero, que deberá figurar en todos los documentos que se le expidan o tramiten, así como en las diligencias que se estampen en su pasaporte o documento análogo, salvo en los visados.

3. El número de identidad del extranjero, NIE, deberá ser concedido de oficio, por la Dirección General de la Policía y de la Guardia Civil, en los supuestos mencionados en el apartado 1, salvo en el caso de los extranjeros que se relacionen con España por razón de sus intereses económicos, profesionales o sociales, que deberán interesar de dicho órgano la asignación del indicado número, siempre que concurran los siguientes requisitos:

a) Que no se encuentren en España en situación irregular.

b) Que se comuniquen los motivos por los que solicitan la asignación de dicho número.

Los extranjeros que se relacionen con España por razón de sus intereses económicos, profesionales o sociales podrán solicitar personalmente el NIE a la Dirección General de la Policía y de la Guardia Civil, directamente o a través de las Oficinas de Extranjería o Comisarías de policía. En el caso de que el extranjero no se encuentre en territorio español en el momento de la solicitud, solicitará la asignación de NIE a la Comisaría General de Extranjería y Fronteras, a través de las Oficinas Consulares de España en el exterior.

El procedimiento habrá de ser resuelto en el plazo máximo de cinco días desde la entrada de la solicitud en el registro del órgano competente para su tramitación.

4. Lo dispuesto en el apartado anterior será también de aplicación para la solicitud de los certificados de residente y de no residente.

CAPÍTULO II
ACREDITACIÓN DE LA SITUACIÓN DE LOS EXTRANJEROS EN ESPAÑA

Artículo 207. *Documentos acreditativos.* Las diferentes situaciones de los extranjeros en España podrán acreditarse, según corresponda, mediante el pasaporte o documento de viaje que acredite su identidad, el visado o la Tarjeta de Identidad de Extranjero. Excepcionalmente podrá acreditarse dicha situación mediante otras autorizaciones o documentos válidamente expedidos a tal fin por las autoridades españolas.

Artículo 208. *El pasaporte o documento de viaje.* El pasaporte o documento de viaje en el que conste el sello de entrada acreditará, además de la identidad, la situación de estancia en España en aquellos supuestos de extranjeros que no precisen de la obtención de un visado de corta duración.

Artículo 209. *El visado.* El visado válidamente obtenido acredita la situación para la que hubiese sido concedido. La validez de dicha acreditación se extenderá desde la efectiva entrada de su titular en España, hasta la obtención de la correspondiente Tarjeta de Identidad de Extranjero o hasta que se extinga la vigencia del visado.

La vigencia del visado será igual a la de la autorización de estancia o residencia que incorpora, cuando no resulte exigible la obtención de Tarjeta de Identidad de Extranjero.

Artículo 210. *La Tarjeta de Identidad de Extranjero.* 1. Todos los extranjeros a los que se les haya expedido un visado o una autorización para permanecer en España por un periodo superior a seis meses tienen el derecho y el deber de obtener la Tarjeta de Identidad de Extranjero, que deberán solicitar personalmente en el plazo de un mes desde su entrada en España o desde que la autorización sea concedida o cobre vigencia, respectivamente. Estarán exceptuados de dicha obligación los titulares de una autorización de residencia y trabajo de temporada.

2. La Tarjeta de Identidad de Extranjero es el documento destinado a identificar al extranjero a los efectos de acreditar su situación legal en España.

3. La Tarjeta de Identidad de Extranjero es personal e intransferible, y corresponde a su titular cumplimentar las actuaciones que se establezcan para su obtención y entrega, así como la custodia y conservación del documento.

4. El incumplimiento de las obligaciones relativas a la Tarjeta de Identidad de Extranjero conllevará la aplicación del régimen sancionador previsto en la Ley Orgánica 4/2000, de 11 de enero.

5. El titular de la Tarjeta de Identidad de Extranjero no podrá ser privado del documento, salvo en los supuestos y con los requisitos previstos en la Ley Orgánica 4/2000, de 11 de enero, y en la Ley Orgánica 1/1992, de 21 de febrero, sobre Protección de la Seguridad Ciudadana.

6. El Ministerio del Interior, en el marco de los acuerdos sobre documentación de extranjeros de carácter internacional en los que España sea parte, dictará las disposiciones necesarias para determinar las características de dicho documento, previo informe de la Comisión Interministerial de Extranjería.

7. La Tarjeta de Identidad de Extranjero tendrá idéntico periodo de vigencia que la autorización o el reconocimiento del derecho que justifique su expedición, y perderá su validez cuando se produzca la de la citada autorización, por cualquiera de las causas reglamentariamente establecidas a este efecto o, en su caso, por la pérdida del derecho para permanecer en territorio español.

8. Cuando haya finalizado el plazo de vigencia de la tarjeta, se haya acordado la renovación de la autorización o, en su caso, del reconocimiento a permanecer en territorio español, o se haya perdido el derecho que justificó su expedición, los extranjeros titulares de ella están obligados a entregar el documento en las Oficinas de Extranjería o Comisarías de policía correspondientes al lugar donde residan.

En los supuestos de asunción de un compromiso de no regreso a territorio español en el marco de un programa de retorno voluntario, por parte de titulares de una Tarjeta de Identidad de Extranjero, éstos estarán obligados a entregar el documento en la representación diplomática o consular española en el país de origen al que retornen. Esta previsión será igualmente aplicable a los extranjeros que retornen voluntariamente al margen de un programa y deseen beneficiarse de las disposiciones establecidas en este Reglamento respecto al regreso de personas que hayan regresado voluntariamente a su país de origen o procedencia.

En el caso de los extranjeros a los que sea aplicable el régimen de asilo, la entrega del documento deberá realizarse en la Oficina de Extranjería o la Comisaría de Policía de la provincia donde residan, salvo en el caso de que estén domiciliados en Madrid, en el que la entrega del documento deberá realizarse en la Oficina de Asilo y Refugio.

9. El extravío, destrucción o inutilización de la Tarjeta de Identidad de Extranjero, ya sean de carácter personal, laboral o familiar, llevarán consigo la expedición de nueva tarjeta, a instancia del interesado, que no se considerará renovación y tendrá vigencia por el tiempo que le falte por caducar a la que sustituya.

En el caso de que la solicitud de expedición de nueva tarjeta se realice dentro del plazo de renovación de la autorización, los procedimientos se tramitarán de forma conjunta y coherente.

10. Las modificaciones que impliquen alteración de la situación legal en España del titular de la Tarjeta de Identidad de Extranjero, así como de su situación laboral, incluidas las renovaciones, determinarán la expedición de nueva tarjeta adaptada al cambio o alteración producido, con la vigencia que determine la resolución que conceda dichas modificaciones.

11. Corresponderá a la Dirección General de la Policía y de la Guardia Civil, conforme a los criterios de coordinación marcados por la Secretaría de Estado de Seguridad, de acuerdo con la Secretaría de Estado de Inmigración y Emigración, la organización y gestión de los servicios de expedición de las Tarjetas de Identidad de Extranjero en las Oficinas de Extranjería o la Comisaría de Policía en las que se hubiese tramitado el expediente administrativo o practicado la notificación por la que se reconoce el derecho o se le autoriza a permanecer en España, así como su expedición y entrega al interesado, quien habrá de acreditar ante ellas ser el destinatario del documento y haber realizado el pago de las tasas legalmente establecidas.

Asimismo, en los casos en que la eficacia de la autorización concedida se encuentre condicionada al requisito del alta del extranjero en el régimen correspondiente de la Seguridad Social, el cumplimiento del requisito será comprobado de oficio con carácter previo a la expedición de la tarjeta.

12. Será aplicable a los documentos mencionados la normativa vigente sobre presentación y anotación en las oficinas públicas del documento nacional de identidad, cuya normativa tendrá carácter supletorio de las normas sobre utilización en España de los documentos de identidad de los extranjeros.

CAPÍTULO III
INDOCUMENTADOS

Artículo 211. *Requisitos y procedimiento para la documentación.* 1. En los supuestos de extranjeros indocumentados, previstos en el artículo 34.2 de la Ley

Orgánica 4/2000, de 11 de enero, se procederá en la forma prevista en este capítulo.

2. La solicitud de documentación deberá efectuarse tan pronto como se hubiera producido la indocumentación, personalmente y por escrito, en las Oficinas de Extranjería o la Comisaría de Policía correspondientes.

3. El interesado exhibirá los documentos de cualquier clase, aunque estuvieren caducados, que pudieran constituir indicios o pruebas de identidad, procedencia y nacionalidad, en su caso, para que sean incorporados a las comprobaciones que se estén llevando a cabo. Asimismo, acreditará que no puede ser documentado por la misión diplomática u oficina consular correspondiente mediante acta notarial que permita dejar constancia del requerimiento efectuado y no atendido, sin perjuicio de lo dispuesto en el apartado 5.

4. El interesado, igualmente, deberá aportar los documentos, declaraciones o cualquier otro medio de prueba oportuno que sirvan para acreditar la concurrencia de razones excepcionales de índole humanitaria, interés público o, en su caso, el cumplimiento de compromisos de España, que justifiquen su documentación por parte de las autoridades españolas.

5. En el caso de los solicitantes de autorización de residencia temporal por circunstancias excepcionales, se eximirá al solicitante de la presentación de acta notarial para acreditar que no puede ser documentado por la misión diplomática u oficina consular correspondiente, en los casos en que se alegasen razones graves que impidan su comparecencia en aquéllas, a cuyos efectos podrá recabarse el informe de la Oficina de Asilo y Refugio.

También se eximirá al solicitante de la presentación de acta notarial para acreditar que no puede ser documentado por la misión diplomática u oficina consular correspondiente, en los casos de las autorizaciones reguladas en los artículos 196 a 198 de este reglamento, a cuyos efectos deberá presentarse el informe de la entidad pública que ostenta su tutela o medida de protección o la hubiera ostentado.

Número 5 del artículo 211 redactado por el apartado cinco del artículo único del R.D. 903/2021, de 19 de octubre, por el que se modifica el Reglamento de la L.O. 4/2000, sobre derechos y libertades de los extranjeros en España y su integración social, tras su reforma por L.O. 2/2009, aprobado por el R.D. 557/2011, de 20 de abril («B.O.E.» 20 octubre).

Vigencia: 9 noviembre 2021

6. Realizadas las comprobaciones iniciales, si el extranjero desea permanecer en territorio español, el Delegado o Subdelegado del Gobierno en la provincia en que se encuentre, le concederá un documento de identificación provisional, que le habilitará para permanecer en España durante tres meses, periodo durante el cual se procederá a completar la información sobre sus antecedentes.

El documento previsto en este apartado no será concedido si el extranjero está incurso en alguno de los supuestos de prohibición de entrada en España a que se refiere el artículo 26 de la Ley Orgánica 4/2000, de 11 de enero, o se ha dictado contra él una orden de expulsión del territorio español.

7. Excepcionalmente, por razones de seguridad pública, de forma individualizada, motivada y en proporción a las circunstancias que concurran en cada caso, por resolución del titular del Ministerio del Interior adoptada a propuesta de la Dirección General de la Policía y de la Guardia Civil, de acuerdo con las garantías jurídicas del procedimiento sancionador previsto en la Ley, se podrán establecer medidas limitativas de su derecho a la libre circulación, cuya duración no excederá del tiempo imprescindible y proporcional a la persistencia de las circunstancias que justificaron la adopción de las mismas, y que podrán consistir en la presentación periódica ante las autoridades competentes y en el alejamiento de fronteras o núcleos de población concretados singularmente.

Igualmente, podrán establecerse medidas limitativas específicas respecto a dicho derecho cuando se acuerden en la declaración de estado de excepción o de sitio, en los términos previstos en la Constitución.

8. Finalizada la tramitación del procedimiento, salvo que el extranjero se encontrase incurso en alguno de los supuestos de prohibición de entrada o se haya dictado contra él una orden de expulsión, previo abono de las tasas que legalmente correspondan, el Delegado o Subdelegado del Gobierno o el Comisario General de Extranjería y Fronteras dispondrá su inscripción en una sección especial del Registro Central de Extranjeros y le dotará de una cédula de inscripción en un documento impreso, que deberá renovarse anualmente y cuyas características se determinarán por el Ministerio del Interior, previo informe de la Comisión Interministerial de Extranjería.

La Dirección General de la Policía y de la Guardia Civil expedirá certificaciones o informes sobre los extremos que figuren en dicha sección especial para su presentación ante cualquier otra autoridad española.

9. El extranjero al que le haya sido concedida la cédula de inscripción podrá solicitar la correspondiente autorización de residencia por circunstancias excepcionales si reúne los requisitos para ello. Dicha solicitud podrá presentarse y resolverse de manera simultánea con la solicitud de cédula de inscripción.

10. En caso de denegación de la solicitud, una vez notificada ésta, se procederá a su devolución al país de procedencia o a su expulsión del territorio español, en la forma prevista en la Ley Orgánica 4/2000, de 11 de enero, y en este Reglamento.

11. La cédula de inscripción perderá vigencia, sin necesidad de resolución expresa, cuando el extranjero sea documentado por algún país o adquiera la nacionalidad española u otra distinta.

Artículo 212. *Título de viaje para salida de España.* 1. A los extranjeros que se encuentren en España que acrediten una necesidad excepcional de salir del territorio español y no puedan proveerse de pasaporte propio, por encontrarse en alguno de los casos expresados en el artículo 34.2 de la Ley Orgánica 4/2000, de 11 de enero, una vez practicados los trámites regulados en el artículo anterior, la Dirección General de la Policía y de la Guardia Civil les podrá expedir un título de viaje con destino a los países que se especifiquen, previendo el regreso a España.

Si el objeto del título de viaje fuera exclusivamente posibilitar el retorno del solicitante a su país de nacionalidad o residencia, el documento no contendrá autorización de regreso a España.

2. En el título de viaje constarán la vigencia máxima y las limitaciones que en cada caso concreto se determinen para su utilización.

3. El título de viaje se expedirá con arreglo al modelo que se determine por Orden del titular del Ministerio del Interior.

Véase la Orden INT/3321/2011, de 21 de noviembre, sobre expedición de título de viaje a extranjeros («B.O.E.» 5 diciembre).

CAPÍTULO IV
REGISTRO CENTRAL DE EXTRANJEROS

Artículo 213. *Registro Central de Extranjeros.* 1. Existirá, en la Dirección General de la Policía y de la Guardia Civil, un Registro Central de Extranjeros en el que se anotarán:

a) Entradas.
b) Documentos de viaje.
c) Prórrogas de estancia.
d) Cédulas de inscripción.
e) Autorizaciones de entrada.
f) Autorizaciones de estancia.

g) Autorizaciones de residencia.
h) Autorizaciones de trabajo.
i) Inadmisiones a trámite, concesiones y denegaciones de protección internacional.
j) Concesiones y denegaciones del estatuto de apátrida y de desplazado.
k) Cambios de nacionalidad, domicilio o estado civil.
l) Limitaciones de estancia.
m) Medidas cautelares adoptadas, infracciones administrativas cometidas y sanciones impuestas en el marco de la Ley Orgánica 4/2000, de 11 de enero, y de este Reglamento.
n) Denegaciones y prohibiciones de entrada en el territorio nacional y sus motivos.
ñ) Devoluciones.
o) Prohibiciones de salida.
p) Expulsiones administrativas o judiciales.
q) Salidas.
r) Autorizaciones de regreso.
s) Certificaciones de número de identidad de extranjero.
t) Retorno de trabajadores de temporada.
u) Cartas de invitación.
v) Retornos voluntarios.
w) Cualquier otra resolución o actuación que pueda adoptarse en aplicación de este Reglamento.

2. Los órganos que adopten las resoluciones y concedan los documentos a que se refiere el apartado 1 deberán dar cuenta de ello, a efectos de su anotación en este registro.

Artículo 214. *Comunicación al Registro Central de Extranjeros de los cambios y alteraciones de situación.* Los extranjeros autorizados a permanecer en España estarán obligados a poner en conocimiento de la Oficina de Extranjería o de la Comisaría de Policía correspondientes al lugar donde residan o permanezcan los cambios de nacionalidad, de domicilio habitual y de estado civil. Dicha comunicación deberá realizarse en el plazo máximo de un mes desde que se produjese el cambio o modificación y deberá ir acompañada de los documentos que acrediten dichos cambios.

CAPÍTULO V
REGISTRO DE MENORES EXTRANJEROS NO ACOMPAÑADOS

Artículo 215. *Registro de Menores Extranjeros No Acompañados.* 1. En la Dirección General de la Policía y de la Guardia Civil existirá un Registro de Menores No Acompañados, con efectos exclusivos de identificación, que estará coordinado por la Fiscalía General del Estado, para el cumplimiento de las competencias que tiene atribuidas el Ministerio Fiscal por el artículo 35 de la Ley Orgánica 4/2000, en el ámbito de su función de garantía y protección del interés superior del menor.

El Registro contendrá en asientos personales, individualizados y numerados, los siguientes datos referentes a la identificación de los menores extranjeros no acompañados, documentados e indocumentados, cuya minoría de edad resulte indubitada desde el momento de su localización o haya sido determinada por Decreto del Ministerio Fiscal:

a) Nombre y apellidos del menor, nombre y apellidos de los padres, lugar de nacimiento, nacionalidad y última residencia en el país de procedencia.
b) Tipo y numeración de la documentación identificativa del menor.
c) Su impresión decadactilar, datos fisonómicos y otros datos biométricos.
d) Fotografía.

e) Datos relativos a la edad indubitada del menor o de la edad establecida por Decreto inicial del Ministerio Fiscal. En su caso, datos modificados por posterior Decreto.

f) Centro de acogida o lugar de residencia.

g) Organismo público u organización no gubernamental, fundación o entidad dedicada a la protección de menores bajo cuya tutela se halle.

h) Traslados del menor entre Comunidades Autónomas.

i) Reconocimiento de su condición de asilado, protegido o víctima de trata.

j) Fecha de solicitud de la autorización de residencia.

k) Fecha de concesión o denegación de la autorización de residencia.

l) Cualesquiera otros datos de relevancia que, a los citados efectos de identificación, estimen necesarios el Ministerio Fiscal o la Dirección General de la Policía y de la Guardia Civil.

2. Los servicios competentes de protección de menores a los que se refiere el artículo 35 de la Ley Orgánica 4/2000, de 11 de enero, cuando tengan conocimiento de que un menor se halle en situación de desamparo, deberán comunicar, con la mayor brevedad, a la Dirección General de la Policía y de la Guardia Civil y a la Secretaría de Estado de Inmigración y Emigración, a través de las Oficinas de Extranjería, los datos que conozcan relativos a la identidad del menor conforme lo dispuesto en el apartado anterior.

3. Para garantizar la exactitud e integridad del Registro, el Ministerio Fiscal podrá requerir a los Servicios Públicos de Protección de Menores, Fuerzas y Cuerpos de Seguridad del Estado, Policías autonómicas, Policías locales, Instituciones Sanitarias y a cualquier otra entidad pública o privada, la remisión de cuantos datos obren en su poder sobre menores extranjeros no acompañados. Dichos datos serán remitidos a la Dirección General de la Policía y de la Guardia Civil para la actualización del Registro.

TÍTULO XIV
INFRACCIONES EN MATERIA DE EXTRANJERÍA Y SU RÉGIMEN SANCIONADOR

CAPÍTULO I
NORMAS COMUNES DEL PROCEDIMIENTO SANCIONADOR

Artículo 216. *Normativa aplicable.* 1. El ejercicio de la potestad sancionadora por la comisión de las infracciones administrativas previstas en la Ley Orgánica 4/2000, de 11 de enero, se ajustará a lo dispuesto en ella y en la Ley 30/1992, de 26 de noviembre.

2. No se impondrá sanción alguna por infracciones a los preceptos establecidos en la Ley Orgánica 4/2000, de 11 de enero, sino en virtud de procedimiento instruido al efecto.

3. Cuando se trate de los supuestos calificados como infracción leve del artículo 52.c), d) y e) grave del artículo 53.1. b) y 53.2.a) y muy grave del artículo 54.1.d) y f) de la Ley Orgánica 4/2000, de 11 de enero, el procedimiento aplicable será el previsto el capítulo IV de este título.

4. En todo aquello no previsto en este Reglamento será de aplicación supletoria el procedimiento regulado en el Reglamento de procedimiento para el ejercicio de la potestad sancionadora, aprobado por el Real Decreto 1398/1993, de 4 de agosto.

Artículo 217. *Modalidades del procedimiento sancionador.* El ejercicio de la potestad sancionadora por la comisión de las infracciones administrativas previstas en la Ley Orgánica 4/2000, de 11 de enero, se tramitará por los procedimientos ordinario, preferente y simplificado, según proceda conforme a lo dispuesto en dicha Ley Orgánica y en este Reglamento.

Artículo 218. *Actuaciones previas.* Con anterioridad a la iniciación del procedimiento se podrán realizar actuaciones previas para determinar con carácter preliminar si concurren circunstancias que justifiquen tal iniciación. Estas actuaciones se orientarán especialmente a determinar con la mayor precisión posible los hechos susceptibles de motivar la incoación del procedimiento, la identificación de la persona o personas que pudieran resultar responsables y las circunstancias relevantes que concurran en unos y otros.

Artículo 219. *Iniciación del procedimiento sancionador. Competencia.* 1. El procedimiento se iniciará de oficio por acuerdo del órgano competente por propia iniciativa, como consecuencia de orden superior, a petición razonada de otros órganos o por denuncia.

2. Serán competentes para ordenar la incoación del procedimiento sancionador los Delegados del Gobierno en las Comunidades Autónomas uniprovinciales, los Subdelegados del Gobierno, los Jefes de Oficinas de Extranjería, el Comisario General de Extranjería y Fronteras, el Jefe Superior de Policía, los Comisarios Provinciales y los titulares de las comisarías locales y puestos fronterizos.

Artículo 220. *Instructor y secretario.* En el acuerdo de incoación del procedimiento se nombrarán instructor y secretario, que deberán ser funcionarios del Cuerpo Nacional de Policía, sin perjuicio de que tales nombramientos puedan recaer en otros funcionarios de las Oficinas de Extranjería cuando se trate de procedimientos sancionadores que se tramiten por las infracciones leves e infracciones graves de las letras e) y h) del artículo 53.1 de la Ley Orgánica 4/2000, de 11 de enero.

Artículo 221. *El decomiso.* 1. De conformidad con lo dispuesto en el artículo 55.5 de la Ley Orgánica 4/2000, de 11 de enero, en los supuestos de infracción de la letra b) del artículo 54.1 de dicha Ley serán objeto de decomiso los vehículos, embarcaciones, aeronaves y cuantos bienes muebles o inmuebles de cualquier naturaleza hayan servido como instrumento para la comisión de la citada infracción.

2. Para garantizar la efectividad del comiso, los agentes de la autoridad podrán proceder desde las primeras investigaciones practicadas a la aprehensión y puesta a disposición de la autoridad competente de los bienes, efectos e instrumentos a que se refiere el apartado anterior y quedará a expensas del expediente sancionador en el que se resolverá lo pertinente sobre ellos.

3. Los bienes, efectos e instrumentos definitivamente decomisados por resolución administrativa o judicial firme se adjudicarán al Estado en los términos fijados por la Ley 33/2003, de 4 de noviembre, del Patrimonio de las Administraciones Públicas.

4. La autoridad judicial podrá acordar que, con las debidas garantías para su conservación y mientras se sustancie el procedimiento, los bienes, objetos o instrumentos de lícito comercio puedan ser utilizados provisionalmente por las unidades de extranjería en la lucha contra la inmigración ilegal.

Artículo 222. *Resolución.* 1. Los Delegados del Gobierno en las Comunidades Autónomas uniprovinciales y los Subdelegados del Gobierno dictarán resolución motivada que confirme, modifique o deje sin efecto la propuesta de sanción y decida todas las cuestiones planteadas por los interesados y aquéllas otras derivadas del procedimiento.

2. La resolución no podrá tener en cuenta hechos distintos de los determinados en la fase de instrucción del procedimiento, sin perjuicio de su diferente valoración jurídica.

3. Para la determinación de la sanción que se imponga, además de los criterios de graduación a que se refieren los apartados 3 y 4 del artículo 55 de la Ley Orgánica 4/2000, de 11 de enero, se valorarán también, a tenor de su artículo 57, las circunstancias de la situación personal y familiar del infractor.

Artículo 223. *Manifestación de la voluntad de recurrir.* A los efectos previstos en el apartado 3 del artículo 22 de la Ley Orgánica 4/2000, de 11 de enero, el extranjero manifestará su voluntad expresa de recurrir, cuya constancia se acreditará por medio del apoderamiento regulado en el artículo 24 de la Ley 1/2000, de 7 de enero, de Enjuiciamiento Civil. En el caso de que el extranjero se hallase privado de libertad podrá manifestar su voluntad de interponer recurso contencioso-administrativo o ejercitar la acción correspondiente contra la resolución de expulsión ante el Delegado o Subdelegado del Gobierno competente o el Director del Centro de Internamiento de Extranjeros bajo cuyo control se encuentre, que lo harán constar en acta que se incorporará al expediente.

Artículo 224. *Ejecución de las resoluciones sancionadoras.* 1. La ejecución de las resoluciones sancionadoras se efectuará de conformidad con lo dispuesto en el capítulo III de este título, sin perjuicio de las particularidades establecidas para el procedimiento preferente.

2. En la resolución se adoptarán, en su caso, las disposiciones cautelares precisas para garantizar su eficacia en tanto no sea ejecutiva. Las mencionadas disposiciones podrán consistir en el mantenimiento de las medidas provisionales que, en su caso, se hubieran adoptado de conformidad con el artículo 61 de la Ley Orgánica 4/2000, de 11 de enero.

No obstante lo anterior y de acuerdo con lo previsto en el artículo 63 bis de la Ley Orgánica 4/2000, de 11 de enero, no podrá adoptarse la medida cautelar de internamiento preventivo durante el plazo de cumplimiento voluntario que se hubiera fijado en la resolución de expulsión.

3. Las resoluciones administrativas sancionadoras serán recurribles con arreglo a lo dispuesto en las leyes. Su régimen de ejecutividad será el previsto con carácter general.

4. En todo caso, cuando el extranjero no se encuentre en España, podrá cursar los recursos procedentes, tanto en vía administrativa como jurisdiccional, a través de las representaciones diplomáticas o consulares correspondientes, que los remitirán al organismo competente.

Artículo 225. *Caducidad y prescripción.* 1. El plazo máximo en que debe dictarse y notificarse la resolución que resuelva el procedimiento será de seis meses desde que se acordó su iniciación, sin perjuicio de lo dispuesto para el procedimiento simplificado en el artículo 238.

Transcurrido dicho plazo sin haberse resuelto y notificado la expresada resolución se producirá la caducidad del procedimiento y se procederá al archivo de las actuaciones a solicitud de cualquier interesado o de oficio por el órgano competente para dictar la resolución, excepto en los casos en que el procedimiento se hubiera paralizado por causa imputable a los interesados o en aquellos supuestos en que se hubiese acordado su suspensión.

2. La acción para sancionar las infracciones previstas en la Ley Orgánica 4/2000, de 11 de enero, prescribe a los tres años si la infracción es muy grave; a los dos años si es grave, y a los seis meses si es leve, contados a partir del día en que los hechos se hubiesen cometido.

La prescripción se interrumpirá por cualquier actuación de la Administración de la que tenga conocimiento el denunciado.

El plazo de prescripción se reanudará si el procedimiento estuviera paralizado durante más de un mes por causa no imputable al expedientado.

3. El plazo de prescripción de la sanción será de cinco años si la sanción impuesta lo fuera por infracción muy grave; de dos años si lo fuera por infracción grave, y de un año si lo fuera por infracción de carácter leve.

Si la sanción impuesta fuera la expulsión del territorio nacional, la prescripción no empezará a contar hasta que haya transcurrido el periodo de prohibición de entrada fijado en la resolución, que será establecido de acuerdo con lo dispuesto en el apartado 2 del artículo 245 del presente Reglamento.

El plazo de prescripción de la sanción comenzará a contarse desde el día siguiente a aquél en que adquiera firmeza la resolución por la que se imponga la sanción.

4. La prescripción, tanto de la infracción como de la sanción, se aplicará de oficio por los órganos competentes en las diversas fases de tramitación del expediente.

5. Tanto la prescripción como la caducidad exigirán resolución en la que se mencione tal circunstancia como causa de terminación del procedimiento, con indicación de los hechos producidos y las normas aplicables, según lo establecido en el artículo 42.1 de la Ley 30/1992, de 26 de noviembre.

CAPÍTULO II
MODALIDADES DE TRAMITACIÓN DEL PROCEDIMIENTO SANCIONADOR

SECCIÓN 1.ª
EL PROCEDIMIENTO ORDINARIO

Artículo 226. *Supuestos en que procede el procedimiento ordinario.* El procedimiento seguido será el ordinario salvo en los supuestos especificados en el artículo 234 del presente Reglamento, que se tramitarán por el procedimiento preferente.

Artículo 227. *Iniciación del procedimiento ordinario.* 1. Excepto en los supuestos calificados como infracción grave del artículo 53.1. b) y 53.2.a) o muy grave del artículo 54.1.d) y f) de la Ley Orgánica 4/2000, de 11 de enero, en los que se estará a lo dispuesto en su artículo 55.2, el acuerdo de iniciación del procedimiento se formalizará con el contenido mínimo siguiente:

a) Identificación de la persona o personas presuntamente responsables.

b) Hechos que motivan la incoación del procedimiento sucintamente expuestos, su posible calificación y las sanciones que pudieran corresponder, sin perjuicio de lo que resulte de la instrucción.

c) Instructor y, en su caso, secretario del procedimiento, con expresa indicación del régimen de recusación de éstos.

d) Órgano competente para la resolución del expediente y norma que le atribuye tal competencia.

e) Indicación de la posibilidad de que el presunto responsable pueda reconocer voluntariamente su responsabilidad.

f) Medidas de carácter provisional que se hayan acordado por el órgano competente para iniciar el procedimiento sancionador, sin perjuicio de las que se puedan adoptar durante éste de conformidad con los artículos 55 y 61 de la Ley Orgánica 4/2000, de 11 de enero.

g) Indicación del derecho a formular alegaciones y a la audiencia en el procedimiento y de los plazos para su ejercicio.

2. El acuerdo de iniciación se comunicará al instructor con traslado de cuantas actuaciones existan al respecto y se notificará a los interesados, entendiéndose en todo caso por tal al expedientado.

En la notificación se advertirá a los interesados que, de no efectuar alegaciones sobre el contenido de la iniciación del procedimiento en el plazo previsto en el artículo siguiente, no realizarse propuesta de prueba o no ser admitidas, por improcedentes o innecesarias, las pruebas propuestas, la iniciación podrá ser considerada propuesta de resolución cuando contenga un pronunciamiento preciso acerca de la responsabilidad imputada, con los efectos previstos en los artículos 229 y 230.

3. En los procedimientos en los que pueda proponerse la sanción de expulsión de territorio español el extranjero tendrá derecho a la asistencia letrada que se le proporcionará de oficio, en su caso, y a ser asistido por intérprete si no comprende o no habla castellano, de forma gratuita en el caso de que careciese de medios económicos de acuerdo con lo previsto en la normativa reguladora del derecho de asistencia jurídica gratuita.

Artículo 228. *Actuaciones y alegaciones en el procedimiento ordinario.* 1. Sin perjuicio de lo dispuesto en el artículo anterior, los interesados dispondrán de un plazo de quince días para aportar cuantas alegaciones, documentos o informaciones estimen convenientes y, en su caso, proponer las pruebas y concretar los medios de que pretendan valerse.

2. Cursada la notificación a que se refiere el apartado anterior, el instructor del procedimiento realizará de oficio cuantas actuaciones resulten necesarias para el examen de los hechos, y recabará los datos e informaciones que sean relevantes para determinar, en su caso, la existencia de responsabilidades susceptibles de sanción.

3. Si como consecuencia de la instrucción del procedimiento resultase modificada la determinación inicial de los hechos, de su posible calificación, de las sanciones imponibles o de las responsabilidades susceptibles de sanción, se notificará todo ello al expedientado en la propuesta de resolución.

Artículo 229. *Prueba en el procedimiento ordinario.* 1. Recibidas las alegaciones o transcurrido el plazo señalado en el artículo anterior, el órgano instructor podrá acordar la apertura de un periodo de prueba por un plazo no superior a treinta días ni inferior a 10 días.

2. En el acuerdo, que se notificará a los interesados, se podrá rechazar de forma motivada la práctica de aquellas pruebas que, en su caso, hubiesen propuesto aquéllos cuando por su relación con los hechos se consideren improcedentes.

3. La práctica de las pruebas que el órgano instructor estime pertinentes, entendiéndose por tales aquellas distintas de los documentos que los interesados puedan aportar en cualquier momento de la tramitación del procedimiento, se realizará de conformidad con lo establecido en el artículo 81 de la Ley 30/1992, de 26 de noviembre.

4. Cuando la prueba consista en la emisión de un informe de un órgano administrativo o entidad pública y sea admitida a trámite, éste tendrá los efectos previstos en el artículo 83 de la citada Ley 30/1992, de 26 de noviembre.

5. Cuando la valoración de las pruebas practicadas pueda constituir el fundamento básico de la decisión que se adopte en el procedimiento por ser pieza imprescindible para la evaluación de los hechos, deberá incluirse en la propuesta de resolución.

Artículo 230. *Colaboración de otras administraciones públicas en el procedimiento ordinario.* El órgano instructor recabará de los órganos y dependencias administrativas pertenecientes a cualquiera de las administraciones públicas la información que fuera necesaria para el eficaz ejercicio de sus propias competencias, incluyendo la petición de la información necesaria al Registro Central de Penados.

Artículo 231. *Propuesta de resolución en el procedimiento ordinario.* Concluida en su caso la prueba, el órgano instructor del procedimiento formulará la propuesta de resolución en la que se fijarán de forma motivada los hechos y se especificarán los que se consideren probados y su exacta calificación jurídica, se determinará la infracción que, en su caso, aquéllos constituyan y la persona o personas que resulten responsables y se fijará la sanción que propone que se imponga y las medidas provisionales que se hubieran adoptado, en su caso, por el órgano competente para iniciar el procedimiento o por su instructor, o bien se propondrá la declaración de inexistencia de infracción o responsabilidad.

En todo caso, la determinación de la propuesta de sanción será realizada en base a criterios de proporcionalidad, debiendo tenerse en consideración el grado de culpabilidad de la persona infractora, así como el daño o riesgo producido con la comisión de la infracción.

Artículo 232. *Trámite de audiencia en el procedimiento ordinario.* 1. La propuesta de resolución se notificará a los interesados. A la notificación se acompañará una relación de los documentos que obren en el procedimiento para que los interesados puedan obtener las copias de los que estimen convenientes y se les concederá un plazo de quince días para formular alegaciones y presentar los documentos e informaciones que estimen pertinentes ante el instructor del procedimiento.

2. Salvo en el supuesto previsto por el párrafo final del artículo 227.2, se podrá prescindir del trámite de audiencia cuando no figuren en el procedimiento ni sean tenidos en cuenta otros hechos ni otras alegaciones y pruebas que las aducidas, en su caso, por el interesado, de conformidad con lo previsto en el artículo 228.1.

3. La propuesta de resolución se cursará inmediatamente al órgano competente para resolver el procedimiento, junto a todos los documentos, alegaciones e informaciones que obren en aquél.

Artículo 233. *Resolución del procedimiento ordinario.* 1. Antes de dictar la resolución, el órgano competente para resolver podrá decidir mediante acuerdo motivado la realización de las actuaciones complementarias indispensables para resolver el procedimiento.

El acuerdo de realización de actuaciones complementarias se notificará a los interesados, a quienes se concederá un plazo de siete días para formular las alegaciones que tengan por pertinentes. Las actuaciones complementarias deberán practicarse en un plazo no superior a quince días. El plazo para resolver el procedimiento quedará suspendido hasta la terminación de las actuaciones complementarias. No tendrán la consideración de actuaciones complementarias los informes que preceden inmediatamente a la resolución final del procedimiento.

2. El órgano competente dictará resolución motivada, que decidirá todas las cuestiones planteadas por los interesados y aquellas otras derivadas del procedimiento.

La resolución se adoptará en el plazo de 10 días desde la recepción de la propuesta de resolución y los documentos, alegaciones e informaciones que obren en el procedimiento, salvo lo dispuesto en los apartados 1 y 3.

3. En la resolución no se podrán aceptar hechos distintos de los determinados en la fase de instrucción del procedimiento, salvo los que resulten, en su caso, de la aplicación de lo previsto en el apartado 1, con independencia de su diferente valoración jurídica. No obstante, cuando el órgano competente para resolver considere que la infracción reviste mayor gravedad que la determinada en la propuesta de resolución, se notificará al interesado para que aporte cuantas alegaciones estime convenientes, a cuyos efectos se le concederá un plazo de quince días.

4. Las resoluciones de los procedimientos sancionadores, además de contener los elementos previstos en el artículo 89.3 de la Ley 30/1992, de 26 de noviembre, incluirán la valoración de las pruebas practicadas y, especialmente, de aquéllas que constituyan los fundamentos básicos de la decisión, fijarán los hechos y, en su caso, la persona o personas responsables, la infracción o infracciones cometidas y la sanción o sanciones que se imponen o bien la declaración de inexistencia de infracción o responsabilidad. La sanción se determinará en base a criterios de pro-

porcionalidad, debiendo tenerse en consideración el grado de culpabilidad de la persona infractora, así como el daño o riesgo producido con la comisión de la infracción.

5. Las resoluciones se notificarán al interesado y cuando el procedimiento se hubiese iniciado como consecuencia de orden superior se dará traslado de la resolución al órgano administrativo autor de aquélla.

SECCIÓN 2.ª
EL PROCEDIMIENTO PREFERENTE

Artículo 234. *Supuestos en que procede el procedimiento preferente.* La tramitación de los expedientes en los que pueda proponerse la expulsión se realizará por el procedimiento preferente cuando la infracción imputada sea alguna de las previstas en las letras a) y b) del artículo 54.1, así como en las letras d) y f) del artículo 53.1 y en el artículo 57.2 de la Ley Orgánica 4/2000, de 11 de enero.

Asimismo, se tramitarán por el procedimiento preferente aquellas infracciones previstas en la letra a) del artículo 53.1 de la Ley Orgánica 4/2000, de 11 de enero, cuando concurra alguna de las siguientes circunstancias:

a) Riesgo de incomparecencia.

b) Que el extranjero evite o dificulte la expulsión, sin perjuicio de las actuaciones en ejercicio de sus derechos.

c) Que el extranjero represente un riesgo para el orden público, la seguridad pública o la seguridad nacional.

Artículo 235. *Iniciación y tramitación del procedimiento preferente.* 1. Cuando de las investigaciones se deduzca la oportunidad de decidir la expulsión, se dará traslado del acuerdo de iniciación motivado por escrito al interesado para que alegue en el plazo de cuarenta y ocho horas lo que considere adecuado y se le advertirá que de no efectuar alegaciones por sí mismo o por su representante sobre el contenido de la propuesta, no realizar propuesta de prueba o si no ser admitidas de forma motivada, por improcedentes o innecesarias, las pruebas propuestas, el acuerdo de iniciación del expediente será considerado como propuesta de resolución.

2. En todo caso el extranjero tendrá derecho a la asistencia letrada que se le proporcionará de oficio, en su caso, y a ser asistido por intérprete si no comprende o no habla castellano, de forma gratuita en el caso de que careciese de medios económicos de acuerdo con lo previsto en la normativa reguladora del derecho de asistencia jurídica gratuita.

3. En la notificación del acuerdo de iniciación se advertirá al interesado que, de no efectuar alegaciones sobre el contenido del acuerdo en el plazo previsto en el apartado 1, dicho acuerdo será considerado como propuesta de resolución con remisión del expediente a la autoridad competente para resolver.

4. Si el interesado o su representante formulasen alegaciones y realizaran proposición de prueba dentro del plazo establecido, el órgano instructor valorará la pertinencia o no de ésta.

Si no se admitiesen las pruebas propuestas por improcedentes o innecesarias, se le notificará al interesado de forma motivada y se le dará trámite de audiencia conforme a lo previsto en el párrafo siguiente. En este supuesto, el acuerdo de iniciación del expediente, sin cambiar la calificación de los hechos, será considerado como propuesta de resolución con remisión a la autoridad competente para resolver.

De estimarse por el instructor la pertinencia de la realización de prueba propuesta, ésta se realizará en el plazo máximo de tres días.

Practicada en su caso la prueba, el instructor formulará propuesta de resolución que se notificará al interesado y le dará trámite de audiencia en el que se le concederá un plazo de cuarenta y ocho horas para formular alegaciones y presentar los documentos que estime pertinentes. Transcurrido dicho plazo se procederá a elevar la propuesta de resolución, junto con el expediente administrativo, a la autoridad competente para resolver.

5. En tanto se realiza la tramitación del expediente, el instructor podrá solicitar al juez de instrucción competente que disponga el ingreso del extranjero expedientado en un Centro de Internamiento de Extranjeros. La solicitud de internamiento deberá ser motivada.

El periodo de internamiento se mantendrá por el tiempo imprescindible para los fines del expediente y no podrá exceder en ningún caso de sesenta días.

La decisión judicial que lo autorice, atendiendo a las circunstancias concurrentes en cada caso, podrá establecer un periodo máximo de duración del internamiento inferior al citado.

No podrá acordarse un nuevo internamiento por cualquiera de las causas previstas en el mismo expediente.

6. Cuando el instructor solicite el internamiento y la autoridad judicial lo deniegue, el instructor, con el fin de asegurar la eficacia de la resolución final que pudiera recaer, podrá adoptar alguna o algunas de las siguientes medidas cautelares:

a) Retirada del pasaporte o documento acreditativo de su nacionalidad, previa entrega al interesado de recibo acreditativo de tal medida.

b) Presentación periódica ante el instructor del expediente o ante otra autoridad que éste determine en los días que, en atención a las circunstancias personales, familiares o sociales del expedientado, se considere aconsejable.

c) Residencia obligatoria en lugar determinado.

d) Cualquier otra medida cautelar que el juez estime adecuada y suficiente.

Artículo 236. *La resolución en el procedimiento preferente. Ejecutividad.* 1. La resolución, en atención a la naturaleza preferente y sumaria del procedimiento, se dictará de forma inmediata. Deberá ser motivada y resolverá todas las cuestiones planteadas en el expediente; no podrá aceptar hechos distintos de los determinados en el curso del procedimiento, con independencia de su diferente valoración jurídica; y será notificada al interesado.

2. La ejecución de la orden de expulsión recaída en estos procedimientos, una vez notificada al interesado, se efectuará de forma inmediata.

De no haber sido puesto en libertad el extranjero por la autoridad judicial dentro del plazo de sesenta días a que se refiere el apartado 5 del artículo 235, deberá interesarse de la propia autoridad judicial el cese del internamiento para poder llevar a cabo la conducción al puesto de salida.

3. La excepción de la aplicación del régimen general de ejecutividad de los actos administrativos en el caso de la resolución que ponga fin al procedimiento de expulsión con carácter preferente, establecida en el artículo 21.2 de la Ley Orgánica 4/2000, de 11 de enero, no excluirá el derecho de recurso por los legitimados para ejercerlo, sin perjuicio de la inmediatez de la expulsión y de la improcedencia de declarar administrativamente efecto suspensivo alguno en contra de ella. En la resolución, además de la motivación que la fundamente, se harán constar los recursos que frente a ella procedan, el órgano ante el que hubieran de presentarse y plazo para interponerlos.

Artículo 237. *Comunicaciones en el procedimiento preferente.* La incoación del expediente, las medidas cautelares de detención y de internamiento y la resolución de expulsión serán comunicadas a la embajada o consulado del país del extranjero y se procederá a su anotación en el Registro Central de Extranjeros de la Dirección General de la Policía y de la Guardia Civil. Esta comunicación se dirigirá a Ministerio de Asuntos Exteriores y de Cooperación cuando no se haya podido notificar al consulado o éste no radique en España.

SECCIÓN 3.ª
EL PROCEDIMIENTO SIMPLIFICADO

Artículo 238. *Supuestos de iniciación del procedimiento simplificado.* Este procedimiento se tramitará cuando los hechos denunciados se califiquen como infracción de carácter leve prevista en alguno de los supuestos contemplados en el artículo 52 de la Ley Orgánica 4/2000, de 11 de enero.

Este procedimiento se iniciará de oficio por acuerdo dictado al efecto por alguno de los órganos competentes establecidos en el artículo 219.2 de este Reglamento o por denuncia formulada por los agentes del Cuerpo Nacional de Policía, excepto cuando la infracción imputada sea alguna de las establecidas en las letras c), d) y e) del citado artículo 52, caso en el cual se estará a lo dispuesto en el artículo 55.2 de la Ley Orgánica 4/2000, de 11 de enero.

Este procedimiento simplificado deberá resolverse en el plazo máximo de dos meses desde que se inició.

Artículo 239. *Procedimiento simplificado.* 1. El órgano competente, al dictar el acuerdo de iniciación, especificará en éste el carácter simplificado del procedimiento. Dicho acuerdo se comunicará al órgano instructor y simultáneamente será notificado a los interesados.

En el plazo de diez días a partir de la comunicación y notificación del acuerdo de iniciación, el órgano instructor y los interesados efectuarán, respectivamente, las actuaciones pertinentes, la aportación de cuantas alegaciones, documentos o informaciones estimen convenientes y, en su caso, la proposición y práctica de prueba.

Transcurrido dicho plazo el instructor formulará una propuesta de resolución en la que se fijarán de forma motivada los hechos. Ésta especificará los hechos que se consideren probados y su exacta calificación jurídica, con determinación de la infracción, de la persona o personas responsables, y la sanción que propone, así como de las medidas provisionales que se hubieren adoptado, o bien propondrá la declaración de inexistencia de infracción o responsabilidad.

Si el órgano instructor apreciara que los hechos pueden ser constitutivos de infracción grave o muy grave, acordará que continúe el expediente por los trámites del procedimiento ordinario de este Reglamento y lo notificará a los interesados para que, en el plazo de cinco días, formulen alegaciones si lo estiman conveniente.

2. La iniciación por denuncia formulada por funcionarios del Cuerpo Nacional de Policía se atendrá a las siguientes normas:

a) Las denuncias formuladas por funcionarios del Cuerpo Nacional de Policía se extenderán por ejemplar duplicado. Uno de ellos se entregará al denunciado, si fuera posible, y el otro se remitirá al órgano correspondiente con competencia para acordar la iniciación del procedimiento. Dichas denuncias serán firmadas por el funcionario y por el denunciado, sin que la firma de este último implique conformidad con los hechos que motivan la denuncia sino únicamente la recepción del ejemplar a él destinado. En el caso de que el denunciado se negase a firmar o no supiera hacerlo, el funcionario lo hará constar así.

b) Las denuncias se notificarán en el acto a los denunciados haciendo constar los datos a que hace referencia este artículo. En el escrito de denuncia se hará constar que con ella queda incoado el correspondiente expediente y que el denunciado dispone de un plazo de 10 días para alegar cuanto considere conveniente para su defensa y proponer las pruebas que estime oportunas ante los órganos de instrucción ubicados en la dependencia policial del lugar en que se haya cometido la infracción.

c) Recibida la denuncia en la dependencia policial de la Dirección General de la Policía y de la Guardia Civil, se procederá a la calificación de los hechos y graduación de la multa, se impulsará la ulterior tramitación o se propondrá por el órgano instructor a la autoridad competente la correspondiente resolución que declare la inexistencia de infracción en los casos de que los hechos denunciados no fuesen constitutivos de aquélla.

Artículo 240. *Resolución del procedimiento simplificado.* En el plazo de tres días desde que se reciba el expediente, el órgano competente para resolver dictará resolución en la forma y con los efectos procedentes que para las resoluciones de sanción de multa se prevén en el procedimiento ordinario de este Reglamento.

SECCIÓN 4.ª CONCURRENCIA DE PROCEDIMIENTOS

Artículo 241. *Concurrencia de procedimientos.* 1. Si durante la tramitación del expediente seguido por el procedimiento preferente y por la causa prevista en la letra a) del artículo 53.1 de la Ley Orgánica 4/2000, de 11 de enero, el extranjero expedientado acreditase haber solicitado con anterioridad a su iniciación una autorización de residencia temporal por circunstancias excepcionales de conformidad con lo dispuesto en los artículos 31.3 de la citada Ley Orgánica y concordantes de este Reglamento, el instructor recabará informe del órgano competente sobre el estado de tramitación de dicha solicitud. En caso de que el interesado no reuniera, de acuerdo con la resolución que se dicte sobre la solicitud de autorización, los requisitos previstos para la obtención de la autorización de residencia, el instructor decidirá la continuación del expediente de expulsión y, en caso contrario, procederá a su archivo. De entender procedente la prosecución del expediente y previo acuerdo dictado al efecto, continuará por los trámites del procedimiento ordinario regulado en este Reglamento.

2. Cuando en el marco de un procedimiento relativo a autorizaciones de residencia por circunstancias excepcionales de las previstas en los artículos 31bis, 59, 59bis o 68.3 de la Ley Orgánica 4/2000, de 11 de enero, se comprobase que consta contra el solicitante una medida de expulsión no ejecutada por concurrencia de una infracción de las previstas en las letras a) y b) del artículo 53.1 de la Ley Orgánica 4/2000, de 11 de enero, ésta será revocada siempre que del análisis de la solicitud derive la procedencia de la concesión de la autorización de residencia por circunstancias excepcionales.

En caso de que el órgano competente para resolver sobre la solicitud de autorización no fuera el mismo que dictó la sanción a revocar, instará de oficio la revocación de la sanción al órgano competente para ello. En el escrito por el que se inste la revocación se hará constar el tipo de autorización solicitada y se realizará mención expresa a la procedencia de la concesión de la misma por el cumplimiento de los requisitos exigibles para ello, salvo el relativo a la existencia de la medida de expulsión no ejecutada.

3. Los criterios establecidos en el apartado anterior serán igualmente de aplicación, en caso de que, no obstante la inadmisión a trámite de la solicitud de autorización de residencia por circunstancias excepcionales distintas a las previstas los artículos 31bis, 59, 59bis o 68.3 de la Ley Orgánica 4/2000, de 11 de enero, en aplicación de lo establecido en su disposición adicional cuarta, el análisis inicial de la solicitud concluyese en la existencia de indicios claros de la procedencia de concesión de la autorización.

CAPÍTULO III
ASPECTOS ESPECÍFICOS EN LOS PROCEDIMIENTOS SANCIONADORES PARA LA IMPOSICIÓN DE LAS INFRACCIONES DE EXPULSIÓN Y MULTA

SECCIÓN 1.ª
NORMAS PROCEDIMENTALES PARA LA IMPOSICIÓN DE LA EXPULSIÓN

Artículo 242. *Supuestos en que procede el procedimiento de expulsión.* 1. Sin perjuicio de lo dispuesto en el artículo 57.5 y 6 de la Ley Orgánica 4/2000, de 11 de enero, cuando el infractor sea extranjero y realice alguna o algunas de las conductas tipificadas como muy graves o conductas graves de las previstas en las letras a), b), c), d) y f) del apartado 1 del artículo 53 de esta Ley Orgánica, podrá aplicarse en lugar de la sanción de multa la expulsión del territorio español. Asimismo, constituirá causa de expulsión la condena, dentro o fuera de España, por una conducta dolosa que constituya en nuestro país un delito sancionado con pena privativa de libertad superior a un año, salvo que los antecedentes penales hubieran sido cancelados.

2. En caso de concurrencia de la infracción prevista en el artículo 53.1.a) y b) de la Ley Orgánica 4/2000, de 11 de enero, cuando el infractor sea titular de un permiso de residencia válido u otra autorización que otorgue un derecho de estancia expedido por otro Estado miembro de la Unión Europea, se le advertirá mediante diligencia en el pasaporte de la obligación de dirigirse de inmediato al territorio de dicho Estado. En caso de que el extranjero no cumpla esta exigencia, o si fuera necesaria su salida inmediata por motivos de orden público o de seguridad nacional, se incoará procedimiento sancionador en base a lo previsto en este Reglamento.

Artículo 243. *Contenido del acuerdo de iniciación del procedimiento de expulsión.* Además del contenido mínimo que ha de incluir el acuerdo de iniciación conforme lo dispuesto en el artículo 227.1 en él se indicarán expresamente los siguientes particulares:

a) El derecho del interesado a la asistencia jurídica gratuita en el caso de que carezca de recursos económicos suficientes de acuerdo con lo previsto en la normativa reguladora del derecho de asistencia jurídica gratuita.

b) El derecho del interesado a la asistencia de intérprete si no comprende o habla las lenguas oficiales que se utilicen.

c) Que el acuerdo de expulsión que pueda dictarse conllevará la prohibición de entrada en España, cuya duración se establecerá de acuerdo con lo dispuesto en el artículo 245.2 de este Reglamento y que será extensiva a los territorios de los Estados con los que España haya suscrito acuerdo en ese sentido.

Artículo 244. *Medidas cautelares en el procedimiento de expulsión.* 1. De conformidad con lo previsto en los artículos 55 y 61 de la Ley Orgánica 4/2000, de 11 de enero, el instructor podrá adoptar en cualquier momento mediante acuerdo motivado las medidas de carácter provisional que resulten necesarias para asegurar la eficacia de la resolución que pudiera recaer.

En caso de que el procedimiento tramitado fuera de carácter ordinario no podrá adoptarse la medida cautelar de internamiento.

2. En iguales términos que los establecidos en el artículo 221 de este Reglamento, el instructor podrá mantener la aprehensión de los bienes, efectos o instrumentos que hayan servido para la comisión de la infracción prevista en el artículo 54.1.b) de la Ley Orgánica 4/2000, de 11 de enero.

Artículo 245. *Contenido y efectos de la resolución del procedimiento de expulsión.* 1. La resolución que ponga fin al procedimiento habrá de ser motivada, con indicación de los recursos que contra ella puedan interponerse, órgano ante el que hubiera de presentarse y plazo para su presentación, de conformidad con lo establecido en el artículo 222.

2. La resolución que acuerde la expulsión llevará consigo la prohibición de entrada al territorio español. Dicha prohibición de entrada se hará extensiva a los territorios de los Estados con los que España haya suscrito acuerdo en ese sentido.

La duración de la prohibición se determinará en consideración a las circunstancias que concurran en cada caso y su vigencia no excederá de cinco años.

Excepcionalmente, cuando el extranjero suponga una amenaza grave para el orden público, la seguridad pública, la seguridad nacional o para la salud pública, podrá imponerse un periodo de prohibición de entrada de hasta diez años, previo informe de la Comisaría General de Extranjería y Fronteras.

Sin perjuicio de lo anterior, el órgano competente no impondrá prohibición de entrada en caso de que el extranjero abandone el territorio nacional durante la tramitación del expediente o revocará la prohibición de entrada impuesta si el extranjero lo abandona en el plazo de cumplimiento voluntario previsto en la orden de expulsión.

La salida del territorio deberá ser oportunamente comunicada al órgano competente para la no imposición o revocación de la prohibición de entrada, siempre que el expediente sancionador haya sido tramitado por alguno de los supuestos contemplados en las letras a) y b) del artículo 53.1 de la Ley Orgánica 4/2000, de 11 de enero.

Se entenderá que la salida ha sido debidamente comunicada:

a) Mediante cumplimentación en los servicios policiales responsables del control fronterizo del impreso previsto para dejar constancia de la salida del extranjero de territorio español.

b) Mediante personación en la misión diplomática u oficina consular española en el país de origen o de residencia en la que conste documentación acreditativa de que la salida de territorio español se produjo antes de la resolución del procedimiento sancionador o durante el plazo dado para el cumplimiento voluntario de la sanción impuesta.

La autoridad fronteriza o consular a la que se haya comunicado la salida de territorio español de acuerdo con lo establecido en este apartado dará traslado, a través de la Comisaría General de Extranjería y Fronteras, de dicha información al órgano que haya impuesto la sanción de expulsión o que sea competente para su imposición, a los efectos, respectivamente, de la revocación o no imposición de la prohibición de entrada.

3. La resolución conllevará, en todo caso, la extinción de cualquier autorización para permanecer en España de la que fuese titular el extranjero expulsado, así como el archivo de cualquier procedimiento que tuviera por objeto la autorización para residir o trabajar en España.

4. Si la resolución se adoptase en aplicación de la infracción prevista en el artículo 54.1.b) de la Ley Orgánica 4/2000, de 11 de enero, y se hubiese procedido a la aprehensión de bienes, efectos o instrumentos que hubiesen sido utilizados para la comisión de la citada infracción, aquélla conllevará el decomiso de dichos bienes o efectos salvo cuando haya quedado acreditado que los bienes pertenecen a un tercero de buena fe no responsable de la infracción que los haya adquirido legalmente.

Los bienes, efectos e instrumentos definitivamente decomisados por resolución administrativa o judicial firme se adjudicarán al Estado en los términos fijados por la Ley 33/2003, de 3 de noviembre, del Patrimonio de las Administraciones Públicas.

5. Si la resolución se adoptase en aplicación de la infracción prevista en el artículo 54.1.d) de la Ley Orgánica 4/2000, de 11 de enero, y sin perjuicio de la expul-

sión acordada, podrá contener pronunciamiento por el que se adopte la clausura del establecimiento o local desde seis meses a cinco años.

Artículo 246. *Ejecución de la resolución en el procedimiento de expulsión.* 1. Las resoluciones de expulsión del territorio nacional que se dicten en procedimientos de tramitación preferente se ejecutarán de forma inmediata de acuerdo con las normas específicas previstas en este Reglamento y en el artículo 63 la Ley Orgánica 4/2000, de 11 de enero.

2. Las resoluciones de expulsión del territorio nacional que se dicten en procedimientos de tramitación ordinaria contendrán el plazo de cumplimiento voluntario para que el extranjero abandone el territorio nacional.

La duración de dicho plazo oscilará entre siete y treinta días y comenzará a transcurrir desde el momento de la notificación de la citada resolución. La imposición de un plazo inferior a quince días tendrá carácter excepcional y habrá de estar debidamente motivada en el escrito por el que se comunique su duración.

Con carácter previo a su finalización, el plazo de cumplimiento voluntario de la orden de expulsión podrá prorrogarse en atención a las circunstancias que concurran en cada caso concreto, tales como la duración de la estancia, tener a cargo menores escolarizados o la existencia de otros vínculos familiares y sociales.

En el caso de que el extranjero tenga a cargo menores escolarizados, no procederá la ejecución de la sanción de expulsión hasta la finalización del curso académico salvo que el otro progenitor sea residente en España y pueda hacerse cargo de ellos.

3. Transcurrido dicho plazo sin que el extranjero haya abandonado el territorio nacional, los funcionarios policiales competentes en materia de extranjería procederán a su detención y conducción hasta el puesto de salida por el que haya de hacerse efectiva la expulsión.

Si la expulsión no se pudiera ejecutar en el plazo de setenta y dos horas desde el momento de la detención, el instructor o el responsable de la unidad de extranjería del Cuerpo Nacional de Policía ante la que se presente el detenido podrá solicitar de la autoridad judicial el ingreso del extranjero en los centros de internamiento establecidos al efecto.

El periodo de internamiento se mantendrá por el tiempo imprescindible para ejecutar la expulsión, que no podrá prolongarse en ningún caso más allá de sesenta días, o hasta que se constate la imposibilidad de ejecutarla en dicho plazo. No podrá acordarse un nuevo internamiento sobre la base del mismo expediente de expulsión.

4. Con carácter preferente, la ejecución de la resolución de expulsión se efectuará a costa del empleador que haya sido sancionado como consecuencia de la comisión de la infracción grave prevista en el artículo 53.2.a) y muy grave del artículo 54.1.d) de la Ley Orgánica 4/2000, de 11 de enero, sin perjuicio y de forma compatible con la sanción económica que corresponda de conformidad con el procedimiento establecido para la imposición de sanciones por infracciones del orden social.

5. La ejecución de la resolución de expulsión se efectuará a costa del extranjero si éste dispusiera de medios económicos. En caso contrario, se comunicará dicha circunstancia al representante diplomático o consular de su país, a los efectos oportunos.

Salvo en supuestos en que se hubiera impuesto un periodo de cumplimiento voluntario de la sanción y éste hubiera sido inatendido por el extranjero, en caso de que éste dispusiera de medios económicos y asumiera el coste de la repatriación de manera voluntaria, el Delegado o Subdelegado del Gobierno que hubiera dictado dicha resolución podrá acordar, de oficio o a instancia de parte, su sustitución por la salida obligatoria si se cumplen las siguientes condiciones:

a) Que la infracción que haya motivado la resolución de expulsión sea la contenida en el artículo 53.1.a) y b) de la Ley Orgánica 4/2000, de 11 de enero;

b) Que existan garantías suficientes o pueda comprobarse la realización de la oportuna salida obligatoria prevista en el artículo 28.3.c) de la Ley Orgánica 4/2000; y

c) Que el extranjero esté por su nacionalidad sometido a la obligación de visado para cruzar las fronteras exteriores en aplicación de un acuerdo de régimen común de visados, de carácter internacional, en el que España sea parte.

6. La salida del territorio nacional podrá acreditarse mediante certificado emitido por funcionario del puesto fronterizo, en el que conste la identidad del extranjero, su número de pasaporte, datos del medio de transporte y fecha en que abandonó el territorio nacional.

7. Si el extranjero formulase petición de protección internacional, se suspenderá la ejecución de la resolución de expulsión hasta que se haya inadmitido a trámite o resuelto, de conformidad con lo establecido en la normativa de protección internacional.

Igualmente, se suspenderá la ejecución de la expulsión en los casos de mujeres embarazadas cuando suponga un riesgo para la gestación o para la vida o la integridad física de la madre o cuando se trate de personas enfermas y la medida pueda suponer un riesgo para su salud.

Artículo 247. *Extranjeros procesados o imputados en procedimientos por delitos o faltas.* De conformidad con lo dispuesto en el artículo 57.7 de la Ley Orgánica 4/2000, de 11 de enero, cuando el extranjero se encuentre procesado o imputado en un procedimiento judicial por delito o falta para el que la ley prevea una pena privativa de libertad inferior a seis años o una pena de distinta naturaleza y conste este hecho acreditado en el expediente administrativo de expulsión, la autoridad gubernativa someterá al juez que, previa audiencia del Ministerio Fiscal y oído el interesado y las partes personadas, autorice en el plazo más breve posible y en todo caso no superior a tres días su expulsión, salvo que de forma motivada aprecie la existencia de circunstancias excepcionales que justifiquen su denegación.

En el caso de que el extranjero se encuentre sujeto a varios procesos penales tramitados en diversos juzgados y consten estos hechos acreditados en el expediente administrativo de expulsión, la autoridad gubernativa instará de todos ellos la autorización a que se refiere el párrafo anterior.

A los efectos de lo dispuesto en este artículo, se considerará que consta acreditado en el expediente administrativo de expulsión la existencia de procesos penales en contra del expedientado, cuando sea el propio interesado quien lo haya acreditado documentalmente en cualquier momento de la tramitación, o cuando haya existido comunicación de la autoridad judicial o del Ministerio Fiscal al órgano competente para la instrucción o resolución del procedimiento sancionador, en cualquier forma o a través de cualquier tipo de requisitoria.

Artículo 248. *Comunicaciones en el procedimiento de expulsión.* La resolución de expulsión será comunicada a la embajada o consulado del país del extranjero y a la Secretaría de Estado de Inmigración y Emigración, así como anotada en el Registro Central de Extranjeros. Esta comunicación se dirigirá al Ministerio de Asuntos Exteriores y de Cooperación cuando no se haya podido notificar al consulado del país del extranjero o éste no radique en España.

SECCIÓN 2.ª
NORMAS PROCEDIMENTALES PARA LA IMPOSICIÓN DE MULTAS

Artículo 249. *Supuestos de aplicación del procedimiento para la imposición de multas.* Las normas procedimentales recogidas en esta sección serán de aplicación cuando el infractor, cualquiera que sea su nacionalidad, realice alguna de las conductas tipificadas como graves o muy graves de las previstas en los artículos 53 y 54 de la Ley Orgánica 4/2000, de 11 de enero, sin perjuicio de los supuestos en que se pueda imponer la expulsión según lo dispuesto en este título.

En el supuesto de comisión de conductas tipificadas como leves se aplicará lo dispuesto para el procedimiento simplificado.

Para la determinación de la cuantía de la sanción se tendrá especialmente en cuenta la capacidad económica del infractor.

Artículo 250. *Contenido del acuerdo de iniciación del procedimiento para la imposición de multas.* El contenido mínimo del acuerdo de iniciación del procedimiento para la imposición de sanción de multa será conforme a lo dispuesto en el artículo 227.

Los demás trámites procedimentales, salvo lo dispuesto en los artículos siguientes, serán los establecidos para el procedimiento ordinario contenidos en la sección 1ª del capítulo II de este título.

Artículo 251. *Medidas cautelares en el procedimiento para la imposición de multas.* 1. En iguales términos que los establecidos en el artículo 221 de este Reglamento se podrá proceder a la aprehensión de los bienes, efectos o instrumentos que hayan sido utilizados para la comisión de la infracción prevista en el artículo 54.1.b) de la Ley Orgánica 4/2000, de 11 de enero.

2. Cuando se siga expediente sancionador por alguna de las infracciones previstas en el artículo 54.2.b) y c) de la Ley Orgánica 4/2000, de 11 de enero, y los transportistas infrinjan la obligación de tomar a cargo al extranjero transportado ilegalmente, la autoridad gubernativa podrá acordar alguna de las siguientes medidas:

a) Suspensión temporal de sus actividades, que no podrá exceder de un periodo de seis meses.

b) Prestación de fianza o avales, en atención al número de afectados y el perjuicio ocasionado.

c) Inmovilización del medio de transporte utilizado hasta el cumplimiento de la referida obligación.

Artículo 252. *Resolución del procedimiento para la imposición de multas. Efectos y ejecutividad.* 1. La resolución que ponga fin al procedimiento habrá de ser motivada, con indicación de los recursos que contra ella puedan interponerse, el órgano ante el que hubiera de presentarse y el plazo para su presentación, y ajustarse a lo dispuesto en el artículo 222.

2. Si la resolución se adoptase en aplicación de la infracción prevista en el artículo 54.1.b) de la Ley Orgánica 4/2000, de 11 de enero, y se hubiese procedido a la aprehensión de bienes, efectos o instrumentos que hubiesen sido utilizados para la comisión de la citada infracción, aquélla conllevará el decomiso de dichos bienes o efectos salvo cuando haya quedado acreditado que los bienes pertenecen a un tercero de buena fe no responsable de la infracción que los haya adquirido legalmente.

Los bienes, efectos e instrumentos definitivamente decomisados por resolución se adjudicarán al Estado en los términos fijados por la Ley 33/2003, de 3 de noviembre, del Patrimonio de las Administraciones Públicas.

3. Si la resolución se adoptase en aplicación de la infracción prevista en el artículo 54.1.d) de la Ley Orgánica 4/2000, de 11 de enero, y sin perjuicio de la sanción de multa acordada, podrá contener pronunciamiento por el que se adopte la clausura del establecimiento o local desde seis meses a cinco años.

4. Las resoluciones administrativas de imposición de sanción de multa dictadas en aplicación de la Ley Orgánica 4/2000, de 11 de enero, serán inmediatamente ejecutivas una vez que hayan adquirido firmeza en vía administrativa, salvo que el órgano competente acuerde su suspensión.

5. Las multas deberán hacerse efectivas a los órganos de recaudación de la Administración gestora, directamente o a través de entidades de depósitos, dentro de los quince días hábiles siguientes a la fecha de su firmeza en vía administrativa.

Vencido el plazo de ingreso establecido en el párrafo anterior sin que se hubiese satisfecho la multa, la exacción se llevará a cabo por el procedimiento de apremio. A tal efecto será título ejecutivo la certificación de descubierto expedida por el órgano competente de la Administración gestora.

Los órganos y procedimientos de la recaudación ejecutiva serán los establecidos en el Reglamento General de Recaudación y demás normas de aplicación.

Los actos de gestión recaudatoria en vía de apremio dictados por los órganos de la Administración General del Estado respecto de las multas impuestas en aplicación de la Ley Orgánica 4/2000, de 11 de enero, serán impugnables en la vía económico-administrativa.

CAPÍTULO IV
INFRACCIONES Y SANCIONES EN EL ORDEN SOCIAL Y VIGILANCIA LABORAL

Artículo 253. *Vigilancia laboral.* La inspección en materia de trabajo de extranjeros se ejercerá a través de la Inspección de Trabajo y Seguridad Social en desarrollo de las funciones y competencias que tiene atribuidas en su normativa específica de conformidad con lo dispuesto en la Ley 42/1997, de 14 de noviembre, Ordenadora de la Inspección de Trabajo y Seguridad Social, y sus normas de aplicación.

En aquellas Comunidades Autónomas a las que se les haya traspasado la competencia ejecutiva en materia de inspección, sin perjuicio de la unidad del sistema y de los acuerdos que puedan alcanzarse entre la Administración General del Estado y la de la Comunidad, la planificación y organización de las labores de inspección a las que se refiere este artículo corresponderán a la administración autonómica en aquellos supuestos en los que le haya sido traspasada también la competencia en materia de autorizaciones iniciales de trabajo por cuenta propia o ajena de los extranjeros cuya relación laboral se desarrolle en el ámbito de la Comunidad Autónoma.

Artículo 254. *Infracciones y sanciones en el orden social.* 1. Las infracciones leves tipificadas en los artículos 52.c), d) y e); graves del artículo 53.1.b) y 53.2.a); y muy graves del artículo 54.1.d) y f) de la Ley Orgánica 4/2000, de 11 de enero, serán sancionadas de conformidad con el procedimiento para la imposición de sanciones por infracciones de orden social, y por lo dispuesto en este artículo.

2. Las sanciones por las infracciones a las que se refiere el apartado anterior podrán imponerse en los grados de mínimo, medio y máximo, atendiendo a los criterios expresados a continuación y aplicando el principio de proporcionalidad.

3. Calificadas las infracciones en la forma y conforme a los tipos previstos en la Ley Orgánica 4/2000, de 11 de enero, las sanciones se graduarán en atención al grado de culpabilidad del sujeto infractor, al daño producido o al riesgo derivado de la infracción y la trascendencia de ésta.

Igualmente, se tendrá en especial consideración, en caso de proceder la imposición de la sanción de multa y para la determinación de su cuantía, la capacidad económica del infractor.

4. Las infracciones se sancionarán:

a) Las leves, en su grado mínimo, con multa de 50 a 100 euros; en su grado medio, de 101 a 250 euros; y en su grado máximo, de 251a 500 euros.

b) Las graves, en su grado mínimo, con multa de 501 a 2.000 euros; en su grado medio, de 2.001 a 5.000 euros; y en su grado máximo, de 5.001 a 10. 000 euros.

c) Las muy graves, en su grado mínimo, con multa de 10.001 a 20.000 euros; en su grado medio, de 20.001 a 50.000 euros; y en su grado máximo de 50.001 hasta 100.000 euros.

5. La ordenación de la tramitación de los expedientes sancionadores corresponderá a las Jefaturas de la Inspección de Trabajo y Seguridad Social competentes por razón del territorio o, en el caso de Comunidades Autónomas a las que se les haya traspasado la competencia en materia de inspección, al órgano competente de acuerdo con la normativa autonómica de aplicación.

La iniciación, el contenido de las actas, la notificación y las alegaciones se ajustarán a lo dispuesto en el Reglamento general sobre procedimientos para la imposición de sanciones por infracciones de orden social y para los expedientes liquidatorios de cuotas de la Seguridad Social, aprobado por el Real Decreto 928/1998, de 14 de mayo.

En los casos de infracción prevista en los artículo 53.1. b), cuando se trate de trabajadores por cuenta propia, y del artículo 54.1.d) y f), cuando el empresario infractor sea extranjero, de la Ley Orgánica 4/2000, de 11 de enero, en el acta de infracción se hará constar expresamente que en virtud de lo establecido en el artículo 57.1 de la referida Ley Orgánica el órgano competente para resolver podrá aplicar la expulsión de territorio español en lugar de la sanción de multa.

6. Las actas de infracción de extranjeros serán notificadas por las Jefaturas de Inspección de Trabajo y Seguridad Social, o en su caso por los órganos autonómicos competentes, al sujeto o sujetos responsables. En las actas se hará constar que se podrán formular alegaciones contra ellas en el plazo de quince días.

7. Si no se formulase escrito de alegaciones continuará la tramitación del procedimiento hasta dictar la resolución.

8. Si se formulasen alegaciones, la Jefatura de la Inspección de Trabajo y Seguridad Social, o en su caso el órgano autonómico, podrá solicitar, a la vista de las mismas, el informe ampliatorio al inspector o subinspector que practicó el acta. Dicho informe se emitirá en el plazo de quince días. El citado informe será preceptivo si en las alegaciones se invocan hechos o circunstancias distintos a los consignados en el acta, insuficiencia del relato fáctico de ésta o indefensión por cualquier causa.

9. Instruido el expediente, el Jefe de la Inspección de Trabajo y Seguridad Social, o en su caso el órgano autonómico competente, lo elevará con la propuesta de resolución al Delegado o Subdelegado del Gobierno, o en su caso al órgano autonómico competente para resolver, de conformidad con lo establecido en el artículo 55.2 de la Ley Orgánica 4/2000, de 11 de enero.

En la propuesta de resolución se fijarán de forma motivada los hechos probados, su calificación jurídica y la cuantía de la sanción que se propone imponer y, en el caso de que el acta de infracción incluyese la sanción accesoria a que se refiere el artículo 55.6 de la Ley Orgánica 4/2000, de 11 de enero, también se efectuará propuesta de resolución sobre aquélla.

10. El órgano competente para resolver, previas las diligencias que estime necesarias, dictará la resolución en el plazo de diez días desde la finalización de la tramitación del expediente de conformidad con lo establecido para las resoluciones sancionadoras por el Reglamento regulador del procedimiento para la imposición

de sanciones por infracciones de orden social, y para los expedientes liquidatorios de cuotas de la Seguridad Social, aprobado por el Real Decreto 928/1998, de 14 de mayo.

En el caso de que el órgano competente para resolver decida aplicar la sanción de expulsión del territorio español en lugar de la sanción de multa, dictará resolución de expulsión con los requisitos y efectos establecidos en el artículo 242.

11. Las resoluciones sancionadoras que dicten los Subdelegados del Gobierno o los Delegados del Gobierno en las Comunidades Autónomas uniprovinciales, o en su caso el órgano autonómico competente, en relación con este tipo de infracciones quedarán sometidas al régimen común de recursos previsto en este Reglamento.

12. En lo no previsto por el procedimiento especial, regulado por el Real Decreto 928/1998, de 14 de mayo, regirá el procedimiento común de conformidad con lo establecido en la disposición adicional séptima de la Ley 30/1992, de 26 de noviembre.

CAPÍTULO V
INFRACCIONES, SANCIONES Y OBLIGACIÓN DE SU COMUNICACIÓN INTERORGÁNICA

Artículo 255. *Otras infracciones y sanciones.* Los extranjeros que incumplan los deberes, obligaciones y cargas impuestos por el ordenamiento jurídico general serán sancionados con arreglo a la legislación específicamente aplicable en cada caso.

Artículo 256. *Comunicación interorgánica de infracciones.* 1. La Dirección General de Inmigración y la Inspección de Trabajo y Seguridad Social, o en su caso el órgano autonómico con competencia sobre la materia, darán cuenta a la Oficina de Extranjería y a los servicios policiales correspondientes de los supuestos de infracciones relativas a la entrada y permanencia de extranjeros en España de que tuvieran conocimiento en el ejercicio de sus competencias.

2. Igualmente, las Oficinas de Extranjería y los servicios policiales comunicarán a la Dirección General de Inmigración y a la Inspección de Trabajo y Seguridad Social, o en su caso el órgano autonómico con competencia sobre la materia, los hechos que conozcan y que pudieran constituir infracciones laborales contra lo dispuesto en este Reglamento.

Cuando la expulsión hubiera sido autorizada judicialmente, las Oficinas de Extranjería y los servicios policiales comunicarán de modo inmediato la salida en el plazo de cumplimiento voluntario, la práctica de la expulsión o las razones que en su caso imposibilitan su realización a la autoridad judicial que la hubiese autorizado y al Ministerio Fiscal.

3. Cuando el Ministerio Fiscal conozca que un extranjero se encuentra imputado en un procedimiento por delito menos grave y pudiera estar incurso en alguna de las causas de expulsión previstas en la Ley Orgánica 4/2000, de 11 de enero, sin que hubiera sido incoado el correspondiente expediente administrativo sancionador, informará sobre tal imputación a la Delegación o Subdelegación del Gobierno competente para que ésta compruebe si procede o no la incoación de expediente de expulsión. A los mismos efectos, el Ministerio Fiscal comunicará a la autoridad gubernativa las condenas impuestas a extranjeros por delito doloso castigado con pena privativa de libertad superior a un año.

4. Los directores de los establecimientos penitenciarios notificarán a la Oficina de Extranjería y a la comisaría provincial de policía correspondientes a su demarcación, con tres meses de anticipación, la excarcelación de extranjeros que hubieran sido condenados en virtud de sentencia judicial por delito, a los efectos de que en su caso se proceda a la expulsión de conformidad con lo establecido en la Ley Or-

gánica 4/2000, de 11 de enero. A estos efectos, en los expedientes personales de los extranjeros condenados se hará constar si les ha sido incoado expediente de expulsión, así como en su caso el estado de tramitación en que se halle.

5. El Registro Central de Penados comunicará, de oficio o a instancia de la Oficina de Extranjería o de la Comisaría de Policía correspondientes, los antecedentes penales de los extranjeros que hayan sido condenados por delito doloso que tenga señalada pena superior a un año de prisión, a los efectos de la incoación del correspondiente expediente de expulsión, a cuyo fin remitirá un certificado de aquéllos.

Artículo 257. *Comunicaciones de los órganos judiciales a la Delegación o Subdelegación del Gobierno en relación con extranjeros.* 1. De conformidad con lo establecido en la disposición adicional decimoséptima de la Ley Orgánica 19/2003, de 23 de diciembre, de modificación de la Ley Orgánica 6/1985, de 1 de julio, del Poder Judicial, los órganos judiciales comunicarán a la Delegación o Subdelegación del Gobierno competente la finalización de los procesos judiciales en los que concurra la comisión de infracciones administrativas a las normas sobre extranjería, a los efectos de que pueda reanudarse, iniciarse o archivarse, si procede, según los casos, el procedimiento administrativo sancionador. Del mismo modo, comunicarán aquellas condenas impuestas a extranjeros por delito doloso castigado con pena privativa de libertad superior a un año a los efectos de la incoación del correspondiente expediente sancionador.

2. Igualmente, comunicarán las sentencias en las que acuerden la sustitución de las penas privativas de libertad impuestas o de las medidas de seguridad que sean aplicables a los extranjeros no residentes legalmente en España por su expulsión del territorio nacional. En estos casos, la sentencia que acuerde la sustitución dispondrá la ejecución de la pena privativa de libertad o medida de seguridad originariamente impuesta hasta tanto la autoridad gubernativa proceda a materializar la expulsión. A estos efectos la autoridad gubernativa deberá hacer efectiva la expulsión en el plazo más breve posible y, en todo caso, dentro de los treinta días siguientes, salvo causa justificada que lo impida, que deberá ser comunicada a la autoridad judicial.

CAPÍTULO VI
INGRESO EN CENTROS DE INTERNAMIENTO DE EXTRANJEROS

Artículo 258. *Ingreso en Centros de internamiento de extranjeros. ...*

Artículo 258 derogado por la disposición derogatoria única del R.D. 162/2014, de 14 de marzo, por el que se aprueba el reglamento de funcionamiento y régimen interior de los centros de internamiento de extranjeros («B.O.E.» 15 marzo).
Vigencia: 16 marzo 2014

TÍTULO XV
OFICINAS DE EXTRANJERÍA Y CENTROS DE MIGRACIONES

CAPÍTULO I
LAS OFICINAS DE EXTRANJERÍA

Artículo 259. *Creación.* 1. Las Oficinas de Extranjería son las unidades que integran los diferentes servicios de la Administración General del Estado competentes en materia de extranjería e inmigración en el ámbito provincial, al objeto de garantizar la eficacia y coordinación en la actuación administrativa.

2. La Secretaría de Estado de Inmigración y Emigración impulsará la creación, supresión y modificación de Oficinas de Extranjería, basándose en la especial incidencia de la inmigración en la provincia y previa consulta a los Ministerios del Interior y de Política Territorial y Administración Pública.

A partir de dicho impulso, la creación, la supresión o la modificación de Oficinas de Extranjería se llevará a cabo mediante Orden del titular del Ministerio de la Presidencia dictada a propuesta de los titulares de los Ministerios del Interior, de Política Territorial y Administración Pública y de Trabajo e Inmigración.

3. Las Oficinas de Extranjería estarán ubicadas en la capital de las provincias en las que se constituyan.

Por razones relacionadas con la configuración geográfica, administrativa, económica y de población de una provincia, el Ministerio de Política Territorial y Administración Pública, con acuerdo de las Secretarías de Estado de Inmigración y Emigración y de Seguridad, podrá excepcionalmente determinar la ubicación de una Oficina de Extranjería en una población distinta a la capital de la provincia en la que se constituya.

4. Las Oficinas de Extranjería podrán disponer de oficinas delegadas ubicadas en los distritos de la capital y en los municipios de la provincia para facilitar las gestiones administrativas de los interesados. Dichas oficinas delegadas serán creadas por resolución del titular de la Delegación o Subdelegación del Gobierno a la que se adscriba la Oficina de Extranjería correspondiente.

Los titulares de las Secretarías de Estado de Seguridad y de Inmigración y Emigración podrán dictar Instrucciones conjuntas para coordinar las unidades policiales con las correspondientes Oficinas de Extranjería.

Artículo 260. *Dependencia.* 1. Las Oficinas de Extranjería dependerán orgánicamente de la correspondiente Delegación o Subdelegación del Gobierno, se encuadrarán en las Áreas funcionales de Trabajo e Inmigración, y dependerán funcionalmente del Ministerio de Trabajo e Inmigración, a través de la Secretaría de Estado de Inmigración y Emigración, y del Ministerio del Interior, ambos en el ámbito de sus respectivas competencias.

2. Las Oficinas de Extranjería se regirán por lo dispuesto en este Reglamento, así como por su normativa de creación y funcionamiento.

Artículo 261. *Funciones.* Las Oficinas de Extranjería ejercerán, en el ámbito provincial, las siguientes funciones, previstas en la normativa vigente en materia de extranjería y régimen comunitario:

1. La recepción de la declaración de entrada. La tramitación de las prórrogas de estancia, de la Tarjeta de Identidad de Extranjero, autorizaciones de residencia, autorizaciones de trabajo y exceptuaciones a la obligación de obtener autorización de trabajo, autorizaciones de regreso, así como la expedición y entrega de aquéllas.

2. La recepción de la solicitud de cédula de inscripción y de título de viaje para la salida de España, así como su expedición y entrega.

3. La tramitación de los procedimientos sancionadores por infracciones a la normativa en materia de extranjería y en régimen comunitario. No obstante, las devoluciones, y los expedientes sancionadores que lleven a la expulsión del infractor extranjero, o a su detención e ingreso en un Centro de Internamiento de Extranjeros, serán ejecutados por las Brigadas y Unidades de Extranjería y Documentación de las Comisarías de Policía.

4. La tramitación de los recursos administrativos que procedan.

5. La elevación a los órganos y autoridades competentes de las oportunas propuestas de resolución relativas a los expedientes a que se ha hecho referencia en los párrafos anteriores.

6. La asignación y comunicación del número de identidad de extranjero, por los servicios policiales de las propias Oficinas.

7. La información, recepción y tramitación de la solicitud de protección internacional y de las solicitudes del estatuto de apátrida.

8. La obtención y elaboración del conjunto de información estadística de carácter administrativo y demográfico sobre la población extranjera y en régimen comunitario de la provincia.

9. El control del mantenimiento de las condiciones que determinaron la concesión de la autorización.

Artículo 262. *Organización funcional de las Oficinas de Extranjería.* 1. El Jefe de la Oficina de Extranjería establecerá los criterios de realización de las funciones referidas en el artículo anterior, que se ejercerán bajo la dirección, a través del respectivo Director del Área funcional o Jefe de la Dependencia provincial de Trabajo e Inmigración, de los Delegados y Subdelegados del Gobierno correspondientes, y sin perjuicio de las competencias que en materia de resolución de expedientes correspondan a otros órganos.

2. Las oficinas delegadas colaborarán en el desarrollo de las funciones de la correspondiente Oficina de Extranjería, en especial, las referidas a la atención al ciudadano, recepción de solicitudes y escritos, notificación y entrega de resoluciones y documentos, y podrán ejercer las competencias que les sean delegadas.

3. Sin perjuicio de la competencia atribuida al Jefe de la Oficina de Extranjería en el apartado 1 de este artículo, corresponderá a los servicios policiales adscritos a ella:

a) La asignación y comunicación del número de identidad de extranjero y la emisión de certificados de residente y no residente.

b) La expedición y entrega de la documentación correspondiente a la normativa sobre protección internacional y el estatuto de apátrida.

c) La expedición y entrega del título de viaje o documento análogo para la salida de España, así como de la Tarjeta de Identidad de Extranjero y de los documentos de identificación provisionales.

d) La expedición de las etiquetas de visado en las que se materialicen las prórrogas de estancias de corta duración.

e) La materialización de la anulación o retirada de los visados de estancia de corta duración.

f) La tramitación de las autorizaciones de regreso.

g) La grabación en el Registro Central de Extranjeros de los cambios y alteraciones de la situación de los extranjeros previstos en el artículo 214 de este Reglamento.

Artículo 263. *Personal.* 1. Los diferentes servicios encargados de la tramitación de los expedientes en materia de extranjería se integrarán en la Oficina de Extranjería, que actuará como un único centro de gestión, bajo la dirección del respectivo Director del Área funcional o Jefe de la Dependencia provincial de Trabajo e Inmigración.

2. El personal procedente de los servicios a que se hace referencia en el apartado 1 que no esté integrado orgánicamente en las Delegaciones del Gobierno, conforme a lo dispuesto por la Ley 6/1997, de 14 de abril, de Organización y Funcionamiento de la Administración General del Estado, y su normativa de desarrollo, se integrará en la Delegación del Gobierno o Subdelegación del Gobierno correspondiente.

3. Las Oficinas de Extranjería contarán con una relación de puestos de trabajo y, en su caso, un catálogo del personal laboral para la respectiva integración del personal procedente de los servicios a que se hace referencia en el apartado 1 y sus correspondientes puestos de trabajo.

4. Las Oficinas de Extranjería contarán con la adscripción de personal de la Dirección General de la Policía y de la Guardia Civil para la realización de las funciones que ésta tiene asignadas en materia de extranjería.

5. El Jefe de la Oficina de Extranjería será nombrado y cesado por el Delegado del Gobierno, previo informe favorable de la Secretaría de Estado de Inmigración y Emigración, ya se provea el puesto de forma provisional o definitivamente.

Su nombramiento se realizará por el sistema de libre designación entre funcionarios de carrera del Subgrupo A1 o del Subgrupo A2 de la Administración General del Estado, dentro de los límites establecidos en el Reglamento general de ingreso del personal al Servicio de la Administración General del Estado y de provisión de puestos de trabajo y promoción profesional de los funcionarios civiles de la Administración General del Estado, aprobado por el Real Decreto 364/1995, de 10 de marzo.

CAPÍTULO II
LOS CENTROS DE MIGRACIONES

Artículo 264. *La red pública de centros de migraciones.* 1. Para el cumplimiento de los fines de integración social que tiene encomendados, el Ministerio de Trabajo e Inmigración dispondrá de una red pública de centros de migraciones, que desempeñarán tareas de información, atención, acogida, intervención social, formación, detección de situaciones de trata de seres humanos y, en su caso, derivación, dirigidas a la población extranjera. Igualmente podrán desarrollar o impulsar actuaciones de sensibilización relacionadas con la inmigración.

2. En particular, la red de centros de migraciones podrá desarrollar programas específicos dirigidos a extranjeros que tengan la condición de solicitantes de asilo o del estatuto de apátrida, refugiados, apátridas, beneficiarios de la protección dispensada por el artículo 37.b) de la Ley 12/2009, de 30 de octubre, inmigrantes que lleguen a España de acuerdo con las normas reguladoras de la gestión colectiva de contrataciones en origen, así como a extranjeros que se hallen en situación de vulnerabilidad o riesgo de exclusión social. Corresponderá a la Dirección General de Integración de los Inmigrantes determinar los programas que vayan a desarrollar por los centros de migraciones, así como sus destinatarios.

3. La red de centros de migraciones estará integrada por los centros de acogida a refugiados regulados en la Orden Ministerial de 13 de enero de 1989, los centros de estancia temporal de inmigrantes en Ceuta y Melilla, así como, en su caso, por los centros de nueva creación. Los centros integrados en la red de centros de migraciones se regirán por un estatuto común, sin perjuicio de la posibilidad de que los distintos centros desarrollen programas destinados a colectivos determinados, de acuerdo con lo dispuesto en el apartado anterior.

Artículo 265. *Régimen jurídico de los centros de migraciones.* Mediante Orden del titular del Ministerio de la Presidencia, a propuesta conjunta de los titulares de los Ministerios de Política Territorial y Administración Pública y de Trabajo e Inmigración, instada por el titular de la Secretaría de Estado de Inmigración y Emigración, se podrá:

a) Acordar el establecimiento de nuevos centros de migraciones, la ampliación de los ya existentes o su clausura.

b) Aprobar los estatutos y normas de funcionamiento interno de los centros de migraciones.

c) Determinar las prestaciones que se dispensarán en ellos, así como el régimen jurídico al que se hallan sujetas.

Artículo 266. *Ingreso en centros de migraciones.* 1. Las normas de funcionamiento interno de los centros determinarán los requisitos y el procedimiento que se deba seguir para el ingreso de un extranjero en un centro de migraciones.

2. Cuando el extranjero carezca de un título que autorice su permanencia en España, el ingreso en un centro de migraciones llevará aparejada la expedición de un

volante personal e intransferible que le autorice a permanecer en el centro, en el que junto a la fotografía del extranjero se harán constar sus datos de filiación, nacionalidad, número de identidad de extranjero, si lo tuviera asignado, así como la fecha de caducidad del tiempo en que habitará en el centro.

3. Esta autorización de permanencia se entiende sin perjuicio de las ulteriores decisiones que las autoridades competentes adopten en relación con la situación administrativa del extranjero en España.

DISPOSICIONES ADICIONALES

Disposición adicional primera. *Atribución de competencias en materia de informes, resoluciones y sanciones.* 1. Cuando las competencias en materia de informes, resoluciones y sanciones no estén expresamente atribuidas a un determinado órgano en este Reglamento, serán ejercidas por los Delegados del Gobierno en las Comunidades Autónomas uniprovinciales y por los Subdelegados del Gobierno en las provincias.

Sin perjuicio de lo anterior, la competencia en materia de admisión a trámite de procedimientos iniciados en el extranjero corresponderá a la Misión diplomática u Oficina consular española en el exterior ante la que se presente la correspondiente solicitud de acuerdo con lo establecido en este Reglamento, no obstante la competencia para resolver sobre el fondo del procedimiento esté atribuida a otro órgano administrativo.

Parrafo 2.º del número 1 de la disposición adicional primera anulado por Sentencia TS (Sala 3.ª, Sección 3.ª) de 12 de marzo de 2013 («B.O.E.» 24 abril 2013), en la medida en que atribuyen a las misiones diplomáticas u oficinas consulares españolas en el exterior la competencia "en materia de admisión a trámite de procedimientos iniciados en el extranjero" cuando no la tengan para resolver el fondo de los procedimientos para la obtención de las siguientes autorizaciones: a) las de estancia por estudios, movilidad de alumnos, prácticas no laborales y servicios de voluntariado; b) las de residencia temporal no lucrativa; c) las de residencia temporal y trabajo por cuenta propia; y d) las de residencia temporal con excepción de la autorización de trabajo cuando la persona extranjera no sea residente en España y siempre que la duración prevista de la actividad sea superior a 90 días.

2. Cuando se trate de supuestos en los que se vaya a realizar una actividad laboral en distintas provincias, la competencia para la concesión de las autorizaciones para residir y trabajar corresponderá a la autoridad competente de acuerdo con el apartado anterior de la provincia en la que se vaya a iniciar la actividad laboral.

3. ...

Párrafo primero del número 3 de la disposición adicional primera derogado por la letra b) de la disposición derogatoria única de la Ley 11/2023, de 8 de mayo, de trasposición de Directivas de la Unión Europea en materia de accesibilidad de determinados productos y servicios, migración de personas altamente cualificadas, tributaria y digitalización de actuaciones notariales y registrales; y por la que se modifica la Ley 12/2011, de 27 de mayo, sobre responsabilidad civil por daños nucleares o producidos por materiales radiactivos («B.O.E.» 9 mayo).
Vigencia: 10 mayo 2023

Igualmente, el titular de la Dirección General de Inmigración será el competente para resolver sobre las autorizaciones de residencia temporal y trabajo por cuenta ajena de duración determinada en los supuestos previstos en el artículo 98.2.a) y b) cuando el número de puestos de trabajo ofertado en su conjunto supere una cifra que se determinará mediante Orden del titular del Ministerio de Trabajo e Inmigración.

Asimismo, el titular de la Dirección de Inmigración será el competente para autorizar la tramitación de autorizaciones de residencia temporal y trabajo por cuenta ajena de duración determinada en los supuestos previstos en el artículo 98.2.a) y b), cuando la oferta de empleo se encuadre dentro de un proyecto de cooperación al desarrollo financiado con fondos públicos.

En los supuestos previstos en este apartado, las solicitudes serán presentadas por el empleador, personalmente o a través de quien ejerza válidamente la representación empresarial, ante el registro del órgano competente para su tramitación o ante la Oficina de Extranjería correspondiente a la provincia donde se vaya a desarrollar la actividad laboral. En su caso, la Oficina de Extranjería dará traslado inmediato de la solicitud a la Dirección General de Inmigración, para su tramitación y resolución.

En estos casos, la Dirección General de Inmigración decidirá sobre la concesión de las autorizaciones oída la Comisión Laboral Tripartita de Inmigración. En las autorizaciones vinculadas a proyectos de cooperación al desarrollo, el informe favorable de la Comisión Laboral Tripartita de Inmigración sustituirá la valoración de si la situación nacional de empleo permite la contratación.

4. Cuando circunstancias de naturaleza económica, social o laboral lo aconsejen y en supuestos no regulados de especial relevancia, a propuesta del titular de la Secretaría de Estado de Inmigración y Emigración, previo informe del titular de la Secretaría de Estado de Seguridad y, en su caso, de los titulares de las Subsecretarías de Asuntos Exteriores y de Cooperación y de Política Territorial y Administración Pública, el Consejo de Ministros podrá dictar, previa información y consulta a la Comisión Laboral Tripartita de Inmigración, instrucciones que determinen la concesión de autorizaciones de residencia temporal y/o trabajo, que podrán quedar vinculadas temporal, por ocupación laboral o territorialmente en los términos que se fijen en aquéllas, o de autorizaciones de estancia. Las instrucciones establecerán la forma, los requisitos y los plazos para la concesión de dichas autorizaciones. Asimismo, el titular de la Secretaría de Estado de Inmigración y Emigración, previo informe del titular de la Secretaría de Estado de Seguridad, podrá otorgar autorizaciones individuales de residencia temporal cuando concurran circunstancias excepcionales no previstas en este Reglamento.

5. En el ejercicio de las competencias de coordinación que tiene atribuidas, el titular de la Secretaría de Estado de Inmigración y Emigración podrá proponer al Consejo de Ministros la aprobación de las instrucciones a las que haya de ajustarse la actuación de los diferentes departamentos ministeriales en cuanto ejerciten funciones relacionadas con los ámbitos de la extranjería y la inmigración.

Disposición adicional segunda. *Normativa aplicable a los procedimientos.* 1. En lo no previsto en materia de procedimientos en este Reglamento se estará a lo dispuesto en la Ley 30/1992, de 26 de noviembre, y en su normativa de desarrollo, particularmente, en lo referido a la necesidad de motivación de las resoluciones denegatorias de las autorizaciones.

2. De conformidad con lo establecido en la disposición adicional undécima de la referida Ley 30/1992, de 26 de noviembre, el procedimiento de visado se regirá por la normativa específica prevista en el artículo 27 de la Ley Orgánica 4/2000, de 11 de enero, desarrollada en este Reglamento, en la normativa de la Unión Europea y en las demás disposiciones que se dicten en cumplimiento de los compromisos internacionales asumidos por España, y se aplicará supletoriamente la Ley 30/1992, de 26 de noviembre.

Disposición adicional tercera. *Lugares de presentación de las solicitudes.* 1. De conformidad con la disposición adicional tercera de la Ley Orgánica 4/2000, de 11 de enero, cuando el sujeto legitimado se encuentre en territorio español las solicitudes relativas a las autorizaciones iniciales de residencia y de trabajo deberán presentarse por el interesado presencialmente ante los órganos competentes para su tramitación o electrónicamente mediante las aplicaciones específicas de tramitación que existan.

2. Cuando el sujeto legitimado se encuentre en territorio extranjero, la presentación de solicitudes de visado y su recogida se realizará ante la misión diplomática u oficina consular en cuya demarcación resida, salvo lo dispuesto de conformidad con la disposición adicional tercera de la Ley Orgánica 4/2000, de 11 de enero, en los procedimientos de solicitud de visado descritos en este Reglamento. Las solicitudes relativas a los visados deberán presentarse ante los órganos competentes para su tramitación o electrónicamente mediante las aplicaciones específicas de tramitación que existan. Asimismo, se podrán presentar en los locales de un proveedor de servicios externo con el que el Ministerio de Asuntos Exteriores, Unión Europea y Cooperación mantenga un contrato de concesión de servicios, con sujeción a las condiciones previstas en la normativa comunitaria sobre visados.

Sin perjuicio de lo anterior, el Ministerio de Asuntos Exteriores, Unión Europea y Cooperación, si media causa que lo justifique podrá determinar otra misión diplomática u oficina consular en la que corresponda presentar la solicitud de visado.

Número 2 de la disposición adicional tercera redactado por el apartado veintiuno del artículo único del R.D. 629/2022, de 26 de julio, por el que se modifica el Reglamento de la L.O. 4/2000, sobre derechos y libertades de los extranjeros en España y su integración social, tras su reforma por L.O. 2/2009, aprobado por el R.D. 557/2011, de 20 de abril («B.O.E.» 27 julio).

Vigencia: 16 agosto 2022

3. Las solicitudes de modificación, prórroga o renovación de las autorizaciones de residencia y de trabajo se presentarán presencialmente ante los órganos competentes para su tramitación o electrónicamente mediante las aplicaciones específicas de tramitación que existan. Sin perjuicio de lo anterior, se podrán presentar en cualquier otro registro de conformidad con el artículo 16.4 de la Ley 39/2015, de 1 de octubre, cuando estas aplicaciones específicas no se hayan habilitado para el trámite concreto.

Disposición adicional tercera redactada por el apartado seis del artículo único del R.D. 903/2021, de 19 de octubre, por el que se modifica el Reglamento de la L.O. 4/2000, sobre derechos y libertades de los extranjeros en España y su integración social, tras su reforma por L.O. 2/2009, aprobado por el R.D. 557/2011, de 20 de abril («B.O.E.» 20 octubre).

Vigencia: 9 noviembre 2021

Disposición adicional cuarta. *Práctica de la notificación por medios electrónicos.* 1. Para la notificación de las resoluciones y comunicación en relación con los procedimientos previstos en este Reglamento, se habilitará un sistema de notificación electrónica, que será el de notificación mediante comparecencia electrónica en la sede, en la forma regulada en la Ley 11/2007, de 22 de junio de acceso electrónico de los ciudadanos a los servicios públicos y en el Real Decreto 1671/2009, de 6 de noviembre, sin perjuicio de que por los órganos competentes se pueda establecer otro sistema de notificación electrónica de acuerdo con lo previsto en la letra d) del artículo 35.2 del referido Real Decreto.

2. Para que la notificación se practique mediante el sistema de comparecencia electrónica en la sede se requerirá que el interesado haya señalado dicho medio como preferente o haya consentido su utilización. No obstante, al amparo de lo dispuesto en el artículo 27.6 de la Ley 11/2007, de 22 de junio, y en el artículo 36.4 del Real Decreto 1671/2009, de 6 de noviembre, la admisión de la notificación mediante comparecencia electrónica en la sede será obligatoria para todos los solicitantes personas jurídicas y para aquellos colectivos de personas físicas que, por razón de su capacidad económica o técnica, dedicación profesional u otros mo-

tivos acreditados tengan garantizado el acceso y disponibilidad de los medios tecnológicos precisos.

3. El sistema de notificación electrónica permitirá acreditar la fecha y hora en que se produzca la puesta a disposición del interesado del acto objeto de notificación, así como la de acceso a su contenido, momento a partir del cual la notificación se entenderá practicada a todos los efectos legales.

4. Cuando existiendo constancia de la puesta a disposición del interesado del acto objeto de notificación, transcurrieran diez días naturales sin que se acceda a su contenido, se entenderá que la notificación ha sido rechazada, salvo que de oficio o a instancia del destinatario se compruebe la imposibilidad técnica o material del acceso. El rechazo se hará constar en el expediente, especificándose las circunstancias del intento de notificación, y se tendrá por efectuado el trámite, continuándose el procedimiento, o iniciándose, en su caso, el plazo para interponer el recurso que proceda, de conformidad con lo dispuesto en el artículo 59.4 de la Ley 30/1992, de 26 de noviembre.

5. Producirá los efectos propios de la notificación por comparecencia el acceso electrónico por los interesados al contenido de las actuaciones administrativas correspondientes, siempre que quede constancia de dicho acceso.

6. Los órganos de la Administración General del Estado competentes para la tramitación de los procedimientos regulados en el presente Reglamento vendrán obligados a utilizar el sistema de notificación mediante comparecencia electrónica en la sede una vez que en la Aplicación informática de extranjería se realicen las oportunas adaptaciones técnicas que lo posibiliten.

Las Comunidades Autónomas con competencias ejecutivas en materia de autorizaciones de trabajo podrán sustituir la notificación mediante comparecencia electrónica en la sede del órgano correspondiente de la Administración General del Estado por notificaciones a través de otras formas de practicar la notificación en el marco de lo previsto en el artículo 28 de la Ley 11/2007, de 22 de junio, para aquellos ciudadanos que opten por las mismas.

Disposición adicional quinta. *El Tablón Edictal de Resoluciones de Extranjería.* 1. Cuando no se hubiese podido practicar la notificación de las resoluciones en los procedimientos regulados en el presente Reglamento, la notificación se hará por medio de anuncio en el Tablón Edictal de Resoluciones de Extranjería. Transcurrido el periodo de veinte días naturales desde que la notificación se hubiese publicado en el Tablón Edictal de Resoluciones de Extranjería se entenderá que ésta ha sido practicada, dándose por cumplido dicho trámite y continuándose con el procedimiento, o iniciándose, en su caso, el plazo para interponer el recurso que proceda.

2. La práctica de la notificación en el Tablón Edictal de Resoluciones de Extranjería se efectuará en los términos que se determinen por Orden del titular del Ministerio de Trabajo e Inmigración.

3. El funcionamiento, la gestión y la publicación en el Tablón Edictal de Resoluciones de Extranjería se hará con pleno sometimiento a lo dispuesto en la Ley Orgánica 15/1999, de 13 de diciembre, de protección de datos de carácter personal, y conforme a los requisitos exigidos por la Ley 11/2007, de 22 de junio, de acceso electrónico de los ciudadanos a los Servicios Públicos.

4. Cuando a las Comunidades Autónomas se les hayan traspasado competencias en materia de notificación de resoluciones, podrán efectuar la publicación de las resoluciones cuya notificación les corresponda a través de sus propios Tablones Edictales.

La Administración General del Estado impulsará el establecimiento de fórmulas de colaboración para que los distintos tablones existentes interoperen entre sí, permitiendo al ciudadano, a través de un único acceso, el conocimiento y la comunicación de cualesquiera notificaciones que sobre él existan.

Véase Orden TIN/3126/2011, de 15 de noviembre, por la que se regula el Tablón Edictal de Resoluciones de Extranjería («B.O.E.» 18 noviembre).

Disposición adicional sexta. *Aplicación informática para la tramitación de procedimientos.* 1. Una vez implantada la aplicación común de extranjería en cumplimiento de lo previsto en la Disposición adicional quinta de la Ley Orgánica 4/2000, de 11 de enero, las referencias realizadas en este Reglamento a la grabación de actuaciones administrativas en la aplicación informática correspondiente se entenderán hechas a aquélla cuando el actuante sea un órgano de la Administración General del Estado competente en materia de extranjería.

Igualmente, las menciones sobre intercambios de información entre órganos de la Administración General del Estado para la tramitación de las distintas fases de los procedimientos en materia de extranjería e inmigración se entenderán hechas a cambios en el órgano administrativo competente para la continuación de la tramitación del procedimiento y, en consecuencia, para determinar modificaciones en su estado electrónico.

La aplicación informática común garantizará que los órganos administrativos competentes en las distintas fases del procedimiento tienen conocimiento en tiempo real del inicio de cualquier fase sobre la que les corresponde actuar, cuando éste derive de la actuación previa de otro órgano.

2. Cuando la Misión diplomática u Oficina consular competente no disponga, por razón de su ubicación geográfica, de los medios técnicos necesarios para la conexión en tiempo real a la aplicación informática común, se realizarán volcados de información entre dichos órganos y la aplicación, con periodicidad diaria.

3. La administración de la aplicación común de extranjería dependerá del Ministerio de Trabajo e Inmigración. Su implantación se llevará a cabo en coordinación y colaboración con el Ministerio de Política Territorial y Administración Pública.

Los órganos competentes de la Administración General del Estado realizarán las actuaciones tendentes a la adecuada dotación de medios humanos, económicos y materiales de las tareas destinadas a su implantación, desarrollo y mantenimiento. Para ello, se establecerán las partidas presupuestarias que se consideren necesarias.

Por Acuerdo entre la Secretaría de Estado de Inmigración y Emigración y la Subsecretaría de Política Territorial y Administración Pública, que deberá ser suscrito en el plazo de seis meses desde la entrada en vigor de este Reglamento, se fijará la fecha de puesta en funcionamiento de la aplicación informática común.

Disposición adicional séptima. *Gestión informática en los procedimientos con intervención de las Comunidades Autónomas.* A los efectos de asegurar la necesaria coordinación de los órganos competentes de la Administración General del Estado con los de las Comunidades Autónomas, la gestión electrónica de los procedimientos de autorizaciones iniciales de trabajo por cuenta propia o ajena de los extranjeros, se realizará por dichas Administraciones mediante aplicaciones informáticas que respondan a formatos y estándares que se determinarán de acuerdo con lo establecido en el Real Decreto 4/2010, de 8 de enero, por el que se regula el Esquema Nacional de Interoperabilidad en el ámbito de la Administración electrónica, así como a condiciones de seguridad de acuerdo con lo establecido en el Real Decreto 3/2010, de 8 de enero, por el que se regula el Esquema Nacional de Seguridad en el ámbito de la Administración electrónica.

A tales efectos, la gestión electrónica de procedimientos debe permitir:

a) La actualización en tiempo real de la base de datos de la Administración General del Estado en cada fase de tramitación de los expedientes que supongan la introducción y modificación de datos e informes por cada administración competente.

b) El acceso y la consulta de las administraciones competentes, incluidas las Misiones diplomáticas u Oficinas consulares, del estado de tramitación de los expedientes.

Según sus necesidades organizativas y de acuerdo con la legislación vigente en materia de protección de datos de carácter personal, las Administraciones competentes podrán establecer diferentes niveles de acceso para la consulta de los datos e informes recogidos en la tramitación electrónica de los procedimientos.

c) La intercomunicación y el intercambio de datos e informes entre las Administraciones competentes cuando sean necesarios para la tramitación y resolución de los expedientes de autorización inicial de trabajo por cuenta propia o ajena.

Las condiciones y garantías de las comunicaciones y el intercambio de datos e informes entre la Administración General del Estado y las Comunidades Autónomas se fijarán en un convenio de colaboración.

d) La obtención de datos actualizados para el cumplimiento de las funciones de observación permanente de las magnitudes y características más significativas del fenómeno inmigratorio, para analizar su impacto en la sociedad española y facilitar información objetiva y contrastada, de conformidad con lo dispuesto por el artículo 67 de la Ley Orgánica 4/2000, de 11 de enero, sobre derechos y libertades de los extranjeros en España y su integración social, y el Real Decreto 345/2001, de 4 de abril, por el que se regula el Observatorio Permanente de la Inmigración.

e) La notificación electrónica a los ciudadanos que así lo hayan solicitado o consentido expresamente, en los términos previstos en este Reglamento, con la excepción prevista en el artículo 27.6 de la Ley 11/2007, de 22 de junio, así como un único acceso a los distintos Tablones Edictales de Extranjería que le puedan afectar.

Disposición adicional octava. *Legitimación y representación.* 1. De conformidad con la disposición adicional tercera de la Ley Orgánica 4/2000, de 11 de enero, cuando el sujeto legitimado se encuentre en territorio español habrá de presentar personalmente las solicitudes iniciales relativas a las autorizaciones de residencia y de trabajo o a prórrogas de estancia. En aquellos procedimientos en los que el sujeto legitimado fuese un empleador, las solicitudes iniciales podrán ser presentadas por este o por quien válidamente ejerza la representación legal empresarial. Además, cualquier persona física o jurídica podrá actuar en representación de otra siempre y cuando dicha representación quede acreditada mediante apoderamiento notarial o apud acta.

2. Cuando el sujeto legitimado se encuentre en territorio extranjero, la presentación de solicitudes de visado y su recogida se realizarán personalmente. Cuando el interesado no resida en la población en que tenga su sede la misión diplomática u oficina consular y se acrediten razones que obstaculicen el desplazamiento, como la lejanía de la misión u oficina, dificultades de transporte que hagan el viaje especialmente gravoso o razones acreditadas de enfermedad o condición física que dificulten sensiblemente su movilidad, podrá acordarse que la solicitud de visado pueda presentarse por representante debidamente acreditado.

3. Sin perjuicio de lo dispuesto en el apartado anterior, en los supuestos de presentación de solicitudes y recogida de visado de estancia, tránsito y de residencia por reagrupación familiar de menores, ambos trámites podrán realizarse mediante un representante debidamente acreditado.

4. Asimismo, no se requerirá la comparecencia personal en los procedimientos de contratación colectiva de trabajadores, en los supuestos previstos en un convenio o acuerdo internacional; en tal caso, se estará a lo dispuesto en él.

5. Se entenderá cumplida la obligación de comparecencia personal de una persona física o jurídica o de una entidad sin personalidad jurídica, cuando se presenten solicitudes, escritos o documentos autenticados electrónicamente o, de estar así previsto, previo cotejo de los que hayan sido aportados, utilizando para ello los sis-

temas de firma electrónica incorporados al Documento Nacional de Identidad u otros sistemas de firma electrónica avanzada admitidos por la Administración General del Estado de acuerdo con lo establecido en la Ley 39/2015, de 1 de octubre, del Procedimiento Administrativo Común de las Administraciones Públicas y el Real Decreto 203/2021, de 30 de marzo, por el que se aprueba el Reglamento de actuación y funcionamiento del sector público por medios electrónicos.

6. Igualmente, de acuerdo con lo previsto en el artículo 5 de la Ley 39/2015, de 1 de octubre, se entenderá cumplida la obligación de comparecencia personal cuando la presentación electrónica de documentos se realice de acuerdo con lo establecido mediante Convenios de habilitación para la representación de terceros.

Para el desarrollo de los Convenios previstos en este apartado, la Administración General del Estado podrá establecer que los profesionales adheridos a ellos creen los correspondientes registros electrónicos de apoderamiento o representación.

7. Las solicitudes de modificación, prórroga o renovación de las autorizaciones de residencia y de trabajo o de estancia por estudios, movilidad de alumnos, prácticas no laborales o servicios de voluntariado se podrán presentar personalmente, sin perjuicio de la existencia de fórmulas de representación voluntaria a través de actos jurídicos u otorgamientos específicos.

Disposición adicional octava redactada por el apartado siete del artículo único del R.D. 903/2021, de 19 de octubre, por el que se modifica el Reglamento de la L.O. 4/2000, sobre derechos y libertades de los extranjeros en España y su integración social, tras su reforma por L.O. 2/2009, aprobado por el R.D. 557/2011, de 20 de abril («B.O.E.» 20 octubre).

Vigencia: 9 noviembre 2021

Disposición adicional novena. *Normas comunes para la resolución de visados.* 1. La resolución de los visados corresponde a las misiones diplomáticas y oficinas consulares.

2. En la resolución del visado se atenderá al interés del Estado y a la aplicación de los compromisos internacionales asumidos por el Reino de España en la materia. El visado se utilizará como instrumento orientado al cumplimiento de los fines de la política exterior del Reino de España y de otras políticas públicas españolas o de la Unión Europea, en especial la política de inmigración, la política económica y la de seguridad nacional, la salud pública o las relaciones internacionales de España.

Disposición adicional décima. *Procedimiento en materia de visados.* 1. La Misión diplomática u Oficina consular receptora de la solicitud de visado devolverá una copia sellada de ella con indicación de la fecha y el lugar de recepción o remitirá el acuse de recibo al domicilio fijado a efectos de notificación en el ámbito de la demarcación consular.

2. La Oficina consular y el solicitante, a tenor de las posibilidades técnicas existentes en el territorio, pueden convenir, dejando mención sucinta de ello en el expediente y en la copia de la solicitud que se devuelve como recibo, el domicilio --que ha de estar en todo caso dentro de la demarcación consular- y el medio para efectuar los requerimientos de subsanación o de aportación de documentos o certificaciones exigidos, así como para efectuar las citaciones de comparecencia y las notificaciones de resolución.

Las citaciones y requerimientos se realizarán a través del teléfono o del telefax de contacto proporcionado por el interesado o su representante legal, y se dejará constancia fehaciente de su realización en el expediente de visado.

Si la citación o requerimiento efectuado a través de llamada al teléfono de contacto convenido hubiera sido desatendido, se cursarán por escrito las citaciones, requerimientos o notificaciones al domicilio fijado a este efecto en la solicitud, el cual deberá encontrarse situado en el ámbito de la misma demarcación consular.

Sin perjuicio de lo establecido para los supuestos de comparecencia personal y entrevista de los solicitantes de visado, las citaciones o requerimientos cursados deberán atenderse en un plazo máximo de diez días.

Agotadas todas las posibilidades de notificación que se prevén en esta disposición adicional sin que aquélla se pueda practicar, cualquiera que fuese la causa, la notificación se hará mediante anuncio publicado durante diez días en el correspondiente tablón de la oficina consular, extremo del que será informado el solicitante en el momento de presentar la solicitud de visado.

De resultar desatendidos en su plazo los requerimientos o citaciones, se tendrá al solicitante por desistido, y se le notificará la resolución por la que se declara el desistimiento por el mismo procedimiento del párrafo anterior. La resolución consistirá en la declaración de la circunstancia que concurra en cada caso, con indicación de los hechos producidos y las normas aplicables.

Un extracto del procedimiento que se contempla en esta disposición adicional se recogerá en el impreso de solicitud para conocimiento del interesado.

3. La misión diplomática u oficina consular ante la que se presente la solicitud de visado, si mediara una causa que lo justifique, además de la documentación que sea preceptiva, podrá requerir los informes que resulten necesarios para resolver dicha solicitud.

4. Durante la sustanciación del trámite del visado, la misión diplomática u oficina consular podrá requerir la comparecencia del solicitante y, cuando se estime necesario, mantener una entrevista personal para comprobar su identidad, la validez de la documentación aportada y la veracidad del motivo de solicitud del visado. La incomparecencia, salvo causa fundada debidamente acreditada ante el órgano competente, en el plazo fijado, que no podrá exceder de quince días, producirá el efecto de considerar al interesado desistido en el procedimiento.

Cuando se determine la celebración de la entrevista dentro de procedimientos regulados en el título IV de este Reglamento, en ella deberán estar presentes, al menos, dos representantes de la Administración española, además del intérprete, en caso necesario, y deberá quedar constancia de su contenido mediante un acta firmada por los presentes, de la que se entregará copia al interesado.

Si los representantes de la Administración llegaran al convencimiento de que no se acredita indubitadamente la identidad de las personas, la validez de los documentos, o la veracidad de los motivos alegados para solicitar el visado, se denegará su concesión. En caso de haberse celebrado una entrevista, se remitirá una copia del acta al órgano administrativo que, en su caso, hubiera otorgado inicialmente la autorización.

5. Si el solicitante, en el momento de resolver, no figura en la lista de personas no admisibles, la misión diplomática u oficina consular valorará la documentación e informes incorporados al efecto junto, en su caso, con la autorización o autorizaciones concedidas, y resolverá la solicitud del visado.

Notificada la concesión del visado, el solicitante deberá recogerlo en el plazo de un mes desde la notificación salvo en los procedimientos en que expresamente se determine otro plazo por este Reglamento. En caso de no hacerlo así, se entenderá que el interesado ha renunciado al visado concedido y se producirá el archivo del procedimiento.

6. La resolución denegatoria de un visado se notificará al solicitante de forma que le garantice la información sobre su contenido las normas que en Derecho la fundamenten, el recurso que contra ella proceda, el órgano ante el que hubiera de presentarse y el plazo para interponerlo.

7. La denegación de un visado de residencia para reagrupación familiar o de residencia y trabajo por cuenta ajena, así como en el caso de visados de estancia o de tránsito, deberá ser motivada, e informará al interesado de los hechos y circunstancias constatadas y, en su caso, de los testimonios recibidos y de los docu-

mentos e informes, preceptivos o no, incorporados, que, conforme a las normas aplicables, hayan conducido a la resolución denegatoria.

8. Sin perjuicio de la eficacia de la resolución denegatoria, y con independencia de que el interesado haya o no presentado recurso contra ella, el extranjero conocedor de una prohibición de entrada por su inclusión en la lista de personas no admisibles podrá encauzar a través de la oficina consular una solicitud escrita dirigida al titular de la Secretaría de Estado de Seguridad del Ministerio del Interior si quisiera ejercer su derecho de acceso a sus datos o a solicitar su rectificación o supresión de los mismos en el sistema de información de Schengen.

9. Las misiones diplomáticas u oficinas consulares, en el plazo máximo de quince días desde su expedición, deberán comunicar a la Dirección General de Inmigración, a través de los órganos centrales del Ministerio de Asuntos Exteriores y de Cooperación, las resoluciones sobre visados que hubiesen realizado, salvo los de tránsito y estancia de corta duración.

10. El contenido de esta disposición adicional se entenderá sin perjuicio de lo establecido por el Derecho de la Unión Europea en materia de visados de tránsito aeroportuario, visados uniformes o visados de validez territorial limitada.

Disposición adicional undécima. *Exigencia, normativa y convenios en materia sanitaria.* 1. Lo establecido en este Reglamento no excluye la vigencia y cumplimiento de lo dispuesto en los reglamentos y acuerdos sanitarios internacionales, así como en los artículos 38 y 39 y en la disposición final octava de la Ley 14/1986, de 25 de abril, General de Sanidad, en el Real Decreto 1418/1986, de 13 de junio, sobre funciones del Ministerio de Sanidad, Política Social e Igualdad en materia de sanidad exterior, y en las demás disposiciones dictadas para su aplicación y desarrollo.

2. La Administración General del Estado, a los efectos de la realización de cuantas actuaciones y pruebas sanitarias pudieran derivarse de la aplicación de este Reglamento, suscribirá, a través de los departamentos ministeriales en cada caso competentes, los oportunos convenios con los correspondientes servicios de salud o instituciones sanitarias.

Disposición adicional duodécima. *Plazos de resolución de los procedimientos.* 1. Sin perjuicio de los plazos específicamente establecidos en relación con determinados procedimientos, el plazo general máximo para notificar las resoluciones sobre las solicitudes que se formulen por los interesados en los procedimientos regulados en este Reglamento será de tres meses contados a partir del día siguiente al de la fecha en que hayan tenido entrada en el registro del órgano competente para tramitarlas. Se exceptúan las peticiones de autorización de residencia por reagrupación familiar, de autorización de trabajo de temporada y las realizadas al amparo de los artículos 185 y 186 de este Reglamento, cuyas resoluciones se notificarán en la mitad del plazo señalado.

2. En los demás procedimientos en materia de visados, el plazo máximo, y no prorrogable, para notificar las resoluciones sobre las solicitudes será de un mes, contado a partir del día siguiente al de la fecha en que la solicitud haya sido presentada en forma en la oficina consular competente para su tramitación, salvo en el caso de los visados de residencia no lucrativa, en los que el plazo máximo será de tres meses. En el caso del visado de residencia no lucrativa, la solicitud de la pertinente autorización de residencia por parte de la Delegación o Subdelegación del Gobierno que corresponda interrumpirá el cómputo del plazo, hasta que se comunique la resolución.

3. El contenido de los apartados 1 y 2 de esta disposición adicional se entenderá sin perjuicio de los plazos establecidos por el Derecho de la Unión Europea como directamente aplicables en materia de visados de tránsito aeroportuario, visados uniformes o visados de validez territorial limitada.

4. La obligación formal de informar al solicitante de visado sobre el plazo máximo para la notificación de la resolución del procedimiento, los supuestos de suspensión del cómputo de dicho plazo y los efectos del silencio administrativo se entenderá cumplida mediante la inserción de una nota informativa sobre tales extremos en los impresos de solicitud.

Disposición adicional decimotercera. *Silencio administrativo.* Transcurrido el plazo para resolver las solicitudes, de conformidad con lo establecido en la disposición adicional anterior, éstas podrán entenderse desestimadas, de acuerdo con lo dispuesto en la disposición adicional primera de la propia Ley Orgánica 4/2000, de 11 de enero, y con las excepciones contenidas en dicha disposición adicional.

Disposición adicional decimocuarta. *Recursos.* Las resoluciones que dicten los órganos competentes de los Ministerios de Asuntos Exteriores, Unión Europea y Cooperación, del Interior, y de Inclusión, Seguridad Social y Migraciones, los Delegados del Gobierno y Subdelegados del Gobierno, bajo la dependencia funcional de estos dos últimos Ministerios, con base en lo dispuesto en este Reglamento, sobre concesión o denegación de visados, prórrogas de estancia o autorizaciones de residencia y de trabajo, cédulas de inscripción, así como sobre sanciones gubernativas y expulsiones de extranjeros, pondrán fin a la vía administrativa, y contra éstas podrán interponerse los recursos administrativos o jurisdiccionales legalmente previstos. Se exceptúan las resoluciones sobre denegación de entrada y devolución, las cuales no agotan la vía administrativa.

Asimismo, pondrán fin a la vía administrativa las resoluciones adoptadas por el órgano competente del Ministerio del Interior de denegación, anulación o revocación de la autorización de viaje prevista en el Reglamento (UE) 2018/1240 del Parlamento Europeo y del Consejo de 12 de septiembre de 2018 por el que se establece un Sistema Europeo de Información y Autorización de Viajes (SEIAV).

Disposición adicional decimocuarta redactada por el número veintidós del artículo único del R.D. 629/2022, de 26 de julio, por el que se modifica el Reglamento de la L.O. 4/2000, sobre derechos y libertades de los extranjeros en España y su integración social, tras su reforma por L.O. 2/2009, aprobado por el R.D. 557/2011, de 20 de abril («B.O.E.» 27 julio).

Vigencia: 16 agosto 2022

Disposición adicional decimoquinta. *Cobertura de puestos de confianza.* A los efectos del artículo 40.2.a) de la Ley Orgánica 4/2000, de 11 de enero, se considera que ocupan puestos de confianza aquellos trabajadores que desempeñen únicamente actividades propias de alta dirección por cuenta de la empresa que los contrate, basadas en la recíproca confianza y que ejerzan legalmente la representación de la empresa o tengan extendido a su favor un poder general.

Asimismo, tendrán la misma consideración los trabajadores altamente cualificados que tengan conocimiento esencial para la realización de la inversión y sean especialistas o desempeñen funciones relacionadas con la dirección, gestión y administración necesarias para el establecimiento, desarrollo o liquidación de la citada inversión. Estos trabajadores deben poseer acreditada experiencia en la realización de dichas funciones o haber realizado trabajos en puestos similares en la empresa inversora o en el grupo de empresas en el que puede estar integrada esta última.

Disposición adicional decimosexta. *Cotización por la contingencia de desempleo.* En las contrataciones de los extranjeros titulares de las autorizaciones de trabajo para actividades de duración determinada y para estudiantes no se cotizará por la contingencia de desempleo.

Disposición adicional decimoséptima. *Informes policiales.* Los informes policiales en materia de seguridad y orden público a emitir en el marco de los procedimientos regulados en este Reglamento contendrán en todo caso el conjunto de la información obrante en las Fuerzas y Cuerpos de Seguridad del Estado adscritos a la Dirección General de la Policía y de la Guardia Civil.

Igualmente, los emitidos respecto al ámbito territorial de Comunidades Autónomas a las que se les haya traspasado competencias en materia de seguridad ciudadana y orden público, contendrán el informe sobre afectación del orden público aportado por la autoridad autonómica competente.

El Auto TS (Sala Tercera) de 18 de enero de 2017, Rec. 13/2016, ha admitido a trámite los Recursos de casación 13/2016 y 2 Feb. 2017. Recurso 92/2016, precisando que la cuestión en la que se entiende que existe interés casacional objetivo para la formación de jurisprudencia lo es la atinente a si es aplicable o no a los médicos internos residentes (MIR) extracomunitarios la exclusión de la cotización por la contingencia de desempleo que prevé la Disposición adicional decimosexta del Reglamento de la Ley Orgánica 4/2000, de 11 de enero, aprobado por Real Decreto 557/2011, de 20 de abril, en relación con el art. 43 del mismo Reglamento y con el art. 33.8 de la citada Ley Orgánica 4/2000.

Disposición adicional decimoctava. *Tasas por tramitación de procedimientos.* 1. Los órganos competentes para la tramitación de los procedimientos regulados en este Reglamento, salvo los relativos a visados, realizarán, una vez admitida a trámite la correspondiente solicitud, las actuaciones tendentes a la comprobación de oficio de que se ha efectuado el abono de las tasas exigibles de acuerdo con el artículo 44.2 de la Ley Orgánica 4/2000, de 11 de enero.

2. El periodo de pago voluntario para el abono de dichas tasas será, salvo en los procedimientos relativos a visados, de diez días hábiles, según los casos:

a) Desde el momento de admisión a trámite de la solicitud.

b) Desde el alta del trabajador extranjero en la Seguridad Social, en el caso de autorizaciones de residencia y trabajo por cuenta ajena, o de su renovación, a favor de trabajadores de servicio doméstico de carácter parcial o discontinuo, o de renovaciones de dichas autorizaciones en ausencia de empleador.

3. Las tasas por tramitación de autorizaciones de residencia, autorizaciones de trabajo o expedición de Tarjetas de Identidad de Extranjero tendrán carácter autoliquidable.

Véase la Orden PRE/1803/2011, de 30 de junio, por la que se establece el importe de las tasas por tramitación de autorizaciones administrativas, solicitudes de visados en frontera y documentos de identidad en materia de inmigración y extranjería («B.O.E.» 1 julio).

Disposición adicional decimonovena. *Entidades acreditadas para impartir formación a reconocer en los informes sobre esfuerzo de integración.* La Secretaría de Estado de Inmigración y Emigración impulsará la adopción de mecanismos de colaboración y cooperación relativos a las condiciones de solvencia técnica, material y financiera a acreditar por entidades privadas que desarrollen actuaciones de formación, en orden a su reconocimiento en informes sobre el esfuerzo de integración del extranjero a emitir por las Comunidades Autónomas y que podrán ser presentados en los procedimientos relativos a la renovación de autorizaciones de residencia temporal o de residencia temporal y trabajo.

Disposición adicional vigésima. *Desconcentración de la competencia de cierre de puestos habilitados.* 1. Se desconcentra a favor del titular de la Secretaría de Estado de Seguridad la competencia para acordar, en los supuestos en los que lo requiera la seguridad del Estado o de los ciudadanos, el cierre temporal de los puestos fronterizos habilitados para el paso de personas a que se refiere el artículo 3 de este Reglamento.

2. El titular de la Secretaría de Estado de Seguridad comunicará las medidas que vayan a adoptarse a la Secretaría de Estado de Inmigración y Emigración, a los de-

partamentos afectados y, a través del Ministerio de Asuntos Exteriores y Cooperación, a aquellos países e instituciones con los que España esté obligada a ello como consecuencia de los compromisos internacionales suscritos.

Disposición adicional vigésimo primera. *Autorización de trabajo de los extranjeros solicitantes de protección internacional.* Los solicitantes de protección internacional estarán autorizados para trabajar en España una vez transcurridos seis meses desde la presentación de la solicitud, siempre que ésta hubiera sido admitida a trámite y no estuviera resuelta por causa no imputable al interesado. La autorización para trabajar se acreditará mediante la inscripción «autoriza a trabajar» en el documento de solicitante de protección internacional y, si procede, en sus sucesivas renovaciones, y estará condicionada a su validez. En caso de que no proceda esta inscripción porque no se cumplan los citados requisitos, la Oficina de Asilo y Refugio hará constar tal hecho en resolución motivada y se lo notificará al interesado.

Disposición adicional vigésimo segunda. *Representantes de las organizaciones empresariales en el extranjero.* 1. A los efectos de las previsiones contenidas en el artículo 39 de la Ley Orgánica 4/2000, de 11 de enero, y el título VIII de este Reglamento, en los correspondientes procesos de selección en origen de los trabajadores extranjeros podrán participar representantes de las organizaciones empresariales españolas.

A tal efecto, representantes de dichas organizaciones podrán quedar acreditados por la Secretaría de Estado de Inmigración y Emigración ante las misiones diplomáticas u oficinas consulares de España en los países que hayan firmado acuerdos sobre regulación de flujos migratorios.

2. Sin perjuicio de lo anterior, el Ministerio de Asuntos Exteriores y de Cooperación y la Secretaría de Estado de Inmigración y Emigración promoverán conjuntamente la firma de Convenios de colaboración con las Comunidades Autónomas con competencias ejecutivas en materia de autorizaciones de trabajo y que hayan establecido servicios para facilitar la tramitación de los correspondientes visados, de cara a ordenar la actuación de éstas en el marco de procedimientos de gestión colectiva de contrataciones en origen.

Disposición adicional vigésimo tercera. *Facilitación de la entrada y residencia de los familiares de ciudadano de un Estado miembro de la Unión Europea o de otro Estado parte en el Acuerdo sobre el Espacio Económico Europeo, no incluidos en el ámbito de aplicación del Real Decreto 240/2007, de 16 de febrero, sobre entrada, libre circulación y residencia en España de ciudadanos de los Estados miembros de la Unión Europea y de otros Estados parte en el Acuerdo sobre el Espacio Económico Europeo. ...*

Disposición adicional vigésimo tercera derogada por la disposición derogatoria única del R.D. 987/2015, de 30 de octubre, por el que se modifica el R.D. 240/2007, de 16 de febrero, sobre entrada, libre circulación y residencia en España de ciudadanos de los Estados miembros de la Unión Europea y de otros Estados parte en el Acuerdo sobre el Espacio Económico Europeo («B.O.E.» 9 noviembre).
Vigencia: 9 diciembre 2015

Disposición adicional vigésimo cuarta. *Legislación en materia de protección internacional.* Los preceptos relativos a la protección internacional contenidos en el presente Reglamento se interpretarán de conformidad con lo dispuesto en la Ley Orgánica 4/2000, de 11 de enero, sobre derechos y libertades de los extranjeros en España y su integración social, la Ley 12/2009, de 30 de octubre, reguladora del derecho de asilo y de la protección subsidiaria, y en el Reglamento de desarrollo de esta última.

Disposición adicional vigésimo quinta. *Extranjeros no comunitarios empleados por las Fuerzas Armadas.* La normativa que se dicte en desarrollo de este Reglamento, así como las actuaciones de los órganos competentes para su aplicación tendrán en consideración las especificidades propias de los extranjeros no comunitarios relacionados con las Fuerzas Armadas a través de una relación de servicios de carácter temporal.

§ 3. Real Decreto 1155/2024, de 19 de noviembre, por el que se aprueba el Reglamento de la Ley Orgánica 4/2000, de 11 de enero, sobre derechos y libertades de los extranjeros en España y su integración social

(*BOE* de 20 de Noviembre de 2024)

ÍNDICE SISTEMÁTICO

§ 3. Real Decreto 1155/2024, de 19 de noviembre, por el que se aprueba el Reglamento de la Ley Orgánica 4/2000, de 11 de enero, sobre derechos y libertades de los extranjeros en España y su integración social

(*BOE* de 20 de Noviembre de 2024)

Entrada en vigor: 20 mayo 2025

REAL DECRETO POR EL QUE SE APRUEBA EL REGLAMENTO DE LA LEY ORGÁNICA 4/2000, SOBRE DERECHOS Y LIBERTADES DE LOS EXTRANJEROS EN ESPAÑA Y SU INTEGRACIÓN SOCIAL

I

El fenómeno migratorio es un fenómeno estructural; la movilidad humana en busca de oportunidades y una vida mejor es una realidad constatada a lo largo de los años que va a continuar.

El marco jurídico español, presidido por la Constitución española, no sólo da cabida al fenómeno migratorio, sino que cuenta con un espacio y una normativa propias, que han tenido que ir adaptándose a los cambios y nuevas tendencias experimentadas en el tiempo.

España, con un pasado migratorio importante, ha ido construyendo su política migratoria sobre unas bases consolidadas: la primera, la estrecha cooperación interministerial con aquellos departamentos más implicados en la gestión de las diversas facetas del fenómeno migratorio y, también, la Comisión Laboral Tripartita de Inmigración que proporciona un marco institucional, permanente y específico de consulta y acuerdo con los agentes sociales para gestionar las cuestiones que afecten al mercado de trabajo y su desarrollo normativo. Gracias a esa cooperación, se ha diseñado una política migratoria no sólo sólida y estable, sino también eficaz: una política migratoria integral, que incluye, en consonancia con los instrumentos internacionales de los que forma parte y muy señaladamente del Pacto Mundial para la Migración Segura, Ordenada y Regular, que fue formalmente aprobado por la Asamblea General de la Organización de Naciones Unidas mediante Resolución de 19 de diciembre de 2018 (A/RES/73/195), la lucha contra las causas profundas de las migraciones, la prevención y lucha contra la inmigración irregular, la atención humanitaria de las personas llegadas a costas y la acogida de quienes tienen una necesidad de protección internacional, con pleno respeto a los Derechos Humanos, y, finalmente, el establecimiento de canales de migración regular.

En segundo lugar, España forma parte de la Unión Europea y de su Espacio de Libertad, Seguridad y Justicia. Participa, pues, en el diseño de las políticas de migración y asilo junto con las instituciones europeas, en la elaboración de normativa de la Unión. Dentro de ese marco europeo, la situación geográfica y estratégica de España es un elemento capital que debe tenerse en cuenta a la hora de diseñar una política migratoria estable, planificada y capaz de responder a los desafíos migratorios a medio y largo plazo.

Así pues, debido a la evolución del fenómeno migratorio y a la necesidad de adaptar la normativa a una realidad cambiante, resulta necesario aprobar un nuevo reglamento que aglutine las diversas y necesarias reformas, en lugar de llevar a cabo una modificación parcial del mismo. En concreto, se plantea simplificar y agilizar los procedimientos, evitando la presentación excesiva de documentos o por vías inadecuadas y la doble comprobación de los mismos requisitos; reducir los tiempos, excesivos, empleados para algunas vías de migración regular; mejorar la concreción jurídica respecto a las figuras y situaciones cubiertas por determinados permisos; contemplar, de manera expresa, los derechos de las personas trabajadoras migrantes, consagrados, además, en el derecho de la Unión Europea; conseguir una mayor claridad, también, en lo relativo a aquellas disposiciones comunes a todas las autorizaciones, como es el caso de la presentación de las solicitudes o las extinciones de las autorizaciones; la regulación de en qué supuestos, y bajo qué condiciones, se puede modificar el estatus migratorio de una persona, y de sus familiares, algo que resultaba necesario dada la confluencia de varias figuras jurídicas y la dificultad, tanto para el operador jurídico como para el propio titular de la autorización, de efectuar esa transición con seguridad jurídica.

II

Este real decreto se estructura en un artículo único que aprueba el Reglamento de la Ley Orgánica 4/2000, de 11 de enero, sobre derechos y libertades de los extranjeros en España y su integración social, cinco disposiciones transitorias, una disposición derogatoria única y cuatro disposiciones finales.

Por su parte, el reglamento que aprueba este real decreto se compone de doscientos sesenta y cinco artículos, divididos en quince títulos, diecinueve disposiciones adicionales, y una disposición transitoria única.

Las modificaciones que se introducen afectan de manera generalizada a todas las situaciones de las personas extranjeras en España. De aquí que se vea conveniente hacer un breve repaso de cada título que compone el nuevo Reglamento.

En el título I, relativo al régimen de entrada y salida de territorio español, los principales cambios se introducen con el fin de ajustar la normativa española a las disposiciones de la Unión Europea y especialmente al Código de Fronteras Schengen. Así, se sustituye el concepto de puesto fronterizo por paso fronterizo y se aumentan las referencias al mencionado texto de la Unión.

El título II, que anteriormente únicamente regulaba el tránsito aeroportuario, pasa a disponer todo lo relativo a visados, contemplando así su definición, las clases de visado que existen (de tránsito aeroportuario, de estancia de corta duración, y de larga duración), así como el procedimiento y los requisitos en cada caso. De esta manera, se regula de una manera más clara y ordenada cada tipo de visado, contribuyendo así al mejor entendimiento de los procedimientos.

Teniendo en cuenta el importante número de visados que se expiden en las oficinas consulares (más de 1.300.000 en 2023, según datos del Observatorio Permanente de Inmigración (OPI), de los cuales el 84 % corresponde a visados de corta duración y el 16 % a visados de larga duración), resultaba necesario contar con un título propio que regulase esta figura y profundizara en el procedimiento a seguir. De esta manera, se establecen requisitos generales para la expedición del visado, cuya valoración corresponderá a la oficina consular, y requisitos específicos para cada tipo de autorización, cuya valoración corresponderá a la oficina de extranjería competente.

El título III, relativo a la estancia, sufre cambios tanto en las estancias de corta duración como en las de larga duración.

En el ámbito de las estancias de corta duración, se hace una remisión más directa al derecho de la Unión, de aplicación para este supuesto, y se especifican los requisitos para las prórrogas de estancia sin visado, ya en el ámbito del derecho nacional.

Respecto a las estancias de larga duración, se introducen una serie de modificaciones en la estancia por estudios, cuya denominación pasa a ser estancia por estudios, movilidad de alumnos, servicios de voluntariado o actividades formativas. Según datos del OPI a 31 de diciembre de 2023 se encuentran en vigor 75.857 autorizaciones (de las cuales un 70 % son autorizaciones iniciales y para cursar estudios superiores), con una media de veintiséis años de sus titulares. El objetivo de la reforma en este ámbito es regular mecanismos que permitan formar talentos, fomentar su empleabilidad y con la nueva regulación de la modificación de estatus, retenerlos.

Asimismo, se aclara cada tipología de estudios o actividades formativas incluidas en la autorización con el fin de aportar seguridad jurídica y mejorar la transposición de la Directiva 2016/801/UE del Parlamento Europeo y del Consejo, de 11 de mayo de 2016, relativa a los requisitos de entrada y residencia de los nacionales de países terceros con fines de investigación, estudios, prácticas, voluntariado, programas de intercambio de alumnos o proyectos educativos y colocación au pair. Además, se aporta seguridad jurídica respecto al tipo de instituciones y centros en los que se pueden cursar los estudios y las actividades normativas, algo no regulado reglamentariamente hasta ahora. Para ello, y como novedad, se prevé la creación del Registro de Instituciones y Centros de Enseñanza Superior.

Por otra parte, se suprimen de este título las figuras de prácticas no laborales y de actividades de investigación, ya que se encuentran ambas reguladas en la Ley 14/2013, de 27 de septiembre, de apoyo a los emprendedores y su internacionalización.

El título IV, dedicado a la residencia temporal, recoge grandes cambios respecto a este tipo de autorizaciones, que concentraban a 31 de diciembre de 2023 a alrededor de 450.000 personas (una variación del 20 % con respecto al año anterior). Así, se ordenan los requisitos aplicables, estableciendo unos generales aplicables a todas las autorizaciones de residencia, y requisitos específicos para cada tipo de autorización.

Asimismo, se eliminan las figuras de investigación, Tarjeta azul-UE y prestaciones transnacionales de servicios, que se encuentran reguladas en la Ley 14/2013, de 27 de septiembre; y se introduce la autorización de residencia temporal de familiares de personas con nacionalidad española.

Por otro lado, se regula la autorización de trabajo de duración determinada como una especialidad dentro de las autorizaciones de residencia y trabajo por cuenta ajena inicial en línea con la normativa laboral; y, con el fin de flexibilizar el ejercicio de la actividad laboral, se autoriza el trabajo por cuenta propia en paralelo con el trabajo principal por cuenta ajena.

A su vez, respecto a la reagrupación familiar, se establece una edad mínima de dieciocho años para la reagrupación de cónyuges; se introduce la definición de vivienda de acuerdo con Ley 12/2023, de 24 de mayo, por el derecho a la vivienda. También, se clarifican los miembros de la familia que pueden reagruparse; se modifica el periodo de convivencia requerido para el permiso independiente para el/la cónyuge en línea con la reagrupación de familiares de ciudadanos comunitarios que ejercen la libre circulación; y se transpone al ordenamiento jurídico español parte de la Directiva (UE) 2021/1883 del Parlamento Europeo y del Consejo de 20 de octubre de 2021 relativa a las condiciones de entrada y residencia de nacionales de terceros países con fines de empleo de alta cualificación, y por el que se deroga la Directiva 2009/50/CE del Consejo, regulando la expedición de permisos autónomos a los familiares de las personas titulares de una Tarjeta azul-UE por acumulación de periodos en otros Estados Miembros.

Se crea un nuevo capítulo para regular la autorización de residencia temporal de familiares de personas con nacionalidad española. El Real Decreto 629/2022, de 26 de julio, por el que se modifica el Reglamento de la Ley Orgánica 4/2000 de 11 de enero, sobre derechos y libertades de los extranjeros en España y su integración social, tras su reforma por Ley Orgánica 2/2009 de 11 de diciembre, aprobado por el Real Decreto 557/2011, de 20 de abril modificó el artículo 124.3 del reglamento de la ley orgánica ampliando la figura del arraigo familiar a aquellas personas que, estando en España, tienen un vínculo con un ciudadano español en la forma de cónyuge, pareja de hecho acreditada, ascendientes o descendientes.

Sin embargo, esta figura se ha encontrado con importantes limitaciones. Su carácter excepcional y su propia configuración como arraigo hacen que no sea posible hablar propiamente de un estatuto de familiar de ciudadano español completo. A modo de ejemplo, no se contemplaba la reagrupación con fines de residencia cuando el familiar se encontraba en su país de origen o de procedencia, no se regulaba qué ocurría si se rompía el vínculo familiar o la posibilidad de que el familiar pudiera reagrupar.

Por tanto, teniendo en cuenta lo expuesto, se ha considerado la necesidad de regular el estatuto de familiar de personas con nacionalidad española de forma específica en este nuevo Reglamento fuera de la figura de arraigo familiar, dejando la figura de arraigo familiar para regular los supuestos de progenitores de ciudadanos comunitarios.

El título V, de nueva creación, está dedicado a las autorizaciones de residencia y trabajo para actividades de temporada. De esta manera, se introduce la autorización de residencia y trabajo para actividades de temporada también a nivel individual. Asimismo, se introducen en el reglamento los contenidos relativos a derechos y garantías de las personas trabajadoras que se preveían anualmente en la Orden Ministerial sobre gestión colectiva de contrataciones en origen, aumentando así la seguridad jurídica y mejorando la correcta trasposición de la Directiva 2014/36/UE del Parlamento Europeo y del Consejo de 26 de febrero de 2014 sobre las condiciones de entrada y estancia de nacionales de terceros países para fines de empleo como trabajadores temporeros.

El título VI, relativo a la gestión colectiva de contrataciones en origen regula la contratación de trabajadores de forma colectiva, mientras que los dos títulos anteriores lo permiten de forma individual. Este nuevo modelo de gestión colectiva de contrataciones en origen permite tramitar conjuntamente varias autorizaciones (al menos 10), siempre y cuando las personas extranjeras no se encuentren en España.

La Ley Orgánica 4/2000, de 11 de enero, prevé la posibilidad de conceder una autorización de residencia temporal por circunstancias excepcionales en determinadas situaciones, tales como por razón de arraigo, razones humanitarias, de colaboración con la justicia u otras circunstancias excepcionales que se determinen reglamentariamente.

El nuevo título VII del Reglamento regula los requisitos y el procedimiento para obtener una autorización de residencia temporal por circunstancias excepcionales en determinadas situaciones.

En relación con el arraigo, se ha definido el concepto y los tipos de arraigo que existen: arraigo de segunda oportunidad, sociolaboral, social, socioformativo y familiar. Asimismo, se han modificado los requisitos que se deben cumplir y las características de estas autorizaciones, favoreciendo así el acceso a las situaciones documentadas regulares e impulsando la integración de las personas extranjeras en el mercado de trabajo. Por eso, se ha reducido el periodo de permanencia en España a dos años, excepto para arraigo familiar, y se habilita a trabajar a todas las personas extranjeras que sean titulares de una autorización de residencia temporal por arraigo.

Se ha creado un nuevo arraigo de segunda oportunidad para aquellas personas que hubieran sido titulares de una autorización de residencia, y que por distintas razones no han podido renovar su autorización de residencia. Por otro, el arraigo sociolaboral, exige que el solicitante tenga un contrato de trabajo en las mismas condiciones que las autorizaciones de residencia inicial y trabajo por cuenta ajena.

Respecto del arraigo social, podrán acceder a él aquellas personas extranjeras que tengan vínculos familiares en España o que puedan justificar que están integradas en la sociedad española a través de un informe de la Comunidad autónoma correspondiente.

A su vez, se mantiene el arraigo por formación, que pasa a denominarse arraigo socioformativo. Se permite acceder a este arraigo a aquellas personas que ya están cursando o que están matriculadas en algunas formaciones en aras de fomentar su integración.

En cuanto al arraigo familiar, se limita únicamente a los progenitores de ciudadanos de otro Estado miembro de la Unión Europea y Espacio Económico Europeo y Suiza, la autorización de residencia para progenitores de menores de edad de nacionalidad española queda regulada en el capítulo VI del título IV.

Junto a las autorizaciones de residencia por arraigo, se prevén las autorizaciones por circunstancias excepcionales por razones humanitarias, colaboración con autoridades, seguridad nacional o interés público. Estas autorizaciones mantienen sustancialmente la misma regulación que la que tenían anteriormente, pero con algunos pequeños cambios. Entre las novedades, se ha introducido entre los delitos de los que puede ser víctima un extranjero, los de odio del 510 de la Ley Orgánica 10/1995, de 23 de noviembre, del Código Penal, así como los artículos del 316 a 318 bis del Código. Se ha previsto también, que el trabajo por seis meses en situación irregular en el plazo de los dos años anteriores a la denuncia da derecho a una autorización, si se prueba adecuadamente ante la autoridad laboral competente o judicial.

Se ha regulado una sección común relativa al procedimiento de solicitud, la prórroga y, en qué circunstancias la autorización de residencia habilita a trabajar, así como la posibilidad de modificar a otra autorización de residencia en los términos del título XI.

El artículo 31.bis de la Ley Orgánica 4/2000, de 11 de enero, relativo a la autorización de residencia temporal y trabajo de mujeres extranjeras víctimas de violencia de género ha sido modificado por Ley Orgánica 10/2022, de 6 de septiembre, de garantía integral de la libertad sexual, para incluir una nueva autorización de residencia temporal y trabajo para las víctimas de violencia sexual, así como para los hijos e hijas menores de ambas figuras, menores tutelados y mayores de edad que no puedan proveer a sus propias necesidades.

En este sentido, en los capítulos siguientes de este título VII se ha recogido el desarrollo de las autorizaciones de residencia por circunstancias excepcionales para las víctimas de violencia sexual. Se mantiene sustancialmente la regulación que había respecto de las víctimas de violencia de género y sexual; los casos de colaboración contra redes organizadas; y las víctimas de trata de seres humanos.

El título VIII, que se refiere a las personas trabajadoras transfronterizas, no ha sufrido modificaciones.

El título IX, sobre menores extranjeros, regula la residencia de hijos o tutelados, el desplazamiento temporal de menores y los menores extranjeros no acompañados. Los principales cambios incorporados en la reforma tienen por objetivo mejorar el procedimiento y vigencia de la autorización concedida a los hijos o tutelados de personas extranjeras con residencia legal en España. También se mejora y se clarifica los procedimientos para permitir el desplazamiento de menores en el marco de un programa humanitario. En cuanto al capítulo referente a menores no acompañados no ha habido cambios.

El título X, relativo a la residencia de larga duración introduce ligeros cambios procedimentales para estar en consonancia con la Directiva 2003/109/CE del Consejo, de 25 de noviembre, relativa al estatuto de los nacionales de terceros países de larga duración, y transpone parte de la Directiva (UE) 2021/1883 en lo relativo al cómputo del periodo de residencia legal de las personas titulares de la Tarjeta azul-UE.

El título XI se refiere a la modificación de las situaciones de las personas extranjeras en España y recoge grandes cambios frente a la regulación anterior con el objetivo principal de trasponer parcialmente al ordenamiento jurídico español parte de la Directiva (UE) 2024/1233 del Parlamento Europeo y del Consejo, de 24 de abril de 2024, por la que se establece un procedimiento único de solicitud de un permiso único que autoriza a los nacionales de terceros países a residir y trabajar en el territorio de un Estado miembro y por la que se establece un conjunto común de derechos para las personas trabajadoras de terceros países que residen legalmente en un Estado miembro. La Directiva obliga a los estados Miembros a examinar toda solicitud de una autorización de residencia y trabajo (permiso único) realizada por un titular de una autorización de residencia.

El título XII regula las disposiciones comunes, clarificando así los procedimientos y aumentando la seguridad jurídica. Se contemplan disposiciones acerca del régimen competencial, el procedimiento de tramitación de las autorizaciones en el caso de traspaso de competencias ejecutivas en materia de autorización inicial de trabajo a Comunidades Autónomas, el concepto de familiar a cargo, los lugares de presentación de solicitudes y el acceso a la información. En su capítulo II se regula los supuestos o circunstancias que dan lugar a la extinción de una autorización. De esta forma, se proporciona seguridad jurídica tanto a la persona extranjera solicitante de una autorización o titular de ésta, como a los distintos operadores jurídicos, públicos y privados, que confluyen en el área de la extranjería.

En cuanto a la documentación de las personas extranjeras, regulada en el título XIII, en consonancia con la inclusión del retorno voluntario, se prevé la forma de entrega de la tarjeta de identidad de extranjero.

El título XIV se destina a las infracciones en materia de extranjería y su régimen sancionador, derivadas de la reforma legal, y no ha sufrido apenas modificaciones.

El título XV contempla las Oficinas de Extranjería y los Centros de Migraciones, reiterando la dependencia orgánica y funcional que aquéllas poseen.

Finalmente, el reglamento contiene diecinueve disposiciones adicionales, y una disposición transitoria única relativa a los centros e instituciones de educación superior reconocidos.

En coherencia con lo expuesto, se considera que este Reglamento permitirá continuar desarrollando en España una política migratoria integral, adaptada a la realidad y a la naturaleza de los flujos migratorios llegados a España, pero también a nuestra vinculación al derecho de la Unión Europea. Será, también, una normativa que permitirá hacer la transición hacia el modelo migratorio derivado del «Nuevo Pacto de Migración y Asilo» adoptado por el Consejo y el Parlamento de la UE en diciembre de 2023 bajo presidencia española. El Pacto generará una necesidad de abordar reformas normativas de mayor calado, pero antes de ello será preciso adecuar nuestro ordenamiento a las demandas de seguridad jurídica, agilidad y adecuación normativa legal existentes hoy, y con visos de permanecer, preparando el terreno para las que se desprendan, y se contemplen, en el Plan de implementación que España deberá remitir a la Comisión Europea en diciembre de 2024. Asimismo, es el momento de incorporar, también, la normativa de la Unión Europea de reciente aprobación.

De igual modo, será necesario adoptar futuras reformas normativas que regulen además otros supuestos para lograr la debida protección a aquellos colectivos que presenten un riesgo tangible de desprotección debido a conflictos o disturbios graves de naturaleza política, étnica o religiosa.

Por ello, se establece en la disposición final tercera un mandato al Gobierno para adoptar las reformas normativas que sean necesarias para dar protección aquellos colectivos que presenten un riesgo tangible de desprotección debido a conflictos o disturbios graves de naturaleza política, étnica o religiosa.

III

Este real decreto se adecúa a los principios de buena regulación establecidos en el artículo 129 de la Ley 39/2015, de 1 de octubre, del Procedimiento Administrativo Común de las Administraciones Públicas. Así, es respetuosa con los principios de necesidad y eficacia, al completar la incorporación de varias directivas al ordenamiento jurídico español y al abordar, de forma más amplia, los retos que se presentan derivados del contexto demográfico y del mercado laboral español.

La norma es acorde al principio de proporcionalidad, al contener la regulación imprescindible para la consecución de los objetivos previamente mencionados, e igualmente se ajusta al principio de seguridad jurídica, siendo coherente con el resto del ordenamiento jurídico nacional y de la Unión Europea, así como internacional.

Con respecto al principio de eficiencia, la norma no supone un aumento de las cargas administrativas sino una disminución de estas, por razón de la simplificación administrativa perseguida.

En cuanto al principio de transparencia, el alcance y objetivo se han definido claramente en este preámbulo, y se ha facilitado además que los potenciales destinatarios de la norma hayan tenido una participación activa en la elaboración de la misma. A estos efectos, la norma ha sido sometida a los trámites de consulta pública y de audiencia e información públicas establecidos en los artículos 26.2 y 26.6 respectivamente de la Ley 50/1997, de 27 de noviembre, del Gobierno, al afectar a los derechos e intereses legítimos de las personas. Adicionalmente, se ha solicitado informe de la Oficina de Coordinación y Calidad Normativa, del Foro para la integración social de los inmigrantes, de la Comisión Interministerial de Extranjería, de la Comisión Laboral Tripartita de Inmigración, y de las Secretarías Generales Técnicas de todos los ministerios.

Asimismo, ha sido informado por las Comunidades Autónomas y las Ciudades de Ceuta y Melilla, y por la Federación Española de Municipios y Provincias.

Este real decreto se adecúa plenamente al orden constitucional de distribución de competencias, en concreto a la competencia exclusiva atribuida al Estado por el artículo 149.1. 2.ª de la Constitución Española en materia de inmigración y extranjería.

Se exceptúan de lo anterior las referencias al procedimiento sobre autorizaciones iniciales de trabajo por cuenta propia o ajena de las personas extranjeras en aquellas comunidades autónomas a las que haya sido traspasada esta competencia, que se dictan al amparo del artículo 149.1. 7.ª de la Constitución Española, que otorga al Estado la competencia exclusiva sobre legislación laboral sin perjuicio de su ejecución por los órganos de las comunidades autónomas.

En su virtud, a propuesta de la Ministra de Inclusión, Seguridad Social y Migraciones y de los Ministros de Asuntos Exteriores, Unión Europea y Cooperación, del Interior, y de Política Territorial y Memoria Democrática, con la aprobación previa del Ministro para la Transformación Digital y de la Función Pública, de acuerdo con el Consejo de Estado, y previa deliberación del Consejo de Ministros en su reunión del día 19 de noviembre de 2024,

DISPONGO:

Artículo único. *Aprobación y ámbito de aplicación del reglamento.* 1. Se aprueba el Reglamento de la Ley Orgánica 4/2000, de 11 de enero, sobre derechos y libertades de los extranjeros en España y su integración social, cuyo texto se inserta a continuación.

2. Las normas del reglamento de la Ley Orgánica 4/2000, de 11 de enero, se aplicarán con carácter supletorio, o a los efectos que pudieran ser más favorables, a los nacionales de los Estados miembros de la Unión Europea y a las demás personas incluidas en el ámbito del Real Decreto 240/2007, de 16 de febrero, sobre entrada, libre circulación y residencia en España de ciudadanos de los Estados miembros de la Unión Europea y de otros Estados parte en el Acuerdo sobre el Espacio Económico Europeo. Asimismo, las normas del Reglamento de la Ley Orgánica 4/2000, de 11 de enero, se aplicarán con carácter supletorio a quienes sea de aplicación la Ley 12/2009, de 30 de octubre, reguladora del derecho de asilo y de la protección subsidiaria.

DISPOSICIONES TRANSITORIAS

Disposición transitoria primera. *Validez de las autorizaciones o tarjetas en vigor.* Las distintas autorizaciones o tarjetas que habilitan para entrar, residir y trabajar en España, concedidas a las personas incluidas en el ámbito de aplicación del reglamento que se aprueba mediante este real decreto y que tengan validez a la fecha de su entrada en vigor, conservarán dicha validez durante el tiempo para el que hubieren sido expedidas.

Disposición transitoria segunda. *Solicitudes presentadas con anterioridad a la entrada en vigor del reglamento.* Las solicitudes presentadas con anterioridad a la entrada en vigor de este real decreto se tramitarán y resolverán conforme a la normativa vigente en la fecha de su presentación, salvo que el interesado solicite la aplicación de lo dispuesto en el Reglamento de la Ley Orgánica 4/2000, de 11 de enero, sobre derechos y libertades de los extranjeros en España y su integración social y siempre que se acredite el cumplimiento de los requisitos exigidos para cada tipo de solicitud.

Disposición transitoria tercera. *Autorizaciones de residencia temporal por razones de arraigo familiar o tarjetas de residencia de familiar de ciudadanos de la Unión.* Las personas extranjeras que, con ocasión de un vínculo familiar con una persona de nacionalidad española, sean titulares de autorizaciones de residencia temporal por razones de arraigo familiar o de tarjetas de residencia de familiar de ciudadano de la Unión Europea que se encuentren vigentes a la fecha de entrada en vigor del Reglamento de la Ley Orgánica 4/2000, de 11 de enero, sobre derechos y libertades de los extranjeros en España y su integración social, conservarán la residencia mientras cumplan las condiciones del capítulo VII del título IV, sin que sea necesario presentar la solicitud de autorización de residencia temporal de familiares de personas con nacionalidad española.

Disposición transitoria cuarta. *Familiares de personas con nacionalidad española de las letras d) y e) del artículo 94. 1.* Cuando las personas extranjeras contempladas en las letras d) y e) del artículo 94.1 de este reglamento tuvieran el vínculo familiar y se encontrasen en territorio nacional a la fecha de publicación del Reglamento de la Ley Orgánica 4/2000, de 11 de enero, sobre derechos y libertades de los extranjeros en España y su integración social podrán, excepcionalmente, solicitar la autorización de residencia temporal prevista en el capítulo VII del título IV en el plazo de los seis meses siguientes a la fecha de entrada en vigor.

Disposición transitoria quinta. *Autorizaciones de residencia por circunstancias excepcionales por razón de arraigo.* Aquellas personas extranjeras que en el momento de la entrada en vigor de este reglamento se encuentren en situación irregular como consecuencia de una resolución denegatoria o desestimatoria firme en sede administrativa y, en su caso, judicial de su solicitud de protección internacional, y reúnan los requisitos generales y específicos establecidos en el capítulo I del título VII excepto el de permanencia, podrán solicitar una autorización de residencia por circunstancias excepcionales por razones de arraigo siempre que hayan permanecido en territorio español en situación irregular al menos los seis meses inmediatamente anteriores a la presentación de la solicitud de esta autorización.

Esta solicitud de autorización por razón de arraigo podrá ser solicitada durante los doce meses siguientes a la entrada en vigor de este reglamento. El Consejo de Ministros podrá acordar la prórroga de los plazos señalados en esta disposición transitoria.

> *Véase la* **Nota aclaratoria** *sobre la disposición transitoria quinta del Real Decreto 1155/2024, de 19 de noviembre, por el que se aprueba el Reglamento de la Ley Orgánica 4/2000, de 11 de enero, sobre derechos y libertades de los extranjeros en España y su integración social, de 30 de enero de 2025 de la Dirección General de Gestión Migratoria.*

DISPOSICIÓN DEROGATORIA ÚNICA

Derogación normativa.

Quedan derogados el Reglamento de la Ley Orgánica 4/2000, de 11 de enero, sobre derechos y libertades de los extranjeros en España y su integración social, aprobado por el Real Decreto 557/2011, de 20 de abril, por el que se aprueba el Reglamento de la Ley Orgánica 4/2000, sobre derechos y libertades de los extranjeros en España y su integración social, tras su reforma por Ley Orgánica 2/2009; y cuantas otras disposiciones, de igual o inferior rango, se opongan a lo dispuesto en este real decreto y en el reglamento que por él se aprueba.

DISPOSICIONES FINALES

Disposición final primera. *Títulos competenciales.* El presente real decreto se dicta al amparo de lo dispuesto en el artículo 149.1. 2.ª de la Constitución, que atribuye al Estado la competencia exclusiva en materia de nacionalidad, inmigración, extranjería y derecho de asilo.

Se exceptúan de lo anterior las referencias al procedimiento sobre autorizaciones iniciales de trabajo por cuenta propia o ajena de las personas extranjeras en aquellas comunidades autónomas a las que haya sido traspasada esta competencia, que se dictan al amparo del artículo 149.1. 7.ª de la Constitución, que otorga al Estado la competencia exclusiva sobre legislación laboral, sin perjuicio de su ejecución por los órganos de las comunidades autónomas.

Disposición final segunda. *Incorporación de derecho de la Unión Europea.* Mediante este real decreto se incorporan al derecho español:

a) Parcialmente, la Directiva (UE) 2014/36 del Parlamento Europeo y del Consejo de 26 de febrero de 2014 sobre las condiciones de entrada y estancia de nacionales de terceros países para fines de empleo como trabajadores temporeros.

b) Parcialmente, la Directiva (UE) 2021/1883 del Parlamento Europeo y del Consejo de 20 de octubre de 2021 relativa a las condiciones de entrada y residencia de nacionales de terceros países con fines de empleo de alta cualificación, y por el que se deroga la Directiva 2009/50/CE del Consejo.

c) La Directiva (UE) 2024/1233 del Parlamento Europeo y del Consejo, de 24 de abril de 2024, por la que se establece un procedimiento único de solicitud de un permiso único que autoriza a los nacionales de terceros países a residir y trabajar en el territorio de un Estado miembro y por la que se establece un conjunto común de derechos para los trabajadores de terceros países que residen legalmente en un Estado miembro.

d) Parcialmente, la Directiva (UE) 2016/801 del Parlamento Europeo y del Consejo de 11 de mayo de 2016 relativa a los requisitos de entrada y residencia de los nacionales de países terceros con fines de investigación, estudios, prácticas, voluntariado, programas de intercambio de alumnos o proyectos educativos y colocación au pair.

Disposición final tercera. *Desarrollo normativo.* 1. En el plazo de seis meses desde la publicación en el «Boletín Oficial del Estado» del presente Real Decreto el Gobierno impulsará las reformas normativas necesarias para dar protección a aquellos colectivos que presenten un riesgo tangible de desprotección debido a conflictos o disturbios graves de naturaleza política, étnica o religiosa.

2. Se autoriza a las personas titulares de los Ministerios de Asuntos Exteriores, Unión Europea y Cooperación, del Interior, de Trabajo y Economía Social, de Inclusión, Seguridad Social y Migraciones y de Política Territorial y Memoria Democrática para dictar, en el ámbito de sus respectivas competencias, las normas que sean necesarias para la ejecución y desarrollo de lo dispuesto en este real decreto y en el reglamento que por él se aprueba. En el supuesto de que las materias no sean objeto de la exclusiva competencia de cada uno de ellos, la ejecución y desarrollo de lo dispuesto en este real decreto y en el reglamento que por él se aprueba se llevará a cabo mediante Orden del ministro de la Presidencia, dictada a propuesta de los ministros interesados.

Disposición final cuarta. *Entrada en vigor.* El presente Real Decreto y el Reglamento que por él se aprueba entrarán en vigor a los 6 meses de su publicación en el «Boletín Oficial del Estado».

REGLAMENTO DE LA LEY ORGÁNICA 4/2000, DE 11 DE ENERO, SOBRE DERECHOS Y LIBERTADES DE LOS EXTRANJEROS EN ESPAÑA Y SU INTEGRACIÓN SOCIAL

TÍTULO I
RÉGIMEN DE ENTRADA Y SALIDA DE TERRITORIO ESPAÑOL

CAPÍTULO I
PASOS DE ENTRADA Y SALIDA

Artículo 1. *Entrada por pasos fronterizos.* 1. Sin perjuicio de lo dispuesto por los convenios internacionales suscritos por España y atendiendo a lo establecido en el derecho de la Unión Europea al respecto, la persona extranjera que pretenda entrar en territorio español deberá hacerlo por los pasos habilitados al efecto y durante las horas de apertura. Las horas de apertura estarán claramente indicadas en aquellos pasos fronterizos que no estuviesen abiertos las 24 horas del día.

Además, la persona extranjera deberá estar provista del pasaporte o documento de viaje en vigor que acredite su identidad y que se considere válido para tal fin, estar en posesión de un visado válido cuando éste sea exigible, y no estar sujeta a prohibiciones expresas de entrada. Asimismo, deberá presentar los documentos determinados en este reglamento que justifiquen el objeto y condiciones de entrada y estancia, y acreditar la posesión de los medios económicos suficientes para el tiempo que pretenda permanecer en España o, en su caso, estar en condiciones de obtener legalmente dichos medios.

2. Excepcionalmente, las autoridades o los funcionarios responsables del control fronterizo podrán autorizar el cruce de fronteras, fuera de los pasos fronterizos o de los días y horas señalados, en los supuestos previstos en el derecho de la Unión Europea.

3. Los miembros de la dotación de buques que estén en posesión de un documento de identidad del marino (DIM) en vigor podrán circular mientras dure la escala del buque por el recinto del puerto o por las localidades próximas, en un entorno de 10 kilómetros, sin la obligación de presentarse en el paso fronterizo, siempre que los interesados figuren en la lista de tripulantes del buque al que pertenezcan, sometida previamente a control y verificación de la identidad de profesionales de la marina por los funcionarios mencionados en el apartado 2.

Podrá denegarse el derecho a desembarcar a la persona profesional de la marina que represente una amenaza para el orden público, la salud pública o la seguridad nacional, o a aquel en el que concurran circunstancias objetivas de las que pueda deducirse su incomparecencia en el buque antes de su partida.

Artículo 2. *Habilitación de pasos fronterizos.* 1. De conformidad con el interés nacional y lo dispuesto en los convenios internacionales en los que España sea parte, la habilitación de un paso en frontera terrestre se adoptará, previo acuerdo con las autoridades del país limítrofe correspondiente, mediante orden de la persona titular del Ministerio de la Presidencia, Justicia y Relaciones con las Cortes, a propuesta conjunta de las personas titulares de los Ministerios de Asuntos Exteriores, Unión Europea y Cooperación, de Hacienda y del Interior.

2. Cuando se trate de la habilitación de pasos en puertos o aeropuertos, la Orden ministerial a propuesta de los titulares de los Departamentos que corresponda, previo informe favorable del departamento ministerial u órgano autonómico del que dependan el puerto o el aeropuerto.

Artículo 3. *Cierre de pasos fronterizos.* 1. El cierre, con carácter temporal o indefinido, de los pasos fronterizos habilitados para la entrada y la salida de España o la limitación de las categorías de personas cuyo cruce se permite se podrá acordar por Orden del titular del Ministerio de la Presidencia, Justicia y Relaciones con las Cortes, a propuesta de los titulares de los Ministerios competentes, cuando así resulte bien de las disposiciones que deban regir a consecuencia de los estados de alarma, excepción o sitio, bien en aplicación de leyes especiales, en supuestos en que lo requieran los intereses de la defensa nacional, la seguridad del Estado y la protección de la salud y seguridad de los ciudadanos, así como en supuestos de elevada presión migratoria irregular, sin perjuicio de la posibilidad de desconcentrar dicha competencia.

2. Podrá procederse, al cierre o traslado de los pasos fronterizos en supuestos distintos de los previstos en el apartado anterior, siempre y cuando su ubicación resultará innecesaria o inconveniente.

3. El cierre de los pasos fronterizos deberá comunicarse a aquellos países con los que España tenga obligación de hacerlo como consecuencia de los compromisos internacionales suscritos con ellos.

Véase la disposición adicional decimotercera sobre desconcentración de la competencia de cierre de pasos fronterizos.

CAPÍTULO II
ENTRADA: REQUISITOS Y PROHIBICIONES

Artículo 4. *Requisitos.* 1. Para estancias previstas en territorio español o en cualquier Estado miembro, de una duración que no exceda de noventa días naturales dentro de cualquier período de ciento ochenta días naturales, lo que implica tener en cuenta el período de ciento ochenta días naturales que precede a cada día de estancia, de conformidad con el art. 6 del Reglamento (UE) 2016/399 del Parlamento Europeo y del Consejo de 9 de marzo de 2016 por el que se establece un Código de normas de la Unión para el cruce de personas por las fronteras, la entrada de un extranjero en territorio español estará condicionada al cumplimiento de los siguientes requisitos:

a) Estar en posesión de un documento de viaje válido que otorgue a su titular el derecho a cruzar la frontera y que cumpla los siguientes criterios:

1) Seguirá siendo válido como mínimo tres meses después de la fecha prevista de partida del territorio de los Estados miembros. En casos de emergencia justificados, esta obligación podrá suprimirse,

2) Deberá haberse expedido dentro de los diez años anteriores;

b) Estar en posesión de un visado válido, cuando así lo exija el Reglamento (UE) 2018/1806, del Parlamento Europeo y del Consejo de 14 de noviembre de 2018, por el que se establecen la lista de terceros países cuyos nacionales están sometidos a la obligación de visado para cruzar las fronteras exteriores y la lista de terceros países cuyos nacionales están exentos de esa obligación, salvo que sean titulares de un permiso de residencia válido o de un visado de larga duración válido;

c) Estar en posesión de documentos que justifiquen el objeto y las condiciones de la estancia prevista en los términos establecidos en el artículo 8.

d) Disponer de medios de subsistencia suficientes, tanto para el período de estancia previsto como para el regreso al país de origen o el tránsito hacia un tercer país en el que su admisión esté garantizada, o estar en condiciones de obtener legalmente dichos medios en los términos establecidos en el artículo 9.

e) Presentación, en su caso, de los certificados sanitarios a los que se refiere el artículo 10.

f) No estar sujeto a una prohibición de entrada, en los términos del artículo 11.

g) No suponer una amenaza para el orden público, la seguridad interior, la salud pública o las relaciones internacionales de ninguno de los Estados miembros ni, en particular, estar inscrito como no admisible en las bases de datos nacionales de ningún Estado miembro por iguales motivos.

2. A efectos de la aplicación del apartado 1, la fecha de entrada se considerará como primer día de estancia en el territorio de los Estados miembros, y la fecha de salida como último día de estancia en el territorio de los Estados miembros. No se tendrán en cuenta para el cálculo de la duración de la estancia en el territorio de los Estados miembros los períodos de estancia autorizados por medio de un visado nacional de larga duración o de un permiso de residencia.

3. La Comisaría General de Extranjería y Fronteras podrá autorizar la entrada en España a las personas nacionales de terceros países que no cumplan alguno de los requisitos establecidos en el apartado 1, cuando existan razones excepcionales de índole humanitaria, interés público o cumplimiento de compromisos adquiridos por España. En estos casos, se procederá a hacer entrega al extranjero de la resolución acreditativa de la autorización de entrada por cualquiera de estas causas.

En todos estos casos, cuando la persona nacional de un tercer país estuviera inscrita como no admisible en el Sistema de Información Schengen, se informará de ello a los demás Estados Miembros conforme a lo establecido en el derecho de la Unión Europea.

Sin perjuicio de la posible consideración de las causas que motivaron su concesión en el marco del procedimiento relativo a la residencia por circunstancias excepcionales, la autorización de la entrada en España en base a lo dispuesto en el párrafo anterior no supondrá, por sí misma y de forma aislada a otras circunstancias que pudieran ser alegadas, el cumplimiento de los requisitos a acreditar de cara a la obtención de una autorización de residencia por circunstancias excepcionales.

4. No obstante lo dispuesto en el apartado 1, podrá autorizarse la entrada al territorio español a las personas nacionales de terceros países que no cumplan las condiciones establecidas en el apartado 1, pero que sean titulares de un permiso de residencia o de un visado de larga duración, al objeto de que puedan llegar al territorio del Estado miembro que haya expedido el permiso de residencia o el visado de larga duración, a no ser que figuren en la lista nacional de personas no admisibles del Estado miembro en cuyas fronteras exteriores se presenten y que la descripción que les afecte esté acompañada de medidas que se opongan a la entrada o al tránsito.

5. Podrá autorizarse la entrada al territorio español a aquellas personas de terceros países que se presenten en la frontera y cumplan los requisitos establecidas en el apartado 1, excepto estar en posesión de un visado válido cuando lo exija el Reglamento (UE) 2018/1806, del Parlamento Europeo y del Consejo de 14 de noviembre de 2018, por el que se establecen la lista de terceros países cuyos nacionales están sometidos a la obligación de visado para cruzar las fronteras exteriores y la lista de terceros países cuyos nacionales están exentos de esa obligación, si se les puede expedir un visado en la frontera en virtud de los artículos 35 y 36 del Reglamento (CE) número 810/2009 del Parlamento Europeo y del Consejo.

Artículo 5. *Autorización de regreso.* 1. No obstante lo dispuesto en el artículo anterior, a la persona extranjera cuya autorización de residencia o de estancia se encuentre en periodo de renovación o prórroga se le podrá expedir una autorización de regreso que le permita salir de España y retornar al territorio nacional, siempre que la persona solicitante acredite que ha iniciado los trámites de renovación o prórroga del título que le habilita para permanecer en España dentro del plazo legal fijado al efecto.

Igualmente, la persona titular de una tarjeta de identidad de extranjero en vigor podrá solicitar una autorización de regreso en caso de robo, extravío, destrucción o inutilización de aquélla, siempre que acredite haber presentado solicitud de duplicado de la tarjeta.

2. La autorización de regreso tendrá una vigencia no superior a noventa días desde la caducidad de la autorización de residencia o de estancia, si se solicita con anterioridad a dicha caducidad.

En caso de que se solicite en un momento posterior a la caducidad de la autorización de residencia o de estancia, la autorización de regreso tendrá una vigencia no superior a noventa días desde que sea concedida.

Cuando el viaje responda a una situación de necesidad, la autorización de regreso se tramitará con carácter preferente.

3. Cuando la persona extranjera acredite que el viaje responde a una situación de necesidad y concurran razones excepcionales, podrá expedirse la autorización de regreso referida en el apartado anterior, con una vigencia no superior a noventa días desde que se conceda la autorización de regreso, si se ha resuelto favorablemente la solicitud inicial de autorización de residencia o de autorización de estancial.

4. La autorización de regreso será concedida por el Delegado o Subdelegado del Gobierno competente, por el Comisario General de Extranjería y Fronteras o por las personas titulares de las comisarías y puestos fronterizos del Cuerpo Nacional de Policía.

5. Durante la validez de los noventa días de la autorización de regreso no habrá limitación de entradas y salidas con un único documento.

6. De conformidad con el derecho de la Unión Europea, la autorización de regreso sólo será válida para efectuar su entrada por los Pasos Fronterizos habilitados españoles.

Artículo 6. *Documentación para la entrada.* 1. Para acreditar su identidad, la persona extranjera que pretenda entrar en España deberá hallarse provisto de uno de los siguientes documentos:

a) Pasaporte, individual, familiar o colectivo, válidamente expedido y en vigor. Las personas menores de 16 años podrán figurar incluidos en el pasaporte de su padre, madre o tutor cuando tengan la misma nacionalidad del titular del pasaporte y viajen con éste.

b) Título de viaje, válidamente expedido y en vigor.

c) Documento nacional de identidad, cédula de identificación o cualquier otro documento en vigor que acredite su identidad, que hayan sido considerados válidos para la entrada en territorio español, en virtud de compromisos internacionales asumidos por España.

2. Tanto los pasaportes como los títulos de viaje y demás documentos que se consideren válidos deberán estar expedidos por las autoridades competentes del país de origen o de procedencia de sus titulares o por las organizaciones internacionales habilitadas para ello por el Derecho Internacional y contener, en todo caso, datos suficientes para la determinación de la identidad y la nacionalidad de las personas titulares. Los pasaportes deberán permitir el retorno al país que los haya expedido.

Asimismo, conforme al derecho de la Unión Europea, tanto los pasaportes como los títulos de viaje deberán cumplir los criterios siguientes:

a) seguir siendo válido como mínimo tres meses después de la fecha prevista de partida del territorio de los Estados miembros. En casos de emergencia justificados, esta obligación podrá suprimirse,

b) haberse expedido dentro de los diez años anteriores;

3. Las oficinas consulares españolas, previa autorización expresa de la Dirección General de Españoles en el Exterior y de Asuntos Consulares del Ministerio de Asuntos Exteriores, Unión Europea y Cooperación, podrán expedir salvoconductos a extranjeros en las condiciones que establezca la normativa específica aplicable.

4. La admisión de pasaportes colectivos se ajustará a los convenios internacionales que sobre ellos existan o se concierten por España. En ambos casos será preciso contar con el informe previo del Ministerio del Interior.

Artículo 7. *Exigencia de visado.* 1. Las personas extranjeras que se propongan entrar en territorio español deberán ir provistas del correspondiente visado, válidamente expedido y en vigor, extendido en sus pasaportes o documentos de viaje o, en su caso, en documento aparte, salvo lo dispuesto en el apartado siguiente.

2. Para estancias de una duración que no exceda de noventa días naturales dentro de cualquier período de ciento ochenta días naturales, no necesitarán visado:

a) Los nacionales de países exentos de dicho requisito en virtud de lo establecido en el derecho de la Unión Europea, así como las personas extranjeras que se encuentren en algún otro de los supuestos de exención de visado establecidos en el derecho de la Unión Europea.

En este caso, de conformidad con lo establecido en el derecho de la Unión Europea, deberá constar una autorización de viaje registrada en el Sistema Europeo de Información y Autorización de Viaje (ETIAS) cuando entre en vigor.

b) Los titulares de pasaportes diplomáticos, de servicio u otros pasaportes oficiales expedidos por países con los que se haya acordado su supresión, en la forma y condiciones establecidas en el acuerdo correspondiente. Se podrá exigir visado a titulares de pasaportes diplomáticos, de servicio u otros pasaportes oficiales de países exentos de dicho requisito, cuando España haya acordado la exigencia de visado de acuerdo con lo establecido en el Derecho de la Unión Europea.

c) Las personas titulares de documentos de viaje expedidos por determinadas organizaciones internacionales intergubernamentales a sus funcionarios, cuando España haya acordado la supresión de dicho requisito.

d) Las personas extranjeras que tengan la condición de refugiadas y estén documentadas como tales por un país signatario del Acuerdo Europeo número 31, de 20 de abril de 1959, relativo a la exención de los visados para refugiados, siempre a condición de reciprocidad según lo dispuesto en el artículo 1 de dicho Acuerdo.

e) Los miembros de las tripulaciones de buques con finalidad empresarial, cuando se hallen documentados con un documento de identidad del marino en vigor y sólo durante la escala del buque, en las condiciones que establece el Código de Fronteras Schengen.

f) Los miembros de las tripulaciones de aviones comerciales extranjeros que estén documentados como tales mediante la tarjeta de miembro de la tripulación y en el ejercicio de sus funciones vayan a: embarcar y desembarcar en el aeropuerto de escala o destino situado en el territorio de un Estado miembro; dirigirse al territorio del municipio en que radique el aeropuerto de escala o de destino situado en el territorio español; o desplazarse, por cualquier medio de transporte, a un aeropuerto situado en territorio español con el fin de embarcar en un avión con salida de este mismo aeropuerto.

g) Las personas extranjeras titulares de una autorización de residencia, una autorización provisional de residencia, un visado de larga duración o una tarjeta de acreditación diplomática, expedidos por las autoridades de otro Estado con el que España haya suscrito un acuerdo internacional que contemple esta posibilidad. Estas autorizaciones habrán de tener una vigencia mínima igual al plazo de estancia, o de la duración del tránsito, previsto en el momento de solicitar la entrada.

h) Las personas extranjeras que se encuentren en algún otro de los supuestos de exención de visado permitidos en el Derecho de la Unión Europea, cuando España haya acordado la supresión de dicho requisito.

3. No precisarán visado para entrar en territorio español las personas extranjeras titulares de una tarjeta de identidad de extranjero, de una tarjeta de acreditación diplomática, o de la autorización de regreso prevista en el artículo 5 ni las personas titulares de una tarjeta de identidad de extranjero de trabajador transfronterizo respecto a la entrada en el territorio español que forma frontera con el país del trabajador, siempre que las autorizaciones que acreditan dichos documentos hayan sido expedidas por los órganos españoles y estén vigentes en el momento de solicitar la entrada.

Artículo 8. *Documentos justificativos para la comprobación de las condiciones de entrada.* 1. Las personas extranjeras deberán, si así se les requiere, especificar el motivo de su solicitud de entrada y estancia en España.

Los funcionarios responsables del control de entrada en función, entre otras circunstancias, del motivo y duración del viaje podrán exigirles la presentación de documentos que justifiquen o establezcan la verosimilitud de la razón de entrada invocada.

Las personas extranjeras que soliciten la entrada, para justificar la verosimilitud del motivo invocado, podrán presentar cualquier documento o medio de prueba que, a su juicio, justifique los motivos de entrada manifestados.

2. A estos efectos, podrá exigirse la presentación, entre otros, de los siguientes documentos:

a) En relación con cualquiera de los motivos de solicitud de entrada y estancia previstos en este apartado, billete de vuelta o de circuito turístico.

b) Además, para los viajes de carácter profesional, alternativamente:

1.º La invitación de una empresa o de una autoridad expedida, en los términos fijados mediante Orden ministerial a propuesta de los titulares de los Departamentos que corresponda, para participar en reuniones de carácter comercial, industrial o vinculadas a la actividad.

2.º Documentos de los que se desprenda que existen relaciones comerciales o vinculadas a la actividad.

3.º Tarjetas de acceso a ferias y congresos.

c) Además, para los viajes de carácter turístico o privado, alternativamente:

1.º Documento justificativo de la existencia de lugar de hospedaje a disposición del extranjero: bien emitido por el establecimiento de hospedaje o bien consistente en carta de invitación de un particular, expedida en los términos fijados mediante Orden ministerial a propuesta de los titulares de los Departamentos que corresponda, cuyo contenido habrá de responder exclusivamente a que quede constancia de la existencia de hospedaje cierto a disposición del extranjero.

En ningún caso, la carta de invitación suplirá la acreditación por la persona extranjera de los demás requisitos exigidos para la entrada.

Sin perjuicio de lo establecido en el párrafo anterior, el documento justificativo de la existencia de lugar de hospedaje a disposición de la persona extranjera contendrá la información relativa a si el alojamiento supone o no la cobertura de toda o parte de su manutención.

2.º Confirmación de la reserva de un viaje organizado.

d) Además, para los viajes por motivos de estudios o formación: matrícula o la documentación acreditativa de la admisión en un centro de enseñanza.

e) Además, para los viajes por otros motivos, alternativamente:

1.º Invitaciones, reservas o programas.

2.º Certificados de participación en eventos relacionados con el viaje, tarjetas de entrada o recibos.

Artículo 9. *Acreditación de medios económicos.* La persona extranjera deberá acreditar, en el momento de la entrada, que dispone de recursos o medios económicos suficientes para su sostenimiento y el de las personas a su cargo que viajen con él, durante el periodo de permanencia en España, o que está en condiciones de obtener legalmente dichos medios, así como para cubrir el traslado a otro país o el retorno al país de procedencia.

La cuantía de los medios económicos exigibles a estos efectos, así como el modo de acreditar su posesión, será la dispuesta en el presente Reglamento o, en caso de no estar expresamente prevista, será la determinada mediante Orden del titular del Ministerio de la Presidencia, Justicia y Relaciones con las Cortes, a propuesta de los titulares de los Ministerios competentes.

Dicha regulación tendrá en consideración, en cuanto a las cuantías exigibles, las circunstancias de que de la documentación del establecimiento de hospedaje o la carta de invitación de un particular, aportada por la persona extranjera en el marco del artículo 8, pueda derivarse que el alojamiento comprende toda o parte de su manutención.

En caso de entrada en España, en tránsito hacia otro Estado miembro de la Unión Europea, o cuando una parte de la estancia de la persona extranjera vaya a realizarse en otro u otros Estados miembros de la Unión Europea, los medios económicos habrán de ajustarse a los importes de referencia que estos Estados hayan notificado a la Comisión de conformidad con el artículo 39 del Reglamento (UE) 2016/399 del Parlamento Europeo y del Consejo de 9 de marzo de 2016 por el que se establece un Código de normas de la Unión para el cruce de personas por las fronteras (Código de fronteras Schengen).

Artículo 10. *Requisitos sanitarios.* Cuando así lo determine el Ministerio del Interior, de acuerdo con los Ministerios de Sanidad, Derechos Sociales, Consumo y Agenda 2030 y de Inclusión, Seguridad Social y Migraciones, las personas que pretendan entrar en territorio español deberán presentar en los pasos fronterizos un certificado sanitario expedido en el país de procedencia por los servicios médicos que designe la oficina consular española, o someterse a su llegada, en la frontera, a un reconocimiento médico por parte de los servicios sanitarios españoles competentes, para acreditar que no padecen ninguna de las enfermedades que pueden tener repercusiones de salud pública graves de conformidad con lo dispuesto en el Reglamento Sanitario Internacional de 2005, así como en los compromisos internacionales sobre la materia suscritos por España, sin perjuicio de lo que se disponga, al efecto, por el Derecho de la Unión Europea.

Los reconocimientos médicos se realizarán en todo caso de acuerdo con lo establecido en el Reglamento Sanitario Internacional de 2005.

Artículo 11. *Prohibición de entrada.* Se considerará prohibida la entrada de las personas extranjeras, y se les impedirá el acceso al territorio español, aunque reúnan los requisitos exigidos en los artículos precedentes, cuando:

a) Hayan sido previamente expulsadas de España y se encuentren dentro del plazo de prohibición de entrada que se hubiera determinado en la resolución de expulsión, o cuando haya recaído sobre ellas una resolución de expulsión, salvo caducidad del procedimiento o prescripción de la infracción o de la sanción.

b) Hayan sido objeto de una medida de devolución, contemplada en el artículo 58.3.a) de la Ley Orgánica 4/2000, de 11 de enero, y se encuentren dentro del plazo de prohibición de entrada que se hubiera determinado en el correspondiente acuerdo de devolución.

c) Se tenga conocimiento, por conductos diplomáticos, a través de Interpol o por cualquier otra vía de cooperación internacional, judicial o policial, de que se encuentran reclamadas, en relación con causas criminales derivadas de delitos comunes graves, por las autoridades judiciales o policiales de otros países, siempre que los hechos por los que figuran reclamadas constituyan delito en España y sin perjuicio de su detención, en los casos en que ésta proceda.

d) Hayan sido objeto de prohibición expresa de entrada, en virtud de resolución del titular del Ministerio del Interior, por sus actividades contrarias a los intereses españoles o a los derechos humanos o por sus notorias conexiones con organizaciones delictivas, nacionales o internacionales, u otras razones judiciales o administrativas que justifiquen la adopción de esta medida, sin perjuicio de su detención, en los casos en que ésta proceda.

e) Tengan prohibida la entrada en virtud de convenios internacionales en los que España sea parte o de acuerdo con lo establecido en el Derecho de la Unión Europea, salvo que se considere necesario establecer una excepción por motivos humanitarios o de interés nacional.

Artículo 12. *Forma de efectuar la entrada.* 1. A su llegada al paso fronterizo para la entrada en España, las personas extranjeras acreditarán con carácter prioritario ante los funcionarios responsables del control que reúnen los requisitos previstos en los artículos de este capítulo para la obligada comprobación de éstos y permitirán la toma de datos biométricos con el fin de alimentar y consultar las bases de datos pertinentes según lo establecido en la normativa reguladora de éstas.

2. Si la documentación presentada fuera hallada conforme y no existiese ninguna prohibición o impedimento para la entrada del titular, se estampará en el pasaporte o título de viaje el sello, signo o marca de control establecido, salvo que las leyes internas o los tratados internacionales en que España sea parte prevean la no estampación, con lo que, previa devolución de la documentación quedará franco el paso al interior del país.

3. No se estampará sello de entrada ni de salida en aquellos supuestos previstos en el derecho de la Unión Europea.

4. La estampación del sello de entrada quedará sustituida por el registro en el Sistema de Entradas y Salidas, cuando éste entre en funcionamiento, excepto en

los casos previstos en el apartado tercero y cuarto artículo 2 del, por el que se establece un Sistema de Entradas y Salidas (SES) para registrar los datos de entrada y salida y de denegación de entrada relativos a nacionales de terceros países que crucen las fronteras exteriores de los Estados miembros, se determinan las condiciones de acceso al SES con fines policiales y se modifican el Convenio de aplicación del Acuerdo de Schengen y los Reglamentos (CE) n.º 767/2008 y (UE) n.º 1077/2011.5. Si el acceso se efectúa con documento de identidad o de otra clase en los que no se pueda estampar el sello de entrada, el interesado deberá cumplimentar el impreso previsto para dejar constancia de la entrada, que deberá conservar en su poder y presentar junto a la documentación identificativa, si le fuese requerida.

5. En aquellos trayectos directos y sin escala, ni tránsitos, los policías responsables del control de entrada a territorio nacional podrán, en virtud de acuerdos bilaterales suscritos por España, desplegarse en el país de origen para que, con carácter previo al embarque a la nave o aeronave con destino, directo y sin escalas, a España, la persona extranjera acredite que reúne los requisitos previstos en los artículos del presente capítulo para acceder a territorio nacional, sin perjuicio de que una vez llegue al paso fronterizo habilitado de entrada en España deba someterse a la inspección descrita en los apartados anteriores del presente artículo.

Artículo 13. *Declaración de entrada.* 1. Tendrán la obligación de declarar la entrada personalmente ante las autoridades policiales españolas las personas nacionales de terceros países, excepto Andorra, Mónaco y San Marino, que accedan a territorio español procedentes de un Estado con el que España haya firmado un acuerdo de supresión de controles fronterizos y carezcan de autorización de residencia en España.

2. Si no se hubiese efectuado en el momento de la entrada, dicha declaración deberá efectuarse en el plazo de tres días a partir de aquélla, en cualquier comisaría del Cuerpo Nacional de Policía.

Artículo 14. *Registro de entrada en territorio español.* 1. Las entradas realizadas en territorio español, de acuerdo con lo previsto en los artículos doce y trece, por las personas extranjeras a las que no les sea de aplicación el régimen de ciudadanos Unión Europea, podrán ser registradas por las autoridades competentes en el Registro Central de Extranjeros, a los efectos de control de su periodo de permanencia legal en España, de conformidad con la Ley Orgánica 3/2018, de 5 de diciembre, de Protección de Datos Personales y garantía de los derechos digitales.

2. El sistema de registro de entradas en España será regulado mediante Orden ministerial a propuesta de los titulares de los Departamentos que corresponda.

Artículo 15. *Denegación de entrada.* 1. Los funcionarios responsables del control denegarán la entrada en el territorio español a las personas extranjeras que no reúnan los requisitos establecidos en este capítulo y en el Derecho de la Unión Europea. Dicha denegación se realizará mediante resolución motivada y notificada directamente al interesado que comparece en el paso de fronterizo, con información acerca de los recursos que puedan interponerse contra ella, el plazo para hacerlo y el órgano ante el que deban formalizarse, así como de su derecho a la asistencia letrada, que podrá ser de oficio en el caso de que el interesado carezca de recursos económicos suficientes y, en su caso, de intérprete, que comenzará en el momento de efectuarse el control en el paso fronterizo.

La resolución contendrá, entre otros extremos, el siguiente:

a) La determinación expresa de la causa por la que se deniega la entrada.

b) La información al interesado de que el efecto que conlleva la denegación de entrada es el regreso a su punto de origen.

c) La información al interesado de su derecho a la asistencia jurídica, así como a la asistencia de intérprete, si no comprende o habla las lenguas oficiales que se utilicen, a partir del momento en que se dicte el acuerdo de iniciación del procedimiento. Ambas asistencias serán gratuitas en el caso de que el interesado carezca de recursos económicos suficientes, de acuerdo con lo previsto en la normativa reguladora del derecho de asistencia jurídica gratuita.

La información, que igualmente se habrá proporcionado tan pronto se inicie el procedimiento administrativo, hará expresa mención a la necesidad de presentar la oportuna solicitud en los términos previstos en las normas que regulan la asistencia jurídica gratuita para el ejercicio de éste en caso de que se decidiera impugnar la resolución en vía jurisdiccional contencioso-administrativa, de conformidad con el artículo 22.3 de la Ley Orgánica 4/2000, de 11 de enero.

Cuando existiesen acuerdos que regulen la readmisión de las personas en situación irregular suscritos por España, los funcionarios responsables del control, tras facilitar la información a la que se refiere el artículo 26.2 de la Ley Orgánica 4/2000, de 11 de enero, denegarán, en los términos previstos en los citados acuerdos, la entrada de las personas a las que les sean de aplicación, siempre que la denegación se produzca dentro del plazo previsto en los mismos.

2. La resolución de denegación de entrada conllevará los efectos previstos en el artículo 60 de la Ley 4/2000, de 11 de enero. La resolución no agota la vía administrativa y será recurrible con arreglo a lo dispuesto en las leyes. La mera interposición del recurso, por sí misma, no tendrá efecto suspensivo sobre la resolución de denegación de entrada, de acuerdo con el derecho de la Unión Europea y con el ordenamiento interno.

Si la persona extranjera no se hallase en España, podrá interponer los recursos que correspondan, tanto en vía administrativa como jurisdiccional, a través de las representaciones diplomáticas o consulares correspondientes, las cuales los remitirán al órgano competente.

A los efectos previstos en el apartado 3 del artículo 22 de la Ley Orgánica 4/2000, de 11 de enero, la persona extranjera que se hallase privada de libertad podrá manifestar ante el Delegado o Subdelegado del Gobierno competente o el Director del Centro de Internamiento de Extranjeros o el responsable del paso fronterizo bajo cuyo control se encuentre, que lo harán constar en acta que se incorporará al expediente, su voluntad de interponer recurso contencioso-administrativo o de ejercitar la acción correspondiente contra la resolución que ponga fin a la vía administrativa. La interposición del recurso no tendrá efecto suspensivo sobre la resolución de denegación de entrada.

3. El regreso se ejecutará de forma inmediata y, en todo caso, dentro del plazo de setenta y dos horas desde que se hubiese acordado. Si no pudiera ejecutarse dentro de dicho plazo, la autoridad gubernativa o, por delegación de ésta, el responsable del paso fronterizo habilitado se dirigirá al juez de instrucción para que determine, en su caso, las instalaciones en las que haya de permanecer el extranjero, hasta que llegue el momento del regreso, de conformidad con lo establecido en la Ley Orgánica 4/2000, de 11 de enero, sobre derechos y libertades de los extranjeros en España y su integración social.

4. A la persona extranjera a quien le sea denegada la entrada en el territorio nacional por los funcionarios responsables del control, de conformidad con lo dispuesto en los acuerdos internacionales suscritos por España, se le estampará en el pasaporte un sello de entrada tachado con una cruz de tinta indeleble negra, y deberá permanecer en las instalaciones destinadas al efecto en el paso fronterizo hasta que, máximo setenta y dos horas, retorne al lugar de procedencia o continúe viaje hacia otro país donde sea admitida.

Las instalaciones estarán dotadas de servicios adecuados y, especialmente, de servicios sociales, jurídicos y sanitarios acordes con su cifra media de ocupación.

La permanencia de la persona extranjera en estas instalaciones tendrá como única finalidad garantizar, en su caso, su regreso al lugar de procedencia o la continuación de su viaje hacia otro país donde sea admitida. La limitación de la libertad ambulatoria de la persona extranjera responderá exclusivamente a esta finalidad en su duración y ámbito de extensión.

Las instalaciones estarán dotadas de servicios adecuados y, especialmente, de servicios sociales, jurídicos y sanitarios acordes con su cifra media de ocupación.

5. Durante el tiempo en que la persona extranjera permanezca en las instalaciones del paso fronterizo o en las instalaciones en que se haya acordado su permanencia, todos los gastos de mantenimiento que se ocasionen serán a cargo de la compañía o transportista que lo hubiese transportado, y sin perjuicio de la sanción que pueda llegar a imponerse.

Igualmente, la compañía o transportista se hará cargo inmediatamente de la persona extranjera al que se le haya denegado la entrada y serán a cuenta de ella todos los gastos que se deriven del transporte para su regreso al Estado a partir del cual haya sido transportada, al que haya expedido el documento de viaje con el que ha viajado la persona extranjera a cualquier otro donde esté garantizada su admisión. Lo anterior será de aplicación sin perjuicio de que el regreso pueda ser realizado por la misma compañía o por otra empresa de transporte.

6. La limitación de la libertad ambulatoria de una persona extranjera a efectos de proceder al regreso a consecuencia de la denegación de entrada será comunicada a la embajada o consulado de su país. No obstante, en caso de que dicha comunicación no haya podido realizarse o la embajada o consulado del país de origen de la persona extranjera no radique en España, dicha situación será comunicada al Ministerio de Asuntos Exteriores, Unión Europea y Cooperación.

Artículo 16. *Obligaciones de los transportistas de control de documentos.* 1. La persona o personas que designe la empresa de transportes deberán requerir a las personas extranjeras que presenten sus pasaportes, títulos de viaje o documentos de identidad pertinentes, así como, en su caso, visado, cuando embarquen fuera del territorio de los países en los que esté en vigor el Convenio de aplicación del Acuerdo de Schengen, de 14 de junio de 1985, con destino o en tránsito al territorio español. El requerimiento tendrá por objeto comprobar la validez y vigencia de los documentos.

2. Deberán, asimismo, consultar los sistemas informáticos de la Unión Europea a los que tenga acceso, según se establezca en el Derecho de la Unión y en la normativa nacional.

3. Los transportistas de viajeros por vía terrestre deberán adoptar las medidas que estimen oportunas para que se compruebe la documentación de todas las personas extranjeras que embarquen fuera del territorio de los países en los que esté en vigor el Convenio de aplicación del Acuerdo de Schengen, de 14 de junio de 1985. Tales comprobaciones podrán realizarse en las instalaciones de la estación o parada en la que se vaya a producir el embarque, a bordo del vehículo antes de iniciarse la marcha o, una vez iniciada, siempre que sea posible el posterior desembarque en una estación o parada situada fuera del territorio de los países en los que esté en vigor el Convenio de aplicación del Acuerdo de Schengen.

Cuando se constate que una persona extranjera no dispone de la documentación necesaria, no deberá ser admitida a bordo del vehículo y, si hubiera iniciado la marcha, deberá abandonarlo en la parada o lugar adecuado más próximos en el sentido de la marcha fuera del territorio de los países en los que esté en vigor el Convenio de aplicación del Acuerdo de Schengen.

En el caso de que la persona extranjera con documentación aparentemente deficiente decidiese embarcar o no abandonar el vehículo, el conductor o el acompañante, al llegar a la frontera exterior, deberán comunicar a los agentes encargados del control las deficiencias detectadas a fin de que adopten la decisión que resulte procedente.

Artículo 17. *Obligaciones de los transportistas de remisión de información.*

1. En los términos establecidos en los apartados 1 y 2 del artículo 66 de la Ley Orgánica 4/2000, de 11 de enero, toda compañía, empresa de transporte o transportista deberá remitir a las autoridades españolas encargadas del control de la entrada la información sobre los pasajeros que vayan a ser trasladados, ya sea por vía aérea, marítima o terrestre, con independencia de que el transporte sea en tránsito o tenga como destino final al territorio español. Asimismo, las empresas de transporte deberán suministrar la información comprensiva del número de billetes de vuelta no utilizados por los pasajeros a los que previamente hubieran transportado a España.

2. Por orden ministerial conjunta del Ministerio de Inclusión, Seguridad Social y Migraciones, y del Ministerio del Interior, se determinarán las rutas procedentes de fuera del Espacio Schengen respecto de las cuales sea necesario remitir a las autoridades españolas encargadas del control de entrada, con la antelación suficiente, la información a la que se refiere el artículo 66.1 y 2 de la Ley Orgánica 4/2000, de 11 de enero. La resolución indicará, entre otros aspectos, el plazo y la forma en la que dicha información deba remitirse.

3. Por su parte, las compañías aéreas tendrán la obligación de comunicar a las autoridades competentes los datos del Registro de Nombres de Pasajeros a los que se refiere y en los términos dispuestos en Ley Orgánica 1/2020, de 16 de septiembre, sobre la utilización de los datos del Registro de Nombres de Pasajeros para la prevención, detección, investigación y enjuiciamiento de delitos de terrorismo y delitos graves.

Artículo 18. *Obligaciones de los transportistas en caso de denegación de entrada.* 1. Si se negara la entrada en el territorio español a una persona extranjera por incumplimiento de las condiciones de entrada previstas en el derecho de la Unión Europea, el transportista que la hubiera traído a la frontera por vía aérea, marítima o terrestre estará obligado a hacerse cargo de él inmediatamente. A petición de las autoridades encargadas del control de entrada, deberá llevar a la persona extranjera al tercer Estado a partir del cual le hubiera transportado, al Estado que hubiese expedido el documento de viaje con el que hubiera viajado, o a cualquier otro tercer Estado donde se garantice su admisión y un trato compatible con los derechos humanos. Esta misma obligación deberá asumir el transportista que haya trasladado a una persona extranjera en tránsito hasta una frontera del territorio español si el transportista que deba llevarlo a su país de destino se negara a embarcarla, o si las autoridades de este último país le hubieran denegado la entrada y la hubieran devuelto a la frontera española por la que ha transitado.

En los supuestos de transporte aéreo, se entenderá por sujeto responsable del transporte la compañía aérea o explotador u operador de la aeronave. La responsabilidad será solidaria en el caso de que se utilice un régimen de código compartido entre transportistas aéreos. En los casos en que se realicen viajes sucesivos mediante escalas, el responsable será el transportista aéreo que efectúe el último tramo de viaje hasta territorio español.

2. Las obligaciones de los transportistas en caso de denegación de entrada a las que se refiere este artículo, así como las de control de documentos y remisión de información a las que se refieren los dos artículos anteriores, serán igualmente aplicables a los supuestos de transporte aéreo o marítimo que se realice las ciudades de Ceuta o Melilla hasta cualquier otro punto del territorio español.

CAPÍTULO III
SALIDAS: REQUISITOS Y PROHIBICIONES

Artículo 19. *Requisitos.* 1. En ejercicio de su libertad de circulación, las personas extranjeras podrán efectuar libremente su salida del territorio español, salvo en los casos previstos en el artículo 28.3 de la Ley Orgánica 4/2000, de 11 de enero, en los que la salida será obligatoria, y salvo en los supuestos previstos en el artículo 57.7 de dicha ley orgánica, en los que la salida requiere autorización judicial. Excepcionalmente, la salida podrá ser prohibida por el titular del Ministerio del Interior, de conformidad con el artículo 28.2 de dicha ley orgánica.

2. Las salidas mediante autorización judicial podrán ser instadas por los órganos legalmente competentes, sin perjuicio del derecho de las personas extranjeras afectados a instar la salida por sí mismos.

3. A los efectos previstos en el apartado anterior y salvo en los casos en que lo impida el carácter secreto, total o parcial, del sumario, las unidades o servicios de policía judicial informarán a la Dirección General de la Policía y al Delegado o Subdelegado del Gobierno de aquellos supuestos en los que hubiera personas extranjeras incursas en procesos penales por delitos cometidos en España.

Artículo 20. *Documentación y plazos.* 1. Todas las salidas voluntarias del territorio nacional deberán realizarse, cualquiera que sea la frontera que se utilice para tal fin, por los pasos fronterizos habilitados y previa exhibición del pasaporte, título de viaje o documento válido para la entrada en el país.

2. También podrán realizarse las salidas, con documentación defectuosa o incluso sin ella, si no existiese prohibición ni impedimento alguno a juicio de los servicios policiales de control.

3. Las personas extranjeras en tránsito que hayan entrado en España con pasaporte o con cualquier otro documento al que se atribuyan análogos efectos habrán de abandonar el territorio español con tal documentación, y deberán hacerlo dentro del plazo para el que hubiese sido autorizado el tránsito, del establecido por los acuerdos internacionales o del plazo de validez de la estancia fijada en el visado.

4. Los que se encuentren en situación de estancia o de prórroga de estancia habrán de salir del territorio español dentro del tiempo de vigencia de dicha situación salvo que hayan solicitado una autorización de residencia atendiendo a la normativa vigente.

5. Quienes sean titulares de una autorización de residencia, o de estancia por estudios pueden salir y volver a entrar en territorio español cuantas veces lo precisen, mientras la autorización y el pasaporte o documento análogo se encuentren en vigor.

Artículo 21. *Forma de efectuar la salida.* 1. A su salida del territorio español, las personas extranjeras presentarán a los funcionarios responsables del control en los pasos fronterizos habilitados para ello la documentación señalada para su obligada comprobación.

2. Si la documentación fuera hallada conforme y no existiese ninguna prohibición o impedimento para la salida del titular o de las personas titulares, se estampará en el pasaporte o título de viaje el sello de salida, salvo que las leyes internas o acuerdos internacionales en que España sea parte prevean la no estampación. Previa devolución de la documentación quedará franco el paso al exterior del país.

La estampación del sello de salida quedará sustituida por el registro en el Sistema de Entradas y Salidas, cuando éste entre en funcionamiento, excepto en los casos previstos en el apartado tercero y cuarto del artículo 2 del Reglamento (CE) n.º 2017/2226, del Parlamento Europeo y del Consejo, de 30 de noviembre de 2017.

3. Si la salida se hiciera con documentación defectuosa, sin documentación o con documento de identidad en el que no se pueda estampar el sello de salida, la per-

sona extranjera cumplimentará, en los servicios policiales de control, el impreso previsto para dejar constancia de la salida.

4. Las salidas de territorio español de las personas extranjeras a las que no les sea de aplicación el régimen de ciudadanos de la Unión Europea podrán ser registradas por las autoridades competentes en el Registro Central de Extranjeros, a los efectos de control de su periodo de permanencia legal en España, de conformidad con la Ley Orgánica 3/2018, de 5 de diciembre, de Protección de Datos Personales y garantía de los derechos digitales.

El sistema de registro de salidas de España se regulará en la Orden prevista en el apartado 2 del artículo 14.

Artículo 22. *Prohibiciones de salida.* 1. De conformidad con lo previsto en el artículo 28.2 de la Ley Orgánica 4/2000, de 11 de enero, la persona titular del Ministerio del Interior podrá acordar la prohibición de salida de personas extranjeras del territorio nacional, en los casos siguientes:

a) Las de personas extranjeras incursas en un procedimiento judicial por la comisión de delitos en España, salvo los supuestos del artículo 57.7 de la Ley Orgánica 4/2000, de 11 de enero, cuando la autoridad judicial autorizase su salida o expulsión.

b) Las de personas extranjeras condenadas por la comisión de delitos en España a pena de privación de libertad y reclamados, cualquiera que fuera el grado de ejecución de la condena, salvo los supuestos del artículo 57.7, de la Ley Orgánica 4/2000, de 11 de enero, y los de aplicación de convenios sobre cumplimiento de penas en el país de origen de los que España sea parte.

c) Las de personas extranjeras reclamadas y, en su caso, detenidas para extradición por los respectivos países, hasta que se dicte la resolución procedente.

d) Los supuestos de padecimiento de enfermedad contagiosa que, con arreglo a la legislación española o a los convenios internacionales, impongan la inmovilización o el internamiento obligatorio en establecimiento adecuado.

2. Las prohibiciones de salida se adoptarán con carácter individual por la persona titular del Ministerio del Interior, según los casos, a iniciativa propia, a propuesta del titular de la Secretaría de Estado de Migraciones, del titular de la Secretaría de Estado de Seguridad, del Delegado o Subdelegado del Gobierno, de las autoridades sanitarias o a instancias de los ciudadanos españoles y de las personas extranjeras residentes legales en España que pudieran resultar perjudicados, en sus derechos y libertades, por la salida de las personas extranjeras del territorio español. Las prohibiciones de salida deberán notificarse formalmente al interesado.

CAPÍTULO IV
DEVOLUCIÓN Y SALIDAS OBLIGATORIAS

Artículo 23. *Devoluciones.* 1. De conformidad con lo establecido en el artículo 58.3 de la Ley Orgánica 4/2000, de 11 de enero, no será necesario un expediente de expulsión para la devolución, en virtud de resolución del Subdelegado del Gobierno, o del Delegado del Gobierno en las Comunidades Autónomas uniprovinciales, de las personas extranjeras que se hallaran en alguno de los siguientes supuestos:

a) Las personas extranjeras que habiendo sido expulsadas contravengan la prohibición de entrada en España.

A estos efectos, se considerará contravenida la prohibición de entrada en España cuando así conste, independientemente de si fue adoptada por las autoridades españolas o por las de alguno de los Estados con los que España tenga suscrito convenio en ese sentido.

b) Las personas extranjeras que pretendan entrar irregularmente en el país. Se considerarán incluidos, a estos efectos, a las personas extranjeras que sean interceptadas en la frontera o en sus inmediaciones.

2. En el supuesto del párrafo b) del apartado anterior, las Fuerzas y Cuerpos de Seguridad del Estado encargadas de la custodia de costas y fronteras que hayan interceptado a las personas extranjeras que pretenden entrar irregularmente en España los conducirán con la mayor brevedad posible a la correspondiente comisaría del Cuerpo Nacional de Policía, para que pueda procederse a su identificación y, en su caso, a su devolución.

3. En cualquiera de los supuestos del apartado 1, la persona extranjera respecto de la cual se sigan trámites para adoptar una resolución de devolución tendrá derecho a la asistencia jurídica, así como a la asistencia de intérprete, si no comprende o habla las lenguas oficiales que se utilicen. Ambas asistencias serán gratuitas en el caso de que el interesado carezca de recursos económicos suficientes, de acuerdo con lo previsto en la normativa reguladora del derecho de asistencia jurídica gratuita.

4. Cuando la devolución no se pudiera ejecutar en el plazo de setenta y dos horas, se solicitará de la autoridad judicial la medida de internamiento prevista para los expedientes de expulsión en la sección primera del capítulo III del título XIV.

A los efectos previstos en el artículo 22.3 de la Ley Orgánica 4/2000, de 11 de enero, si durante la situación de privación de libertad la persona extranjera manifestase ante el Delegado o Subdelegado del Gobierno o el Director del Centro de Internamiento de Extranjeros bajo cuyo control se encuentre, éste lo hará constar en acta que se incorporará al expediente su voluntad de interponer recurso contencioso-administrativo o ejercitar la acción correspondiente contra la resolución de devolución una vez agotada la vía administrativa.

5. La ejecución de la devolución conllevará el nuevo inicio del cómputo del plazo de prohibición de entrada contravenida, cuando se hubiese adoptado en virtud de una resolución de expulsión dictada por las autoridades españolas.

6. Aun cuando se haya adoptado una resolución de devolución, ésta no podrá llevarse a cabo y quedará en suspenso su ejecución cuando:

a) Se trate de mujeres embarazadas y la medida pueda suponer un riesgo para la gestación o para la salud de la madre; o se trate de personas enfermas y la medida pueda suponer un riesgo para su salud.

b) Se formalice una solicitud de protección internacional, hasta que se resuelva sobre la solicitud o ésta no sea admitida conforme con lo dispuesto en el artículo 19.1 de la Ley 12/2009, de 30 de octubre, reguladora del derecho de asilo y de la protección subsidiaria.

La admisión a trámite de la solicitud de protección internacional llevará aparejada la autorización de entrada y la permanencia provisional del solicitante.

c) Cuando se ponga de manifiesto que sea una persona víctima de trata.

d) Cuando existan indicios de que la persona extranjera pueda ser menor de edad, siempre y cuando no esté acompañada.

La admisión a trámite de la solicitud de protección internacional llevará aparejada la autorización de entrada y la permanencia provisional del solicitante.

7. El plazo de prescripción de la resolución de devolución será de cinco años si se hubiera acordado en aplicación del apartado a) del artículo 58.3 de la Ley Orgánica 4/2000, de 11 de enero; y de dos años si se hubiera acordado en aplicación del apartado b) del artículo 58.3 de la Ley Orgánica 4/2000, de 11 de enero. La prescripción se aplicará de oficio por los órganos competentes.

El plazo de prescripción de la resolución de devolución acordada en aplicación del apartado a) del artículo 58.3 de la Ley Orgánica 4/2000, de 11 de enero, no empezará a contar hasta que haya transcurrido el periodo de prohibición de entrada reiniciado.

8. Cuando en el marco de un procedimiento relativo a autorizaciones de residencia por circunstancias excepcionales, se comprobase que consta contra la persona solicitante una resolución de devolución no ejecutada, ésta será revocada, siempre que del análisis de la solicitud derive la procedencia de la concesión de la autorización de residencia por circunstancias excepcionales.

En caso de que el órgano competente para resolver sobre la solicitud de autorización no fuera el mismo que dictó la resolución de devolución a revocar, instará de oficio su revocación al órgano competente para ello. En el escrito por el que se inste la revocación se hará constar el tipo de autorización solicitada y expresa mención a la procedencia de la concesión de la misma, por cumplimiento de los requisitos exigibles para ello, salvo el relativo a la existencia de la resolución de devolución no ejecutada.

Artículo 24. *Salidas obligatorias.* 1. En los supuestos de falta de autorización para encontrarse en España, en especial por no cumplir o haber dejado de cumplir los requisitos de entrada o de estancia, o en los de denegación administrativa de solicitudes de prórrogas de estancia, de autorizaciones de residencia o de cualquier otro documento necesario para la permanencia de extranjeros en territorio español, así como de las renovaciones de las propias autorizaciones o documentos, la resolución administrativa dictada al efecto contendrá la advertencia al interesado de la obligatoriedad de su salida del país, sin perjuicio de que, igualmente, se materialice dicha advertencia mediante diligencia en el pasaporte o documento análogo o en documento aparte, si se encontrase en España amparado en documento de identidad en el que no se pueda estampar dicha diligencia.

No contendrán orden de salida obligatoria las resoluciones de inadmisión a trámite de solicitudes dictadas de conformidad con lo dispuesto en la disposición adicional cuarta de la Ley Orgánica 4/2000, de 11 de enero.

2. La salida obligatoria habrá de realizarse dentro del plazo establecido en la resolución denegatoria de la solicitud formulada, o, en su caso, en el plazo máximo de quince días contado desde el momento en que se notifique la resolución denegatoria, salvo que concurran circunstancias excepcionales y se justifique que se cuenta con medios económicos suficientes; en tal caso, se podrá prorrogar el plazo hasta un máximo de noventa días. Una vez transcurrido el plazo indicado sin que se haya efectuado la salida, se aplicará lo previsto en este Reglamento para los supuestos a que se refiere el artículo 53.1.a) en combinación con el 57.1, de la Ley Orgánica 4/2000, de 11 de enero.

3. Si las personas extranjeras a que se refiere este artículo realizasen efectivamente su salida del territorio español conforme a lo dispuesto en los apartados anteriores, no serán objeto de prohibición de entrada en el país y eventualmente podrán volver a España, con arreglo a las normas que regulan el acceso al territorio español.

4. Se exceptúan del régimen de salidas obligatorias los casos de los solicitantes de protección internacional que hayan visto rechazado el examen de su solicitud por no corresponder a España su estudio a tenor de lo dispuesto en el Reglamento UE 604/2013 del Parlamento Europeo y del Consejo por el que se establecen los criterios y mecanismos de determinación del estado miembro responsable del examen de una solicitud de Protección Internacional presentada en uno de los Estados miembros por un nacional de un tercer país o un apátrida. Una vez notificada la resolución de inadmisión a trámite o de denegación, se deberá proceder a su traslado, escoltado por funcionarios, al territorio del Estado responsable del examen de su solicitud de asilo, sin necesidad de incoar expediente de expulsión, siempre y cuando dicho traslado se produzca dentro de los plazos en los que el Estado responsable tiene la obligación de proceder al examen de dicha solicitud, sin perjuicio de lo dispuesto en el artículo 18.1.d) del citado Reglamento de la Unión.

TÍTULO II
VISADOS

CAPÍTULO I
DEFINICIÓN, LUGARES Y FORMA DE PRESENTACIÓN Y PROCEDIMIENTO

Artículo 25. *Definición.* 1. El visado es un título expedido por la autoridad competente del Ministerio de Asuntos Exteriores, Unión Europea y Cooperación que habilita a su titular para presentarse en un paso fronterizo habilitado a tal efecto con el fin de solicitar la entrada en el territorio español con fines de estancia o de residencia, o bien para transitar por la zona de tránsito internacional de un aeropuerto español.

El visado a que se refiere el párrafo anterior será de una de las clases siguientes:

a) Visado de tránsito aeroportuario.

b) Visado de estancia de corta duración.

c) Visado de larga duración.

2. Una vez en España, las personas extranjeras podrán encontrarse en las situaciones de estancia o de residencia.

Artículo 26. *Lugares y formas de presentación de las solicitudes de visado.* 1. La presentación de solicitudes de visado y su recogida se realizarán personalmente ante la oficina consular en cuya demarcación aquél resida el sujeto legitimado. Se entenderá por oficina consular los Consulados Generales, los Consulados y las Secciones Consulares de las Misiones Diplomáticas.

Asimismo, las solicitudes de visado se podrán presentar en los locales de un proveedor de servicios externo con el que el Ministerio de Asuntos Exteriores, Unión Europea y Cooperación mantenga un contrato de concesión de servicios.

Las solicitudes también podrán presentarse electrónicamente mediante las aplicaciones específicas de tramitación que existan.

La presentación de solicitudes de visado y su recogida se podrá realizar a través de representante debidamente acreditado cuando así se prevea en la normativa española y en el derecho de la Unión Europea.

Excepcionalmente, cuando el interesado no resida en la población en que tenga su sede la oficina consular y se acrediten razones que obstaculicen el desplazamiento, como la lejanía de la oficina, dificultades de transporte que hagan el viaje especialmente gravoso o razones acreditadas de enfermedad o condición física que dificulten sensiblemente su movilidad, podrá acordarse que la solicitud de visado pueda presentarse por representante debidamente acreditado.

2. Sin perjuicio de lo establecido en el apartado anterior, el Ministerio de Asuntos Exteriores, Unión Europea y Cooperación, si media causa que lo justifique podrá determinar otra oficina consular en la que corresponda presentar la solicitud de visado.

3. Lo dispuesto en este artículo se entenderá sin perjuicio de lo establecido en el derecho de la Unión Europea que desarrolla la política común de visados en lo relativo a la posibilidad de celebrar acuerdos con otros Estados miembros de la Unión Europea a efectos de representación en terceros Estados, en cuanto a procedimientos de solicitud de visados de tránsito aeroportuario o estancia de corta duración.

Artículo 27. *Procedimiento en materia de visados.* 1. La Oficina consular receptora de la solicitud de visado devolverá una copia sellada de la misma con indicación de la fecha y el lugar de recepción o remitirá el acuse de recibo al domicilio fijado a efectos de notificación en el ámbito de la demarcación consular.

2. La oficina consular ante la que se presente la solicitud de visado, si mediara una causa que lo justifique, además de la documentación que sea preceptiva, podrá requerir los informes que resulten necesarios para resolver dicha solicitud.

3. Durante la sustanciación del trámite del visado, la oficina consular podrá requerir la comparecencia de la persona solicitante y, cuando se estime necesario, mantener una entrevista personal para comprobar su identidad, la validez de la documentación aportada y la veracidad del motivo de solicitud del visado. Salvo causa fundada debidamente acreditada ante el órgano competente, la incomparecencia en el plazo fijado, que no podrá exceder de quince días, producirá el efecto de considerar a la persona interesada desistida en el procedimiento, emitiéndose la resolución correspondiente.

Cuando se determine la celebración de una entrevista en ella deberán estar presentes, al menos, dos representantes de la Administración española, además del intérprete, en caso necesario, y deberá quedar constancia de su contenido mediante un acta firmada por los presentes, de la que se entregará copia a la persona solicitante.

4. De acuerdo con lo establecido en el artículo 68 de la Ley 39/2015, de 1 de octubre, del Procedimiento Administrativo Común de las Administraciones Públicas, si la solicitud no reúne los requisitos exigidos la oficina consular podrá requerir una subsanación.

5. En función de las posibilidades técnicas existentes en el territorio, la oficina consular y la persona solicitante podrán convenir el domicilio, que habrá de estar en todo caso dentro de la demarcación consular, así como el medio para efectuar los requerimientos de subsanación o de aportación de documentos o certificaciones exigidos, las citaciones de comparecencia y las notificaciones de resolución. En todo caso, se deberá dejar mención sucinta de todo ello en el expediente y en la copia de la solicitud que se devuelve como recibo.

Las citaciones y requerimientos se realizarán a través del teléfono o del correo electrónico de contacto proporcionado por la persona interesada o su representante legal, y se dejará constancia fehaciente de su realización en el expediente de visado.

Si la citación o requerimiento efectuado a través del teléfono o el correo electrónico de contacto convenido hubiera sido desatendido, se cursarán por escrito las citaciones, requerimientos o notificaciones al domicilio fijado a este efecto en la solicitud, el cual deberá encontrarse situado en el ámbito de la misma demarcación consular.

Sin perjuicio de lo establecido para los supuestos de comparecencia personal y entrevista de los solicitantes de visado, las citaciones o requerimientos cursados deberán atenderse en un plazo máximo de diez días que podrá ser ampliado prudencialmente, hasta cinco días, a petición del interesado o a iniciativa del órgano, cuando la aportación de los documentos requeridos presente dificultades especiales.

Agotadas todas las posibilidades de notificación sin que pueda practicarse, cualquiera que fuese la causa, la notificación se realizará mediante anuncio publicado durante diez días en el correspondiente tablón de la oficina consular, extremo del que será informada la persona solicitante en el momento de presentar la solicitud de visado.

De resultar desatendidos en su plazo los requerimientos o citaciones, se tendrá al solicitante por desistido, y se le notificará la resolución por la que se declara el desistimiento utilizándose el mismo procedimiento descrito en el párrafo anterior. La resolución consistirá en la declaración de la circunstancia que concurra en cada caso, con indicación de los hechos producidos, las normas aplicables y la motivación correspondiente, y los recursos que caben contra la misma.

Un extracto del procedimiento que se contempla en este apartado se recogerá en el impreso de solicitud para conocimiento de las personas interesadas.

Artículo 28. *Resolución de las solicitudes de visado.* 1. Los órganos competentes para la resolución de los procedimientos en materia de visados son las oficinas consulares.

2. En la resolución de la solicitud de visado se atenderá al interés del Estado y a la aplicación de los compromisos internacionales asumidos por el Reino de España en la materia. El visado se utilizará como instrumento orientado al cumplimiento de los fines de la política exterior del Reino de España y de otras políticas públicas españolas o de la Unión Europea, en especial la política de inmigración, la política económica y la de seguridad nacional, la salud pública o las relaciones internacionales de España. De acuerdo con lo anterior, el Ministerio de Asuntos Exteriores, Unión Europea y Cooperación podrá instruir a las oficinas consulares a conceder o denegar solicitudes de visado en atención a intereses de política exterior o de otras políticas públicas españolas o de la Unión Europea.

3. Si la persona solicitante, en el momento de dictar la resolución, no figura en la lista de personas no admisibles, la oficina consular valorará la documentación e informes incorporados al efecto junto, en su caso, con la autorización o autorizaciones concedidas, y resolverá la solicitud del visado.

4. Notificada la concesión del visado, la persona solicitante deberá recogerlo en el plazo máximo de un mes desde la notificación salvo en los procedimientos en que expresamente se determine otro plazo por este reglamento. En caso de no hacerlo así, se entenderá que la persona interesada ha renunciado al visado concedido y se producirá el archivo del procedimiento.

5. Las solicitudes de visado se denegarán:

a) Cuando no se acredite el cumplimiento de los requisitos previstos para su expedición.

b) Cuando, para fundamentar la petición de visado, se hayan presentado documentos falsos o formulado alegaciones inexactas, medie mala fe, o la petición entrañe fraude de ley.

c) Cuando concurra una causa prevista legalmente de inadmisión a trámite que no hubiera sido apreciada en el momento de la recepción de la solicitud.

d) Cuando la oficina consular llegue al convencimiento de que no se acredita indubitadamente la identidad de las personas, la validez de los documentos, o la veracidad de los motivos alegados para solicitar el visado. En caso de haberse celebrado una entrevista, se remitirá una copia del acta al órgano administrativo que, en su caso, hubiera otorgado inicialmente la autorización cuando dicho órgano la requiera.

6. La denegación de una solicitud de visado deberá ser motivada, e informará a la persona interesada de los hechos y circunstancias constatadas y, en su caso, de los testimonios recibidos y de los documentos e informes que hayan conducido a la resolución denegatoria.

7. La resolución denegatoria de una solicitud de visado se notificará a la persona solicitante de forma que le garantice la información sobre su contenido, las normas que en Derecho la fundamenten, el recurso que contra ella proceda, el órgano ante el que hubiera de presentarse y el plazo para interponerlo. Asimismo, a los efectos oportunos, se dará traslado de esta resolución denegatoria de la solicitud del visado al órgano que concedió la autorización.

8. Sin perjuicio de la eficacia de la resolución denegatoria, y con independencia de que la persona interesada haya o no presentado recurso contra ella, la persona extranjera conocedora de una prohibición de entrada por su inclusión en la lista de personas no admisibles podrá encauzar a través de la oficina consular una solicitud escrita dirigida a la persona titular de la Secretaría de Estado de Seguridad del Ministerio del Interior si quisiera ejercer su derecho de acceso a sus datos o a solici-

tar su rectificación o supresión de los mismos en el sistema de información de Schengen.

9. El contenido de este artículo se entenderá sin perjuicio de lo establecido por el derecho de la Unión Europea en materia de resolución de visados de tránsito aeroportuario, o visados de estancia de corta duración o sobre el Sistema de Información de Visados. En el supuesto de que se dicte una resolución denegatoria por incumplimiento de algunos de los requisitos de estos visados, incluido el de figurar como persona no admisible, esta se notificará mediante el impreso normalizado previsto por el derecho de la Unión Europea y expresará el recurso que contra ella proceda, así como el órgano ante el que hubiese de plantearse y el plazo de interposición.

10. Si la resolución sobre la autorización de estancia de la larga duración o de residencia temporal es desfavorable, la oficina consular resolverá de forma desfavorable el procedimiento relativo a la solicitud de visado. Asimismo, la oficina consular notificará al interesado el sentido de las resoluciones, informándole por escrito en el mismo documento de los recursos administrativos y judiciales que procedan contra la resolución desfavorable sobre la autorización de estancia de larga duración o de residencia temporal, y la resolución desfavorable de la solicitud del visado, los órganos ante los que deban interponerse y los plazos previstos para ello.

CAPÍTULO II
VISADOS DE TRÁNSITO AEROPORTUARIO

Artículo 29. *Definición, requisitos y procedimiento.* 1. El visado de tránsito aeroportuario es aquel que permite transitar una, dos o, excepcionalmente, varias veces, y habilita a la persona extranjera específicamente sometida a esta exigencia a permanecer en la zona de tránsito internacional de un aeropuerto español, sin acceder al territorio nacional, durante escalas o enlaces del vuelo.

2. El régimen de exigencia de visado de tránsito aeroportuario, el procedimiento y condiciones para su expedición, los requisitos para su obtención y las causas para su denegación serán los establecidos en el derecho de la Unión Europea y en el capítulo I del presente título.

3. La anulación y retirada del visado de tránsito aeroportuario se llevará a cabo según lo establecido en el Derecho de la Unión Europea.

CAPÍTULO III
VISADOS DE ESTANCIA DE CORTA DURACIÓN

Artículo 30. *Definición, requisitos y procedimiento.* 1. El visado de estancia de corta duración es aquel que autoriza a su titular, una vez en España y durante su periodo de vigencia, a permanecer en España por un periodo ininterrumpido o suma de periodos sucesivos cuya duración total no exceda de noventa días naturales en cualquier periodo de ciento ochenta días naturales a partir de la fecha de la primera entrada en el Espacio Schengen.

El régimen de exigencia de visado de estancia de corta duración, el procedimiento y condiciones para su expedición, los requisitos para su obtención y las causas para su denegación serán los establecidos en el derecho de la Unión Europea y en el capítulo I del presente título.

2. Los visados de estancia de corta duración pueden ser:

a) Visado uniforme: válido para el tránsito por el Espacio Schengen durante un periodo no superior al tiempo necesario para realizar dicho tránsito o para la estancia en dicho Espacio Schengen hasta un máximo de noventa días naturales en cualquier periodo de ciento ochenta días naturales. Podrá permitir uno, dos o múltiples tránsitos o estancias cuya duración total no podrá exceder de noventa días naturales en cualquier periodo de ciento ochenta días naturales.

b) Visado de validez territorial limitada: válido para el tránsito o la estancia en el territorio de uno o más de los Estados que integran el Espacio Schengen, pero no para todos ellos. La duración total del tránsito o de la estancia que se autoriza no podrá exceder de noventa días naturales en cualquier periodo de ciento ochenta días naturales.

Artículo 31. *Visados expedidos en las fronteras exteriores.* 1. En supuestos excepcionales debidamente acreditados o por encomienda del Ministerio de Asuntos Exteriores, Unión Europea y Cooperación, los responsables de la Dirección General de la Policía a cargo del control de entrada de personas en territorio español podrán expedir en frontera visados uniformes o de validez territorial limitada.

2. Asimismo, se podrá expedir un visado uniforme o de validez territorial limitada con fines de tránsito a la persona profesional de la marina que pretenda embarcar o desembarcar en un buque en el que vaya a trabajar o haya trabajado como profesional de la marina.

3. Los visados mencionados en los dos apartados anteriores se tramitarán según lo establecido en el derecho de la Unión Europea.

Artículo 32. *Prórroga del visado de estancia de corta duración.* 1. La prórroga de un visado de corta duración ya expedido se llevará a cabo según lo establecido en el derecho de la Unión Europea, en los siguientes supuestos:

a) Existencia de razones humanitarias o de fuerza mayor que impiden a la persona titular abandonar el territorio de los Estados miembros antes de que caduque el visado o la duración de la estancia autorizada por este.

b) Si la persona titular del visado demuestra la existencia de razones personales graves que justifican la prórroga de la validez del visado o de la duración de la estancia.

2. La duración de la estancia, incluida la prórroga, no deberá exceder de noventa días naturales en cualquier periodo de ciento ochenta días naturales.

3. Será competente para la tramitación del procedimiento de prórroga del visado la Comisaría de Policía Nacional de la provincia donde vaya a permanecer la persona extranjera, que se expedirá en las unidades competentes que determine la Dirección General de la Policía.

4. La prórroga del visado podrá ser concedida por la persona titular de la Comisaría General de Extranjería y Fronteras de la Dirección General de la Policía.

5. La persona titular de la Dirección General de Españoles en el Exterior y de Asuntos Consulares será competente para prorrogar los visados de estancia de corta duración expedidos a las personas titulares de pasaportes diplomáticos, oficiales o de servicio por razones de cortesía internacional.

Artículo 33. *Anulación y retirada del visado de estancia de corta duración.* 1. La anulación y retirada del visado de estancia de corta duración se llevará a cabo según lo establecido en el Derecho de la Unión Europea.

2. La competencia para la anulación y retirada del visado corresponderá a las oficinas consulares y a la comisaría general de extranjería y fronteras.

CAPÍTULO IV
VISADOS DE LARGA DURACIÓN

SECCIÓN 1.ª
VISADO DE ESTANCIA DE LARGA DURACIÓN POR ESTUDIOS, MOVILIDAD DE ALUMNOS, SERVICIOS DE VOLUNTARIADO O ACTIVIDADES FORMATIVAS

Artículo 34. *Visado de estancia de larga duración por estudios, movilidad de alumnos, servicios de voluntariado o actividades formativas.* 1. El visado de estancia de larga duración por estudios, movilidad de alumnos, servicios de voluntariado o actividades formativas habilita a su titular para presentarse en un paso fronterizo habilitado a tal efecto con el fin de solicitar su entrada en el territorio español para llevar a cabo alguna de las siguientes actividades por una duración superior a noventa días naturales:

a) Realización de estudios superiores en una institución o centro de enseñanza superior reconocido en España, en el marco de un programa a tiempo completo, que conduzca a la obtención de un título de educación superior reconocido.

b) Realización de estudios de educación secundaria postobligatoria en un centro de enseñanza autorizado en España, en el marco de un programa a tiempo completo que conduzca a la obtención de un título reconocido.

c) Participación en un programa de movilidad de alumnos con el fin de seguir un programa de enseñanza secundaria obligatoria o postobligatoria en un centro docente o científico oficialmente reconocido.

d) Prestación de un servicio de voluntariado dentro de un programa que persiga objetivos de interés general para una causa sin ánimo de lucro en el que las actividades no son remuneradas, excepto en forma de reembolso de gastos, dinero de bolsillo o ambos.

e) Realización de actividades formativas.

2. El visado podrá expedirse por una duración igual a la de la actividad respecto a la que se concedió la autorización, con el límite máximo de un año en el caso de que la autorización se conceda por un periodo superior, sin perjuicio de lo establecido en el artículo 208.

3. El visado incorporará la autorización de estancia de larga duración y, una vez en España, autorizará a la persona extranjera a permanecer en situación de estancia de larga duración, sin perjuicio de la obligación, para estancias superiores a seis meses, de obtener la tarjeta de identidad del extranjero, que deberá solicitar personalmente ante la Comisaría de Policía competente en el plazo de un mes desde su entrada en España.

Artículo 35. *Requisitos para obtener el visado.* Serán requisitos para la concesión del visado de estancia de larga duración por estudios, movilidad de alumnos, servicios de voluntariado o actividades formativas:

a) Que la persona extranjera aporte el impreso de solicitud oficial, debidamente cumplimentado y firmado.

b) Que la persona extranjera aporte pasaporte o título de viaje en vigor, reconocido como válido en España, con una vigencia mínima de un año.

c) Que la persona extranjera sea titular de una autorización inicial de estancia de larga duración por estudios, movilidad de alumnos, servicios de voluntariado o actividades formativas conforme a los artículos 52 y sucesivos.

d) Haber abonado la tasa por tramitación del visado.

e) Que la persona extranjera no se encuentre irregularmente en territorio español.

f) En el supuesto previsto en el párrafo a) del apartado 1 del artículo 52 la persona extranjera deberá ser mayor de diecisiete años. En los supuestos de los párrafos b) y e) del apartado 1 de dicho artículo, la persona deberá ser mayor de dieciocho años. En el supuesto del párrafo c) del apartado 1 de dicho artículo, para cursar los estudios correspondientes al programa de movilidad, la persona deberá tener la edad permitida por la normativa vigente en materia de educación para los estudios inherentes a dicho programa. En el supuesto previsto en el párrafo d) del apartado 1 de dicho artículo, la edad mínima será la requerida en la normativa sectorial vigente.

g) En los supuestos previstos en la letra anterior que permiten que la persona extranjera sea menor de edad, si la persona extranjera fuera menor de edad, y cuando estuviera a cargo de un tercero que no ostentara la patria potestad ni la tutela, deberá contar con la autorización de ambos progenitores o de quien ostente la patria potestad o tutela con carácter exclusivo para la estancia prevista en España a efectos de realizar la actividad de que se trate, con constancia del centro, la organización, entidad u organismo responsable de la actividad para la que ha sido autorizado y del periodo de estancia previsto.

h) Disponer de recursos económicos suficientes para cubrir los gastos de manutención y el coste del viaje de regreso a su país sin recurrir al sistema de ayudas sociales, y, en su caso, los de sus familiares, de acuerdo con las siguientes cantidades de referencia:

1.º Para su sostenimiento, una cantidad que represente mensualmente el 100 % del IPREM, salvo que se acredite debidamente tener abonado de antemano el alojamiento por todo el tiempo de duración de la estancia.

A estos efectos, se tendrán en cuenta los recursos procedentes, entre otras fuentes, de subvenciones, ayudas y becas, un contrato de trabajo válido o una oferta de empleo en firme cuando la autorización habilite a trabajar, una declaración de toma a cargo por el centro de enseñanza responsable del programa de intercambio de alumnos, por una entidad de acogida de personas en prácticas o una entidad de voluntariado.

2.º Para el sostenimiento, en su caso, de los familiares que estén a su cargo, durante su estancia en España: una cantidad que represente mensualmente el 75 % del IPREM, para el primer familiar, y el 50 % del IPREM para cada una de las restantes personas que vayan a integrar la unidad familiar en España.

No se computarán, a los efectos de garantizar ese sostenimiento, las cuantías utilizadas o a utilizar para cubrir, en su caso, el coste de los estudios o del programa de movilidad.

i) Contar con un seguro de enfermedad, concertado con una entidad aseguradora autorizada para operar en España, con prestaciones similares a las concedidas por la cartera común básica de servicios asistenciales del Sistema Nacional de Salud, válido para la duración de la estancia prevista.

j) En el caso de que la persona solicitante sea mayor de edad penal y la estancia supere los seis meses, carecer de antecedentes penales en los países anteriores donde haya residido durante los últimos cinco años por delitos previstos en el ordenamiento español.

k) No figurar como rechazable en el espacio territorial de países con los que España tenga firmado un convenio en tal sentido.

l) Que la persona extranjera aporte certificado médico con el fin de acreditar que no padece ninguna de las enfermedades que pueden tener repercusiones de salud pública graves de conformidad con lo dispuesto en el Reglamento Sanitario Internacional de 2005.

Artículo 36. *Procedimiento.* 1. La solicitud del visado de estancia de larga duración por estudios, movilidad de alumnos, servicios de voluntariado o actividades formativas deberá presentarse por la persona extranjera personalmente o mediante representación en la oficina consular española competente para su tramitación.

La solicitud deberá ser acompañada de la documentación que acredite el cumplimiento de los requisitos previstos en el artículo 35, con excepción del previsto en la letra c), en el artículo 53, y, en su caso, en el artículo 58.

La solicitud del visado deberá presentarse con una antelación mínima de dos meses a la fecha del comienzo de la actividad o estudios que vaya a realizar, salvo que se acrediten causas justificadas que impidan la presentación con dicha antelación. La solicitud del visado conllevará la solicitud de la autorización inicial de estancia de larga duración por estudios, movilidad de alumnos, servicios de voluntariado o actividades formativas.

2. Recibida la solicitud, la oficina consular requerirá por medios electrónicos la resolución del órgano competente en resolver sobre la autorización de estancia de larga duración.

3. La oficina de extranjería valorará los requisitos establecidos en el artículo 53 y, en su caso, en el artículo 58.

El órgano competente resolverá sobre la autorización de estancia de larga duración en el plazo máximo de siete días desde la recepción de la comunicación a que se refiere el apartado anterior. Transcurrido este plazo sin respuesta, se entenderá que el sentido de la resolución es desfavorable.

La resolución se grabará en la aplicación correspondiente, de forma que la oficina consular competente en la tramitación del visado tenga acceso a la misma.

4. Si la resolución sobre la autorización de estancia de larga duración es favorable, la oficina consular resolverá y expedirá, en su caso, el visado de estancia en el plazo máximo de un mes.

En caso de que la resolución sobre la autorización de estancia de larga duración sea desfavorable, se estará a lo dispuesto en el apartado 10 del artículo 28.

SECCIÓN 2.ª
VISADOS DE RESIDENCIA

Artículo 37. *Visado de residencia.* 1. El visado de residencia habilita a su titular para presentarse en un paso fronterizo habilitado a tal efecto con el fin de solicitar la entrada en el territorio español con fines de residencia por una duración superior a noventa días naturales.

2. El visado podrá expedirse por una duración igual a la de la autorización de residencia correspondiente, con el límite máximo de un año en el caso de que la autorización se conceda por un periodo superior, sin perjuicio de lo establecido en el artículo 208.

Como excepción a lo establecido en el párrafo anterior, en el caso de que el visado se expida sobre la base de una autorización de residencia y trabajo para actividades de temporada, el visado podrá expedirse por la duración del periodo de actividad anual autorizado.

3. Una vez en España, el visado autorizará al extranjero a permanecer en España en situación de residencia, sin perjuicio de la obligación, para periodos de residencia superiores a seis meses, de obtener la Tarjeta de Identificación del Extranjero, que deberá solicitar personalmente ante la Comisaría de Policía competente en el plazo de un mes desde su entrada en España.

Artículo 38. *Requisitos para obtener el visado de residencia.* Serán requisitos para la concesión del visado de residencia:

a) Que la persona extranjera aporte el impreso de solicitud, debidamente cumplimentado y firmado.

b) No encontrarse irregularmente en territorio español.

c) No figurar como rechazable en el espacio territorial de países con los que España tenga firmado un convenio en tal sentido.

d) Que la persona extranjera aporte pasaporte o título de viaje en vigor, reconocido como válido en España, con una vigencia mínima de un año.

e) En el caso de que la persona solicitante sea mayor de edad penal, carecer de antecedentes penales en los países donde haya residido durante los últimos cinco años por delitos previstos en el ordenamiento español.

f) Que la persona extranjera sea titular de una autorización inicial de residencia y/o trabajo, cuando esto sea exigible.

g) Que la persona extranjera cumpla los requisitos específicos relativos al visado establecidos en el procedimiento para cada tipo de autorización.

h) Que la persona extranjera haya abonado la tasa por tramitación del visado.

i) Que la persona extranjera aporte certificado médico con el fin de acreditar que no padece ninguna de las enfermedades que pueden tener repercusiones de salud pública graves de conformidad con lo dispuesto en el Reglamento Sanitario Internacional de 2005.

Artículo 39. *Procedimiento de tramitación de los visados de residencia temporal no lucrativa, de residencia temporal y trabajo por cuenta propia y de residencia temporal con excepción de la autorización de trabajo.* 1. La solicitud de visado de residencia temporal no lucrativa, de residencia temporal y trabajo por cuenta propia y de residencia temporal con excepción de la autorización de trabajo conllevará la solicitud de la correspondiente autorización de residencia temporal y deberá ser acompañada de la documentación que acredite el cumplimiento de los requisitos generales previstos en el artículo 38, con excepción del previsto en la letra f), y del cumplimiento de los requisitos específicos de cada autorización.

En los supuestos previstos en el artículo 88 cuando la duración prevista de la actividad no sea superior a noventa días naturales en cualquier periodo de ciento ochenta días naturales, la persona extranjera, cualquiera que sea su nacionalidad, deberá solicitar el correspondiente visado de estancia de corta duración ante la oficina consular española competente. En estos casos el procedimiento aplicable será el previsto para la tramitación de visados de estancia de corta duración, debiendo acreditar la persona extranjera que reúne las condiciones para su inclusión en uno de los supuestos descritos en el artículo anterior.

2. La oficina consular valorará el cumplimiento de los requisitos previstos en el artículo 38 y, en el caso de los visados de residencia temporal no lucrativa, los requisitos específicos previstos en el artículo 61.2 a) y b).

3. La oficina de extranjería valorará los requisitos específicos establecidos para la autorización correspondiente:

a) En el caso de las autorizaciones de residencia temporal no lucrativa, los requisitos específicos previstos en el artículo 61.2 c) y d).

b) En el caso de las autorizaciones de residencia temporal y trabajo por cuenta propia, los requisitos específicos previstos en el artículo 84.

c) En el caso de las autorizaciones de residencia temporal con excepción de la autorización de trabajo, los requisitos específicos previstos en el artículo 89.

4. Recibida la comunicación de la oficina consular el órgano competente resolverá sobre la autorización de forma motivada.

5. La oficina consular resolverá y expedirá, en su caso, el visado de residencia en el plazo máximo de un mes desde la recepción de la resolución favorable sobre la autorización de residencia. El visado incorporará la autorización de residencia.

Artículo 40. *Procedimiento de tramitación de los visados de residencia temporal por reagrupación familiar, de residencia temporal y trabajo por cuenta ajena y de residencia para actividades de temporada.* 1. La solicitud de visado de residencia temporal por reagrupación familiar, de residencia temporal y trabajo por cuenta ajena y de residencia para actividades de temporada deberá presentarse por la persona extranjera personalmente o mediante representación, acompañarse de la documentación que acredite el cumplimiento de los requisitos generales previstos en el artículo 38 y dentro de los plazos siguientes:

a) En el caso de los visados de residencia temporal por reagrupación familiar, la solicitud deberá ser presentada en el plazo de dos meses desde la notificación de la concesión de la autorización al reagrupante junto con la documentación original que acredite los vínculos familiares o de parentesco o de la existencia de la unión de hecho y, en su caso, la edad y la dependencia legal.

b) En el caso de los visados de residencia temporal y trabajo por cuenta ajena y residencia para actividades de temporada, la solicitud deberá ser presentada en el plazo de un mes desde la notificación de la concesión de la autorización al empleador interesado.

2. La oficina consular valorará el cumplimiento de los requisitos del artículo 38 y, en el caso de los visados de residencia temporal por reagrupación familiar, la documentación original que acredite los vínculos familiares o de parentesco o de la existencia de la unión de hecho y, en su caso, la edad y la dependencia legal.

3. La oficina consular resolverá y expedirá, en su caso, el visado en el plazo máximo de un mes desde la presentación de la solicitud de visado.

4. En los procedimientos de gestión de contratación colectiva en origen, una vez recibida la notificación de la resolución de concesión de la autorización, el empleador, la organización empresarial o sus representantes acreditados deberán presentar ante la oficina consular española competente las solicitudes de visado de todas las personas trabajadoras de forma conjunta y acompañada de la documentación que acredite el cumplimiento de los requisitos del artículo 38.

El visado se emitirá, en su caso, en el plazo abreviado que se establezca en la orden ministerial por la que se apruebe la gestión colectiva de contrataciones en origen.

Artículo 41. *Visado de residencia de familiares de personas con nacionalidad española.* 1. La solicitud del visado de residencia de familiares de ciudadanos españoles se tramitará conforme al procedimiento establecido.

2. En el supuesto previsto en el artículo 97.1.a) para los visados de residencia de familiares de personas con nacionalidad española, la solicitud deberá ser presentada en el plazo de un mes desde la notificación de la concesión de la autorización al ciudadano español junto con la documentación que acredite el cumplimiento de los requisitos generales previstos en el artículo 38, salvo el previsto en el artículo 38.h), y con la documentación original que acredite los vínculos familiares o de parentesco o de la existencia de la unión de hecho y, en su caso, la edad y la dependencia legal.

La oficina consular verificará el cumplimiento de los requisitos señalados en el párrafo anterior, y resolverá y expedirá, en su caso, el visado en el plazo máximo de quince días desde la presentación de la solicitud.

3. En el supuesto previsto en el artículo 97.1.b) para los visados de residencia de familiares de personas con nacionalidad española, la solicitud de visado deberá presentarse ante la oficina consular junto con la documentación que acredite el cumplimiento de los requisitos previstos en el artículo 96 y en el artículo 38, salvo el previsto en el 38.h) así como con la documentación original que acredite los vínculos familiares o de parentesco o de la existencia de la unión de hecho y, en su caso, la edad y la dependencia legal.

La solicitud del visado conllevará la solicitud de la autorización de residencia de familiares de personas con nacionalidad española.

Recibida la solicitud, la oficina consular requerirá por medios electrónicos la resolución de la oficina de extranjería competente sobre la autorización de residencia.

La oficina de extranjería valorará los requisitos establecidos en el artículo 96 y resolverá sobre la autorización de residencia en el plazo máximo de dos meses desde la recepción de la comunicación de la oficina consular. Transcurrido este plazo sin respuesta, se entenderá que la solicitud ha sido desestimada.

Si la resolución sobre la autorización de residencia es favorable, la oficina consular verificará el cumplimiento de los requisitos establecidos en el artículo 38, salvo el previsto en el artículo 38.h), así como con la documentación original que acredite los vínculos familiares o de parentesco o de la existencia de la unión de hecho y, en su caso, la edad y la dependencia legal, y resolverá y expedirá, en su caso, el visado de residencia en el plazo máximo de quince días desde la recepción de la resolución favorable de residencia.

En caso de que la resolución sobre la autorización de residencia sea desfavorable, se estará a lo dispuesto en el apartado 10 del artículo 28.

SECCIÓN 3.ª VISADOS DE CARÁCTER EXTRAORDINARIO

Artículo 42. *Visados de residencia de carácter extraordinario.* 1. El Ministerio de Asuntos Exteriores, Unión Europea y Cooperación, para atender circunstancias extraordinarias y en atención al cumplimiento de los fines de la política exterior del Reino de España y de otras políticas públicas españolas o de la Unión Europea, en especial la política de inmigración, la política económica y la de seguridad nacional, la salud pública o las relaciones internacionales de España, podrá ordenar a una oficina consular la expedición de un visado de residencia, que podrá tener una vigencia máxima de un año.

2. La Dirección General de Españoles en el Exterior y de Asuntos Consulares informará de dicha expedición a Dirección General de Gestión Migratoria, a los efectos de la concesión de la autorización de carácter extraordinario, y remitirá copia de los siguientes documentos:

a) El pasaporte en vigor o título de viaje, reconocido como válido en España, con una vigencia mínima de un año.

b) En el caso de que la persona solicitante sea mayor de edad penal, los documentos acreditativos de carecer de antecedentes penales en España y en los países donde haya residido durante los últimos cinco años por delitos previstos en el ordenamiento español.

En el caso de circunstancias excepcionales debidamente acreditadas, podrá exceptuarse el requisito de aportación de los documentos mencionados en el párrafo anterior, siempre que el solicitante justifique adecuadamente la imposibilidad de obtener dichos documentos de las autoridades del país correspondiente y aporte una declaración responsable de ausencia de antecedentes penales en los países donde haya residido durante los últimos cinco años por delitos previstos en el ordenamiento español.

SECCIÓN 4.ª VISADOS PARA LA BÚSQUEDA DE EMPLEO

Artículo 43. *Visados para la búsqueda de empleo.* 1. Los visados para la búsqueda de empleo autorizarán a la persona extranjera a desplazarse al territorio español para la búsqueda de empleo durante un periodo de residencia de doce meses. Durante este periodo, en el caso de obtener un contrato, el empleador deberá presentar una solicitud de autorización inicial de residencia temporal y trabajo por cuenta ajena en favor de la persona extranjera, de acuerdo con lo establecido en el artículo 73.2.

2. Los visados para la búsqueda de empleo serán de una de las clases siguientes:

a) Visados para la búsqueda de empleo dirigidos a hijos o nietos de español de origen.

b) Visados para la búsqueda de empleo en determinadas ocupaciones y ámbitos territoriales.

3. Los requisitos para la obtención del visado serán los establecidos en el artículo 38 y los específicos que se establezcan en la orden ministerial por la que se apruebe la gestión colectiva de contrataciones en origen.

4. Una vez en España, en caso de obtener un contrato, será de aplicación el procedimiento previsto en el artículo 77 para la tramitación de la autorización inicial de residencia temporal y trabajo por cuenta ajena sin que sea necesario la obtención de un visado, salvo lo dispuesto para el plazo máximo para resolver y notificar, que en este caso será de diez días.

La presentación por parte del empleador de una solicitud de autorización inicial de residencia y trabajo por cuenta ajena durante la vigencia del visado para la búsqueda de empleo prorrogará la validez de la situación de residencia de la persona titular del visado hasta la resolución del procedimiento.

5. La eficacia de la autorización concedida estará condicionada a la posterior afiliación y alta de la persona trabajadora en la Seguridad Social en el plazo de un mes desde la notificación realizada a la persona solicitante. Cumplida la condición, la autorización adquirirá vigencia y tendrá la consideración de autorización inicial de residencia y trabajo por cuenta ajena.

Artículo 44. *Visados para la búsqueda de empleo dirigidos a hijos o nietos de español de origen.* 1. La orden ministerial por la que se apruebe la gestión colectiva de contrataciones en origen podrá aprobar un número de visados de búsqueda de empleo dirigidos a hijos o nietos de español de origen que, de acuerdo con lo dispuesto por el artículo 40 de la Ley Orgánica 4/2000, de 11 de enero, se encuentran exentos de la valoración de la situación nacional de empleo.

2. El número de visados de búsqueda de empleo dirigido a los hijos y nietos de español de origen, el sistema de selección de los destinatarios y las fórmulas de presentación de las solicitudes se regularán en la orden ministerial por la que se apruebe la gestión colectiva de contrataciones en origen.

Artículo 45. *Visados para la búsqueda de empleo en determinadas ocupaciones y ámbitos territoriales.* 1. La orden ministerial por la que se apruebe la gestión colectiva de contrataciones en origen podrá aprobar un número de visados de búsqueda de empleo limitados a determinadas ocupaciones y ámbitos territoriales.

Excepcionalmente, cuando se produzcan circunstancias imprevistas en el mercado laboral, la Dirección General de Gestión Migratoria podrá disponer que la autorización de residencia y trabajo sea concedida en otro ámbito territorial u ocupación.

2. El número de visados de búsqueda de empleo en determinadas ocupaciones y ámbitos territoriales, el sistema de selección de los destinatarios y las fórmulas de presentación de las solicitudes se regularán en la orden ministerial por la que se apruebe la gestión colectiva de contrataciones en origen.

SECCIÓN 5.ª
RETIRADA Y ANULACIÓN DEL VISADO DE LARGA DURACIÓN

Artículo 46. *Retirada y anulación.* Los visados expedidos se retirarán cuando se extinga la autorización que dio origen a su concesión, y se anularán cuando se ponga de manifiesto que, en el momento que se expidieron, no se cumplían los requisitos necesarios para su expedición. La resolución de retirada o anulación de un visado deberá realizarse conforme a lo establecido en del artículo 28. 6 y 7. El contenido de este artículo se entenderá sin perjuicio de lo establecido en el artículo 33.

CAPÍTULO V
LAS SITUACIONES DE LAS PERSONAS EXTRANJERAS EN ESPAÑA

Artículo 47. *Enumeración de las situaciones.* 1. Las personas extranjeras podrán encontrarse en España en las situaciones de estancia de corta duración, de estancia de larga duración, de residencia o de tránsito aeroportuario.

2. Se encontrarán en situación de estancia de corta duración quienes se encuentren en España en alguno de los siguientes supuestos:

a) La persona titular de un visado de estancia de corta duración, durante su periodo de vigencia.

b) Quien se encuentre en España para una estancia prevista de una duración que no exceda de noventa días naturales dentro de cualquier periodo de ciento ochenta días naturales y no esté sometido a la obligación de visado según lo establecido por el derecho de la Unión Europea.

c) Quien, excepcionalmente, haya sido autorizado para la estancia en territorio español de una duración que no exceda de noventa días naturales dentro de cualquier periodo de ciento ochenta días naturales en los términos del artículo 51.

3. Se encontrará en situación de estancia de larga duración la persona titular de un visado o de una autorización de estancia por estudios, movilidad de alumnos, servicios de voluntariado o actividades formativas, durante su periodo de vigencia.

4. Se encontrarán en situación de residencia quienes se encuentren en España en alguno de los siguientes supuestos:

a) La persona titular de un visado para la búsqueda de empleo, durante su periodo de vigencia.

b) La persona titular de un visado de residencia o de una autorización de residencia, durante su periodo de vigencia.

c) La persona titular de un visado en los términos del artículo 42 o de una autorización de residencia de carácter extraordinario.

5. Se encuentra en situación de tránsito aeroportuario la persona titular de un visado de tránsito aeroportuario.

TÍTULO III
LA ESTANCIA EN ESPAÑA

CAPÍTULO I
ESTANCIA DE CORTA DURACIÓN

Artículo 48. *Definición.* 1. Se halla en situación de estancia de corta duración con visado la persona extranjera que se encuentre en España, sea titular de un visado de estancia de corta duración en los términos referidos en el capítulo III del título II y no lo sea de una autorización de residencia.

La situación de estancia de corta duración con visado será válida durante un periodo ininterrumpido o suma de periodos sucesivos cuya duración total no exceda de noventa días naturales en cualquier periodo de ciento ochenta días naturales a partir de la fecha de la primera entrada en el Espacio Schengen, y siempre durante el periodo de validez del visado de corta duración correspondiente.

Si se trata de una estancia de corta duración con fines de tránsito, la duración de la estancia autorizada corresponderá al tiempo necesario para efectuar el tránsito.

2. Se halla en situación de estancia sin visado la persona extranjera que, encontrándose en España, no esté sometida a la obligación de visado para estancias de noventa días naturales en cualquier periodo de ciento ochenta días naturales, computados de acuerdo con lo establecido en el Reglamento UE 2016/399 del Parlamento Europeo y del Consejo, de 9 de marzo de 2016, por el que se establece un Código de normas de la Unión para el cruce de personas por las fronteras y no sea

titular de un visado o de una autorización de estancia de larga duración o de residencia.

La situación de estancia sin visado será válida por un periodo ininterrumpido o suma de periodos sucesivos cuya duración total no exceda de noventa días naturales en cualquier periodo de ciento ochenta días naturales a partir de la fecha de la primera entrada en el Espacio Schengen.

A estos efectos, la fecha de entrada se considerará como primer día de estancia en el territorio de los Estados miembros, y la fecha de salida como último día de estancia en el territorio de los Estados miembros. Para el cálculo de la duración de la estancia en territorio de los Estados miembros, no se considerarán los períodos de permanencia autorizados mediante un visado nacional de larga duración o un permiso de residencia.

Artículo 49. *Prórroga de estancia de corta duración sin visado. Procedimiento.* 1. La persona extranjera que se encuentre en España en situación de estancia sin visado, podrá solicitar una prórroga de estancia sin visado cuando concurran las circunstancias previstas en el artículo 20 del Convenio de aplicación del Acuerdo de Schengen, con un límite temporal de tres meses adicionales a la estancia inicial.

2. La solicitud se formalizará en los modelos oficiales, y a ella se acompañarán los siguientes documentos:

a) Pasaporte completo ordinario o documento de viaje, con vigencia superior a la de la prórroga de estancia que se solicite, que se anotará en el expediente y se devolverá a la persona interesada.

b) Acreditación de las razones alegadas para la solicitud, que deberán ser excepcionales, en el supuesto de nacionales de Estados a los que no se exige visado para su entrada en España.

c) Prueba suficiente de que dispone de medios económicos adecuados para el tiempo de prórroga que solicita, en los términos que establece el título I Régimen de entrada y salida del territorio español.

d) Un seguro de asistencia en viaje con la misma cobertura que el necesario para la solicitud del visado de estancia de corta duración, y con una vigencia igual o superior a la prórroga solicitada.

e) Las garantías de retorno al país de procedencia o, en su caso, de admisión en el Estado tercero de destino, con anterioridad a la fecha de finalización de la prórroga que se solicita. Podrá servir como medio para acreditar dicha circunstancia la aportación de un billete adquirido a nombre de la persona solicitante con fecha de retorno cerrada anterior a la finalización del periodo de prórroga de estancia solicitada.

3. La persona solicitante deberá identificarse personalmente ante la jefatura superior o Comisaría de Policía de la localidad donde se encuentre al hacer la presentación de la solicitud. El plazo de resolución y notificación se realizará conforme a lo dispuesto en la disposición adicional séptima. Transcurrido el plazo de tramitación sin haber obtenido respuesta se entenderá que la solicitud ha sido desestimada.

4. La prórroga de estancia podrá ser concedida por la persona titular de la Comisaría General de Extranjería y Fronteras de la Dirección General de la Policía, previo informe de la jefatura superior o Comisaría de Policía, si concurren las siguientes circunstancias:

a) Que la documentación se adapte a lo preceptuado en este artículo.

b) Que el solicitante no esté incurso en ninguna de las causas:

1.ª De prohibición de entrada determinadas en el título I Régimen de entrada y salida del territorio español, porque no se hubieran conocido en el momento de su entrada o porque hubieran acontecido durante su estancia en España.

2.ª De expulsión o devolución.

5. La prórroga de estancia se hará constar en el pasaporte o título de viaje, o en documento aparte si la persona interesada hubiera entrado en España con otro tipo de documentación, y amparará a su titular y a los familiares que, en su caso, figuren en dichos documentos y se encuentren en España.

6. Las resoluciones denegatorias sobre la prórroga de estancia habrán de ser motivadas, deberán notificarse formalmente a la persona interesada y dispondrán su salida del territorio nacional, que deberá realizarse antes de que finalice el periodo de estancia inicial o, de haber transcurrido éste, en el plazo fijado en la resolución denegatoria, que no podrá ser superior a setenta y dos horas, en la forma regulada en este reglamento. El plazo de salida se hará constar, conforme a lo dispuesto en este reglamento, en el pasaporte o título de viaje o en el impreso correspondiente previsto para dejar constancia de la salida del territorio nacional.

Artículo 50. *Extinción de la prórroga de estancia de corta duración sin visado.* La vigencia de la prórroga de estancia de corta duración sin visado se extinguirá por las siguientes causas:

a) El transcurso del plazo para el que hubiera sido concedida.

b) Hallarse la persona extranjera incursa en alguna de las causas de prohibición de entrada previstas en el título I Régimen de entrada y salida del territorio español.

Artículo 51. *Estancia en supuestos de entrada o documentación irregulares.* Excepcionalmente, y siempre que existan motivos humanitarios, de interés público u obligaciones internacionales, la persona titular del Ministerio del Interior podrá autorizar la estancia en territorio español por un máximo de noventa días naturales dentro de cualquier periodo de ciento ochenta días naturales a las personas extranjeras que hubieran entrado en él con documentación defectuosa o incluso sin ella o por lugares no habilitados al efecto.

CAPÍTULO II
AUTORIZACIÓN DE ESTANCIA DE LARGA DURACIÓN POR ESTUDIOS, MOVILIDAD DE ALUMNOS, SERVICIOS DE VOLUNTARIADO O ACTIVIDADES FORMATIVAS

Artículo 52. *Definición.* 1. Será titular de una autorización de estancia de larga duración por estudios, movilidad de alumnos, servicios de voluntariado o actividades formativas la persona extranjera que haya sido habilitada a permanecer en España por un periodo superior a noventa días naturales con el fin de llevar a cabo alguna de las siguientes actividades:

a) Realización de estudios superiores, como actividad principal, en una institución o centro de enseñanza superior reconocido en España, en el marco de un programa a tiempo completo, que conduzca a la obtención de un título de educación superior reconocido.

Se entenderá por título de educación superior reconocido aquel expedido por una institución o centro de enseñanza superior reconocido en España.

Los estudios superiores son aquellos estudios, universitarios o no, que conduzcan a la obtención de los títulos que se corresponden con los niveles y cualificaciones fijados en el Real Decreto 1027/2011, de 15 de julio, por el que se establece el Marco Español de Cualificaciones para la Educación Superior. Asimismo, a los efectos de este apartado, se incluirán también los estudios universitarios conducentes a los títulos propios que, en ejercicio de su autonomía y de lo previsto en la normativa universitaria, en su caso impartan las instituciones de educación superior reconocidas, y, además, quedarán incluidos los títulos de Máster de Formación Profesional previstos en el Real Decreto 659/2023, de 18 de julio, por el que se desarrolla la ordenación del Sistema de Formación Profesional.

Los estudios superiores a que se refiere el párrafo anterior podrán incluir, en su caso, la realización de un curso preparatorio a dichos estudios, así como las prácticas de formación obligatorias, que tendrán igualmente la consideración de estudios superiores. Tendrán la condición de curso preparatorio los cursos cero o de otro tipo que pueda ofrecer la institución de enseñanza superior a las personas estudiantes ya admitidas y que sean previos al inicio oficial de los estudios.

Los estudios universitarios se podrán cursar en modalidad presencial o híbrida conforme a lo establecido en los planes de estudios correspondientes y en aplicación de la normativa vigente en materia de universidades. El resto de los estudios superiores se podrán realizar en modalidad presencial o híbrida conforme a la normativa vigente en materia de educación, siempre que, al menos, el 50 por ciento de la programación impartida sea presencial.

Se entenderá por institución o centro de enseñanza superior reconocido en España los centros o instituciones que estén acreditados como tales o adscritos a un centro reconocido, así como aquellos inscritos como tal en el Registro de Instituciones y Centros de Enseñanza Superior. A estos efectos se podrá proceder a la comprobación de la inscripción de la institución o del centro, según corresponda, en el Registro de Universidades, Centros y Títulos (RUCT), en el Registro estatal de centros docentes no universitarios, en el Registro de Instituciones y Centros de Enseñanza Superior o en los registros oficiales correspondientes.

El presente apartado se aplicará también a las personas estudiantes que realicen sus estudios en instituciones o centros de enseñanza superior de carácter internacional que estén radicados y autorizados en España, siempre que dichos estudios conduzcan a la obtención de un título de educación superior reconocido en otros Estados.

Véase la disposición transitoria única sobre Registro de Instituciones y Centros de Enseñanza Superior.

b) Realización de estudios de educación secundaria postobligatoria en un centro de enseñanza autorizado en España, en el marco de un programa a tiempo completo, que conduzcan a la obtención de un título reconocido.

La definición de educación secundaria postobligatoria se entenderá según disponga la normativa sectorial correspondiente.

Se entenderá por título reconocido aquel expedido por un centro de enseñanza autorizado en España.

Se entenderá por centro de enseñanza autorizado en España aquel acreditado a nivel estatal o a nivel autonómico. A estos efectos el centro de enseñanza deberá figurar inscrito en el Registro estatal de centros docentes no universitarios o en los registros oficiales correspondientes.

Los estudios se podrán cursar en modalidad presencial o semipresencial conforme a la normativa vigente en materia de educación, siempre que, al menos, el 50 por ciento de la programación impartida en los centros sea de manera presencial.

Los estudios a los que se refiere el presente apartado podrán incluir, en su caso, la realización de formación práctica tutorizada obligatorias, que tendrán igualmente la consideración de estudios.

En lo que se refiere a la Formación profesional, quedarán incluidos en el ámbito de aplicación de este apartado los ciclos formativos de grado medio y los títulos de Especialista de Formación Profesional previstos en el Real Decreto 659/2023, de 18 de julio.

c) Participación en un programa de movilidad de alumnos con el fin de seguir un programa de enseñanza secundaria obligatoria o postobligatoria en un centro docente o científico oficialmente reconocido.

Se entenderá por programa de movilidad de alumnos un programa de educación secundaria estatal o autonómico, reconocido equivalente al nivel 2 o 3 de la Clasificación Internacional Normalizada de la Educación establecida por la UNESCO, en el marco de un programa de intercambio de alumnos o un proyecto educativo gestionado por un centro de enseñanza inscrito en el Registro estatal de centros docentes no universitarios o en los registros oficiales correspondientes, o por un centro científico oficialmente reconocido.

d) Prestación de un servicio de voluntariado dentro de un programa que persiga objetivos de interés general para una causa sin ánimo de lucro en el que las actividades no son remuneradas, excepto en forma de reembolso de gastos, dinero de bolsillo o ambos.

Se entenderá por servicio de voluntariado aquellas actividades desarrolladas por entidades de voluntariado legalmente constituidas e inscritas en los registros establecidos por las autoridades competentes en el marco de los programas de voluntariado existentes según la normativa sectorial aplicable en España, así como las que se efectúen en el ámbito del Cuerpo Europeo de Solidaridad.

e) Realización de actividades formativas.

Se entenderá, exclusivamente, por actividades formativas, las comprendidas en los siguientes supuestos:

1.º Funciones como auxiliares de conversación extranjeros en centros educativos españoles inscritos en el Registro estatal de centros docentes no universitarios o en los registros oficiales correspondientes.

2.º Enseñanzas de estudios idiomáticos del castellano o de las lenguas cooficiales en España impartidas, de forma presencial, en las escuelas oficiales de idiomas o en centros acreditados en España por el Instituto Cervantes o por el organismo público análogo de la correspondiente lengua cooficial, siempre que no se trate de la lengua materna o la lengua oficial del país del que sea nacional la persona extranjera.

3.º Cursos preparatorios para las pruebas selectivas para el acceso a plazas de formación sanitaria especializada.

4.º Realización de una formación conducente a la obtención de la certificación de aptitud técnica o habilitación profesional según la relación de actividades formativas, duración y condiciones que se establezcan por Resolución del Órgano competente.

5.º Realización de una formación completa, ni modular ni parcial, en un centro de enseñanza autorizado en España, conducente a la obtención de certificados profesionales de las ofertas del sistema de formación profesional de grado C, en sus niveles 2 y 3, con los requisitos y condiciones establecidos en la Ley Orgánica 3/2022, de 31 de marzo, de ordenación e integración de la Formación Profesional y su normativa de desarrollo.

Se entenderá por centro de enseñanza autorizado en España aquel acreditado a nivel estatal o a nivel autonómico o adscrito a un centro de enseñanza reconocido en España. A estos efectos el centro de enseñanza deberá figurar inscrito en el Registro estatal de centros docentes no universitarios o en los registros oficiales correspondientes, siempre que se cumplan los requisitos y condiciones previstos en la normativa estatal y autonómica correspondiente, en particular en cuanto a la acreditación del certificado profesional y a la posterior autorización de cada acción formativa que se pretenda desarrollar.

Los estudios se podrán cursar en modalidad presencial o semipresencial conforme a la normativa vigente en materia de formación, siempre que, al menos, el 50 por ciento de la programación impartida sea de manera presencial.

2. Se entenderá por programa de estudios a tiempo completo aquel en el que el estudiante se haya matriculado al menos en el noventa por ciento de los créditos en el caso de estudios universitarios, o, en su defecto, en el noventa por ciento del programa de estudios.

3. Las figuras de las actividades de investigación y de las prácticas no laborales previstas en el artículo 33.1 de la Ley Orgánica 4/2000, de 11 de enero, se encuentran reguladas en la Ley 14/2013, de 27 de septiembre.

Artículo 53. *Requisitos para la obtención y el mantenimiento de la autorización.* 1. Para la obtención de la autorización de estancia de larga duración, deberán cumplirse los siguientes requisitos específicos para cada supuesto previsto en el artículo 52.1:

a) Realización de estudios superiores:

1.º Haber sido admitido por una institución o un centro de enseñanza superior reconocido para cursar un programa de estudios en los términos previstos en el artículo 52.1.a).

2.º Haber abonado los derechos de inscripción, matrícula o documento equivalente exigidos por la institución o el centro de enseñanza correspondiente.

b) Realización de estudios de educación secundaria postobligatoria:

1.º Haber sido admitido por una institución o centro de enseñanza autorizado para la realización de los estudios en los términos previstos en el artículo 52.1.b).

2.º Haber abonado los derechos de inscripción, matrícula o documento equivalente exigidos, en su caso, por la institución o el centro de enseñanza correspondiente.

c) Participación en un programa de movilidad de alumnos:

1.º Haber sido admitido en un centro de enseñanza.

2.º Haber sido admitido como participante en un programa de movilidad de alumnos con el fin de seguir un programa de enseñanza secundaria obligatoria y/o postobligatoria en un centro docente o científico oficialmente reconocido.

3.º Que el centro de enseñanza que gestiona el programa de movilidad de alumnos o el proyecto educativo se haga responsable del alumno durante su estancia, en particular en cuanto al coste de sus estudios, así como los gastos de estancia y regreso a su país.

4.º Ser alojado, durante su estancia, con una familia que habrá sido seleccionada por la organización responsable del programa de movilidad de alumnos en que participa, o en un internado o residencia adscrito o concertado por la citada organización en el marco de programa.

d) Prestación de un servicio de voluntariado:

1.º Haber sido admitido para la realización de un servicio de voluntariado en el marco de un convenio firmado con la entidad encargada del programa de voluntariado, que incluya una descripción del programa, de las funciones y condiciones de supervisión, de las actividades en él previstas y de las condiciones para realizarlas, así como la duración del mismo, las horas de trabajo voluntario a cumplir, los recursos disponibles para cubrir su manutención y alojamiento durante su estancia, una cantidad mínima en concepto de dinero de bolsillo durante aquella, y, en su caso, la formación que recibirá la persona extranjera para que pueda realizar el programa de voluntariado.

2.º Que la entidad de voluntariado esté legalmente constituida e inscrita en el registro competente de acuerdo con la normativa estatal, autonómica o de otro Estado miembro de la Unión Europea de aplicación.

e) Realización de actividades formativas:

1.º Haber sido admitido para la realización de las actividades formativas.

2.º Haber abonado los derechos de inscripción o matrícula exigidos, en su caso, por la institución, la entidad o el centro correspondiente.

3.º En el supuesto del artículo 52.1.e) 3.º, haber obtenido un título español de licenciado o graduado en medicina, farmacia, enfermería o en otras titulaciones universitarias que habiliten para participar en las convocatorias anuales de pruebas selectivas para el acceso a plazas de formación sanitaria especializada o un título extranjero debidamente reconocido u homologado a los previstos en este párrafo.

2. En cualquiera de los supuestos del artículo 52.1, la persona solicitante no deberá suponer una amenaza para el orden público, la seguridad pública o la salud pública, circunstancia que se acreditará mediante la comprobación de la inexistencia de antecedentes penales en España y la valoración del informe policial correspondiente.

3. En cualquiera de los supuestos, el solicitante deberá haber abonado la tasa por tramitación del procedimiento.

Artículo 54. *Procedimiento.* 1. La solicitud de autorización de estancia de larga duración podrá presentarse cuando la persona extranjera esté fuera de España o cuando sea titular de una autorización de residencia y se encuentre en territorio nacional.

En los supuestos previstos en el artículo 52.1.a) y en el artículo 58, la solicitud también podrá presentarse en España por la persona extranjera siempre que se encuentre regularmente en territorio nacional.

En el supuesto previsto en el artículo 52.1.e).4.º, la solicitud también podrá presentarse en España por la persona extranjera siempre que se encuentre regularmente en territorio nacional y así lo haya dispuesto la resolución que regule las condiciones de obtención de la certificación de aptitud técnica o habilitación profesional.

En caso de que la persona extranjera presente la solicitud en España conforme a los supuestos previstos en los dos párrafos anteriores, deberá ser mayor de edad y la solicitud de la autorización deberá presentarse con una antelación mínima de dos meses a la fecha del comienzo de la actividad o estudios que vaya a realizar.

2. En caso de que la solicitud se presente desde fuera de España, la persona extranjera deberá presentar una solicitud de visado de estancia de larga duración por estudios, movilidad de alumnos, servicios de voluntariado o actividades formativas, de acuerdo con los artículos 34 a 36.

La solicitud del visado deberá presentarse con una antelación mínima de dos meses a la fecha del comienzo de la actividad o estudios que vaya a realizar, salvo que el procedimiento de matrícula o inscripción requiera un plazo inferior, en cuyo caso, deberá justificarse.

3. En caso de que la solicitud se presente desde España, esta deberá presentarse por la persona extranjera, personalmente, mediante representación o a través de los medios electrónicos habilitados para ello, en el modelo oficial, en la oficina de extranjería en la provincia en la que la persona extranjera vaya a iniciar la actividad. La solicitud deberá presentarse con una antelación mínima de dos meses a la fecha de expiración de la situación legal en la que se encuentre.

A la solicitud se acompañará la documentación que acredite el cumplimiento de los requisitos previstos en los artículos 35 y 53.

En este supuesto, la oficina de extranjería verificará el cumplimiento de los requisitos previstos en los artículos 35 y 53, salvo los previstos en las letras c) y d) del artículo 35. La solicitud de autorización prorrogará la situación legal de la persona solicitante hasta la resolución del procedimiento.

En este caso el plazo máximo para resolver y notificar será de dos meses, transcurrido los cuales sin haber obtenido respuesta se entenderá que su sentido es desfavorable.

4. Para la valoración del requisito establecido en el artículo 53.2 la oficina de extranjería recabará de oficio el informe del registro central de penados y el informe policial sobre la persona solicitante. Estos informes serán emitidos en el plazo de cinco días.

La existencia de antecedentes en el informe policial no supondrá, por sí misma y de forma automática, causa de denegación de la autorización. En ese caso, el órgano competente valorará de forma casuística y circunstanciada, que la persona extranjera no suponga una amenaza para el orden público, la seguridad interior, la salud pública o las relaciones internacionales de ninguno de los Estados miembros de la Unión Europea.

5. En el caso de que la resolución sobre la autorización fuera desfavorable, la oficina de extranjería notificará a la persona interesada el sentido de la resolución, informándole por escrito en el mismo documento de los recursos administrativos y judiciales que procedan contra la misma, los órganos ante los que deban interponerse y los plazos previstos para ello.

En caso de que la solicitud se haya presentado ante una oficina consular, la oficina de extranjería dará traslado a esta de lo referido en el párrafo anterior para que notifique a la persona interesada.

6. Sin perjuicio de lo anterior, en el supuesto del artículo 52.1.a), cuando la persona extranjera se encuentre regularmente en España, las instituciones o centros de enseñanza superior reconocidos en España en las que la persona extranjera vaya a cursar los estudios podrán presentar la solicitud de autorización electrónicamente, debiendo acompañar a la solicitud los documentos que acrediten el cumplimiento de los requisitos previstos en los artículos 35 y 53, salvo los previstos en las letras c) y d) del artículo 35, que serán valorados por la oficina de extranjería correspondiente. A tal efecto, las instituciones o centros de enseñanza superior deberán estar inscritas en el Registro de Instituciones y Centros de Enseñanza Superior.

En este caso, se eximirá al solicitante de acreditar el cumplimiento de los requisitos previstos en el artículo 53.1.a). No obstante, la Administración podrá efectuar de oficio comprobaciones del cumplimiento de estos requisitos para lo cual la institución o centro deberá disponer de la documentación acreditativa.

El plazo máximo para resolver y notificar será de 15 días, transcurridos los cuales sin haber obtenido respuesta la solicitud se entenderá desestimada.

7. Asimismo, los centros o instituciones de enseñanza superior inscritos en el Registro de Instituciones y Centros de Enseñanza Superior podrán solicitar la tramitación colectiva de las autorizaciones previstas en el artículo 52.1.a). Dicha tramitación colectiva estará basada en la gestión planificada de un cupo temporal de autorizaciones presentadas por tales centros o instituciones de educación superior. En estos casos, el procedimiento será el previsto en el párrafo anterior.

8. La autorización de estancia de larga duración será denegada:

a) Cuando no se cumplan los requisitos establecidos para cada autorización.

b) Cuando, para fundamentar la solicitud, se hayan presentado documentos falsos, que hayan sido adquiridos fraudulentamente o manipulados, formulado alegaciones inexactas o medie mala fe.

c) Cuando el centro o institución en el que el solicitante haya sido admitido no sea un centro o institución reconocido, autorizado o acreditado y esto sea preceptivo.

9. En caso de que la autorización tenga una vigencia superior a seis meses, la persona extranjera deberá solicitar personalmente, ante la Comisaría de Policía competente, en el plazo de un mes desde la concesión de dicha autorización, la tarjeta de identidad de extranjero.

Artículo 55. *Duración, prórroga y extinción de la autorización de estancia de larga duración por estudios, movilidad de alumnos, servicios de voluntariado o actividades formativas.* 1. La duración de la autorización será igual a la de los estudios, programa de movilidad, servicio de voluntariado o actividad formativa, con el límite de un año, salvo en el caso de los estudios superiores previstos en el apartado 1.a) del artículo 52, en cuyo caso la vigencia de la autorización coincidirá con la duración oficial de los estudios.

En el caso de la autorización concedida a las personas extranjeras del supuesto previsto en el artículo 58, su vigencia será igual a la de la duración de los estudios de formación sanitaria especializada en los que hayan obtenido plaza.

2. La vigencia de la autorización deberá comenzar con una antelación de un mes con respecto al comienzo de la actividad o estudios que dieran lugar a la concesión de la misma, excepto en el supuesto de que la solicitud se presente durante los dos meses previos al comienzo de la actividad o estudios, en cuyo caso, la vigencia de la autorización podrá comenzar con un mes de antelación o desde el día en el que se resuelva dicha concesión, siempre y cuando la actividad o estudios vayan a comenzar en un plazo inferior a un mes.

La vigencia se extenderá quince días más allá de la finalización de la actividad o estudios.

Durante la vigencia de la autorización, la persona extranjera deberá mantener los requisitos que dieron lugar a su concesión. La institución o centro de enseñanza deberá mantener su condición de reconocido, autorizado o acreditado en España.

En el caso de que la autorización se conceda por más de un año, será requisito para el mantenimiento de la vigencia de la misma que la persona extranjera o, en su caso, la institución o centro aporte anualmente, al inicio de cada curso, los derechos de inscripción, matrícula o documento equivalente que acredite que continúa cursando los estudios que dieron lugar a la concesión de la autorización.

Esto podrá acreditarse, sí así lo establece la normativa aplicable, a través de la realización de estudios en el territorio de otro Estado Miembro de la Unión Europea, en el marco de programas temporales promovidos por la propia Unión.

La Administración, a través del órgano competente, podrá, en el ejercicio de sus competencias de control, requerir a la persona extranjera en cualquier momento durante la vigencia de la autorización que acredite seguir reuniendo los requisitos generales y específicos exigidos.

3. Durante los dos meses previos a la fecha de expiración de la vigencia del visado o de la autorización, en los supuestos previstos en las letras a), b), d) y e) del artículo 52.1, la persona titular de la misma podrá solicitar una prórroga cuando acredite el cumplimiento de los requisitos previstos en el artículo 53.1 para el supuesto por el que obtuviera la autorización, el requisito previsto en el artículo 53.2 y los requisitos previstos en las letras b), h) e i) del artículo 35.

4. La prórroga deberá solicitarse por medios electrónicos, por la persona extranjera o a través de representante, en modelo oficial, e irá dirigida a la oficina de extranjería de la provincia donde obtuvo la autorización inicial. La presentación de la solicitud dentro del plazo previsto en el apartado anterior prorrogará la validez de la autorización anterior hasta la resolución del procedimiento. También se prorrogará la validez de la autorización hasta la resolución del procedimiento en el supuesto en que la solicitud se presentase dentro de los tres meses posteriores a la fecha en que hubiera finalizado la vigencia de la anterior autorización, sin perjuicio de la incoación del correspondiente procedimiento sancionador por la infracción prevista en el artículo 52.b) de la Ley Orgánica 4/2000, de 11 de enero.

Transcurrido un mes sin que se haya notificado la resolución se entenderá que la misma ha sido desestimada por silencio administrativo.

5. La vigencia de la prórroga coincidirá con la duración del curso para el que esté matriculado, del programa de movilidad, del servicio de voluntariado o de la actividad formativa, con el límite máximo de un año.

En el caso de los supuestos previstos en las letras d) y e) del artículo 52.1, solo se permitirá una prórroga por autorización. En el caso de las letras a) y b) de dicho artículo, se permitirán hasta dos prórrogas por autorización.

En el supuesto previsto en el artículo 52.1.e) 2.º, para la concesión de la prórroga se requerirá que la persona solicitante haya superado el curso en el que estuviera matriculado en el caso de las Escuelas Oficiales de Idiomas o, en los demás casos, que haya obtenido uno de los diplomas de español como lengua extranjera (DELE) previstos en el Real Decreto 1137/2002, de 31 de octubre, por el que se regulan los «diplomas de español como lengua extranjera (DELE)» o haya realizado la inscripción para realizar la prueba conducente al mismo o haya obtenido un diploma del Servicio Internacional de Evaluación de la Lengua Española.

En el supuesto previsto en el artículo 52.1.e) 3.º, para la concesión de la prórroga se requerirá que la persona solicitante acredite que se ha presentado a las pruebas selectivas para el acceso a plazas de formación sanitaria especializada.

6. La declaración de extinción por pérdida o retirada de una autorización de estancia de larga duración por estudios se producirá en los supuestos regulados con carácter común en este Reglamento y específicamente cuando la institución o centro de enseñanza referido en el apartado 1.a) del artículo 52 pierda su condición de reconocido en España, en este último caso, se permitirá a la persona extranjera completar sus estudios en otra institución o centro de enseñanza superior reconocido.

Artículo 56. *Familiares de la persona titular de una autorización de estancia de larga duración por estudios superiores.* 1. En el supuesto del artículo 52.1.a), los familiares de las personas extranjeras que sean titulares de una autorización de estancia de larga duración por estudios superiores podrán solicitar los correspondientes visados o autorizaciones de estancia de larga duración para entrar o permanecer legalmente en España durante el período de validez de la autorización que le reste al titular la vigencia de su estancia, siempre que le reste al menos una duración de noventa días naturales.

Este artículo también será de aplicación a los familiares de las personas extranjeras que cursen en España estudios de formación sanitaria especializada conforme al artículo 58.

2. A efectos del apartado anterior, el término familiar se entenderá referido:

a) Al cónyuge, pareja registrada o pareja estable debidamente probada del titular de la autorización de estancia de larga duración por estudios. Se entenderá por pareja estable aquella que acredite la existencia de un vínculo duradero. En todo caso, se entenderá la existencia de este vínculo si se acredita un tiempo de convivencia marital de, al menos, un año continuado, salvo que tuvieran descendencia en común, en cuyo caso bastará la acreditación de convivencia estable debidamente probada.

b) A los hijos menores de edad no casados, o que no hayan constituido su propia unidad familiar, del titular de la autorización de estancia de larga duración por estudios o de su cónyuge, pareja registrada o pareja estable.

c) A los hijos mayores de edad no casados, o que no hayan constituido su propia unidad familiar, del titular de la autorización de estancia de larga duración por estudios o de su cónyuge, pareja registrada o pareja estable que tengan necesidades de apoyo específicas y personalizadas por razón de discapacidad o de enfermedad.

3. Para la concesión del visado o de la autorización a favor del familiar se tendrán que acreditar los siguientes requisitos:

1.º Que el familiar sea titular de una autorización de estancia de larga duración por estudios en vigor conforme a lo dispuesto en el artículo 52.1.a).

2.º Que no se encuentran irregularmente en territorio español.

3.º Que se acredite el vínculo familiar o de parentesco.

4.º Que la unidad familiar de convivencia conforme a la definición de este apartado cuente con medios económicos suficientes para el sostenimiento de la unidad familiar.

5.º Que cuente con un seguro de enfermedad.

6.º En el caso de que el familiar sea mayor de edad penal y la estancia supere los seis meses, que carece de antecedentes penales en España y en los países donde haya residido durante los cinco años anteriores a la presentación de la solicitud por delitos previstos en el ordenamiento español.

7.º Que el familiar no suponga una amenaza para el orden público, la seguridad pública o la salud pública, circunstancia que se acreditará mediante la comprobación de la inexistencia de antecedentes penales a que se refiere el párrafo anterior y la valoración del informe policial correspondiente.

4. El procedimiento para la solicitud del visado o de la autorización de estancia de larga duración para familiares de titulares de autorizaciones de estancia de larga duración por estudios será el previsto para los titulares de la autorización en los artículos 36 y 54 respectivamente. En el caso de solicitud de visado, a la oficina consular le corresponderá verificar los requisitos señalados en los puntos 2.º, 3.º, 4.º y 5 º del apartado 3 del presente artículo, así como la ausencia de antecedentes penales en los países de residencia durante los cinco años anteriores a la presentación de la solicitud por delitos previstos en el ordenamiento español.

En el caso de solicitud desde España, será la oficina de extranjería competente la que compruebe el cumplimiento de dichos requisitos.

5. Los familiares que sean titulares del visado o de la autorización referidos en el presente artículo, podrán permanecer en territorio español durante el mismo periodo y con idéntica situación que el titular de la autorización principal. La permanencia estará, en todo caso vinculada a la situación de estancia de la persona titular del visado o de la autorización principal.

6. Los familiares que sean titulares del visado o de la autorización referidos en el presente artículo no estarán autorizados a trabajar durante su vigencia.

7. Los hijos nacidos en España de la persona extranjera que se encuentre en situación de estancia conforme a lo dispuesto en el artículo 52 adquirirán automáticamente la autorización de estancia de larga duración para familiares de titulares de autorizaciones de estancia de larga duración por estudios, cuya vigencia será la misma que la del progenitor titular de la autorización. A estos efectos, el padre o la madre deberán solicitar personalmente la autorización de estancia de larga duración en favor del menor en el plazo de los 6 meses siguientes a la fecha del nacimiento.

8. Se le otorgará un visado o una autorización de estancia de larga duración para familiares de titulares de autorizaciones de estancia de larga duración por estudios a la persona que apoye al titular de la autorización de estancia de larga duración conforme a lo dispuesto en el artículo 52 cuando la persona que tenga concedida la autorización tenga una discapacidad o una enfermedad que precise ese tipo de apoyo.

Artículo 57. *Acceso al empleo de las personas titulares de la autorización.* 1. Las personas extranjeras titulares de la autorización podrán ser autorizadas para ejercer una actividad retribuida por cuenta ajena en instituciones públicas o entidades privadas cuando el empleador o la persona extranjera presenten la correspondiente solicitud de autorización de trabajo y se cumplan los requisitos previstos en el artículo 74, excepto los exigidos en la letra a), en el segundo párrafo de la letra c) y en la letra h) del apartado primero, siempre y cuando las condiciones laborales se ajusten a la normativa vigente y al convenio colectivo aplicable para la actividad a ejercer.

Asimismo, podrán ser autorizadas a realizar actividades por cuenta propia, siempre y cuando la persona extranjera presente la solicitud correspondiente y se cumplan los requisitos previstos en el artículo 84, excepto los exigidos en las letras d) y e).

Dichas actividades deberán ser compatibles con la realización de aquéllas para las que, con carácter principal, se concedió la autorización de estancia de larga duración.

La autorización de estancia de larga duración obtenida en virtud de los supuestos establecidos en el artículo 52.1, letra a), autorizará a trabajar por cuenta propia y ajena, automáticamente y sin necesidad de un trámite adicional, siempre que esta actividad laboral sea compatible con la realización de esos estudios.

No será preciso solicitar otra autorización adicional para realizar prácticas curriculares, entendiendo por tales las que formen parte del plan de estudios o formación para el que se otorgó la autorización de estancia de larga duración, que se produzcan en el marco de los correspondientes convenios de colaboración entre las entidades públicas o privadas y la institución de educación superior o el centro docente o científico de que se trate y que no tengan carácter laboral. Las prácticas académicas externas curriculares en entidades públicas o privadas y la fase de formación en empresa u organismo equiparado tendrán dicha consideración, y, por tanto, su realización estará cubierta por la autorización de estancia de larga duración por estudios concedida.

La autorización de estancia de larga duración obtenida también autorizará, automáticamente y sin necesidad de un trámite adicional, para el desarrollo de actividades formativas en empresa u organismo equiparado, conforme a los requisitos y condiciones de la legislación sectorial, en el caso de que se realicen en el marco de la formación profesional de régimen general o intensivo, tanto en los ciclos formativos de grado medio y superior, como en la formación profesional conducente a la obtención de certificados profesionales.

2. Con carácter general, la actividad laboral a la que se refiere el apartado primero del presente artículo no podrá ser superior a las treinta horas semanales, salvo en el caso de la formación profesional de régimen intensivo que se estará a lo que determine la legislación sectorial. El incumplimiento de dicho límite será causa de extinción de la autorización estancia de larga duración.

3. La autorización se limitará geográficamente a la comunidad autónoma en la que se haya concedido la autorización de estancia de larga duración. No obstante, se podrá realizar actividad laboral en localidades de otra comunidad autónoma siempre y cuando sean localidades limítrofes con la comunidad autónoma en la que se haya concedido la autorización de estancia de larga duración.

Se podrá excepcionar la limitación geográfica de las autorizaciones siempre que la localización del centro de trabajo o del centro en que se desarrolle la actividad por cuenta propia no implique desplazamientos continuos que supongan la ruptura del requisito de compatibilidad con la finalidad principal para la que se concedió la autorización de estancia de larga duración.

Cuando la relación laboral se inicie y desarrolle en el ámbito territorial de una sola comunidad autónoma y a ésta se le haya traspasado la competencia ejecutiva de tramitación y resolución de las autorizaciones iniciales de trabajo por cuenta propia y ajena, corresponderá a los órganos competentes de la comunidad autónoma la admisión, tramitación, resolución de solicitudes y, de los recursos administrativos que, en su caso, se interpongan.

4. La vigencia de la autorización para trabajar coincidirá con la de la autorización de estancia de larga duración. La pérdida o denegación de la prórroga de la autorización de la estancia de larga duración será causa de extinción de la autorización para trabajar.

Las autorizaciones para trabajar se prorrogarán de oficio por el órgano competente si subsisten las circunstancias que motivaron la concesión anterior, siempre y cuando se haya obtenido la prórroga de la autorización de estancia de larga duración.

5. En caso de que la persona titular de la autorización ejerza una actividad laboral en los términos previstos en este artículo, el requisito de seguro médico establecido en el artículo 35 se entenderá cumplido mediante el alta en el régimen correspondiente de la Seguridad Social.

Artículo 58. *Régimen especial de los estudios de especialización en el ámbito sanitario.* De acuerdo con el artículo 33.8 de la Ley Orgánica 4/2000, de 11 de enero, se someterán al régimen de estancia de larga duración previsto en este capítulo las personas extranjeras que cursen en España estudios de formación sanitaria especializada de acuerdo con la Ley 44/2003, de 11 de noviembre, de profesiones sanitarias, salvo que ya contasen con una autorización de residencia previamente al inicio de los mismos, en cuyo caso podrán continuar en dicha situación de residencia.

Las personas extranjeras que ostenten un título español, o extranjero pero debidamente reconocido u homologado, de licenciado o graduado en medicina, farmacia, enfermería u otros títulos universitarios que hayan obtenido plazas de formación sanitaria especializada podrán realizar las actividades laborales derivadas de lo previsto en el Real Decreto 1146/2006, de 6 de octubre, por el que se regula la relación laboral especial de residencia para la formación de especialistas en Ciencias de la Salud sin que sea preciso la tenencia de una autorización para trabajar.

Lo previsto en el párrafo anterior se entenderá sin perjuicio de la necesidad de comunicación de esta circunstancia a la oficina de extranjería competente.

El órgano competente resolverá sobre la concesión de la autorización de estancia de larga duración prevista en este capítulo tras la verificación del cumplimiento del requisito previsto en el artículo 53.2 y de que hayan sido adjudicatarios de una plaza en los estudios de especialización mencionados en el párrafo primero.

Cuando se encuentren fuera de España, la oficina consular de su lugar de residencia podrá expedir el visado de estudios siempre que se verifique el cumplimiento de los requisitos previstos en el artículo 35.

Artículo 59. *Movilidad dentro de la Unión Europea.* 1. Las personas estudiantes que posean un visado o una autorización de estancia de larga duración válida para la realización de programas de enseñanza superior, expedida por España, y que participen en un programa de la Unión Europea o multilateral que incluya medidas de movilidad o que estén cubiertos por un acuerdo entre dos o más instituciones de enseñanza superior, tendrán derecho a entrar y permanecer en uno o varios Estados miembros, durante un período de hasta trescientos sesenta días por Estado miembro, a fin de realizar parte de sus estudios en una institución de enseñanza superior previa comunicación a las autoridades de dichos Estados de acuerdo con su normativa en aplicación de la Directiva (UE) 2016/801, del Parlamento Europeo y del Consejo, de 11 de mayo de 2016, relativa a los requisitos de entrada y residencia de los nacionales de países terceros con fines de investigación, estudios, prácticas, voluntariado, programas de intercambio de alumnos o proyectos educativos y colocación au pair.

2. Las personas estudiantes que posean un visado o una autorización válida expedida por otro Estado miembro de conformidad con la Directiva (UE) 2016/801, del Parlamento Europeo y del Consejo, de 11 de mayo de 2016, y que participen en un programa de la Unión o multilateral que incluya medidas de movilidad o que estén cubiertos por un acuerdo entre dos o más instituciones de enseñanza superior, tendrán derecho a entrar y permanecer en España, durante un período de hasta 360 días, a fin de realizar parte de sus estudios en una institución de educación superior española, previa comunicación a la oficina de extranjería de la provincia en la que vaya a iniciarse la actividad.

La comunicación se realizará en cualquier momento anterior a la entrada en territorio español y, a más tardar, en el plazo de un mes desde que se efectúe la misma por la institución de educación superior española, con indicación de la duración prevista y las fechas de la movilidad.

En la comunicación se incluirá el documento de viaje válido y la autorización válida expedida por el primer Estado miembro que abarcará el período total de movilidad en que la persona estudiante vaya a permanecer en España. Además, la comunicación incluirá la prueba de que la persona estudiante está realizando parte de sus estudios en el marco de un programa de la Unión Europea o multilateral que incluye medidas de movilidad o de un acuerdo entre dos o más instituciones de enseñanza superior y la prueba de que la persona estudiante ha sido aceptada por una institución de educación superior española.

La correspondiente oficina de extranjería podrá presentar objeciones a la movilidad de la persona estudiante, dentro de un plazo de 30 días a partir de la fecha de recepción de la comunicación completa, cuando:

a) No se cumplan las condiciones establecidas en este apartado.

b) Los documentos presentados se hayan adquirido fraudulentamente o hayan sido falsificados o manipulados o sea aplicable alguno de los motivos de denegación de una solicitud de autorización.

c) Haya transcurrido la duración máxima de estancia a la que se refiere este apartado.

En caso de oposición a la movilidad no se permitirá a la persona estudiante realizar parte de sus estudios en la institución de enseñanza superior española y el primer Estado miembro permitirá la reentrada sin más trámites de la persona extranjera desplazada. Si no se hubiera producido todavía el desplazamiento a España, la resolución denegatoria impedirá el mismo.

3. Las personas estudiantes extranjeras que hayan sido admitidas para la realización o ampliación de estudios en otro Estado miembro de la Unión Europea, pero que no estén cubiertos por un programa de la Unión Europea o multilateral que incluya medidas de movilidad o por un acuerdo entre dos o más instituciones de enseñanza superior, podrán presentar una solicitud de autorización para entrar y permanecer en España a fin de cursar o completar parte de sus estudios en una institución de enseñanza superior española no siendo exigible la obtención de visado.

La solicitud podrá ser presentada en cualquier momento anterior a la entrada en territorio español y, como máximo, en el plazo de un mes desde que se efectúe la misma.

Se dirigida a la oficina de extranjería correspondiente a la provincia en que esté situado el centro de enseñanza, ante la oficina consular española correspondiente al lugar previo de residencia en la Unión Europea o ante la propia oficina de extranjería. A la solicitud se acompañará la siguiente documentación:

a) Documentación acreditativa de su condición de admitida como estudiante en otro Estado miembro de la Unión Europea.

b) Documentación acreditativa del cumplimiento de los requisitos establecidos en el artículo 53.1 a), 2 y 3, además de los establecidos en el artículo 35.h), i) y j).

El órgano competente resolverá y notificará en el plazo máximo de un mes, transcurrido el cual sin haber obtenido respuesta se entenderá que su sentido es favorable.

Concedida, en su caso, la autorización, la persona extranjera deberá entrar en España en el plazo máximo de tres meses desde la notificación de la resolución, de no encontrarse ya en territorio español.

TÍTULO IV
RESIDENCIA TEMPORAL

Artículo 60. *Definición y supuestos de residencia temporal.* 1. Se halla en la situación de residencia temporal la persona extranjera que se encuentre autorizada a permanecer en España por un periodo superior a noventa días naturales e inferior a cinco años, sin perjuicio de lo establecido en materia de estancia por estudios, movilidad de alumnos, servicios de voluntariado o actividades formativas.

2. Las personas extranjeras en situación de residencia temporal serán titulares de uno de los siguientes tipos de autorización:

a) Autorización de residencia temporal no lucrativa.

b) Autorización de residencia temporal por reagrupación familiar.

c) Autorización de residencia temporal y trabajo por cuenta ajena.

d) Autorización de residencia temporal y trabajo por cuenta propia.

e) Autorización de residencia temporal con excepción de la autorización de trabajo.

f) Autorización de residencia temporal de familiares de ciudadanos españoles.

CAPÍTULO I
RESIDENCIA TEMPORAL NO LUCRATIVA

Artículo 61. *Definición y requisitos específicos.* 1. Se halla en situación de residencia temporal no lucrativa la persona extranjera, así como sus familiares, que hayan sido autorizados a residir en España sin realizar actividades laborales o profesionales.

2. Para la concesión de una autorización inicial de residencia temporal no lucrativa será necesario acreditar, los siguientes requisitos específicos:

a) Contar con medios económicos suficientes para atender sus gastos de manutención y residencia incluyendo, en su caso, los de su familia, durante el periodo de tiempo por el que se desee residir en España, y sin necesidad de desarrollar ninguna actividad laboral o profesional, de conformidad con lo dispuesto en este capítulo.

b) Contar con un seguro de enfermedad.

c) No encontrarse, en su caso, dentro del plazo de compromiso de no retorno a España que la persona extranjera haya asumido al retornar voluntariamente a su país de origen.

d) No representar una amenaza para el orden público, la seguridad pública o la salud pública, circunstancia que se acreditará mediante la comprobación de la inexistencia de antecedentes penales en España y la valoración del informe policial correspondiente.

e) Haber abonado la tasa por tramitación del procedimiento.

3. A efectos de la autorización de residencia temporal no lucrativa, el término familiar se entenderá en los términos siguientes:

a) El cónyuge, pareja registrada o pareja estable debidamente probada de la persona solicitante de la autorización de residencia. Se entenderá por pareja estable aquella que acredite la existencia de un vínculo duradero. En todo caso, se entenderá la existencia de este vínculo si se acredita un tiempo de convivencia marital de, al menos, un año continuado, salvo que tuvieran descendencia en común, en cuyo caso bastará la acreditación de convivencia estable debidamente probada.

b) Los hijos e hijas menores de edad no casados, o que no hayan constituido su propia unidad familiar, del solicitante o de su cónyuge, pareja registrada o pareja estable.

c) Los hijos e hijas mayores de edad del solicitante o de su cónyuge, pareja registrada o pareja estable y que tengan una discapacidad que requiera de apoyo o que no sean objetivamente capaces de proveer a sus propias necesidades debido a su estado de salud.

4. La autorización inicial de residencia temporal no lucrativa tendrá la duración de un año.

Artículo 62. *Medios económicos a acreditar para la obtención de una autorización de residencia temporal no lucrativa.* 1. Las personas extranjeras que deseen residir en España sin realizar una actividad laboral o lucrativa deberán contar con medios económicos suficientes para el periodo de residencia de la autorización, o acreditar una fuente de percepción periódica de ingresos, para sí mismo y, en su caso, su familia, en las siguientes cuantías, que se establecen con carácter de mínimas y referidas al momento de solicitud del visado o de renovación de la autorización:

a) Para su sostenimiento, durante su residencia en España, una cantidad que represente mensualmente en euros el 400 % del IPREM, o su equivalente legal en moneda extranjera.

b) Para el sostenimiento de cada uno de los familiares a su cargo, durante su residencia en España, una cantidad que represente mensualmente en euros el 100 % del IPREM, o su equivalente legal en moneda extranjera, cantidad a acreditar de forma adicional a la referida en el apartado a) anterior.

2. En los supuestos previstos en las letras a) y b) del apartado anterior, la cuantía global de medios económicos habrá de suponer la disposición de la cuantía mensual calculada con base a lo establecido en el apartado anterior, en relación con el tiempo de vigencia de la autorización solicitada.

3. La disponibilidad se podrá acreditar por cualquier medio de prueba admitido en Derecho, incluyendo la aportación de títulos de propiedad, cheques certificados o tarjetas de crédito, que deberán ir acompañados de una certificación bancaria que acredite la cantidad disponible como crédito de la citada tarjeta.

En el caso de presentarse información relativa a cuentas o instrumentos financieros en el extranjero, esta deberá incluir:

a) La razón social o denominación completa de la entidad bancaria o de crédito, así como su domicilio.

b) La identificación completa de las cuentas.

c) La fecha de apertura o cancelación o, en su caso, las fechas de concesión y revocación de la autorización.

d) Los saldos de las cuentas a 31 de diciembre del año anterior al de presentación de la solicitud y el saldo medio correspondiente al último año.

Si los medios económicos proceden de acciones o participaciones en empresas españolas, mixtas o extranjeras radicadas en España, la persona interesada acreditará, mediante certificación de las mismas, que no ejerce actividad laboral alguna en dichas empresas, y presentará declaración responsable en tal sentido.

Artículo 63. *Procedimiento.* 1. La persona extranjera que desee residir temporalmente en España sin realizar actividades laborales o profesionales deberá solicitar el correspondiente visado de residencia en la oficina consular española competente de conformidad con los artículos 38 y 39.

La solicitud del visado conllevará la solicitud de la autorización de residencia temporal no lucrativa.

2. La oficina de extranjería competente valorará los requisitos establecidos en las letras c), d) y e) del apartado 2 del artículo 61 para la concesión o denegación de la autorización de residencia temporal no lucrativa.

3. Para la valoración del requisito establecido en el artículo 61.2 d), la oficina de extranjería recabará de oficio el informe del registro central de penados para comprobar la inexistencia de antecedentes penales en España y recabará informe policial sobre la persona solicitante. Estos informes serán emitidos en el plazo de siete días.

La existencia de antecedentes en el informe policial no supondrá, por sí misma y de forma automática, causa de denegación de la autorización. En ese caso, el órgano competente valorará de forma casuística y circunstanciada que la persona extranjera no suponga una amenaza para el orden público, la seguridad interior, la salud pública o las relaciones internacionales de ninguno de los Estados miembros de la Unión Europea.

4. El órgano competente resolverá sobre la autorización de residencia en el plazo máximo de un mes desde la recepción de la comunicación de la oficina consular. Transcurrido este plazo sin respuesta, se entenderá que la solicitud ha sido desestimada.

La oficina de extranjería competente grabará la resolución en la aplicación correspondiente, para su conocimiento por el Ministerio de Asuntos Exteriores, Unión Europea y Cooperación y por la oficina consular correspondiente.

Cuando la oficina consular no disponga de los medios técnicos necesarios para el acceso en tiempo real a la resolución mencionada en el párrafo anterior, los servicios centrales del Ministerio de Asuntos Exteriores, Unión Europea y Cooperación le darán traslado electrónico de la misma en el plazo de veinticuatro horas desde su recepción.

5. En el plazo de un mes desde la entrada en España, su titular deberá solicitar personalmente la correspondiente tarjeta de identidad de extranjero.

Artículo 64. *Renovación de la autorización de residencia temporal no lucrativa.* 1. La persona extranjera que desee renovar su autorización de residencia temporal deberá solicitarlo a la oficina de extranjería competente para su tramitación durante los dos meses previos a la fecha de expiración de la vigencia de su autorización. La presentación de la solicitud en este plazo prorroga la validez de la autorización anterior hasta la resolución del procedimiento. También se prorrogará hasta la resolución del procedimiento en el supuesto en que la solicitud se presentase dentro de los tres meses posteriores a la fecha en que hubiera finalizado la vigencia de la anterior autorización, sin perjuicio de la incoación del correspondiente procedimiento sancionador por la infracción prevista en el artículo 52.b) de la Ley Orgánica 4/2000, de 11 de enero.

2. Para la renovación de una autorización de residencia temporal no lucrativa, la persona extranjera deberá cumplir los siguientes requisitos:

a) Ser titular de una autorización de residencia temporal no lucrativa en vigor o hallarse dentro del plazo de los tres meses posteriores a la caducidad de esta.

b) Contar con medios económicos suficientes para atender sus gastos de manutención y residencia, incluyendo, en su caso, los de su familia, durante el periodo de tiempo por el que corresponda la renovación, sin necesidad de desarrollar ninguna actividad laboral o profesional, en los términos establecidos en el artículo 62.

c) Haber mantenido durante la vigencia de la autorización que se pretende renovar y continuar con un seguro de enfermedad.

d) Tener escolarizados a los menores a su cargo en edad de escolarización obligatoria durante la permanencia de estos en España.

e) Haber abonado la tasa por tramitación del procedimiento.

f) Haber residido de forma real y efectiva en España durante más de ciento ochenta y tres días durante el año natural.

3. A la solicitud, en modelo oficial, deberá acompañar la documentación que acredite que se reúnen los requisitos señalados en el apartado anterior, entre otros:

a) Copia del pasaporte completo en vigor o título de viaje, reconocido como válido en España.

b) Los documentos que acrediten los recursos económicos suficientes para atender sus gastos de manutención y residencia, así como el seguro de enfermedad, durante el periodo de tiempo por el que se pretenda renovar la residencia en España sin necesidad de desarrollar ninguna actividad laboral o profesional.

c) En su caso, informe emitido por las autoridades autonómicas competentes que acredite la escolarización de los menores en edad de escolarización obligatoria que estén a su cargo.

4. En caso de que a partir de la documentación presentada junto a la solicitud no quede acreditada la escolarización de los menores en edad de escolarización obligatoria que estén a cargo del solicitante, la Oficina de extranjería pondrá esta circunstancia en conocimiento de las autoridades educativas competentes, y advertirá expresamente y por escrito a la persona solicitante de que en caso de no produ-

cirse la escolarización y presentarse el correspondiente informe en el plazo de un mes, la autorización no será renovada.

5. Para la renovación de la autorización se valorará, en su caso, previa solicitud de oficio de los correspondientes informes:

a) La posibilidad de renovar la autorización de residencia a las personas extranjeras que hubieren sido condenadas por la comisión de un delito y hayan cumplido la condena, las que hubieran sido indultadas o se hallasen en situación de remisión condicional de la pena o de suspensión de la pena.

b) El incumplimiento de las obligaciones de la persona extranjera en materia tributaria y de Seguridad Social durante la vigencia de su autorización.

6. A los efectos de la renovación de la autorización, se valorará el esfuerzo de integración de la persona extranjera. Dicha circunstancia se acreditará mediante la aportación por parte de la persona extranjera, de un informe favorable de los órganos competentes de la Comunidad Autónoma de su lugar de residencia que recomienden la renovación, principalmente en caso de que no acredite el cumplimiento de alguno de los requisitos previstos para la renovación de la autorización.

El informe, de ser favorable, certificará el conocimiento y respeto de los valores constitucionales de España, los valores estatutarios de la Comunidad Autónoma en que se resida, los valores de la Unión Europea, los derechos humanos, las libertades públicas, la democracia, la tolerancia, la igualdad entre mujeres y hombres y, en su caso, el aprendizaje de las lenguas oficiales del lugar de residencia.

En caso de que el informe no haya sido emitido en el plazo de un mes circunstancia que habrá de ser debidamente acreditada por el interesado, podrá justificarse este requisito por cualquier medio de prueba admitido en Derecho.

7. La autorización de residencia temporal renovada tendrá una vigencia de dos años, salvo que corresponda obtener una autorización de residencia de larga duración o de larga duración-UE.

8. La solicitud se resolverá y se notificará a la persona interesada en el plazo de tres meses desde la presentación de la solicitud. Trascurrido dicho plazo se entenderá estimada.

9. En el plazo de un mes desde la notificación de la resolución por la que se renueva la autorización, su titular deberá solicitar personalmente, ante la Comisaría de Policía competente, la correspondiente tarjeta de identidad de extranjero.

CAPÍTULO II
RESIDENCIA TEMPORAL POR REAGRUPACIÓN FAMILIAR

Artículo 65. *Definición.* 1. Se halla en situación de residencia temporal por razón de reagrupación familiar la persona extranjera que haya sido autorizada a residir en España en virtud del derecho a la reagrupación familiar ejercido por una persona extranjera residente.

2. La autorización de residencia por reagrupación familiar del cónyuge, la pareja de hecho o el hijo o hija reagrupado habilitará a su titular a trabajar, siempre que superen la edad mínima de admisión al trabajo, sin necesidad de realizar ningún trámite administrativo. Dicha autorización les habilita para trabajar por cuenta ajena o por cuenta propia, en cualquier parte del territorio español, ocupación o sector de actividad.

Artículo 66. *Familiares reagrupables.* 1. La persona extranjera podrá reagrupar en España a los siguientes familiares:

a) Su cónyuge mayor de dieciocho años, siempre que no se encuentre separado de hecho o de derecho y que el matrimonio no se haya celebrado en fraude de ley.

En ningún caso podrá reagruparse a más de un cónyuge, aunque la ley personal de la persona extranjera admita esta modalidad matrimonial.

La persona extranjera residente que se encuentre casada en segundas o posteriores nupcias sólo podrá reagrupar con ella al nuevo cónyuge y sus familiares si acredita que la disolución de sus anteriores matrimonios ha tenido lugar tras un procedimiento jurídico que fije la situación del cónyuge anterior y sus familiares en cuanto a la vivienda común, la pensión al cónyuge y los alimentos para los hijos menores o mayores dependientes.

b) La persona extranjera mayor de dieciocho años, no casada que mantenga con la persona reagrupante una relación de afectividad análoga a la conyugal. A los efectos previstos en este capítulo, se considerará que existe relación de análoga afectividad a la conyugal cuando:

1.º Dicha relación se encuentre inscrita en un registro público establecido en un Estado miembro de la Unión Europea a esos efectos, y no se haya cancelado dicha inscripción.

2.º Se acredite la vigencia de una relación estable debidamente probada no registrada, mediante cualquier medio de prueba admitido en derecho. En todo caso, se entiende por pareja estable debidamente probada aquella que acredite suficientemente una relación de convivencia análoga a la conyugal, dentro o fuera de España, de, al menos, doce meses continuados. No será exigible el periodo de convivencia previa si la pareja cuenta con descendencia común siempre que se mantenga el vínculo.

Resultará de aplicación a este supuesto lo previsto, en relación con el o la cónyuge, en los párrafos segundo y tercero de la letra a). Serán incompatibles a efectos de lo previsto en este capítulo las situaciones de matrimonio, pareja inscrita y relación estable debidamente probada no registrada.

c) Sus hijos o los de su cónyuge o pareja, siempre que sean menores de dieciocho años en el momento de la solicitud de la autorización de residencia a su favor o los mayores de esa edad que tengan una discapacidad que requiera de apoyo o los mayores de edad que no sean objetivamente capaces de proveer a sus propias necesidades debido a su estado de salud.

Cuando se trate de hijos de uno solo de los cónyuges o miembros de la pareja se requerirá, además, que éste ejerza en solitario la patria potestad, que se le haya otorgado la custodia con carácter exclusivo, estén efectivamente a su cargo y se haya autorizado el traslado de residencia del menor a España por la autoridad judicial o bajo consentimiento del otro progenitor, o que se haya otorgado con carácter compartido, siempre que el otro titular del derecho de custodia haya dado su consentimiento para que resida en territorio nacional.

En el supuesto de hijos adoptivos deberá acreditarse que la resolución por la que se acordó la adopción reúne los elementos necesarios para producir efectos en España.

d) Las personas representadas legalmente por la persona reagrupante, cuando sean menores de dieciocho años en el momento de la solicitud de la autorización de residencia a su favor o los mayores de esa edad que tengan una discapacidad que requiera de apoyo, o los mayores de edad que no sean objetivamente capaces de proveer a sus propias necesidades debido a su estado de salud, siempre que el acto jurídico del que surgen las facultades representativas no sea contrario a los principios del ordenamiento español.

e) Sus ascendientes en primer grado, o los de su cónyuge o pareja registrada o estable, cuando estén a su cargo, sean mayores de sesenta y cinco años y existan razones que justifiquen la necesidad de autorizar su residencia en España.

Excepcionalmente, cuando concurran razones de carácter humanitario, se podrá reagrupar a las personas ascendientes menores de sesenta y cinco años que reúnan los restantes requisitos establecidos en el párrafo anterior.

f) Un hijo o una hija mayor de edad de la persona reagrupante o de su cónyuge o de su pareja que vaya a ejercer la condición de cuidador de la persona reagrupante y este tenga reconocido alguno de los grados de dependencia contemplados en el artículo 26 de la Ley 39/2006, de 14 de diciembre, de Promoción de la Autonomía Personal y Atención a las personas en situación de dependencia.

2. Las referencias incluidas en el presente capítulo en relación con la condición de persona extranjera a cargo y con la de razones de carácter humanitario, se entenderán de conformidad con los requisitos y condiciones establecidos en el capítulo I del título XII.

Artículo 67. *Requisitos.* La persona reagrupante deberá acreditar la existencia de los siguientes requisitos:

1. Tener recursos fijos y regulares suficientes para su propia manutención y la de los miembros de su familia. Para ello, se evaluarán dichos recursos en función de su naturaleza y de su regularidad, y deberán representar una de las siguientes cantidades: ingresos, rentas o rendimientos de carácter periódico equivalente, en euros o su equivalente legal en moneda extranjera, al 150 % del IPREM, en unidades familiares que incluyan a la persona reagrupante y a un familiar reagrupado, y del 50 % del IPREM por cada miembro adicional.

La exigencia de dicha cuantía podrá ser minorada en los supuestos del artículo 66.1.c) y d), cuando concurran circunstancias acreditadas que aconsejen dicha minoración de acuerdo con el principio del interés superior del menor, según lo establecido en la Ley Orgánica 1/1996, de 15 de enero, de Protección Jurídica del Menor. Se atenderá a las circunstancias del caso concreto, valorando la edad, desarrollo físico y emocional del familiar reagrupado, la relación con su reagrupante, y el número de miembros de la unidad familiar, haciendo una interpretación favorable a la vida familiar, y además se reúnan los restantes requisitos legales y reglamentarios para la concesión de la autorización de residencia por reagrupación familiar.

En el caso del párrafo anterior, la cuantía a justificar para una unidad familiar de dos miembros, siendo uno de ellos un menor de edad, será del 110 % de la cuantía de la renta garantizada del Ingreso Mínimo Vital con carácter anual y, por cada menor de edad adicional, se exigirá un 10 % adicional.

El cómputo de los ingresos, rentas o rendimientos de carácter periódico se llevará a cabo atendiendo a las siguientes reglas:

a) Con carácter general se computarán por su valor íntegro, que incluya, en su caso, la parte proporcional de las pagas extraordinarias, excepto las procedentes de actividades económicas que se computarán por su rendimiento neto.

b) Las ganancias patrimoniales se computarán por la cuantía que se integra en la base imponible del Impuesto sobre la Renta de las Personas Físicas.

c) Computará como ingreso el importe íntegro, incluida la parte proporcional de las pagas extraordinarias, de las pensiones y prestaciones, contributivas o no contributivas, públicas o privadas.

d) Se entenderá por patrimonio estable aquel que represente el importe medio de los últimos seis meses.

e) Se exceptuarán del cómputo de los recursos:

1.º Las ayudas para el estudio y las ayudas de vivienda, tanto por alquiler como para adquisición.

2.º Las pensiones compensatorias, las pensiones de alimentos o equivalentes, salvo que sean en favor de la persona a reagrupar.

3.º Los ingresos provenientes del sistema de asistencia social.

Para la determinación de las cuantías, se computa, según la naturaleza de los recursos, el conjunto de las rentas, rendimientos o ingresos o, en su caso, del patrimonio, de la persona reagrupante, de su cónyuge o pareja, así como la de otros familiares en línea directa en primer grado, siempre que tengan la condición de residente en España y formen parte de la misma unidad de convivencia.

2. Disponer de vivienda adecuada para atender sus necesidades y las de su familia.

Se entenderá por vivienda adecuada la que cumpla con los requisitos establecidos por el artículo 3 c) de la Ley 12/2023, de 24 de mayo, por el derecho a la vivienda, en tanto no entren en contradicción con los requisitos regulados por las administraciones competentes en materia de vivienda, en cuyo caso, y a los efectos de su regulación, prevalecerán aquellas.

La persona reagrupante acreditará tal condición con la aportación de informe emitido por los servicios sociales de su lugar de residencia de los órganos competentes de la Comunidad Autónoma, o, cuando así haya sido decidida por esta, de la Corporación local, el cual habrá de ser emitido y notificado en el plazo de un mes desde la solicitud de este. Simultáneamente y por medios electrónicos, el órgano competente para su emisión deberá dar traslado del informe a la oficina de extranjería.

En caso de que el informe no haya sido emitido en plazo, circunstancia que habrá de ser debidamente acreditada por el interesado, podrá justificarse este requisito por cualquier medio de prueba admitida en Derecho.

Tanto el informe de la administración pública competente como la documentación sustitutiva conforme al párrafo anterior, tendrán una antigüedad máxima de seis meses a la fecha de presentación de la solicitud de reagrupación, y deben acreditar, al menos, los siguientes extremos: título que habilite para la ocupación y disposición de la vivienda, número de habitaciones, uso al que se destina cada una de las dependencias de la vivienda, número de personas que la habitan y condiciones de habitabilidad y equipamiento. Si bien el informe o la documentación sustitutiva sobre vivienda adecuada no es vinculante, el órgano que resuelva apartarse de su contenido motivará expresamente las razones que justifican tal circunstancia.

El título que justifique la ocupación y disposición de la vivienda se entenderá referido a la persona reagrupante o a cualquier otra persona que forme parte de la unidad familiar de convivencia según la relación parentescos incluida en el artículo 66 de este reglamento.

3. Tener un seguro de enfermedad para la persona reagrupante y los miembros de su familia a los que se refiere el artículo 66.

4. En caso de que el reagrupante tenga otros hijos o hijas menores de edad a cargo en edad de escolarización obligatoria y ya se encuentren en España, estos deberán estar escolarizados.

5. No encontrarse, en su caso, dentro del plazo de compromiso de no retorno a España que la persona extranjera haya asumido al retornar voluntariamente a su país de origen.

6. No representar una amenaza para el orden público, la seguridad pública o la salud pública, circunstancia que se acreditará mediante la comprobación de la inexistencia de antecedentes penales en España y la valoración del informe policial correspondiente.

7. Haber abonado la tasa por tramitación del procedimiento.

Artículo 68. *Procedimiento.* 1. La solicitud de reagrupación familiar se podrá presentar cuando la persona extranjera reagrupante haya residido en España al menos un año y haya solicitado la autorización para residir durante al menos otro año, con las siguientes excepciones:

a) Que la persona reagrupante sea titular de una autorización de residencia de larga duración o de larga duración-UE concedida en España, para la reagrupación de sus ascendientes o de los ascendientes de su cónyuge o pareja de hecho.

La solicitud podrá presentarse cuando se haya solicitado la autorización de residencia de larga duración o de residencia de larga duración-UE.

En el caso de que la persona reagrupante sea residente de larga duración-UE, para la concesión de la reagrupación familiar deberá acreditar el cumplimiento de los requisitos previstos en las letras b) y c) del artículo 176.

b) Que la persona reagrupante sea residente en España en base a su previa condición de residentes de larga duración-UE en otro Estado miembro de la Unión Europea.

En todo caso, no podrá concederse la autorización de residencia a la persona familiar reagrupable hasta que, en función de la situación que deba ostentar el reagrupante para el ejercicio del derecho, no se haya producido la efectiva renovación de la autorización de la persona reagrupante, o concedido su autorización de residencia de larga duración o de residencia de larga duración-UE en España.

2. La persona extranjera que desee ejercer el derecho de reagrupación familiar deberá solicitar, personalmente ante la oficina de extranjería competente para su tramitación, una autorización de residencia temporal a favor de los miembros de su familia que desee reagrupar.

La reagrupación de los familiares de las personas extranjeras residentes de larga duración-UE en otro Estado miembro de la Unión Europea, podrá ser presentada por los propios familiares, aportando prueba de residencia como miembro de la familia de la persona residente de larga duración-UE en el primer Estado miembro.

3. La solicitud, que deberá cumplimentarse en modelo oficial, deberá acompañarse de la siguiente documentación:

a) Relativos a la persona reagrupante:

1.º Copia completa del pasaporte, documento de viaje o cédula de inscripción del solicitante en vigor.

2.º Copia de la documentación que acredite que cuenta con empleo y/o recursos económicos suficientes, de acuerdo con lo establecido en el artículo 67.1.

3.º Documentación que acredite la disponibilidad, por parte de la persona reagrupante, de una vivienda adecuada de acuerdo con lo establecido en el artículo 67.2.

4.º En los casos de reagrupación de cónyuge o pareja, declaración responsable de la persona reagrupante de que no reside con él en España otro cónyuge o pareja.

5.º Seguro de enfermedad de acuerdo con lo establecido en el artículo 67.3.

b) Relativos al familiar a reagrupar:

1.º Copia completa del pasaporte completo o título de viaje, en vigor.

2.º Copia de la documentación acreditativa de los vínculos familiares o de parentesco o de la existencia de la unión de hecho y, en su caso, de la dependencia legal y económica.

4. Para la valoración del requisito establecido en el artículo 67.6, la oficina de extranjería recabará de oficio el informe del registro central de penados para comprobar la inexistencia de antecedentes penales en España y recabará informe policial sobre la persona en cuyo favor se tramita la autorización. Estos informes serán emitidos en el plazo de siete días.

La existencia de antecedentes en el informe policial no supondrá, por sí misma y de forma automática, causa de denegación de la autorización. En ese caso, el órgano competente valorará de forma casuística y circunstanciada, que la persona extranjera no suponga una amenaza para el orden público, la seguridad interior, la salud pública o las relaciones internacionales de ninguno de los Estados miembros de la Unión Europea.

5. En el supuesto de que se cumpla con los requisitos establecidos para la reagrupación familiar, el órgano competente resolverá la concesión de la autorización de residencia por reagrupación, y se suspenderá la eficacia de la autorización en los siguientes términos:

a) La solicitud de visado se tramitará conforme a lo establecido en los artículos 38 y 40. La resolución de concesión, en su caso, hará mención expresa a que la autorización no desplegará sus efectos hasta que no se produzca la obtención del visado y la posterior entrada en España de su titular, que deberá ser en el plazo máximo de un mes.

b) En el supuesto de familiares de residentes de larga duración-UE, la eficacia de la autorización estará condicionada a la efectiva entrada del familiar en territorio nacional, si dicha entrada se produjera tras la concesión de la autorización. En este caso, la entrada deberá producirse en el plazo máximo de un mes desde la notificación de la concesión de la autorización, lo que habrá de constar en la resolución.

6. El órgano competente, a la vista de la documentación presentada y de los informes obtenidos, resolverá de forma motivada en el plazo máximo de dos meses, atendiendo a los requisitos previstos en esta sección, sobre la autorización solicitada. Transcurrido dicho plazo sin haber obtenido respuesta se entenderá que la solicitud ha sido desestimada.

La resolución se grabará en la aplicación correspondiente, de forma que la oficina consular competente en la tramitación del visado tenga acceso a la misma.

7. Los procedimientos regulados en este artículo, así como los relativos al correspondiente visado y a la renovación de autorizaciones de residencia por reagrupación familiar serán objeto de tramitación preferente.

8. La Secretaría de Estado de Migraciones publicará periódicamente información estadística sobre las solicitudes y concesiones de autorizaciones iniciales de residencia por reagrupación familiar a los órganos competentes en la correspondiente Comunidad Autónoma, así como a la Federación Española de Municipios y Provincias a los efectos de su traslado a los Ayuntamientos correspondientes.

9. Cuando la persona reagrupante sea titular de una autorización de residencia temporal, la vigencia de la autorización de residencia de los familiares reagrupados se extenderá hasta la misma fecha que la autorización de que sea titular la persona reagrupante en el momento de la entrada del familiar en España, con el mínimo de un año.

Cuando la persona reagrupante tenga la condición de residente de larga duración o de residencia de larga duración-UE en España, la vigencia de la primera autorización de residencia de los familiares reagrupados se extenderá hasta la fecha de validez de la tarjeta de identidad de extranjero de que sea titular la persona reagrupante en el momento de la entrada del familiar en España, con el mínimo de un año. La posterior autorización de residencia de la persona reagrupada será de larga duración.

Artículo 69. *Residencia de los familiares reagrupados, independiente de la persona reagrupante.* 1. La persona reagrupada que sea cónyuge o pareja de la persona reagrupante podrá obtener una autorización de residencia y trabajo independiente, cuando haya completado, al menos, un año de autorización de residencia por reagrupación familiar en España, y reúna alguno de los siguientes requisitos:

a) Contar con medios económicos suficientes propios en los términos previstos en el artículo 67 de este reglamento.

b) Cumplir los requisitos exigibles de cara a la concesión de una autorización de residencia temporal y trabajo por cuenta propia.

c) Cumplir los requisitos laborales exigibles de cara a la concesión de una autorización de residencia temporal y trabajo por cuenta ajena excepto la situación nacional de empleo.

De solicitarse y concederse en el momento de la renovación de la autorización por reagrupación familiar, la autorización de residencia independiente obtenida en estos supuestos, que continuará habilitando para residir y trabajar sin ningún tipo de limitación, será de cuatro años de duración. En caso de instarse durante la vigencia de la autorización ya renovada, la concesión declarará el mantenimiento de la autorización de la que sea titular, en este caso a título personal, por el tiempo de vigencia que le reste.

2. Asimismo, la persona reagrupada podrá obtener una autorización de residencia y trabajo independiente, cuando se dé alguno de los siguientes supuestos:

a) En el caso de cónyuge o pareja, cuando se rompa el vínculo conyugal que dio origen a la situación de residencia, por separación de derecho, disolución del matrimonio, nulidad o por cancelación de la inscripción, siempre que acredite una duración del vínculo de tres años y la convivencia en España durante al menos un año, o durante un tiempo inferior en el caso de que se le haya otorgado la custodia de los hijos o hijas en común.

La solicitud de autorización de residencia independiente habrá de solicitarse en el plazo de los seis meses siguientes a la fecha de notificación de la admisión de la demanda de nulidad, divorcio o separación de derecho, de la resolución de cancelación de la inscripción de la pareja registrada.

De solicitarse y concederse en el momento de la renovación, la autorización de residencia independiente obtenida en estos supuestos, que continuará habilitando para residir y trabajar sin ningún tipo de limitación, será de cuatro años de duración. En caso de instarse durante la vigencia de la autorización ya renovada, la concesión declarará el mantenimiento de la autorización de la que sea titular a título personal por el tiempo de vigencia que le reste.

b) Independientemente del tiempo de residencia y convivencia, cuando la persona reagrupada fuera víctima de violencia de género, víctima de violencia sexual, víctima de un delito por conductas violentas ejercidas en el entorno familiar, víctima de trata de seres humanos por parte de la persona reagrupante o víctima del delito de abandono de familia, menores o personas con discapacidad necesitadas de especial protección, una vez dictada a su favor, en los cuatro primeros casos, una orden judicial de protección o, en su defecto, exista un informe policial o un informe del Ministerio Fiscal que indique la existencia de indicios de violencia de género o cuente con informe en la que figure identificada como víctima de trata de seres humanos emitido por las autoridades policiales con formación específica en la investigación de la trata de seres humanos y en la identificación de sus víctimas. También se podrá acreditar la condición de víctima de violencia de género, víctima de violencia sexual y víctima de un delito por conductas violentas ejercidas en el entorno familiar a través del documento que lo acredite de conformidad con las previsiones recogidas en la normativa correspondiente.

La solicitud de autorización de residencia independiente habrá de solicitarse en el plazo de los seis meses siguientes a la fecha en que se notifiquen los informes o documentación a la que se refiere el párrafo anterior.

La tramitación de estas solicitudes tendrá carácter preferente y la duración de la autorización independiente, que será incondicionada y que continuará habilitando para residir y trabajar sin ningún tipo de limitación, será de cinco años.

c) Independientemente del tiempo de residencia y de convivencia, por fallecimiento de la persona reagrupante siempre que estos hayan residido en España cumpliendo los requisitos previstos antes del fallecimiento de la persona titular y que se solicite en el plazo de los seis meses siguientes a la fecha del fallecimiento. La autorización de residencia independiente obtenida en este caso continuará habilitando para residir y trabajar sin ningún tipo de limitación y tendrá una duración de cinco años de duración.

3. En los casos previstos en el apartado anterior, cuando, además del cónyuge o pareja, se haya reagrupado a otros familiares, éstos conservarán la autorización de residencia concedida y dependerán, a efectos de la renovación de la autorización

de residencia por reagrupación familiar, del miembro de la familia con el que convivan.

4. Los hijos e hijas y los menores de edad sobre los que la persona reagrupante ostente la representación legal obtendrán una autorización de residencia independiente cuando alcancen la mayoría de edad y acrediten encontrarse en alguna de las situaciones descritas en el apartado 1 de este artículo, o bien cuando hayan alcanzado la mayoría de edad y hayan residido en España durante cinco años.

5. Como excepción a lo establecido en los apartados anteriores, las personas reagrupadas por una persona titular de una Tarjeta azul-UE obtendrán una autorización de residencia independiente cuando hayan residido en cualquier país de la Unión Europea durante cinco años, siempre que hayan residido en España al menos los últimos dos años anteriores a la presentación de la solicitud correspondiente.

6. Las personas ascendientes reagrupadas podrán obtener una autorización de residencia independiente de la persona reagrupante cuando hayan obtenido una autorización para trabajar, sin perjuicio de que los efectos de dicha autorización de residencia independiente, para el ejercicio de la reagrupación familiar, queden supeditados a lo dispuesto en el artículo 17.3 de la Ley Orgánica 4/2000, de 11 de enero.

Artículo 70. *Reagrupación familiar por personas residentes reagrupadas.* 1. Las personas extranjeras que hubieran adquirido la residencia temporal en virtud de una previa reagrupación familiar podrán, a su vez, ejercer el derecho de reagrupación respecto de sus propios familiares, siempre que cuenten con una autorización de residencia y trabajo obtenidos independientemente de la autorización de la persona reagrupante y reúnan los requisitos establecidos para el ejercicio del derecho a la reagrupación familiar.

2. En el supuesto de los ascendientes, estos sólo podrán ejercitar, a su vez, el derecho de reagrupación familiar tras haber obtenido la condición de residente de larga duración y acrediten solvencia económica para atender las necesidades de los miembros de su familia que pretendan reagrupar.

3. Excepcionalmente, la persona ascendiente reagrupada que tenga a su cargo uno o más hijos e hijas menores de edad o los mayores de esa edad que tengan una discapacidad que requiera de apoyo o los mayores de edad que no sean objetivamente capaces de proveer a sus propias necesidades debido a su estado de salud, podrá ejercer el derecho de reagrupación en los términos dispuestos en el apartado 1 de este artículo.

Artículo 71. *Renovación de la autorización de residencia por reagrupación familiar.* 1. La renovación de la autorización deberá solicitarse en modelo oficial en el plazo de dos meses previos a su expiración o dentro de los tres meses posteriores a esa fecha, sin perjuicio de la incoación del correspondiente procedimiento sancionador por la infracción prevista en el artículo 52.b) de la Ley Orgánica 4/2000, del 11 de enero.

2. La renovación de la autorización de residencia por reagrupación familiar de descendientes, menores tutelados o ascendientes podrá ser solicitada por el cónyuge o pareja del reagrupante, siempre que dicho cónyuge o pareja sea residente en España, forme parte de la misma unidad familiar, y el reagrupante original no reúna los requisitos exigibles para la renovación de la autorización por reagrupación familiar.

Ello será igualmente de aplicación, en el caso de descendientes o menores tutelados, respecto a su otro progenitor o tutor, siempre que éste tenga la condición de residente en España y sin perjuicio de que forme parte o no de la unidad familiar.

3. Para la renovación de una autorización se deberán cumplir los siguientes requisitos:

a) La persona reagrupante ha de ser titular de una autorización de residencia, la persona reagrupada ha de ser titular de la autorización de residencia por reagrupación familiar, y ambas autorizaciones han de encontrarse en vigor o hallarse dentro del plazo de tres meses posteriores a la caducidad de ésta.

b) Ha de mantenerse el vínculo familiar o de parentesco o la existencia de la unión de hecho.

c) Se valorará, en su caso, previa solicitud de oficio de los correspondientes informes, la posibilidad de renovar la autorización de residencia a las personas extranjeras que hubieran sido condenadas por la comisión de un delito y hayan cumplido la condena, los que hubieran sido indultados o se hallasen en situación de remisión condicional de la pena o de suspensión de la pena.

d) Tener escolarizados a los menores a su cargo en edad de escolarización obligatoria durante la permanencia de éstos en España.

e) Haber abonado la tasa por tramitación del procedimiento.

4. A la solicitud se deberá acompañar la documentación siguiente:

a) Copia completa del pasaporte en vigor, cédula de inscripción o título de viaje, reconocido como válido en España, del reagrupado y del reagrupante.

b) En su caso, documentación acreditativa de la vigencia del matrimonio o de la relación de análoga afectividad a la conyugal.

c) En su caso, informe emitido por las autoridades autonómicas competentes que acredite la escolarización de los menores en edad de escolarización obligatoria que estén a su cargo. En caso de no acreditarse, la oficina de extranjería lo pondrá en conocimiento de las autoridades educativas y advertirá a la persona solicitante de que la autorización no será renovada si no acredita dicha escolarización en el plazo del mes siguiente a su requerimiento.

d) En su caso, documentación acreditativa del esfuerzo de integración que se acreditará mediante la aportación, entre otros medios de prueba, de un informe favorable de los órganos competentes de la Comunidad Autónoma de su lugar de residencia.

El informe, de ser favorable, certificará el conocimiento y respeto de los valores constitucionales de España, los valores estatutarios de la Comunidad Autónoma en que se resida, los valores de la Unión Europea, los derechos humanos, las libertades públicas, la democracia, la tolerancia, la igualdad entre mujeres y hombres y, en su caso, el aprendizaje de las lenguas oficiales del lugar de residencia.

En caso de que el informe no haya sido emitido en el plazo de un mes, circunstancia que habrá de ser debidamente acreditada por el interesado, podrá justificarse este requisito por cualquier medio de prueba admitido en Derecho.

5. El vencimiento del plazo máximo de tres meses desde la presentación de la solicitud sin haberse notificado resolución expresa, legitima al interesado para entenderla estimada por silencio administrativo.

6. La autorización renovada, que habilitará para trabajar por cuenta ajena y por cuenta propia sin ningún tipo de limitación, tendrá una duración de cuatro años y esa vigencia quedará condicionada al mantenimiento de la autorización de residencia de la que sea titular la persona reagrupante de la que dependa.

CAPÍTULO III
RESIDENCIA TEMPORAL Y TRABAJO POR CUENTA AJENA

Artículo 72. *Definición.* Se halla en situación de residencia temporal y trabajo por cuenta ajena la persona extranjera mayor de dieciséis años autorizada a residir en España por un periodo superior a noventa días naturales e inferior a cinco años, y a ejercer una actividad laboral por cuenta ajena.

Artículo 73. *Autorización inicial de residencia temporal y trabajo por cuenta ajena.* 1. La autorización inicial de residencia temporal y trabajo por cuenta ajena habilitará a sus titulares, siempre que hayan sido dados de alta en el régimen correspondiente de la Seguridad Social dentro del plazo de tres meses desde su entrada legal en España, a residir y trabajar por cuenta ajena en España.

La autorización inicial se limitará a un ámbito geográfico autonómico y a una ocupación salvo en los casos en los que no resulte aplicable la situación nacional de empleo.

2. El acceso a la autorización inicial de residencia temporal y trabajo por cuenta ajena de quienes sean titulares de un visado de búsqueda de empleo se regirá por lo establecido en la sección cuarta del capítulo IV del título II y por el título VI.

3. Las personas extranjeras que obtengan una autorización de una duración de más de seis meses deberán solicitar personalmente la tarjeta de identidad de extranjero correspondiente en el plazo de un mes desde su alta en el régimen correspondiente de la Seguridad Social.

4. La autorización inicial de residencia temporal y trabajo por cuenta ajena tendrá una duración igual a la de la actividad a desarrollar, con el máximo de un año, y se limitará, en lo relativo al ejercicio de la actividad laboral y salvo en los casos previstos por la Ley y los Convenios Internacionales firmados por España, a un ámbito geográfico autonómico y a una ocupación determinada.

Cuando la Comunidad Autónoma tuviera reconocidas competencias en materia de autorización inicial de trabajo podrá fijar el ámbito geográfico de la autorización dentro de su territorio.

5. La autorización inicial de residencia temporal y trabajo por cuenta ajena autorizará también para el ejercicio de una actividad por cuenta propia durante su vigencia, siempre que la actividad principal sea la actividad por cuenta ajena, salvo que se esta se haya extinguido de forma sobrevenida por razones ajenas a la voluntad de la persona extranjera, circunstancia que deberá comunicarse a la oficina de extranjería que haya concedido la autorización en el plazo de tres días.

Artículo 74. *Requisitos.* 1. Para la concesión de una autorización inicial de residencia temporal y trabajo por cuenta ajena será necesario cumplir los siguientes requisitos específicos:

a) Que la situación nacional de empleo permita la contratación de la persona trabajadora extranjera en los términos previstos en el artículo 75 o, en el caso de que la autorización se encuadre en un procedimiento de gestión colectiva de contrataciones en origen, en los términos que se establezca en la orden correspondiente.

b) Que el empleador presente un contrato de trabajo firmado por la persona trabajadora y por él mismo y que se establezca para la persona trabajadora una actividad continuada durante el periodo de vigencia de la autorización inicial de residencia temporal y trabajo por cuenta ajena.

La fecha de comienzo del contrato deberá estar condicionada al momento de eficacia de la autorización de residencia temporal y trabajo por cuenta ajena.

c) Que las condiciones fijadas en el contrato de trabajo se ajusten a las establecidas por la normativa vigente y el convenio colectivo aplicable para la misma actividad, categoría profesional y localidad.

En el caso de que la contratación fuera a tiempo parcial, la retribución total a percibir por la persona solicitante deberá ser igual o superior al salario mínimo interprofesional para jornada completa y en cómputo anual.

d) Que el empleador se encuentre al corriente del cumplimiento de sus obligaciones tributarias y frente a la Seguridad Social.

e) Que el empleador cuente con medios económicos, materiales o personales, suficientes para su proyecto empresarial y para hacer frente a las obligaciones asumidas en el contrato frente al trabajador en los términos establecidos en el artículo 76.

f) Que la persona trabajadora tenga la capacitación y, en su caso, la cualificación profesional legalmente exigida para el ejercicio de la profesión.

g) No encontrarse, en su caso, dentro del plazo de compromiso de no retorno a España que la persona extranjera haya asumido al retornar voluntariamente a su país de origen.

h) No representar una amenaza para el orden público, la seguridad pública o la salud pública, circunstancia que se acreditará mediante la comprobación de la inexistencia de antecedentes penales en España y la valoración del informe policial correspondiente.

i) Haber abonado la tasa por tramitación del procedimiento.

2. Sin perjuicio de lo previsto en el apartado anterior, no se tendrá en cuenta la situación nacional de empleo en los supuestos establecidos en el artículo 40 de la Ley Orgánica 4/2000, de 11 de enero, o por Convenio internacional.

Igualmente, se autorizará a trabajar sin atender a la situación nacional de empleo a las personas nacionales de Estados con los que se hayan suscrito convenios internacionales a tal efecto, así como a las personas nacionales de Estados no pertenecientes a la Unión Europea ni al Espacio Económico Europeo enroladas en buques españoles en virtud de acuerdos internacionales de pesca marítima. En este caso, se concederá validez de autorización para trabajar al duplicado de la notificación de embarque o renovación del contrato de tripulantes extranjeros en buques españoles. En estos supuestos no se exigirá la solicitud de la tarjeta de residencia de extranjeros.

3. En el caso de que la actividad a desarrollar corresponda a actividades de temporada, se estará a lo dispuesto en el título V.

Artículo 75. *Determinación de la situación nacional de empleo.* 1. A los efectos de determinar la situación nacional de empleo, el Servicio Público de Empleo Estatal elaborará, con periodicidad trimestral, de acuerdo con la información suministrada por los servicios públicos de empleo autonómicos y previa consulta de la Comisión Laboral Tripartita de Inmigración, un catálogo de ocupaciones de difícil cobertura para cada Comunidad Autónoma, así como para las ciudades de Ceuta y Melilla. A solicitud motivada de la Comunidad Autónoma correspondiente, el Catálogo también podrá ser de ámbito provincial o, en el caso de las provincias insulares, podrá establecerse para cada isla o agrupación de ellas.

El procedimiento de elaboración del Catálogo de ocupaciones de difícil cobertura será establecido por Orden del titular del Ministerio de la Presidencia, Justicia y Relaciones con las Cortes, a propuesta de los titulares de los Ministerios de Inclusión, Seguridad Social y Migraciones y de Trabajo y Economía Social, previo informe de la Comisión Laboral Tripartita de Inmigración.

Asimismo, por Acuerdo de la Comisión Delegada del Gobierno para Asuntos Económicos, a propuesta del Ministerio de Inclusión, Seguridad Social y Migraciones y previa consulta a la Comisión Laboral Tripartita de Inmigración, en el Catálogo se incorporarán aquellos sectores u ocupaciones cuya insuficiencia de cobertura se determine de acuerdo con una metodología objetiva basada en indicadores estadísticos oficiales.

Se considerarán como ocupaciones las consignadas en la Clasificación Nacional de Ocupaciones que esté en vigor.

La concreción del detalle con que una ocupación se debe incluir en el Catálogo de ocupaciones de difícil cobertura se realizará teniendo en cuenta el grado de especialización requerido para el desempeño de la actividad.

La calificación de una ocupación como de difícil cobertura implica la posibilidad de tramitar la autorización inicial de residencia temporal y trabajo por cuenta ajena dirigida a la persona extranjera.

2. Asimismo, se considerará que la situación nacional de empleo permite la contratación en las ocupaciones no calificadas como de difícil cobertura cuando el empleador acredite ante la Oficina de Extranjería la dificultad de cubrir los puestos de trabajo vacantes con trabajadores ya incorporados en el mercado laboral interno. A estos efectos, la oficina de extranjería tendrá en consideración el informe presentado por los Servicios Públicos de Empleo, así como la urgencia de la contratación acreditada por la empresa.

Para ello, el empleador deberá presentar una oferta de empleo ante el Servicio Público de empleo competente en el territorio donde radique el puesto de trabajo que pretende cubrir. Dicha oferta estará formulada de forma precisa y ajustada a los requerimientos del puesto de trabajo, sin contener requisitos que no tengan relación directa con su desempeño.

El Servicio Público de Empleo en el que se haya presentado la oferta de empleo, en el marco de sus competencias en materia de intermediación laboral, la gestionará durante un periodo de ocho días promoviendo el contacto entre la persona empleadora y las personas demandantes de empleo que se adecuen a los requerimientos de la misma. Asimismo, dará publicidad a la oferta de empleo en cualquiera de los espacios públicos destinados a la difusión de ofertas de que disponga el Servicio Público de Empleo, a fin de que las personas trabajadoras que residen en cualquier parte del territorio español puedan concurrir a su cobertura.

Transcurrido dicho periodo desde la presentación de la oferta por la persona empleadora, ésta deberá comunicar al Servicio Público de Empleo el resultado de la selección de las personas candidatas que se han presentado para cubrir los puestos de trabajo vacantes, indicando las personas candidatas que han sido admitidas y las que han sido rechazadas, así como las causas del rechazo.

El Servicio Público de Empleo emitirá la certificación de insuficiencia de personas demandantes en un plazo máximo de tres días contados a partir de la comunicación por parte de la persona empleadora del resultado de la selección.

El certificado emitido por el Servicio Público de Empleo competente deberá contener información que identifique a la persona empleadora, la oferta, el número de puestos de trabajo ofertados y de personas trabajadoras puestas a disposición de la persona empleadora.

La Comisión Laboral Tripartita de Inmigración realizará un seguimiento de la aplicación de lo dispuesto en este Reglamento sobre la determinación de la Situación nacional de Empleo.

Artículo 76. *Medios económicos, materiales y personales a acreditar por el empleador para hacer frente a las obligaciones dimanantes del contrato de trabajo.* 1. El empleador deberá contar con medios en cuantía suficiente para hacer frente a su proyecto empresarial y a las obligaciones derivadas del contrato firmado con la persona trabajadora extranjera. Dicha cuantía deberá incluir el pago del salario bruto reflejado en el contrato que obre en el procedimiento.

2. Cuando el empleador requerido sea una persona física, deberá además acreditar que cuenta con medios económicos suficientes para atender sus necesidades y las de su familia. La cuantía mínima exigible se basará en los siguientes porcentajes del salario mínimo interprofesional según el número de personas a su cargo, descontado el pago del salario reflejado en el contrato de trabajo que obre en el procedimiento:

a) En caso de no existir familiares a cargo del empleador: una cantidad que represente mensualmente el 50 % del SMI.

b) En caso de unidades familiares que incluyan dos miembros, contando al empleador solicitante: una cantidad que represente mensualmente el 100 % del SMI.

c) En caso de unidades familiares que incluyan más de dos personas, contando al empleador solicitante: una cantidad que represente mensualmente el 25 % del SMI por cada miembro adicional.

En los casos de unidades familiares que incluyan dos o más miembros, los medios económicos a acreditar resultarán de la suma de aquéllos con los que cuente cada una de las personas que integren la unidad familiar y en circunstancias que así lo requieran y debidamente justificadas se valorarán otros medios económicos y/o los medios de otros miembros de la familia.

Artículo 77. *Procedimiento.* 1. El empleador, personalmente o a través de quien válidamente tenga atribuida la representación, deberá presentar la correspondiente solicitud de autorización inicial de residencia temporal y trabajo por cuenta ajena ante la oficina de extranjería de la provincia donde esté ubicado el centro de trabajo.

2. Con la solicitud de autorización inicial de residencia temporal y trabajo por cuenta ajena en modelo oficial deberá acompañarse la siguiente documentación:

a) El número de identificación fiscal y, en el caso de que la empresa esté constituida como persona jurídica, documento público que otorgue su representación legal en favor de la persona que formule la solicitud.

Si el empleador fuera persona física, no se le exigirá la presentación del número de identificación fiscal si accede a la verificación de sus datos a través del Sistema de Verificación de Datos de Identidad. En el caso que no autorice tal verificación, deberá aportar copia del documento acreditativo de su identidad de acuerdo con el Real Decreto 522/2006, de 28 de abril, por el que se suprime la aportación de fotocopias de documentos de identidad en los procedimientos administrativos de la Administración General del Estado y de sus organismos públicos vinculados o dependientes.

b) Copia del contrato de trabajo, en modelo oficial establecido.

c) Los documentos acreditativos de los medios económicos, materiales o personales de los que dispone para su proyecto empresarial y para hacer frente a las obligaciones derivadas del contrato firmado con la persona trabajadora extranjera, de acuerdo con lo establecido en el artículo 76.

La disponibilidad de medios no podrá acreditarse mediante la referencia a ingresos procedentes de subvenciones, subsidios y ayudas de carácter no contributivo o asistencial otorgadas por administraciones públicas españolas, salvo en el ámbito del Sistema para la Autonomía y Atención a la Dependencia y el cuidado de menores.

Cuando el empleador tenga la condición de empresa, podrá acreditar el cumplimiento de este requisito a través de, entre otros medios de prueba, la presentación de la documentación acreditativa de su inscripción y alta en los registros que sean preceptivos. Cuando el empleador sea una persona física, deberá presentar copia de la declaración del impuesto sobre la renta de las personas físicas del año anterior o autorice al órgano tramitador para la comprobación de datos tributarios y con la Seguridad Social.

d) Copia del pasaporte completo o documento de viaje en vigor de la persona trabajadora extranjera.

e) Documentación que acredite la capacitación y, en su caso, la cualificación profesional legalmente exigida para el ejercicio de la profesión.

f) Aquellos documentos que acrediten, de ser alegada por la persona interesada, la concurrencia de un supuesto específico de no consideración de la situación nacional de empleo, así como la justificación de que se trata, en su caso, de un supuesto establecido en el artículo 40 de la Ley Orgánica 4/2000, de 11 de enero, o por un Convenio internacional.

g) En su caso, certificado del Servicio Público de Empleo competente de la insuficiencia de demandantes de empleo para cubrir el puesto de trabajo.

3. La oficina de extranjería comprobará si concurre o no alguna de las causas de inadmisión a trámite que se recogen en la Ley Orgánica 4/2000, de 11 de enero, y

si apreciara su concurrencia resolverá de forma motivada declarando la inadmisión a trámite de la solicitud.

4. Recibida la solicitud de autorización, el órgano competente comprobará la documentación aportada. Si la documentación estuviera incompleta, formulará el oportuno requerimiento a fin de que se subsanen los defectos en el plazo de diez días advirtiéndole de que, de no efectuarse, se le tendrá por desistido de su solicitud y procederá al archivo de su expediente, dictándose al efecto la oportuna resolución.

5. Admitida a trámite la solicitud, se procederá a la instrucción del procedimiento y a su inmediata tramitación y se comprobará la información de la Agencia Estatal de Administración Tributaria y de la Tesorería General de la Seguridad Social respecto al cumplimiento de las obligaciones en materia tributaria y de Seguridad Social, así como el informe del Registro Central de Penados para comprobar la inexistencia de antecedentes penales en España y el informe policial de los servicios competentes. Estos informes serán emitidos en el plazo de siete días.

La existencia de antecedentes en el informe policial no supondrá, por sí misma y de forma automática, causa de denegación de la autorización. En ese caso, el órgano competente valorará de forma casuística y circunstanciada, que la persona extranjera no suponga una amenaza para el orden público, la seguridad interior, la salud pública o las relaciones internacionales de ninguno de los Estados miembros de la Unión Europea.

6. El órgano competente, a la vista de la documentación presentada y de los informes obtenidos, resolverá y notificará de forma motivada en el plazo máximo de tres meses, atendiendo a los requisitos previstos en esta sección, sobre la autorización solicitada, y grabará de inmediato la resolución en la aplicación informática correspondiente, de manera que las autoridades de los organismos afectados, incluido el Ministerio de Asuntos Exteriores, Unión Europea y Cooperación y la oficina consular española correspondiente al lugar de residencia del trabajador, tengan conocimiento de la misma en tiempo real.

Transcurrido el plazo de tres meses sin haber obtenido respuesta, se entenderá que la solicitud ha sido desestimada.

Cuando la oficina consular competente no disponga de los medios técnicos necesarios para el acceso en tiempo real a la resolución mencionada en el párrafo anterior, los servicios centrales del Ministerio de Asuntos Exteriores, Unión Europea y Cooperación le darán traslado de la misma en el plazo de veinticuatro horas desde su recepción.

7. La solicitud del visado se tramitará conforme a lo establecido en los artículos 38 y 40.

8. La eficacia de la autorización quedará suspendida hasta el alta de la persona trabajadora en el régimen correspondiente de Seguridad Social que debe producirse en el plazo de tres meses desde su entrada legal en España.

9. En el plazo de un mes desde el alta de la persona trabajadora en el régimen correspondiente de la Seguridad Social, esta deberá solicitar personalmente la tarjeta de identidad de extranjero.

Artículo 78. *Denegación de las autorizaciones iniciales de residencia temporal y trabajo por cuenta ajena.* 1. El órgano u órganos competentes denegarán las autorizaciones iniciales de residencia temporal y trabajo por cuenta ajena en los supuestos siguientes:

a) Cuando no se acredite cumplir alguno de los requisitos establecidos en el artículo 74.

b) Cuando en los doce meses inmediatamente anteriores a la fecha de solicitud el empleador haya amortizado los puestos de trabajo que pretende cubrir por despido improcedente o nulo, declarado por sentencia o reconocido como tal en acto de conciliación, o por las causas previstas en los artículos 50, 51 y 52.c) del texto refundido de la Ley del Estatuto de los Trabajadores, aprobado por el Real Decreto Legislativo 2/2015, de 23 de octubre, excepto en los supuestos de fuerza mayor.

c) Cuando el empleador solicitante haya sido sancionado mediante resolución firme en los últimos doce meses por infracciones calificadas como graves o muy graves en la Ley Orgánica 4/2000, de 11 de enero, o por infracciones en materia de movimientos migratorios calificadas como graves o muy graves, o por infracciones en materia de permisos de trabajo de extranjeros calificadas como muy graves en el Texto Refundido de la Ley sobre Infracciones y Sanciones en el Orden Social, aprobada por el Real Decreto Legislativo 5/2000, de 4 de agosto.

d) Cuando, para fundamentar la solicitud, se hayan presentado documentos falsos, que hayan sido adquiridos fraudulentamente o manipulados, formulado alegaciones inexactas o medie mala fe.

e) Cuando el órgano competente para resolver valore que la persona solicitante representa una amenaza al orden público, seguridad pública o salud pública y esta circunstancia quede debidamente acreditada y motivada en un informe policial.

f) Cuando el empleador solicitante haya sido condenado mediante sentencia firme por delitos de trata de seres humanos, delitos contra los derechos de las personas trabajadoras o contra los derechos de las personas extranjeras, así como contra la Hacienda Pública o la Seguridad Social, salvo que los antecedentes penales hubieran sido cancelados.

g) De así entenderlo oportuno el órgano competente para la resolución del procedimiento a la vista de las circunstancias concurrentes, cuando en los doce meses inmediatamente anteriores a la fecha de presentación de la solicitud el empleador solicitante haya decidido la extinción del contrato que motivó la concesión de una autorización inicial de residencia temporal y trabajo por cuenta ajena con carácter previo a la finalización de la vigencia de la autorización.

Para la resolución del procedimiento, será igualmente causa de denegación de una autorización que en los tres años inmediatamente anteriores a la fecha de presentación de la solicitud el empleador solicitante haya sido sancionado por comisión de la infracción prevista en el artículo 53.2.a) de la Ley Orgánica 4/2000.

h) Cuando en la fecha de solicitud de la autorización el empleador mantenga vigentes medidas de suspensión de contratos, de acuerdo con lo previsto en el artículo 47 y 47.bis del Estatuto de los Trabajadores, en relación con los puestos de trabajo que pretende cubrir.

i) Cuando concurra una causa prevista legalmente de inadmisión a trámite que no hubiera sido apreciada en el momento de la recepción de la solicitud.

2. La denegación habrá de ser motivada y expresará los recursos que contra ella procedan, el órgano administrativo o judicial ante el que hubieran de presentarlo y el plazo para interponerlos.

Artículo 79. *Cambio de empleador.* 1. Transcurridos tres meses de la vigencia de la autorización y durante el primer año se permitirá a la persona trabajadora el cambio de empleador en la misma ocupación.

2. Se autorizará el cambio de empleador en cualquier momento de la vigencia de la autorización de residencia y trabajo inicial, si la persona empleadora incumpliera gravemente las obligaciones establecidas en el contrato de trabajo y esos incumplimientos fueran subsumibles en el artículo 50 del texto refundido de la Ley del Estatuto de los Trabajadores aprobado por el Real Decreto Legislativo 2/2015, de 23 de octubre.

En este supuesto, la persona trabajadora tendrá un plazo de tres meses desde que se constaten indicios suficientes de la existencia del grave incumplimiento para que una segunda persona empleadora comunique a la oficina de extranjería competente el cambio de empleador.

3. Asimismo, se autorizará el cambio de empleador si concurren circunstancias sobrevenidas, ajenas a la voluntad de la persona empleadora, que impidan que se pueda iniciar o desarrollar la actividad laboral.

En este caso, la persona extranjera o el empleador deberán comunicar tales circunstancias a la oficina de extranjería competente en el plazo máximo de quince días. Una vez efectuada dicha comunicación, la persona trabajadora tendrá un plazo de tres meses para que un segundo empleador comunique a la oficina de extranjería competente el cambio de empleador.

4. En los supuestos previstos en los apartados segundo y tercero, la oficina de extranjería verificará el cumplimiento de los requisitos previstos en los apartados b), c), d) y e) del artículo 74 en el plazo máximo de un mes. Transcurrido dicho plazo sin resolución expresa la solicitud se entenderá desestimada.

5. Efectuada la comunicación, la oficina de extranjería emitirá un documento para constancia de dicha comunicación y certificando la titularidad de la autorización por el trabajador y el ámbito de limitación de ésta. Dicho documento será entregado, en el plazo máximo de cinco días, al trabajador extranjero a los efectos de que éste pueda dirigirse al Servicio Público de Empleo competente y solicitar sus servicios de intermediación laboral.

Si el cambio de empleador supusiera una modificación de su alcance en cuanto a la ocupación, sector de actividad y/o ámbito territorial de limitación se atenderá a lo dispuesto en el artículo 192. El segundo empleador deberá comunicar a la oficina de extranjería competente el cambio de empleador.

6. La persona trabajadora tendrá derecho a permanecer en España, si el cambio de empleador se solicitó en tiempo y forma, hasta que finalice el plazo de que disponga el órgano competente para resolver.

7. El cambio de empleador a los efectos previstos en este artículo y sus consecuencias jurídicas, se entiende sin perjuicio de lo dispuesto en la normativa laboral y de Seguridad Social vigente.

Artículo 80. *Renovación de las autorizaciones de residencia temporal y trabajo por cuenta ajena.* 1. La renovación de las autorizaciones de residencia temporal y trabajo por cuenta ajena deberá solicitarse, en modelo oficial, durante los dos meses previos a la fecha de expiración de la vigencia de su autorización. La presentación de la solicitud en este plazo prorrogará la validez de la autorización anterior hasta la resolución del procedimiento. También se prorrogará hasta la resolución del procedimiento en el supuesto en que la solicitud se presentase dentro de los tres meses posteriores a la fecha en que hubiera finalizado la vigencia de la anterior autorización, sin perjuicio de la incoación del correspondiente procedimiento sancionador por la infracción prevista en el artículo 52.b) de la Ley Orgánica 4/2000.

2. La autorización de residencia y trabajo por cuenta ajena se renovará a su expiración en los siguientes supuestos:

a) Cuando se acredite la continuidad en la relación laboral que dio lugar a la concesión de la autorización cuya renovación se pretende.

b) Cuando la persona trabajadora haya tenido un periodo de actividad laboral de al menos tres meses por año, y se encuentre en alguna de las siguientes circunstancias:

1.º Haya suscrito un contrato de trabajo con un nuevo empleador acorde con las características de su autorización para trabajar, y figure en situación de alta o asimilada al alta en el momento de solicitar la renovación.

2.º Disponga de un nuevo contrato que reúna los requisitos establecidos en el artículo 74 y con inicio de vigencia condicionado a la concesión de renovación.

3.º Que la relación laboral que dio lugar a la autorización cuya renovación se pretende se haya extinguido por causas ajenas a su voluntad, y desde entonces hasta la fecha de solicitud de la renovación de la autorización de residencia y trabajo se ha mantenido inscrito ininterrumpidamente como demandante de empleo en los Servicios Públicos de Empleo competentes.

c) Cuando la persona trabajadora se encuentre en alguna de las situaciones previstas en el artículo 38.6 b) y c) de la Ley Orgánica 4/2000, de 11 de enero.

d) De acuerdo con el artículo 38.6.d) de la Ley Orgánica 4/2000, de 11 de enero, cuando:

1.º La persona trabajadora acredite que se ha encontrado trabajando y en alta en el régimen correspondiente de la Seguridad Social durante un mínimo de nueve meses en un periodo de doce.

2.º Un familiar, definido en los términos del artículo 66, cumpliera con los requisitos económicos para reagrupar a la persona trabajadora.

3.º En los supuestos de extinción del contrato de trabajo o suspensión de la relación laboral como consecuencia de que la trabajadora sea víctima de violencia de género o violencia sexual.

3. Junto con la solicitud de renovación deberán presentarse los documentos acreditativos de que se reúnen las condiciones para su concesión, de acuerdo con lo establecido en el apartado anterior, así como informe emitido por las autoridades autonómicas competentes que acredite la escolarización de los menores a su cargo en edad de escolarización obligatoria.

4. En caso de que a partir de la documentación presentada junto a la solicitud no quede acreditada la escolarización de los menores en edad de escolarización obligatoria que estén a cargo de la persona solicitante, la oficina de extranjería pondrá esta circunstancia en conocimiento de las autoridades educativas competentes, y advertirá expresamente y por escrito a la persona extranjera solicitante de que en caso de no producirse la escolarización y presentarse el correspondiente informe en el plazo de un mes, la autorización no será renovada.

5. Para la renovación de la autorización se valorará, en su caso, previa solicitud de oficio de los respectivos informes:

a) La posibilidad de renovar la autorización de residencia a las personas extranjeras que hubieren sido condenadas por la comisión de un delito y hayan cumplido la condena, las que hubieran sido indultadas o se hallasen en situación de remisión condicional de la pena o de suspensión de la pena.

b) Que la persona extranjera haya incumplido sus obligaciones en materia tributaria y de Seguridad Social.

6. Igualmente se valorará, en su caso, el esfuerzo de integración de la persona extranjera. Esta circunstancia se acreditará mediante la aportación, entre otros medios de prueba, de un informe favorable de los órganos competentes de la Comunidad Autónoma de su lugar de residencia que recomienden la renovación.

El informe, de ser favorable, certificará el conocimiento y respeto de los valores constitucionales de España, los valores estatutarios de la Comunidad Autónoma en que se resida, los valores de la Unión Europea, los derechos humanos, las libertades públicas, la democracia, la tolerancia y la igualdad entre mujeres y hombres y, en su caso, el aprendizaje de las lenguas oficiales del lugar de residencia.

En caso de que el informe no haya sido emitido en el plazo de un mes, circunstancia que habrá de ser debidamente acreditada por el interesado, podrá justificarse este requisito por cualquier medio de prueba admitido en Derecho.

7. Los descubiertos en la cotización a la Seguridad Social no impedirán la renovación de la autorización, siempre que se acredite la realización habitual de la actividad. El órgano competente pondrá en conocimiento de la Inspección de Trabajo y Seguridad Social la situación de descubierto de cotización, a los efectos de que se lleven a cabo las actuaciones que procedan.

8. Será causa de denegación de las solicitudes de renovación, además del incumplimiento de algunos de los requisitos previstos en este artículo, la concurrencia de alguno de los supuestos de denegación previstos en el artículo 78 de este

reglamento, excepto el relativo a que la situación nacional de empleo permita la contratación y aquellos que no sean atribuibles a la persona trabajadora.

9. Transcurrido el plazo de tres meses para resolver y notificar sobre una solicitud de renovación de autorización de residencia y trabajo por cuenta ajena sin que se haya dictado resolución expresa, esta se entenderá estimada.

Artículo 81. *Efectos de la renovación de la autorización de residencia temporal y trabajo por cuenta ajena.* 1. La renovación de la autorización de residencia y trabajo por cuenta ajena se hará por un periodo de cuatro años, salvo que corresponda una autorización de residencia de larga duración, y permitirá el ejercicio de cualquier actividad en cualquier parte del territorio nacional, por cuenta ajena y por cuenta propia. Los efectos de la autorización renovada se retrotraerán al día inmediatamente siguiente al de la caducidad de la autorización anterior.

En el supuesto en el que la vigencia de la autorización inicial sea menor a un año, y se cumpla alguno de los supuestos establecidos en el artículo 80, la renovación de la autorización se concederá por la duración de la actividad a desarrollar, con el máximo de un año.

2. Notificada la resolución favorable, la persona extranjera deberá solicitar personalmente en el plazo de un mes la tarjeta de identidad de extranjero.

CAPÍTULO IV
RESIDENCIA TEMPORAL Y TRABAJO POR CUENTA PROPIA

Artículo 82. *Definición, duración y ámbito.* Se halla en situación de residencia temporal y trabajo por cuenta propia la persona extranjera mayor de dieciocho años autorizada a residir en España por un periodo superior a noventa días naturales e inferior a cinco años, y a ejercer una actividad lucrativa por cuenta propia.

Artículo 83. *Autorización inicial de residencia temporal y trabajo por cuenta propia.* La autorización inicial de residencia temporal y trabajo por cuenta propia tendrá una duración de un año y se limitará a un ámbito geográfico autonómico y a un sector de actividad.

Cuando la Comunidad Autónoma tuviera reconocidas competencias en materia de autorización inicial de trabajo por cuenta propia podrá fijar el ámbito geográfico de la autorización dentro de su territorio.

Artículo 84. *Requisitos.* Para la concesión de una autorización inicial de residencia temporal y trabajo por cuenta propia será necesario acreditar, los siguientes requisitos específicos:

a) Cumplir los requisitos que la legislación vigente exige a los nacionales para la apertura y funcionamiento de la actividad proyectada.

b) Poseer la cualificación profesional legalmente exigida o experiencia acreditada suficiente en el ejercicio de la actividad profesional, cuando esta lo requiera, así como en su caso la colegiación cuando así se requiera.

c) Acreditar la suficiencia de la inversión prevista para la implantación del proyecto y sobre la incidencia, en su caso, en la creación de empleo, incluyendo como tal el auto empleo.

d) No encontrarse, en su caso, dentro del plazo de compromiso de no retorno a España que la persona extranjera haya asumido al retornar voluntariamente a su país de origen.

e) No representar una amenaza para el orden público, la seguridad pública o la salud pública, circunstancia que se acreditará mediante la comprobación de la inexistencia de antecedentes penales en España y la valoración del informe policial correspondiente.

f) Haber abonado la tasa por tramitación del procedimiento.

Artículo 85. *Procedimiento.* 1. La persona trabajadora extranjera no residente que pretenda trabajar por cuenta propia en España deberá presentar una solicitud de visado de residencia conforme a lo establecido en los artículos 38 y 39.

2. Para la valoración del requisito establecido en el artículo 84 e), la oficina de extranjería recabará de oficio el informe del registro central de penados para comprobar la inexistencia de antecedentes penales en España y recabará informe policial sobre la persona solicitante. Estos informes serán emitidos en el plazo de siete días.

La existencia de antecedentes en el informe policial no supondrá, por sí misma y de forma automática, causa de denegación de la autorización. En ese caso, el órgano competente valorará de forma casuística y circunstanciada, que la persona extranjera no suponga una amenaza para el orden público, la seguridad interior, la salud pública o las relaciones internacionales de ninguno de los Estados miembros de la Unión Europea.

3. La autorización inicial de residencia temporal y trabajo por cuenta propia será denegada cuando no se cumplan los requisitos establecidos para su concesión en el artículo 84.

La autorización será igualmente denegada cuando, para fundamentar la petición, se hayan presentado documentos falsos o formulado alegaciones inexactas, o medie mala fe.

4. El órgano competente resolverá sobre la autorización de residencia en el plazo máximo de tres meses desde la recepción de la comunicación de la oficina consular. Transcurrido este plazo sin respuesta, se entenderá que la solicitud ha sido desestimada.

5. Al resolver sobre la autorización inicial de residencia temporal y trabajo por cuenta propia el órgano competente, que será el autonómico cuando tenga competencias en materia de autorización inicial de trabajo por cuenta propia, deberá grabar de inmediato la resolución favorable en la aplicación informática correspondiente, de manera que los órganos de la Administración o Administraciones afectadas tengan conocimiento en tiempo real de la misma, y condicionará su eficacia a la expedición del visado y posterior alta de la persona trabajadora, durante los tres meses posteriores a su entrada legal en España, en el régimen correspondiente de la Seguridad Social.

Cuando la oficina consular competente no disponga de los medios técnicos necesarios para el acceso en tiempo real a la resolución mencionada en el párrafo anterior, los servicios centrales del Ministerio de Asuntos Exteriores, Unión Europea y Cooperación le darán traslado electrónico de la misma en el plazo de veinticuatro horas desde su recepción.

6. Las personas extranjeras que deseen desarrollar actividades por cuenta propia durante el primer año de concesión de autorización de forma simultánea en varias Comunidades Autónomas, y siempre en relación con el mismo sector de actividad, habrán de obtener las correspondientes autorizaciones de trabajo por cuenta propia, de conformidad con los requisitos relativos a la actividad generalmente exigidos para su obtención.

7. En el plazo de los tres meses posteriores a la entrada legal de la persona extranjera en España, se deberá producir su afiliación, alta y posterior cotización, en los términos establecidos por la normativa de Seguridad Social que resulte de aplicación. El alta en el régimen correspondiente de la Seguridad Social en el mencionado plazo dotará de eficacia a la autorización inicial de residencia temporal y trabajo por cuenta propia.

8. En el plazo de un mes desde el alta del trabajador en el régimen correspondiente de la Seguridad Social, éste deberá solicitar personalmente la tarjeta de identidad de extranjero.

9. Si finalizado el plazo de tres meses de estancia no existiera constancia de que el trabajador se ha dado de alta en el régimen correspondiente de la Seguridad Social, éste quedará obligado a salir del territorio nacional, incurriendo en caso contrario en infracción grave por encontrarse irregularmente en España.

Artículo 86. *Renovación de la autorización de residencia y trabajo por cuenta propia.* 1. La renovación de las autorizaciones de residencia temporal y trabajo por cuenta propia deberá solicitarse, en modelo oficial, durante los dos meses previos a la fecha de expiración de la vigencia de su autorización. La presentación de la solicitud en este plazo prorrogará la validez de la autorización anterior hasta la resolución del procedimiento. También se prorrogará hasta la resolución del procedimiento en el supuesto en que la solicitud se presentase dentro de los tres meses posteriores a la fecha en que hubiera finalizado la vigencia de la anterior autorización, sin perjuicio de la incoación del correspondiente procedimiento sancionador por la infracción prevista en el artículo 52.b) de la Ley Orgánica 4/2000.

2. La autorización de residencia y trabajo por cuenta propia podrá ser renovada en los siguientes supuestos:

a) Cuando se acredite la continuidad en la actividad que dio lugar a la autorización que se renueva, previa comprobación de oficio del cumplimiento de sus obligaciones tributarias y de Seguridad Social.

Los descubiertos en la cotización a la Seguridad Social no impedirán la renovación de la autorización, siempre que se acredite la realización habitual de la actividad. El órgano competente pondrá en conocimiento de la Inspección de Trabajo y Seguridad Social la situación de descubierto de cotización, a los efectos de que se lleven a cabo las actuaciones que procedan.

b) Cuando un familiar, definido en los términos del artículo 66, cumpliera con los requisitos económicos para reagrupar a la persona trabajadora.

c) Cuando por el órgano gestor competente, conforme a la normativa sobre la materia, se hubiera reconocido a la persona extranjera trabajadora autónoma la protección por cese de actividad.

d) En el caso de trabajadores autónomos económicamente dependientes, cuando se produzca la interrupción o extinción del contrato por causas ajenas a la persona trabajadora autónoma, incluida la trabajadora autónoma económicamente dependiente que sea víctima de violencia de género o víctima de violencia sexual.

e) Cuando la persona trabajadora se encuentre en alguna de las situaciones previstas en el artículo 38.6 b) y c) de la Ley Orgánica 4/2000, de 11 de enero.

3. A la solicitud, en modelo oficial, deberá acompañar la documentación que acredite que sigue cumpliendo los requisitos que se exigen para la concesión inicial o, en su caso, de que concurre alguno de los supuestos previstos en los puntos b), c) y d) del apartado 2 de este artículo. En todo caso, la solicitud irá acompañada de informe emitido por las autoridades autonómicas competentes que acredite la escolarización de los menores a su cargo en edad de escolarización obligatoria.

4. En caso de que a partir de la documentación presentada junto a la solicitud no quede acreditada la escolarización de los menores en edad de escolarización obligatoria que estén a cargo de la persona solicitante, la oficina de extranjería pondrá esta circunstancia en conocimiento de las autoridades educativas competentes, y advertirá expresamente y por escrito a la persona extranjera solicitante de que en caso de no producirse la escolarización y presentarse el correspondiente informe en el plazo de un mes, la autorización no será renovada.

5. La oficina de extranjería para la tramitación del procedimiento comprobará de oficio la información sobre que la persona interesada está al corriente en el cumplimiento de sus obligaciones tributarias y de Seguridad Social, así como recabará el certificado de antecedentes penales y el informe policial de los servicios competentes y resolverá.

Se valorará, en función de las circunstancias de cada supuesto, la posibilidad de renovar la autorización de residencia y trabajo a las personas extranjeras que hubieran sido condenadas por la comisión de un delito y hayan cumplido la condena, los que han sido indultadas o que se encuentren en la situación de remisión condicional de la pena o suspensión de la pena.

6. Igualmente se valorará el esfuerzo de integración de la persona extranjera. Esta circunstancia se acreditará mediante la aportación, por parte de la persona extranjera, entre otros medios de prueba, de un informe favorable de los órganos competentes de la Comunidad Autónoma de su lugar de residencia que recomienden la renovación, principalmente en caso de que no acredite el cumplimiento de alguno de los requisitos previstos para la renovación de la autorización.

El informe, de ser favorable, certificará el conocimiento y respeto de los valores constitucionales de España, los valores estatutarios de la Comunidad Autónoma en que se resida, los valores de la Unión Europea, los derechos humanos, las libertades públicas, la democracia, la tolerancia y la igualdad entre mujeres y hombres, y en su caso, el aprendizaje de las lenguas oficiales del lugar de residencia.

En caso de que el informe no haya sido emitido en el plazo de un mes, circunstancia que habrá de ser debidamente acreditada por el interesado, podrá justificarse este requisito por cualquier medio de prueba admitido en Derecho.

Dicho esfuerzo de integración podrá ser alegado por la persona extranjera como información a valorar en caso de no acreditar el cumplimiento de alguno de los requisitos previstos para la renovación de la autorización.

Artículo 87. *Efectos de la renovación de la autorización de residencia temporal y trabajo por cuenta propia.* 1. La autorización de residencia y trabajo por cuenta propia renovada tendrá una vigencia de cuatro años, salvo que corresponda una autorización de residencia de larga duración, y habilitará a trabajar por cuenta ajena y por cuenta propia en cualquier parte del territorio nacional y en cualquier sector de actividad. Los efectos de la autorización renovada se retrotraerán al día inmediatamente siguiente al de la caducidad de la autorización anterior.

2. Se entenderá que la resolución es favorable en el supuesto de que la Administración no resuelva expresamente en el plazo de tres meses desde la presentación de la solicitud.

CAPÍTULO V
RESIDENCIA TEMPORAL CON EXCEPCIÓN DE LA AUTORIZACIÓN DE TRABAJO

Artículo 88. *Excepciones a la autorización de trabajo.* Están exceptuados de la obligación de obtener autorización de trabajo para el ejercicio de una actividad lucrativa, laboral o profesional, sin limitación de ámbito geográfico, las personas extranjeras que estén incluidas en el artículo 41 de la Ley Orgánica 4/2000, de 11 de enero, y cumplan las siguientes condiciones:

a) Técnicos, investigadores y científicos invitados o contratados por la Administración General del Estado, las Comunidades Autónomas, las universidades, los entes locales o los organismos que tengan por objeto la promoción y el desarrollo de la investigación promovidos o participados mayoritariamente por las anteriores.

Tendrán esta consideración los profesionales que por sus conocimientos, especialización, experiencia o prácticas científicas sean invitados o contratados por una de las Administraciones citadas para el desarrollo de una actividad o programa técnico, científico o de interés general.

Esta circunstancia quedará acreditada con la presentación de la invitación o contrato de trabajo, suscritos por quien tenga atribuida la competencia o la representación legal correspondiente del órgano, organismo o entidad correspondiente, donde conste la descripción del proyecto y el perfil profesional que se requiere para su desarrollo.

b) Profesores, técnicos, investigadores y científicos invitados o contratados por una universidad española. Se considera como tales a los docentes que sean invitados o contratados por una universidad española para desarrollar tareas docentes, de investigación o académicas. Esta circunstancia quedará acreditada con la presentación de la invitación o contrato de trabajo para el ejercicio de dichas actividades, suscritos por quien tenga atribuida la representación legal de la universidad española correspondiente.

c) Personal directivo o profesorado de instituciones culturales o docentes dependientes de otros Estados, o privadas, de acreditado prestigio, oficialmente reconocidas por España, que desarrollen en nuestro país programas culturales y docentes de sus países respectivos, en tanto limiten su actividad a la ejecución de tales programas. Podrán beneficiarse de la excepción las personas extranjeras en quienes concurran las circunstancias siguientes:

1.ª Ocupar puestos de dirección, de docencia o de investigación y limitar su ocupación al ejercicio de la indicada actividad en instituciones culturales o docentes extranjeras radicadas en España.

2.ª Cuando se trate de instituciones culturales o docentes dependientes de otros Estados, deberán desarrollar en España su actividad de forma que los estudios cursados, programas desarrollados y los títulos o diplomas expedidos tengan validez y sean reconocidos por los países de los que dependan.

3.ª Si se trata de instituciones privadas extranjeras, se considerará acreditado el prestigio cuando la entidad y las actividades realizadas hayan sido oficialmente reconocidas y autorizadas por las autoridades competentes, y los títulos o diplomas que expidan tengan validez y reconocimiento por los países de los que dependan.

Estas circunstancias quedarán acreditadas con la presentación de la documentación que justifique la validez en el país de origen de los títulos o diplomas expedidos en España, del contrato de trabajo, o designación para el ejercicio de actividades de dirección o docencia. Y, en el caso de las entidades privadas, también de la documentación que justifique su reconocimiento oficial en España.

d) Los funcionarios civiles o militares de las Administraciones estatales extranjeras que vengan a España para desarrollar actividades en virtud de acuerdos de cooperación con una Administración española.

Esta situación quedará acreditada con la presentación del certificado emitido por la Administración estatal extranjera competente y la justificación de tales aspectos.

e) Corresponsales de medios de comunicación extranjeros. Tendrán esta consideración los profesionales de la información al servicio de medios de comunicación extranjeros que desarrollen su actividad informativa en España, debidamente acreditados por las autoridades españolas como corresponsales o como enviados especiales.

f) Miembros de misiones científicas internacionales que realicen trabajos e investigaciones en España, autorizados por la Administración, estatal o autonómica, competente.

Tendrán esta consideración las personas extranjeras que formen parte de una misión científica internacional que se desplace a España para realizar actividades de estudio o investigación programadas por un organismo o agencia internacional, y autorizadas por las autoridades competentes.

g) Ministros religiosos y miembros de la jerarquía de las diferentes iglesias, confesiones y comunidades religiosas, así como religiosos profesos de órdenes religiosas. Tendrán esta consideración las personas en quienes concurran los siguientes requisitos:

1.º Que pertenezcan a una iglesia, confesión, comunidad religiosa u orden religiosa que figure inscrita en el Registro de Entidades Religiosas del Ministerio de Presidencia, Justicia y Relaciones con las Cortes.

2.º Que tengan, efectiva y actualmente, la condición de ministro de culto, miembro de la jerarquía o religioso profeso por cumplir los requisitos establecidos en sus normas estatutarias.

3.º Que las actividades que vayan a desarrollar en España sean estrictamente religiosas o, en el caso de religiosos profesos, sean meramente contemplativas o respondan a los fines estatutarios propios de la orden; quedan expresamente excluidas las actividades laborales que no se realicen en este ámbito.

4.º Que la entidad de la que dependan se comprometa a hacerse cargo de los gastos ocasionados por su manutención y alojamiento, así como a cumplir los requisitos exigibles de acuerdo con la normativa sobre Seguridad Social.

El extremo indicado en el párrafo 1.º se acreditará mediante certificación del Ministerio de Presidencia, Justicia y Relaciones con las Cortes; los expresados en los párrafos 2.º a 4.º se acreditarán mediante certificación expedida por la entidad, con la conformidad del Ministerio de Presidencia, Justicia y Relaciones con las Cortes y la presentación de copia de los Estatutos de la orden.

Quedan expresamente excluidos de este artículo los seminaristas y personas en preparación para el ministerio religioso, aunque temporalmente realicen actividades de carácter pastoral, así como las personas vinculadas con una orden religiosa en la que aún no hayan profesado, aunque realicen una actividad temporal en cumplimiento de sus estatutos religiosos.

h) Las personas extranjeras que formen parte de los órganos de representación, gobierno y administración de los sindicatos y organizaciones empresariales reconocidos internacionalmente, siempre que su actividad se limite estrictamente al desempeño de las funciones inherentes a dicha condición.

i) Las personas extranjeras que cuenten con un permiso de trabajo válido en un Estado miembro de la Unión Europea y sean desplazadas a España en el marco de una prestación de servicios trasnacional, en los términos definidos por la Ley 45/1999, de 29 de noviembre, sobre el desplazamiento de trabajadores en el marco de una prestación de servicios transnacional.

Artículo 89. *Requisitos y procedimiento.* 1. La persona trabajadora extranjera no residente en España que esté exceptuada de la obligación de obtener autorización de trabajo para el ejercicio de una actividad lucrativa, laboral o profesional, y siempre que la duración prevista de la actividad sea superior a noventa días naturales, deberá presentar una solicitud de autorización de residencia temporal con excepción de la autorización de trabajo ante el órgano competente para su tramitación o, en el caso de encontrarse fuera de España, una solicitud de visado de residencia ante la oficina consular española correspondiente a su lugar de residencia.

La solicitud del visado de residencia conllevará la solicitud de autorización de residencia temporal con excepción de la autorización de trabajo.

2. Los requisitos para la obtención de una autorización de residencia temporal con excepción de la autorización de trabajo serán:

a) La acreditación de encontrarse en alguno de los supuestos de excepción de la autorización de trabajo.

b) No encontrarse, en su caso, dentro del plazo de compromiso de no retorno a España que la persona extranjera haya asumido al retornar voluntariamente a su país de origen.

c) No representar una amenaza para el orden público, la seguridad pública o la salud pública, circunstancia que se acreditará mediante la comprobación de la inexistencia de antecedentes penales en España y la valoración del informe policial correspondiente.

d) Haber abonado la tasa por tramitación del procedimiento.

3. La solicitud de visado se tramitará de acuerdo con lo establecido en el capítulo IV del título II.

4. Para la valoración del requisito establecido en la letra c) del apartado segundo del presente artículo, la oficina de extranjería recabará de oficio el informe del registro central de penados y el informe policial sobre la persona solicitante. Estos informes serán emitidos en el plazo de siete días.

La existencia de antecedentes en el informe policial no supondrá, por sí misma y de forma automática, causa de denegación de la autorización. En ese caso, el órgano competente valorará de forma casuística y circunstanciada, que la persona extranjera no suponga una amenaza para el orden público, la seguridad interior, la salud pública o las relaciones internacionales de ninguno de los Estados miembros de la Unión Europea.

5. En caso de que la persona extranjera se encuentre regularmente en España, deberá solicitar la autorización de residencia temporal con excepción de la autorización de trabajo ante la oficina de extranjería correspondiente a la provincia donde se inicie la actividad, aportando la documentación que lo justifique. La solicitud deberá presentarse con una antelación mínima de dos meses a la fecha de expiración de la situación legal en la que se encuentre.

En este supuesto la oficina de extranjería verificará el cumplimiento de los requisitos previstos en el artículo 38, salvo el previsto en los apartados f) y h).

El plazo máximo para notificar la resolución del Subdelegado o delegado del Gobierno competente será de dos meses, transcurrido el cual la solicitud se entenderá desestimada. La oficina de extranjería podrá solicitar la presentación de la documentación adicional que se estime pertinente para acreditar que la persona extranjera se encuentra en alguno de los supuestos previstos en el artículo 88, así como los informes que sean precisos a otros órganos administrativos.

6. En caso de que la solicitud se presente ante la oficina consular el plazo máximo para resolver y notificar será de 15 días, transcurridos los cuales sin haber obtenido respuesta la solicitud se entenderá desestimada.

7. La vigencia de la autorización de residencia temporal con excepción de la autorización de trabajo será igual a la duración de la actividad o programa que se desarrolle, con el límite máximo de un año la autorización inicial, y de cuatro en la prórroga, si subsisten las circunstancias que motivaron la excepción.

CAPÍTULO VI
RESIDENCIA TEMPORAL DE LA PERSONA EXTRANJERA QUE HA RETORNADO VOLUNTARIAMENTE A SU PAÍS

Artículo 90. *Ámbito de aplicación.* 1. Lo previsto en el presente capítulo se aplicará a la persona extranjera que, siendo titular de una autorización de residencia temporal:

a) Se acoja a un programa de retorno voluntario impulsado, financiado o reconocido por la Administración General del Estado; o

b) Retorne voluntariamente a su país de origen al margen de programa alguno.

2. En cualquier caso, lo previsto en este capítulo se entenderá sin perjuicio del derecho de las personas extranjeras residentes en España a salir de territorio español y regresar a éste durante la vigencia de su autorización de residencia, sin más limitaciones que las establecidas de conformidad con el artículo 28 de la Ley Orgánica 4/2000, de 11 de enero, y las derivadas de la posible extinción de su autorización tras un determinado periodo de ausencia de territorio español, de acuerdo con lo previsto en este Reglamento.

Artículo 91. *Compromiso de no regreso a territorio español.* 1. Finalizada la vigencia de su compromiso de no regreso a territorio español, la persona extranjera podrá solicitar, o podrá solicitarse a su favor, una autorización de residencia temporal o de residencia temporal y trabajo, de acuerdo con lo previsto en este reglamento en función del tipo autorización que desee obtener.

En caso de que el programa de retorno voluntario no establezca un periodo de compromiso de no regreso a España o si la persona extranjera retorna a su país de origen al margen de programa alguno, la solicitud de autorización de residencia temporal o residencia temporal y trabajo de acuerdo con lo establecido en este capítulo podrá ser presentada transcurridos tres años desde la fecha del retorno a su país de origen. Este plazo podrá ser modificado por orden de la persona titular del Ministerio de Inclusión, Seguridad Social y Migraciones.

2. A efectos de control de la fecha del retorno, la persona extranjera, cualquiera que sea el programa de retorno voluntario al que se haya acogido o de no haberse acogido a ninguno, deberá comparecer personalmente en la oficina consular española en el país de origen, entregando su tarjeta de identidad de extranjero en vigor.

3. En caso de que haya regresado a su país de origen en base a un programa de retorno voluntario que no implique su renuncia a la situación de residencia de que fuera titular, o de no haberse acogido a ningún programa, la persona extranjera, a efectos de que le resulte de aplicación lo previsto en este capítulo, habrá de renunciar expresamente y por escrito a su autorización de residencia, en el momento en que comparezca en la oficina consular española en su país de origen para acreditar su retorno.

4. La oficina consular española ante la que la persona extranjera entregue su tarjeta y renuncie a su autorización de residencia entregará a éste un documento en el que consten ambas actuaciones y la fecha en la que se han producido.

Artículo 92. *Autorizaciones de residencia temporal o de residencia temporal y trabajo.* 1. No resultará de aplicación el requisito relativo a la consideración de la situación nacional de empleo en los procedimientos sobre autorizaciones en los cuales este fuera generalmente exigible, cuando la persona extranjera a cuyo favor se soliciten éstas se encuentre incluido en el supuesto previsto en el artículo 90.1.a).

2. En el marco de la gestión colectiva de trabajadores en origen, podrán ser presentadas ofertas de carácter nominativo a favor de las personas extranjeras que se hubieran acogido al programa de retorno voluntario o hubieran regresado a su país al margen de un programa en los términos previstos en este capítulo, siempre que con ello hubieran renunciado a la titularidad de una autorización de residencia temporal y trabajo.

Igualmente, los órganos españoles competentes realizarán las actuaciones necesarias para que dichas personas extranjeras sean preseleccionados en los procedimientos desarrollados en su país de origen a los que concurran, siempre que reúnan los requisitos de capacitación y, en su caso, cualificación profesional legalmente exigida para el ejercicio de la profesión.

3. Los procedimientos de solicitud de una autorización de residencia temporal o de residencia temporal y trabajo derivados de lo previsto en este capítulo serán objeto de tramitación preferente. El plazo máximo para la resolución y notificación será de cuarenta y cinco días desde día siguiente al de la fecha en que hayan tenido entrada en el registro del órgano competente para tramitarlas.

4. La situación de residencia temporal de la persona extranjera se entenderá continuada, a los efectos de acceso a la situación de residencia de larga duración, si bien dicho cómputo no incluirá el tiempo transcurrido desde el retorno voluntario de la persona extranjera a su país de origen o país de anterior residencia, hasta la concesión de la nueva autorización de residencia temporal o de residencia temporal y trabajo.

5. Lo previsto en este artículo resultará de aplicación una vez transcurrido el plazo de compromiso de no regreso a España, asumido por la persona extranjera al retornar voluntariamente a su país de origen.

CAPÍTULO VII
RESIDENCIA TEMPORAL DE FAMILIARES DE PERSONAS CON NACIONALIDAD ESPAÑOLA

Artículo 93. *Definición.* Se encontrará en situación de residencia temporal la persona extranjera que, obteniendo una autorización conforme a lo previsto en este capítulo, no posea la nacionalidad de uno de los Estados miembros de la Unión Europea, ni de otro Estado parte del Acuerdo sobre el Espacio Económico Europeo ni de Suiza y tenga con una persona de nacionalidad española una relación familiar de las que se incluyen en este capítulo, independientemente del lugar y el momento en que se cree el vínculo, siempre que se mantenga y le acompañen, se unan o se reúnan con él en territorio nacional, salvo en el caso previsto en el artículo 94.1 h) del presente reglamento en cuyo caso podrán hacerlo en cualquier circunstancia.

Artículo 94. *Ámbito de aplicación.* 1. Podrán solicitar una autorización de residencia temporal de familiar de una persona de nacionalidad española, siempre que convivan, quienes se encuentren en alguna de las siguientes situaciones:

a) El cónyuge mayor de dieciocho años, siempre y cuando no haya recaído acuerdo o declaración de nulidad del vínculo matrimonial o divorcio y no se haya celebrado en fraude de ley.

En ningún caso podrá acceder a esta autorización más de un cónyuge, independientemente de que la ley personal de la persona extranjera admita esta modalidad matrimonial.

En cuanto a la persona de nacionalidad española residente que esté casada en segundas o posteriores nupcias, sólo podrá acceder a esta autorización el nuevo cónyuge y sus familiares relacionados en este artículo si acreditan que la disolución de sus anteriores matrimonios ha tenido lugar tras un procedimiento que fije la situación del cónyuge previo y sus familiares con relación a la vivienda común, las eventuales pensiones al cónyuge y a los hijos menores o mayores dependientes.

b) La pareja extranjera no casada mayor de dieciocho años que mantenga con la persona de nacionalidad española una relación de afectividad análoga a la conyugal e inscrita en un registro público establecido, a esos efectos, en un Estado miembro de la Unión Europea o en un Estado parte en el Acuerdo sobre el Espacio Económico Europeo o en Suiza, siempre y cuando no se haya celebrado en fraude de ley y no se haya cancelado dicha inscripción, lo que deberá ser suficientemente acreditado.

c) La pareja extranjera no casada mayor de dieciocho años que mantenga con la persona de nacionalidad española una relación estable debidamente probada. En todo caso, se entenderá por pareja estable debidamente probada aquella que acredite suficientemente una relación de convivencia análoga a la conyugal, dentro o fuera de España, de, al menos, doce meses continuados. No será exigible el periodo de convivencia previa si la pareja cuenta con descendencia común siempre que se mantenga el vínculo.

Las situaciones de matrimonio, pareja registrada y pareja estable se considerarán, en todo caso, incompatibles entre sí.

d) Sus hijos o, los de su cónyuge, pareja registrada o pareja estable siempre y cuando esta también resida o vaya a residir en España, menores de veintiséis años, o mayores de dicha edad que estén a su cargo, o que tengan una discapacidad para la que precisen apoyo para el ejercicio de su capacidad jurídica. En todos los casos anteriores, siempre que convivan o pretendan convivir con ellos y no estén casados o hayan constituido su propia unidad familiar. Si estuvieran casados o hubieran constituido su propia unidad familiar podrán solicitar las autorizaciones conforme a lo previsto en la letra i) de este apartado acreditando que todos los miembros de esa unidad familiar están a cargo de la persona con nacionalidad española.

En el supuesto de hijos adoptivos deberá acreditarse que la resolución por la que se acordó la adopción reúne los elementos necesarios para producir efectos en España conforme a la normativa nacional e internacional.

Cuando se trate de hijos del cónyuge, o de la pareja registrada o estable, menores de dieciocho años, podrán acceder a la autorización de residencia siempre que el progenitor extranjero ejerza la patria potestad o la custodia con carácter exclusivo o, en su defecto, siempre que el otro titular del derecho de custodia haya dado su consentimiento ante una autoridad pública o fedatario público. No será necesario tal consentimiento cuando esos hijos menores hayan nacido en España y hayan permanecido en nuestro país desde su nacimiento.

e) Los ascendientes directos de primer grado en línea directa y los de su cónyuge, o pareja registrada o pareja estable siempre que no haya recaído acuerdo o declaración de nulidad del vínculo matrimonial, o divorcio, o se haya cancelado la inscripción registral de la pareja en los siguientes casos:

1.º cuando acrediten que viven a su cargo y carezcan de apoyo familiar en origen,

2.º cuando concurran razones de carácter humanitario.

Véase la disposición transitoria cuarta sobre familiares de personas con nacionalidad española de las letras d) y e) del artículo 94.1.

f) El padre, madre, tutor o tutora de un menor de nacionalidad española, siempre que el solicitante tenga a cargo al menor y conviva con este o esté al corriente de sus obligaciones respecto al mismo. Esta relación deberá haber sido constituida conforme al ordenamiento jurídico español.

g) Un único familiar, hasta el segundo grado, que realice o vaya a realizar los cuidados que precise una persona con nacionalidad española que tenga reconocido alguno de los grados de dependencia previstos en el artículo 26 de la Ley 39/2006, de 14 de diciembre, de Promoción de la Autonomía Personal y Atención a las personas en situación de dependencia.

h) Los hijos y las hijas cuyo padre o madre sean o hubieran sido españoles de origen.

i) Otros miembros de su familia no incluidos en los apartados anteriores, y acrediten, de forma fehaciente, en el momento de la solicitud, que se encuentran a su cargo.

2. Cuando existan varios familiares de la persona con nacionalidad española, las solicitudes de las autorizaciones de residencia temporal podrán formularse, de todos los miembros de la unidad familiar o de parte de ella al mismo tiempo o de forma sucesiva.

3. Las referencias incluidas en el presente capítulo en relación con la condición de persona extranjera a cargo o de razones de carácter humanitario, se entenderán de conformidad con los requisitos y condiciones establecidos en el capítulo I del título XII.

4. Cuando se trate de familiares menores de dieciocho años con los que no exista vínculo de filiación, habrá de acreditarse la existencia de medidas de protección por desamparo en España o en el extranjero, siempre que no sean contrarias al orden público español.

Artículo 95. *Características de la autorización de residencia temporal de familiares de personas con nacionalidad española.* 1. A las personas extranjeras a las que se les conceda esta autorización tendrán derecho, durante su vigencia, a residir y trabajar, sin necesidad de realizar ningún trámite administrativo adicional, mientras se mantengan las condiciones previstas en el presente capítulo y siempre que superen la edad mínima de admisión al trabajo. Dicha autorización les habilita para trabajar por cuenta ajena o por cuenta propia, y en cualquier parte del territorio español, ocupación o sector de actividad.

Los familiares que hayan accedido a la autorización de residencia, tras haber acreditado la condición de persona extranjera a cargo, la podrán mantener o conservar, aunque ejerzan en España, durante su vigencia, actividades por cuenta ajena o por cuenta propia. Ello sin perjuicio de que puedan solicitar una autorización de residencia independiente en los términos y con los efectos previstos en el artículo 99.

De conformidad con lo establecido en el artículo 40 de la Ley Orgánica 4/2000, de 11 de enero, no se tendrá en cuenta la situación nacional de empleo para la concesión de estas autorizaciones.

2. Las personas titulares de la autorización de residencia temporal de familiares de personas con nacionalidad española podrán ejercer su propio derecho a la reagrupación familiar en los términos, plazos, requisitos y condiciones previstas en los artículos 68 y 69.

3. En caso de que la persona extranjera se encuentre en España, la concesión de la autorización de residencia tendrá una validez de 5 años a partir de la fecha de su concesión o, en su caso, se otorgará por el periodo previsto de residencia en España del familiar de nacionalidad española si éste fuera inferior. En caso de que la persona extranjera se encuentre fuera de España, la autorización concedida tendrá una duración de 5 años o por el periodo previsto de residencia en España del familiar español si éste fuera inferior y tendrá efecto desde la fecha en que se efectúe la entrada en España.

4. Si la duración de la autorización fuera inferior a la máxima de 5 años podrá renovarse siempre y cuando se mantengan las condiciones previstas en este capítulo, por cinco años o por el periodo previsto de residencia en España del familiar de nacionalidad española si este fuera inferior, siempre que la solicitud se presente en los dos meses previos a la fecha de la caducidad o en los tres meses posteriores a la misma, y sin perjuicio de la incoación del correspondiente procedimiento sancionador por la infracción prevista en el artículo 52.b) de la Ley Orgánica 4/2000, de 11 de enero. La presentación de la solicitud dentro del plazo de renovación prorroga la validez de la autorización anterior hasta la resolución del procedimiento.

Artículo 96. *Acreditación de los requisitos para la obtención de la autorización.* Para obtener una autorización de residencia temporal de familiares de personas con nacionalidad española será necesario cumplir los siguientes requisitos específicos:

a) Relativos al familiar de nacionalidad española:

1.º Copia completa del pasaporte, o del documento nacional de identidad, en vigor.

2.º En los casos de solicitud a favor de cónyuge o pareja, declaración responsable de que no reside con él en España otro cónyuge o pareja.

b) Relativos al familiar extranjero:

1.º Copia completa del pasaporte, del título de viaje, en vigor.

2.º Documentación acreditativa de la existencia del vínculo familiar con el familiar de nacionalidad española.

3.º En los supuestos en los que así se exija, documentación acreditativa de que el familiar se encuentre a cargo del familiar de nacionalidad española.

4.º En los casos contemplados en el artículo 94.1.i), se deberá acreditar la dependencia, la convivencia, el grado de parentesco y, en su caso, la existencia de motivos graves de salud o discapacidad.

5.º En el supuesto de pareja estable, documentación que justifique la existencia de una relación estable con la pareja de nacionalidad española, el tiempo de convivencia y, en su caso, certificado de nacimiento de los descendientes comunes.

Artículo 97. *Procedimiento para la obtención de la autorización de residencia.* 1. La solicitud de autorización de residencia podrá presentarse según el supuesto de que se trate, de la siguiente forma:

a) Por la persona de nacionalidad española cuando esta se encuentre en territorio nacional y la extranjera se halle en el Estado de origen o de procedencia y ambos pretendan fijar su residencia de manera efectiva en España.

b) Por la persona extranjera, cuando tanto el familiar de nacionalidad española como el familiar extranjero se encuentren fuera del territorio nacional y tengan previsto trasladar o establecer su residencia de manera real en España.

c) Excepcionalmente, cuando la persona extranjera y el ciudadano español se encuentren en territorio nacional, los familiares de las letras a), b), c), f), g), h) del apartado primero artículo 94 y, hasta que cumplan los dieciocho años, los familiares incluidos en la letra d), podrán solicitar en España, indistintamente, cualquiera de los dos esta autorización de residencia temporal.

2. En el caso previsto en la letra a) del apartado primero, el familiar de nacionalidad española presentará la solicitud a favor de su familiar personalmente o mediante representación según el modelo oficial ante la oficina de extranjería de la provincia en la que resida, junto con la documentación prevista en el artículo 96.

La oficina de extranjería comprobará el cumplimiento de los requisitos y resolverá sobre la autorización. En caso de que la autorización sea concedida, el familiar deberá presentar la solicitud del correspondiente visado ante la oficina consular española competente que se tramitará conforme a lo dispuesto en el artículo 41.2.

3. En el caso previsto en la letra b) del apartado primero, la persona extranjera presentará la solicitud de visado ante la oficina consular española competente que se tramitará conforme a lo dispuesto en el artículo 41.3.

4. En el supuesto previsto en la letra c) del apartado primero, el familiar de nacionalidad española o la persona extranjera presentará la solicitud ante la oficina de extranjería de la provincia en la que tenga establecida o vaya a establecer su residencia junto con la documentación que acredite el cumplimiento de los requisitos previstos en los artículos anteriores de este capítulo y el artículo 38, salvo los previstos en el artículo 38. b) y h).

5. Salvo que se hayan inadmitido o denegado autorizaciones del mismo tipo con base en una identidad sustancial de hechos, la presentación de la solicitud otorgará, durante su tramitación y hasta su resolución, el derecho de permanecer provisionalmente a los familiares en España y, en el caso de aquellos referidos en las letras a), b), c) y d) del artículo 94, habilitará para el desarrollo de actividades laborales o profesionales por cuenta ajena o propia, respectivamente. El mantenimiento de la autorización provisional y, en su caso, de la habilitación para trabajar quedarán condicionados a la posterior concesión definitiva de la autorización, quedando sin efecto en otro caso.

6. Recibida la solicitud de autorización, la oficina de extranjería competente comprobará la documentación aportada y verificará el cumplimiento de los requisitos previstos en este capítulo.

Si la documentación estuviera incompleta, formulará el oportuno requerimiento a fin de que se subsanen los defectos en el plazo que se señale en la notificación, que no podrá ser superior a quince días, advirtiéndole de que, de no efectuarse, se le tendrá por desistido de su solicitud y procederá al archivo de su expediente, dictándose al efecto la oportuna resolución.

Para valorar la condición prevista en el artículo 94.1, la oficina de extranjería recabará de oficio el informe de los servicios competentes de la Dirección General de la Policía en materia de seguridad y orden público, de los juzgados y tribunales, así como del Registro Central de Penados.

El órgano competente resolverá y notificará en el plazo de dos meses desde la fecha de presentación de solicitud. Transcurrido dicho plazo sin haber obtenido respuesta se entenderá que la solicitud ha sido desestimada.

En el supuesto previsto en el apartado 1.b), el órgano competente resolverá en el plazo de dos meses desde la recepción de la comunicación de la oficina consular, transcurrido el cual sin haber obtenido respuesta se entenderá que la solicitud ha sido desestimada.

La resolución de concesión, que, en su caso, hará mención expresa a que la autorización no desplegará sus efectos hasta que no se produzca la obtención del visado y la posterior entrada en España de su titular, se incorporará a la aplicación informática correspondiente para que sea inmediatamente accesible por el Ministerio de Asuntos Exteriores, Unión Europea y Cooperación y por la oficina consular para su valoración.

7. En el caso previsto en la letra c) del apartado primero, una vez obtenida la autorización, la persona extranjera deberá solicitar personalmente la tarjeta de identidad de extranjero ante la Comisaría de Policía competente en el plazo de un mes desde la notificación de la concesión.

En los demás casos, la persona extranjera deberá solicitar personalmente la tarjeta de identidad de extranjero ante la Comisaría de Policía competente en el plazo de un mes desde la fecha de entrada en territorio nacional.

8. Los procedimientos regulados en este artículo, serán objeto de tramitación preferente y tendrán carácter gratuito.

Artículo 98. *Condiciones para el ejercicio del derecho a una autorización de residencia temporal de familiares de personas con nacionalidad española.* 1. La autorización de residencia temporal de familiares de personas con nacionalidad española, o el correspondiente visado, se podrán denegar por razones de orden público, seguridad pública o salud pública, respetando el principio de proporcionalidad y, teniéndose en cuenta la normativa reguladora de orden público y de la seguridad pública.

Cuando se adopte por las razones anteriormente señaladas de orden público o de seguridad pública, la denegación de la autorización o del visado deberá estar fundada exclusivamente en la conducta personal de la persona extranjera, que, en todo caso, deberá constituir una amenaza real, actual y suficientemente grave que afecte a un interés fundamental de la sociedad, y que será valorada, por el órgano competente para resolver en atención a los informes de las autoridades policiales, fiscales o judiciales que obren en el expediente.

La existencia de condenas penales anteriores, dentro o fuera de España, no constituirá, por sí sola, razón automática para acordar la denegación de la autorización o del visado, salvo en el caso de los familiares incluidos en las letras c), g), h) e i) del artículo 94 que tendrán que acreditar, en todo caso, la inexistencia de antecedentes penales.

2. La vigencia de la autorización de residencia estará condicionada al hecho de que la persona titular de la misma continúe encontrándose en alguno de los supuestos que dan derecho a su obtención y mantenga el cumplimiento de los requisitos y condiciones. Las personas españolas o el familiar extranjero deberán comunicar los eventuales cambios de circunstancias referidos al domicilio, a su nacionalidad, estado civil y en su caso, la condición de pareja registrada o estable, a la oficina de extranjería de la provincia donde residan o la Comisaría de Policía correspondiente en el plazo de dos meses desde que se produzcan.

3. Conforme a lo dispuesto en el capítulo II del título XII de este reglamento, será causa de retirada o pérdida de la autorización que la persona de nacionalidad española o el miembro o miembros de su familia no hagan o hayan dejado de ha-

cer vida conyugal o familiar efectiva o se constate que el ciudadano español o la pareja no casada ha contraído matrimonio o mantiene una relación estable con otra persona.

Artículo 99. *Residencia independiente de las personas que tienen o han tenido vínculos familiares con una persona de nacionalidad española.* 1. Las personas referidas en el artículo 94, con la excepción de los mencionados en las letras c) e i), podrán optar a una autorización independiente cuando se den los supuestos contemplados en los apartados siguientes:

2. El fallecimiento de la persona de nacionalidad española no afectará al derecho de residencia de quienes sean titulares de la autorización siempre que estos hayan residido en España antes del fallecimiento del titular del derecho. Las personas que hubieran obtenido la autorización de residencia temporal de familiares de personas con nacionalidad española tendrán la obligación de comunicar el fallecimiento a la oficina de extranjería donde residan en el plazo máximo de seis meses desde que se produzca.

3. El cese de la residencia efectiva en España de la persona con nacionalidad española, que habrá de ser comunicada en el plazo máximo de seis meses desde que se produzca, no supondrá la pérdida de la autorización de residencia de sus hijos ni del progenitor que tenga atribuida la custodia efectiva de éstos, con independencia de su nacionalidad, siempre que dichos hijos residan en España y se encuentren matriculados en un centro de enseñanza para cursar estudios, ello hasta la finalización de éstos.

4. En el caso de nulidad del vínculo matrimonial o divorcio, o de la cancelación de la inscripción como pareja registrada, de la persona con nacionalidad española con la persona extranjera, esta tendrá obligación de comunicar dicha circunstancia a las autoridades competentes en el plazo de seis meses desde que se produzca. Para conservar el derecho de residencia, deberá acreditarse uno de los siguientes supuestos:

a) Duración de al menos tres años del matrimonio o situación de pareja registrada o estable, hasta el inicio del procedimiento judicial de nulidad del matrimonio, divorcio o de la cancelación de la inscripción como pareja registrada, de los cuales deberá acreditarse que al menos uno de los años ha transcurrido en España.

La solicitud de autorización de residencia independiente habrá de solicitarse en el plazo de los seis meses siguientes a la fecha de notificación de la admisión de la demanda de nulidad, divorcio o separación de derecho, de la resolución de cancelación de la inscripción de la pareja registrada o del cese de la convivencia de la pareja estable.

b) Otorgamiento por mutuo acuerdo o decisión judicial, de la custodia de los hijos e hijas de la persona con nacionalidad española, al excónyuge o expareja registrada o estable de nacionalidad extranjera.

c) Resolución judicial o mutuo acuerdo entre las partes que determine el derecho de visita, al hijo o hija menor, del excónyuge o expareja registrada o estable de nacionalidad extranjera, cuando dicho menor resida en España y dicha resolución o acuerdo se encuentre vigente.

5. Cuando la persona extranjera fuera víctima de violencia de género, de violencia sexual, de un delito por conductas violentas ejercidas en el entorno familiar, víctima de trata de seres humanos por parte del familiar español o víctima del delito de abandono de familia, menores o personas con discapacidad necesitadas de especial protección, una vez dictada a su favor, en los tres primeros casos, una orden judicial de protección o, en su defecto, exista un informe policial o un informe del Ministerio Fiscal que indique la existencia de indicios de violencia de género o cuente con informe en el que figure identificada como víctima de trata de seres humanos emitido por las autoridades policiales con formación específica en la investi-

gación de la trata de seres humanos y en la identificación de sus víctimas. También se podrá acreditar la condición de víctima de violencia de género, víctima de violencia sexual y víctima de un delito por conductas violentas ejercidas en el entorno familiar a través del documento que lo acredite de conformidad con las previsiones recogidas en la normativa correspondiente.

6. En los supuestos previstos en los apartados anteriores, el familiar extranjero, para mantener o conservar la autorización por el tiempo que reste de vigencia hasta su caducidad, deberá solicitar expresamente ante la oficina de extranjería la residencia independiente en el plazo de los seis meses siguientes a la fecha en que se produzca el hecho causante previsto en los ordinales segundo a cuarto de este artículo. Obtenida la resolución favorable sobre la residencia independiente, la persona extranjera mantendrá la tarjeta de identidad de extranjero de la que sea titular hasta la caducidad de la misma.

7. En los supuestos previstos en los apartados anteriores, cuando no sea posible mantener la autorización a título personal, procederá solicitar la modificación de la autorización en los términos previstos en el título XI siempre que acrediten los requisitos previstos y se solicite en el plazo de los tres meses siguientes a la fecha que se produzca la circunstancia que lo justifica o a los tres meses siguientes a la denegación de la solicitud de la residencia independiente.

TÍTULO V
RESIDENCIA Y TRABAJO PARA ACTIVIDADES DE TEMPORADA

CAPÍTULO I
DEFINICIÓN Y REQUISITOS DE CONCESIÓN

Artículo 100. *Definición.* Se halla en situación de residencia y trabajo para actividades de temporada la persona extranjera mayor de dieciséis años autorizada a residir en España y a ejercer actividades laborales por cuenta ajena por periodos máximos de nueve meses en un año natural, durante el periodo de vigencia de la autorización, para ejercer una actividad de temporada.

Artículo 101. *Autorización de residencia temporal y trabajo para actividades de temporada.* 1. Las autorizaciones de residencia y trabajo para actividades de temporada tendrán una duración de cuatro años y habilitarán a sus titulares, durante su periodo de vigencia, a trabajar por un periodo de actividad máximo de nueve meses durante cada año natural.

Se concederán para un único empleador, sin perjuicio de las especificidades que se puedan establecer en los supuestos de concatenación, prórrogas del periodo de actividad y cambios de empleador.

Las empresas de trabajo temporal no podrán ser titulares de esta autorización de residencia y trabajo para actividades de temporada ni ser autorizados por cambio de empleador o en la cadena de concatenaciones.

Salvo en los casos en los que no resulte aplicable el requisito de la situación nacional de empleo, la autorización se limitará a un ámbito geográfico autonómico y a una ocupación.

Cuando la comunidad autónoma tuviera reconocidas competencias en materia de autorización inicial de trabajo podrá fijar el ámbito geográfico de la autorización dentro de su territorio.

2. Su vigencia estará supeditada al mantenimiento de las condiciones que justificaron su concesión.

3. En el plazo de un mes desde el alta de la persona trabajadora en el régimen correspondiente de la Seguridad Social, la persona extranjera deberá solicitar la tarjeta de identidad de extranjero, personalmente. En esa tarjeta se hará constar que la autorización es para actividades de temporada.

4. La Comisión Laboral Tripartita de Inmigración será informada sobre la evolución de las contrataciones de trabajadores de temporada que se determinen.

Artículo 102. *Requisitos.* 1. Para la concesión de las autorizaciones de residencia y trabajo para actividades de temporada, será necesario cumplir con los requisitos establecidos en el artículo 74 para las autorizaciones de residencia y trabajo, con las siguientes especificidades:

a) Que la persona trabajadora no resida ni se halle en España.

b) Que se formalice por escrito un contrato fijo-discontinuo de conformidad con lo previsto en el artículo 16 de la ley del Estatuto de los Trabajadores, y contenga, como mínimo, las referencias del Real Decreto 1659/1998 del artículo 8, apartado 5, de la Ley del Estatuto de los Trabajadores sobre información al trabajador sobre los elementos esenciales del contrato de trabajo, y, todas aquellas otras que la normativa laboral establezca para el tipo de contrato correspondiente y, en concreto, el lugar y el tipo de trabajo; la duración de temporada; las horas de trabajo y la fecha de inicio del trabajo. Se dará al mismo tiempo una copia por escrito del contrato en un idioma que pueda entender la persona trabajadora.

c) Que el empleador ponga a disposición de la persona trabajadora un alojamiento adecuado conforme a lo establecido en el artículo 109.

d) Que el empleador suscriba un seguro que cubra la asistencia sanitaria de la persona trabajadora desde la fecha de inicio del viaje a España hasta aquella en que se produzca el alta en el régimen correspondiente de la Seguridad Social.

e) Que se haya abonado la tasa relativa a la autorización de residencia y trabajo para actividades de temporada.

f) Que el empleador se comprometa a la organización de los viajes de la persona trabajadora en los términos establecidos en el artículo 107.1.c).

g) Que el empleador indique el periodo de actividad previsto para el primer año de la autorización plurianual y, en su caso, las concatenaciones contractuales.

h) Que la persona trabajadora extranjera se comprometa a retornar a su país de origen y lo notifique en los términos normativamente establecidos.

i) Que la persona trabajadora extranjera se comprometa a cumplir las normas vigentes sanitarias, de régimen interior y convivencia en explotaciones y alojamientos o de riesgos laborales.

j) Que la persona trabajadora tenga los certificados o licencias administrativas que, en su caso, se exijan para el desarrollo de una actividad profesional regulada según la normativa sectorial aplicable.

k) Que el empleador aporte el compromiso de retorno firmado por la persona trabajadora.

2. Se requerirá que la situación nacional de empleo permita la contratación de trabajadores extranjeros según este Reglamento y sus normas de desarrollo, excepto para las recogidas en la previsión anual de ocupaciones aprobada en los procedimientos de gestión colectiva de contratos de trabajo que sigue su propio régimen.

3. Durante el primer año de la autorización se requerirá, para la entrada en España el visado de residencia y trabajo para actividades de temporada que se tramitará conforme a lo establecido en el artículo 40.

4. En cada año sucesivo a aquel en que se hubiera concedido la autorización, la persona titular de la autorización deberá, si se cumplen todos los requisitos, ser llamada de nuevo por el empresario, en el marco del contrato de trabajo celebrado.

CAPÍTULO II
PROCEDIMIENTO, DENEGACIÓN Y LLAMAMIENTO

Artículo 103. *Procedimiento.* 1. Será de aplicación el procedimiento previsto en el artículo 77 con las especificidades contenidas en los apartados siguientes.

2. La presentación de las solicitudes se realizará con una antelación mínima de dos meses al inicio de la actividad laboral prevista, salvo causa motivada.

3. Con la solicitud de autorización, deberá acompañarse, además de los documentos previstos en el artículo 77, la siguiente documentación:

a) La acreditación por la empresa de haber informado a la persona trabajadora de los derechos y obligaciones que derivan de la firma del contrato de trabajo.

b) La prueba de estar en posesión o de haber solicitado un seguro de asistencia sanitaria.

c) La acreditación de que el empleador pondrá a disposición de la persona trabajadora un alojamiento adecuado en los términos establecidos en el presente reglamento.

d) El compromiso de organizar el viaje en los términos fijados en el artículo 107.1.c).

e) Declaración responsable del cumplimiento de solvencia económica. Se comprobará de oficio la información de la Agencia Estatal de Administración Tributaria y de la Tesorería General de la Seguridad Social respecto al cumplimiento de las obligaciones en materia tributaria y de Seguridad Social, siempre y cuando no conste la negativa expresa manifestada por el solicitante, en cuyo caso, dicha documentación deberá ser aportada por el mismo.

f) Declaración responsable de la persona trabajadora donde acredite el compromiso de retorno, de cumplir las normas vigentes sanitarias, de régimen interior y convivencia en explotaciones y alojamientos o de riesgos laborales durante toda la vigencia de la autorización.

4. La oficina de extranjería resolverá y notificará de forma motivada en el plazo máximo de un mes, atendiendo a los requisitos exigidos en este título. Transcurrido dicho plazo sin haber recaído resolución expresa se entenderá desestimado por silencio administrativo.

5. En el plazo máximo de un mes siguiente a la notificación de la resolución de concesión de la autorización temporal de residencia y trabajo, la persona trabajadora solicitará el correspondiente visado ante la oficina consular española competente. Se tramitará de acuerdo con el procedimiento establecido en el artículo 40.

6. El empleador deberá proceder al alta en el régimen correspondiente de la Seguridad Social en el plazo máximo de tres días desde la entrada en España de la persona trabajadora.

7. Estas solicitudes se orientarán preferentemente hacía los países con los que España haya firmado acuerdos sobre regulación y ordenación de flujos migratorios.

Artículo 104. *Denegación de la solicitud.* 1. Las solicitudes de autorización serán denegadas si el empleador no acredita el cumplimiento de los requisitos establecidos en el artículo 102.

También será motivo de denegación estar incurso en los supuestos establecidos en el artículo 78, salvo lo establecido en la letra a) del apartado primero.

2. Asimismo, las solicitudes serán denegadas en el caso de que el empleador, en los dos años anteriores a la solicitud, incurra en alguno de los siguientes supuestos:

a) El incumplimiento grave de las obligaciones contractuales laborales recogidas en la normativa laboral y de Seguridad Social vigente, incluidos los convenios colectivos aplicables.

b) Cuando su empresa esté siendo o se haya liquidado según la normativa sobre insolvencia o cuando no realice actividad económica alguna.

c) Cuando haya sido sancionado por el incumplimiento grave de las garantías y obligaciones previstas en este Reglamento y sus disposiciones de desarrollo, cuya sanción no esté prevista en el Real Decreto Legislativo 5/2000, de 4 de agosto, por el que se aprueba el texto refundido de la Ley sobre Infracciones y Sanciones en el Orden Social.

3. Será causa de denegación de la autorización que las personas trabajadoras seleccionados hayan incurrido en alguna de las siguientes circunstancias en los dos años inmediatamente anteriores a la presentación de la solicitud:

a) El abandono anticipado e injustificado de la actividad durante la vigencia del contrato.

b) La realización de actividades laborales para empresas o actividades distintas a las que se autorizó, sin perjuicio de las posibilidades de cambio de empleador.

c) El incumplimiento del compromiso de retorno durante la vigencia de una autorización anterior de residencia y trabajo para actividades de temporada.

4. La denegación habrá de ser motivada y expresará los recursos que contra ella procedan, el órgano administrativo o judicial ante el que hubieran de presentarlo y el plazo para interponerlos y deberá ser notificada al empresario solicitante.

Artículo 105. *Causas específicas de extinción de la autorización de residencia para actividades de temporada.* 1. Se declarará la extinción por pérdida y retirada de la autorización cuando el empleador haya incurrido en alguno de los siguientes supuestos:

a) Su empresa esté siendo o se haya liquidado según la normativa sobre insolvencia o cuando no realice actividad económica alguna.

b) Cuando el empleador solicitante haya sido sancionado mediante resolución firme en los últimos doce meses por infracciones calificadas como graves o muy graves en la Ley Orgánica 4/2000, de 11 de enero, o por infracciones en materia de movimientos migratorios calificadas como graves o muy graves, o por infracciones en materia de permisos de trabajo de extranjeros calificadas como muy graves en el Texto Refundido de la Ley sobre Infracciones y Sanciones en el Orden Social, aprobada por el Real Decreto Legislativo 5/2000, de 4 de agosto.

c) Haya sido sancionado por el incumplimiento grave de las garantías y obligaciones previstas en este Reglamento y sus disposiciones de desarrollo, en los supuestos no previstos en el Real Decreto Legislativo 5/2000, de 4 de agosto.

d) El incumplimiento grave de las obligaciones contractuales laborales recogidas en la normativa laboral y de Seguridad Social vigente, incluidos los convenios colectivos aplicables.

e) El empresario haya incumplido gravemente con las obligaciones establecidas en el contrato de trabajo.

f) Cuando, para fundamentar la solicitud, se hayan presentado documentos falsos, que hayan sido adquiridos fraudulentamente o manipulados, formulado alegaciones inexactas o medie mala fe.

2. Se extinguirán si el trabajador incurre en alguno de los supuestos previstos en el apartado tres del artículo 104.

3. Si el empleador no diera de alta al trabajador en el régimen correspondiente de la Seguridad Social conforme a lo previsto en el artículo 103.6, se podrá acordar la retirada de la autorización y declarar su extinción. La oficina de extranjería podrá requerir a la persona empleadora que alegue causa justificada de la falta de alta y la tendrá en cuenta para la adopción de la resolución.

En este supuesto y en los supuestos a los que se refiere el apartado primero, y siempre que el trabajador haya actuado de forma diligente podrá obtener la posibilidad de cambio de empleador y beneficiarse de las medidas y disposiciones previstas en el artículo 110.

Artículo 106. *Llamamientos de las personas titulares de la autorización durante la vigencia de la autorización plurianual.* 1. A partir del segundo año de vigencia de la autorización, el empleador deberá comunicar a la autoridad competente, con una antelación mínima de tres meses al inicio de la actividad laboral prevista en ellas salvo causa motivada, el inicio del llamamiento que ha realizado a la persona trabajadora titular de la autorización para el inicio del periodo de actividad correspondiente.

2. El nuevo periodo de actividad no podrá ser superior a nueve meses. Los términos de la actividad deberán ser los mismos previstos en la autorización, salvo que hubiera habido un cambio de empleador conforme a lo previsto en el artículo 110, en cuyo caso el llamamiento será hecho por el nuevo empresario para la actividad aprobada con el cambio.

En su caso, para su aprobación, deberán indicarse las concatenaciones contractuales previstas, independientemente de que el año anterior las hubiera habido y de cuales hubieran sido estas.

3. La autoridad competente deberá comprobar que en el llamamiento no concurren ninguna de las causas de extinción de la autorización y que su titular retornó al país de origen de la contratación al finalizar el periodo de actividad del año anterior.

4. Asimismo, podrá ser causa de exclusión del llamamiento las personas trabajadoras que haya incurrido en alguna de las circunstancias especificadas en el apartado tres del artículo 104.

5. La autoridad competente resolverá y notificará el llamamiento en el plazo máximo de un mes desde la presentación de la solicitud, si no procede la extinción de la autorización. En la resolución, se indicará el periodo de actividad de ese año y las concatenaciones. Transcurrido dicho plazo sin que se haya dictado resolución expresa, esta se entenderá estimada.

6. La presentación de la tarjeta de identidad de extranjero junto a la referida resolución sobre el llamamiento serán documentos suficientes para solicitar la entrada en territorio español. Durante la vigencia de la autorización, deberá ir acompañada del correspondiente pasaporte o documento valido para la entrada en el territorio nacional.

CAPÍTULO III
GARANTÍAS Y DERECHOS, CAMBIO DE EMPRESARIO, PRÓRROGA DE LA ACTIVIDAD, RENOVACIÓN Y MODIFICACIÓN DE LA AUTORIZACIÓN

Artículo 107. *Derechos y garantías.* 1. Los empleadores deberán garantizar a las personas trabajadoras titulares de una autorización de residencia y trabajo para actividades de temporada las siguientes condiciones:

a) Las derivadas del cumplimiento de los requisitos establecidos en este título para conceder la autorización de residencia y trabajo para actividades de temporada.

b) La facilitación, con anterioridad a la firma del contrato de trabajo, de una copia traducida del mismo a un idioma que comprenda la persona trabajadora.

c) La organización de los viajes de llegada a España y de regreso al país de origen de la contratación. El empleador asumirá el coste del primero y del segundo, salvo indicación expresa de lo contrario en el documento por el que se compromete a la organización del viaje.

En todo caso, asumirá el traslado de ida y vuelta entre el paso de entrada y el lugar de alojamiento y entre este y el de salida, al regreso. Asimismo, asumirá el traslado al lugar de trabajo desde el alojamiento.

Esta obligación se extenderá, según se indica, a cada desplazamiento anual durante la vigencia de la autorización plurianual en la migración circular.

d) Las actuaciones precisas en orden a garantizar el regreso de las personas trabajadoras al país de origen de la contratación una vez concluida la actividad laboral.

e) Cumplir La realización de aquellas medidas dirigidas a dar cumplimiento a los requisitos de control sanitario exigidos tanto en el puesto de trabajo como en el control fronterizo, o en los desplazamientos intermedios, que establezca la autoridad sanitaria competente, asumiendo su coste.

f) El pago del coste del seguro médico mencionado en el artículo 102.

g) Disponer de las medidas previstas en todos aquellos planes o protocolos a cuya realización se encuentren obligados los empleadores de conformidad con la normativa vigente en materia de igualdad, de prevención del acoso sexual y el acoso por razón de sexo en el trabajo y otras.

2. Las personas trabajadoras tendrán derecho a recibir un trato igual al de las personas trabajadoras nacionales en los términos establecidos en el título I de la Ley Orgánica 4/2000, de 11 de enero.

3. La Inspección de Trabajo y Seguridad Social vigilará y exigirá el cumplimiento de las garantías previstas a favor de la persona trabajadora a la que se refiere el presente título en ejercicio de las competencias atribuidas por su normativa específica.

El informe de la Inspección de Trabajo y Seguridad Social proporcionará información al órgano competente con el objeto de dar cumplimiento a los requisitos del artículo 104.

4. En el supuesto de que se extinga la autorización por incumplimiento del empresario, este deberá abonar una compensación al trabajador temporero con arreglo a los procedimientos previstos en la normativa aplicable.

Artículo 108. *Derecho de información.* 1. La autoridad competente pondrá a disposición de los solicitantes información sobre los documentos justificativos necesarios para una solicitud en un idioma que comprendan, así como la información sobre entrada y residencia, incluidos los derechos y obligaciones y las garantías del procedimiento previstos para la persona titular de esta autorización.

2. Cuando se expida la autorización se facilitará por la autoridad competente a la persona trabajadora información por escrito sobre sus derechos y obligaciones, incluidos los procedimientos de reclamación y de denuncia en un idioma que comprendan.

Además, deberá de resolver todas las dudas que puedan tener las personas trabajadoras antes de iniciar el periodo de actividad.

Artículo 109. *Alojamiento.* 1. El empleador, al menos durante todo el periodo de actividad, y en caso de circunstancias sobrevenidas excepcionales, estará obligado a garantizar la puesta a disposición del trabajador de un alojamiento adecuado que reúna las condiciones previstas en la normativa vigente debiendo garantizarse la habitabilidad, higiene y condiciones sanitarias adecuadas del alojamiento. El cumplimiento de esta garantía por el empleador deberá ser objeto de verificación.

El alojamiento se ofrecerá preferentemente de forma gratuita, pero podrá exigirse a la persona trabajadora el pago de una renta que no superará el 15 % del IPREM vigente. Los gastos de suministros, como el agua y la luz, podrán reclamarse a la persona trabajadora, pero en ese caso su suma más la de la renta no podrán ser más del 22 % del IPREM, salvo que se pruebe un uso abusivo por parte de la persona trabajadora, en cuyo caso se reclamará el coste real de los suministros.

La persona empleadora facilitará a la persona trabajadora un documento en el que figuren las condiciones del régimen de cesión incluidos los gastos reales de los suministros. La renta y los gastos no se deducirán automáticamente del salario de la persona trabajadora, sino que su pago resultará del cumplimiento de los establecido en ese documento.

El empleador cuando haya puesto a disposición a la persona trabajadora un alojamiento adecuado notificará a la autoridad competente cualquier cambio de alojamiento del trabajador.

2. La Inspección de Trabajo y Seguridad Social podrá verificar el cumplimiento de los requisitos establecidos en el apartado anterior, en ejercicio de las competencias atribuidas en su normativa específica.

3. Las organizaciones sindicales podrán entrar en el alojamiento, previa autorización de las personas trabajadoras, para verificar el cumplimiento de los requisitos establecidos en los apartados anteriores.

Artículo 110. *Cambio de empleador.* 1. Se autorizará el cambio de empleador de la persona trabajadora transcurridos tres meses de actividad laboral de cada llamamiento. El nuevo empleador deberá solicitarlo antes de la finalización del periodo de actividad acordado con el anterior empresario.

Para ello, se exigirá el mantenimiento de todos los requisitos establecidos en la autorización inicial del artículo 102. La actividad podrá ser en diferente ámbito geográfico y ocupación siempre y cuando lo permita la situación nacional de empleo en el mismo sector.

2. Se autorizará el cambio de empleador después de cada convocatoria, si el empresario incumpliera gravemente las obligaciones establecidas en el contrato de trabajo y esos incumplimientos fueran subsumibles en el artículo 50 del texto refundido de la Ley del Estatuto de los Trabajadores, aprobado por Real Decreto Legislativo 2/2015, de 23 de octubre.

En este supuesto, la persona trabajadora tendrá un plazo de tres meses desde que se constaten indicios suficientes de la existencia del grave incumplimiento para que una segunda persona empleadora se dirija a la autoridad competente para comunicar el cambio de empleador en la posición del empleador anterior o presentar una solicitud de nueva autorización de residencia y trabajo para actividades de temporada o una inicial de residencia y trabajo por cuenta ajena.

La nueva solicitud, para ambos tipos de autorización, no exigirá comprobación de la situación nacional de empleo, pero sí que se cumplan los demás requisitos exigidos para cada tipo de autorización salvo el de hallarse en la persona extranjera para la de temporada.

3. Asimismo, se autorizará el cambio de empleador después de cada llamamiento si concurren circunstancias sobrevenidas, ajenas a la voluntad de la persona empleadora e independientes de las circunstancias de la persona trabajadora, que impidan que se pueda desarrollar la actividad laboral.

En este caso, la persona extranjera o la persona empleadora que solicitó la autorización deberán comunicar tales circunstancias a la oficina de extranjería, en un plazo máximo de quince días. Dicha comunicación abrirá un plazo de un mes en el que un segundo empleador deberá dirigirse a la oficina de extranjería para comunicar su voluntad del cambio en la posición del anterior.

4. La duración máxima del periodo de actividad, cuando haya cambio de empleador no podrá superar nueve meses durante el año en el que se produzca el cambio, sumados los periodos con las diferentes personas empleadoras.

5. El procedimiento, cuando haya cambio de empleador en la autorización de residencia y trabajo para actividades de temporada, deberá resolverse en el plazo de quince días. En los demás supuestos, el plazo para resolver será de un mes. Se entenderá desestimada la resolución de no resolverse en plazo la solicitud.

6. La persona trabajadora tendrá derecho a permanecer en España, si el cambio de empleador se solicitó en tiempo y forma, hasta que finalice el plazo de que disponga la autoridad competente para resolver.

7. El cambio de empleador a los efectos previstos en este artículo y sus consecuencias jurídicas, se entiende sin perjuicio de lo dispuesto en la normativa laboral y de Seguridad Social vigente.

Artículo 111. *Prórroga de la actividad laboral.* El periodo de actividad laboral anual podrá verse prorrogado cuando las personas titulares de la autorización finalicen su relación con el empleador que las contrató. La prórroga podrá ser con el mismo o distinto empleador, para el mismo o diferente ámbito geográfico, pero referida siempre a la misma ocupación y sector. Se admiten prórrogas sucesivas si no superan los nueve meses en el periodo de actividad laboral y hay continuidad entre la finalización de la primera y el inicio de la segunda o sucesivas.

Artículo 112. *Renovación de la autorización tras la finalización de su vigencia.* 1. Las autorizaciones de residencia y trabajo para actividades de temporada podrán renovarse tras la finalización de su vigencia, por iguales períodos de cuatro años.

La renovación podrá ser solicitada por el mismo empresario o por otro que deberá cumplir con los requisitos establecidos en este reglamento. La renovación deberá referirse al mismo sector de actividad, pero se podrá cambiar la ocupación y el ámbito geográfico. Será autorizada por la misma autoridad que concedió la autorización inicial o por la que corresponda según el ámbito geográfico.

2. La oficina de extranjería resolverá y notificará de forma motivada en el plazo máximo de un mes, atendiendo a los requisitos exigidos en este título, sobre la renovación de la autorización solicitada. Trascurrido dicho plazo se entenderá estimada por silencio administrativo.

3. En el plazo máximo de un mes siguiente a la notificación de la resolución de concesión de la autorización temporal de residencia y trabajo, la persona trabajadora solicitará el correspondiente visado ante la oficina consular española competente. Se tramitará de acuerdo con el procedimiento establecido en el artículo 40.

4. El empleador deberá proceder al alta en el régimen correspondiente de la Seguridad Social en el plazo máximo de tres días desde la entrada en España de la persona trabajadora.

5. Si el periodo de actividad finalizara durante el procedimiento de renovación, o el de prórroga previsto en el artículo anterior, se permitirá a la persona trabajadora permanecer en España hasta que se haya adoptado una decisión sobre la solicitud, siempre que ésta se haya presentado dentro del período de validez de dicha autorización, no haya sido por causas imputables al trabajador y no haya expirado el periodo de nueve meses de actividad por año natural.

TÍTULO VI
GESTIÓN COLECTIVA DE CONTRATACIONES EN ORIGEN

CAPÍTULO I
DEFINICIÓN Y FIGURAS

Artículo 113. *Definición.* 1. La gestión colectiva de contrataciones en origen es el procedimiento para la concesión de múltiples autorizaciones iniciales de residencia y trabajo o de múltiples autorizaciones de residencia y trabajo para actividades de temporada de manera simultánea respecto de aquellas personas trabajadoras extranjeras que no se hallen o residan en España a través de su tramitación colectiva en origen a partir de las ofertas presentadas por uno o varios empresarios.

2. Las personas trabajadoras extranjeras serán seleccionadas en sus países de procedencia con la participación, en su caso, de las autoridades competentes, sin

que éstas ni ningún otro intermediario puedan exigir a aquéllas contraprestación económica por participar en el proceso de selección.

3. El procedimiento de gestión colectiva regirá los llamamientos para las entradas sucesivas de las personas trabajadoras titulares de autorizaciones de residencia y trabajo para actividades de temporada, seleccionados a través de este procedimiento.

Artículo 114. *Figuras de la gestión colectiva de contrataciones en origen.* La gestión colectiva se podrá utilizar para las siguientes figuras:

a) Migración de carácter estable para la contratación de forma colectiva de personas trabajadoras extranjeras en origen mediante la gestión simultánea de sus autorizaciones iniciales de residencia y trabajo por cuenta ajena.

b) Migración circular para la contratación fijo-discontinua de forma colectiva de personas trabajadoras en su país de procedencia mediante la gestión simultánea de autorizaciones de residencia y trabajo para actividades de temporada y la gestión de los llamamientos para sus entradas posteriores durante la vigencia plurianual de la autorización.

c) Visados de búsqueda de empleo.

CAPÍTULO II
PREVISIÓN ANUAL, REQUISITOS, DENEGACIÓN, GARANTÍAS, DERECHO DE INFORMACIÓN Y FORMACIÓN

Artículo 115. *Previsión anual de la gestión colectiva de las contrataciones en origen.* 1. La persona titular del Ministerio de Inclusión, Seguridad Social y Migraciones, teniendo en cuenta la situación nacional de empleo, podrá aprobar anualmente una previsión de las ocupaciones y, en su caso, de la cifra de puestos de trabajo que se podrán cubrir a través de la gestión colectiva de contrataciones en origen. Asimismo, podrá establecer un número de visados para búsqueda de empleo en las condiciones que se determinen, dirigidos a hijos o nietos de español de origen o a determinadas ocupaciones y ámbitos territoriales.

En caso de que, transcurrido un año respecto al que se establezca la cifra, el número de contrataciones en origen sea inferior a las inicialmente previstas, el Ministerio de Inclusión, Seguridad Social y Migraciones, previa consulta a la Comisión Laboral Tripartita de Inmigración, podrá prorrogar la vigencia de la cifra que reste.

2. Corresponderá a la Secretaría de Estado de Migraciones la elaboración de la citada propuesta de previsión anual.

Para ello, deberá considerarse la información sobre la situación nacional de empleo suministrada por el Servicio Público de Empleo Estatal, así como las propuestas que, previa consulta a las organizaciones sindicales más representativas y empresariales en su ámbito, realicen las comunidades autónomas. Dichas propuestas se harán tras haber recibido las solicitudes de las organizaciones empresariales de ámbito autonómico y las consideraciones que les hubieran hecho llegar las organizaciones sindicales más representativas de idéntico ámbito.

La propuesta realizada por la Secretaría de Estado de Migraciones será adoptada previa consulta a la Comisión Laboral Tripartita de Inmigración, a la que con periodicidad trimestral le serán remitidos datos estadísticos sobre las autorizaciones solicitadas y concedidas, así como las solicitudes y concesiones de visados de búsqueda de empleo y las autorizaciones derivadas de éstos.

Elaborada la propuesta, será presentada por la Secretaría de Estado de Migraciones ante la Comisión Interministerial de Extranjería para que informe sobre la procedencia de aprobar la Orden.

3. La previsión anual se aprobará mediante orden ministerial y podrá comprender las ocupaciones y, en su caso, las cifras de puestos de trabajo que se podrán cubrir a través de la gestión colectiva de contrataciones en origen de migración de

carácter estable y de temporada que podrán ser cubiertos a través de este procedimiento por personas trabajadoras extranjeras que no se hallen o residan en España.

Asimismo, podrá establecer un número de visados para búsqueda de empleo dirigidos a hijos o nietos de españoles de origen, así como un número de visados para la búsqueda de empleo limitados a determinadas ocupaciones y ámbitos territoriales.

En caso de que, a raíz de las propuestas de las comunidades autónomas y en atención a la situación nacional de empleo, se determine la no procedencia de establecer una cifra de contrataciones para una determinada anualidad, será necesario informe previo de la Comisión Laboral Tripartita de Inmigración para determinar las ocupaciones estables o de temporada que podrían ser incluidas en la citada previsión.

4. En los casos en los que no haya previsión anual o habiéndola, respecto de las ocupaciones y/o puestos de trabajo no incluidos, podrá realizarse la gestión colectiva de las autorizaciones de residencia y trabajo para actividades de temporada y de las autorizaciones iniciales de residencia y trabajo, pero será requisito necesario para su concesión la previa comprobación de la situación nacional de empleo, conforme a lo previsto en el artículo 75.

5. A lo largo del año se podrá revisar el número y distribución de las ofertas de empleo admisibles en el marco de la gestión colectiva de contrataciones en origen, para adaptarlo a la evolución del mercado de trabajo.

Artículo 116. *Requisitos.* 1. En relación con las autorizaciones iniciales de residencia y trabajo para la migración estable, será necesario cumplir los requisitos específicos establecidos en el artículo 74. Se requerirá también contar con el visado correspondiente.

2. En relación con las autorizaciones de residencia y trabajo para actividades de temporada y para los llamamientos anuales posteriores de las personas trabajadoras titulares, durante la vigencia de la autorización, será necesario cumplir respectivamente los requisitos previstos en el artículo 102 y 106 de este Reglamento, sin perjuicio de excepcionar la comprobación de la situación nacional de empleo, respecto de las ocupaciones y/o puestos de trabajo incluidos en la previsión anual.

Artículo 117. *Denegación y extinción.* 1. Las solicitudes de autorización presentadas a través de la gestión colectiva se denegarán si el empleador ha incurrido, en los dos años anteriores a la presentación de la solicitud, en alguno de los motivos de denegación establecidos en la normativa específica referida a cada tipo de autorización incluida en este procedimiento.

2. Si concurriera alguna de las circunstancias del apartado anterior, la Dirección General de Gestión Migratoria podrá denegar de forma motivada las solicitudes de gestión de las ofertas de empleo presentadas por el empleador, si se tuviera constancia de ellas, sin necesidad de avanzar más en su tramitación.

3. Podrá ser causa de exclusión de las personas trabajadoras, en el procedimiento de gestión colectiva de contrataciones en origen de migración circular, que la persona trabajadora haya incurrido en alguna de las circunstancias previstas en el apartado tres del artículo 104 en los dos años inmediatamente anteriores a la presentación de la solicitud.

Asimismo, los llamamientos de personas trabajadoras en los procedimientos de migración circular serán denegados si concurre alguno de los motivos previstos en el artículo 104.3.

4. Serán causas de extinción de las autorizaciones concedidas a través de la gestión colectiva las establecidos en la normativa específica referida a cada tipo de autorización concedida en este procedimiento.

Artículo 118. *Garantías y derechos.* 1. A los efectos de ser autorizados para la contratación de personas trabajadoras extranjeras en los procedimientos de gestión colectiva, los empleadores deberán asegurarles las garantías siguientes:

En relación con las personas contratadas mediante migración circular, las establecidas en el artículo 107.

En relación con las personas contratadas mediante migración estable, además de las previstas en la regulación específica referida a las autorizaciones iniciales de residencia y trabajo, las establecidas para las personas trabajadoras titulares de autorizaciones de residencia y trabajo para actividades de temporada en las letras b), c), e) y g) del artículo 107. No obstante, el empleador sólo asumirá el coste del viaje de llegada a España desde el país de origen de la contratación y los desplazamientos entre el punto de llegada y el alojamiento.

2. Para ambas autorizaciones, se exigirá la formalización de un contrato de trabajo por escrito que deberá contener las mismas condiciones previstas en la oferta de empleo de la que la autorización trae causa.

En todo caso, los contratos deberán ser firmados por las personas trabajadoras antes de su entrada en España y deberán contener los elementos esenciales señalados en el artículo 102.1 b), e incluirá el salario que percibirá la persona trabajadora en el caso de los de temporada.

Cuando la persona que vaya a ser contratada no tenga un conocimiento suficiente del español o de la lengua oficial en que se haya redactado el contrato, la parte empleadora facilitará una copia traducida con anterioridad a su firma a un idioma que comprenda.

3. El alojamiento se ofrecerá a las personas trabajadoras sujetas a migración circular en los términos establecidos en el artículo 109.

Los empleadores podrán, en los supuestos de migración estable, poner a disposición de la persona trabajadora un alojamiento. En ese caso, deberán cumplir con lo dispuesto para las personas trabajadoras de migración circular.

4. En los supuestos de cambio de empleador, prórroga de la actividad laboral, renovación y modificación de las autorizaciones de residencia y trabajo, será aplicable la normativa específica establecida en este reglamento para cada tipo de autorización.

5. Las personas trabajadoras tendrán derecho a recibir un trato igual al de las personas trabajadoras nacionales en los términos establecidos en el título I de la Ley Orgánica 4/2000, de 11 de enero.

6. La Inspección de Trabajo y Seguridad Social vigilará y exigirá que se cumplan las garantías previstas a favor del trabajador referido en este título en ejercicio de las competencias atribuidas por su normativa específica.

Artículo 119. *Derecho de información.* 1. Se pondrá a disposición de las personas solicitantes información en un idioma que comprendan, sobre los documentos justificativos necesarios para una solicitud, así como la información sobre entrada y estancia, incluidos los derechos y obligaciones y las garantías del procedimiento de gestión colectiva previstas para la persona trabajadora extranjera.

2. Cuando se expida la autorización en un procedimiento de gestión colectiva, se facilitará a la persona trabajadora información por escrito sobre sus derechos y obligaciones, incluidos los procedimientos de denuncia, en un idioma que comprendan.

3. El empleador deberá garantizar que la persona trabajadora seleccionada, antes de la firma de su contrato, dispone de información clara y, en un idioma que comprenda, acerca de las garantías, derechos y, en su caso, obligaciones contraídas al participar en la gestión colectiva de contrataciones en origen, sobre los términos y condiciones en los que se producirá su contratación y retribución, incluida la información contenida en la oferta de empleo de que la autorización trae causa.

Además, deberá de resolver todas las dudas que puedan tener las personas trabajadoras antes de iniciar el contrato.

Artículo 120. *Formación.* Teniendo en cuenta las características del puesto de trabajo que se vaya a desempeñar, se podrán desarrollar cursos de formación, en España o en los países de procedencia, dirigidos a las personas trabajadoras que hayan sido seleccionadas o preseleccionadas. Esta formación será totalmente gratuita para los trabajadores. El desarrollo de los cursos de formación a los que se refiere este artículo se efectuará según determine la Orden de gestión colectiva. Se podrán desarrollar estos cursos de formación sin perjuicio de la aplicación de la normativa en materia de Prevención de Riesgos Laborales.

CAPÍTULO III
PROCEDIMIENTO DE GESTIÓN COLECTIVA DE CONTRATACIONES EN ORIGEN

Artículo 121. *Sujetos legitimados para solicitar la gestión colectiva de ofertas de empleo.* 1. Las personas empleadoras, que deseen contratar personas trabajadoras extranjeras que no se hallen ni residan en España, están legitimados para solicitar la gestión colectiva de ofertas de empleo.

2. Siempre que no se trate de empresas de trabajo temporal, podrán presentar las correspondientes solicitudes directamente o a través de quien válidamente tenga su representación legal, que podrán ser organizaciones empresariales.

3. Las ofertas de empleo presentadas por los empleadores irán dirigidas a la contratación de personas trabajadoras a través de las figuras de migración de carácter estable y de migración circular, y podrán formularse de forma genérica o nominativa.

4. Las ofertas tanto genéricas como nominativas deberán contener un mínimo de diez puestos de trabajo, salvo que en la Orden Ministerial que recoge la previsión anual se fije un límite distinto. Podrán presentarse solicitudes que, acumulando ofertas de dos o más personas empleadoras, sumen dicho número.

5. Los puestos incluidos dentro de una misma oferta de empleo deberán reunir características homogéneas, de forma que permitan su tramitación acumulada. Las ofertas describirán con precisión las condiciones laborales ofrecidas, como el lugar y tipo de contrato de trabajo. En aquellos casos en que la oferta se dirija a países con un idioma oficial distinto del español, se facilitará la traducción de las condiciones de la oferta de empleo a un idioma que comprendan.

6. Los empleadores podrán atribuir a una misma organización empresarial la potestad de gestionar en su nombre las ofertas presentadas conjuntamente, cuando existan razones organizativas o de elevado número de trabajadores que lo aconsejen, para simplificar el procedimiento.

7. Podrán tramitarse a través de una sola solicitud diversas ofertas de empleo de migración circular, que se presenten de forma planificada y conjunta por uno o varios empleadores o sus organizaciones empresariales a las que hayan atribuido su representación legal, para atender diferentes periodos de trabajo estacionales o actividades sucesivas cuyo desarrollo vaya a tener lugar de forma consecutiva y sin interrupción entre ellas, cuando se recojan en un plan de concatenación.

8. Las ofertas se orientarán preferentemente a los países con los que España tiene suscritos acuerdos sobre regulación y ordenación de flujos migratorios.

Artículo 122. *Tramitación del procedimiento de ofertas genéricas.* 1. Las solicitudes de gestión colectiva de ofertas genéricas de empleo, tanto en la modalidad de migración circular como de migración estable, se dirigirán a las áreas o dependencias de trabajo e inmigración de las Delegaciones o Subdelegaciones del Gobierno o a las oficinas de extranjería que tengan delegada la competencia de la provincia donde vaya a realizarse la actividad laboral, que será el órgano competente para la tramitación del procedimiento.

2. La presentación de las solicitudes se realizará por medios electrónicos, a través de aplicaciones electrónicas habilitadas, conforme a lo previsto en Ley 39/2015, de 1 de octubre y en el artículo 197.2 con una antelación mínima de tres meses al inicio de la actividad laboral prevista en ellas, salvo causa motivada.

3. La solicitud se acompañará de la documentación exigida en este reglamento y sus normas de desarrollo, e incluirá una memoria justificativa de la oferta de empleo e indicará si se propone realizar acciones formativas previas en el país de origen de la contratación o en España.

4. Presentada la solicitud de gestión de ofertas genéricas de empleo, el órgano competente para su tramitación verificará de oficio que se cumplen los requisitos para no ser inadmitida o denegada.

5. Las solicitudes que el órgano competente haya informado favorablemente para su tramitación se trasladarán a la Dirección General de Gestión Migratoria, que dará curso para el inicio de las actuaciones necesarias de preselección y selección de las personas trabajadoras en el país de origen de la contratación, previa valoración del expediente. Posteriormente, fijados los términos de la selección, esa Dirección autorizará la realización del proceso selectivo en el país de origen de la contratación.

6. Los procesos de selección en el exterior se realizarán en cooperación con las autoridades competentes del país de origen de la contratación y deberán respetar las reglas de contratación equitativa y serán gratuitos para las personas trabajadoras.

7. En los procesos de selección en origen, realizados conforme a los acuerdos de regulación de flujos, podrán participar los empleadores solicitantes, directa o indirectamente, siempre que lo soliciten. Asimismo, podrán participar representantes de la Dirección General de Gestión Migratoria. Igualmente, podrán participar, en calidad de asesores, representantes de organizaciones sindicales más representativas y empresariales españolas o del país en el que se desarrolle el proceso de selección.

Si el acuerdo de flujos y la normativa del país de procedencia de la contratación no lo prohíben, el proceso de selección podrá encargarse por el o los empleadores solicitantes a empresas dedicadas al efecto en el país de origen de la contratación. Representantes de la Dirección General de Gestión Migratoria podrán supervisar ese proceso de selección, al que podrán sumarse las autoridades locales. Igualmente, las organizaciones mencionadas en el párrafo anterior podrán asesorar en esa labor si se solicita.

Esa Dirección General presentará a la Comisión Laboral Tripartita de Inmigración, con periodicidad trimestral, un informe relativo al desarrollo de los procesos de selección de trabajadores en origen realizados durante el correspondiente periodo.

8. La Dirección General de Gestión Migratoria en cualquier momento del proceso de selección en el que tenga conocimiento de que no se están respetando las reglas de contratación equitativa de las personas extranjeras podrá acordar motivadamente su finalización.

9. La Dirección General de Gestión Migratoria trasladará a la Comisaría General de Extranjería y Fronteras el acta de la selección realizada, para que informe de la posible concurrencia de causas de denegación de la autorización, y asigne, en su caso, un número de identidad de extranjero a las personas trabajadoras en el plazo máximo de dos días.

Excepcionalmente, este plazo podrá ampliarse hasta cinco días cuando el elevado número de trabajadores lo haga imprescindible, circunstancia que será comunicada a esa Dirección General. Asimismo. La autoridad competente, solicitará informe al Registro Central de Penados, con idéntico plazo y conforme a las anteriores previsiones.

10. Posteriormente, la persona titular de la Delegación o Subdelegación de Gobierno competente emitirá resolución en el plazo máximo de un mes, que deberá notificarse de inmediato al empleador solicitante.

11. Recibida la notificación de la resolución de concesión, el empleador, la organización empresarial o sus representantes acreditados, deberán presentar en la oficina consular competente las solicitudes de visado del artículo 40.

Artículo 123. *Tramitación del procedimiento de ofertas nominativas.* 1. Podrán solicitarse la gestión colectiva de ofertas nominativas de empleo en los siguientes supuestos:

a) Cuando las personas trabajadoras hayan sido titulares de una autorización de residencia temporal y trabajo previa en España para actividades de temporada y hayan acreditado el regreso al país de origen de la contratación.

b) Cuando así se determine, en otros supuestos, en la normativa de desarrollo de este Reglamento.

2. La tramitación se realizará según lo previsto para las ofertas genéricas, excepto para el proceso de selección, que ya fue realizado.

3. En el caso de las personas trabajadoras extranjeras de temporada, el solicitante, trascurrido el primer año de la autorización, comunicará a la autoridad competente el llamamiento realizado a la persona trabajadora que repite y el periodo anual de trabajo previsto, respetando los términos contractuales establecidos para la ocupación u ocupaciones de la autorización.

En estos casos, no será necesario contar con un visado.

TÍTULO VII
RESIDENCIA TEMPORAL POR CIRCUNSTANCIAS EXCEPCIONALES

CAPÍTULO I
RESIDENCIA TEMPORAL POR CIRCUNSTANCIAS EXCEPCIONALES POR ARRAIGO, PROTECCIÓN INTERNACIONAL, RAZONES HUMANITARIAS, COLABORACIÓN CON AUTORIDADES, SEGURIDAD NACIONAL O INTERÉS PÚBLICO

SECCIÓN 1.ª
DEFINICIÓN

Artículo 124. *Definición.* 1. De conformidad con lo previsto en el artículo 31.3 de la Ley Orgánica 4/2000, de 11 de enero, en atención a las circunstancias excepcionales que concurran, la Administración podrá conceder una autorización de residencia temporal de carácter excepcional, a las personas extranjeras que se hallen en España en los supuestos de arraigo, razones humanitarias, colaboración con las autoridades públicas o razones de seguridad nacional o interés público, previstos en los artículos siguientes.

2. El contenido de este capítulo debe interpretarse sin perjuicio de la concesión de autorizaciones de residencia temporal por circunstancias excepcionales previstas en los artículos 31bis, 59 y 59bis de la Ley Orgánica 4/2000, de 11 de enero. Igualmente, podrán concederse otras autorizaciones de residencia temporal por circunstancias excepcionales en los términos establecidos en la disposición adicional segunda.

SECCIÓN 2.ª
RESIDENCIA TEMPORAL POR CIRCUNSTANCIAS EXCEPCIONALES POR RAZONES DE ARRAIGO

Artículo 125. *Tipos de autorización de residencia temporal por razones de arraigo.* 1. Se concederá una autorización de residencia temporal por razones de arraigo a las personas extranjeras que se encuentren en España, cuando existan vínculos con el lugar en el que residen, ya sean de tipo económico, social, familiar, laboral o formativo, siempre que cumplan con los requisitos establecidos en los artículos 126 y 127.

Las autorizaciones de residencia temporal por razones de arraigo pueden ser de los siguientes tipos:

a) Por razón de arraigo de segunda oportunidad.

b) Por razón de arraigo sociolaboral.

c) Por razón de arraigo social.

d) Por razón de arraigo socioformativo.

e) Por razón de arraigo familiar.

2. La duración de estas autorizaciones es de un año, salvo por razón de arraigo familiar, cuya duración será de cinco años.

Artículo 126. *Requisitos generales.* Se podrá conceder una autorización de residencia temporal por las razones de arraigo establecidas en el artículo anterior cuando la persona extranjera cumpla de forma acumulativa los siguientes requisitos generales:

a) Encontrarse en España y no tener la condición de solicitante de protección internacional en el momento de la presentación de la solicitud ni durante su tramitación. A tal efecto, se entenderá por solicitante de protección internacional a aquella persona extranjera que haya formulado una solicitud de protección internacional sobre la que no se haya adoptado una resolución firme en sede administrativa, y, en su caso, judicial.

b) Haber permanecido en territorio nacional de forma continuada durante, al menos, los dos años anteriores a la presentación de dicha solicitud. A estos efectos, cuando la persona extranjera haya sido solicitante de protección internacional, no será computable el tiempo de permanencia en España durante la tramitación de la solicitud de protección internacional hasta su resolución firme en sede administrativa, y, en su caso, judicial.

El arraigo familiar no requerirá ninguna permanencia mínima.

c) No representar una amenaza para el orden público, seguridad o salud pública.

d) Carecer de antecedentes penales en España y en los países donde haya residido durante los cinco últimos años anteriores a la fecha de entrada en España, por delitos previstos en el ordenamiento jurídico español.

e) No figurar como rechazable en el espacio territorial de países con los que España tenga firmado un convenio en tal sentido.

f) En su caso, no encontrarse dentro del plazo de compromiso de no retorno a España.

g) Haber abonado la tasa por la tramitación del procedimiento.

Artículo 127. *Requisitos específicos.* La persona extranjera solicitante deberá cumplir, además de los requisitos generales del artículo anterior, los siguientes requisitos específicos en función de la razón del arraigo:

a) Para el arraigo de segunda oportunidad, haber sido titular de una autorización de residencia, que no hubiera sido otorgada por circunstancias excepcionales, en los dos años inmediatamente anteriores a la fecha de presentación de la solicitud, y cuya renovación no se hubiera producido por motivos distintos a razones de orden público, seguridad y salud pública. No obstante, será posible solicitarlo si existe sentencia denegatoria, sobreseimiento o absolución de la pena.

b) Para el arraigo sociolaboral, la aportación de uno o varios contratos de trabajo que garantice al menos el salario mínimo interprofesional o el salario establecido, en su caso, en el convenio colectivo aplicable, en el momento de la solicitud, en proporción a la jornada trabajada, y cuya suma represente una jornada semanal no inferior a veinte horas en cómputo global. Podrá aportarse más de un contrato de trabajo en los siguientes supuestos:

1.º En el caso de la realización de trabajos de naturaleza estacional o vinculados a actividades productivas de temporada se podrán presentar dos o más contratos, con distintos empleadores y concatenados.

2.º En el caso de desarrollo de actividades en una misma o distinta ocupación, trabajando parcialmente y de manera simultánea para más de un empleador, se admitirá la presentación de varios contratos.

El empleador o empleadores deberá cumplir los requisitos del artículo 74 excepto lo establecido en el apartado 1.a).

*Véase el **Criterio interpretativo** sobre el cómputo global de la jornada laboral semanal en los arraigos de 19 de febrero de 2025 de la Dirección General de Gestión Migratoria.*

c) Para el arraigo social, siempre que existan vínculos familiares con otras personas extranjeras titulares de una autorización de residencia y que se justifique disponer de medios económicos suficientes para su mantenimiento que, en todo caso, deberán alcanzar, al menos, el 100 % del IPREM. Estos vínculos familiares se referirán al cónyuge o pareja registrada y a los familiares en primer grado en línea directa. En caso de que no se acredite la existencia de ese tipo de vínculos familiares se valorará el esfuerzo de integración de la persona extranjera. Los medios económicos deberán estar disponibles en España y procederán de los familiares mencionados en el párrafo siguiente. Si se cumplen los requisitos del artículo 84, se podrá alegar que los medios proceden de una actividad por cuenta propia.

El esfuerzo de integración se acreditará mediante la aportación de un informe favorable de los órganos competentes de la Comunidad Autónoma de su lugar de residencia que recomienden la concesión de la autorización. El informe debe ser emitido en un plazo máximo de un mes desde su solicitud.

El informe, de ser favorable, certificará la participación en actividades formativas, el conocimiento y respeto de los valores constitucionales de España, los valores estatutarios de la Comunidad Autónoma en que se resida, los valores de la Unión Europea, los derechos humanos, las libertades públicas, la democracia, la tolerancia, la igualdad entre mujeres y hombres y, en su caso, el aprendizaje de las lenguas oficiales del lugar de residencia.

d) Para el arraigo socioformativo estar matriculado o estar cursando alguna de las formaciones referidas en los artículos 52.1.b) y 52.1.e) 5.º, en este último caso incluido también el nivel uno, así como la oferta presencial correspondiente a las enseñanzas obligatorias dentro de la educación de personas adultas.

Si la matrícula tuviera un plazo oficial para su formalización, la solicitud de la autorización de arraigo socioformativo deberá presentarse en los dos meses anteriores al inicio de ese plazo. La prueba de la matriculación se deberá acreditar ante la oficina de extranjería en un plazo de tres meses desde la notificación de la resolución de concesión de la autorización. En casos debidamente justificados, se podrá presentar la matrícula para una formación distinta de la prevista inicialmente, siempre y cuando, se cumpla los requisitos de la formación referida en el párrafo anterior. La falta de acreditación de la prueba de la matrícula en plazo será causa de extinción de la autorización concedida.

Asimismo, podrán solicitar una autorización de residencia temporal por arraigo socioformativo, las personas extranjeras que se comprometan a realizar una formación promovida por los Servicios Públicos de Empleo en España y orientada al desempeño de ocupaciones incluidas en el Catálogo al que se refiere el artículo 75.1. La falta de acreditación de la realización de dicha formación será causa de extinción de la autorización concedida.

Junto a los anteriores requisitos se exigirá un informe de integración social en España en los términos previstos en el apartado c) de este artículo.

e) Para el de arraigo familiar:

1.º Ser padre, madre o tutor de un menor, nacional de otro Estado miembro de la Unión Europea, del Espacio Económico Europeo o de Suiza, siempre que al solicitar acredite residir en territorio nacional, tener a cargo al menor y convivir con éste o esté al corriente de sus obligaciones paternofiliales.

2.º Ser quien preste apoyo a una persona con discapacidad, que sea nacional de otro Estado miembro de la Unión Europea, del Espacio Económico Europeo o de Suiza, para el ejercicio de su capacidad jurídica, siempre que la persona solicitante sea su familiar, tenga a cargo a la persona con discapacidad y conviva con ella.

SECCIÓN 3.ª
RESIDENCIA TEMPORAL POR CIRCUNSTANCIAS EXCEPCIONALES POR RAZONES HUMANITARIAS, COLABORACIÓN CON AUTORIDADES, SEGURIDAD NACIONAL O INTERÉS PÚBLICO

Artículo 128. *Autorización de residencia temporal por razones humanitarias.*

Se podrá conceder una autorización por razones humanitarias en los siguientes supuestos:

1. A las personas extranjeras a las que la persona titular del Ministerio del Interior haya autorizado la permanencia en España en alguno de los siguientes supuestos:

a) Conforme a lo previsto en los artículos 37.b) y 46.3 de la Ley 12/2009, de 30 de octubre, reguladora del derecho de asilo y de la protección subsidiaria.

b) A las personas extranjeras desplazadas conforme a la normativa sobre protección temporal en caso de afluencia masiva de personas desplazadas.

c) En los casos que prevea la normativa de desarrollo de la Ley 12/2009, de 30 de octubre.

2. A las personas extranjeras víctimas de los delitos tipificados en los artículos 311 a318, 510, 511.1 y 512 de la Ley orgánica 10/1995, de 23 de noviembre, del Código Penal, de delitos en los que haya concurrido la circunstancia agravante de comisión por motivos racistas, antisemitas o de otra clase de discriminación tipificada en el artículo 22.4 del Código Penal, o de delitos por conductas violentas ejercidas en el entorno familiar, siempre que haya recaído resolución judicial finalizadora y firme del procedimiento judicial en la que se establezca la condición de víctima de tales delitos.

3. A las personas extranjeras que acrediten sufrir una enfermedad sobrevenida en España de carácter grave que requiera asistencia sanitaria especializada, no accesible en su país de origen, y que el hecho de ser interrumpida o de no recibirla suponga un grave riesgo para la salud o la vida.

A los efectos de acreditar esta necesidad, será preciso un informe clínico expedido por la autoridad sanitaria correspondiente. En caso de menores, esta autorización podrá hacerse extensiva, al progenitor o tutor del mismo que se encuentre con el menor en España en el momento en el que se presente la enfermedad sobrevenida y se responsabilice del mismo.

4. A las personas extranjeras que acrediten que su traslado al país del que son originarios o proceden, a efectos de solicitar el visado que corresponda, implica un peligro para su seguridad o la de su familia, y que reúnen los demás requisitos para obtener una autorización temporal de residencia o de residencia y trabajo.

Artículo 129. *Autorización de residencia temporal por circunstancias excepcionales de colaboración con autoridades, razones de seguridad nacional o interés público.* 1. Se podrá conceder una autorización a las personas extranjeras que colaboren con las autoridades administrativas, policiales, fiscales o judiciales en cuestiones ajenas a la lucha contra redes organizadas, o cuando concurran razones de interés público o seguridad nacional que justifiquen la necesidad de autorizar su residencia en España. A estos efectos, dichas autoridades podrán instar a los órganos competentes la concesión de la autorización de residencia a la persona que se encuentre en alguno de estos supuestos.

2. La persona titular de la Delegación o Subdelegación de Gobierno podrá conceder una autorización de colaboración con la administración laboral o la autoridad judicial a aquellas personas que acrediten ante ellas, mediante cualquier medio de prueba, estar o haber estado trabajando en situación irregular durante un mínimo de seis meses en los dos años anteriores al inicio de la colaboración, y que cumplan con los requisitos del artículo 126, a excepción de los apartados a) y b). La solicitud podrá ser presentada por la persona interesada o de oficio por parte de la autoridad laboral, e incorporará la resolución judicial o administrativa, en este último caso, relativa al acta de infracción emitida por la Inspección de Trabajo y Seguridad Social.

SECCIÓN 4.ª
PROCEDIMIENTO, AUTORIZACIÓN DE TRABAJO Y PRÓRROGA DE LA SITUACIÓN

Artículo 130. *Procedimiento.* 1. La autorización de residencia temporal por circunstancias excepcionales, que no requerirá visado, deberá ser solicitada personalmente por la persona extranjera ante el órgano competente para su tramitación, salvo en el caso de menores o de personas con discapacidad que precisan el apoyo de otra persona para el ejercicio de su capacidad jurídica, en el que podrá presentar la solicitud su representante legal, o la persona que presta dicho apoyo, acompañada de la siguiente documentación:

a) Copia completa del pasaporte en vigor, cédula de inscripción o título de viaje en vigor, reconocido como válido en España.

b) En los casos en que se exija, contrato de trabajo firmado por la persona trabajadora y el empleador.

c) Documentación acreditativa de encontrarse en alguna de las situaciones a las que se refieren los artículos anteriores.

2. En particular, para los supuestos de arraigo, y los establecidos en los artículos 128.3 y el 129.2, cuando la persona interesada sea mayor de edad penal, se deberá aportar un certificado de antecedentes penales expedido por las autoridades del país o países en que haya residido durante los cinco años anteriores a su entrada en España, en el que no deberán constar condenas por delitos existentes en el ordenamiento jurídico español.

La oficina de extranjería recabará de oficio el informe del registro central de penados para comprobar la inexistencia de antecedentes penales en España y recabará informe policial sobre la persona solicitante. Estos informes serán emitidos en el plazo de siete días.

No será preciso acreditar la inexistencia de antecedentes en un tercer país cuando concurra alguno de los siguientes supuestos:

1.º Haber permanecido de forma continuada en España durante los últimos cinco años inmediatamente anteriores a la fecha de presentación de la solicitud.

2.º Haber acreditado esa circunstancia en otra solicitud anterior dentro de los cinco años inmediatamente anteriores a la fecha de presentación de la solicitud sin que se haya ausentado desde entonces del territorio nacional.

La existencia de antecedentes en el informe policial no supondrá, por sí misma y de forma automática, causa de denegación de la autorización. En ese caso, el órgano competente valorará de forma casuística y circunstanciada, que la persona extranjera no suponga una amenaza para el orden público, la seguridad interior, la salud pública o las relaciones internacionales de ninguno de los Estados miembros de la Unión Europea.

3. El órgano competente para resolver comprobará si con la solicitud se acompaña la documentación exigida y, si estuviera incompleta, formulará a la persona solicitante el oportuno requerimiento a fin de que se subsanen los defectos observados en el plazo que se señale en la notificación, que no podrá ser superior quince días, advirtiéndole de que de no subsanarse en plazo se le tendrá por desistido de su solicitud y se procederá al archivo de su expediente.

4. En los supuestos a los que se refiere el artículo 129.1 la competencia para su resolución corresponderá:

a) A la persona titular de la Secretaría de Estado de Seguridad cuando la autorización esté basada en la colaboración con las autoridades policiales, fiscales y judiciales y en los casos de seguridad nacional. A la solicitud basada en estos supuestos se acompañará el informe desde la jefatura correspondiente de las Fuerzas y Cuerpos de Seguridad, ya sean del Estado, ya sean de la Comunidad Autónoma, así como, en su caso, el de la autoridad fiscal o judicial, para acreditar las razones que la sustentan.

b) A la persona titular de la Dirección General de Gestión Migratoria en los casos de colaboración con las demás autoridades administrativas o judiciales y por razones de interés público sin perjuicio de la previsión recogida en el apartado 2 del artículo 129.

5. La eficacia de la autorización concedida en el supuesto de arraigo del artículo 127.b) estará condicionada a la posterior afiliación y alta del trabajador en el régimen correspondiente de la Seguridad Social en el plazo de un mes desde la notificación realizada al solicitante.

6. En el plazo de un mes desde la notificación de la concesión de la autorización de residencia temporal por circunstancias excepcionales la persona extranjera deberá solicitar personalmente la tarjeta de identidad de extranjero.

7. Las autorizaciones a las que se refiere el capítulo I del título IX de menores extranjeros, podrán ser solicitadas de forma simultánea a la solicitud de la autorización por circunstancias excepcionales. En ese caso, la resolución deberá ser emitida de forma simultánea.

Artículo 131. *Autorización de trabajo del titular de una autorización de residencia temporal por circunstancias excepcionales.* La concesión de una autorización de residencia temporal por circunstancias excepcionales prevista en este capítulo llevará aparejada una autorización de trabajo por cuenta propia o ajena en España sin limitación de ámbito geográfico y ocupación durante la vigencia de aquélla, con las siguientes excepciones:

a) La que se conceda a las personas que no hayan cumplido la edad mínima de admisión al trabajo.

b) La que se conceda por arraigo socioformativo que habilitará para trabajar por cuenta ajena un máximo de treinta horas a la semana en cómputo global, remuneradas como mínimo con el salario mínimo interprofesional o el salario establecido, en su caso, en el convenio colectivo aplicable, en el momento de la solicitud en proporción a la jornada trabajada.

Véase el Criterio interpretativo *sobre el cómputo global de la jornada laboral semanal en los arraigos de 19 de febrero de 2025 de la Dirección General de Gestión Migratoria.*

Artículo 132. *Prórroga de la autorización de residencia temporal por circunstancias excepcionales.* 1. En virtud de su carácter excepcional, las autorizaciones previstas en este capítulo, así como sus prórrogas, tendrán una vigencia de un año salvo la autorización por circunstancias excepcionales por arraigo familiar que tendrá una duración de cinco años, sin perjuicio de las especificidades establecidas en este artículo y en la normativa sobre protección internacional.

En los supuestos de autorización de residencia temporal por razones humanitarias derivadas de enfermedad grave, la autorización de residencia tendrá la vigencia de un año y se podrá prorrogar por periodos sucesivos de un año siempre que sea necesario para completar el tratamiento.

2. Requisitos específicos para la prórroga:

a) La prórroga de la autorización concedida por arraigo de segunda oportunidad, sociolaboral o social, estará condicionada al cumplimiento de sus requisitos y a la prueba de encontrarse en situación de búsqueda activa de empleo y debidamente inscrito en el servicio público de empleo.

b) La prórroga de la autorización concedida por arraigo socioformativo estará condicionada al informe del centro correspondiente que certifique la promoción al segundo curso, en el caso de los ciclos formativos de grado básico o grado medio. En el supuesto de que se hubiera terminado la formación antes de finalizar el año, la prórroga se condicionará a la prueba del título o certificado obtenido y a encontrase en situación de búsqueda activa de empleo y debidamente inscrito en el servicio público de empleo.

c) Las personas titulares de una autorización concedida por la persona titular de la Secretaría de Estado de Seguridad, o autoridad en quien delegue, podrán prorrogar la autorización por periodos sucesivos de un año siempre que se aprecie por las autoridades competentes que persisten las razones que motivaron su concesión. Solamente en el caso de que las autoridades concluyesen que han cesado las razones que motivaron su concesión, podrán solicitar una autorización de residencia o una autorización de residencia y trabajo de acuerdo con lo previsto en el artículo 191 de este Reglamento.

3. Las personas extranjeras podrán solicitar la prórroga de la autorización por circunstancias excepcionales, durante los dos meses previos a la fecha de expiración de su autorización. La presentación de la solicitud en este plazo prorroga la validez de la autorización anterior hasta la resolución del procedimiento. También se prorrogará hasta la resolución del procedimiento en el supuesto en que la solicitud se presentase dentro de los tres meses posteriores a la fecha en que hubiera finalizado la vigencia de la anterior autorización, sin perjuicio de la incoación del correspondiente procedimiento sancionador por la infracción prevista en el artículo 52.b) de la Ley Orgánica 4/2000.

CAPÍTULO II
RESIDENCIA TEMPORAL Y TRABAJO POR CIRCUNSTANCIAS EXCEPCIONALES DE MUJERES EXTRANJERAS VÍCTIMAS DE VIOLENCIA DE GÉNERO

Artículo 133. *Mujer extranjera víctima de violencia de género.* 1. La mujer extranjera víctima de violencia de género tiene derecho a la obtención de la autorización de residencia temporal y trabajo por circunstancias excepcionales en España, tanto de naturaleza provisional como definitiva, en el marco del artículo 31bis de la Ley Orgánica 4/2000, de 11 de enero, de conformidad a lo establecido en este capítulo.

La mujer extranjera víctima de violencia de género gozará de los derechos reconocidos en la Ley Orgánica 1/2004, de 28 de diciembre, de Medidas de Protección

Integral contra la Víctima de Violencia de Género, con independencia de su nacionalidad y de su situación administrativa en España.

2. Si al denunciarse o acreditarse, de acuerdo con lo previsto en el artículo 23.1 de la Ley Orgánica 1/2004, de 28 de diciembre, una situación de violencia de género contra una mujer extranjera se pusiera de manifiesto su situación irregular, el expediente administrativo sancionador incoado por infracción del artículo 53.1.a) de la Ley Orgánica 4/2000, de 11 de enero, será inmediatamente suspendido por el instructor hasta la finalización del proceso penal. En caso de que el expediente sancionador no hubiera sido iniciado en el momento de presentación de la denuncia, la decisión sobre su incoación será pospuesta hasta la finalización del proceso penal.

3. La autoridad ante la que se hubiera presentado en su caso la denuncia, o la autoridad competente para expedir la acreditación recogida en la normativa en materia de violencia de género, informará inmediatamente a la mujer extranjera de las posibilidades que le asisten en el marco de este artículo, así como de los derechos que le asisten al amparo de la Ley Orgánica 1/2004, de 28 de diciembre.

Artículo 134. *Autorización de residencia temporal y trabajo por circunstancias excepcionales de la mujer extranjera víctima de violencia de género.* 1. La autorización de residencia temporal y trabajo por circunstancias excepcionales, tanto de naturaleza provisional como definitiva, habilitará a sus titulares a residir y trabajar por cuenta ajena y por cuenta propia en territorio español, en cualquier ocupación o sector de actividad.

2. La mujer víctima de violencia de género podrá también solicitar de forma simultánea o en cualquier momento a lo largo del proceso penal y posteriormente, siempre que en el momento de la denuncia se encuentren en España, una autorización de residencia temporal por circunstancias excepcionales para sus hijos e hijas menores de edad, para los hijos menores de edad tutelados, o los mayores de edad que tengan una discapacidad que requiera de apoyo o los mayores de edad que no sean objetivamente capaces de proveer a sus propias necesidades debido a su estado de salud, así como a sus ascendientes en primer grado y línea directa, a quienes se expedirá una autorización de residencia temporal por razones humanitarias. Cuando los menores de edad tengan más de dieciséis años, la autorización de residencia temporal por circunstancias excepcionales, tanto de naturaleza provisional como definitiva, habilitará a residir y trabajar por cuenta ajena y por cuenta propia en territorio español, en cualquier ocupación o sector de actividad, atendiendo a la normativa laboral.

3. Las autorizaciones recogidas en este capítulo se tramitarán con carácter preferente.

Artículo 135. *Procedimiento.* 1. La mujer víctima de violencia de género, o su representante, podrá presentar ante la oficina de extranjería correspondiente a la provincia en la que resida, una solicitud de autorización temporal de residencia y trabajo por circunstancias excepcionales.

La solicitud irá acompañada de la siguiente documentación:

a) Copia del pasaporte completo, o documento de viaje, o cédula de inscripción, en vigor, de la persona solicitante y, en su caso, de sus familiares descritos anteriormente.

b) En caso de que la solicitante no sea quien formalice directamente la solicitud, deberá presentarse documento de otorgamiento de representación a favor de la persona que la presente.

c) Copia de la orden de protección o del informe del Ministerio Fiscal, o del documento en el que se acredite su condición de víctima de conformidad con lo previsto en la normativa en materia de protección contra la violencia de género.

d) Documentación acreditativa del vínculo familiar en los supuestos del artículo 134.2.

2. Una vez presentada la solicitud de autorización junto con la documentación prevista en el párrafo anterior, la autoridad competente concederá de oficio una autorización provisional de residencia y trabajo a favor de la solicitante y, en su caso, a favor de sus hijos e hijas.

3. La autorización provisional tendrá eficacia desde el momento de su concesión. Su vigencia estará condicionada a la concesión o denegación de la autorización definitiva.

4. En el plazo de un mes desde su concesión, la titular de la autorización habrá de solicitar, personalmente ante la oficina de extranjería o la Comisaría de Policía correspondiente, la tarjeta de identidad de extranjero. Dicha tarjeta, que tendrá vigencia anual, hará constar que su titular está autorizada a residir y trabajar en España, pero no su carácter provisional ni su condición de víctima de violencia de género.

Las disposiciones previstas en este apartado serán de aplicación, en su caso, a las autorizaciones concedidas a favor de los familiares recogidos en el presente capítulo.

5. En el momento de la concesión de la autorización provisional, la Delegación o Subdelegación del Gobierno informará de dicha circunstancia a la autoridad judicial que esté conociendo del proceso penal.

En el supuesto de que la autorización provisional se haya concedido como consecuencia de la presentación del documento acreditativo previsto en la normativa en materia de violencia de género, la información prevista en el párrafo anterior se transmitirá a la autoridad judicial indicada en el párrafo anterior, en el momento en el que se presente la primera solicitud de renovación de la TIE, a cuyo efecto será necesario que la solicitante adjunte copia de la denuncia.

Artículo 136. *Finalización del procedimiento relativo a la residencia temporal y trabajo por circunstancias excepcionales de la mujer extranjera víctima de violencia de género.* 1. En el supuesto de que se hubiere acreditado la condición de víctima mediante sentencia condenatoria o resolución judicial, se procederá a la tramitación de una autorización de residencia temporal y trabajo por circunstancias excepcionales, así como a las autorizaciones correspondientes a favor de los hijos e hijas y ascendientes descritos en el presente capítulo. Estas autorizaciones tendrán una vigencia de cinco años.

2. Concluido el proceso penal, el Ministerio Fiscal lo pondrá en conocimiento de la oficina de extranjería y de la Comisaría de Policía correspondiente en el plazo de un mes, a los siguientes efectos:

1.º De haber concluido con sentencia condenatoria o resolución judicial de la que se deduzca que la mujer ha sido víctima de violencia de género, a los efectos de:

a) Si fuera titular de una la autorización provisional de residencia y trabajo, se concederá una autorización de residencia y trabajo por circunstancias excepcionales por el Delegado o Subdelegado del Gobierno competente y se notificará en el plazo máximo de veinte días desde que a la oficina de extranjería le conste la sentencia o resolución judicial.

b) Si no se hubiera solicitado la autorización de residencia y trabajo, el Ministerio Fiscal informará a la mujer extranjera sobre la posibilidad que le asiste en aplicación del presente artículo de solicitar una autorización de residencia temporal y trabajo a su favor, así como autorizaciones de residencia temporal o de residencia temporal y trabajo a favor de los hijos e hijas recogidos en los artículos anteriores.

Igualmente, le informarán de que dispone de un plazo de seis meses desde la fecha en la que le haya sido notificada la sentencia, o resolución judicial para la presentación de la solicitud o solicitudes.

El procedimiento relativo a esta solicitud de autorización será tramitado en los términos previstos en el artículo 135.

c) La concesión de una autorización de residencia y trabajo por circunstancias excepcionales de acuerdo con lo previsto en este apartado supondrá el archivo del procedimiento sancionador que pudiera existir con la mujer extranjera víctima de violencia de género.

La vigencia de la autorización será de cinco años. Ello, sin perjuicio de la posibilidad de su titular de acceder en el curso de dicha validez a la situación de residencia de larga duración, previa solicitud, a cuyo efecto se computará, en su caso, el tiempo durante el que hubiera sido titular de una autorización provisional concedida en base al artículo anterior.

En el plazo de un mes desde su concesión, la titular de la autorización solicitará personalmente y ante la Comisaría de Policía correspondiente, la tarjeta de identidad de extranjero. Dicha tarjeta hará constar que su titular está autorizada a residir y trabajar en España, pero no su condición de víctima de violencia de género.

Las disposiciones previstas en este apartado serán de aplicación, en su caso, a las autorizaciones concedidas a favor de los familiares descritos en el artículo 134.2.

2.º De haber concluido con sentencia no condenatoria o resolución judicial de la que no se deduzca que la mujer ha sido víctima de violencia de género, a los efectos de:

a) Si se ha solicitado una autorización provisional de residencia y trabajo en aplicación de lo dispuesto en el artículo 135, esta autorización le será denegada, así como las autorizaciones solicitadas a favor de los familiares recogidos en el artículo 134.2.

b) La automática pérdida de eficacia de la autorización provisional que se hubiera podido conceder, cuya titularidad no podrá ser alegada de cara a la obtención de la condición de residente de larga duración o de la nacionalidad. Esta previsión será de aplicación, en su caso, a las autorizaciones provisionales de los familiares recogidos en el artículo 134.2.

c) El inicio o la continuación del procedimiento sancionador en materia de extranjería inicialmente no incoado o suspendido, y su tramitación y resolución de acuerdo con lo previsto en el título III de la Ley Orgánica 4/2000.

CAPÍTULO III
RESIDENCIA TEMPORAL Y TRABAJO POR CIRCUNSTANCIAS EXCEPCIONALES DE VÍCTIMAS EXTRANJERAS DE VIOLENCIA SEXUAL

Artículo 137. *Víctima de violencia sexual.* 1. De conformidad con lo dispuesto en la Ley Orgánica 10/2022, de 6 de septiembre, de garantía integral de la libertad sexual, son víctimas de violencia sexual las mujeres, niños y niñas que acrediten haber sufrido cualquier acto de naturaleza sexual no consentido en cualquier ámbito público o privado, o que condicione el libre desarrollo de su vida sexual, y, en todo caso, se considerarán como violencias sexuales los delitos recogidos en el título VIII del libro II de la Ley Orgánica 10/1995, de 23 de noviembre, del Código Penal, artículos 178 a 194 bis, a los que se añadirá la mutilación genital femenina y el matrimonio forzado, el acoso con connotación sexual, así como las violencias sexuales cometidas en el ámbito digital.

La víctima de violencia sexual gozará de los derechos reconocidos en la citada Ley Orgánica 10/2022, de 6 de septiembre, con independencia de su nacionalidad y de su situación administrativa en España.

2. Asimismo, la víctima tiene derecho a la obtención de la autorización de residencia temporal y trabajo por circunstancias excepcionales en España, tanto de naturaleza provisional como definitiva, en el marco del artículo 31bis de la Ley Orgánica 4/2000, de 11 de enero, de conformidad a lo establecido en este capítulo.

3. Si al denunciarse o acreditarse una situación de violencia sexual de acuerdo con lo previsto en el artículo 37.1 de Ley Orgánica 10/2022, de 6 de septiembre, se pusiera de manifiesto la situación irregular de la persona denunciante, no se incoará el expediente administrativo sancionador por infracción del artículo 53.1.a), y se suspenderá el expediente administrativo sancionador que se hubiera incoado por la comisión de dicha infracción con anterioridad a la denuncia o, en su caso, la ejecución de las órdenes de expulsión o de devolución eventualmente acordadas. En caso de que el expediente sancionador no hubiera sido iniciado en el momento de presentación de la denuncia, la decisión sobre su incoación será pospuesta hasta la finalización del proceso penal.

4. La autoridad ante la que se hubiera presentado la denuncia o la autoridad competente para expedir la acreditación recogida en la normativa en materia de violencia sexual, informará inmediatamente a la mujer extranjera de las posibilidades que le asisten en el marco de este artículo, así como de los derechos que le asisten al amparo de la Ley Orgánica 10/2022, de 6 de septiembre.

Artículo 138. *Autorización de residencia temporal y trabajo de la víctima extranjera de violencia sexual.* 1. La autorización de residencia temporal y trabajo por circunstancias excepcionales de víctimas extranjeras de violencia sexual, tanto de naturaleza provisional como definitiva, habilitará a sus titulares a residir y trabajar por cuenta ajena y por cuenta propia en territorio español, en cualquier ocupación o sector de actividad.

2. La víctima podrá también solicitar de forma simultánea o en cualquier momento a lo largo del proceso penal y posteriormente, siempre que en el momento de la denuncia se encuentren en España una autorización de residencia temporal por circunstancias excepcionales para sus hijos e hijas menores de edad, para los hijos e hijas menores de edad tutelados, los mayores de esa edad que tengan una discapacidad que requiera de apoyo o los mayores de edad que no sean objetivamente capaces de proveer a sus propias necesidades debido a su estado de salud, así como a sus ascendientes en primer grado y línea directa, a quienes se expedirá una autorización de residencia temporal por razones humanitarias.

Cuando los menores de edad tengan más dieciséis años, la autorización de residencia temporal, tanto de naturaleza provisional como definitiva, por circunstancias excepcionales habilitará a residir y trabajar por cuenta ajena y por cuenta propia en territorio español, en cualquier ocupación o sector de actividad, ateniendo a la normativa laboral.

3. Las autorizaciones recogidas en este capítulo se tramitarán con carácter preferente.

Artículo 139. *Procedimiento.* 1. La víctima de violencia sexual, o su representante, podrá presentar ante la oficina de extranjería correspondiente a la provincia en la que resida, una solicitud de autorización temporal de residencia y trabajo por circunstancias excepcionales.

La solicitud irá acompañada de la siguiente documentación:

a) Copia del pasaporte completo, o documento de viaje, o cédula de inscripción, en vigor, de la persona solicitante y, en su caso, de sus hijos e hijas descritos anteriormente.

b) En caso de que la solicitante no sea quien formalice directamente la solicitud, deberá presentarse documento de otorgamiento de representación a favor de la persona que la presente.

c) Copia de la orden de protección, del informe del Ministerio Fiscal, de la resolución judicial que indique la existencia de indicios de violencia sexual, o del documento que le acredite como víctima de violencia sexual de acuerdo con las previsiones recogidas en la normativa en materia de garantía integral de la libertad sexual.

d) Documentación acreditativa del vínculo familiar en los supuestos de los familiares recogidos en el artículo 138.2.

2. Una vez presentada la solicitud de autorización junto con la documentación recogida en el párrafo anterior, la autoridad competente concederá de oficio una autorización provisional de residencia y trabajo a favor de la solicitante y, en su caso, a favor de los familiares recogidos en el artículo 138.2.

3. La autorización provisional tendrá eficacia desde el momento de su concesión. Su vigencia estará condicionada a la concesión o denegación de la autorización definitiva.

4. En el plazo de un mes desde su notificación, la titular de la autorización habrá de solicitar, personalmente ante la Comisaría de Policía correspondiente, la tarjeta de identidad de extranjero. Dicha tarjeta, que tendrá vigencia anual, hará constar que su titular está autorizada a residir y trabajar en España, pero no su carácter provisional ni su condición de víctima de violencia sexual.

Las disposiciones previstas en este apartado serán de aplicación, en su caso, a las autorizaciones concedidas a favor de los familiares descritos en el artículo 138.2.

5. En el momento de la concesión de la autorización provisional, la autoridad administrativa competente informará de dicha circunstancia a la autoridad judicial que esté conociendo del proceso penal.

En el supuesto de que la autorización provisional se haya concedido como consecuencia de la presentación del documento acreditativo previsto en la normativa en materia de violencia sexual, la información prevista en el párrafo anterior se transmitirá a la autoridad judicial indicada en el párrafo anterior, en el momento en el que se presente la primera solicitud de renovación de la TIE, a cuyo efecto será necesario que la solicitante adjunte copia de la denuncia.

Artículo 140. *Finalización del procedimiento relativo a la residencia temporal y trabajo por circunstancias excepcionales a la víctima de violencia sexual.* 1. En el supuesto de que se acredite la condición de víctima mediante sentencia condenatoria o resolución judicial, se procederá a la tramitación de una autorización de residencia temporal y trabajo por circunstancias excepcionales con validez de cinco años, así como a las autorizaciones correspondientes a favor de los hijos e hijas.

2. Concluido el proceso penal, el Ministerio Fiscal lo pondrá en conocimiento de la oficina de extranjería y a la Comisaría de Policía correspondientes en el plazo de un mes, a los siguientes efectos:

1.º De haber concluido con sentencia condenatoria o resolución judicial de la que se deduzca que la persona extranjera ha sido víctima de violencia sexual, a los efectos de:

a) Si fuera titular de una la autorización provisional, el Delegado o Subdelegado del Gobierno concederá y notificará una autorización de residencia y trabajo por circunstancias excepcionales en el plazo máximo de veinte días desde que a la oficina de extranjería le conste la sentencia.

b) Si no se hubiera solicitado la autorización provisional de residencia y trabajo por circunstancias excepcionales, el Ministerio Fiscal informará a la persona extranjera sobre la posibilidad que le asiste en aplicación al presente artículo de solicitar una autorización de residencia temporal y trabajo a su favor, así como a favor de los hijos y menores y ascendientes recogidos en el artículo 138.2.

Igualmente, le informarán de que dispone de un plazo de seis meses desde la fecha en la que le haya sido notificada la sentencia, para la presentación de la solicitud o solicitudes.

El procedimiento relativo a esta solicitud de autorización será tramitado en los términos previstos en el artículo 139.

c) La concesión de una autorización de residencia y trabajo por circunstancias excepcionales de acuerdo con lo previsto en este apartado supondrá el archivo del procedimiento sancionador que pudiera existir por infracción al artículo 53.1.a) de la Ley Orgánica 4/2000, de 11 de enero, con la persona extranjera víctima de violencia sexual.

La vigencia de la autorización será de cinco años. Ello, sin perjuicio de la posibilidad de su titular de acceder en el curso de dicha validez a la situación de residencia de larga duración, previa solicitud, a cuyo efecto se computará, en su caso, el tiempo durante el que hubiera sido titular de una autorización provisional concedida en base al artículo anterior.

En el plazo de un mes desde su concesión, la titular de la autorización solicitará personalmente y ante la Comisaría de Policía correspondiente, la tarjeta de identidad de extranjero. Dicha tarjeta hará constar que su titular está autorizada a residir y trabajar en España, pero no su condición de víctima de violencia sexual.

Las disposiciones previstas en este apartado serán de aplicación, en su caso, a las autorizaciones concedidas a favor de sus familiares recogidos en el artículo 138.2.

2.º De haber concluido con sentencia no condenatoria o resolución judicial de la que no se deduzca que la persona extranjera ha sido víctima de violencia sexual, a los efectos de:

a) Si se ha solicitado una autorización de residencia y trabajo en aplicación de lo dispuesto en el artículo 137, esta autorización concluirá o será denegada, así como las autorizaciones solicitadas a favor de los familiares recogidos en el artículo138.2.

b) La automática pérdida de eficacia de la autorización provisional que se hubiera podido conceder, cuya titularidad no podrá ser alegada de cara a la obtención de la condición de residente de larga duración o de la nacionalidad. Esta previsión será de aplicación, en su caso, a las autorizaciones provisionales de los familiares recogidos en el artículo 134.2.

c) El inicio o la continuación del procedimiento sancionador en materia de extranjería inicialmente no incoado o suspendido, y su tramitación y resolución de acuerdo con lo previsto en el título III de la Ley Orgánica 4/2000.

Artículo 141. *Víctimas de violencia sexual menores de edad.* 1. En caso de que fuera determinada la minoría de edad de la víctima de violencia sexual, las actuaciones que deban realizarse en virtud de lo dispuesto en este capítulo, velarán en todo momento por la preservación del interés superior del menor.

2. Se le expedirá una autorización de residencia temporal como víctima de violencia sexual, de acuerdo con el procedimiento previsto en artículos precedentes, y que será extensiva a los adultos responsables del menor que se encuentren en España, salvo que existan indicios de que la mencionada violencia haya sido ejercida por estos o que puedan estar involucrados en ella, la hayan consentido o no hayan mostrado la diligencia exigible para evitarla. A estos efectos, se tramitará y expedirá una autorización de residencia temporal por circunstancias excepcionales.

Las autorizaciones recogidas en este apartado se tramitarán con carácter preferente.

3. La institución pública responsable de la tutela legal de la víctima menor de edad o el Ministerio Fiscal, podrán proponer la derivación del menor hacia recursos específicos por razones de protección o de asistencia especializada, que en cualquier caso deberán garantizar la separación entre menores y mayores de edad.

4. Se observarán igualmente las garantías para la víctima menor de edad previstas en la Ley 10/2022, de 6 de septiembre, y en la Ley Orgánica 8/2021, de 4 de junio, de protección integral a la infancia y la adolescencia frente a la violencia.

CAPÍTULO IV
RESIDENCIA TEMPORAL Y TRABAJO POR CIRCUNSTANCIAS EXCEPCIONALES POR COLABORACIÓN CONTRA REDES ORGANIZADAS

Artículo 142. *Exención de responsabilidad.* 1. De conformidad con el artículo 59 de la Ley Orgánica 4/2000, de 11 de enero, la autoridad con la que esté colaborando una persona extranjera que se encuentre irregularmente en España y sea víctima, perjudicada o testigo de un acto de tráfico ilícito de seres humanos, inmigración ilegal, explotación laboral o de tráfico ilícito de mano de obra o de explotación sexual en la prostitución, remitirá informe sobre dicha colaboración al órgano administrativo competente para la instrucción del expediente sancionador, a los efectos de que pueda proponer al Delegado o Subdelegado competente la exención de responsabilidad de éste.

2. Será competente para determinar la exención de responsabilidad de la persona extranjera el Delegado o Subdelegado del Gobierno en la provincia en la que se hubiera incoado el procedimiento administrativo sancionador en materia de extranjería.

3. En el marco de la decisión sobre la exención de responsabilidad de la persona extranjera, el Delegado o Subdelegado del Gobierno decidirá igualmente sobre la suspensión temporal del procedimiento sancionador incoado o de la ejecución de la medida de expulsión o devolución que ya hubiera sido acordada.

4. De no determinarse la exención de responsabilidad, se decidirá la continuación del procedimiento sancionador o la ejecución de la medida de expulsión o devolución suspendida.

Artículo 143. *Autorización de residencia y trabajo por colaboración con autoridades administrativas no policiales.* 1. Determinada la exención de responsabilidad, la autoridad que hubiera dictado la resolución en tal sentido informará a la persona extranjera de la posibilidad que le asiste de presentar una solicitud de autorización de residencia y trabajo por circunstancias excepcionales, dirigida a la persona titular de la Secretaría de Estado de Migraciones, si la colaboración contra redes organizadas se produce con autoridades administrativas no policiales.

2. La solicitud de autorización, que será presentada ante la Delegación o Subdelegación del Gobierno que hubiera determinado la exención de responsabilidad, podrá ser presentada por la persona extranjera personalmente o a través de representante.

La solicitud irá acompañada de la siguiente documentación:

a) Copia del pasaporte completo, o documento de viaje, en vigor, del extranjero. En su caso, este documento será sustituido por cédula de inscripción, en vigor.

b) En su caso, documento público por el que se otorgue la representación legal en favor de la persona física que formule la solicitud.

3. La Delegación o Subdelegación de Gobierno dará traslado inmediato de la solicitud a la Secretaría de Estado de Migraciones para su resolución, adjuntando informe sobre el sentido de la resolución y el informe emitido por la autoridad con la que hubiese colaborado.

4. La remisión de la solicitud de autorización de residencia y trabajo por circunstancias excepcionales, en caso de incluir informe favorable a la concesión de ésta, supondrá la concesión de autorización provisional de residencia y trabajo por el Delegado o Subdelegado del Gobierno, para la cual no será necesario que el interesado presente una nueva solicitud.

5. El Delegado o Subdelegado del Gobierno notificará al interesado que la propuesta de inicio de oficio del procedimiento ha sido realizada y la concesión o no de la autorización provisional de residencia y trabajo.

6. Concedida, en su caso, la autorización provisional, ésta implicará la posibilidad de trabajar, por cuenta ajena o por cuenta propia, en cualquier ocupación, sector de actividad y ámbito territorial.

La autorización provisional tendrá eficacia desde el momento de la notificación de su concesión y hasta que se dicte resolución sobre la solicitud de autorización definitiva.

En el plazo de un mes desde su concesión, el titular de la autorización provisional habrá de solicitar, personalmente y ante la Comisaría de Policía correspondientes, la tarjeta de identidad de extranjero. Dicha tarjeta hará constar que su titular está autorizado a residir y trabajar en España, pero no su carácter provisional ni su condición de colaborador en actuaciones contra redes organizadas.

La tarjeta de identidad de extranjero será renovable con carácter anual.

7. Resuelto favorablemente, en su caso, y debidamente notificada la resolución del procedimiento sobre la autorización definitiva, por el titular de la Secretaría de Estado de Migraciones, la autorización de residencia y trabajo tendrá vigencia de cinco años e implicará la posibilidad de trabajar, por cuenta ajena o por cuenta propia, en cualquier ocupación, sector de actividad y ámbito territorial.

Ello, sin perjuicio de la posibilidad de su titular de acceder en el curso de éstos a la situación de residencia de larga duración, previa solicitud, a cuyo efecto se computará, en su caso, el tiempo durante el que hubiera sido titular de una autorización provisional concedida en base a este artículo.

En el plazo de un mes desde su concesión, su titular habrá de solicitar, personalmente y ante la oficina de extranjería o la Comisaría de Policía correspondientes, la tarjeta de identidad de extranjero. Dicha tarjeta hará constar que su titular está autorizado a residir y trabajar en España, pero no su condición de colaborador contra redes organizadas.

8. La denegación de la autorización de residencia y trabajo, que será notificada al interesado a través de la Delegación o Subdelegación del Gobierno que hubiera declarado la exención de responsabilidad, supondrá la extinción y pérdida de vigencia de la autorización provisional que se hubiera podido conceder, sin necesidad de pronunciamiento administrativo expreso. En este caso, la titularidad de la autorización provisional no podrá ser alegada de cara a la obtención de la condición de residente de larga duración ni de la nacionalidad española.

9. El apartado anterior será entendido sin perjuicio de la posibilidad de que la persona extranjera inicie un procedimiento de solicitud de autorización de residencia por circunstancias excepcionales, alegando la concurrencia de un supuesto distinto al previsto en el artículo 59 de la Ley Orgánica 4/2000.

Artículo 144. *Autorización de residencia y trabajo por colaboración con autoridades policiales, fiscales o judiciales.* 1. Determinada, en su caso, la exención de responsabilidad, la autoridad que hubiera dictado la resolución en tal sentido informará a la persona extranjera de la posibilidad que le asiste de presentar una solicitud de autorización de residencia y trabajo por circunstancias excepcionales, dirigida al titular de la Secretaría de Estado de Seguridad, si la colaboración contra redes organizadas se produce con autoridades policiales, fiscales o judiciales.

2. La solicitud de autorización se presentará por la persona extranjera ante la correspondiente unidad policial de extranjería, personalmente o a través de representante.

La solicitud irá acompañada de la siguiente documentación:

a) Copia del pasaporte completo con una vigencia mínima de cuatro meses, o documento de viaje, en vigor, de la persona extranjera. En su caso, este documento será sustituido por cédula de inscripción, en vigor.

b) En su caso, documento público por el que se otorgue la representación legal en favor de la persona física que formule la solicitud.

3. La unidad policial de extranjería dará traslado inmediato de la solicitud, junto con el informe emitido por la autoridad con la que hubiese colaborado y el informe de la propia unidad policial, a la Comisaría General de Extranjería y Fronteras, que formulará propuesta inicial a la Secretaría de Estado de Seguridad para la resolución de una autorización provisional de residencia y trabajo.

4. La Comisaría General de Extranjería y Fronteras dará traslado a la unidad policial encargada de notificar a la persona interesada la concesión o no de la autorización provisional de residencia y trabajo.

5. Concedida, en su caso, la autorización provisional, ésta implicará la posibilidad de trabajar, por cuenta ajena o por cuenta propia, en cualquier ocupación, sector de actividad y ámbito territorial.

La autorización provisional tendrá eficacia desde el momento de la notificación de su concesión y hasta que se dicte resolución sobre la solicitud de autorización definitiva. En el plazo de un mes desde su concesión, el titular de la autorización provisional habrá de solicitar, personalmente y ante la oficina de extranjería o Comisaría de Policía correspondientes, la tarjeta de identidad de extranjero. Dicha tarjeta hará constar que su titular está autorizado a residir y trabajar en España, pero no su carácter provisional ni su condición de colaborador en actuaciones contra redes organizadas. La tarjeta de identidad de extranjero será renovable con carácter anual.

6. Resuelto favorablemente, en su caso, el procedimiento sobre la autorización definitiva, por el titular de la Secretaría de Estado de Seguridad, la autorización de residencia y trabajo tendrá vigencia de cinco años e implicará la posibilidad de trabajar, por cuenta ajena o por cuenta propia, en cualquier ocupación, sector de actividad y ámbito territorial.

Ello, sin perjuicio de la posibilidad de su titular de acceder en el curso de éstos a la situación de residencia de larga duración, previa solicitud, a cuyo efecto se computará, en su caso, el tiempo durante el que hubiera sido titular de una autorización provisional concedida en base a este artículo.

En el plazo de un mes desde su concesión, su titular habrá de solicitar, personalmente y ante la oficina de extranjería o Comisaría de Policía competentes, la tarjeta de identidad de extranjero. Dicha tarjeta hará constar que su titular está autorizado a residir y trabajar en España, pero no su condición de colaborador contra redes organizadas.

7. La denegación de la autorización de residencia y trabajo, que será notificada a la persona interesada y comunicada a la Delegación o Subdelegación del Gobierno que hubiera declarado la exención de responsabilidad, supondrá la extinción y pérdida de vigencia de la autorización provisional que se hubiera podido conceder, sin necesidad de pronunciamiento administrativo expreso. En este caso, la titularidad de la autorización provisional no podrá ser alegada de cara a la obtención de la condición de residente de larga duración ni de la nacionalidad española.

8. El apartado anterior será entendido sin perjuicio de la posibilidad de que la persona extranjera inicie un procedimiento de solicitud de autorización de residencia por circunstancias excepcionales, alegando la concurrencia de un supuesto distinto al previsto en el artículo 59 de la Ley Orgánica 4/2000.

Artículo 145. *Retorno asistido al país de procedencia del extranjero.* 1. Sin perjuicio de lo que las autoridades competentes en el marco de la investigación contra redes organizadas pudieran determinar sobre su necesaria permanencia en territorio español, de acuerdo con la normativa aplicable a su colaboración en dicha investigación o procedimiento, la persona extranjera, una vez declarada su exención de responsabilidad, podrá solicitar el retorno asistido a su país de procedencia.

2. La persona extranjera podrá presentar dicha solicitud, dirigida a la Secretaría de Estado Migraciones, ante la Delegación o Subdelegación del Gobierno que hubiera determinado la exención de su responsabilidad.

La Secretaría de Estado de Migraciones facilitará la gestión y asistencia del retorno voluntario. En todo caso, el retorno asistido comprenderá la evaluación, previa a la partida, de los riesgos y la seguridad, el transporte, así como la asistencia en el punto de partida, tránsito y destino.

3. En caso de que se hubiera determinado la necesaria permanencia de la persona extranjera en España en relación con su colaboración en la investigación contra redes organizadas, se dará trámite a la solicitud de retorno asistido tan pronto como desaparezcan las causas que determinan su obligada permanencia en territorio español.

Artículo 146. *Extranjeros menores de edad.* En la aplicación de las previsiones de este capítulo a menores de edad extranjeros las actuaciones realizadas estarán en todo momento sometidas a la consecución del interés superior del menor, estableciéndose medidas de protección específicas.

Artículo 147. *Reagrupación familiar de los hijos de la víctima que no se encuentren en España.* Se facilitará la reagrupación familiar de los hijos e hijas menores, menores tutelados, o mayores con discapacidad que no sean objetivamente capaces de proveer a sus propias necesidades, de la víctima, que no se encuentren en España en el momento en que se declare la exención de responsabilidad de la víctima. Se estará a lo dispuesto en la Ley Orgánica 4/2000 en materia de reagrupación familiar, y se exonerará a la víctima de la obligación de acreditar los medios de vida suficientes, requisito de residencia previa y la disposición de vivienda adecuada.

CAPÍTULO V
RESIDENCIA TEMPORAL Y TRABAJO POR CIRCUNSTANCIAS EXCEPCIONALES DE EXTRANJEROS VÍCTIMAS DE TRATA DE SERES HUMANOS

Artículo 148. *Coordinación de las actuaciones.* Las Secretarías de Estado de Migraciones, de Justicia, de Seguridad y de Igualdad actualizarán el contenido del protocolo marco de protección de víctimas de trata de seres humanos en el que se establecen las bases de coordinación y actuación de las instituciones y administraciones con competencias relacionadas con este capítulo, adoptando las medidas necesarias de identificación previstas en el Convenio del Consejo de Europa sobre la lucha contra la trata de seres humanos y en el derecho de la Unión Europea.

En el citado protocolo se recogerá el ámbito y forma de participación de las organizaciones no gubernamentales, organizaciones sindicales y empresariales, fundaciones u otras asociaciones de carácter no lucrativo que, por su objeto, estén especializadas en la acogida y/o protección de las víctimas de trata de seres humanos y que participen en los programas desarrollados por las administraciones públicas para la asistencia y protección de las mismas.

Véase la disposición adicional decimoctava sobre identificación y protección de la víctima de trata de seres humanos.

Artículo 149. *Identificación de las potenciales víctimas nacionales de terceros países de trata de seres humanos.* 1. Cualquiera que tenga noticia de la existencia de una posible víctima de trata de seres humanos informará inmediatamente de esta circunstancia a la autoridad policial competente para la investigación del delito y protección de la potencial víctima o a la Delegación o Subdelegación de Gobierno de la provincia donde la potencial víctima se encuentre o a la Inspección de Trabajo, que activarán sin dilación alguna las previsiones del presente artículo. Las referencias a víctimas de trata de seres humanos incluyen, además, a las víctimas de trata con fines de explotación sexual.

De oficio, a instancia de parte, o por orden del Delegado o Subdelegado del Gobierno, las autoridades policiales, tan pronto tengan motivos razonables para creer que una persona extranjera en situación irregular ha sido víctima de trata de seres humanos, le informarán fehacientemente y por escrito, en un idioma que le resulte comprensible, y con asistencia de intérprete si fuera necesario, de las previsiones establecidas en el artículo 59 bis de la Ley Orgánica 4/2000, de 11 de enero, y en este Reglamento. Igualmente, garantizarán que la misma conozca la posibilidad que le asiste de ser derivada a las autoridades autonómicas o municipales competentes en materia de asistencia social y sanitaria.

Cuando haya motivos razonables de la existencia de una potencial víctima de trata con fines de explotación sexual, se le informará de los derechos y servicios recogidos en la Ley Orgánica 10/2022, de 6 de septiembre, de garantía integral de la libertad sexual.

2. La identificación de la víctima se realizará por las autoridades policiales con formación y cualificación específica en la investigación de la trata de seres humanos y en la identificación y protección de sus víctimas con especial atención a casos de especial vulnerabilidad, así como cualquiera de las vías reconocidas en el presente reglamento y en la normativa sectorial.

Cuando la identificación exija la toma de declaración de la víctima potencial de trata, se hará mediante entrevista personal realizada en condiciones adecuadas a las circunstancias personales de la víctima, asegurando la ausencia de personas del entorno de los explotadores, y, en la medida en que sea posible, la prestación del debido apoyo jurídico, psicológico y asistencial.

Se recabará toda la información disponible que pueda servir para la identificación de la posible víctima y las organizaciones dedicadas a la promoción y defensa de los derechos de las personas víctimas de trata podrán aportar cuanta información consideren relevante a estos efectos. En aras de la protección de la integridad de la misma tal información tendrá carácter reservado.

Durante toda esta fase de identificación, el expediente sancionador o, en su caso, la expulsión o devolución acordada quedarán inmediatamente suspendidos y la autoridad policial competente, si fuera necesario, velará por la seguridad y protección de la potencial víctima.

Artículo 150. *Periodo de restablecimiento y reflexión.* 1. Cuando la identificación haya sido efectuada por las unidades de extranjería, éstas elevarán, en el plazo máximo de cuarenta y ocho horas y previa conformidad de la víctima, la correspondiente propuesta sobre la concesión del periodo de restablecimiento y reflexión a la Delegación o Subdelegación del Gobierno de la provincia donde se hubiere realizado la identificación. La propuesta será favorable cuando estime que existen motivos razonables para creer que la persona extranjera es víctima potencial de trata de seres humanos y, en tal caso, incluirá la duración del periodo de reflexión, que será de al menos noventa días y, en todo caso, suficiente para que la persona extranjera pueda restablecerse y decidir si desea cooperar con las autoridades en la investigación del delito y, en su caso, en el procedimiento penal.

La propuesta irá acompañada del expediente completo, informe de la autoridad policial sobre la situación administrativa y personal de la misma, así como de otros que pudieran obrar en el procedimiento y, especialmente, los procedentes de organizaciones dedicadas a la promoción y defensa de los derechos de las personas víctimas de trata que se hubieran aportado en éste.

2. Cuando la víctima haya sido identificada por otras autoridades policiales, éstas remitirán, con la mayor brevedad, a la unidad de extranjería del lugar donde se hubiera realizado la identificación, un informe motivado sobre la existencia de mo-

tivos razonables para creer que la persona podría ser víctima de trata de seres humanos, junto con la solicitud de establecimiento del periodo de restablecimiento y reflexión y toda la información y documentación de interés para resolver sobre su concesión.

La unidad de extranjería competente procederá conforme a lo previsto en el apartado 1 de este artículo.

3. El Delegado o Subdelegado del Gobierno competente resolverá sobre la propuesta de concesión del periodo de restablecimiento y reflexión y sobre su duración en el plazo máximo de cinco días, transcurrido el cual el periodo se entenderá concedido por la duración reseñada en la propuesta. No obstante, si en el momento de elevarse a la Delegación o Subdelegación de Gobierno la propuesta favorable la víctima se encontrara ingresada en un Centro de Internamiento de Extranjeros, la resolución deberá realizarse en el plazo de veinticuatro horas.

Los plazos establecidos en este apartado serán computados desde la fecha de recepción de la propuesta en la Delegación o Subdelegación del Gobierno competente.

4. La resolución sobre el periodo de restablecimiento y reflexión será notificada a la persona interesada, de manera inmediata y por el medio más rápido, por la Delegación o Subdelegación del Gobierno, directamente o a través de la autoridad policial que hubiera realizado la propuesta de concesión, a la que en cualquier caso se dará conocimiento de la resolución. Si dicha autoridad policial no fuera la misma que inició la investigación, la resolución será igualmente comunicada a esta última, así como a la que tenga a la víctima bajo su custodia.

5. La resolución, de ser favorable, hará mención expresa, entre otros extremos, a la decisión de suspender temporalmente el procedimiento sancionador que hubiera sido incoado o la ejecución de la medida de expulsión o devolución que hubiera sido acordada en relación con la infracción prevista en el artículo 53.1.a) de la Ley Orgánica 4/2000, de 11 de enero. Igualmente, supondrá la propuesta a la autoridad judicial competente de la puesta en libertad de la persona extranjera en caso de que se hubiera acordado la medida cautelar de su ingreso en un Centro de Internamiento de Extranjeros.

En caso de que el procedimiento sancionador o la medida de expulsión o devolución suspendida fuera competencia de otro Delegado o Subdelegado del Gobierno, se le dará comunicación de la resolución de concesión del periodo de restablecimiento y reflexión, a los efectos que procedan en virtud de lo establecido en el párrafo anterior.

6. La resolución por la que, en su caso, se conceda el periodo de restablecimiento y reflexión autorizará la estancia de la persona extranjera en territorio español por la duración que se haya determinado para ésta.

7. Durante el periodo de restablecimiento y reflexión, la autoridad policial competente, de acuerdo con los criterios establecidos en el Protocolo previsto en el artículo 148, velará por la seguridad y protección de la persona. Igualmente, garantizará que la misma conozca la posibilidad que le asiste de ser derivada a las autoridades autonómicas o municipales competentes en materia de asistencia social.

Artículo 151. *Exención de responsabilidad por colaboración o en atención a la situación personal de la víctima.* 1. La autoridad con la que la víctima de trata de seres humanos estuviera colaborando en el marco de la investigación del delito o del procedimiento penal, podrá proponer al Delegado o Subdelegado del Gobierno competente la exención de responsabilidad de la misma en relación con la infracción del artículo 53.1.a) de la Ley Orgánica 4/2000, de 11 de enero.

Sin perjuicio de lo anterior, y en atención a la situación personal de la víctima, el Delegado o Subdelegado del Gobierno podrá determinar de oficio la exención de responsabilidad.

2. De determinarse la no exención de responsabilidad, se levantará la suspensión del procedimiento sancionador o de la ejecución de la medida de expulsión o devolución.

En caso de que el procedimiento sancionador o la medida de expulsión o devolución suspendida fuera competencia de otro Delegado o Subdelegado del Gobierno, se le dará comunicación de lo decidido sobre la exención de responsabilidad de la persona extranjera a los efectos de archivar el procedimiento, de continuarlo o de revocar la medida de expulsión o devolución decretada.

3. Sin perjuicio de lo previsto en el apartado anterior, la continuación del procedimiento sancionador estará igualmente condicionada a la resolución del mismo, en caso de que la persona extranjera inicie un procedimiento de solicitud de autorización de residencia por circunstancias excepcionales, alegando la concurrencia de un supuesto distinto al previsto en el artículo 59bis de la Ley Orgánica 4/2000, de 11 de enero.

Artículo 152. *Autorización de residencia y trabajo.* 1. Determinada, en su caso, la exención de responsabilidad, el órgano que hubiera dictado la resolución en tal sentido informará a la persona extranjera de la posibilidad que le asiste de presentar una solicitud de autorización de residencia y trabajo por circunstancias excepcionales, dirigida al titular de la Secretaría de Estado de Seguridad o de la Secretaría de Estado de Migraciones, en función de que la motivación resida, respectivamente, en la colaboración de la víctima en la investigación del delito o en su situación personal.

Las previsiones recogidas en el presente artículo y en el siguiente serán extensivas, si así lo solicitara la víctima, a sus hijos e hijas menores de edad tutelados, los mayores de esa edad que tengan una discapacidad que requiera de apoyo o los mayores de edad que no sean objetivamente capaces de proveer a sus propias necesidades debido a su estado de salud, así como a sus ascendientes en primer grado y línea directa, a quienes se expedirá una autorización de residencia temporal por razones humanitarias.

Dichos familiares han de encontrarse en España en el momento de la identificación de la víctima.

De haberse determinado la exención de responsabilidad en base a una doble concurrencia de las circunstancias citadas, se le informará de la posibilidad que le asiste de iniciar cualquiera de los dos procedimientos de solicitud de autorización de residencia y trabajo por circunstancias excepcionales.

2. La solicitud de autorización, que será presentada ante la Delegación o Subdelegación del Gobierno que hubiera determinado la exención de responsabilidad, podrá ser presentada por la persona extranjera personalmente o a través de representante.

a) Copia del pasaporte completo, o título de viaje, en vigor, del extranjero. En su caso, este documento será sustituido por cédula de inscripción en vigor.

b) En su caso, documento público por el que se otorgue la representación legal en favor de la persona física que formule la solicitud.

No obstante, la Delegación o Subdelegación del Gobierno podrá eximir de la aportación de aquellos documentos cuya obtención suponga un riesgo para la víctima.

3. La Delegación o Subdelegación del Gobierno dará traslado inmediato de la solicitud a la Secretaría de Estado competente para su resolución, adjuntado informe sobre la situación administrativa y personal de la persona extranjera y sobre el sentido de la resolución.

En caso de que, de acuerdo con lo previsto en el apartado 1 de este artículo, la persona extranjera hubiera presentado dos solicitudes de autorización de residencia por circunstancias excepcionales de acuerdo con lo previsto en este capítulo, la Delegación o Subdelegación del Gobierno, en los correspondientes traslados a las

Secretarías de Estado competentes, harán constar la existencia de los dos procedimientos.

4. La remisión de la solicitud de autorización de residencia y trabajo por circunstancias excepcionales, en caso de incluir informe favorable a la concesión de ésta, supondrá la concesión de autorización provisional de residencia y trabajo por el Delegado o Subdelegado del Gobierno, para la cual no será necesario que el interesado presente una nueva solicitud.

La Delegación o Subdelegación del Gobierno comunicará a la persona interesada el traslado de la solicitud a la Secretaría de Estado competente para su resolución y le notificará la concesión o no de la autorización provisional de residencia y trabajo.

La autorización provisional implicará la posibilidad de trabajar, por cuenta ajena o por cuenta propia, en cualquier ocupación, sector de actividad y ámbito territorial, y tendrá eficacia desde el momento de la notificación de su concesión y hasta que se dicte resolución definitiva sobre la solicitud de autorización realizada.

En el plazo de un mes desde su concesión, el titular de la autorización provisional habrá de solicitar, personalmente y ante la oficina de extranjería o la Comisaría de Policía correspondientes, la tarjeta de identidad de extranjero. Dicha tarjeta hará constar que su titular está autorizado a residir y trabajar en España, pero no su carácter provisional ni su condición de víctima de trata de seres humanos.

La tarjeta de identidad de extranjero será renovable con carácter anual.

5. Resuelto favorablemente el procedimiento sobre la autorización definitiva por el titular de la Secretaría de Estado competente, la autorización de residencia y trabajo tendrá vigencia de cinco años e implicará la posibilidad de trabajar, por cuenta ajena o por cuenta propia, en cualquier ocupación, sector de actividad y ámbito territorial. Ello, sin perjuicio de la posibilidad de su titular de acceder en el curso de éstos a la situación de residencia de larga duración, previa solicitud, a cuyo efecto se computará, en su caso, el tiempo durante el que hubiera sido titular de una autorización provisional concedida en base a este artículo.

En el plazo de un mes desde su concesión, su titular habrá de solicitar, personalmente y ante la oficina de extranjería o la Comisaría de Policía correspondientes, la tarjeta de identidad de extranjero. Dicha tarjeta hará constar que su titular está autorizado a residir y trabajar en España, pero no su condición de víctima de trata de seres humanos.

6. La denegación de la autorización de residencia y trabajo supondrá la pérdida de vigencia de la autorización provisional que se hubiera podido conceder, sin necesidad de pronunciamiento administrativo expreso. En este caso, la titularidad de la autorización provisional no podrá ser alegada de cara a la obtención de la condición de residente de larga duración o de la nacionalidad.

7. El apartado anterior será entendido sin perjuicio de la posibilidad de que la persona extranjera inicie un procedimiento de solicitud de autorización de residencia por circunstancias excepcionales, alegando la concurrencia de un supuesto distinto al previsto en el artículo 59 bis de la Ley Orgánica 4/2000, de 11 de enero.

8. El contenido de este precepto no afectará al derecho que asiste a la persona extranjera de solicitar protección internacional.

Artículo 153. *Retorno asistido al país de procedencia.* 1. La persona extranjera podrá solicitar el retorno asistido a su país de procedencia en cualquier momento desde que sean apreciados motivos razonables sobre su posible condición de víctima de trata de seres humanos, sin perjuicio de lo que las autoridades competentes en el marco de la investigación del delito o del procedimiento penal pudieran determinar sobre su necesaria permanencia en territorio español de acuerdo con la normativa aplicable a su participación en dicha investigación o procedimiento.

2. Dicha solicitud, dirigida a la Secretaría de Estado de Migraciones, podrá ser presentada ante cualquiera de las autoridades competentes en el marco de los procedimientos regulados en este capítulo.

La Secretaría de Estado de Migraciones facilitará la gestión y asistencia del retorno voluntario atendiendo a lo establecido en el artículo 16 del Convenio del Consejo de Europa sobre la lucha contra la trata de seres humanos. En todo caso, el retorno asistido comprenderá la evaluación, previa a la partida, de los riesgos y la seguridad, el transporte, así como la asistencia en los puntos de partida, tránsito y destino.

3. En caso de que se hubiera determinado la necesidad de que la persona extranjera permanezca en España en virtud de lo previsto en el apartado 1 de este artículo, la solicitud de retorno asistido será tramitada tan pronto desaparezcan las causas que determinan su obligada permanencia en territorio español.

Artículo 154. *Extranjeros menores de edad víctimas de trata de seres humanos.* 1. En caso de que fuera determinada la minoría de edad de la víctima de trata de seres humanos, las actuaciones que deban realizarse en virtud de lo dispuesto en este capítulo velarán en todo momento por la preservación del interés superior del menor.

2. La institución pública responsable de la tutela legal de la víctima menor de edad o el Ministerio Fiscal podrán proponer la derivación del menor hacia recursos específicos para víctimas de trata de seres humanos, por razones de protección o de asistencia especializada.

3. En cualquier caso, los recursos específicos para víctimas de trata de seres humanos deberán garantizar la separación entre menores y mayores de edad.

Artículo 155. *Reagrupación familiar de los hijos e hijas de la víctima que no se encuentren en España.* Se facilitará la reagrupación familiar de los hijos e hijas menores, menores tutelados, o los mayores de esa edad que tengan una discapacidad que requiera de apoyo o los mayores de edad que no sean objetivamente capaces de proveer a sus propias necesidades debido a su estado de salud que no se encuentren en España en el momento en que se declare la exención de responsabilidad de la víctima. Se estará a lo dispuesto en la Ley Orgánica 4/2000, de 11 de enero, en materia de reagrupación familiar, si bien se exonerará a la víctima de trata de la obligación de acreditar los medios de vida suficientes, requisito de residencia previa y la disposición de vivienda adecuada.

TÍTULO VIII
TRABAJADORES TRANSFRONTERIZOS

Artículo 156. *Definición.* Se halla en situación de trabajo transfronterizo el trabajador que haya sido autorizado para desarrollar actividades lucrativas, laborales o profesionales por cuenta propia o ajena en las zonas fronterizas del territorio español, residiendo en la zona fronteriza de un Estado limítrofe al que regrese diariamente.

Artículo 157. *Ámbito de aplicación, requisitos y procedimiento.* 1. En la concesión inicial de una autorización de trabajo para trabajadores transfronterizos se estará a lo dispuesto en los artículos que establecen las condiciones para la concesión de la autorización de trabajo que proceda, sin perjuicio de que el cumplimiento de los requisitos comúnmente exigibles para la obtención de un visado de residencia y trabajo será valorado por el órgano competente, en el marco de la tramitación y resolución del procedimiento relativo a la autorización de trabajo.

2. De acuerdo con lo previsto en el apartado anterior, para la obtención de una autorización de trabajo para trabajadores transfronterizos deberán cumplirse los siguientes requisitos:

a) Autorización de trabajo por cuenta ajena:

1.º Carecer de antecedentes penales en España y en sus países anteriores de residencia durante los últimos cincos años, por delitos previstos en el ordenamiento español.

2.º No figurar como rechazable en el espacio territorial de países con los que España tenga firmado un convenio en tal sentido.

3.º Residir en la zona fronteriza con territorio español de que se trate.

4.º Que la situación nacional de empleo permita la contratación de la persona trabajadora extranjera.

5.º Que el empleador presente un contrato de trabajo, con fecha de comienzo condicionada a la de la eficacia de la autorización, que garantice a la persona trabajadora una actividad continuada durante el periodo de vigencia de la autorización.

6.º Que el empleador haya formalizado su inscripción en el correspondiente régimen del sistema de Seguridad Social y se encuentre al corriente del cumplimiento de sus obligaciones tributarias y frente a la Seguridad Social.

7.º Que las condiciones fijadas en el contrato de trabajo se ajusten a las establecidas por la normativa vigente y el convenio colectivo aplicable para la misma actividad, categoría profesional y localidad.

8.º Que el empleador cuente con medios económicos, materiales o personales, suficientes para su proyecto empresarial y para hacer frente a las obligaciones asumidas en el contrato frente a la persona trabajadora.

9.º Que se tenga la capacitación y, en su caso, la cualificación profesional legalmente exigida para el ejercicio de la profesión.

b) Autorización de trabajo por cuenta propia:

1.º Carecer de antecedentes penales en España y en sus países anteriores de residencia durante los últimos cincos años, por delitos previstos en el ordenamiento español.

2.º No figurar como rechazable en el espacio territorial de países con los que España tenga firmado un convenio en tal sentido.

3.º Residir en la zona fronteriza con territorio español de que trate.

4.º Cumplir los requisitos que la legislación vigente exige a los nacionales para la apertura y funcionamiento de la actividad proyectada.

5.º Tener la capacitación y, en su caso, la cualificación profesional legalmente exigida para el ejercicio de la profesión, así como la colegiación cuando así se requiera.

6.º Acreditar que la inversión prevista para la implantación del proyecto sea suficiente y la incidencia, en su caso, en la creación de empleo.

7.º La previsión de que el ejercicio de la actividad producirá desde el primer año recursos económicos suficientes al menos para la manutención del interesado, una vez deducidos los necesarios para el mantenimiento de la actividad.

3. Cuando la competencia ejecutiva en materia de autorización inicial de trabajo por cuenta propia y ajena corresponda a la Administración autonómica, ésta será competente para la admisión, tramitación, resolución de solicitudes y de los recursos administrativos que, en su caso, se interpongan.

4. En el plazo de un mes desde la fecha de notificación de la resolución por la que se conceda, en su caso, la autorización, el trabajador habrá de darse o ser dado de alta en el régimen correspondiente de la Seguridad Social.

En el mismo plazo, la persona extranjera deberá solicitar la correspondiente tarjeta de identidad de extranjero ante la Comisaría de Policía competente. Esta tarjeta acreditará la condición de trabajador transfronterizo y permitirá la entrada y salida de territorio nacional para la realización de la actividad a la que se refiera.

En base a lo dispuesto en el artículo 4.2 de la Ley Orgánica 4/2000, de 11 de enero la tarjeta de identidad de extranjero será solicitada y obtenida sin perjuicio de que la autorización concedida sea de duración inferior a seis meses.

5. Se denegarán las autorizaciones de trabajo por cuenta propia o ajena para trabajadores transfronterizos, además de por la concurrencia de alguna de las causas generales de denegación establecidas en este Reglamento para las autorizaciones de residencia y trabajo, por la pérdida de la condición de trabajador transfronterizo.

Artículo 158. *Efectos de la autorización de trabajo para trabajadores transfronterizos.* 1. La duración de la autorización inicial coincidirá con la del contrato de trabajo en relación con la cual se conceda, con el límite mínimo de tres meses y máximo de un año. Los mismos criterios serán de aplicación en relación con la actividad proyectada, en el caso de trabajo por cuenta propia.

2. La validez de la autorización de trabajo estará limitada al ámbito territorial de la Comunidad o Ciudad Autónoma en cuya zona limítrofe resida el trabajador, así como a una ocupación en el caso de trabajo por cuenta ajena o a un sector de actividad en el de trabajo por cuenta propia.

3. La autorización de trabajo se prorrogará a su expiración, en tanto continúe la misma relación laboral o actividad por cuenta propia y subsistan las circunstancias que motivaron su concesión.

La vigencia de las sucesivas prórrogas coincidirá con la del contrato de trabajo o de la actividad por cuenta propia, con el límite máximo de un año.

4. Las autorizaciones se extinguirán cuando concurran las causas previstas para el resto de las autorizaciones reguladas en este Reglamento, cuando sean aplicables, así como por la pérdida de la condición de trabajador transfronterizo.

5. El hecho de haber sido titular de una autorización de trabajo por cuenta propia o ajena para trabajadores transfronterizos no generará derecho para la obtención de una autorización de residencia y trabajo por cuenta propia o ajena, sin perjuicio de que sea tenida en cuenta para la valoración de las solicitudes que pudieran presentarse por el titular.

TÍTULO IX
MENORES EXTRANJEROS

CAPÍTULO I
RESIDENCIA DEL HIJO O TUTELADO DE RESIDENTE

Artículo 159. *Residencia temporal del menor extranjero acompañado nacido en España.* 1. Podrán adquirir la autorización de residencia temporal de menor acompañado nacido en España las personas extranjeras menores de edad nacidas en nuestro país que sean hijas solteras, biológicas o adoptadas, de progenitores extranjeros titulares de alguna de las autorizaciones de residencia previstas en este reglamento. La autorización, que no requerirá visado, tendrá una duración de 5 años desde la fecha de la resolución.

A estos efectos, el padre o la madre deberán solicitar personalmente la autorización de residencia en favor del menor en el plazo de los 6 meses siguientes a la fecha del nacimiento o desde que alguno de sus progenitores acceda a la situación de residencia si esta fuese posterior siempre y cuando el menor se encuentre en territorio nacional y no se haya ausentado del territorio nacional desde su nacimiento, en cuyo caso, resultará de aplicación lo previsto en el capítulo II del título IV.

2. Cuando los menores se encuentren en edad de escolarización obligatoria se deberá acreditar en el procedimiento que se encuentra matriculado en un centro de enseñanza oficial autorizado.

3. A la solicitud, que se presentará en modelo normalizado, deberá acompañarse la documentación siguiente:

a) Copia completa del pasaporte, documento de viaje o cédula de inscripción en vigor tanto del menor como del progenitor solicitante.

b) Copia del certificado de nacimiento en España del menor.

c) En su caso, la documentación que acredite la escolarización del menor.

4. El órgano competente para resolver comprobará que se presenta debidamente la documentación exigida y en caso contrario efectuará el oportuno requerimiento a fin de que se subsanen los defectos en el plazo de los diez días siguientes a su notificación, advirtiéndole de que, de no subsanarse, se le tendrá por desistido y se procederá al archivo del expediente, dictándose la correspondiente resolución. El plazo máximo para resolver y notificar será de un mes desde la recepción de la solicitud.

Sin perjuicio de la resolución que la Administración debe dictar, el vencimiento del plazo máximo sin haberse notificado resolución expresa, legitima para entenderla desestimada por silencio administrativo.

5. En el plazo de un mes desde la notificación de la concesión de la autorización de residencia, la persona extranjera, acompañada del progenitor, deberá solicitar personalmente la tarjeta de identidad de extranjero ante los servicios policiales correspondientes.

6. Las autorizaciones de residencia concedidas con base en lo previsto en este artículo, habilitarán para trabajar por cuenta ajena y por cuenta propia automáticamente, sin necesidad de ningún otro trámite administrativo adicional, cuando sus titulares alcancen la edad mínima de admisión al trabajo.

7. La solicitud de autorización de residencia de larga duración una vez transcurran los cinco años de la vigencia prevista en este artículo se tramitará conforme al procedimiento establecido en el título X.

Artículo 160. *Residencia de la persona acompañada menor de edad o con una discapacidad no nacida en España.* 1. Los hijos, biológicos o adoptivos, no nacidos en España que sean solteros y menores de dieciocho años en el momento de la solicitud, y que se encuentren acompañados del progenitor extranjero con residencia en nuestro país o los hijos que tengan una discapacidad y no sean objetivamente capaces de proveer sus propias necesidades debido a su estado de salud y siempre que, en ambos casos, no hayan constituido su propia unidad familiar, podrán obtener una autorización de residencia temporal cuando se acredite su permanencia continuada e ininterrumpida en España durante un mínimo de dos años previos a la fecha de la solicitud y sus padres o tutores cumplan los requisitos de medios económicos y alojamiento exigidos en este reglamento para ejercer el derecho a la reagrupación familiar.

Cuando se trate de hijos de uno solo de los cónyuges o miembros de la pareja se requerirá, además, que éste ejerza en solitario la patria potestad, que se le haya otorgado la custodia con carácter exclusivo y se haya autorizado el traslado de residencia del menor a España por la autoridad judicial o bajo consentimiento del otro progenitor, o que se haya otorgado con carácter compartido, siempre que el otro titular del derecho de custodia haya dado su consentimiento para que resida en territorio nacional.

No obstante lo anterior, también se admitirá la presentación de la solicitud mientras se encuentre en trámite la autorización de residencia del progenitor.

2. Cuando se cumplan los requisitos establecidos en el apartado anterior, también podrán acceder al mismo tipo de autorización, los que sean menores de dieciocho años en el momento de la solicitud acompañados por la persona extranjera residente en España que ejerza legalmente su tutela, siempre y cuando esta relación haya sido constituida conforme al ordenamiento jurídico español.

3. Cuando los menores se encuentren en edad de escolarización obligatoria, se deberá acreditar en el procedimiento que se encuentra matriculado en un centro de enseñanza oficial autorizado.

4. A la solicitud, que se presentará en modelo normalizado, deberá acompañarse la siguiente documentación:

a) Copia completa del pasaporte, documento de viaje o cédula de inscripción en vigor tanto del menor como del progenitor o tutor solicitante.

b) Copia del certificado de nacimiento del menor o de la documentación acreditativa de la tutela.

c) Documentación acreditativa del abono de la tasa por tramitación del procedimiento.

d) En su caso, documentación acreditación de la escolarización del menor.

e) Documentación acreditativa de la permanencia continuada e ininterrumpida del menor en España en los dos años inmediatamente anteriores a la fecha de presentación de la solicitud.

f) Documentación acreditativa de los medios económicos y alojamiento exigidos en este reglamento para ejercer el derecho a la reagrupación familiar.

5. El órgano competente para resolver comprobará que se presenta debidamente la documentación exigida y en caso contrario efectuará el oportuno requerimiento a fin de que se subsanen los defectos en el plazo de los diez días siguientes a su notificación, advirtiéndole de que, de no subsanarse, se le tendrá por desistido y se procederá al archivo del expediente, dictándose la correspondiente resolución. El plazo máximo para resolver y notificar será de un mes desde la recepción de la solicitud. Transcurrido dicho plazo, la solicitud se entenderá desestimada.

6. En el plazo de un mes desde la notificación de la concesión de la autorización de residencia, la persona extranjera, acompañada del progenitor, deberá solicitar personalmente la tarjeta de identidad de extranjero ante la oficina de extranjería o la Comisaría de Policía correspondientes.

7. La autorización, que no requerirá visado, tendrá una duración de 5 años desde la fecha de la resolución.

8. La autorización de residencia concedida con base a lo previsto en este artículo habilitará para trabajar por cuenta ajena y por cuenta propia, sin necesidad de ningún otro trámite administrativo adicional, cuando su titular alcance la edad mínima de admisión al trabajo.

CAPÍTULO II
DESPLAZAMIENTO TEMPORAL DE MENORES EXTRANJEROS EN EL MARCO DE PROGRAMAS DE CARÁCTER HUMANITARIO

Artículo 161. *Definición, requisitos y procedimiento común a los desplazamientos temporales.* 1. Se entenderá como desplazamiento temporal de menores extranjeros en el marco de programas de carácter humanitario, la estancia temporal de menores, cuya duración y requisitos sea conforme a lo previsto en este capítulo.

En general, se considerará que un programa tiene carácter humanitario cuando se den, al menos, alguna de las siguientes circunstancias:

a) cuando el país de origen se haya en situación de conflicto bélico o en dificultad social a causa de éste,

b) cuando el país de origen se encuentre afectado por catástrofes o desastres naturales o provocados por el ser humano,

c) cuando la persona menor se encuentre en campos de refugiados,

d) cuando en el país de origen no pueda desarrollarse el tratamiento médico especializado o la intervención quirúrgica.

2. La entidad o persona que promueva y financie el programa tendrá la consideración de interesada en el procedimiento y podrá tratarse de alguna de las siguientes:

a) Administraciones Públicas.

b) Asociaciones sin ánimo de lucro o fundaciones inscritas en registros públicos.

3. Para el desplazamiento temporal de la persona menor a territorio español será preciso obtener informe previo favorable del Delegado del Gobierno en las Comunidades Autónomas uniprovinciales o el Subdelegado del Gobierno en las pluriprovinciales en cuyo territorio vaya o vayan a permanecer con carácter principal siempre que conste acreditado lo siguiente:

a) Autorización expresa previa de las personas que ostenten su patria potestad, tutela o guarda y custodia, y contará con el compromiso por parte las autoridades españolas de velar por la adecuada atención de la persona extranjera menor de edad pudiendo aplicar las autoridades españolas mecanismos de supervisión y control para protegerla ante cualquier situación de desprotección que pudiera afectarle.

b) Informe favorable emitido por el órgano autonómico competente en materia de protección de menores sobre el programa, entre los que se indique que se trata de un programa humanitario, previa solicitud del promotor, y a la que acompañará, entre otros, tanto del certificado de antecedentes penales como el certificado de delitos de naturaleza sexual emitidos por el Ministerio de la Presidencia, Justicia y Relaciones con las Cortes referidos a todas las personas mayores de 14 años que vayan a convivir con el menor.

c) Compromiso escrito del promotor de facilitar el regreso al país de origen de las personas menores de edad y que el mencionado regreso no implica coste para el erario público, salvo que dicho coste haya sido asumido expresa y previamente por el órgano competente.

d) En todos los casos, si los menores van a permanecer con familias o personas individuales, éstas deberán expresar por escrito su conocimiento de que el desplazamiento del menor no tiene por objeto la adopción y su compromiso de favorecer el regreso a su país de origen o procedencia.

e) Cumplimiento por parte del programa, de los requisitos y autorizaciones exigibles en España, proporcionados para el fin de la estancia y su duración, tanto en materia sanitaria como de protección jurídica del menor en relación con la finalidad expuesta y de esa duración, en orden a garantizar la ausencia de riesgo de desprotección de éste.

f) Que las asociaciones sin ánimo de lucro o fundaciones o la persona física o familia con la que vaya a permanecer la persona menor no hayan incumplido en alguna de las ediciones del programa su compromiso de favorecer el regreso de la persona menor a su lugar de procedencia, salvo en casos de permanencias derivadas de la necesidad de recibir asistencia sanitaria especializada en España debidamente comunicadas a la Delegación o Subdelegación del Gobierno competente y autorizadas por ellos.

4. La solicitud del informe sobre el desplazamiento temporal se efectuará con una antelación mínima de tres meses y máxima de cuatro a la fecha programada. Sin perjuicio de la resolución que la Administración debe dictar, el vencimiento del plazo máximo de un mes sin haberse notificado resolución expresa, legitima para entenderla desestimada por silencio administrativo.

5. Los Ministerios de Asuntos Exteriores, Unión Europea y Cooperación, de Inclusión, Seguridad Social y Migraciones, de Juventud e Infancia, del Interior coordinarán el desplazamiento y estancia de estos menores, y por este último departamento se controlará su regreso al país de origen o de procedencia.

6. Para la expedición de los correspondientes visados, la Oficina Consular en el país de origen del menor deberá comprobar que existe informe previo favorable

del Delegado o el Subdelegado del Gobierno, la autorización expresa de quien ejerza la patria potestad o tutela, así como todo lo relativo a los requisitos de los pasaportes individuales o colectivos, salvoconductos u otra documentación de viaje de los menores.

Artículo 162. *Desplazamiento temporal de menores extranjeros con fines de tratamiento médico.* 1. Los promotores podrán solicitar el desplazamiento temporal de menores extranjeros a España para periodos no superiores a noventa días naturales para estancias temporales con fines de tratamiento médico. Podrán venir acompañados, dentro del mismo programa, por un progenitor o por un tutor legal que, de manera excepcional, podrá obtener las mismas autorizaciones previstas en este artículo para los menores a las que estarán condicionadas.

2. Excepcionalmente, será posible prorrogar la estancia de los menores, por el tiempo necesario para finalizar dicha asistencia sanitaria, atendiendo a lo establecido en los artículos 32 y 49, siempre que el promotor lo solicite, ante el órgano competente para conocer de la solicitud inicial, antes de finalizar el periodo de estancia, y acompañe informe de la autoridad sanitaria que justifique la necesidad de que el menor continue recibiendo asistencia sanitaria especializada y que sea de imposible la continuación en su lugar de procedencia. En este caso el promotor del desplazamiento deberá presentar la solicitud de prórroga antes de que finalice el periodo de estancia autorizado acompañando el informe clínico y la conformidad expresa de quien ejerza la patria potestad o tutela del menor.

3. En caso de que fuera necesario prolongar la permanencia en España una vez agotado el periodo de estancia máximo permitido y siempre que dicha permanencia sea imprescindible para la continuación del tratamiento conforme a lo establecido en el apartado anterior, el promotor podrá solicitar una autorización de residencia temporal de carácter excepcional para menores extranjeros con fines de tratamiento médico. La duración de la autorización de residencia será por el tiempo estrictamente necesario según indique el correspondiente informe de la autoridad sanitaria, con el límite máximo de un año renovable.

El órgano competente comprobará que se presenta debidamente la documentación exigida y en caso contrario efectuará el oportuno requerimiento a fin de que se subsanen los defectos en el plazo de los diez días siguientes a su notificación, advirtiéndole de que, de no subsanarse, se le tendrá por desistido y se procederá al archivo del expediente, dictándose la correspondiente resolución. El plazo máximo para resolver será de tres meses desde la fecha de entrada de la solicitud en el registro del órgano competente para tramitarla.

Sin perjuicio de la resolución que la Administración debe dictar, el vencimiento del plazo máximo sin haberse notificado resolución expresa, legitima para entenderla desestimada por silencio administrativo.

En el plazo de un mes desde la notificación de la concesión de la autorización de residencia, la persona extranjera, acompañada del progenitor, deberá solicitar personalmente la tarjeta de identidad de extranjero ante la Comisaría de Policía correspondientes.

La renovación de este tipo de autorizaciones de residencia se vinculará al tiempo estrictamente necesario para completar el tratamiento médico, con el límite máximo de un año, siendo imprescindible, en cada una de las eventuales renovaciones, la actualización del informe de la autoridad sanitaria en el conste, expresamente, las razones sobre la necesidad de que continúe la asistencia sanitaria especializada en España.

La renovación deberá ser solicitada durante los dos meses previos a la fecha de expiración de la vigencia de su autorización. La presentación de la solicitud en este plazo prorroga la validez de la autorización anterior hasta la resolución del procedimiento. También se prorrogará hasta la resolución del procedimiento en el supuesto en que la solicitud se presentase dentro de los tres meses posteriores a la fecha en que hubiera finalizado la vigencia de la anterior autorización.

Artículo 163. *Desplazamiento temporal de menores con fines vacacionales.* 1. Los promotores podrán solicitar el desplazamiento temporal de menores extranjeros a España a partir de los 8 años por periodos improrrogables de noventa días naturales para estancias temporales con fines vacacionales. Se permitirá excepcionalmente el desplazamiento de menores extranjeros mayores de seis años cuando vayan acompañados de sus hermanos mayores de ocho de años.

Por cada grupo de quince niños o fracción menor correspondiente podrá venir, dentro del mismo programa, un monitor o monitora de la misma procedencia por un periodo improrrogable de noventa días naturales.

2. Una vez en territorio nacional, las personas menores autorizadas serán entregadas a las respectivas familias de acogida comunicándose por las entidades promotoras esta circunstancia a la oficina de extranjería donde se hayan tramitado las solicitudes, así como cualquier incidencia que se haya producido al respecto.

3. Al término del Programa, las entidades que en su momento iniciaron el procedimiento para la venida de las personas menores deberán comunicar a la Brigadas Provinciales de Extranjería y Fronteras de la Comisaría Provincial de Policía Nacional de la provincia en la que tenga su domicilio los términos del regreso o de la excepcional permanencia de cada persona menor y de los motivos que la ocasionan, en el plazo máximo de quince días.

La entidad promotora deberá, asimismo, en el plazo de quince días, notificar a la Brigada de Extranjería y Fronteras, de la Comisaría Provincial de Policía Nacional en donde tenga su domicilio, el retorno de los monitores y las monitoras cuya venida haya promovido, así como informar de todos aquellos que no hubieren efectuado su salida en el plazo previsto.

El incumplimiento de esta obligación se tendrá en cuenta para la valoración de su participación en programas posteriores.

4. El Ministerio del Interior, el Ministerio de Inclusión, Seguridad Social y Migraciones y el Ministerio de Asuntos Exteriores, Unión Europea y Cooperación, Ministerio de Juventud e Infancia elaborarán un informe de evaluación de cada programa.

Artículo 164. *Desplazamiento temporal de menores extranjeros con fines de escolarización.* 1. La estancia derivada del desplazamiento temporal de menores, a partir de los doce años, con fines de escolarización en el marco de un programa humanitario tendrá naturaleza jurídica de estancia por estudios.

2. En el desplazamiento temporal de menores con fines de escolarización deberá acreditarse que el menor ha sido admitido en un centro de enseñanza reconocido oficialmente en España.

3. La estancia acabará al finalizar el curso académico, en cuyo momento, salvo que razones excepcionales lo impidan, el menor deberá regresar a su país.

En el caso de que desee continuar los estudios por más de un curso académico, se deberá incluir al menor en un nuevo programa.

CAPÍTULO III
MENORES EXTRANJEROS NO ACOMPAÑADOS

Artículo 165. *Definición.* Lo previsto en el presente capítulo será de aplicación al extranjero menor de dieciocho años que llegue a territorio español sin venir acompañado de un adulto responsable de él, ya sea legalmente o con arreglo a la costumbre, apreciándose riesgo de desprotección del menor, mientras tal adulto responsable no se haya hecho cargo efectivamente del menor, así como a cualquier menor extranjero que una vez en España se encuentre en aquella situación.

El contenido de este capítulo deberá interpretarse sin perjuicio de la posibilidad de que el menor extranjero no acompañado pueda cumplir los requisitos establecidos en los artículos 59 y 59bis de la Ley Orgánica 4/2000, de 11 de enero, o en la normativa española en materia de protección internacional.

Artículo 166. *Determinación de la edad.* 1. Cuando los Cuerpos y Fuerzas de Seguridad localicen a un extranjero no acompañado cuya minoría de edad sea indubitada por razón de su documentación o de su apariencia física, éste será puesto a disposición de los servicios de protección de menores competentes, poniéndose tal hecho en conocimiento del Ministerio Fiscal. Los datos de identificación del menor serán inscritos en el Registro de Menores Extranjeros No Acompañados.

En el caso de que la minoría de edad de un extranjero indocumentado no pueda ser establecida con seguridad, las Fuerzas y Cuerpos de Seguridad del Estado, en cuanto tengan conocimiento de esa circunstancia o localicen al supuesto menor en España, informarán a los servicios autonómicos de protección de menores para que, en su caso, le presten la atención inmediata que precise de acuerdo con lo establecido en la legislación de protección jurídica del menor.

Con carácter inmediato, se pondrá el hecho en conocimiento del Ministerio Fiscal, que dispondrá, en el plazo más breve posible, la determinación de su edad, para lo que deberán colaborar las instituciones sanitarias oportunas que, con carácter prioritario y urgente, realizarán las pruebas necesarias.

Igualmente, se dará conocimiento de la localización del menor o posible menor al Delegado o Subdelegado del Gobierno competente por razón del territorio donde éste se encuentre.

2. La Secretaría de Estado de Migraciones impulsará la adopción de un Protocolo Marco de Menores Extranjeros No Acompañados destinado a coordinar la intervención de todas las instituciones y administraciones afectadas, desde la localización del menor o supuesto menor hasta su identificación, determinación de su edad, puesta a disposición del servicio público de protección de menores y documentación.

3. Si durante el procedimiento de determinación de la edad el menor precisara atención inmediata, las Fuerzas y Cuerpos de Seguridad del Estado la solicitarán a los servicios autonómicos competentes en materia de protección de menores.

4. En el decreto del Ministerio Fiscal que fije la edad del menor extranjero se decidirá su puesta a disposición de los servicios competentes de protección de menores, dándose conocimiento de ello al Delegado o Subdelegado del Gobierno competente.

En caso de que la determinación de la edad se realice en base al establecimiento de una horquilla de años, se considerará que la persona extranjera es menor si la edad más baja de ésta es inferior a los dieciocho años.

El decreto del Ministerio Fiscal en el que se fije la edad del menor extranjero se inscribirá en el Registro de menores no acompañados de conformidad con lo previsto en el artículo 214 de este Reglamento.

5. Tras haber sido puesto el menor a su disposición, el servicio de protección de menores le informará, de modo fehaciente y en un idioma comprensible para éste, del contenido básico del derecho a la protección internacional y del procedimiento previsto para su solicitud, así como de la normativa vigente en materia de protección de menores. De dicha actuación quedará constancia escrita.

Artículo 167. *Competencia sobre el procedimiento de repatriación del menor extranjero no acompañado y actuaciones previas.* 1. Las Delegaciones y Subdelegaciones del Gobierno serán los centros directivos competentes para llevar a cabo los trámites relativos a la repatriación de un menor extranjero no acompañado, previstos en el artículo 35 de la Ley Orgánica 4/2000, de 11 de enero y en los Acuerdos bilaterales suscritos por España sobre la materia.

La competencia atribuida a la Delegaciones y Subdelegaciones del Gobierno incluirá la práctica de las actuaciones informativas previas y, en su caso, la incoación, tramitación y resolución del procedimiento regulado en este artículo.

2. Se considerará Delegación o Subdelegación del Gobierno competente aquélla en cuyo territorio se halle el domicilio del menor.

El Centro directivo que inicie el procedimiento lo comunicará a la correspondiente Delegación o Subdelegación del Gobierno en la provincia donde esté ubicada la entidad que tenga atribuida la tutela legal, custodia, protección provisional o guarda, cuando su domicilio no coincida con el del menor.

3. La Delegación o Subdelegación del Gobierno solicitará, través de la Comisaría General de Extranjería y Fronteras, informe de la representación diplomática del país de origen del menor sobre las circunstancias familiares de éste. En caso de que dicho país no cuente con representación diplomática en España, el informe será solicitado a través de la Dirección General de Españoles en el Exterior y de Asuntos Consulares.

De cada solicitud y actuaciones posteriores se dará cuenta a la Secretaría de Estado de Migraciones, a la Comisaría General de Extranjería y Fronteras y, en su caso, a la Dirección General de Españoles en el Exterior y de Asuntos Consulares.

4. Sin perjuicio del informe reseñado en el apartado anterior, la Delegación o Subdelegación del Gobierno requerirá de la entidad que tenga atribuida la tutela legal, custodia, protección provisional o guarda cualquier información sobre la situación del menor. Dicha información será igualmente requerida a la Administración autonómica del territorio en el que el menor tenga su domicilio, así como a aquélla donde está ubicada la entidad que tenga atribuida la tutela legal, custodia, protección provisional o guarda.

5. La solicitud de informe responderá a un modelo tipo, a elaborar conjuntamente por las Secretarías de Estado de Migraciones y de Seguridad. Se solicitarán, entre otros datos, los relativos a la filiación del menor y a las circunstancias sociales y familiares de su entorno en el país de origen.

En la solicitud de informe se hará constar la necesidad de que, de decidir la representación diplomática del país de origen sustituir la información sobre la familia por la relativa a sus servicios de protección del menor, la contestación refleje expresamente el compromiso por escrito de la autoridad competente del país de origen de asumir la responsabilidad sobre el menor.

Artículo 168. *Inicio del procedimiento de repatriación del menor extranjero no acompañado.* 1. El Delegado o Subdelegado de Gobierno competente acordará la incoación del procedimiento de repatriación del menor cuando, según las informaciones recibidas de acuerdo con lo previsto en el artículo anterior, se considere que el interés superior del menor se satisface con la reagrupación con su familia o su puesta a disposición de los servicios de protección de su país de origen. La incoación del procedimiento deberá grabarse en la aplicación informática correspondiente.

En el acuerdo de iniciación se hará constar expresamente la identidad del menor y la existencia de informe de las autoridades competentes del país de origen.

2. El acuerdo de incoación del procedimiento será notificado inmediatamente al menor, al Ministerio Fiscal y a la entidad que ostente su tutela legal, custodia, protección provisional o guarda. Asimismo, cualquier actuación o incidencia que se produzca en el curso de procedimiento será comunicada al Ministerio Fiscal a la mayor brevedad posible.

Al mismo tiempo, el menor será informado por escrito, en una lengua que le sea comprensible y de manera fehaciente, de los antecedentes que han determinado la incoación del procedimiento y de cuantos derechos le asisten, con especial mención a la asistencia de intérprete si no comprende o habla el idioma español.

Artículo 169. *Alegaciones y determinación del periodo de prueba.* 1. Comunicado el acuerdo de incoación del procedimiento se iniciará un periodo de diez días a computar desde el siguiente a la correspondiente notificación, en el que el menor extranjero, la entidad que ostente su tutela legal, custodia, protección provisional o guarda y, en su caso, el Ministerio Fiscal podrán formular cuantas alegaciones de hecho o de derecho consideren oportunas, así como proponer las pruebas pertinentes sobre los hechos alegados.

Si el menor ha alcanzado la edad de dieciséis años podrá intervenir en esta fase por sí mismo o a través de representante que designe. En caso de que no haya alcanzado dicha edad, será representado por la entidad que ostente su tutela legal, custodia, protección provisional o guarda.

No obstante, cuando el menor de dieciséis años con juicio suficiente hubiera manifestado una voluntad contraria a la de quien ostenta su tutela legal, custodia, protección provisional, guarda o representación legal, se suspenderá el curso del procedimiento hasta que le sea nombrado defensor judicial. Sin perjuicio de que pueda apreciarse dicho grado de madurez en una edad inferior, se entenderá que la persona extranjera mayor de doce años tiene juicio suficiente.

Corresponderá al Ministerio Fiscal, al propio menor o a cualquier persona con capacidad para comparecer en juicio instar de la autoridad judicial competente el nombramiento de dicho defensor.

2. Durante el trámite de alegaciones la Delegación o Subdelegación del Gobierno recabará informe del servicio público de protección de menores sobre la situación del menor en España, así como cualquier información que pueda conocer sobre la identidad del menor, su familia, su país o su domicilio cuando la misma no se hubiera presentado con anterioridad. El informe habrá de ser emitido en el plazo máximo de diez días desde su solicitud.

3. Cuando los hechos alegados por el menor, su representante legal o defensor judicial o por la entidad que ostente su tutela legal, custodia, protección provisional o guarda tuvieran relevancia decisiva para la adopción del acuerdo de repatriación, el instructor del procedimiento, de oficio o a instancia de parte, acordará la apertura de un periodo de prueba por un plazo no superior a treinta días ni inferior a diez, a fin de que puedan practicarse cuantas sean pertinentes.

En caso de apertura de un periodo de pruebas a instancia de parte, el instructor del procedimiento podrá suspender el transcurso del plazo para la resolución de éste durante el tiempo necesario para la incorporación de los resultados al expediente.

4. Asimismo, el Ministerio Fiscal emitirá informe, a la mayor brevedad posible, a cuyos efectos el instructor del procedimiento le remitirá la documentación que obre en el expediente.

Artículo 170. *Trámite de audiencia y resolución del procedimiento.* 1. Tras la incorporación al expediente de los informes mencionados en los artículos 166 y 167 y, en su caso, el resultado de la prueba practicada, el Delegado o Subdelegado del Gobierno dará inicio al trámite de audiencia. En dicho trámite se garantizará la presencia del menor que tuviera juicio suficiente para que manifieste lo que considere en relación con su repatriación.

Al trámite de audiencia serán convocados el Ministerio Fiscal, el tutor y, en su caso, el defensor judicial o el representante designado por el menor.

La audiencia se documentará en acta, que será suscrita por los presentes y a la que se incorporarán como anexo cuantos documentos y justificantes se aporten.

2. Realizado el trámite de audiencia, el Delegado o Subdelegado del Gobierno resolverá, de acuerdo con el principio de interés superior del menor, sobre la repatriación del menor a su país de origen o donde se encuentren sus familiares o sobre su permanencia en España.

La resolución establecerá si la repatriación será realizada en base a la reagrupación familiar o mediante su puesta a disposición de los servicios de protección del menor de su país de origen.

La resolución pondrá fin a la vía administrativa y será grabada en la aplicación informática correspondiente para su constancia en el Registro de Menores Extranjeros No Acompañados. Será notificada, en el plazo de diez días, al menor o, en su caso, a su representante. En el mismo plazo, será comunicada al tutor del menor y al Ministerio Fiscal.

En la propia resolución o en documento aparte, se hará expresa mención a la necesidad de solicitar, de acuerdo con lo previsto en la normativa reguladora del derecho de asistencia jurídica gratuita, el reconocimiento del derecho de asistencia jurídica gratuita para el ejercicio de éste, en caso de que se decidiera impugnar la resolución en vía contencioso-administrativa.

3. El plazo máximo para la resolución y notificación del procedimiento será de seis meses desde la fecha del acuerdo de inicio del procedimiento.

Artículo 171. *Ejecución de la repatriación.* 1. Sin perjuicio de las funciones del Cuerpo Nacional de Policía en la ejecución de la resolución, el menor será acompañado por personal adscrito a los servicios de protección del menor bajo cuya tutela legal, custodia, protección provisional o guarda se encuentre hasta el momento de su puesta a disposición de las autoridades competentes de su país de origen.

2. En el caso de que el menor se encontrase incurso en un proceso judicial y conste este hecho acreditado en el expediente administrativo de repatriación, la ejecución de ésta estará condicionada a la autorización judicial. En todo caso deberá constar en el expediente la comunicación al Ministerio Fiscal.

3. La repatriación se efectuará a costa de la familia del menor o de los servicios de protección de menores de su país. En caso contrario, se comunicará al representante diplomático o consular de su país a estos efectos. Subsidiariamente, la Administración General del Estado se hará cargo del coste de la repatriación, salvo en lo relativo al desplazamiento del personal adscrito a los servicios de protección del menor bajo cuya tutela legal, custodia, protección provisional o guarda se encuentre el menor.

Artículo 172. *Residencia del menor extranjero no acompañado.* 1. La oficina de extranjería en la provincia en la que esté fijado el domicilio del menor iniciará, de oficio, por orden superior o a instancia de parte, el procedimiento relativo a la autorización de residencia a la que se refiere el artículo 35.7 de la Ley Orgánica 4/2000, de 11 de enero, una vez haya quedado acreditada la imposibilidad de repatriación del menor y, en todo caso, transcurridos noventa días desde que haya sido puesto a disposición de los servicios competentes de protección de menores.

En caso de inicio de oficio o por orden superior, la oficina de extranjería comunicará al menor el acuerdo de inicio del procedimiento a través del servicio de protección de menores bajo cuya tutela, custodia, protección provisional o guarda se encuentre, interesando la aportación de la siguiente documentación, que igualmente será la que deberá ser aportada junto a la solicitud en los casos de inicio a instancia de parte:

a) Copia completa del pasaporte en vigor o título de viaje, reconocido como válido en España, del menor. En su defecto, este documento podrá ser sustituido por cédula de inscripción del menor, obtenida de acuerdo con lo previsto en el artículo 210.5.

b) Documento acreditativo de que la persona física que interviene en el procedimiento tiene competencia para ello en representación del servicio de protección de menores.

c) Documento acreditativo de la relación de tutela, custodia, protección provisional o guarda entre el menor y el servicio de protección de menores.

2. La Delegación o Subdelegación del Gobierno resolverá sobre el procedimiento y notificará la resolución al menor en el plazo máximo de un mes. Transcurrido dicho plazo, la resolución podrá entenderse desestimada. La resolución será comunicada al Ministerio Fiscal en el plazo de diez días desde que se dicte.

El representante del menor deberá solicitar personalmente, en el plazo de un mes desde la fecha de notificación de la resolución, y ante la oficina de extranjería o Comisaría correspondiente, la tarjeta de identidad de extranjero.

3. De acuerdo con el artículo 35.8 de la Ley Orgánica 4/2000, de 11 de enero la concesión de esta autorización de residencia no será obstáculo para la ulterior repatriación cuando favorezca el interés superior del menor. Si la repatriación se produce, se procederá a la extinción de la autorización de residencia. En caso de que se acuerde y ejecute la repatriación, esta conllevará la extinción de la autorización de residencia.

4. La autorización de residencia que habilita para trabajar a partir de los 16 años, de conformidad con el 36.1 y el 41.1 de la Ley Orgánica 4/2000, de 11 de enero, conllevará la habilitación para trabajar por cuenta propia y ajena para aquellas actividades que, a propuesta de la entidad de protección de menores, favorezcan su integración social, y tendrá una vigencia de dos años, retrotrayéndose su eficacia a la fecha de la puesta a disposición del menor del servicio de protección de menores.

La habilitación para trabajar que conlleva de acuerdo con lo previsto en el artículo 41.1.j) de la Ley Orgánica 4/2000, de 11 de enero, no tendrá en cuenta, en caso de actividades por cuenta ajena, la situación nacional de empleo de conformidad con lo previsto en el artículo 40.1.i) de la misma ley orgánica. Esta habilitación para trabajar tendrá la misma duración que la autorización de residencia.

5. El procedimiento sobre la renovación de esta autorización de residencia que habilita para trabajar a partir de los 16 años para aquellas actividades que, a propuesta de la entidad de protección de menores, favorezcan su integración social, será iniciado de oficio por la oficina de extranjería competente durante los dos meses previos a la fecha de expiración de su vigencia. Ello sin perjuicio de que este procedimiento pueda iniciarse a instancia de parte en el mismo plazo. En ambos casos, el inicio del procedimiento de renovación prorrogará la validez de la autorización anterior hasta su resolución. También se producirá esta prórroga en el supuesto en que la renovación se tramite dentro de los tres meses posteriores a la fecha en que hubiere finalizado la vigencia de la anterior autorización.

Procederá la renovación de la autorización cuando subsistan las circunstancias que motivaron su concesión inicial.

La vigencia de la autorización renovada será de tres años salvo que corresponda una autorización de residencia de larga duración.

Artículo 173. *Acceso a la mayoría de edad del menor extranjero no acompañado que es titular de una autorización de residencia.* 1. Los menores sobre los que un servicio de protección de menores haya ejercido la tutela, custodia, protección provisional o guarda, y que alcancen la mayoría de edad siendo titulares de una autorización de residencia concedida conforme a lo previsto en el artículo anterior, podrán solicitar en la oficina de extranjería donde hayan fijado su residencia la renovación de la misma en modelo oficial, durante los dos meses previos a la fecha de expiración de su vigencia. La presentación de la solicitud en este plazo prorrogará la validez de la autorización anterior hasta la resolución del procedimiento de renovación.

También se prorrogará hasta la resolución del procedimiento en el supuesto en que la solicitud se presentase dentro de los tres meses posteriores a la fecha en que hubiera finalizado la vigencia de la anterior autorización, sin perjuicio de la incoación del correspondiente procedimiento sancionador por la infracción en la que se hubiese incurrido.

2. La autorización será renovada cuando queden acreditadas las siguientes condiciones:

a) Que el solicitante cuenta con medios económicos suficientes para su sostenimiento. La suficiencia de estos medios se entenderá cumplida cuando se acrediten unos ingresos y rentas mensuales que superen la cuantía mensual individual de la renta garantizada prevista en la Ley 19/2021, de 20 de diciembre, por la que se establece el Ingreso Mínimo Vital, o bien, que se acredite que su sostenimiento queda asegurado dentro de un programa desarrollado por una institución pública o privada.

A estos efectos serán computables los ingresos provenientes de un empleo, del sistema social, así como otras cuantías que pueda percibir.

A estos efectos el solicitante podrá presentar un contrato de trabajo que cumpla las condiciones establecidas en al artículo 127.b). En este caso, la eficacia de la autorización renovada estará condicionada a la posterior afiliación y alta de la persona extranjera en el régimen correspondiente de la Seguridad Social en el plazo de un mes.

b) De conformidad con el artículo 31.7 de la Ley Orgánica 4/2000, de 11 de enero, se habrá de valorar la existencia de antecedentes penales, considerando la concesión de indultos o la suspensión de la pena privativa de libertad y, en el caso de penas privativas de derechos o de multa, su cumplimiento. A tal efecto, la Administración comprobará de oficio los antecedentes registrados en el Registro Central de Penados del Ministerio de la Presidencia, Justicia y Relaciones con las Cortes.

c) Igualmente, deberán considerarse los informes que, en su caso y a estos efectos puedan presentar las entidades públicas competentes en materia de protección de menores, de acuerdo con lo previsto en el artículo 35.9 de la Ley Orgánica 4/2000, de 11 de enero, así como los emitidos por otras entidades o instituciones privadas relativos al cumplimiento satisfactorio de los objetivos educativos o de inclusión sociolaboral del programa, haya éste finalizado o esté en curso.

3. La vigencia de la autorización renovada será de dos años, renovables por periodos de dos años si se mantienen los requisitos, salvo que corresponda una autorización de residencia de larga duración.

La habilitación para trabajar que conlleva de acuerdo con lo previsto en el artículo 35.9 de la Ley Orgánica 4/2000, de 11 de enero, no tendrá en cuenta, en caso de actividades por cuenta ajena, la situación nacional de empleo de conformidad con lo previsto en el artículo 40.1.b) de la misma ley orgánica. Esta habilitación para trabajar tendrá la misma duración que la autorización de residencia.

4. En el plazo de un mes desde la notificación de la resolución por la que se renueva la autorización, su titular deberá solicitar ante la oficina de extranjería o Comisaría la correspondiente tarjeta de identidad de extranjero que indicará expresamente «habilita para trabajar por cuenta propia y por cuenta ajena».

5. Lo dispuesto en los apartados anteriores será sin perjuicio de que la autoridad competente facilite a los menores extranjeros no acompañados que alcancen la mayoría de edad información y acceso a la modalidad o programa de retorno voluntario asistido al que puedan decidir acogerse.

Artículo 174. *Acceso a la mayoría de edad del menor extranjero no acompañado que no es titular de una autorización de residencia.* 1. Los menores extranjeros no acompañados sobre los que un servicio de protección de menores ostentara la tutela, custodia, protección provisional o guarda y alcancen la mayoría de edad sin haber obtenido la autorización de residencia prevista en el artículo 172 pero habiendo cumplido los requisitos para ello, siempre que dicha tutela, custodia, protección provisional o guarda no se ostente por motivo de una medida cautelar de protección, podrán solicitar una autorización de residencia temporal por circunstancias excepcionales. Para ello, deberán haber participado en las acciones formativas y actividades programadas por dicha entidad para favorecer su integración social, lo cual será certificado por esta, o deberá poder acreditar su integración en la sociedad española en los términos previstos en el artículo 173.2.c).

2. La solicitud de autorización será presentada durante los dos meses previos o en los tres meses posteriores a la fecha en que cumpla los dieciocho años. Excepcionalmente, la solicitud de autorización podrá ser presentada por la persona extranjera fuera de dicho plazo, y hasta el día siguiente de que el joven cumpla los 20 años de edad, cuando concurran razones ajenas a la persona extranjera que estén debidamente acreditadas. En este caso, la solicitud deberá ir acompañada de un informe de la comunidad autónoma o ayuntamiento correspondiente.

3. Igualmente, deberá acreditarse:

a) Que el solicitante cuenta con medios económicos suficientes para su sostenimiento. La suficiencia de estos medios se entenderá cumplida cuando se acrediten unos ingresos y rentas mensuales que superen la cuantía mensual individual de la renta garantizada prevista en la Ley 19/2021, de 20 de diciembre, o bien, que se acredite que su sostenimiento queda asegurado dentro de un programa desarrollado por una institución pública o privada.

A estos efectos serán computables los ingresos provenientes de un empleo, del sistema social, así como otras cuantías que pueda percibir.

A estos efectos el solicitante podrá presentar un contrato de trabajo que cumpla las condiciones establecidas en al artículo 127.b). En este caso, la eficacia de la autorización concedida estará condicionada a la posterior afiliación y alta de la persona extranjera en el régimen correspondiente de la Seguridad Social en el plazo de un mes.

b) Que carezca de antecedentes penales en España o en los países anteriores de residencia, por delitos existentes en el ordenamiento español, y no figurar como rechazable en el espacio territorial de países con los que España tenga firmado un convenio en tal sentido. A tal efecto, la Administración comprobará de oficio los antecedentes registrados en el Registro Central de Penados del Ministerio de la Presidencia, Justicia y Relaciones con las Cortes.

c) Que, hasta el momento de la solicitud, dicha persona deberá haber permanecido en territorio español, certificando dicha permanencia y acreditando su inserción e integración social a través de un informe de su Comunidad Autónoma o ayuntamiento en su caso.

4. La vigencia de la autorización concedida será de dos años, renovable por periodos de dos años si se mantienen los requisitos, salvo que corresponda una autorización de residencia de larga duración.

La habilitación para trabajar por cuenta ajena o cuenta propia que conlleva la autorización no tendrá en cuenta, en caso de actividades por cuenta ajena, la situación nacional de empleo de conformidad con lo previsto en el artículo 40.1.j) de la Ley Orgánica 4/2000, de 11 de enero. Esta habilitación para trabajar tendrá la misma duración que la autorización de residencia.

5. En el plazo de un mes desde la notificación de la resolución por la que se concede la autorización, su titular deberá solicitar ante la oficina de extranjería o Comisaría correspondiente la tarjeta de identidad de extranjero que indicará expresamente «habilita para trabajar por cuenta ajena y propia».

6. Lo dispuesto en los apartados anteriores será sin perjuicio de que la autoridad competente facilite a los menores extranjeros no acompañados que alcancen la mayoría de edad información y acceso a la modalidad o programa de retorno voluntario asistido al que puedan decidir acogerse.

TÍTULO X
RESIDENCIA DE LARGA DURACIÓN

CAPÍTULO I
RESIDENCIA DE LARGA DURACIÓN-UNIÓN EUROPEA

Artículo 175. *Definición.* Se halla en situación de residencia de larga duración-UE la persona extranjera que haya sido autorizada a residir y trabajar en España indefinidamente en las mismas condiciones que los españoles y que se beneficia de lo establecido sobre dicho estatuto en la Directiva 2003/109/CE del Consejo, de 25 de noviembre, relativa al estatuto de los nacionales de terceros países residentes de larga duración.

Artículo 176. *Requisitos.* Tendrán derecho a obtener una autorización de residencia de larga duración-UE las personas extranjeras que reúnan todos los requisitos siguientes:

a) Haber residido legalmente y de forma continuada en el territorio español durante los cinco años anteriores a la presentación de la solicitud correspondiente.

La continuidad no quedará afectada por ausencias del territorio español de hasta seis meses continuados, siempre que la suma de éstas no supere el total de diez meses dentro del periodo de permanencia de cinco años exigible, salvo que las correspondientes salidas se hubieran efectuado de manera irregular.

En caso de ausencias por motivos laborales, la continuidad de la residencia no quedará afectada por ausencias del territorio español de hasta seis meses continuados, siempre que la suma de éstas no supere el total de dieciocho meses dentro de los cinco años requeridos.

Se computarán, a los efectos previstos en los párrafos anteriores, los periodos de permanencia en situación de estancia por estudios, movilidad de alumnos, servicios de voluntariado o actividades formativas, en el 50 % de la duración total de los mismos, siempre que en el momento de la solicitud de la autorización de residencia de larga duración-UE, la persona extranjera se encuentre en situación de residencia en España.

Igualmente, tendrán derecho a obtener dicha autorización las personas extranjeras titulares de una Tarjeta azul-UE expedida por otro Estado miembro de la Unión que hayan ejercido su derecho de movilidad en los términos del artículo 71 bis.4, párrafo segundo y siguientes, de la Ley 14/2013, de 27 de septiembre, siempre y cuando reúnan los siguientes requisitos de forma acumulativa:

1.º Haber acumulado cinco años de residencia legal e ininterrumpida en la Unión Europea en calidad de titular de una Tarjeta azul-UE, de una autorización de residencia nacional para empleos de alta cualificación, de una autorización para fines de investigación, de una autorización por razón de estudios o de formación profesional, o en calidad de beneficiario de protección internacional en el territorio de los Estados miembros. En el caso de haber sido titular de una autorización por razón de estudios o de formación profesional, los periodos de permanencia sólo se computarán el 50 % de la duración total de los mismos. En todos estos casos, la continuidad de la residencia no quedará afectada por ausencias de la Unión Europea de hasta doce meses continuados, siempre que la suma de éstas no supere el total de dieciocho meses dentro de los cinco años de residencia requeridos y,

2.º Haber residido dos años en España de forma legal e ininterrumpida como titular de una autorización de Tarjeta azul-UE durante el período inmediatamente anterior a la presentación de la solicitud de residencia de larga duración-UE;

A aquellas personas extranjeras a los que se les hubiera reconocido la condición de beneficiario de protección internacional en España se les computará asimismo el 100 % del período transcurrido desde la fecha de presentación de la solicitud de protección internacional en España, sobre cuya base se hubiere concedido la misma, hasta la fecha en la que se hubiere concedido la autorización de residencia y trabajo recogida en la normativa reguladora del derecho de asilo y de la protección subsidiaria. Igualmente, a las personas titulares de una Tarjeta azul-UE se les computará el 100 % de dicho periodo.

b) Contar con recursos fijos y regulares suficientes para su manutención y, en su caso, la de su familia. Los términos y las cuantías para valorar el cumplimiento de este requisito serán los previstos en materia de reagrupación familiar en el presente Reglamento. Los recursos podrán provenir de medios propios o de la realización de actividades laborales o profesionales.

c) Contar con un seguro de enfermedad.

Artículo 177. *Procedimiento.* 1. Las personas extranjeras que se encuentren en territorio español y se hallen en el supuesto previsto en el artículo anterior deberán dirigir su solicitud, en modelo oficial, a la oficina de extranjería de la provincia en la que residan.

Las personas extranjeras que no se encuentren en territorio nacional y se hallen en el supuesto previsto en el artículo anterior, deberán presentar personalmente la solicitud ante la oficina consular en cuya demarcación residan, que dará traslado a la oficina de extranjería competente para su instrucción, que se corresponderá con la de la provincia en la que vayan a fijar su domicilio en España.

2. La solicitud de autorización de residencia de larga duración-UE deberá presentarse durante los dos meses inmediatamente anteriores a la fecha de expiración de la autorización de residencia que hubiera estado disfrutando. La presentación de la solicitud en este plazo prorrogará la validez de su autorización de residencia hasta la resolución del procedimiento. También se prorrogará hasta la resolución del procedimiento en el supuesto de que la solicitud se presentase dentro de los tres meses posteriores a la expiración de su autorización de residencia, sin perjuicio de la incoación del correspondiente procedimiento sancionador por la infracción en la que se hubiese incurrido.

Lo dispuesto en el párrafo anterior no será de aplicación para aquellas personas extranjeras que sean titulares de una autorización de residencia en vigor y ya cumplan con los requisitos establecidos en el artículo 176.

3. A la solicitud deberá acompañarse la siguiente documentación:

a) Copia del pasaporte completo en vigor, título de viaje o cédula de inscripción del solicitante en vigor.

b) Impreso acreditativo del abono de la tasa por la tramitación del procedimiento.

c) En su caso, para las personas titulares de una Tarjeta azul-UE que haya ejercido su derecho a la movilidad en los términos del artículo 71 bis.4, párrafo segundo y siguientes, de la Ley 14/2013, de 27 de septiembre, documentación acreditativa de los periodos de residencia previa en otro Estado Miembro como titular de una Tarjeta azul-UE, de una autorización de residencia nacional para empleos de alta cualificación, de una autorización para fines de investigación, de una autorización por razón de estudios o de formación profesional, o en calidad de beneficiario de protección internacional en el territorio de los Estados miembros.

d) Documentación acreditativa de que el solicitante cuenta con recursos fijos y regulares suficientes para su manutención y, en su caso, de la de su familia.

e) Documentación acreditativa de que el solicitante cuenta con seguro de enfermedad.

f) En su caso, certificado de antecedentes penales o documento equivalente expedido por las autoridades del país de origen o del país o países en que haya residido durante los últimos cinco años, previos a la presentación de la correspondiente solicitud.

4. Recibida la solicitud, la oficina de extranjería comprobará los tiempos de residencia previos en territorio español; y recabará de oficio el correspondiente certifi-

cado de antecedentes penales en España, así como el correspondiente informe policial.

5. El órgano competente podrá denegar el estatuto de residente de larga duración-UE si tras valorarlo, considera que la persona extranjera representa una amenaza por motivos de orden público o de seguridad pública.

6. El órgano competente resolverá y notificará en el plazo máximo de tres meses desde la fecha de entrada de la solicitud en el registro del órgano competente para tramitarla. Transcurrido dicho plazo, se entenderá que la solicitud ha sido estimada.

7. Concedida, en su caso, la autorización de residencia de larga duración-UE, la persona extranjera deberá solicitar personalmente, ante la Comisaría de Policía competente o la oficina de extranjería correspondiente, la tarjeta de identidad de extranjero, en el plazo de un mes desde la notificación de la resolución.

En el epígrafe «Tipo de permiso» de la tarjeta expedida, constará la mención «Residente de larga duración-UE» o «RE LARGA DU UE».

8. Cuando se conceda una autorización de residencia de larga duración-UE a una persona extranjera a la que se hubiera otorgado en España la condición de beneficiario de protección internacional, se anotará en el epígrafe «observaciones»; de la tarjeta la mención siguiente: «Residente de larga duración-UE, protección internacional concedida por España con fecha ....».

La Dirección General de Protección Internacional atenderá en el plazo de 1 mes la petición de información sobre la vigencia de la condición de beneficiario de protección internacional que les formule otro Estado Miembro de la Unión Europea que, con posterioridad, expida al extranjero otra autorización de residencia de larga duración-UE.

Cuando de conformidad con los instrumentos internacionales y demás normativa aplicable, la responsabilidad de la protección internacional de un residente de larga duración-UE haya sido transferida a otro Estado miembro de la Unión Europea, la Comisaría de Policía correspondiente modificará en consecuencia la observación en el plazo de tres meses desde la transferencia.

En el caso de que España expida como segundo Estado miembro una autorización de residente de larga duración-UE a una persona extranjera que disponga del estatuto de residente de larga duración-UE concedido en otro Estado miembro, y conste en el apartado «observaciones» que se trata de un beneficiario de protección internacional concedida por dicho Estado miembro, la Dirección General de la Policía procederá a anotar la misma observación en su tarjeta, previa solicitud de información sobre su vigencia al otro Estado Miembro. Cuando la protección internacional haya sido retirada por decisión firme en ese Estado miembro, España no anotará dicha observación.

Cuando de conformidad con los instrumentos internacionales y demás normativa aplicable, se produzca la transferencia de responsabilidad de la protección internacional a España de una persona extranjera con estatuto de residente de larga duración-UE concedido en otro Estado miembro, la Dirección General de la Policía pedirá al otro Estado miembro la modificación de la anotación reflejada en el apartado «observaciones».

Lo previsto en el párrafo anterior será igualmente de aplicación en el caso de que se conceda en España protección internacional a un residente de larga duración-UE cuyo estatuto haya sido concedido en otro Estado miembro.

La Comisaría de Policía correspondiente procederá a anotar la observación correspondiente en el plazo de tres meses desde la petición que se formule desde otro Estado miembro que hubiera concedido la protección internacional, o al que se le hubiera transferido dicha protección internacional, respecto al residente de larga duración-UE con estatuto concedido en España.

9. A las personas extranjeras que obtengan la autorización de residencia de larga duración-UE tras haber sido titulares de una autorización de Tarjeta azul-UE, les será de aplicación lo dispuesto en los artículos 62.4, 76.1, 71 y en los apartados 4, 5 y 6 del artículo 71bis de la Ley 14/2013, de 27 de septiembre, de apoyo a los emprendedores y su internacionalización, así como en las disposiciones adicionales de la misma que hagan referencia a dichos artículos.

Artículo 178. *Renovación de la tarjeta de identidad de extranjero de los residentes de larga duración-UE.* 1. Las personas extranjeras que sean titulares de una autorización de residencia de larga duración-UE deberán solicitar la primera renovación de la tarjeta de identidad de extranjero a los cinco años. La segunda renovación y las sucesivas renovaciones de la tarjeta de identidad de extranjero se solicitarán cada cinco años hasta que el titular cumpla los treinta años de edad y cada diez años una vez los haya cumplido.

2. La solicitud de renovación deberá presentarse durante los dos meses inmediatamente anteriores a la fecha de expiración de la vigencia de la tarjeta. La presentación de la solicitud en este plazo prorrogará la validez de la tarjeta anterior hasta la resolución del procedimiento. También se prorrogará hasta la resolución del procedimiento en el supuesto de que la solicitud se presentase dentro de tres meses posteriores a la fecha en que hubiera finalizado la vigencia de la anterior tarjeta.

3. La no presentación de solicitud de renovación de la tarjeta de identidad de extranjero en los plazos establecidos en el apartado 2 no supondrá en ningún caso la extinción de la autorización de residencia de larga duración-UE. No obstante, el incumplimiento de las obligaciones relativas a la tarjeta de identidad de extranjero conllevará la aplicación del régimen sancionador previsto en la Ley Orgánica 4/2000, de 11 de enero.

4. La solicitud de renovación de la tarjeta de identidad de extranjero se cumplimentará en modelo oficial e irá acompañada de la siguiente documentación:

a) Pasaporte completo en vigor o título de viaje, o cédula de inscripción.

b) Impreso acreditativo del abono de la tasa por tramitación del procedimiento.

c) Una fotografía, de acuerdo con los requerimientos establecidos en la normativa sobre documento nacional de identidad.

CAPÍTULO II
MOVILIDAD DEL RESIDENTE DE LARGA DURACIÓN-UE EN OTRO ESTADO MIEMBRO

Artículo 179. *Residencia de larga duración en España del residente de larga duración-UE en otro Estado miembro de la Unión Europea.* 1. La persona extranjera titular de una autorización de residencia de larga duración-UE concedida por otro Estado miembro de la Unión Europea podrá solicitar residir en España, sin que se requiera la obtención de visado.

2. La solicitud podrá ser presentada con anterioridad a la entrada en territorio español y, como máximo, en el plazo de tres meses desde que se efectúe dicha entrada.

Se presentará, dirigida a la oficina de extranjería de la provincia en que se vaya a residir o donde vaya a iniciarse la actividad laboral, profesional o educativa, ante la oficina consular española correspondiente al lugar previo de residencia en la Unión Europea o directamente ante la propia oficina de extranjería.

3. A la solicitud se acompañará:

a) Documentación acreditativa de su condición de residente de larga duración-UE en otro Estado miembro de la Unión Europea.

b) Copia del pasaporte completo, o documento de viaje, en vigor, del extranjero.

c) Impreso acreditativo del abono de la tasa por tramitación del procedimiento.

d) Documentación acreditativa de cumplir los siguientes requisitos, en función de la motivación de la solicitud:

1.º En caso de que la motivación sea residir en España sin desarrollar actividades lucrativas: documentación sobre los medios económicos exigibles para residir en España sin realizar actividades lucrativas y documentación acreditativa de que el solicitante cuenta con un seguro de enfermedad.

2.º En caso de que la motivación sea residir en España y desarrollar actividades lucrativas: documentación en materia de trabajo que resulte exigible en función de si se desea desarrollar una actividad por cuenta ajena o por cuenta propia o, en su caso, documentación acreditativa de que concurre el supuesto de excepción de la autorización de trabajo que alegue el interesado. No resultará de aplicación el requisito relativo a que la situación nacional de empleo permita la contratación del extranjero. La citada documentación deberá acreditar el cumplimiento de dichos requisitos en los términos establecidos en los artículos de este Reglamento en materia de autorización de residencia o de residencia y trabajo, en función del motivo de la solicitud.

4. El órgano competente resolverá sobre la solicitud y notificará en el plazo máximo de dos meses. Transcurrido dicho plazo, se entenderá que la solicitud ha sido desestimada.

5. Concedida, en su caso, la autorización, la persona extranjera deberá entrar en España en el plazo máximo de tres meses desde la notificación de la resolución, de no encontrarse ya en territorio español.

6. La autorización cobrará vigencia desde la entrada de la persona extranjera en España dentro del plazo señalado en el apartado anterior o desde la fecha de notificación de la resolución, de encontrarse este en España.

En caso de que el motivo de la solicitud sea desarrollar en España actividades lucrativas, la autorización cobrará eficacia en el momento del alta de la persona extranjera en el correspondiente régimen de Seguridad Social. El alta en el régimen correspondiente de la Seguridad Social deberá producirse dentro del plazo de tres meses desde la notificación de la concesión.

7. La persona extranjera deberá solicitar personalmente la tarjeta de identidad de extranjero en el plazo de un mes desde que la autorización cobre vigencia. La vigencia de la tarjeta de identidad de extranjero será de 5 años.

La primera renovación de la tarjeta de identidad de extranjero se solicitará a los cinco años. La segunda renovación y las sucesivas renovaciones de la tarjeta de identidad de extranjero se solicitarán cada cinco años hasta que el titular cumpla los treinta años de edad y cada diez años una vez los haya cumplido.

Artículo 180. *Residencia de larga duración en España de la familia del residente de larga duración-UE en otro Estado miembro de la Unión Europea.* 1. Los miembros de la familia de una persona extranjera titular de una autorización de residencia de larga duración-UE concedida por otro Estado miembro de la Unión Europea podrán solicitar residir en España, no requiriéndose la obtención de visado, en caso de que formaran parte de la unidad familiar constituida en el anterior Estado miembro de residencia.

Se entenderá por miembros de la familia a los efectos del párrafo anterior, los definidos como familiares reagrupables en el artículo 17 de la Ley Orgánica 4/2000, de 11 de enero.

2. La solicitud podrá ser presentada en cualquier momento anterior a la entrada en territorio español y, como máximo, en el plazo de tres meses desde que se efectúe la misma.

Se presentará, dirigida a la oficina de extranjería correspondiente a la provincia en que resida o vaya a residir el residente de larga duración-UE del que deriva el derecho, ante la oficina consular española correspondiente al lugar previo de residencia en la Unión Europea o directamente ante la propia oficina de extranjería.

La presentación podrá ser simultánea o posterior a la solicitud de autorización de residencia de larga duración presentada por el titular de la autorización de residencia de larga duración-UE en otro Estado miembro.

3. A la solicitud se acompañará:

a) Documentación acreditativa de su residencia en el anterior Estado miembro en calidad de miembro de la familia de titular de una autorización de residencia de larga duración-UE en éste.

b) Copia del pasaporte completo, o documento de viaje, en vigor, del familiar.

c) Impreso acreditativo del abono de la tasa por tramitación del procedimiento.

d) Documentación acreditativa de que el familiar o el titular de la autorización de residencia de larga duración-UE cuenta con medios económicos en los términos previstos en los artículos de este Reglamento relativos a la residencia por reagrupación familiar.

e) Documentación acreditativa de que el familiar o la persona titular de la autorización de residencia de larga duración-UE cuenta con un seguro de enfermedad en los supuestos del artículo 179.3.d). 1.º

4. El órgano competente resolverá la solicitud y la notificará en el plazo máximo de dos meses. Sin perjuicio de lo anterior, no podrá concederse la autorización de residencia a favor de un familiar sin que al mismo tiempo o anteriormente se haya concedido la solicitada por el titular de la autorización de residencia de larga duración-UE del que deriva el derecho. Si la solicitud fue presentada de forma simultánea a la del titular de la autorización de residencia de larga duración-UE, deberán resolverse conjuntamente.

Transcurrido dicho plazo, se entenderá que la solicitud ha sido desestimada.

5. Concedida, en su caso, la autorización, la persona extranjera deberá entrar en España en el plazo máximo de tres meses desde la notificación de la resolución, de no encontrarse ya en territorio español.

6. La autorización tendrá vigencia desde la entrada de la persona extranjera en España dentro del plazo señalado en el apartado anterior o desde la fecha de notificación de la resolución, de encontrarse ésta en España.

7. Salvo en el caso de concesión de autorizaciones de vigencia inferior o igual a seis meses, la persona extranjera habrá de solicitar personalmente la tarjeta de identidad de extranjero en el plazo de un mes desde que la autorización cobre vigencia.

8. La autorización concedida a favor del familiar tendrá la consideración de autorización de residencia por reagrupación familiar en los términos previstos en este Reglamento.

Artículo 181. *Residencia de larga duración-UE en España del residente de larga duración-UE en otro Estado miembro de la Unión Europea.* 1. La persona extranjera residente en España a partir de su anterior condición de residente de larga duración-UE en otro Estado miembro de la Unión Europea podrá acceder a la situación de residencia de larga duración-UE en España, en los términos y condiciones establecidas sobre la materia en este Reglamento.

2. La concesión de una autorización de residencia de larga duración-UE en España supondrá la pérdida del derecho a conservar el estatuto de residente de larga duración-UE en el anterior Estado miembro de residencia. A tales efectos, la concesión de la autorización de residencia de larga duración-UE en España se comunicará al anterior Estado miembro de residencia.

3. En el caso de que España expida como segundo Estado miembro una autorización de residente de larga duración-UE a una persona extranjera que disponga del estatuto de residente de larga duración-UE concedido en otro Estado miembro, y conste en el apartado «observaciones» que se trata de un beneficiario de protección internacional concedida por dicho Estado miembro o cuando de conformidad con los instrumentos internacionales y demás normativa aplicable, se produzca la

transferencia de responsabilidad de la protección internacional a España de una persona extranjera con estatuto de residente de larga duración-UE concedido en otro Estado miembro y conste en el apartado «observaciones» que se trata de un beneficiario de protección internacional concedida por dicho Estado miembro se aplicará lo dispuesto en el apartado octavo del artículo 177.

CAPÍTULO III
RESIDENCIA DE LARGA DURACIÓN NACIONAL

Artículo 182. *Definición.* Se halla en situación de residencia de larga duración nacional la persona extranjera que haya sido autorizado a residir y trabajar en España indefinidamente en las mismas condiciones que los españoles.

Artículo 183. *Supuestos.* 1. Tendrán derecho a obtener una autorización de residencia de larga duración nacional las personas extranjeras que hayan residido legalmente y de forma continuada en el territorio español durante los cinco años previos a la presentación de la solicitud.

2. La continuidad a que se refiere el apartado anterior no quedará afectada por ausencias del territorio español de hasta seis meses continuados, siempre que la suma de éstas no supere el total de diez meses dentro de los cinco años referidos en el apartado 1, salvo que las correspondientes salidas se hubieran efectuado de manera irregular.

En caso de ausencias por motivos laborales, la continuación de la residencia no quedará afectada por ausencias del territorio español de hasta seis meses continuados, siempre que la suma de éstas no supere el total de dieciocho meses dentro de los cinco años requeridos.

La continuidad a que se refiere el apartado anterior no quedará afectada por ausencias del territorio español por causas de fuerza mayor debidamente justificadas. En este caso será el órgano competente en resolver el encargado de valorar de forma individualizada si existe una situación excepcional que justifique dichas ausencias.

Tampoco se verá afectada cuando el titular de la autorización esté vinculado mediante una relación laboral a organizaciones no gubernamentales, fundaciones o asociaciones, inscritas en el registro general correspondiente y reconocidas oficialmente de utilidad pública como cooperantes, y que realicen para aquéllas proyectos de investigación, cooperación al desarrollo o acción humanitaria, llevados a cabo en el extranjero.

3. La autorización de residencia de larga duración nacional también se concederá a las personas extranjeras que acrediten que se encuentran en cualquiera de los siguientes supuestos:

a) Residentes que sean beneficiarios de una pensión de jubilación, en su modalidad contributiva, incluida dentro de la acción protectora del sistema español de la Seguridad Social.

b) Residentes que sean beneficiarios de una pensión de incapacidad permanente absoluta o de gran invalidez, en su modalidad contributiva, incluidas dentro de la acción protectora del sistema español de Seguridad Social o de prestaciones análogas a las anteriores obtenidas en España y consistentes en una renta vitalicia, no capitalizable, que sea suficiente para su sostenimiento.

c) Residentes que hayan nacido en España y que, al llegar a la mayoría de edad, hayan residido en España de forma legal y continuada durante, al menos, los tres años consecutivos inmediatamente anteriores a la solicitud.

d) Personas extranjeras que fueron españoles de origen y que hubieran perdido la nacionalidad española.

e) Residentes que, al llegar a la mayoría de edad, hayan estado bajo la tutela de una entidad pública española de forma consecutiva durante los cinco años anteriores a la solicitud.

f) Apátridas, refugiados o beneficiarios de protección subsidiaria que se encuentren en territorio español y a quienes se les haya reconocido el respectivo estatuto en España o en otro Estado miembro de la UE.

g) Personas extranjeras que hayan contribuido de forma notoria al progreso económico, científico o cultural de España, o a la proyección de España en el exterior. En estos supuestos, corresponderá a la persona titular del Ministerio de Inclusión, Seguridad Social y Migraciones la concesión de la autorización de residencia de larga duración, previo informe de la persona titular del Ministerio del Interior.

Artículo 184. *Procedimiento.* 1. Las personas extranjeras que se encuentren en territorio español y se hallen en alguno de los supuestos recogidos en el artículo anterior deberán dirigir su solicitud, en modelo oficial, a la oficina de extranjería de la provincia donde residan o, en el caso de que no se requiera la condición previa de residente en España, de la provincia en la que vayan a fijar su residencia.

Las personas extranjeras que no se encuentren en territorio nacional deberán presentar personalmente la solicitud ante la oficina consular en cuya demarcación residan, que dará traslado a la oficina de extranjería competente para su instrucción, que se corresponderá con la de la provincia en la que vayan a fijar su domicilio en España.

La solicitud de autorización de residencia de larga duración nacional basada en el supuesto previsto en el apartado 3.g) del artículo anterior no será presentada por el interesado, sino instada de oficio por la Dirección General de Migraciones, previa recepción de propuesta en dicho sentido de una autoridad pública con competencias relacionadas con el mérito que fundamenta la petición, acompañada de la documentación acreditativa de dicho mérito.

2. La solicitud de autorización de residencia de larga duración nacional deberá presentarse durante los dos meses inmediatamente anteriores a la fecha de expiración de su autorización de residencia. La presentación de la solicitud en este plazo prorrogará la validez de su autorización de residencia hasta la resolución del procedimiento. También se prorrogará hasta la resolución del procedimiento en el supuesto de que la solicitud se presentase dentro de los tres meses posteriores a la expiración de su autorización de residencia, sin perjuicio de la incoación del correspondiente procedimiento sancionador por la infracción en la que se hubiese incurrido. Lo dispuesto en el párrafo anterior no será de aplicación para aquellas personas extranjeras que sean titulares de una autorización de residencia en vigor y ya cumplan con lo establecido en el artículo 183.

3. La solicitud deberá acompañarse de la siguiente documentación:

a) Copia del pasaporte completo en vigor o título de viaje o cédula de inscripción del solicitante en vigor.

b) Impreso acreditativo del abono de la tasa por tramitación del procedimiento.

c) En caso de solicitudes fundamentadas en periodos de residencia previos, informe emitido por las autoridades competentes que acredite la escolarización de los menores a su cargo, en edad de escolarización obligatoria.

d) En su caso, documentación acreditativa de encontrarse en alguno de los supuestos previstos en el artículo 183.3, apartados c) a f).

e) En su caso, certificado de antecedentes penales o documento equivalente expedido por las autoridades del país de origen o del país o países en que haya residido durante los últimos cinco años previos a la presentación de la correspondiente solicitud, en el que no debe constar condenas por delitos previstos en el ordenamiento español, que servirá de base para valorar si representan o no una amenaza por motivos de orden público o de seguridad pública, y, en caso afirmativo, para la denegación motivada de la autorización.

4. Recibida la solicitud, la oficina de extranjería comprobará los tiempos de residencia previos en territorio español y recabará de oficio el correspondiente certificado de antecedentes penales en España, así como el correspondiente informe policial.

También se solicitarán aquellos informes que la oficina de extranjería estime pertinentes para la tramitación y resolución del procedimiento, lo que incluirá, en su caso, recabar de oficio los informes que acrediten que la persona se encuentra incluida en los supuestos previstos en los apartados a) y b) del artículo 183.3.

Por otro lado, en caso de que a partir de la documentación presentada junto a la solicitud no quede acreditada la escolarización de los menores en edad de escolarización obligatoria que estén a cargo del solicitante, la oficina de extranjería pondrá esta circunstancia en conocimiento de las autoridades educativas competentes, y advertirá expresamente y por escrito al extranjero solicitante de que en caso de no producirse la escolarización y presentarse el correspondiente informe en el plazo de un mes, la autorización no será concedida.

5. El órgano competente podrá denegar el estatuto de residente de larga duración nacional si tras valorarlo, considera que la persona extranjera representa una amenaza por motivos de orden público o de seguridad pública.

6. En el plazo máximo de tres meses desde la recepción de la solicitud, el órgano competente resolverá y notificará. Transcurrido dicho plazo, se entenderá que la solicitud ha sido estimada.

7. Concedida, en su caso, la autorización de residencia de larga duración nacional, la persona extranjera deberá solicitar personalmente la tarjeta de identidad de extranjero, en el plazo de un mes desde la notificación de la resolución.

Artículo 185. *Renovación de la tarjeta de identidad de extranjero de los residentes de larga duración nacional.* 1. Las personas extranjeras que sean titulares de una autorización de residencia de larga duración nacional deberán solicitar la primera renovación de la tarjeta de identidad de extranjero a los cinco años. La segunda renovación y las sucesivas renovaciones de la tarjeta de identidad de extranjero se solicitarán cada cinco años hasta que el titular cumpla los treinta años de edad y cada diez años una vez los haya cumplido.

2. La solicitud de renovación deberá presentarse durante los dos meses inmediatamente anteriores a la fecha de expiración de la vigencia de la tarjeta. La presentación de la solicitud en este plazo prorrogará la validez de la tarjeta anterior hasta la resolución del procedimiento. También se prorrogará hasta la resolución del procedimiento en el supuesto de que la solicitud se presentase dentro de los tres meses posteriores a la fecha en que hubiera finalizado la vigencia de la anterior tarjeta, sin perjuicio de la incoación del correspondiente procedimiento sancionador por la infracción en la que se hubiese incurrido.

3. La no presentación de solicitud de renovación de la tarjeta de identidad de extranjero en los plazos establecidos en el apartado anterior no supondrá en ningún caso la extinción de la autorización de residencia de larga duración nacional, si bien la oficina de extranjería competente comprobará que se mantienen las condiciones que les dieron acceso a la autorización.

4. La solicitud de renovación de la tarjeta de identidad de extranjero se cumplimentará en modelo oficial e irá acompañada de la siguiente documentación:

a) Pasaporte completo en vigor o título de viaje, o cédula de inscripción.

b) Impreso acreditativo del abono de la tasa por tramitación del procedimiento.

c) Una fotografía, de acuerdo con los requerimientos establecidos en la normativa sobre documento nacional de identidad.

CAPÍTULO IV
RECUPERACIÓN DE LA TITULARIDAD DE UNA RESIDENCIA DE LARGA DURACIÓN-UE O DE UNA RESIDENCIA DE LARGA DURACIÓN NACIONAL

SECCIÓN 1.ª
RECUPERACIÓN DE LA TITULARIDAD DE UNA RESIDENCIA DE LARGA DURACIÓN-UE

Artículo 186. *Ámbito de aplicación de la recuperación de la titularidad de una residencia de larga duración-UE.* 1. El procedimiento regulado en la presente sección, de recuperación de la titularidad de una autorización de residencia de larga duración-UE en España, resultará de aplicación en los siguientes supuestos:

a) Cuando la autorización se hubiera extinguido en base a lo dispuesto en el artículo 201.1 c) y d).

b) Cuando la persona extranjera hubiera permanecido durante un periodo superior a seis años fuera de territorio español.

2. Este precepto será de aplicación al que fue titular de una residencia de larga duración-UE, pero no a sus familiares reagrupados con una autorización de reagrupación familiar. De forma que la pérdida de una residencia de larga duración como reagrupado no permitirá solicitar su recuperación, sino que habrá de ser el familiar reagrupante quien solicite una autorización de residencia por reagrupación familiar.

Artículo 187. *Procedimiento.* 1. La solicitud de recuperación de la titularidad de la autorización de residencia de larga duración-UE será presentada por la persona extranjera, personalmente y en el modelo oficialmente establecido.

2. Podrá ser presentada ante la oficina de extranjería correspondiente a la provincia en la que desee fijar su residencia o, dirigida a dicha oficina de extranjería, ante la oficina consular española de su demarcación de residencia.

En caso de presentación fuera de España, la entrada de la persona extranjera en territorio español se producirá como titular de una autorización de residencia de larga duración-UE, una vez estimada, en su caso, la recuperación de dicha condición. A dichos efectos, la oficina consular competente, previa solicitud por el interesado, emitirá un visado de residencia a su favor, para cuya obtención serán requisitos los establecidos en los apartados a), b), c), d), e) y h) del artículo 38 y que al solicitante se le haya reconocido la recuperación de la titularidad de una autorización de residencia de larga duración-UE.

A los efectos de la entrada en territorio español, será de aplicación lo dispuesto en los artículos 4 a 15 de este Reglamento.

No obstante, no serán exigibles los requisitos previstos en los citados artículos para la entrada en España, cuando la persona extranjera sea titular de un permiso de residencia en otro Estado miembro de la Unión Europea, conforme a lo establecido en el derecho de la Unión Europea.

En caso de presentación dentro de España, la persona extranjera deberá encontrarse en situación regular y la oficina de extranjería comprobará el cumplimiento de los requisitos previstos en el párrafo anterior, salvo el previsto en el apartado h) del artículo 38.

3. A la solicitud de recuperación de la condición de residente de larga duración-UE deberá acompañarse la siguiente documentación:

a) Documentación acreditativa de que el solicitante cuenta con recursos fijos y regulares suficientes para su manutención y, en su caso, la de su familia.

b) Documentación acreditativa de que el solicitante cuenta con un seguro de enfermedad.

c) Impreso acreditativo del abono de la tasa por tramitación del procedimiento.

Asimismo, deberá acreditar que reúne los requisitos recuperación de la titularidad de una autorización de residencia de larga duración-UE.

4. EL órgano competente podrá denegar la recuperación del estatuto de residente de larga duración-UE si tras valorarlo, considera que la persona extranjera representa una amenaza por motivos de orden público o de seguridad pública o de salud pública.

5. El órgano competente, a la vista de la documentación presentada y de los informes obtenidos, resolverá de forma motivada y notificará en el plazo de tres meses desde la presentación de la solicitud, atendiendo a los requisitos previstos en este artículo.

Se entenderá que la resolución es favorable si la Administración no hubiera resuelto expresamente en dicho plazo.

6. En el caso de que la resolución fuera favorable, la persona extranjera deberá solicitar la tarjeta de identidad de extranjero, personalmente, en el plazo de un mes desde la notificación de su concesión o desde su efectiva entrada en España. La tarjeta tendrá una validez de cinco años.

7. La extinción de la anterior autorización de residencia se podrá tramitar y resolver de forma simultánea a la solicitud de su recuperación.

SECCIÓN 2.ª
RECUPERACIÓN DE LA TITULARIDAD DE UNA RESIDENCIA DE LARGA DURACIÓN NACIONAL

Artículo 188. *Ámbito de aplicación de la recuperación de la titularidad de una residencia de larga duración nacional.* 1. El procedimiento regulado en esta sección de recuperación de la titularidad de una autorización de residencia de larga duración nacional resultará de aplicación en los siguientes supuestos:

a) Cuando la autorización se hubiera extinguido en base a lo dispuesto en los apartados c) y d) del artículo 201.1 de este Reglamento.

b) Cuando la persona extranjera regrese a España finalizado el periodo de su compromiso de no retorno asumido de acuerdo con lo previsto en el capítulo VI del título IV, siempre que en el momento de su retorno voluntario al país de origen tuviera la condición de residente de larga duración nacional en España.

2. Este precepto será de aplicación al que fue titular de una residencia de larga duración nacional, pero no a sus familiares reagrupados con una autorización de reagrupación familiar, a excepción de los familiares que sean menores de edad en el momento de solicitar la recuperación. De forma que la pérdida de una residencia de larga duración como reagrupado no permitirá solicitar su recuperación, sino que habrá de ser el familiar reagrupante quien solicite una autorización de residencia por reagrupación familiar.

Artículo 189. *Procedimiento.* 1. La solicitud de recuperación de la titularidad de la autorización de residencia de larga duración nacional será presentada por la persona extranjera, personalmente y en el modelo oficialmente establecido.

2. La solicitud, dirigida a la oficina de extranjería de la provincia en la que vaya a fijar su residencia, podrá ser presentada ante la propia oficina de extranjería o ante la oficina consular española en cuya demarcación resida.

En caso de presentación fuera de España, la entrada de la persona extranjera en territorio español se producirá como titular de una autorización de residencia de larga duración, una vez estimada, en su caso, la recuperación de dicha condición. A dichos efectos, la oficina consular competente, previa solicitud por el interesado, emitirá un visado de residencia a su favor, para cuya obtención serán requisitos los establecidos en los apartados a) b), c), d), e) y h) del artículo 38 y que al solicitante se le haya reconocido la recuperación de la titularidad de una autorización de residencia de larga duración. A los efectos de la entrada en territorio español, será de aplicación lo dispuesto en los artículos 4 a 15 de este Reglamento.

En caso de presentación dentro de España, la oficina de extranjería comprobará el cumplimiento de los requisitos previstos en el párrafo anterior, salvo el previsto en el apartado h) del artículo 38.

3. A la solicitud de recuperación de la condición de residente de larga duración nacional deberá acompañar la documentación que acredite los requisitos a los que se refiere el apartado anterior y deberá aportar impreso acreditativo del abono de la tasa por tramitación del procedimiento.

Asimismo, deberá acreditar que reúne los requisitos recuperación de la titularidad de una autorización de residencia de larga duración nacional.

4. Admitida a trámite la solicitud, se procederá a la instrucción del procedimiento y a su inmediata tramitación y se recabará de oficio el informe del Registro Central de Penados, así como los de los servicios policiales.

En este último informe se hará expresa mención de si la persona extranjera ha cumplido sus obligaciones en cuanto al compromiso de no regreso a España durante tres años. No se entenderá incumplido el compromiso en caso de entradas en España a efectos de estancia de duración no superior a tres meses, salvo en supuestos de permanencia irregular una vez finalizado dicho periodo o, en su caso, la vigencia de las prórrogas de estancia que se hubieran podido conceder.

5. El órgano competente podrá denegar la recuperación del estatuto de residente de larga duración si tras valorarlo, considera que la persona extranjera representa una amenaza por motivos de orden público o de seguridad pública.

6. El órgano competente, a la vista de la documentación presentada y de los informes obtenidos, resolverá de forma motivada y notificará en el plazo de tres meses desde la presentación de la solicitud, atendiendo a los requisitos previstos en este artículo.

Se entenderá que la resolución es favorable si la Administración no hubiera resuelto expresamente en dicho plazo.

7. En el caso de que la resolución fuera favorable, la persona extranjera deberá solicitar personalmente la tarjeta de identidad de extranjero en el plazo de un mes desde la notificación de su concesión o, en su caso, desde la fecha de su entrada legal en territorio español. La tarjeta tendrá una validez de cinco años.

8. La extinción de la autorización de residencia se podrá tramitar y resolver de forma simultánea a la solicitud de su recuperación.

TÍTULO XI
MODIFICACIÓN DE LAS SITUACIONES DE LAS PERSONAS EXTRANJERAS EN ESPAÑA

Artículo 190. *De la situación de estancia de larga duración por estudios o actividades formativas a la situación de residencia y trabajo o de residencia con excepción de la autorización de trabajo.* 1. Las personas extranjeras que se encuentren en España con una autorización de estancia de larga duración concedida para llevar a cabo los estudios o las actividades formativas previstos en los apartados a), b) y los números 4.º y 5.º del apartado e) del artículo 52 podrán acceder a la situación de residencia y trabajo y de residencia con excepción de la autorización de trabajo sin necesidad de solicitar visado, si han obtenido la titulación o el certificado correspondiente a los estudios o formación realizados y cumplen los requisitos establecidos en los apartados siguientes. Además, será requisito que la persona extranjera no haya sido becada o subvencionada por organismos públicos o privados dentro de programas de cooperación para el desarrollo sostenible o de acción humanitaria españoles o del país de origen.

Este artículo también será de aplicación a las personas extranjeras que cursen en España estudios de formación sanitaria especializada conforme al artículo 58.

El procedimiento de tramitación de la solicitud aplicable será el establecido en función de la autorización de que se trate.

2. Para obtener una autorización de residencia y trabajo por cuenta ajena será necesario cumplir los requisitos del artículo 74, excepto lo previsto en su apartado 1.a).

La solicitud de la autorización podrá ser presentada tanto por el empleador como por el titular de la autorización por estudios. En todo caso, el empleador asumirá el pago de la correspondiente tasa.

3. Para obtener una autorización de residencia y trabajo por cuenta propia será necesario cumplir con los requisitos establecidos en el artículo 84.

4. Para obtener una autorización de residencia con excepción de autorización de trabajo será necesario cumplir con los requisitos establecidos en el apartado 2 del artículo 89.

5. La persona extranjera que se acoja a lo establecido en este artículo podrá igualmente solicitar una autorización de residencia a favor de los familiares en situación de estancia previstos en el artículo 56 que se encuentren conviviendo con ella en el momento de la solicitud, siempre y cuando se acredite suficiencia económica y disponibilidad de vivienda adecuada. La autorización, en caso de ser concedida, será de residencia por reagrupación familiar.

6. Las autorizaciones previstas en este artículo, así como, en su caso, la autorización de residencia para los familiares, podrán solicitarse en los dos meses previos o los tres meses posteriores a la extinción de la autorización de estancia por estudios o actividades formativas o a la obtención de la titulación o el certificado correspondiente a los estudios o formación realizados.

7. Una vez admitida a trámite la solicitud y hasta que se resuelva el procedimiento, la autorización de estancia y, en su caso, la de los familiares, adquirirá el carácter de autorización provisional de residencia y trabajo por cuenta ajena, por cuenta propia o de residencia con excepción de la autorización de trabajo. La denegación de la solicitud supondrá la automática pérdida de vigencia de la autorización provisional, sin necesidad de pronunciamiento administrativo expreso.

En el acuerdo de admisión a trámite se hará constar esta situación, con expresa mención a la autorización para trabajar a jornada completa.

8. La eficacia de la autorización de residencia y trabajo estará condicionada al alta de la persona trabajadora en el régimen correspondiente de la Seguridad Social.

La eficacia de la autorización de residencia concedida a favor de los familiares estará condicionada a la de la autorización principal y su vigencia estará vinculada a la de ésta.

En el plazo de un mes desde la entrada en vigor de la autorización, su titular deberá solicitar la tarjeta de identidad de extranjero, personalmente.

9. La autorización concedida tendrá una duración de un año y sus efectos serán los previstos para cada tipo de autorización cuando es renovada, o prorrogada en el caso de la autorización de residencia con excepción de la autorización de trabajo.

10. Las personas extranjeras que hayan finalizado los estudios en un centro o institución de educación superior, alcanzando como mínimo el Nivel 6 de acuerdo con el Marco Europeo de Cualificaciones, podrán acceder a la autorización de residencia al estudiante para la búsqueda de empleo o para emprender un proyecto empresarial conforme a lo dispuesto en la disposición adicional decimoséptima de la Ley 14/2013, de 27 de septiembre.

Artículo 191. *De la autorización de residencia temporal a autorización de residencia y trabajo.* 1. Las personas extranjeras que se encuentren en España en situación de residencia temporal podrán solicitar otra autorización de residencia temporal y trabajo y acceder a ella, sin necesidad de visado, si cumplen los requisitos exigidos para la autorización solicitada con las especialidades que se establecen en los apartados siguientes.

2. Cuando la persona extranjera que solicita una autorización de residencia y trabajo por cuenta ajena no lleve residiendo al menos un año como titular de una autorización de residencia deberá acreditar el cumplimiento de todos los requisitos establecidos en el artículo 74.

La autorización tendrá una vigencia de un año y tendrá consideración de autorización de residencia y trabajo inicial.

3. Cuando la persona extranjera lleva en España al menos un año en situación de residencia y la autorización que se pretende modificar ya habilitaba a trabajar por cuenta ajena o propia, se deberán acreditar los requisitos previstos en el artículo 80 o, en su caso, con los requisitos previstos en el artículo 86.

En este caso, la vigencia de la nueva autorización tendrá una duración de cuatro años.

La eficacia de la nueva autorización se retrotraerá al día inmediatamente siguiente al de la caducidad de la autorización anterior si ésta ya se ha producido o, en caso contrario, producirá efectos a partir de la fecha de su concesión.

4. Cuando la persona extranjera lleva en España al menos un año en situación de residencia y la autorización que se pretende modificar no habilitaba a trabajar se deberá cumplir con los requisitos establecidos en el artículo 74 excepto el apartado 1.a) y en su caso, el artículo 84.

En este caso, la vigencia de la nueva autorización tendrá una duración de un año y la eficacia de la nueva autorización estará condicionada al alta de la persona trabajadora en el régimen correspondiente de la Seguridad Social. Esta alta deberá efectuarse en el plazo de un mes desde la notificación de su concesión. Cumplida la condición, la vigencia de la autorización se retrotraerá al día inmediatamente siguiente al de la caducidad de la autorización anterior. No obstante, si en el momento de adquirir eficacia la nueva autorización aún no se ha producido la caducidad de la autorización anterior, la vigencia de la nueva autorización producirá efectos a partir del alta de la persona trabajadora en el régimen correspondiente de la Seguridad Social.

5. Las solicitudes de esta modificación podrán ser presentado por el empleador o por la persona extranjera residente en España.

6. En los supuestos de autorizaciones de residencia para actividades de temporada:

a) Si la nueva autorización fue concedida con posterioridad a la finalización del periodo de actividad del año en curso, y la persona trabajadora ha regresado a su país de procedencia, en cumplimiento de su obligación de retorno, el titular deberá solicitar el visado del artículo 40.

b) Las personas titulares de autorizaciones de residencia y trabajo para actividades de temporada a su finalización, tras los cuatro años, si hubiesen respetado todos los requisitos durante su vigencia, incluido el compromiso de retorno, podrán acceder a una autorización de residencia y trabajo de dos años de duración. Para ello deben cumplir los siguientes requisitos:

1.º Para obtener una autorización de residencia y trabajo por cuenta ajena, acreditar el cumplimiento de los establecidos en el artículo 74, excepto el previsto en el apartado 1.a);

2.º Para obtener una autorización de residencia y trabajo por cuenta propia, acreditar el cumplimiento de los establecidos en el artículo 84, excepto el apartado c).

La solicitud podrá realizarse en los tres meses anteriores a la finalización del periodo de vigencia de la autorización para actividades de temporada, sin necesidad de visado, o, una vez retornado al país de origen o procedencia tras haber finalizado dicho periodo, dentro de los seis meses posteriores a su finalización.

Esta autorización de residencia y trabajo tendrá la consideración de inicial.

7. No se podrá solicitar la modificación desde las siguientes autorizaciones de residencia temporal:

a) Las autorizaciones de trabajo para personas trabajadoras transfronterizas.

b) Las autorizaciones de residencia por circunstancias excepcionales establecidas en el artículo 128.1 y las reguladas en los capítulos II, III, IV y V del título VII.

c) Las autorizaciones de reagrupación familiar, que se regirán por lo establecido por su normativa específica.

8. Las personas extranjeras titulares de una tarjeta de residencia de familiar de un ciudadano de la Unión o de una autorización de residencia de familiar de persona de nacionalidad española, cuando hayan cesado en tal condición, podrán obtener, si cumplen los requisitos establecidos al efecto, a excepción del visado, una autorización de residencia no lucrativa o de residencia y trabajo por cuenta ajena, por cuenta propia o de residencia con excepción de la autorización de trabajo del tiempo que corresponda, en función de la duración de la documentación de la que fuera titular.

Artículo 192. *Modificaciones de la autorización de residencia y trabajo.* 1. Durante el primer año de vigencia de las autorizaciones iniciales de residencia y trabajo, el órgano competente por razón del lugar donde se vaya a iniciar la relación laboral o la actividad por cuenta propia que motiva la solicitud, podrá modificar su alcance en cuanto a la ocupación, sector de actividad y ámbito territorial de limitación, siempre a petición de su titular.

En el caso de que se trate de una modificación del alcance de una autorización de residencia temporal y trabajo por cuenta ajena, se tendrá en cuenta la situación nacional de empleo.

Esta solicitud deberá resolverse y notificarse en el plazo máximo de un mes. Transcurrido dicho plazo sin resolución expresa se entenderá que ha sido concedida.

2. Las personas titulares de una autorización de residencia y trabajo por cuenta ajena podrán acceder a una autorización de residencia y trabajo por cuenta propia. Para ello deberán presentar la correspondiente solicitud. La nueva autorización no ampliará la vigencia de la autorización modificada.

TÍTULO XII
DISPOSICIONES COMUNES

CAPÍTULO I
RÉGIMEN COMPETENCIAL, CONCEPTO A CARGO, PRESENTACIÓN DE SOLICITUDES Y ACCESO A LA INFORMACIÓN

Artículo 193. *Régimen competencial.* 1. Cuando las competencias en materia de informes, resoluciones y sanciones no estén expresamente atribuidas a un determinado órgano en este Reglamento, serán ejercidas por los Delegados o Subdelegados del Gobierno en las comunidades autónomas uniprovinciales o pluriprovinciales, respectivamente.

2. Salvo que expresamente se establezca otra cosa, cuando se trate de procedimientos sobre solicitudes de autorizaciones previstas en este reglamento, será competente la Delegación o Subdelegación del Gobierno de la provincia en la que la persona extranjera tenga establecida o vaya a establecer su residencia efectiva.

Artículo 194. *Procedimiento en el caso de traspaso de competencias ejecutivas en materia de autorización inicial de trabajo a Comunidades Autónomas.* 1. Todo procedimiento relativo a las autorizaciones iniciales de trabajo por cuenta propia o ajena de las personas extranjeras supondrá la presentación de una única solicitud y finalizará con una única resolución administrativa.

2. En el caso de que a la Comunidad Autónoma donde se vaya a desarrollar la actividad laboral se le hubieran traspasado competencias en materia de autorización inicial de trabajo por cuenta ajena para las personas extranjeras, la solicitud de autorización inicial de residencia temporal y trabajo por cuenta ajena se presentará ante el órgano autonómico que sea competente de acuerdo con su normativa.

El órgano autonómico ante el que se deba presentar la solicitud de autorización inicial de residencia temporal y trabajo por cuenta ajena será competente para resolver la inadmisión a trámite o para declarar el desistimiento y el archivo de las actuaciones.

Deberá resolver, en todo caso, de acuerdo con el informe preceptivo y vinculante de la Administración General del Estado sobre la concurrencia o no de las causas de inadmisión a trámite, cuando afecten a la residencia. Las resoluciones que dicte el órgano autonómico se notificarán por éste al interesado y se introducirán en la aplicación informática correspondiente, de tal manera que permita su conocimiento por parte de la Administración General del Estado en tiempo real.

Será el órgano autonómico competente el que recabará los informes de la Administración Tributaria, incluida, en su caso, el de la propia Comunidad Autónoma, y a la Tesorería General de la Seguridad Social, con el fin de comprobar que el empleador está al corriente en el pago de sus obligaciones tributarias y de Seguridad Social.

El órgano competente de la Administración General del Estado solicitará, simultáneamente, los informes de la Dirección General de la Policía y del Registro Central de Penados.

Los recursos que se pueden interponer contra las resoluciones que dicte el órgano autonómico sobre inadmisión a trámite y desistimiento y archivo de actuaciones serán resueltos por el órgano autonómico que corresponda, de acuerdo con el informe preceptivo y vinculante emitido por la Administración General del Estado sobre la concurrencia o no de las causas de inadmisión cuando afecten a la residencia. En todo caso, el citado órgano deberá introducir los recursos y las resoluciones adoptadas en la aplicación informática correspondiente.

3. Cuando a la Comunidad Autónoma respecto a la que se solicite la autorización inicial de residencia temporal y trabajo se le hubieran traspasado competencias ejecutivas en materia de autorización inicial de trabajo por cuenta propia, corresponderá al órgano autonómico competente verificar el cumplimiento de los requisitos en materia de trabajo y, simultáneamente, al competente de la Administración General del Estado los requisitos en materia de residencia.

El órgano competente de la Administración General del Estado solicitará, simultáneamente, los informes de la Dirección General de la Policía y del Registro Central de Penados.

A la vista de la documentación aportada y de los informes obtenidos, los órganos competentes de la Administración General del Estado y de la Comunidad Autónoma correspondiente deberán dictar, de manera coordinada y concordante, una resolución conjunta denegando o concediendo la correspondiente autorización, que será firmada por los titulares de los órganos competentes de cada una de las Administraciones y notificada a los interesados por el órgano autonómico.

En todo caso, la resolución conjunta será desfavorable si concurre alguna causa de denegación referida bien a los aspectos laborales, bien a los de residencia, debiendo recogerse en la misma todas las causas específicas de denegación, así como los órganos que, en su caso, deban conocer de un eventual recurso administrativo o judicial contra la resolución.

La resolución conjunta a que se hace referencia anteriormente podrá ser impugnada ante el órgano que corresponda, si bien se resolverá de forma conjunta y concordante por los titulares de los órganos competentes de ambas Administraciones y se notificará a los interesados por el órgano competente de la Comunidad Autónoma.

Artículo 195. *Particularidades en el caso de comunidades autónomas que tengan traspasadas las competencias ejecutivas en materia de autorización iniciales de trabajo.* 1. En relación con las actuaciones consecuencia de la ejecución de la gestión colectiva de contrataciones en origen, cuando se haya traspasado a la Administración autonómica la competencia ejecutiva sobre tramitación y resolución de las autorizaciones iniciales de trabajo por cuenta ajena, la Orden ministerial establecerá su intervención en los trámites laborales, así como en la recepción de solicitudes, admisión a trámite, comprobación de los requisitos laborales, emisión de informe sobre las mismos y su remisión a la Dirección General de Gestión Migratoria para la continuación de los trámites.

El procedimiento que se establezca para resolver sobre la autorización solicitada contemplará que los órganos competentes de la comunidad autónoma y de la Administración General del Estado dicten, coordinada y concordantemente, una resolución conjunta, denegando o concediendo la correspondiente autorización inicial de residencia y trabajo por cuenta ajena, que firmarán las personas titulares de cada una de las Administraciones competentes, y será expedida y notificada al solicitante por el órgano autonómico, según lo previsto en el artículo 194.

2. En relación con las actuaciones consecuencia de la intervención de las comunidades autónomas en la modificación de autorizaciones en el caso de traspaso de competencias ejecutivas en materia de autorización inicial de trabajo, porque la relación de trabajo se inicie y se desarrolle en el territorio de la comunidad autónoma, corresponderá a los órganos competentes de ésta la recepción de solicitudes y la resolución de la autorización laboral en los siguientes supuestos:

a) La autorización de residencia y trabajo en las que se acredita ser hijo de español nacionalizado o de ciudadano comunitario con un año de residencia, prevista en el apartado 8 del artículo 191.

b) La autorización de residencia y trabajo solicitada como consecuencia de la modificación de la situación de estancia por estudios, de residencia o de residencia por circunstancias excepcionales, así como la modificación de las autorizaciones de trabajo por cuenta propia en cuenta ajena y a la inversa. No así en el caso de acceso a la situación de autorización de residencia con excepción de la autorización de trabajo en base a lo previsto en este título.

Cuando la modificación implique una nueva autorización de residencia y trabajo, se seguirá el procedimiento previsto en su regulación específica. En todos los casos, la Administración autonómica registrará las solicitudes presentadas, en trámite y resueltas, en la aplicación informática correspondiente, garantizando su conocimiento en tiempo real por la Administración General del Estado.

Artículo 196. *Concepto de persona extranjera a cargo y de razones de carácter humanitario.* 1. A los efectos previstos en este reglamento, se entiende que la persona extranjera se encuentra a cargo de otra u otras cuando exista una situación de hecho por la que se garantice una ayuda o apoyo material que acredite una dependencia económica o física.

La dependencia, que será valorada de forma individual y circunstanciada, habrá de ser real y estable, sin que haya podido ser provocada con el objeto de obtener una autorización de residencia en España.

2. Se entenderá por dependencia económica, la situación de hecho en la que la persona de quien esté a cargo el dependiente le preste ayuda material o económica para satisfacer sus necesidades básicas de la vida siempre que den las siguientes condiciones:

a) Que sea real, estable y sostenida en el tiempo, sin que puedan considerarse situaciones aisladas y puntuales.

b) Que se produzca en el país de origen o de procedencia.

c) Tiene que preexistir al momento de la presentación de la solicitud.

3. A los efectos de la valoración de las condiciones indicadas en el apartado anterior, el órgano competente tendrá en cuenta lo siguiente:

a) La situación personal, familiar, económica y patrimonial del dependiente en el Estado de origen o de procedencia.

b) El hecho de que el dependiente, por razón de sus circunstancias, como la edad, la formación o la salud, tenga perspectivas de encontrar empleo, no será impedimento para que pueda considerarse que se encuentra a cargo.

c) Teniendo en cuenta las circunstancias del familiar, se presumirá que el dependiente está a cargo cuando haya recibido fondos o se hayan soportado gastos durante, al menos, el año previo a la fecha de presentación de la solicitud que representen como mínimo, por cada uno de ellos, el 51 % del producto interior bruto per cápita, en cómputo anual, del país de procedencia según los datos publicados por el Banco Mundial.

d) La persona que se hace cargo del dependiente debe disponer de un estado financiero y de una autonomía de medios económicos compatible con esa situación. Esto se entenderá que sucede cuando su unidad de convivencia, incluida la persona dependiente, no sea perceptora de la renta garantizada del ingreso mínimo vital y obtenga ingresos o tenga un patrimonio de acuerdo con lo siguiente:

1.º Ingresos, rentas o rendimientos equivalente, en euros o su equivalente legal en moneda extranjera, al 100 por ciento del importe mensual, incluida la parte proporcional de las pagas extraordinarias, de las pensiones no contributivas fijadas anualmente en la Ley de Presupuestos Generales del Estado, dividido por doce, en unidades familiares que incluyan a la persona reagrupante y a un familiar reagrupado, o del 130 por ciento en unidades familiares que incluyan a más de dos miembros.

2.º Un patrimonio estable valorado en un importe igual o superior, en euros o su equivalente legal en moneda extranjera, a tres veces la cuantía indicada en el punto 1.º precedente en cómputo anual.

4. Se entiende por dependencia física, una situación de hecho que puede venir determinada por motivos graves de salud por los que sea estrictamente necesario hacerse cargo del cuidado personal del dependiente, siempre que este carezca del apoyo familiar adecuado en el país de origen. En este supuesto, deben reunirse, acumulativamente, las siguientes condiciones:

1.º Que la situación de dependencia por razones de padecimiento de enfermedad grave exista con carácter previo a la fecha de presentación de la solicitud,

2.º que deba hacerse cargo del cuidado personal del dependiente por no ser este objetivamente capaz de proveer a sus propias necesidades debido a su estado de salud.

5. Independientemente de lo anterior, se presumirá que la persona extranjera se encuentra a cargo, en todo caso, cuando se trate de ascendientes mayores de 80 años o cuando el ascendiente padezca una enfermedad consistente en pluripatologías tendentes a la cronicidad, pérdida severa de la capacidad funcional o mental. También se presumirá una situación a cargo cuando la persona reagrupante por razones derivadas de la edad, la enfermedad o la discapacidad, tenga reconocido por los órganos competentes de las administraciones públicas alguno de los grados de dependencia contemplados en el artículo 26 de la Ley 39/2006, de 14 de diciembre, de Promoción de la Autonomía Personal y Atención a las personas en situación de dependencia.

6. Se considerará que concurren razones de carácter humanitario, a los efectos previstos en los capítulos II y VII del título IV, en los siguientes supuestos:

a) Que el país de origen o de residencia se halle en situación de conflicto bélico o en dificultad social a causa de éste,

b) que el país de origen o de residencia se encuentre afectado por catástrofes o desastres naturales o provocados por el ser humano,

c) que el familiar reagrupable sufra una enfermad consistente en pluripatologías tendentes a la cronicidad o a la pérdida severa de la capacidad funcional o mental,

d) que el reagrupante o su cónyuge, pareja registrada, hijos o personas representadas legalmente, siempre que sean residentes en España, tengan reconocido alguno de los grados de dependencia previstos en el artículo 26 de la Ley 39/2006, de 14 de diciembre, de Promoción de la Autonomía Personal y Atención a las personas en situación de dependencia,

e) que la persona ascendiente del reagrupante, o de su cónyuge o pareja, sea cónyuge o pareja del otro ascendiente, cuando este último sea mayor de sesenta y cinco años y haya obtenido la autorización,

f) cuando se justifique de forma motivada que la persona ascendiente vaya a proporcionar cuidados a los hijos e hijas menores de edad o mayores de edad que tengan una discapacidad que requiera apoyo o que no sean capaces de proveer a sus propias necesidades debido a su estado de salud,

g) en otros casos distintos a los anteriores, siempre que se cuente con informe previo favorable de la Dirección General de Gestión Migratoria.

Artículo 197. *Lugares de presentación de las solicitudes, legitimación y representación cuando el sujeto legitimado se encuentra en territorio nacional.*

1. De conformidad con lo dispuesto en la disposición adicional tercera de la Ley Orgánica 4/2000, de 11 de enero, las solicitudes relativas a las autorizaciones de residencia y trabajo previstas en este reglamento habrán de presentarse personalmente ante la oficina de extranjería competente. Cuando el sujeto legitimado se encuentre en territorio español, se entenderá cumplida la exigencia de comparecencia personal, tanto si la presentación se realiza de forma presencial, como si realiza a través de medios electrónicos. Asimismo, podrán presentarse conforme a lo dispuesto en el artículo 12.2 de la Ley 39/2015, de 1 de octubre, cuando el interesado no disponga de medios electrónicos. Las restantes solicitudes previstas en este reglamento podrán presentarse tanto presencialmente como a través de medios electrónicos conforme a lo establecido en el artículo 14 de la Ley 39/2015, de 1 de octubre.

2. En aplicación de lo dispuesto en el artículo 14.3 de la Ley 39/2015, de 1 de octubre, tendrán obligación de relacionarse a través de los medios electrónicos habilitados las personas físicas que presenten alguno de los tipos de solicitud siguientes:

a) Solicitudes de prórroga de autorizaciones de estancia por estudios, movilidad de alumnos, servicios de voluntariado o actividades formativas.

b) Solicitudes de renovación de autorizaciones de residencia temporal no lucrativa.

c) Solicitudes de autorización inicial de residencia temporal y trabajo por cuenta ajena.

d) Solicitudes de renovación de autorizaciones de residencia temporal y trabajo por cuenta propia.

e) Solicitudes de renovación de autorizaciones de residencia temporal y excepción de trabajo.

f) Solicitudes de autorización inicial de residencia y trabajo para actividades de temporada.

g) Solicitudes de autorización inicial de residencia y trabajo relativas a la gestión colectiva en origen.

3. Se entenderá cumplida la obligación de comparecencia personal de una persona física o jurídica o de una entidad sin personalidad jurídica, cuando se presenten solicitudes, escritos o documentos autenticados electrónicamente o, de estar así previsto, previo cotejo de los que hayan sido aportados, utilizando para ello los sis-

temas de firma electrónica incorporados al documento nacional de identidad u otros sistemas de firma electrónica avanzada admitidos por la Administración General del Estado de acuerdo con lo establecido en la Ley 39/2015, de 1 de octubre y en el Real Decreto 203/2021, de 30 de marzo, por el que se aprueba el Reglamento de actuación y funcionamiento del sector público por medios electrónicos.

4. Adicionalmente, cuando el sujeto legitimado se encuentre en territorio español, también se entenderá cumplida la obligación de comparecencia personal cuando las solicitudes se presenten por quienes ejerzan válidamente su representación, siempre y cuando se esté en alguno de los supuestos siguientes:

a) Con carácter general, cualquier persona física o jurídica podrá actuar en representación de otra únicamente cuando dicha representación quede acreditada mediante apoderamiento notarial o a través de apud acta en el registro electrónico de apoderamientos.

b) En el caso de sujetos conveniados, de acuerdo con lo previsto en el artículo 5 de la Ley 39/2015, de 1 de octubre, cuando la presentación electrónica de solicitudes, escritos, documentos o recursos administrativos se realice de acuerdo con lo establecido mediante Convenios de habilitación para la representación de terceros. Para el desarrollo de estos convenios, la Administración General del Estado podrá establecer que los profesionales adheridos a ellos creen los correspondientes registros electrónicos de apoderamiento o representación.

c) Cuando se trate de sujetos incluidos en el Registro Electrónico de Colaboradores de Extranjería conforme a lo dispuesto en la Orden del Ministerio de Inclusión, Seguridad Social y Migraciones que lo desarrolle.

5. No se requerirá la comparecencia personal en los procedimientos de contratación colectiva de trabajadores, en los supuestos previstos en un convenio o acuerdo internacional; en tal caso, se estará a lo dispuesto en él.

Artículo 198. *Acceso a la información para personas trabajadoras extranjeras y empleadores.* 1. Estará disponible de forma fácilmente accesible para las personas trabajadoras extranjeras y los empleadores, la información adecuada sobre los procedimientos y documentos justificativos necesarios para tramitar los visados y las autorizaciones reguladas en este Reglamento y, en su caso, sobre las tasas aplicables, así como sobre los supuestos de modificación y las causas de extinción de las autorizaciones.

2. Asimismo, se facilitará información fácilmente accesible sobre las condiciones de entrada y residencia, incluidos los derechos, las obligaciones, las vías de reclamación y denuncia disponibles contra sus empleadores y los recursos y garantías judiciales de las personas trabajadoras extranjeras y de los miembros de sus familias, así como información sobre las organizaciones de trabajadores más representativas a nivel estatal y autonómico.

CAPÍTULO II
EXTINCIÓN DE LAS AUTORIZACIONES

Artículo 199. *Obtención y mantenimiento del derecho a la autorización.* Las autorizaciones concedidas de acuerdo con lo previsto en el presente reglamento conservarán su eficacia mientras se mantengan los requisitos y condiciones de conformidad con lo dispuesto en la Ley Orgánica 4/2000, de 11 de enero, el derecho de la Unión y el resto del ordenamiento jurídico.

Artículo 200. *Causas comunes de la extinción de la autorización de estancia por estudios, movilidad de alumnos, servicios de voluntariado o actividades formativas y de residencia temporal.* 1. Las autorizaciones de estancia y de residencia temporal se extinguirán, con carácter general, por el transcurso del tiempo por el que hubieran sido concedidas. No obstante, la vigencia de dichas autorizaciones se prorrogará, si se solicita su prórroga, modificación o renovación en el plazo establecido, hasta que se resuelva el procedimiento.

2. Se declarará la extinción, mediante resolución del órgano competente, por la retirada de la autorización de estancia y de residencia temporal, en los casos siguientes:

a) Por la inclusión en alguno de los supuestos de prohibición de entrada previstos en este Reglamento o en la normativa correspondiente de la Unión Europea, bien por no haberse conocido dicha circunstancia en el momento de su entrada, bien por haberse producido durante su permanencia en España.

b) Cuando la autorización o los documentos presentados se hayan obtenido mediante fraude, falsificación o manipulación.

c) Cuando la persona titular de la autorización destine su estancia o residencia temporal a fines distintos de aquellos para los que hubiera sido autorizada.

d) Cuando dejen de cumplirse los requisitos o condiciones establecidos para cada tipo de autorización, salvo en aquellos casos en los que la propia regulación de la autorización haya dispuesto otra cosa.

e) Cuando la persona extranjera cambie o pierda su nacionalidad, sin perjuicio de que pueda adquirir otra autorización de residencia en atención a las nuevas circunstancias.

f) Cuando la persona extranjera deje de poseer pasaporte, documento análogo o, en su caso, cédula de inscripción, válidos y en vigor, salvo que justifique haber realizado los trámites necesarios para la renovación o recuperación del pasaporte o documento análogo.

g) Por motivos de orden público, seguridad pública o salud pública, en los que se tendrá en cuenta la gravedad o el tipo de infracción cometida o el peligro que implique dicha persona debiendo tener también presente la duración de la residencia y la existencia de vínculos en España.

h) Cuando la persona extranjera haya sido condenada mediante sentencia firme por la comisión de alguna de las conductas previstas en los artículos 177 bis y 318 bis de la Ley Orgánica 10/1995, de 23 de noviembre, del Código Penal.

i) En los demás supuestos establecidos específicamente en cada tipo de autorización.

3. Conforme a lo previsto en el artículo 57.4 de la Ley Orgánica 4/2000, de 11 de enero, la expulsión conllevará en todo caso, la extinción de cualquier autorización para permanecer legalmente en España, así como el archivo de cualquier procedimiento que tuviera por objeto la autorización para residir o trabajar en España de la persona extranjera expulsada.

Artículo 201. *Extinción de la autorización de residencia de larga duración.* 1. Se producirá la extinción, mediante resolución del órgano competente para su concesión, por la pérdida o retirada de la autorización de residencia de larga duración, en los casos siguientes:

a) Cuando la autorización se haya obtenido de manera fraudulenta.

b) Cuando se dicte una orden de expulsión en los casos previstos en la Ley.

c) Cuando se produzca la ausencia del territorio de la Unión Europea durante doce meses consecutivos.

En el caso de personas extranjeras que hubieran obtenido la autorización de residencia de larga duración-UE tras haber sido titulares de una autorización de Tarjeta azul-UE y a los miembros de su familia a los que se haya concedido el estatuto de residente de larga duración-UE, este periodo de doce meses consecutivos se ampliará hasta veinticuatro meses consecutivos.

Esta circunstancia no se aplicará a las personas titulares de una autorización de residencia temporal y trabajo vinculados mediante una relación laboral a entidades promotoras de la cooperación de acuerdo con el Estatuto de las personas cooperantes, aprobado por Real Decreto 708/2024, de 23 de julio, por el que se aprueba el Estatuto de las personas cooperantes.

d) Cuando hubiera adquirido la residencia de larga duración-UE en otro Estado miembro.

e) Cuando, obtenida la autorización por la persona a quien otro Estado miembro reconoció protección internacional, las autoridades de dicho Estado hubieran resuelto el cese o revocación de la citada protección, en los términos establecidos en los artículos 9.3.bis de Directiva 2003/109/CE.

f) Cuando la persona extranjera haya sido condenada mediante sentencia firme por la comisión de alguna de las conductas previstas en los artículos 177 bis y 318 bis de la Ley Orgánica 10/1995, de 23 de noviembre, del Código Penal.

2. Además, se producirá la extinción de la autorización de residencia de larga duración-UE tras una ausencia de territorio español de seis años. La Dirección General de Gestión Migratoria, previo informe de la Comisaría General de Extranjería y Fronteras podrá determinar la no extinción de una autorización por esta causa ante la concurrencia de motivos excepcionales que así lo aconsejen.

Artículo 202. *Del procedimiento de extinción.* 1. La declaración de extinción, por pérdida o retirada de una autorización de las reguladas en este Reglamento, se efectuará previa incoación de oficio del procedimiento correspondiente durante su periodo de vigencia y se dará audiencia al interesado por plazo no inferior a diez días.

2. Las Delegaciones o Subdelegaciones del Gobierno deberán resolver y notificar la resolución en el plazo máximo de 6 meses, a contar desde la fecha de notificación o, en su caso, de publicación del acuerdo de incoación. El vencimiento de este plazo sin que se hubiera dictado y notificado resolución expresa producirá la caducidad del procedimiento.

3. La decisión adoptada tendrá en cuenta las circunstancias específicas del caso, incluidos, cuando proceda, los intereses de la persona trabajadora, y respetará el principio de proporcionalidad.

4. Las resoluciones que acuerden la extinción de las autorizaciones pondrán fin a la vía administrativa y podrán ser recurridas potestativamente en reposición ante el mismo órgano que las hubiera dictado o ser impugnadas directamente ante el orden jurisdiccional contencioso administrativo.

Artículo 203. *Efectos.* La resolución que declare la extinción por pérdida o retirada de las autorizaciones vigentes fijará el alcance de sus efectos al momento en que se dicten.

TÍTULO XIII
DOCUMENTACIÓN DE LAS PERSONAS EXTRANJERAS

CAPÍTULO I
DERECHOS Y DEBERES RELATIVOS A LA DOCUMENTACIÓN

Artículo 204. *Derechos y deberes.* 1. Las personas extranjeras que se encuentren en territorio español tienen el derecho y la obligación de conservar, en vigor, la documentación con la que hubieran efectuado su entrada en España, la que acredite su identidad, expedida por las autoridades competentes del país de origen o de procedencia, así como la que acredite su situación en España.

2. Las personas extranjeras están obligados a exhibir los documentos referidos en el apartado anterior cuando fueran requeridos por las autoridades o sus agentes, en ejercicio de sus funciones.

3. Las personas extranjeras no podrán ser privados de su documentación, salvo en los supuestos y con los requisitos previstos en la Ley Orgánica 4/2000, de 11 de

enero, y en la Ley Orgánica 4/2015, de 30 de marzo, de protección de la seguridad ciudadana.

Artículo 205. *Número de identidad de extranjero.* 1. Las personas extranjeras a cuyo favor se inicie un procedimiento para obtener un documento que les habilite para permanecer en territorio español, aquéllos a los que se les haya incoado un expediente administrativo en virtud de lo dispuesto en la normativa sobre extranjería y aquellos que por sus intereses económicos, profesionales, sociales o de cualquier otra índole, se relacionen con España serán dotados, a los efectos de identificación, de un número personal, único y exclusivo, de carácter secuencial.

2. El número personal será el identificador del extranjero, que deberá figurar en todos los documentos que se le expidan o tramiten, así como en las diligencias que se estampen en su pasaporte o documento análogo, salvo en los visados.

3. El número de identidad del extranjero, NIE, deberá ser concedido de oficio, por la Dirección General de la Policía, en los supuestos mencionados en el apartado 1.

En el caso de visados, la concesión de oficio sólo se aplicará en aquellos procedimientos de visados que habiliten a sus titulares a permanecer en España más de 90 días naturales en cualquier período de ciento ochenta días naturales sin necesidad de tramitar una autorización de estancia de larga duración o de residencia temporal.

La concesión de oficio no se aplicará en el caso de las personas extranjeras que se relacionen con España por razón de sus intereses económicos, profesionales o sociales, que deberán interesar de dicho órgano la asignación del indicado número, siempre que concurran los siguientes requisitos:

a) Que no se encuentren en España en situación irregular.

b) Que se comuniquen los motivos por los que solicitan la asignación de dicho número.

4. Las personas extranjeras que se relacionen con España por razón de sus intereses económicos, profesionales, sociales o de cualquier otra índole, podrán solicitar el NIE personalmente a la Dirección General de la Policía, directamente o a través de las Oficinas de Extranjería o Comisarías de policía. En el caso de que la persona extranjera no se encuentre en territorio español en el momento de la solicitud, solicitará la asignación de NIE a la Comisaría General de Extranjería y Fronteras, a través de las Oficinas Consulares de España en el exterior.

El procedimiento habrá de ser resuelto en el plazo máximo de cinco días desde la entrada de la solicitud en el registro del órgano competente para su tramitación. La resolución deberá ser notificada en dicho plazo, transcurrido el cual sin haber obtenido respuesta, se entenderá que la solicitud ha sido desestimada.

5. Lo dispuesto en el apartado 4 será también de aplicación para la solicitud de los certificados de residente y de no residente.

CAPÍTULO II
ACREDITACIÓN DE LA SITUACIÓN DE LAS PERSONAS EXTRANJERAS EN ESPAÑA

Artículo 206. *Documentos acreditativos.* Las diferentes situaciones de las personas extranjeras en España podrán acreditarse, según corresponda, mediante el pasaporte o documento de viaje que acredite su identidad, el visado, la resolución administrativa que autorice su permanencia en España la tarjeta de identidad de extranjero, o el certificado de residente y no residente. Excepcionalmente podrá acreditarse dicha situación mediante otras autorizaciones o documentos válidamente expedidos a tal fin por las autoridades españolas.

Artículo 207. *El pasaporte o documento de viaje.* El pasaporte o documento de viaje en el que, en su caso, conste el sello de entrada acreditará, además de la identidad, la situación de estancia en España en aquellos supuestos de personas extranjeras que no precisen de la obtención de un visado de corta duración.

A partir de la entrada en funcionamiento del Sistema de Entrada-Salida, será la información contenida en éste la que sustituya al sellado a efectos de la aplicación del párrafo anterior.

Artículo 208. *El visado.* El visado válidamente obtenido acredita la situación para la que hubiese sido concedido. La validez de dicha acreditación se extenderá desde la efectiva entrada de su titular en España, hasta la obtención de la correspondiente tarjeta de identidad de extranjero o hasta que se extinga la vigencia del visado cuando no resulte exigible la obtención de la tarjeta de identidad de extranjero.

Artículo 209. *La tarjeta de identidad de extranjero.* 1. Todas las personas extranjeras a las que se les haya expedido un visado o una autorización para permanecer en España por un periodo superior a seis meses tienen el derecho y el deber de obtener la tarjeta de identidad de extranjero, que deberán solicitar personalmente en el plazo de un mes desde su entrada en España o desde que la autorización sea concedida o cobre vigencia, en función, en su caso, del alta de aquéllas en el régimen de la Seguridad Social que corresponda, respectivamente.

2. La tarjeta de identidad de extranjero es el documento destinado a identificar al extranjero a los efectos de acreditar su situación legal en España.

3. La tarjeta de identidad de extranjero es personal e intransferible, y corresponde a su titular cumplimentar las actuaciones que se establezcan para su obtención y entrega, así como la custodia y conservación del documento.

4. El incumplimiento de las obligaciones relativas a la tarjeta de identidad de extranjero conllevará la aplicación del régimen sancionador previsto en la Ley Orgánica 4/2000, de 11 de enero.

5. El titular de la tarjeta de identidad de extranjero no podrá ser privado del documento, salvo en los supuestos y con los requisitos previstos en la Ley Orgánica 4/2000, de 11 de enero, y en la Ley Orgánica 4/2015, de 30 de marzo, de protección de la seguridad ciudadana.

6. El Ministerio del Interior, en el marco de los acuerdos sobre documentación de extranjeros de carácter internacional en los que España sea parte, dictará las disposiciones necesarias para determinar las características de dicho documento, previo informe de la Comisión Interministerial de Extranjería.

7. La tarjeta de identidad de extranjero tendrá idéntico periodo de vigencia que la autorización o el reconocimiento del derecho que justifique su expedición, y perderá su validez cuando se produzca la de la citada autorización, por cualquiera de las causas reglamentariamente establecidas a este efecto o, en su caso, por la pérdida del derecho para permanecer en territorio español.

8. Cuando haya finalizado el plazo de vigencia de la tarjeta, se haya acordado la renovación de la autorización o, en su caso, del reconocimiento a permanecer en territorio español, o se haya perdido el derecho que justificó su expedición, las personas extranjeras titulares de ella están obligados a entregar el documento en las Comisarías de policía correspondientes al lugar donde residan.

En los supuestos de asunción de un compromiso de no regreso a territorio español en el marco de un programa de retorno voluntario, por parte de titulares de una tarjeta de identidad de extranjero, éstos estarán obligados a entregar el documento en la representación diplomática o consular española en el país de origen al que retornen. Esta previsión será igualmente aplicable a las personas extranjeras que retornen voluntariamente al margen de un programa y deseen beneficiarse de las disposiciones establecidas en este Reglamento respecto al regreso de personas que hayan regresado voluntariamente a su país de origen o procedencia.

En el caso de las personas extranjeras a los que sea aplicable el régimen jurídico de protección internacional, la entrega del documento deberá realizarse en la Comisaría de Policía de la provincia donde residan, salvo en el caso de que estén domiciliados en Madrid, en el que la entrega del documento deberá realizarse en la Oficina de Asilo y Refugio.

9. El extravío, destrucción o inutilización de la tarjeta de identidad de extranjero, ya sean de carácter personal, laboral o familiar, llevarán consigo la expedición de nueva tarjeta, a instancia del interesado, que no se considerará renovación y tendrá vigencia por el tiempo que le falte para caducar a la que sustituya.

En el caso de que la solicitud de expedición de nueva tarjeta se realice dentro del plazo de renovación de la autorización, los procedimientos se tramitarán de forma conjunta y concordante.

10. Las modificaciones que impliquen alteración de la situación legal en España del titular de la tarjeta de identidad de extranjero, así como de su situación laboral, incluidas las renovaciones, determinarán la expedición de nueva tarjeta adaptada al cambio o alteración producido, con la vigencia que determine la resolución que conceda dichas modificaciones.

11. Corresponderá a la Dirección General de la Policía, conforme a los criterios de coordinación marcados por la Secretaría de Estado de Seguridad, de acuerdo con la Secretaría de Estado de Migraciones, la organización y gestión de los servicios de expedición de las Tarjetas de Identidad de Extranjero en la Comisaría de Policía en las que se hubiese tramitado el expediente administrativo o practicado la notificación por la que se reconoce el derecho o se le autoriza a permanecer en España, así como su expedición y entrega al interesado, quien habrá de acreditar ante ellas ser el destinatario del documento y haber realizado el pago de las tasas legalmente establecidas.

Asimismo, en los casos en que la eficacia de la autorización concedida se encuentre condicionada al requisito del alta de la persona extranjera en el régimen correspondiente de la Seguridad Social, el cumplimiento del requisito será comprobado de oficio con carácter previo a la expedición de la tarjeta.

12. Será aplicable a los documentos mencionados la normativa vigente sobre presentación y anotación en las oficinas públicas del documento nacional de identidad, cuya normativa tendrá carácter supletorio de las normas sobre utilización en España de los documentos de identidad de las personas extranjeras.

CAPÍTULO III
INDOCUMENTADOS

Artículo 210. *Requisitos y procedimiento para la documentación.* 1. En los supuestos de personas extranjeras indocumentadas, previstos en el artículo 34.2 de la Ley Orgánica 4/2000, de 11 de enero, se procederá en la forma prevista en este capítulo.

2. La solicitud de documentación deberá efectuarse tan pronto como se hubiera producido la indocumentación, personalmente y por escrito, ante la comisaría de Policía correspondientes.

3. El interesado exhibirá los documentos de cualquier clase, aunque estuvieren caducados, que pudieran constituir indicios o pruebas de identidad, procedencia y nacionalidad, en su caso, para que sean incorporados a las comprobaciones que se estén llevando a cabo. Asimismo, acreditará que no puede ser documentado por la oficina consular correspondiente mediante acta notarial en la que consten todos los indicios o pruebas de identidad, procedencia y nacionalidad, y que permita dejar constancia del requerimiento efectuado y no atendido, sin perjuicio de lo dispuesto en el apartado 5.

4. El interesado, igualmente, deberá aportar los documentos, declaraciones o cualquier otro medio de prueba oportuno que sirvan para acreditar la concurrencia de razones excepcionales de índole humanitaria, interés público o, en su caso, el cumplimiento de compromisos de España, que justifiquen su documentación por parte de las autoridades españolas.

5. En el caso de los solicitantes de autorización de residencia temporal por circunstancias excepcionales, se eximirá al solicitante de la presentación de acta notarial para acreditar que no puede ser documentado por la oficina consular correspondiente, en los casos en que se alegasen razones graves que impidan su comparecencia en aquéllas, a cuyos efectos podrá recabarse el informe de la Oficina de Asilo y Refugio.

También se eximirá al solicitante de la presentación de acta notarial para acreditar que no puede ser documentado por la oficina consular correspondiente, en los casos de las autorizaciones reguladas en los artículos 172 a 174, a cuyos efectos deberá presentarse el informe de la entidad pública que ostenta su tutela o medida de protección o la hubiera ostentado.

6. Realizadas las comprobaciones iniciales, si la persona extranjera desea permanecer en territorio español, el Delegado o Subdelegado del Gobierno, a propuesta de la Comisaría de policía de la provincia en que se encuentre, le concederá un documento de identificación provisional, con tres meses de validez, que le habilitará para permanecer en España durante dicho periodo de tiempo, periodo durante el cual se procederá a completar la información sobre sus antecedentes.

El documento previsto en este apartado no será concedido si la persona extranjera está incursa en alguno de los supuestos de prohibición de entrada en España a que se refiere el artículo 26 de la Ley Orgánica 4/2000, de 11 de enero, o se ha dictado contra él una orden de expulsión del territorio español.

7. Excepcionalmente, por razones de seguridad pública, de forma individualizada, motivada y en proporción a las circunstancias que concurran en cada caso, por resolución del titular del Ministerio del Interior adoptada a propuesta de la Dirección General de la Policía, de acuerdo con las garantías jurídicas del procedimiento sancionador previsto en la Ley, se podrán establecer medidas limitativas de su derecho a la libre circulación, cuya duración no excederá del tiempo imprescindible y proporcional a la persistencia de las circunstancias que justificaron la adopción de las mismas, y que podrán consistir en la presentación periódica ante las autoridades competentes y en el alejamiento de fronteras o núcleos de población concretados singularmente.

Igualmente, podrán establecerse medidas limitativas específicas respecto a dicho derecho cuando se acuerden en la declaración de estado de excepción o de sitio, en los términos previstos en la Constitución Española.

8. Finalizada la tramitación del procedimiento, salvo que la persona extranjera se encontrase incurso en alguno de los supuestos de prohibición de entrada o se haya dictado contra él una orden de expulsión, previo abono de las tasas que legalmente correspondan, el Comisario General de Extranjería y Fronteras dispondrá su inscripción en una sección especial del Registro Central de Extranjeros y le dotará de una cédula de inscripción en un documento impreso, que deberá renovarse anualmente y cuyas características se determinarán por el Ministerio del Interior, previo informe de la Comisión Interministerial de Extranjería.

La Dirección General de la Policía expedirá certificaciones o informes sobre los extremos que figuren en dicha sección especial para su presentación ante cualquier otra autoridad española.

9. La persona extranjera al que le haya sido concedida la cédula de inscripción podrá solicitar la correspondiente autorización de residencia por circunstancias excepcionales si reúne los requisitos para ello. Dicha solicitud podrá presentarse y resolverse de manera simultánea con la solicitud de cédula de inscripción.

10. En caso de denegación de la solicitud, una vez notificada ésta, se procederá a su devolución al país de procedencia o a su expulsión del territorio español, en la forma prevista en la Ley Orgánica 4/2000, de 11 de enero, y en este Reglamento.

11. La cédula de inscripción perderá vigencia, sin necesidad de resolución expresa, cuando la persona extranjera sea documentada por algún país o adquiera la nacionalidad española u otra distinta. A tal efecto, la persona extranjera estará obligada a comunicarlo en la Comisaría de policía de la provincia en la que resida, en el plazo de un mes desde la pérdida de vigencia de la misma.

12. Como excepción a los párrafos anteriores, mediante orden ministerial se podrá autorizar, en las condiciones que en ella se determinen, la realización de los trámites administrativos previstos en el presente reglamento con documentos de identidad o de viaje caducados de determinadas nacionalidades si se comprueba la imposibilidad generalizada de sus titulares de proceder a su renovación ante las autoridades del país expedidor.

Artículo 211. *Título de viaje para salida de España.* 1. A las personas extranjeras que se encuentren en España que acrediten una necesidad excepcional de salir del territorio español y no puedan proveerse de pasaporte propio, por encontrarse en alguno de los casos expresados en el artículo 34.2 de la Ley Orgánica 4/2000, de 11 de enero, una vez practicados los trámites regulados en el artículo anterior, la Dirección General de la Policía les podrá expedir un título de viaje con destino a los países que se especifiquen, previendo el regreso a España.

Si el objeto del título de viaje fuera exclusivamente posibilitar el retorno del solicitante a su país de nacionalidad o residencia, el documento no contendrá autorización de regreso a España.

2. En el título de viaje constarán la vigencia máxima y las limitaciones que en cada caso concreto se determinen para su utilización.

3. El título de viaje se expedirá con arreglo al modelo que se determine por orden de la persona titular del Ministerio del Interior.

CAPÍTULO IV
REGISTRO CENTRAL DE EXTRANJEROS

Artículo 212. *Registro Central de Extranjeros.* 1. Existirá, en la Dirección General de la Policía, un Registro Central de Extranjeros en el que se anotarán:

a) Entradas.
b) Documentos de viaje.
c) Prórrogas de estancia.
d) Cédulas de inscripción.
e) Autorizaciones de entrada.
f) Autorizaciones de estancia.
g) Autorizaciones de residencia.
h) Autorizaciones de trabajo.
i) Inadmisiones a trámite, concesiones y denegaciones de protección internacional.
j) Concesiones y denegaciones del estatuto de apátrida y de desplazado.
k) Cambios de nacionalidad, domicilio o estado civil.
l) Limitaciones de estancia.
m) Medidas cautelares adoptadas, infracciones administrativas cometidas y sanciones impuestas en el marco de la Ley Orgánica 4/2000, de 11 de enero, y de este Reglamento.
n) Denegaciones y prohibiciones de entrada en el territorio nacional y sus motivos.
ñ) Devoluciones.
o) Prohibiciones de salida.

p) Expulsiones administrativas o judiciales.
q) Salidas.
r) Autorizaciones de regreso.
s) Certificaciones de número de identidad de extranjero.
t) Retorno de trabajadores de temporada.
u) Cartas de invitación.
v) Retornos voluntarios.
w) Apartado relativo a menores extranjeros no acompañados.
x) Cualquier otra resolución o actuación que pueda adoptarse en aplicación de este Reglamento.

2. Los órganos que adopten las resoluciones y concedan los documentos a que se refiere el apartado 1 deberán dar cuenta de ello, a efectos de su anotación en este registro.

Artículo 213. *Comunicación al Registro Central de Extranjeros de los cambios y alteraciones de situación.* Las personas extranjeras autorizadas a permanecer en España estarán obligadas a poner en conocimiento de la Comisaría de Policía correspondientes al lugar donde residan o permanezcan los cambios de nacionalidad, de domicilio habitual y de estado civil. Dicha comunicación deberá realizarse en el plazo máximo de un mes desde que se produjese el cambio o modificación y deberá ir acompañada de los documentos que acrediten dichos cambios.

CAPÍTULO V
REGISTRO DE MENORES EXTRANJEROS NO ACOMPAÑADOS

Artículo 214. *Registro de Menores Extranjeros No Acompañados.* 1. En la Dirección General de la Policía existirá un Registro de Menores No Acompañados, con efectos exclusivos de identificación, localización y protección que estará coordinado por la Fiscalía General del Estado, para el cumplimiento de las competencias que tiene atribuidas el Ministerio Fiscal por el artículo 35 de la Ley Orgánica 4/2000, de 11 de enero, en el ámbito de su función de garantía y protección del interés superior del menor.

El Registro contendrá en asientos personales, individualizados y numerados, los siguientes datos referentes a la identificación de los menores extranjeros no acompañados, documentados e indocumentados, cuya minoría de edad resulte indubitada desde el momento de su localización o haya sido determinada por Decreto del Ministerio Fiscal:

a) Nombre y apellidos del menor, nombre y apellidos de los padres, lugar de nacimiento, nacionalidad y última residencia en el país de procedencia.
b) Tipo y numeración de la documentación identificativa del menor.
c) Su impresión decadactilar, datos fisonómicos y otros datos biométricos.
d) Fotografía.
e) Datos relativos a la edad indubitada del menor o de la edad establecida por Decreto inicial del Ministerio Fiscal. En su caso, datos modificados por posterior Decreto.
f) Centro de acogida o lugar de residencia.
g) Organismo público u organización no gubernamental, fundación o entidad dedicada a la protección de menores bajo cuya tutela se halle.
h) Traslados del menor entre Comunidades Autónomas.
i) Reconocimiento de su condición de asilado, protegido o víctima de trata.
j) Fecha de solicitud de la autorización de residencia.
k) Fecha de concesión o denegación de la autorización de residencia.
l) Cualesquiera otros datos de relevancia que, a los citados efectos de identificación, estimen necesarios el Ministerio Fiscal o la Dirección General de la Policía.

2. Los servicios competentes de protección de menores a los que se refiere el artículo 35 de la Ley Orgánica 4/2000, de 11 de enero, cuando tengan conocimiento de que un menor se halle en situación de desamparo, deberán comunicar, con la mayor brevedad, a la Dirección General de la Policía y a la Secretaría de Estado de Migraciones, a través de las Oficinas de Extranjería, los datos que conozcan relativos a la identidad del menor conforme lo dispuesto en el apartado anterior.

3. Para garantizar la exactitud e integridad del Registro, el Ministerio Fiscal podrá requerir a los Servicios Públicos de Protección de Menores, Fuerzas y Cuerpos de Seguridad del Estado, Policías autonómicas, Policías locales, Instituciones Sanitarias y a cualquier otra entidad pública o privada, la remisión de cuantos datos obren en su poder sobre menores extranjeros no acompañados. Dichos datos serán remitidos a la Dirección General de la Policía para la actualización del Registro.

TÍTULO XIV
INFRACCIONES EN MATERIA DE EXTRANJERÍA Y SU RÉGIMEN SANCIONADOR

CAPÍTULO I
NORMAS COMUNES DEL PROCEDIMIENTO SANCIONADOR

Artículo 215. *Normativa aplicable.* 1. El ejercicio de la potestad sancionadora por la comisión de las infracciones administrativas previstas en la Ley Orgánica 4/2000, de 11 de enero, se ajustará a lo dispuesto en ella y en la Ley 39/2015, de 1 de octubre, del Procedimiento Administrativo Común de las Administraciones Públicas.

2. No se impondrá sanción alguna por infracciones a los preceptos establecidos en la Ley Orgánica 4/2000, de 11 de enero, sino en virtud de procedimiento instruido al efecto.

3. Cuando se trate de los supuestos calificados como infracción leve del artículo 52.c), d) y e) grave del artículo 53.1.b) y 53.2.a) y muy grave del artículo 54.1.d) y f) de la Ley Orgánica 4/2000, de 11 de enero, el procedimiento aplicable será el previsto el capítulo IV de este título.

Artículo 216. *Modalidades del procedimiento sancionador.* El ejercicio de la potestad sancionadora por la comisión de las infracciones administrativas previstas en la Ley Orgánica 4/2000, de 11 de enero, se tramitará por los procedimientos ordinario, preferente y simplificado, según proceda conforme a lo dispuesto en dicha ley orgánica y en este Reglamento.

Artículo 217. *Actuaciones previas.* Con anterioridad a la iniciación del procedimiento se podrán realizar actuaciones previas para determinar con carácter preliminar si concurren circunstancias que justifiquen tal iniciación. Estas actuaciones se orientarán especialmente a determinar con la mayor precisión posible los hechos susceptibles de motivar la incoación del procedimiento, la identificación de la persona o personas que pudieran resultar responsables y las circunstancias relevantes que concurran en unos y otros.

Artículo 218. *Iniciación del procedimiento sancionador. Competencia.* 1. El procedimiento se iniciará de oficio por acuerdo del órgano competente por propia iniciativa, como consecuencia de orden superior, a petición razonada de otros órganos o por denuncia.

2. Serán competentes para ordenar la incoación del procedimiento sancionador los Delegados del Gobierno en las Comunidades Autónomas uniprovinciales, los Subdelegados del Gobierno, los Jefes de Oficinas de Extranjería, el Comisario General de Extranjería y Fronteras, el Jefe Superior de Policía, los Comisarios Provinciales y las personas titulares de las comisarías locales y puestos fronterizos.

Artículo 219. *Instructor y secretario.* En el acuerdo de incoación del procedimiento se nombrarán instructor y secretario, que deberán ser funcionarios del Cuerpo Nacional de Policía, sin perjuicio de que tales nombramientos puedan recaer en otros funcionarios de las Oficinas de Extranjería cuando se trate de procedimientos sancionadores que se tramiten por las infracciones leves e infracciones graves de las letras e) y h) del artículo 53.1 de la Ley Orgánica 4/2000, de 11 de enero.

Artículo 220. *El decomiso.* 1. De conformidad con lo dispuesto en el artículo 55.5 de la Ley Orgánica 4/2000, de 11 de enero, en los supuestos de infracción de la letra b) del artículo 54.1 de dicha Ley serán objeto de decomiso los vehículos, embarcaciones, aeronaves y cuantos bienes muebles o inmuebles de cualquier naturaleza hayan servido como instrumento para la comisión de la citada infracción.

2. Para garantizar la efectividad del comiso, los agentes de la autoridad podrán proceder desde las primeras investigaciones practicadas a la aprehensión y puesta a disposición de la autoridad competente de los bienes, efectos e instrumentos a que se refiere el apartado anterior y quedará a expensas del expediente sancionador en el que se resolverá lo pertinente sobre ellos.

3. Los bienes, efectos e instrumentos definitivamente decomisados por resolución administrativa o judicial firme se adjudicarán al Estado en los términos fijados por la Ley 33/2003, de 4 de noviembre, del Patrimonio de las Administraciones Públicas.

4. La autoridad judicial podrá acordar que, con las debidas garantías para su conservación y mientras se sustancie el procedimiento, los bienes, objetos o instrumentos de lícito comercio puedan ser utilizados provisionalmente por las unidades de extranjería en la lucha contra la inmigración ilegal.

Artículo 221. *Resolución.* 1. Los Delegados del Gobierno en las Comunidades Autónomas uniprovinciales y los Subdelegados del Gobierno dictarán resolución motivada que confirme, modifique o deje sin efecto la propuesta de sanción y decida todas las cuestiones planteadas por los interesados y aquéllas otras derivadas del procedimiento.

2. La resolución no podrá tener en cuenta hechos distintos de los determinados en la fase de instrucción del procedimiento, sin perjuicio de su diferente valoración jurídica.

3. Para la determinación de la sanción que se imponga, además de los criterios de graduación a que se refieren los apartados 3 y 4 del artículo 55 de la Ley Orgánica 4/2000, de 11 de enero, se valorarán también, a tenor de su artículo 57, las circunstancias de la situación personal y familiar del infractor.

Artículo 222. *Manifestación de la voluntad de recurrir.* A los efectos previstos en el apartado 3 del artículo 22 de la Ley Orgánica 4/2000, de 11 de enero, la persona extranjera manifestará su voluntad expresa de recurrir, cuya constancia se acreditará por medio del apoderamiento regulado en el artículo 24 de la Ley 1/2000, de 7 de enero, de Enjuiciamiento Civil. En el caso de que la persona extranjera se hallase privada de libertad, podrá manifestar su voluntad de interponer recurso contencioso-administrativo o ejercitar la acción correspondiente contra la resolución de expulsión ante el Delegado o Subdelegado del Gobierno competente o el Director del Centro de Internamiento de Extranjeros bajo cuyo control se encuentre, que lo harán constar en el acta que se incorporará al expediente.

Artículo 223. *Ejecución de las resoluciones sancionadoras.* 1. La ejecución de las resoluciones sancionadoras se efectuará de conformidad con lo dispuesto en el capítulo III de este título, sin perjuicio de las particularidades establecidas para el procedimiento preferente.

2. En la resolución se adoptarán, en su caso, las disposiciones cautelares precisas para garantizar su eficacia, en tanto no sea ejecutiva. Las mencionadas disposiciones podrán consistir en el mantenimiento de las medidas provisionales que, en su caso, se hubieran adoptado de conformidad con el artículo 61 de la Ley Orgánica 4/2000, de 11 de enero.

No obstante lo anterior y de acuerdo con lo previsto en el artículo 63 bis de la Ley Orgánica 4/2000, de 11 de enero, no podrá adoptarse la medida cautelar de internamiento preventivo durante el plazo de cumplimiento voluntario que se hubiera fijado en la resolución de expulsión.

3. Las resoluciones administrativas sancionadoras serán recurribles con arreglo a lo dispuesto en las leyes. Su régimen de ejecutividad será el previsto con carácter general.

4. En todo caso, cuando la persona extranjera no se encuentre en España, podrá cursar los recursos procedentes, tanto en vía administrativa como jurisdiccional, a través de las representaciones diplomáticas o consulares correspondientes, que los remitirán al organismo competente.

Artículo 224. *Caducidad y prescripción.* 1. El plazo máximo en que debe dictarse y notificarse la resolución que resuelva el procedimiento será de seis meses desde que se acordó su iniciación, sin perjuicio de lo dispuesto para el procedimiento simplificado en el artículo 237.

Transcurrido dicho plazo sin haberse resuelto y notificado la expresada resolución se producirá la caducidad del procedimiento y se procederá al archivo de las actuaciones a solicitud de cualquier interesado o de oficio por el órgano competente para dictar la resolución, excepto en los casos en que el procedimiento se hubiera paralizado por causa imputable a los interesados o en aquellos supuestos en que se hubiese acordado su suspensión.

2. La acción para sancionar las infracciones previstas en la Ley Orgánica 4/2000, de 11 de enero, prescribe a los tres años si la infracción es muy grave; a los dos años si es grave, y a los seis meses si es leve, contados a partir del día en que los hechos se hubiesen cometido.

La prescripción se interrumpirá por cualquier actuación de la Administración de la que tenga conocimiento el denunciado.

El plazo de prescripción se reanudará si el procedimiento estuviera paralizado durante más de un mes por causa no imputable al expedientado.

3. El plazo de prescripción de la sanción será de cinco años si la sanción impuesta lo fuera por infracción muy grave; de dos años si lo fuera por infracción grave, y de un año si lo fuera por infracción de carácter leve.

Si la sanción impuesta fuera la expulsión del territorio nacional, la prescripción no empezará a contar hasta que haya transcurrido el periodo de prohibición de entrada fijado en la resolución, que será establecido de acuerdo con lo dispuesto en el apartado 2 del artículo 244.

El plazo de prescripción de la sanción comenzará a contarse desde el día siguiente a aquél en que adquiera firmeza la resolución por la que se imponga la sanción.

4. La prescripción, tanto de la infracción como de la sanción, se aplicará de oficio por los órganos competentes en las diversas fases de tramitación del expediente.

5. Tanto la prescripción como la caducidad exigirán resolución en la que se mencione tal circunstancia como causa de terminación del procedimiento, con indicación de los hechos producidos y las normas aplicables, según lo establecido en el artículo 21.1 de la Ley 39/2015, de 1 de octubre.

CAPÍTULO II
MODALIDADES DE TRAMITACIÓN DEL PROCEDIMIENTO SANCIONADOR

SECCIÓN 1.ª
EL PROCEDIMIENTO ORDINARIO

Artículo 225. *Supuestos en que procede el procedimiento ordinario.* El procedimiento seguido será el ordinario salvo en los supuestos especificados en el artículo 233, que se tramitarán por el procedimiento preferente.

Artículo 226. *Iniciación del procedimiento ordinario.* 1. Excepto en los supuestos calificados como infracción grave del artículo 53.1. b) y 53.2.a) o muy grave del artículo 54.1.d) y f) de la Ley Orgánica 4/2000, de 11 de enero, en los que se estará a lo dispuesto en su artículo 55.2, el acuerdo de iniciación del procedimiento se formalizará con el contenido mínimo siguiente:

a) Identificación de la persona o personas presuntamente responsables.

b) Hechos que motivan la incoación del procedimiento sucintamente expuestos, su posible calificación y las sanciones que pudieran corresponder, sin perjuicio de lo que resulte de la instrucción.

c) Instructor y, en su caso, secretario del procedimiento, con expresa indicación del régimen de recusación de éstos.

d) Órgano competente para la resolución del expediente y norma que le atribuye tal competencia.

e) Indicación de la posibilidad de que el presunto responsable pueda reconocer voluntariamente su responsabilidad.

f) Medidas de carácter provisional que se hayan acordado por el órgano competente para iniciar el procedimiento sancionador, sin perjuicio de las que se puedan adoptar durante éste de conformidad con los artículos 55 y 61 de la Ley Orgánica 4/2000, de 11 de enero.

g) Indicación del derecho a formular alegaciones y a la audiencia en el procedimiento y de los plazos para su ejercicio.

2. El acuerdo de iniciación se comunicará al instructor con traslado de cuantas actuaciones existan al respecto y se notificará a los interesados, entendiéndose en todo caso por tal al expedientado.

En la notificación se advertirá a los interesados que, de no efectuar alegaciones sobre el contenido de la iniciación del procedimiento en el plazo previsto en el artículo siguiente, no realizarse propuesta de prueba o no ser admitidas, por improcedentes o innecesarias, las pruebas propuestas, la iniciación podrá ser considerada propuesta de resolución cuando contenga un pronunciamiento preciso acerca de la responsabilidad imputada, con los efectos previstos en los artículos 228 y 229.

3. En los procedimientos en los que pueda proponerse la sanción de expulsión de territorio español la persona extranjera tendrá derecho a la asistencia letrada que se le proporcionará de oficio, en su caso, y a ser asistido por intérprete si no comprende o no habla castellano, de forma gratuita en el caso de que careciese de medios económicos de acuerdo con lo previsto en la normativa reguladora del derecho de asistencia jurídica gratuita.

Artículo 227. *Actuaciones y alegaciones en el procedimiento ordinario.* 1. Sin perjuicio de lo dispuesto en el artículo anterior, los interesados dispondrán de un plazo de quince días para aportar cuantas alegaciones, documentos o informaciones estimen convenientes y, en su caso, proponer las pruebas y concretar los medios de que pretendan valerse.

2. Cursada la notificación a la que se refiere el apartado anterior, el instructor del procedimiento realizará de oficio cuantas actuaciones resulten necesarias para

el examen de los hechos, y recabará los datos e informaciones que sean relevantes para determinar, en su caso, la existencia de responsabilidades susceptibles de sanción.

3. Si como consecuencia de la instrucción del procedimiento resultase modificada la determinación inicial de los hechos, de su posible calificación, de las sanciones imponibles o de las responsabilidades susceptibles de sanción, se notificará todo ello al expedientado en la propuesta de resolución conforme a la Ley 39/2015, de 1 de octubre.

Artículo 228. *Prueba en el procedimiento ordinario.* 1. Recibidas las alegaciones o transcurrido el plazo señalado en el artículo anterior, el órgano instructor podrá acordar la apertura de un periodo de prueba por un plazo no superior a treinta días ni inferior a 10 días.

2. En el acuerdo, que se notificará a los interesados, se podrá rechazar de forma motivada la práctica de aquellas pruebas que, en su caso, hubiesen propuesto aquéllos cuando por su relación con los hechos se consideren improcedentes.

3. La práctica de las pruebas que el órgano instructor estime pertinentes, entendiéndose por tales aquellas distintas de los documentos que los interesados puedan aportar en cualquier momento de la tramitación del procedimiento, se realizará de conformidad con lo establecido en el artículo 78 de la Ley 39/2015, de 1 de octubre. Cuando la prueba consista en la emisión de un informe de un órgano administrativo, organismo o entidad pública y sea admitida a trámite, éste tendrá los efectos previstos en el artículo 80 de la citada Ley 39/2015, de 1 de octubre. Cuando la valoración de las pruebas practicadas pueda constituir el fundamento básico de la decisión que se adopte en el procedimiento por ser pieza imprescindible para la evaluación de los hechos, deberá incluirse en la propuesta de resolución.

Artículo 229. *Colaboración de otras administraciones públicas en el procedimiento ordinario.* El órgano instructor recabará de los órganos y dependencias administrativas órganos, organismos y entidades pertenecientes a cualquiera de las administraciones públicas la información que fuera necesaria para el eficaz ejercicio de sus propias competencias, incluyendo la petición de la información necesaria al Registro Central de Penados.

Artículo 230. *Propuesta de resolución en el procedimiento ordinario.* Concluida en su caso la prueba, el órgano instructor del procedimiento formulará la propuesta de resolución en la que se fijarán de forma motivada los hechos y se especificarán los que se consideren probados y su exacta calificación jurídica, se determinará la infracción que, en su caso, aquéllos constituyan y la persona o personas que resulten responsables, así como la valoración de las pruebas practicadas, en especial aquellas que constituyan los fundamentos básicos de la decisión, y se fijará la sanción que propone que se imponga y las medidas provisionales que se hubieran adoptado, en su caso, por el órgano competente para iniciar el procedimiento o por su instructor, o bien se propondrá la declaración de inexistencia de infracción o responsabilidad.

En todo caso, la determinación de la propuesta de sanción será realizada en base a criterios de proporcionalidad, debiendo tenerse en consideración el grado de culpabilidad de la persona infractora, así como el daño o riesgo producido con la comisión de la infracción.

Artículo 231. *Trámite de audiencia en el procedimiento ordinario.* 1. La propuesta de resolución se notificará a los interesados. A la notificación se acompañará una relación de los documentos que obren en el procedimiento para que los interesados puedan obtener las copias de los que estimen convenientes y se les concederá un plazo de quince días para formular alegaciones y presentar los documentos e informaciones que estimen pertinentes ante el instructor del procedimiento.

2. La propuesta de resolución se cursará inmediatamente al órgano competente para resolver el procedimiento, junto a todos los documentos, alegaciones e informaciones que obren en aquél.

Artículo 232. *Resolución del procedimiento ordinario.* 1. Antes de dictar la resolución, el órgano competente para resolver podrá decidir mediante acuerdo motivado la realización de las actuaciones complementarias indispensables para resolver el procedimiento.

El acuerdo de realización de actuaciones complementarias se notificará a los interesados, a quienes se concederá un plazo de siete días para formular las alegaciones que tengan por pertinentes. Las actuaciones complementarias deberán practicarse en un plazo no superior a quince días. El plazo para resolver el procedimiento quedará suspendido hasta la terminación de las actuaciones complementarias. No tendrán la consideración de actuaciones complementarias los informes que preceden inmediatamente a la resolución final del procedimiento.

2. El órgano competente dictará resolución motivada, que decidirá todas las cuestiones planteadas por los interesados y aquellas otras derivadas del procedimiento.

La resolución se adoptará en el plazo de 10 días desde la recepción de la propuesta de resolución y los documentos, alegaciones e informaciones que obren en el procedimiento, salvo lo dispuesto en los apartados 1 y 3.

3. En la resolución no se podrán aceptar hechos distintos de los determinados en la fase de instrucción del procedimiento, salvo los que resulten, en su caso, de la aplicación de lo previsto en el apartado 1, con independencia de su diferente valoración jurídica. No obstante, cuando el órgano competente para resolver considere que la infracción o la sanción reviste mayor gravedad que la determinada en la propuesta de resolución, se notificará al interesado para que aporte cuantas alegaciones estime convenientes, a cuyos efectos se le concederá un plazo de quince días.

4. Las resoluciones de los procedimientos sancionadores, además de contener los elementos previstos en el artículo 230 y en la Ley 39/2015, de 1 de octubre, incluirán la valoración de las pruebas practicadas y, especialmente, de aquéllas que constituyan los fundamentos básicos de la decisión, fijarán los hechos y, en su caso, la persona o personas responsables, la infracción o infracciones cometidas y la sanción o sanciones que se imponen o bien la declaración de inexistencia de infracción o responsabilidad. La sanción se determinará en base a criterios de proporcionalidad, debiendo tenerse en consideración el grado de culpabilidad de la persona infractora, así como el daño o riesgo producido con la comisión de la infracción.

5. Las resoluciones se notificarán al interesado y cuando el procedimiento se hubiese iniciado como consecuencia de orden superior se dará traslado de la resolución al órgano administrativo autor de aquélla.

SECCIÓN 2.ª
EL PROCEDIMIENTO PREFERENTE

Artículo 233. *Supuestos en que procede el procedimiento preferente.* La tramitación de los expedientes en los que pueda proponerse la expulsión se realizará por el procedimiento preferente cuando la infracción imputada sea alguna de las previstas en las letras a) y b) del artículo 54.1, así como en las letras d) y f) del artículo 53.1 y en el artículo 57.2 de la Ley Orgánica 4/2000, de 11 de enero.

Asimismo, se tramitarán por el procedimiento preferente aquellas infracciones previstas en la letra a) del artículo 53.1 de la Ley Orgánica 4/2000, de 11 de enero, cuando concurra alguna de las siguientes circunstancias:

a) Riesgo de incomparecencia. Para ello se valorará, especialmente, en otras circunstancias, la ausencia de domicilio o de documentación identificativa, no hallarse prueba de que la persona extranjera haya entrado en el espacio Schengen de forma legal o el incumplimiento de una salida obligatoria.

b) Que la persona extranjera evite o dificulte la expulsión, sin perjuicio de las actuaciones en ejercicio de sus derechos.

c) Que la persona extranjera represente un riesgo para el orden público, la seguridad pública o la seguridad nacional.

Artículo 234. *Iniciación y tramitación del procedimiento preferente.* 1. Cuando de las investigaciones se deduzca la oportunidad de decidir la expulsión, se dará traslado del acuerdo de iniciación motivado por escrito al interesado para que alegue en el plazo de cuarenta y ocho horas lo que considere adecuado.

2. En todo caso la persona extranjera tendrá derecho a la asistencia letrada que se le proporcionará de oficio, en su caso, y a ser asistido por intérprete si no comprende o no habla castellano, de forma gratuita en el caso de que careciese de medios económicos de acuerdo con lo previsto en la normativa reguladora del derecho de asistencia jurídica gratuita.

3. En la notificación del acuerdo de iniciación se advertirá al interesado que el acuerdo de iniciación del expediente será considerado como propuesta de resolución con remisión del expediente a la autoridad competente para resolver en el caso de que no efectúe alegaciones por sí mismo o por su representante sobre el contenido de la propuesta, no realice propuesta de prueba, o no sean admitidas de forma motivada, por improcedentes o innecesarias, las pruebas propuestas.

4. Si el interesado o su representante formulasen alegaciones y realizaran proposición de prueba dentro del plazo establecido, el órgano instructor valorará la pertinencia o no de ésta.

Si no se admitiesen las pruebas propuestas por improcedentes o innecesarias, se le notificará al interesado de forma motivada y se le dará trámite de audiencia conforme a lo previsto en el párrafo siguiente. En este supuesto, el acuerdo de iniciación del expediente, sin cambiar la calificación de los hechos, será considerado como propuesta de resolución con remisión a la autoridad competente para resolver.

De estimarse por el instructor la pertinencia de la realización de prueba propuesta, ésta se realizará en el plazo máximo de tres días.

Practicada en su caso la prueba, el instructor formulará propuesta de resolución que se notificará al interesado y le dará trámite de audiencia en el que se le concederá un plazo de cuarenta y ocho horas para formular alegaciones y presentar los documentos que estime pertinentes. Transcurrido dicho plazo se procederá a elevar la propuesta de resolución, junto con el expediente administrativo, a la autoridad competente para resolver.

5. En tanto se realiza la tramitación del expediente, el instructor podrá solicitar al juez de instrucción competente que disponga el ingreso de la persona extranjera expedientada en un Centro de Internamiento de Extranjeros. La solicitud de internamiento deberá ser motivada.

El periodo de internamiento se mantendrá por el tiempo imprescindible para los fines del expediente y no podrá exceder en ningún caso de sesenta días.

La decisión judicial que lo autorice, atendiendo a las circunstancias concurrentes en cada caso, podrá establecer un periodo máximo de duración del internamiento inferior al citado.

No podrá acordarse un nuevo internamiento por cualquiera de las causas previstas en el mismo expediente.

6. Cuando el instructor solicite el internamiento y la autoridad judicial lo deniegue, el instructor, con el fin de asegurar la eficacia de la resolución final que pudiera recaer, podrá adoptar alguna o algunas de las siguientes medidas cautelares:

a) Retirada del pasaporte o documento acreditativo de su nacionalidad, previa entrega al interesado de recibo acreditativo de tal medida.

b) Presentación periódica ante el instructor del expediente o ante otra autoridad que éste determine en los días que, en atención a las circunstancias personales, familiares o sociales del expedientado, se considere aconsejable.

c) Residencia obligatoria en lugar determinado.

d) Cualquier otra medida cautelar que el juez estime adecuada y suficiente.

Artículo 235. *La resolución en el procedimiento preferente. Ejecutividad.* 1. La resolución, en atención a la naturaleza preferente y sumaria del procedimiento, se dictará de forma inmediata. Deberá ser motivada y resolverá todas las cuestiones planteadas en el expediente; no podrá aceptar hechos distintos de los determinados en el curso del procedimiento, con independencia de su diferente valoración jurídica; y será notificada al interesado.

2. La ejecución de la orden de expulsión recaída en estos procedimientos, una vez notificada al interesado, se efectuará de forma inmediata.

De no haber sido puesto en libertad la persona extranjera por la autoridad judicial dentro del plazo de sesenta días a que se refiere el apartado 5 del artículo 234, deberá interesarse de la propia autoridad judicial el cese del internamiento para poder llevar a cabo la conducción al puesto de salida.

3. La excepción de la aplicación del régimen general de ejecutividad de los actos administrativos en el caso de la resolución que ponga fin al procedimiento de expulsión con carácter preferente, establecida en el artículo 21.2 de la Ley Orgánica 4/2000, de 11 de enero, no excluirá el derecho de recurso por los legitimados para ejercerlo, sin perjuicio de la inmediatez de la expulsión y de la improcedencia de declarar administrativamente efecto suspensivo alguno en contra de ella. En la resolución, además de la motivación que la fundamente, se harán constar los recursos que frente a ella procedan, el órgano ante el que hubieran de presentarse y plazo para interponerlos.

Artículo 236. *Comunicaciones en el procedimiento preferente.* La incoación del expediente, las medidas cautelares de detención y de internamiento y la resolución de expulsión serán comunicadas a la embajada o consulado del país de la persona extranjera y se procederá a su anotación en el Registro Central de Extranjeros de la Dirección General de la Policía. Esta comunicación se dirigirá a Ministerio de Asuntos Exteriores, Unión Europea y Cooperación cuando no se haya podido notificar al consulado o éste no radique en España.

SECCIÓN 3.ª
EL PROCEDIMIENTO SIMPLIFICADO

Artículo 237. *Supuestos de iniciación del procedimiento simplificado.* Este procedimiento se tramitará cuando los hechos denunciados se califiquen como infracción de carácter leve prevista en alguno de los supuestos contemplados en el artículo 52 de la Ley Orgánica 4/2000, de 11 de enero, salvo cuando se trate de infracciones tipificadas en los apartados c), d) y e) del mismo, en cuyo caso, conforme a lo dispuesto en el artículo 55.2 de la Ley Orgánica 4/2000, de 11 de enero, se aplicará el procedimiento previsto en los artículos 253 y 254.

Este procedimiento se iniciará de oficio por acuerdo dictado al efecto por alguno de los órganos competentes establecidos en el artículo 218.2 o por denuncia formulada por los agentes del Cuerpo Nacional de Policía.

Este procedimiento simplificado deberá resolverse en el plazo máximo de dos meses desde que se inició.

Artículo 238. *Procedimiento simplificado.* 1. El órgano competente, al dictar el acuerdo de iniciación, especificará en éste el carácter simplificado del procedimiento. Dicho acuerdo se comunicará al órgano instructor y simultáneamente será notificado a los interesados.

En el plazo de diez días a partir de la comunicación y notificación del acuerdo de iniciación, el órgano instructor y los interesados efectuarán, respectivamente, las actuaciones pertinentes, la aportación de cuantas alegaciones, documentos o informaciones estimen convenientes y, en su caso, la proposición y práctica de prueba.

Transcurrido dicho plazo el instructor formulará una propuesta de resolución en la que se fijarán de forma motivada los hechos. Ésta especificará los hechos que se consideren probados y su exacta calificación jurídica, con determinación de la infracción, de la persona o personas responsables, y la sanción que propone, así como de las medidas provisionales que se hubieren adoptado, o bien propondrá la declaración de inexistencia de infracción o responsabilidad.

Si el órgano instructor apreciara que los hechos pueden ser constitutivos de infracción grave o muy grave, acordará que continúe el expediente por los trámites del procedimiento ordinario de este Reglamento y lo notificará a los interesados para que, en el plazo de cinco días, formulen alegaciones si lo estiman conveniente.

2. La iniciación por denuncia formulada por funcionarios del Cuerpo Nacional de Policía se atendrá a las siguientes normas:

a) Las denuncias formuladas por funcionarios del Cuerpo Nacional de Policía se extenderán por ejemplar duplicado. Uno de ellos se entregará al denunciado, si fuera posible, y el otro se remitirá al órgano correspondiente con competencia para acordar la iniciación del procedimiento. Dichas denuncias serán firmadas por el funcionario y por el denunciado, sin que la firma de este último implique conformidad con los hechos que motivan la denuncia sino únicamente la recepción del ejemplar a él destinado. En el caso de que el denunciado se negase a firmar o no supiera hacerlo, el funcionario lo hará constar así.

b) Las denuncias se notificarán en el acto a los denunciados haciendo constar los datos a que hace referencia este artículo. En el escrito de denuncia se hará constar que con ella queda incoado el correspondiente expediente y que el denunciado dispone de un plazo de 10 días para alegar cuanto considere conveniente para su defensa y proponer las pruebas que estime oportunas ante los órganos de instrucción ubicados en la dependencia policial del lugar en que se haya cometido la infracción.

c) Recibida la denuncia en la dependencia policial de la Dirección General de la Policía, se procederá a la calificación de los hechos y graduación de la multa, se impulsará la ulterior tramitación o se propondrá por el órgano instructor a la autoridad competente la correspondiente resolución que declare la inexistencia de infracción en los casos de que los hechos denunciados no fuesen constitutivos de aquélla.

Artículo 239. *Resolución del procedimiento simplificado.* En el plazo de tres días desde que se reciba el expediente, el órgano competente para resolver dictará resolución en la forma y con los efectos procedentes que para las resoluciones de sanción de multa se prevén en el procedimiento ordinario de este Reglamento.

SECCIÓN 4.ª
CONCURRENCIA DE PROCEDIMIENTOS

Artículo 240. *Concurrencia de procedimientos.* 1. Si durante la tramitación del expediente seguido por el procedimiento preferente y por la causa prevista en la letra a) del artículo 53.1 de la Ley Orgánica 4/2000, de 11 de enero, la persona extranjera expedientada acreditase haber solicitado con anterioridad a su iniciación una autorización de residencia temporal por circunstancias excepcionales de conformidad con lo dispuesto en los artículos 31.3 de la citada Ley Orgánica y concordantes de este Reglamento, el instructor recabará informe del órgano competente sobre el estado de tramitación de dicha solicitud. En caso de que el interesado no reuniera, de acuerdo con la resolución que se dicte sobre la solicitud de autorización, los requisitos previstos para la obtención de la autorización de residencia, el instructor decidirá la continuación del expediente de expulsión y, en caso contrario, procederá a su archivo. De entender procedente la prosecución del expediente y previo acuerdo dictado al efecto, continuará por los trámites del procedimiento ordinario regulado en este Reglamento.

2. Cuando en el marco de un procedimiento relativo a autorizaciones de residencia por circunstancias excepcionales de las previstas en los artículos 31bis, 59, 59bis o 68.3 de la Ley Orgánica 4/2000, de 11 de enero, se comprobase que consta contra el solicitante una medida de expulsión no ejecutada por concurrencia de una infracción de las previstas en las letras a) y b) del artículo 53.1 de la Ley Orgánica 4/2000, de 11 de enero, ésta será revocada siempre que del análisis de la solicitud derive la procedencia de la concesión de la autorización de residencia por circunstancias excepcionales.

En caso de que el órgano competente para resolver sobre la solicitud de autorización no fuera el mismo que dictó la sanción a revocar, instará de oficio la revocación de la sanción al órgano competente para ello. En el escrito por el que se inste la revocación se hará constar el tipo de autorización solicitada y se realizará mención expresa a la procedencia de la concesión de la misma por el cumplimiento de los requisitos exigibles para ello, salvo el relativo a la existencia de la medida de expulsión no ejecutada.

3. Los criterios establecidos en el apartado anterior serán igualmente de aplicación, en caso de que, no obstante la inadmisión a trámite de la solicitud de autorización de residencia por circunstancias excepcionales distintas a las previstas los artículos 31bis, 59, 59bis o 68.3 de la Ley Orgánica 4/2000, de 11 de enero, en aplicación de lo establecido en su disposición adicional cuarta, el análisis inicial de la solicitud concluyese en la existencia de indicios claros de la procedencia de concesión de la autorización.

CAPÍTULO III
ASPECTOS ESPECÍFICOS EN LOS PROCEDIMIENTOS SANCIONADORES PARA LA IMPOSICIÓN DE LAS INFRACCIONES DE EXPULSIÓN Y MULTA

SECCIÓN 1.ª
NORMAS PROCEDIMENTALES PARA LA IMPOSICIÓN DE LA EXPULSIÓN

Artículo 241. *Supuestos en que procede el procedimiento de expulsión.* 1. Sin perjuicio de lo dispuesto en el artículo 57.5 y 6 de la Ley Orgánica 4/2000, de 11 de enero, cuando el infractor sea extranjero y realice alguna o algunas de las conductas tipificadas como muy graves o conductas graves de las previstas en las letras a), b), c), d) y f) del apartado 1 del artículo 53 de esta Ley Orgánica, podrá aplicarse en lugar de la sanción de multa la expulsión del territorio español. Asimismo, constituirá causa de expulsión la condena, dentro o fuera de España, por una conducta dolosa que constituya en nuestro país un delito sancionado con pena privativa de libertad superior a un año, salvo que los antecedentes penales hubieran sido cancelados.

2. En caso de concurrencia de la infracción prevista en el artículo 53.1.a) y b) de la Ley Orgánica 4/2000, de 11 de enero, cuando el infractor sea titular de un permiso de residencia válido u otra autorización que otorgue un derecho de estancia expedido por otro Estado miembro de la Unión Europea, se le advertirá mediante diligencia en el pasaporte de la obligación de dirigirse de inmediato al territorio de dicho Estado. En caso de que la persona extranjera no cumpla esta exigencia, o si fuera necesaria su salida inmediata por motivos de orden público o de seguridad nacional, se incoará procedimiento sancionador en base a lo previsto en este Reglamento.

Artículo 242. *Contenido del acuerdo de iniciación del procedimiento de expulsión.* Además del contenido mínimo que ha de incluir el acuerdo de iniciación conforme lo dispuesto en el artículo 226.1 en él se indicarán expresamente los siguientes particulares:

a) El derecho del interesado a la asistencia jurídica gratuita en el caso de que carezca de recursos económicos suficientes de acuerdo con lo previsto en la normativa reguladora del derecho de asistencia jurídica gratuita.

b) El derecho del interesado a la asistencia de intérprete si no comprende o habla las lenguas oficiales que se utilicen.

c) Que el acuerdo de expulsión que pueda dictarse conllevará la prohibición de entrada en España, cuya duración se establecerá de acuerdo con lo dispuesto en el artículo 244.2 de este Reglamento y que será extensiva a los territorios de los Estados con los que España haya suscrito acuerdo en ese sentido.

Artículo 243. *Medidas cautelares en el procedimiento de expulsión.* 1. De conformidad con lo previsto en los artículos 55 y 61 de la Ley Orgánica 4/2000, de 11 de enero, el instructor podrá adoptar en cualquier momento mediante acuerdo motivado las medidas de carácter provisional que resulten necesarias para asegurar la eficacia de la resolución que pudiera recaer.

En caso de que el procedimiento tramitado fuera de carácter ordinario no podrá adoptarse la medida cautelar de internamiento.

2. En iguales términos que los establecidos en el artículo 220 de este Reglamento, el instructor podrá mantener la aprehensión de los bienes, efectos o instrumentos que hayan servido para la comisión de la infracción prevista en el artículo 54.1.b) de la Ley Orgánica 4/2000, de 11 de enero.

Artículo 244. *Contenido y efectos de la resolución del procedimiento de expulsión.* 1. La resolución que ponga fin al procedimiento habrá de ser motivada, con indicación de los recursos que contra ella puedan interponerse, órgano ante el que hubiera de presentarse y plazo para su presentación, de conformidad con lo establecido en el artículo 221.

2. La resolución que acuerde la expulsión llevará consigo la prohibición de entrada al territorio español. Dicha prohibición de entrada se hará extensiva a los territorios de los Estados con los que España haya suscrito acuerdo en ese sentido.

La duración de la prohibición se determinará en consideración a las circunstancias que concurran en cada caso y su vigencia no excederá de cinco años.

Excepcionalmente, cuando la persona extranjera suponga una amenaza grave para el orden público, la seguridad pública, la seguridad nacional o para la salud pública, podrá imponerse un periodo de prohibición de entrada de hasta diez años, previo informe de la Comisaría General de Extranjería y Fronteras.

Sin perjuicio de lo anterior, el órgano competente no impondrá prohibición de entrada en caso de que la persona extranjera abandone el territorio nacional durante la tramitación del expediente o revocará la prohibición de entrada impuesta si la persona extranjera lo abandona en el plazo de cumplimiento voluntario previsto en la orden de expulsión.

La salida del territorio deberá ser oportunamente comunicada al órgano competente para la no imposición o revocación de la prohibición de entrada, siempre que el expediente sancionador haya sido tramitado por alguno de los supuestos contemplados en las letras a) y b) del artículo 53.1 de la Ley Orgánica 4/2000, de 11 de enero.

Se entenderá que la salida ha sido debidamente comunicada:

a) Mediante cumplimentación en los servicios policiales responsables del control fronterizo del impreso previsto para dejar constancia de la salida de la persona extranjera de territorio español.

b) Mediante personación en la oficina consular española en el país de origen o de residencia en la que conste documentación acreditativa de que la salida de territorio español se produjo antes de la resolución del procedimiento sancionador o durante el plazo dado para el cumplimiento voluntario de la sanción impuesta.

La autoridad fronteriza o consular a la que se haya comunicado la salida de territorio español de acuerdo con lo establecido en este apartado dará traslado, a través de la Comisaría General de Extranjería y Fronteras, de dicha información al órgano que haya impuesto la sanción de expulsión o que sea competente para su imposición, a los efectos, respectivamente, de la revocación o no imposición de la prohibición de entrada.

3. La resolución conllevará, en todo caso, la extinción de cualquier autorización para permanecer en España de la que fuese titular la persona extranjera expulsada, así como el archivo de cualquier procedimiento que tuviera por objeto la autorización para residir o trabajar en España.

4. Si la resolución se adoptase en aplicación de la infracción prevista en el artículo 54.1.b) de la Ley Orgánica 4/2000, de 11 de enero, y se hubiese procedido a la aprehensión de bienes, efectos o instrumentos que hubiesen sido utilizados para la comisión de la citada infracción, aquélla conllevará el decomiso de dichos bienes o efectos salvo cuando haya quedado acreditado que los bienes pertenecen a un tercero de buena fe no responsable de la infracción que los haya adquirido legalmente.

Los bienes, efectos e instrumentos definitivamente decomisados por resolución administrativa o judicial firme se adjudicarán al Estado en los términos fijados por la Ley 33/2003, de 3 de noviembre, del Patrimonio de las Administraciones Públicas.

5. Si la resolución se adoptase en aplicación de la infracción prevista en el artículo 54.1.d) de la Ley Orgánica 4/2000, de 11 de enero, y sin perjuicio de la expulsión acordada, podrá contener pronunciamiento por el que se adopte la clausura del establecimiento o local desde seis meses a cinco años.

Artículo 245. *Ejecución de la resolución en el procedimiento de expulsión.* 1. Las resoluciones de expulsión del territorio nacional que se dicten en procedimientos de tramitación preferente se ejecutarán de forma inmediata de acuerdo con las normas específicas previstas en este Reglamento y en el artículo 63 la Ley Orgánica 4/2000, de 11 de enero.

2. Las resoluciones de expulsión del territorio nacional que se dicten en procedimientos de tramitación ordinaria contendrán el plazo de cumplimiento voluntario para que la persona extranjera abandone el territorio nacional.

La duración de dicho plazo oscilará entre siete y treinta días y comenzará a transcurrir desde el momento de la notificación de la citada resolución. La imposición de un plazo inferior a quince días tendrá carácter excepcional y habrá de estar debidamente motivada en el escrito por el que se comunique su duración.

Con carácter previo a su finalización, el plazo de cumplimiento voluntario de la orden de expulsión podrá prorrogarse en atención a las circunstancias que concurran en cada caso concreto, tales como la duración de la estancia, tener a cargo menores escolarizados o la existencia de otros vínculos familiares y sociales.

En el caso de que la persona extranjera tenga a cargo menores escolarizados, no procederá la ejecución de la sanción de expulsión hasta la finalización del curso académico salvo que el otro progenitor sea residente en España y pueda hacerse cargo de ellos.

3. Transcurrido dicho plazo sin que la persona extranjera haya abandonado el territorio nacional, los funcionarios policiales competentes en materia de extranjería procederán a su detención y conducción hasta el puesto de salida por el que haya de hacerse efectiva la expulsión.

Si la expulsión no se pudiera ejecutar en el plazo de setenta y dos horas desde el momento de la detención, el instructor o el responsable de la unidad de extranjería del Cuerpo Nacional de Policía ante la que se presente el detenido podrá solicitar de la autoridad judicial el ingreso de la persona extranjera en los centros de internamiento establecidos al efecto.

El periodo de internamiento se mantendrá por el tiempo imprescindible para ejecutar la expulsión, que no podrá prolongarse en ningún caso más allá de sesenta días, o hasta que se constate la imposibilidad de ejecutarla en dicho plazo. No podrá acordarse un nuevo internamiento sobre la base del mismo expediente de expulsión.

4. Con carácter preferente, la ejecución de la resolución de expulsión se efectuará a costa del empleador que haya sido sancionado como consecuencia de la comisión de la infracción grave prevista en el artículo 53.2.a) y muy grave del artículo 54.1.d) de la Ley Orgánica 4/2000, de 11 de enero, sin perjuicio y de forma compatible con la sanción económica que corresponda de conformidad con el procedimiento establecido para la imposición de sanciones por infracciones del orden social.

5. La ejecución de la resolución de expulsión se efectuará a costa de la persona extranjera si éste dispusiera de medios económicos. En caso contrario, se comunicará dicha circunstancia al representante diplomático o consular de su país, a los efectos oportunos.

Salvo en supuestos en que se hubiera impuesto un periodo de cumplimiento voluntario de la sanción y éste hubiera sido inatendido por el extranjero, en caso de que éste dispusiera de medios económicos y asumiera el coste de la repatriación de manera voluntaria, el Delegado o Subdelegado del Gobierno que hubiera dictado dicha resolución podrá acordar, de oficio o a instancia de parte, su sustitución por la salida obligatoria si se cumplen las siguientes condiciones:

a) Que la infracción que haya motivado la resolución de expulsión sea la contenida en el artículo 53.1.a) y b) de la Ley Orgánica 4/2000, de 11 de enero;

b) Que existan garantías suficientes o pueda comprobarse la realización de la oportuna salida obligatoria prevista en el artículo 28.3.c) de la Ley Orgánica 4/2000; y

c) Que la persona extranjera esté por su nacionalidad sometida a la obligación de visado para cruzar las fronteras exteriores en aplicación de un acuerdo de régimen común de visados, de carácter internacional, en el que España sea parte.

6. La salida del territorio nacional podrá acreditarse mediante certificado emitido por funcionario del paso fronterizo, en el que conste la identidad del extranjero, su número de pasaporte, datos del medio de transporte y fecha en que abandonó el territorio nacional.

7. Si la persona extranjera formulase petición de protección internacional, se suspenderá la ejecución de la resolución de expulsión hasta que se haya inadmitido a trámite o resuelto, de conformidad con lo establecido en la normativa de protección internacional.

Igualmente, se suspenderá la ejecución de la expulsión en los casos de mujeres embarazadas cuando suponga un riesgo para la gestación o para la vida o la integridad física de la madre o cuando se trate de personas enfermas y la medida pueda suponer un riesgo para su salud.

Artículo 246. *Reconocimiento de resoluciones de expulsión de otros Estados miembros de la Unión Europea y Estados asociados Schengen.* 1. Cuando un extranjero sea detenido en territorio español y se constate que contra él se ha dictado una resolución de expulsión por un Estado miembro de la Unión Europea o un Estado asociado Schengen, se procederá a ejecutar inmediatamente la resolución, sin necesidad de incoar nuevo expediente de expulsión. Para ello, el Delegado o Subdelegado del Gobierno procederá a dictar un acuerdo expreso de reconocimiento de dicha resolución de expulsión, así como de la prohibición de entrada a ella asociada.

2. En caso de que la resolución de expulsión del Estado miembro emisor conceda un plazo de salida voluntario, se respetará dicho plazo y no se dictará ningún acuerdo de reconocimiento en España mientras aquél esté vigente. Finalizado este plazo, sólo se dictará acuerdo de reconocimiento de la decisión original si ésta dispone su ejecutividad forzosa automática por incumplimiento del plazo de salida voluntario.

3. Se podrá solicitar la autorización del Juez de instrucción para el ingreso en un centro de internamiento, con el fin de asegurar la ejecución de la sanción de expulsión, de acuerdo con lo previsto en la Ley Orgánica 4/2000, de 11 de enero.

Artículo 247. *Extranjeros procesados o imputados en procedimientos por delitos.* De conformidad con lo dispuesto en el artículo 57.7 de la Ley Orgánica 4/2000, de 11 de enero, cuando la persona extranjera se encuentre procesada o imputada en un procedimiento judicial por delito o falta para el que la ley prevea una pena privativa de libertad inferior a seis años o una pena de distinta naturaleza y conste este hecho acreditado en el expediente administrativo de expulsión, la autoridad gubernativa someterá al juez que, previa audiencia del Ministerio Fiscal y oído el interesado y las partes personadas, autorice en el plazo más breve posible y en todo caso no superior a tres días su expulsión, salvo que de forma motivada aprecie la existencia de circunstancias excepcionales que justifiquen su denegación.

En el caso de que la persona extranjera se encuentre sujeta a varios procesos penales tramitados en diversos juzgados y consten estos hechos acreditados en el expediente administrativo de expulsión, la autoridad gubernativa instará de todos ellos la autorización a que se refiere el párrafo anterior.

A los efectos de lo dispuesto en este artículo, se considerará que consta acreditado en el expediente administrativo de expulsión la existencia de procesos penales en contra del expedientado, cuando sea el propio interesado quien lo haya acreditado documentalmente en cualquier momento de la tramitación, o cuando haya existido comunicación de la autoridad judicial o del Ministerio Fiscal al órgano competente para la instrucción o resolución del procedimiento sancionador, en cualquier forma o a través de cualquier tipo de requisitoria.

Artículo 248. *Comunicaciones en el procedimiento de expulsión.* La resolución de expulsión será comunicada a la embajada o consulado del país de la persona extranjera y a la Secretaría de Estado de Migraciones, así como anotada en el Registro Central de Extranjeros. Esta comunicación se dirigirá al Ministerio de

Asuntos Exteriores, Unión Europea y Cooperación cuando no se haya podido notificar al consulado del país de la persona extranjera o este no radique en España.

SECCIÓN 2.ª
NORMAS PROCEDIMENTALES PARA LA IMPOSICIÓN DE MULTAS

Artículo 249. *Supuestos de aplicación del procedimiento para la imposición de multas.* Las normas procedimentales recogidas en esta sección serán de aplicación cuando el infractor, cualquiera que sea su nacionalidad, realice alguna de las conductas tipificadas como graves o muy graves de las previstas en los artículos 53 y 54 de la Ley Orgánica 4/2000, de 11 de enero, sin perjuicio de los supuestos en que se pueda imponer la expulsión según lo dispuesto en este título.

En el supuesto de comisión de conductas tipificadas como leves se aplicará lo dispuesto para el procedimiento simplificado.

Para la determinación de la cuantía de la sanción se tendrá especialmente en cuenta la capacidad económica del infractor.

Artículo 250. *Contenido del acuerdo de iniciación del procedimiento para la imposición de multas.* El contenido mínimo del acuerdo de iniciación del procedimiento para la imposición de sanción de multa será conforme a lo dispuesto en el artículo 226.

Los demás trámites procedimentales, salvo lo dispuesto en los artículos siguientes, serán los establecidos para el procedimiento ordinario contenidos en la sección 1.ª del capítulo II de este título.

Artículo 251. *Medidas cautelares en el procedimiento para la imposición de multas.* 1. En iguales términos que los establecidos en el artículo 220 de este Reglamento se podrá proceder a la aprehensión de los bienes, efectos o instrumentos que hayan sido utilizados para la comisión de la infracción prevista en el artículo 54.1.b) de la Ley Orgánica 4/2000, de 11 de enero.

2. Cuando se siga expediente sancionador por alguna de las infracciones previstas en el artículo 54.2.b) y c) de la Ley Orgánica 4/2000, de 11 de enero, y los transportistas infrinjan la obligación de tomar a cargo al extranjero transportado ilegalmente, la autoridad gubernativa podrá acordar alguna de las siguientes medidas:

a) Suspensión temporal de sus actividades, que no podrá exceder de un periodo de seis meses.

b) Prestación de fianza o avales, en atención al número de afectados y el perjuicio ocasionado.

c) Inmovilización del medio de transporte utilizado hasta el cumplimiento de la referida obligación.

Artículo 252. *Resolución del procedimiento para la imposición de multas. Efectos y ejecutividad.* 1. La resolución que ponga fin al procedimiento habrá de ser motivada, con indicación de los recursos que contra ella puedan interponerse, el órgano ante el que hubiera de presentarse y el plazo para su presentación, y ajustarse a lo dispuesto en el artículo 221.

2. Si la resolución se adoptase en aplicación de la infracción prevista en el artículo 54.1.b) de la Ley Orgánica 4/2000, de 11 de enero, y se hubiese procedido a la aprehensión de bienes, efectos o instrumentos que hubiesen sido utilizados para la comisión de la citada infracción, aquélla conllevará el decomiso de dichos bienes o efectos salvo cuando haya quedado acreditado que los bienes pertenecen a un tercero de buena fe no responsable de la infracción que los haya adquirido legalmente.

Los bienes, efectos e instrumentos definitivamente decomisados por resolución se adjudicarán al Estado en los términos fijados por la Ley 33/2003, de 3 de noviembre, del Patrimonio de las Administraciones Públicas.

3. Si la resolución se adoptase en aplicación de la infracción prevista en el artículo 54.1.d) de la Ley Orgánica 4/2000, de 11 de enero, y sin perjuicio de la sanción de multa acordada, podrá contener pronunciamiento por el que se adopte la clausura del establecimiento o local desde seis meses a cinco años.

4. Las resoluciones administrativas de imposición de sanción de multa dictadas en aplicación de la Ley Orgánica 4/2000, de 11 de enero, serán inmediatamente ejecutivas una vez que hayan adquirido firmeza en vía administrativa, salvo que el órgano competente acuerde su suspensión.

5. Las multas deberán hacerse efectivas a los órganos de recaudación de la Administración gestora, directamente o a través de entidades de crédito, dentro de los quince días siguientes a la fecha de su firmeza en vía administrativa.

Vencido el plazo de ingreso establecido en el párrafo anterior sin que se hubiese satisfecho la multa, la exacción se llevará a cabo por el procedimiento de apremio. A tal efecto será título ejecutivo la certificación de descubierto expedida por el órgano competente de la Administración gestora.

Los órganos y procedimientos de la recaudación ejecutiva serán los establecidos en el Real Decreto 939/2005, de 29 de julio, por el que se aprueba el Reglamento General de Recaudación y demás normas de aplicación.

Los actos de gestión recaudatoria en vía de apremio dictados por los órganos de la Administración General del Estado respecto de las multas impuestas en aplicación de la Ley Orgánica 4/2000, de 11 de enero, serán impugnables en la vía económico-administrativa.

CAPÍTULO IV
INFRACCIONES Y SANCIONES EN EL ORDEN SOCIAL Y VIGILANCIA LABORAL

Artículo 253. *Vigilancia laboral.* La inspección en materia de trabajo de extranjeros se ejercerá a través de la Inspección de Trabajo y Seguridad Social en desarrollo de las funciones y competencias que tiene atribuidas en su normativa específica de conformidad con lo dispuesto en la Ley 23/2015, de 21 de julio, Ordenadora del Sistema de Inspección de Trabajo y Seguridad Social, y sus normas de aplicación.

En aquellas Comunidades Autónomas a las que se les haya traspasado la competencia ejecutiva en materia de inspección, sin perjuicio de la unidad del sistema y de los acuerdos que puedan alcanzarse entre la Administración General del Estado y la de la Comunidad, la planificación y organización de las labores de inspección a las que se refiere este artículo corresponderán a la administración autonómica en aquellos supuestos en los que le haya sido traspasada también la competencia en materia de autorizaciones iniciales de trabajo por cuenta propia o ajena de las personas extranjeras cuya relación laboral se desarrolle en el ámbito de la Comunidad Autónoma.

Artículo 254. *Infracciones y sanciones en el orden social.* 1. Las infracciones leves tipificadas en los artículos 52.c), d) y e); graves del artículo 53.1.b) y 53.2.a); y muy graves del artículo 54.1.d) y f) de la Ley Orgánica 4/2000, de 11 de enero, serán sancionadas de conformidad con el procedimiento para la imposición de sanciones por infracciones de orden social, y por lo dispuesto en este artículo.

2. Las sanciones por las infracciones a las que se refiere el apartado anterior podrán imponerse en los grados de mínimo, medio y máximo, atendiendo a los criterios expresados a continuación y aplicando el principio de proporcionalidad.

3. Calificadas las infracciones en la forma y conforme a los tipos previstos en la Ley Orgánica 4/2000, de 11 de enero, las sanciones se graduarán en atención al grado de culpabilidad del sujeto infractor, al daño producido o al riesgo derivado de la infracción y la trascendencia de ésta.

Igualmente, se tendrá en especial consideración, en caso de proceder la imposición de la sanción de multa y para la determinación de su cuantía, la capacidad económica del infractor.

4. Las infracciones se sancionarán:

a) Las leves, en su grado mínimo, con multa de 50 a 100 euros; en su grado medio, de 101 a 250 euros; y en su grado máximo, de 251a 500 euros.

b) Las graves, en su grado mínimo, con multa de 501 a 2.000 euros; en su grado medio, de 2.001 a 5.000 euros; y en su grado máximo, de 5.001 a 10.000 euros.

c) Las muy graves, en su grado mínimo, con multa de 10.001 a 20.000 euros; en su grado medio, de 20.001 a 50.000 euros; y en su grado máximo de 50.001 hasta 100.000 euros.

5. La ordenación de la tramitación de los expedientes sancionadores corresponderá a las Jefaturas de la Inspección de Trabajo y Seguridad Social competentes por razón del territorio o, en el caso de Comunidades Autónomas a las que se les haya traspasado la competencia en materia de inspección, al órgano competente de acuerdo con la normativa autonómica de aplicación.

La iniciación, el contenido de las actas, la notificación y las alegaciones se ajustarán a lo dispuesto en el Reglamento general sobre procedimientos para la imposición de sanciones por infracciones de orden social y para los expedientes liquidatorios de cuotas de la Seguridad Social, aprobado por el Real Decreto 928/1998, de 14 de mayo.

En los casos de infracción prevista en el artículo 53.1. b), cuando se trate de trabajadores por cuenta propia, y en el artículo 54.1.d) y f), cuando el empresario infractor sea extranjero, de la Ley Orgánica 4/2000, de 11 de enero, en el acta de infracción se hará constar expresamente que en virtud de lo establecido en el artículo 57.1 de la referida Ley Orgánica el órgano competente para resolver podrá aplicar la expulsión de territorio español en lugar de la sanción de multa.

6. Las actas de infracción de extranjeros serán notificadas por las Jefaturas de Inspección de Trabajo y Seguridad Social, o en su caso por los órganos autonómicos competentes, al sujeto o sujetos responsables. En las actas se hará constar que se podrán formular alegaciones contra ellas en el plazo de quince días.

7. Si no se formulase escrito de alegaciones continuará la tramitación del procedimiento hasta dictar la resolución.

8. Si se formulasen alegaciones, la Jefatura de la Inspección de Trabajo y Seguridad Social, o en su caso el órgano autonómico, podrá solicitar, a la vista de las mismas, el informe ampliatorio al inspector o subinspector que practicó el acta. Dicho informe se emitirá en el plazo de quince días. El citado informe será preceptivo si en las alegaciones se invocan hechos o circunstancias distintos a los consignados en el acta, insuficiencia del relato fáctico de esta o indefensión por cualquier causa.

9. Instruido el expediente, el Jefe de la Inspección de Trabajo y Seguridad Social, o en su caso el órgano autonómico competente, lo elevará con la propuesta de resolución al Delegado o Subdelegado del Gobierno, o en su caso al órgano autonómico competente para resolver, de conformidad con lo establecido en el artículo 55.2 de la Ley Orgánica 4/2000, de 11 de enero.

En la propuesta de resolución se fijarán de forma motivada los hechos probados, su calificación jurídica y la cuantía de la sanción que se propone imponer y, en el caso de que el acta de infracción incluyese la sanción accesoria a que se refiere el artículo 55.6 de la Ley Orgánica 4/2000, de 11 de enero, también se efectuará propuesta de resolución sobre aquélla.

10. El órgano competente para resolver, previas las diligencias que estime necesarias, dictará la resolución en el plazo de diez días desde la finalización de la tramitación del expediente de conformidad con lo establecido para las resoluciones sancionadoras por el Real Decreto 928/1998, de 14 de mayo.

En el caso de que el órgano competente para resolver decida aplicar la sanción de expulsión del territorio español en lugar de la sanción de multa, dictará resolución de expulsión con los requisitos y efectos establecidos en el artículo 241.

11. Las resoluciones sancionadoras que dicten los Subdelegados del Gobierno o los Delegados del Gobierno en las Comunidades Autónomas uniprovinciales, o en su caso el órgano autonómico competente, en relación con este tipo de infracciones quedarán sometidas al régimen común de recursos previsto en la disposición adicional novena de este Reglamento.

12. En lo no previsto por el procedimiento especial, regulado por el Real Decreto 928/1998, de 14 de mayo, regirá el procedimiento común de conformidad con lo establecido en el apartado 2 de la disposición adicional primera de la Ley 39/2015, de 1 de octubre.

CAPÍTULO V
INFRACCIONES, SANCIONES Y OBLIGACIÓN DE SU COMUNICACIÓN INTERORGÁNICA

Artículo 255. *Otras infracciones y sanciones.* Las personas extranjeras que incumplan los deberes, obligaciones y cargas impuestos por el ordenamiento jurídico general serán sancionadas con arreglo a la legislación específicamente aplicable en cada caso.

Artículo 256. *Comunicación interorgánica de infracciones.* 1. La Dirección General de Gestión Migratoria y la Inspección de Trabajo y Seguridad Social, o en su caso el órgano autonómico con competencia sobre la materia, darán cuenta a la oficina de extranjería y a los servicios policiales correspondientes de los supuestos de infracciones relativas a la entrada y permanencia de extranjeros en España de que tuvieran conocimiento en el ejercicio de sus competencias.

2. Igualmente, las Oficinas de Extranjería y los servicios policiales comunicarán a la Dirección General de Gestión Migratoria y a la Inspección de Trabajo y Seguridad Social, o en su caso el órgano autonómico con competencia sobre la materia, los hechos que conozcan y que pudieran constituir infracciones laborales contra lo dispuesto en este Reglamento.

Cuando la expulsión hubiera sido autorizada judicialmente, las Oficinas de Extranjería y los servicios policiales comunicarán de modo inmediato la salida en el plazo de cumplimiento voluntario, la práctica de la expulsión o las razones que en su caso imposibilitan su realización a la autoridad judicial que la hubiese autorizado y al Ministerio Fiscal.

3. Cuando el Ministerio Fiscal conozca que un extranjero se encuentra investigado en un procedimiento por delito menos grave y pudiera estar incurso en alguna de las causas de expulsión previstas en la Ley Orgánica 4/2000, de 11 de enero, sin que hubiera sido incoado el correspondiente expediente administrativo sancionador, informará sobre tal imputación a la Delegación o Subdelegación del Gobierno competente para que ésta compruebe si procede o no la incoación de expediente de expulsión. A los mismos efectos, el Ministerio Fiscal comunicará a la autoridad gubernativa las condenas impuestas a extranjeros por delito doloso castigado con pena privativa de libertad superior a un año.

4. Los directores de los establecimientos penitenciarios notificarán a la oficina de extranjería y a la comisaría provincial de policía correspondientes a su demarcación, con tres meses de anticipación, la excarcelación de extranjeros que hubieran sido condenados en virtud de sentencia judicial por delito, a los efectos de que en

su caso se proceda a la expulsión de conformidad con lo establecido en la Ley Orgánica 4/2000, de 11 de enero. A estos efectos, en los expedientes personales de las personas extranjeras condenadas se hará constar si les ha sido incoado expediente de expulsión, así como en su caso el estado de tramitación en que se halle.

5. El Registro Central de Penados comunicará, de oficio o a instancia de la oficina de extranjería o de la Comisaría de Policía correspondientes, los antecedentes penales de las personas extranjeras que hayan sido condenados por delito doloso que tenga señalada pena superior a un año de prisión, a los efectos de la incoación del correspondiente expediente de expulsión, a cuyo fin remitirá un certificado de aquéllos.

Artículo 257. *Comunicaciones de los órganos judiciales a la Delegación o Subdelegación del Gobierno en relación con extranjeros.* 1. De conformidad con lo establecido en la disposición adicional decimoséptima de la Ley Orgánica 19/2003, de 23 de diciembre, de modificación de la Ley Orgánica 6/1985, de 1 de julio, del Poder Judicial, los órganos judiciales comunicarán a la Delegación o Subdelegación del Gobierno competente la finalización de los procesos judiciales en los que concurra la comisión de infracciones administrativas a las normas sobre extranjería, a los efectos de que pueda reanudarse, iniciarse o archivarse, si procede, según los casos, el procedimiento administrativo sancionador. Del mismo modo, comunicarán aquellas condenas impuestas a extranjeros por delito doloso castigado con pena privativa de libertad superior a un año a los efectos de la incoación del correspondiente expediente sancionador.

2. Igualmente, comunicarán las sentencias en las que acuerden la sustitución de las penas privativas de libertad impuestas o de las medidas de seguridad que sean aplicables a las personas extranjeras no residentes legalmente en España por su expulsión del territorio nacional. En estos casos, la sentencia que acuerde la sustitución dispondrá la ejecución de la pena privativa de libertad o medida de seguridad originariamente impuesta hasta tanto la autoridad gubernativa proceda a materializar la expulsión. A estos efectos la autoridad gubernativa deberá hacer efectiva la expulsión en el plazo más breve posible y, en todo caso, dentro de los treinta días siguientes, salvo causa justificada que lo impida, que deberá ser comunicada a la autoridad judicial.

TÍTULO XV
OFICINAS DE EXTRANJERÍA Y CENTROS DE MIGRACIONES

CAPÍTULO I
LAS OFICINAS DE EXTRANJERÍA

Artículo 258. *Creación.* 1. Las Oficinas de Extranjería son las unidades que integran los diferentes servicios de la Administración General del Estado competentes en materia de extranjería e inmigración en el ámbito provincial, al objeto de garantizar la eficacia y coordinación en la actuación administrativa.

2. La Secretaría de Estado de Migraciones, previa consulta a los Ministerios del Interior y de Política Territorial y Memoria Democrática, impulsará la creación, supresión y modificación de Oficinas de Extranjería, por orden ministerial conjunta de los Ministerios de Inclusión, Seguridad Social y Migraciones, del Interior, de Política Territorial y Memoria Democrática y del Ministerio para la Transformación Digital y de la Función Pública.

3. Las Oficinas de Extranjería estarán ubicadas en la capital de las provincias en las que se constituyan.

Por razones relacionadas con la configuración geográfica, administrativa, económica y de población de una provincia, el Ministerio de Política Territorial y Memoria Democrática, con acuerdo de las Secretarías de Estado de Migraciones y de Seguridad, podrá excepcionalmente determinar la ubicación de una oficina de extranjería en una población distinta a la capital de la provincia en la que se constituya.

4. Las Oficinas de Extranjería podrán disponer de oficinas delegadas ubicadas en los distritos de la capital y en los municipios de la provincia para facilitar las gestiones administrativas de los interesados. Dichas oficinas delegadas serán creadas por resolución del titular de la Delegación o Subdelegación del Gobierno a la que se adscriba la oficina de extranjería correspondiente.

Las personas titulares de las Secretarías de Estado de Seguridad y de Migraciones podrán dictar Instrucciones conjuntas para coordinar las unidades policiales con las correspondientes Oficinas de Extranjería.

Artículo 259. *Dependencia.* 1. Las Oficinas de Extranjería dependerán orgánicamente de la correspondiente Delegación o Subdelegación del Gobierno, se encuadrarán en las Áreas funcionales de Trabajo e Inmigración, y dependerán funcionalmente del Ministerio de Inclusión, Seguridad Social y Migraciones, a través de la Secretaría de Estado de Migraciones, y del Ministerio del Interior, ambos en el ámbito de sus respectivas competencias.

2. Las Oficinas de Extranjería se regirán por lo dispuesto en este Reglamento, así como por su normativa de creación y funcionamiento.

Artículo 260. *Funciones.* Las Oficinas de Extranjería ejercerán, en el ámbito provincial, las siguientes funciones, previstas en la normativa vigente en materia de extranjería y en el derecho de la Unión Europea:

1. La recepción de la declaración de entrada. La tramitación de las prórrogas de estancia, de la tarjeta de identidad de extranjero, autorizaciones de residencia, autorizaciones de trabajo y excepciones a la obligación de obtener autorización de trabajo, autorizaciones de regreso, así como la expedición y entrega de aquéllas.
2. La recepción de la solicitud de cédula de inscripción y de título de viaje para la salida de España, así como su expedición y entrega.
3. La tramitación de los procedimientos sancionadores por infracciones previstas en la normativa en materia de extranjería y en el derecho de la Unión Europea. No obstante, las devoluciones, y los expedientes sancionadores que lleven a la expulsión del infractor extranjero, o a su detención e ingreso en un Centro de Internamiento de Extranjeros, serán ejecutados por las Brigadas y Unidades de Extranjería y Fronteras de las Comisarías de Policía.
4. La tramitación de los recursos administrativos que procedan.
5. La elevación a los órganos y autoridades competentes de las oportunas propuestas de resolución relativas a los expedientes a que se ha hecho referencia en los párrafos anteriores.
6. La asignación y comunicación del número de identidad de extranjero, por los servicios policiales de las propias Oficinas.
7. La información, recepción y tramitación de la solicitud de protección internacional y de las solicitudes del estatuto de apátrida.
8. La obtención y elaboración del conjunto de información estadística de carácter administrativo y demográfico sobre la población extranjera y en régimen comunitario de la provincia.
9. El control del mantenimiento de las condiciones que determinaron la concesión de la autorización.

Artículo 261. *Organización funcional de las Oficinas de Extranjería.* 1. El Jefe de la oficina de extranjería establecerá los criterios de realización de las funciones referidas en el artículo anterior, que se ejercerán bajo la dirección, a través del respectivo Director del Área funcional o Jefe de la Dependencia provincial de Trabajo e Inmigración, de los Delegados y Subdelegados del Gobierno correspondientes, y sin perjuicio de las competencias que en materia de resolución de expedientes correspondan a otros órganos.

2. Las oficinas delegadas colaborarán en el desarrollo de las funciones de la correspondiente Oficina de Extranjería, en especial, las referidas a la atención al ciudadano, recepción de solicitudes y escritos, notificación y entrega de resoluciones y documentos, y podrán ejercer las competencias que les sean delegadas.

3. Sin perjuicio de la competencia atribuida al Jefe de la oficina de extranjería en el apartado 1 de este artículo, corresponderá a los servicios policiales adscritos a ella:

a) La asignación y comunicación del número de identidad de extranjero y la emisión de certificados de residente y no residente.

b) La expedición y entrega de la documentación correspondiente a la normativa sobre protección internacional y el estatuto de apátrida.

c) La expedición y entrega del título de viaje o documento análogo para la salida de España, así como de la tarjeta de identidad de extranjero y de los documentos de identificación provisionales.

d) La expedición de las etiquetas de visado en las que se materialicen las prórrogas de estancias de corta duración.

e) La materialización de la anulación o retirada de los visados de estancia de corta duración.

f) La tramitación de las autorizaciones de regreso.

g) La grabación en el Registro Central de Extranjeros de los cambios y alteraciones de la situación de las personas extranjeras previstos en el artículo 213.

Artículo 262. *Personal.* 1. Los diferentes servicios encargados de la tramitación de los expedientes en materia de extranjería se integrarán en la Oficina de Extranjería, que actuará como un único centro de gestión, bajo la dirección del respectivo Director del Área funcional o Jefe de la Dependencia provincial de Trabajo e Inmigración.

2. Las Oficinas de Extranjería contarán con una relación de puestos de trabajo y, en su caso, un catálogo del personal laboral para la respectiva integración del personal procedente de los servicios a que se hace referencia en el apartado 1 y sus correspondientes puestos de trabajo.

3. Las Oficinas de Extranjería contarán con la adscripción de personal de la Dirección General de la Policía para la realización de las funciones que ésta tiene asignadas en materia de extranjería.

4. El Jefe de la oficina de extranjería será nombrado y cesado por el Delegado del Gobierno, previo informe favorable de la Secretaría de Estado de Migraciones, ya se provea el puesto de forma provisional o definitivamente.

Su nombramiento se realizará por el sistema de libre designación entre funcionarios de carrera del Subgrupo A1 o del Subgrupo A2 de la Administración General del Estado, dentro de los límites establecidos en el Reglamento general de ingreso del personal al Servicio de la Administración General del Estado y de provisión de puestos de trabajo y promoción profesional de los funcionarios civiles de la Administración General del Estado, aprobado por el Real Decreto 364/1995, de 10 de marzo.

CAPÍTULO II
LOS CENTROS DE MIGRACIONES

Artículo 263. *La red pública de centros de migraciones.* 1. Para el cumplimiento de los fines de integración social que tiene encomendados, el Ministerio de Inclusión, Seguridad Social y Migraciones dispondrá de una red pública de centros de migraciones, que desempeñarán tareas de información, atención, acogida, intervención social, formación, detección de situaciones de trata de seres humanos y, en su caso, derivación, dirigidas a la población extranjera. Igualmente podrán desarrollar o impulsar actuaciones de sensibilización relacionadas con la inmigración.

2. En particular, la red de centros de migraciones podrá desarrollar programas específicos dirigidos a extranjeros que tengan la condición de solicitantes de asilo o del estatuto de apátrida, refugiados, apátridas, beneficiarios de la protección dispensada por el artículo 37.b) de la Ley 12/2009, de 30 de octubre, inmigrantes que lleguen a España de acuerdo con las normas reguladoras de la gestión colectiva de contrataciones en origen, así como a extranjeros que se hallen en situación de vulnerabilidad o riesgo de exclusión social. Corresponderá a la Dirección General de Atención Humanitaria y del Sistema de Acogida de Protección Internacional determinar los programas que vayan a desarrollar por los centros de migraciones, así como sus destinatarios.

3. La red de centros de migraciones estará integrada por los centros de acogida a refugiados regulados por el Real Decreto 220/2022, de 29 de marzo, los centros de estancia temporal de inmigrantes en Ceuta y Melilla, así como, en su caso, por los centros de nueva creación. Los centros integrados en la red de centros de migraciones se regirán por un estatuto común, sin perjuicio de la posibilidad de que los distintos centros desarrollen programas destinados a colectivos determinados, de acuerdo con lo dispuesto en el apartado anterior.

Artículo 264. *Régimen jurídico de los centros de migraciones.* Mediante orden de la persona titular del Ministerio de la Presidencia, a propuesta conjunta de las personas titulares de los Ministerios de Política Territorial y Memoria Democrática y de Inclusión, Seguridad Social y Migraciones, instada por el titular de la Secretaria de Estado de Migraciones, se podrá:

a) Acordar el establecimiento de nuevos centros de migraciones, la ampliación de los ya existentes o su clausura.

b) Aprobar los estatutos y normas de funcionamiento interno de los centros de migraciones.

c) Determinar las prestaciones que se dispensarán en ellos, así como el régimen jurídico al que se hallan sujetas.

Artículo 265. *Ingreso en centros de migraciones.* 1. Las normas de funcionamiento interno de los centros determinarán los requisitos y el procedimiento que se deba seguir para el ingreso de un extranjero en un centro de migraciones.

2. Cuando la persona extranjera carezca de un título que autorice su permanencia en España, el ingreso en un centro de migraciones llevará aparejada la expedición de un volante personal e intransferible que le autorice a permanecer en el centro, en el que junto a la fotografía de la persona extranjera se harán constar sus datos de filiación, nacionalidad, número de identidad de extranjero, si lo tuviera asignado, así como la fecha de caducidad del tiempo en que habitará en el centro.

3. Esta autorización de permanencia se entiende sin perjuicio de las ulteriores decisiones que las autoridades competentes adopten en relación con la situación administrativa de la persona extranjera en España.

DISPOSICIONES ADICIONALES

Disposición adicional primera. *Desarrollo normativo.* El título V de las autorizaciones de residencia y trabajo para actividades de temporada y el título VI del procedimiento de gestión colectiva de contratación en origen podrán ser desarrollados mediante Orden Ministerial de la persona titular del Ministerio de Inclusión,

Seguridad Social y Migraciones, que deberá ser aprobada en el plazo máximo de un año desde la entrada en vigor de este Reglamento.

Disposición adicional segunda. *Atribución de competencias únicas.* 1. Cuando circunstancias de naturaleza económica, social o laboral lo aconsejen y en supuestos no regulados de especial relevancia, a propuesta de la persona titular de la Secretaría de Estado de Migraciones, previo informe de la persona titular de la Secretaría de Estado de Seguridad y, en su caso, de las personas titulares de las Subsecretarías de Asuntos Exteriores, Unión Europea y Cooperación y de Política Territorial y Memoria Democrática, el Consejo de Ministros podrá dictar, previa información y consulta a la Comisión Laboral Tripartita de Inmigración, instrucciones que determinen la concesión de autorizaciones de residencia temporal y/o trabajo, que podrán quedar vinculadas temporal, por ocupación laboral o territorialmente en los términos que se fijen en aquéllas, o de autorizaciones de estancia. Las instrucciones establecerán la forma, los requisitos y los plazos para la concesión de dichas autorizaciones. Asimismo, la persona titular de la Secretaría de Estado de Migraciones, previo informe de la persona titular de la Secretaría de Estado de Seguridad podrá otorgar autorizaciones individuales de residencia temporal cuando concurran circunstancias excepcionales no previstas en este Reglamento.

2. En el ejercicio de las competencias de coordinación que tiene atribuidas, la persona titular de la Secretaría de Estado de Migraciones podrá proponer al Consejo de Ministros la aprobación de las instrucciones a las que haya de ajustarse la actuación de los diferentes departamentos ministeriales en cuanto ejerciten funciones relacionadas con los ámbitos de la extranjería y la inmigración.

Disposición adicional tercera. *Normativa aplicable a los procedimientos.* En lo no previsto en materia de procedimientos en este Reglamento se estará a lo dispuesto en la Ley 39/2015, de 1 de octubre, del Procedimiento Administrativo Común de las Administraciones Públicas y su normativa de desarrollo.

Disposición adicional cuarta. *Sistema de información migratoria.* 1. Conforme a lo dispuesto en la disposición adicional quinta de la Ley Orgánica 4/2000, de 11 de enero, se desarrollará un sistema de información que incluya una aplicación informática común que permitirá la tramitación de todos los procedimientos de extranjería regulados en este reglamento y que registre la información y datos relativos a las personas extranjeras y ciudadanos de la Unión Europea residentes en España, sus autorizaciones y visados de larga duración.

Su implantación y coordinación con los restantes Departamentos implicados corresponderá al Ministerio de Inclusión, Seguridad Social y Migraciones. Ese mismo departamento será el responsable de su administración.

2. Los distintos órganos de la Administración General del Estado que participan en la tramitación de las distintas fases de los procedimientos en materia de extranjería e inmigración realizarán las modificaciones en su estado electrónico conforme a las competencias que tengan atribuidas.

El sistema de información común garantizará que los órganos administrativos competentes en las distintas fases del procedimiento tienen conocimiento en tiempo real del inicio de cualquier fase sobre la que les corresponde actuar, cuando éste derive de la actuación previa de otro órgano.

Este Sistema será interoperable con los de la Agencia Estatal de Administración Tributaria, la Administración de la Seguridad Social y el Instituto Nacional de Estadística, este último en lo relativo al Padrón Municipal de Habitantes, y se permitirá el acceso directo a los datos que consten en sus ficheros con la exclusiva finalidad de cumplimentar las actuaciones que los órganos de la Administración General del Estado competentes en los procedimientos regulados en este Reglamento.

En el caso de las solicitudes iniciales de permiso de trabajo, la acreditación de que el empleador está al corriente en el pago de sus obligaciones tributarias y frente a la Seguridad Social requerirá siempre la autorización previa del empleador solicitante.

3. La aplicación del Sistema de Información migratoria será interoperable con el Registro central de extranjeros del Ministerio del Interior para acceder a la información que tenga registrada, que pueda repercutir en la situación administrativa de las personas extranjeras en España, y que sirva para la tramitación de los procedimientos previstos en este Reglamento.

4. Cuando la Misión diplomática u Oficina consular competente no disponga de los medios técnicos necesarios para la conexión en tiempo real a la aplicación informática común, se realizarán volcados de información entre dichos órganos y la aplicación, con periodicidad diaria.

5. Se garantizará que el Sistema de Información Migratoria sea interoperable con los sistemas de información previstos en el derecho de la Unión Europea en los ámbitos de fronteras, visados, cooperación judicial, el asilo y la migración, para que los datos contenidos relativos a autorizaciones de trabajo y visados de larga duración puedan ser intercambiados en el marco de las obligaciones establecidas por las disposiciones de la Unión Europea.

6. El Ministerio de Inclusión, Seguridad Social y Migraciones en colaboración con el resto de los órganos de la Administración del Estado con competencias en los procedimientos previstos en este reglamento, elaborará y aprobará las normas de carácter técnico y metodológico del sistema de información en el plazo de un año desde la entrada en vigor del reglamento.

Disposición adicional quinta. *Gestión informática en los procedimientos con intervención de las Comunidades Autónomas.* A los efectos de asegurar la necesaria coordinación de los órganos competentes de la Administración General del Estado con los de las Comunidades Autónomas, la gestión electrónica de los procedimientos de autorizaciones iniciales de trabajo por cuenta propia o ajena de las personas extranjeras, se realizará por dichas Administraciones mediante aplicaciones informáticas que respondan a formatos y estándares que se determinarán de acuerdo con lo establecido en el Real Decreto 4/2010, de 8 de enero, por el que se regula el Esquema Nacional de Interoperabilidad en el ámbito de la Administración electrónica, así como a condiciones de seguridad de acuerdo con lo establecido en el Real Decreto 311/2022, de 3 de mayo, por el que se regula el Esquema Nacional de Seguridad.

A tales efectos, la gestión electrónica de procedimientos debe permitir:

a) La actualización en tiempo real de la base de datos de la Administración General del Estado en cada fase de tramitación de los expedientes que supongan la introducción y modificación de datos e informes por cada administración competente.

b) El acceso y la consulta de las administraciones competentes, incluidas las Oficinas consulares, del estado de tramitación de los expedientes. Según sus necesidades organizativas y de acuerdo con la legislación vigente en materia de protección de datos de carácter personal, las Administraciones competentes podrán establecer diferentes niveles de acceso para la consulta de los datos e informes recogidos en la tramitación electrónica de los procedimientos.

c) La intercomunicación y el intercambio de datos e informes entre las Administraciones competentes cuando sean necesarios para la tramitación y resolución de los expedientes de autorización inicial de trabajo por cuenta propia o ajena. Las condiciones y garantías de las comunicaciones y el intercambio de datos e informes entre la Administración General del Estado y las Comunidades Autónomas se fijarán en un convenio.

d) La obtención de datos actualizados para el cumplimiento de las funciones de observación permanente de las magnitudes y características más significativas del fenómeno inmigratorio, para analizar su impacto en la sociedad española y facilitar información objetiva y contrastada, de conformidad con lo dispuesto por el artículo 67 de la Ley Orgánica 4/2000, de 11 de enero, sobre derechos y libertades de los extranjeros en España y su integración social, y el Real Decreto 345/2001, de 4 de abril, por el que se regula el Observatorio Permanente de la Inmigración.

e) La notificación electrónica a los ciudadanos, cuando proceda, así como un único acceso a los distintos Tablones Edictales de Extranjería que le puedan afectar.

Disposición adicional sexta. *Exigencia, normativa y convenios en materia sanitaria.* 1. Lo establecido en este Reglamento no excluye la vigencia y cumplimiento de lo dispuesto en los reglamentos y acuerdos sanitarios internacionales, así como en los artículos 38 y 39 y en la disposición final octava de la Ley 14/1986, de 25 de abril, General de Sanidad, en el Real Decreto 1418/1986, de 13 de junio, sobre funciones del Ministerio de Sanidad, Política Social e Igualdad en materia de sanidad exterior, y en las demás disposiciones dictadas para su aplicación y desarrollo.

2. La Administración General del Estado, a los efectos de la realización de cuantas actuaciones y pruebas sanitarias pudieran derivarse de la aplicación de este Reglamento, suscribirá, a través de los departamentos ministeriales en cada caso competentes, los oportunos convenios con los correspondientes servicios de salud o instituciones sanitarias.

Disposición adicional séptima. *Plazos de resolución de los procedimientos.* 1. Sin perjuicio de los plazos específicamente establecidos en relación con determinados procedimientos, el plazo general máximo para notificar las resoluciones sobre las solicitudes que se formulen por los interesados en los procedimientos regulados en este Reglamento será de tres meses contados a partir del día siguiente al de la fecha en que hayan tenido entrada en el registro del órgano competente para tramitarlas.

2. En los procedimientos en materia de visados, el plazo máximo, y no prorrogable, para notificar las resoluciones sobre las solicitudes será de un mes, contado a partir del día siguiente al de la fecha en que la solicitud haya sido presentada en forma en la oficina consular competente para su tramitación o ésta haya recibido la correspondiente resolución favorable de autorización, salvo en el caso de que se establezcan otros plazos en relación con el procedimiento de determinados visados.

3. El contenido de los apartados 1 y 2 de esta disposición adicional se entenderá sin perjuicio de los plazos establecidos por el derecho de la Unión Europea como directamente aplicables en materia de visados de tránsito aeroportuario, visados uniformes o visados de validez territorial limitada.

4. La obligación formal de informar al solicitante de visado sobre el plazo máximo para la notificación de la resolución del procedimiento, los supuestos de suspensión del cómputo de dicho plazo y los efectos del silencio administrativo se entenderá cumplida mediante la inserción de una nota informativa sobre tales extremos en los impresos de solicitud.

Disposición adicional octava. *Silencio administrativo.* Transcurrido el plazo para notificar las solicitudes, estas podrán entenderse desestimadas de acuerdo con lo dispuesto en la disposición adicional primera de la Ley Orgánica 4/2000, de 11 de enero, y con las excepciones contenidas en dicha disposición adicional.

Disposición adicional novena. *Recursos.* Las resoluciones que dicten los órganos competentes de los Ministerios de Asuntos Exteriores, Unión Europea y Cooperación, del Interior, y de Inclusión, Seguridad Social y Migraciones, los Delegados del Gobierno y Subdelegados del Gobierno, bajo la dependencia funcional de estos dos últimos Ministerios, con base en lo dispuesto en este Reglamento, sobre concesión o denegación de visados, prórrogas de estancia o autorizaciones de residencia y de trabajo, cédulas de inscripción, así como sobre sanciones gubernativas y expulsiones de extranjeros, pondrán fin a la vía administrativa, y contra éstas podrán interponerse los recursos administrativos o jurisdiccionales legalmente previstos. Se exceptúan las resoluciones sobre denegación de entrada y devolución, las cuales no agotan la vía administrativa.

Asimismo, pondrán fin a la vía administrativa las resoluciones adoptadas por el órgano competente del Ministerio del Interior de denegación, anulación o revocación de la autorización de viaje prevista en el Reglamento (UE) 2018/1240 del Parlamento Europeo y del Consejo de 12 de septiembre de 2018 por el que se establece un Sistema Europeo de Información y Autorización de Viajes (SEIAV).

Disposición adicional décima. *Cotización por la contingencia de desempleo.* En las contrataciones de las personas extranjeras titulares de las autorizaciones de residencia y trabajo para actividades de temporada y titulares de estancia por estudios autorizadas para ejercer una actividad retribuida no se cotizará por la contingencia de desempleo.

Disposición adicional undécima. *Informes policiales.* Los informes policiales en materia de seguridad y orden público a emitir en el marco de los procedimientos regulados en este Reglamento contendrán en todo caso el conjunto de la información obrante en las Fuerzas y Cuerpos de Seguridad del Estado adscritos a la Dirección General de la Policía.

Igualmente, los emitidos respecto al ámbito territorial de Comunidades Autónomas a las que se les haya traspasado competencias en materia de seguridad ciudadana y orden público, contendrán el informe sobre afectación del orden público aportado por la autoridad autonómica competente.

Disposición adicional duodécima. *Tasas por tramitación de procedimientos.* 1. Los órganos competentes para la tramitación de los procedimientos regulados en este Reglamento, salvo los relativos a visados, realizarán, una vez presentada a trámite la correspondiente solicitud, las actuaciones tendentes a la comprobación de oficio de que se ha efectuado el abono de las tasas exigibles de acuerdo con el artículo 44.2 de la Ley Orgánica 4/2000, de 11 de enero.

2. El periodo de pago voluntario para el abono de dichas tasas será, salvo en los procedimientos relativos a visados, de diez días, según los casos:

a) Desde el momento de presentación de la solicitud.

b) Desde el alta del trabajador extranjero en el régimen correspondiente a la Seguridad Social, en el caso de autorizaciones de residencia y trabajo por cuenta ajena, o de su renovación, a favor de trabajadores de servicio doméstico de carácter parcial o discontinuo, o de renovaciones de dichas autorizaciones en ausencia de empleador.

3. En aquellos casos en los que las personas extranjeras tengan asignado un número de identidad de extranjero y se dispongan a presentar una solicitud de autorización de residencia o de trabajo a través de los medios electrónicos habilitados al efecto, el abono de las tasas se realizará, en todo caso, en el acto de presentación electrónica de la solicitud desde el momento en que la administración haya implementado el sistema.

4. Las tasas por tramitación de autorizaciones de residencia, autorizaciones de trabajo o expedición de Tarjetas de Identidad de Extranjero tendrán carácter autoliquidable.

Disposición adicional decimotercera. *Desconcentración de la competencia de cierre de pasos fronterizos.* 1. Se desconcentra a favor del titular de la Secretaría de Estado de Seguridad la competencia para acordar, en los supuestos en los que lo requiera la seguridad del Estado o de los ciudadanos, el cierre temporal de los puestos fronterizos habilitados para el paso de personas a que se refiere el artículo 3 de este Reglamento.

2. El titular de la Secretaría de Estado de Seguridad comunicará las medidas que vayan a adoptarse a la Secretaría de Estado de Migraciones, a los departamentos afectados y, a través del Ministerio de Asuntos Exteriores, Unión Europea y Cooperación, a aquellos países e instituciones con los que España esté obligada a ello como consecuencia de los compromisos internacionales suscritos.

Disposición adicional decimocuarta. *Autorización de trabajo de las personas extranjeras solicitantes de protección internacional.* Los solicitantes de protección internacional estarán autorizados para trabajar en España una vez transcurridos seis meses desde la fecha de la solicitud, siempre que ésta hubiera sido admitida a trámite y no estuviera resuelta por causa no imputable al interesado. La autorización para trabajar se acreditará mediante la inscripción «autoriza a trabajar» en el documento de solicitante de protección internacional y, si procede, en sus sucesivas renovaciones, y estará condicionada a su validez. En caso de que no proceda esta inscripción porque no se cumplan los citados requisitos, la Oficina de Asilo y Refugio hará constar tal hecho en resolución motivada y se lo notificará al interesado.

Disposición adicional decimoquinta. *Representantes de las organizaciones empresariales en el extranjero.* 1. A los efectos de las previsiones contenidas en el artículo 39 de la Ley Orgánica 4/2000, de 11 de enero, y el Título VI de este Reglamento, en los correspondientes procesos de selección en origen de las personas trabajadoras extranjeros podrán participar representantes de las organizaciones empresariales españolas. A tal efecto, los representantes de dichas organizaciones podrán quedar acreditados por la Secretaría de Estado de Migraciones ante las oficinas consulares de España en los países que hayan firmado acuerdos sobre regulación de flujos migratorios.

2. Sin perjuicio de lo anterior, el Ministerio de Asuntos Exteriores, Unión Europea y Cooperación y la Secretaria de Estado de Migraciones promoverán conjuntamente la firma de Convenios con las Comunidades Autónomas con competencias ejecutivas en materia de autorizaciones de trabajo y que hayan establecido servicios para facilitar la tramitación de los correspondientes visados, de cara a ordenar la actuación de éstas en el marco de procedimientos de gestión colectiva de contrataciones en origen.

Disposición adicional decimosexta. *Legislación en materia de protección internacional.* Los preceptos relativos a la protección internacional contenidos en el presente Reglamento se interpretarán de conformidad con lo dispuesto en la Ley Orgánica 4/2000, de 11 de enero, sobre derechos y libertades de los extranjeros en España y su integración social, la Ley 12/2009, de 30 de octubre, reguladora del derecho de asilo y de la protección subsidiaria, y en el Reglamento por el que se regula el sistema de acogida en materia de protección internacional, aprobado por Real Decreto 220/2022, de 29 de marzo.

Disposición adicional decimoséptima. *Personas extranjeras no comunitarias empleadas por las Fuerzas Armadas.* La normativa que se dicte en desarrollo de este Reglamento, así como las actuaciones de los órganos competentes para su aplicación tendrán en consideración las especificidades propias de las personas extranjeras no comunitarios relacionados con las Fuerzas Armadas a través de una relación de servicios de carácter temporal.

Disposición adicional decimoctava. *Identificación y protección de la víctima de trata de seres humanos.* Las previsiones establecidas en el artículo 148 del reglamento aprobado por este real decreto serán igualmente de aplicación a las víctimas potenciales de trata de seres humanos nacionales de un Estado miembro de la Unión Europea o incluidas en el ámbito subjetivo de aplicación del derecho de la Unión Europea relativo a extranjería.

Disposición adicional decimonovena. *Personas extranjeras beneficiarias de protección temporal.* Las condiciones y el procedimiento por las que se regula la modificación de la autorización de residencia de las personas extranjeras desplazadas conforme a la normativa sobre protección temporal en caso de afluencia masiva de personas desplazadas, serán establecidas por Orden de la persona titular del Ministerio de la Presidencia, Justicia y Relaciones con las Cortes, a propuesta de las personas titulares de los Ministerios de Inclusión, Seguridad Social y Migraciones y Ministerio de Interior.

DISPOSICIÓN TRANSITORIA ÚNICA

Registro de Instituciones y Centros de Enseñanza Superior.

Por real decreto se creará el Registro de Instituciones y Centros de Enseñanza Superior. Hasta su entrada en vigor, y a efectos de los apartados 6 y 7 del artículo 54, además de las instituciones y centros inscritas en los registros previstos en el artículo 52.1.a), se entenderá por Instituciones y Centros de Enseñanza Superior aquellos que tengan reconocimiento oficial de una administración pública.

§ 4. Real Decreto 162/2014, de 14 de marzo, por el que se aprueba el reglamento de funcionamiento y régimen interior de los centros de internamiento de extranjeros

(*BOE* de 15 de Marzo de 2014)

ÍNDICE SISTEMÁTICO

§ 4. Real Decreto 162/2014, de 14 de marzo, por el que se aprueba el reglamento de funcionamiento y régimen interior de los centros de internamiento de extranjeros

(*BOE* de 15 de Marzo de 2014)

I

Los centros de internamiento de extranjeros aparecen por vez primera en nuestro ordenamiento jurídico en el artículo 26 de la Ley Orgánica 7/1985, de 1 de julio, sobre derechos y libertades de los extranjeros en España, que contempla la posibilidad de que el juez de instrucción acuerde, como medida cautelar vinculada a la sustanciación o ejecución de un expediente de expulsión, el internamiento, a disposición judicial, de extranjeros en locales que no tengan carácter penitenciario.

El funcionamiento de estos espacios de internamiento fue objeto de la correspondiente regulación en el Reglamento de ejecución de la Ley Orgánica 7/1985, de 1 de julio, aprobado por el Real Decreto 155/1996, de 2 de febrero, y en la Orden del Ministerio de Presidencia de 22 de febrero de 1999, dictada en cumplimiento de la habilitación contenida en el referido real decreto. Esa orden ministerial se ha venido aplicando hasta el momento actual, con las únicas salvedades derivadas de los efectos de la Sentencia del Tribunal Supremo de 11 de mayo de 2005, que declaró la nulidad de diversos apartados de los artículos 30, 33 y 34, apartado 5.

La necesaria regulación, mediante norma con rango de ley orgánica, de los aspectos más trascendentes del funcionamiento de los centros de internamiento de extranjeros tiene lugar con la aprobación de reforma de la Ley Orgánica 4/2000, de 11 de enero, sobre derechos y libertades de los extranjeros en España y su integración social, llevada a cabo por la Ley Orgánica 14/2003, de 20 de noviembre. En los artículos 62 bis a 62 sexies, introducidos por dicho texto legal, se abordan aspectos esenciales del funcionamiento de estos centros como son los derechos y obligaciones de los internos, la información que debe serles suministrada a su ingreso, la formulación de peticiones y quejas, la adopción de medidas de seguridad y la figura del director como responsable último del funcionamiento del centro, aspectos desarrollados posteriormente en los artículos 153 a 155 del Reglamento de dicha ley orgánica, aprobado por el Real Decreto 2393/2004, de 30 de diciembre, derogado después por el Reglamento de la misma actualmente en vigor, aprobado por el Real Decreto 557/2011, de 20 de abril.

Los centros, tal como se recoge en los artículos 60.2 y 62 bis de la Ley Orgánica 4/2000, de 11 de enero, no tienen carácter penitenciario y los extranjeros en ellos internados estarán privados únicamente del derecho deambulatorio, limitación que será conforme al contenido y finalidad de la medida judicial de ingreso acordada.

La reforma de la Ley Orgánica 4/2000, de 11 de enero, operada por la Ley Orgánica 2/2009, de 11 de diciembre, viene a perfeccionar el régimen de garantías y control judicial de los centros de internamiento de extranjeros. Para ello, se crea la figura del juez competente para el control de la estancia (artículo 62.6), se reconoce el derecho de los internos a entrar en contacto con organizaciones no gubernamentales, nacionales e internacionales de protección de inmigrantes y el derecho de éstas a visitar los centros (artículo 62 bis) y se contempla, como garantía adicional, la inmediata puesta en libertad del extranjero por la autoridad administrativa que lo tiene a su cargo, en el momento en que cesen las circunstancias que motivaron la medida cautelar de internamiento (artículo 62.3).

Con posterioridad a esta última reforma de la Ley Orgánica 4/2000, de 11 de enero, se ha producido otra novedad legislativa que afecta al régimen de internamiento de extranjeros. La nueva redacción del artículo 89 del Código Penal, dada por la Ley Orgánica 5/2010, de 22 de junio, contempla el ingreso en un centro de internamiento de extranjeros como medida judicial tendente a asegurar, en determinados casos, la salida del territorio español de aquellos extranjeros a los que los jueces y tribunales hubieran sustituido penas de prisión, o parte de las mismas, por la medida de expulsión.

Por último, en el marco normativo, es obligado hacer referencia a la figura del Ministerio Fiscal, dadas las funciones que al mismo le atribuye su Estatuto Orgánico, aprobado por la Ley 50/1981, de 30 de diciembre, al que para llevarlas a cabo le confiere, entre otras, las de poder girar visita a los centros o establecimientos de detención, penitenciarios o de internamiento de cualquier clase, pudiendo examinar los expedientes de los internos y recabar cuanta información estime conveniente.

El presente reglamento viene a satisfacer no solo la necesidad legal de desarrollar reglamentariamente todos estas novedades en el ejercicio del mandato expreso que la disposición adicional tercera de la Ley Orgánica 2/2009, de 11 de diciembre, dirige al Gobierno, sino también la material de dar concreción a aspectos del funcionamiento de los centros, regulando el régimen de internamiento de extranjeros de forma específica y completa mediante una norma con rango de real decreto que venga a sustituir definitivamente a la Orden del Ministerio de la Presidencia de 22 de febrero de 1999, hasta ahora en vigor, procediéndose, asimismo, a incorporar al derecho nacional diversos aspectos regulados por la Directiva 2008/115/CE del Parlamento Europeo y del Consejo, de 16 de diciembre de 2008, relativa a normas y procedimientos comunes en los Estados miembros para el retorno de los nacionales de terceros países en situación irregular.

En este sentido, se ha considerado oportuno dedicar un reglamento específico a la regulación de estos centros, desvinculando tal desarrollo normativo del reglamento general de la Ley Orgánica 4/2000, de 11 de enero, cuyo artículo 258 regula el ingreso en los mismos, por considerar que la relevancia de la materia y la importancia de los derechos afectados exige un tratamiento detallado de los diferentes aspectos de las condiciones en las que debe producirse el internamiento, que redunde en el incremento de las garantías de los extranjeros objeto de esta medida.

A la hora de abordar la regulación completa del régimen de internamiento de los extranjeros, resulta además imprescindible tener en cuenta las transformaciones sociales sufridas en los catorce años transcurridos desde la aprobación de la Orden del Ministerio de la Presidencia de 22 de febrero de 1999, cambios que han afectado no sólo al fenómeno migratorio en nuestro país, sino también a la propia actividad administrativa del internamiento de extranjeros.

Precisamente, la experiencia adquirida desde la implantación de los centros de internamiento, tanto desde el ámbito del Ministerio del Interior como desde el enfoque aportado por diversos organismos ajenos a dicho departamento y movimientos y colectivos sociales de distinta índole, aconsejan que los centros en los que se hallan los extranjeros deban sufrir una profunda reforma que traslade esos cambios demandados a la propia estructura y funcionamiento de los mismos.

Así, en la organización y actividad diaria de los centros deben diferenciarse dos ámbitos bien distintos y que, a su vez, responden a finalidades diferentes.

Por un lado, la seguridad de los centros y de las personas que en ellos se encuentran se atribuye al Cuerpo Nacional de Policía que deberá garantizar, como personal especializado en la seguridad, el normal desarrollo de la actividad en las instalaciones, evitando perturbaciones o restableciendo el orden que pudiera verse alterado. Igualmente, el Cuerpo Nacional de Policía gestiona todo lo relativo a la tramitación del expediente de expulsión y a la permanencia del extranjero en el centro, que se encuentran íntima y estrechamente unidas, sin perjuicio de las competencias reconocidas a la autoridad judicial.

Por otro, la faceta asistencial que debe ser asumida por personal especializado ajeno a la policía, concretamente empleados públicos dependientes de la Administración General del Estado, que desempeñarán las funciones de organización, gestión y control de la prestación de los servicios asistenciales, tanto de carácter social como de otro orden.

Dada la naturaleza de estos servicios, la normativa vigente ofrece diversos cauces para que los diferentes órganos del Ministerio del Interior, como departamento responsable de los centros, puedan llegar a suscribir acuerdos o convenios con entidades, instituciones u organizaciones, de carácter público o privado, mediante los cuales la prestación de los mismos pueda llegar a externalizarse, sin que ello suponga merma alguna de las competencias, responsabilidad y demás funciones que, como titular de los centros, corresponde a los citados órganos administrativos.

II

El presente reglamento regula, en su título I, las disposiciones generales a que habrán de adecuarse estos centros, perfilando en ellas la definición, naturaleza y finalidad de estos establecimientos. Contiene asimismo las disposiciones que permiten incardinar los centros en el Ministerio del Interior y prevé mecanismos de colaboración con las organizaciones no gubernamentales comprometidas en la asistencia de los extranjeros.

En particular, el capítulo III del título I concreta los medios personales y materiales con que habrán de estar provistos estos centros, estableciendo su naturaleza y finalidad así como su organización interna, como establecimientos públicos de carácter no penitenciario dependientes del Ministerio del Interior; y el capítulo IV la estructura organizativa, en la que destaca la figura del director como garante de los derechos de los internos y responsable último de su seguridad y funcionamiento, con la participación activa de los responsables de los distintos servicios -seguridad, sanitario, asistencial- del centro mediante su presencia en la junta de coordinación.

El título II regula con amplitud los derechos y deberes que la Ley Orgánica 4/2000, de 11 de enero, atribuye a los internos, dedicando artículos específicos a la presentación de reclamaciones y quejas y a la necesaria llevanza en cada centro de un libro de peticiones y quejas a disposición de los internos.

Los principales procedimientos de actuación -ingresos, salidas y conducciones de los internos- son objeto de una detallada descripción en el título III del reglamento que, entre otros aspectos, hace especial incidencia en los relativos a la información de derechos al interno, así como en los requisitos y garantías necesarios para la realización de estos trámites.

El título IV detalla el régimen de funcionamiento de los centros, los horarios y actividades generales de los mismos, atribuyendo el artículo 39 capacidades al director para aprobar, previa consulta con la junta de coordinación, el horario y medidas de régimen interior. Asimismo, se dedican artículos específicos a la regulación del régimen de visitas de familiares y entrevistas con abogados y autoridades diplomáticas y consulares.

La formación del personal, las reglas de conducta exigibles al mismo y los mecanismos de control e inspección son objeto del título V, destacando la regulación de la figura del juez competente para el control de la estancia en el centro y la de los órganos administrativos encargados de la supervisión interna de los mismos.

Por su parte, el título VI está dedicado a la descripción de las medidas de vigilancia y seguridad, contemplando la posibilidad excepcional de adoptar medidas de contención física y de separación preventiva del interno que, con pleno respeto al principio de proporcionalidad, podrán ser tomadas para evitar actos de violencia o lesiones propias o ajenas, impedir actos de fuga, daños en la instalaciones o de resistencia frente al personal del centro en el ejercicio legítimo de su cargo, y que habrán de ser comunicadas en el plazo más breve posible a la autoridad judicial, la cual deberá acordar su mantenimiento, modificación o revocación, sin que en ningún caso puedan llegar a constituir una sanción encubierta.

Excepcionalmente, para garantizar la seguridad del centro se podrá practicar el registro personal del interno, que sólo cuando fuera indispensable se realizará con desnudo integral. Esta medida se ampara en el artículo 62 quinquies de la Ley Orgánica 4/2000, de 11 de enero, y se regula con las garantías exigidas por la jurisprudencia del Tribunal Constitucional (sentencia 17/2013, de 31 de enero), que ha declarado que puede ser un medio necesario para garantizar la defensa del interés público, expresado en el mantenimiento del orden y la seguridad en el centro de internamiento, debiéndose justificar en cada caso la intromisión en la intimidad del interno que su adopción constituye. Así, en todo caso, el registro personal se efectuará por funcionarios del mismo sexo que el interno, en lugar cerrado, sin la presencia de otros internos y preservando su dignidad e intimidad. Para ello será necesaria la autorización previa del director del centro, o al menos del jefe de la unidad de seguridad, cuando razones de urgente necesidad impidieran recabar aquélla, comunicándolo de forma inmediata al director. Se prevé que del examen practicado se deje constancia escrita, con indicación de los motivos y de sus resultados, así como la remisión del escrito al Juez competente para el control de la estancia en el centro.

Finalmente, el título VII regula, en desarrollo de lo establecido en el apartado 3 del artículo 62.bis de la Ley Orgánica 4/2000, de 11 de enero, el régimen de visitas de las organizaciones no gubernamentales para la defensa de los inmigrantes.

III

En cuanto a su tramitación este real decreto ha sido informado por la Agencia Española de Protección de Datos.

La disposición adicional tercera de la Ley Orgánica 2/2009, de 11 de diciembre, de reforma de la Ley Orgánica 4/2000, de 11 de enero, contiene un mandato dirigido al Gobierno para la elaboración de un reglamento que desarrolle el régimen de internamiento de extranjeros.

En su virtud, a propuesta del Ministro del Interior, con la aprobación previa del Ministro de Hacienda y Administraciones Públicas, de acuerdo con el Consejo de Estado, y previa deliberación del Consejo de Ministros en su reunión del día 14 de marzo de 2014,

DISPONGO:

Artículo único. *Aprobación del reglamento de funcionamiento y régimen interior de los centros de internamiento de extranjeros.* Se aprueba el reglamento de funcionamiento y régimen interior de los centros de internamiento de extranjeros, cuyo texto se inserta a continuación.

DISPOSICIÓN DEROGATORIA ÚNICA

Derogación normativa.

Queda derogado el artículo 258 del Reglamento de la Ley Orgánica 4/2000, de 11 de enero, sobre derechos y libertades de los extranjeros en España y su integración social, aprobado por el Real Decreto 557/2011, de 20 de abril, y la Orden del Ministerio de la Presidencia de 22 de febrero de 1999, sobre normas de funcionamiento y régimen interior de los centros de internamiento de extranjeros, y cuantas disposiciones, de igual o inferior rango, se opongan a lo dispuesto en este real decreto.

DISPOSICIONES FINALES

Disposición final primera. *Título competencial.* Este real decreto se dicta al amparo de lo dispuesto en el artículo 149.1.2ª de la Constitución, que atribuye al Estado la competencia exclusiva sobre el régimen de inmigración.

Disposición final segunda. *Incorporación de derecho de la Unión Europea.* Mediante este real decreto se incorpora parcialmente al derecho español diversos aspectos regulados por la Directiva 2008/115/CE del Parlamento Europeo y del Consejo, de 16 de diciembre de 2008, relativa a normas y procedimientos comunes en los Estados miembros para el retorno de los nacionales de terceros países en situación irregular.

Disposición final tercera. *Desarrollo normativo.* Se autoriza al Ministro del Interior para dictar las normas que sean necesarias para la ejecución y desarrollo de lo dispuesto en este real decreto.

Disposición final cuarta. *Entrada en vigor.* Este real decreto entrará en vigor el día siguiente al de su publicación en el «Boletín Oficial del Estado».

REGLAMENTO DE FUNCIONAMIENTO Y RÉGIMEN INTERIOR DE LOS CENTROS DE INTERNAMIENTO DE EXTRANJEROS

TÍTULO I
DISPOSICIONES GENERALES, CARACTERÍSTICAS Y ESTRUCTURA ORGÁNICA DE LOS CENTROS

CAPÍTULO I
DISPOSICIONES GENERALES

Artículo 1. *Naturaleza jurídica.* 1. Los centros de internamiento cuyo régimen interior y funcionamiento se regula en este reglamento, tendrán la denominación de centros de internamiento de extranjeros (en adelante, centros).

2. Los centros son establecimientos públicos de carácter no penitenciario, dependientes del Ministerio del Interior, destinados a la custodia preventiva y cautelar de extranjeros para garantizar su expulsión, devolución o regreso por las causas y en los términos previstos en la legislación de extranjería, y de los extranjeros que, habiéndoseles sustituido la pena privativa de libertad por la medida de expulsión, el juez o tribunal competente así lo acuerde en aplicación de lo dispuesto por el artículo 89.6 del Código Penal.

3. El ingreso y estancia en los centros tendrá únicamente finalidad preventiva y cautelar, y estará orientado a garantizar la presencia del extranjero durante la sustanciación del expediente administrativo y la ejecución de la medida de expulsión, devolución o regreso.

4. El principio de proporcionalidad en los medios utilizados y objetivos perseguidos, el de intervención menos restrictiva y el de atención especializada a personas vulnerables regirán, entre otros, la gestión de los centros.

A estos efectos se entenderán por personas vulnerables menores, personas discapacitadas, ancianos, mujeres embarazadas, padres solos con hijos menores y personas que hayan padecido tortura, violación u otras formas graves de violencia psicológica, física o sexual.

Artículo 2. *Autorización y control judicial.* 1. Nadie podrá ser internado en un centro sin que medie resolución dictada por la autoridad judicial competente que expresamente así lo autorice u ordene.

2. En todo caso el extranjero internado queda a disposición del juez o tribunal que autorizó u ordenó el internamiento.

3. Además, al Juez competente para el control de la estancia de los extranjeros en el centro le corresponde conocer, sin ulterior recurso, de las peticiones y quejas que planteen los internos en cuanto afecten a sus derechos fundamentales y visitar los centros cuando conozca algún incumplimiento grave o lo considere conveniente.

CAPÍTULO II
ORGANIZACIÓN GENERAL Y COMPETENCIAS

Artículo 3. *Competencias.* 1. Las competencias de dirección, coordinación, gestión e inspección de los centros corresponden al Ministerio del Interior y serán ejercidas a través de la Dirección General de la Policía, que también será responsable de su seguridad y vigilancia, sin perjuicio de las facultades judiciales concernientes a la autorización de ingreso y al control de la permanencia de los extranjeros.

2. Corresponde a la Comisaría General de Extranjería y Fronteras coordinar los ingresos y salidas en los centros con el objeto de optimizar su ocupación.

3. Los centros se hallan bajo la dependencia orgánica y funcional de la plantilla policial donde radiquen, sin perjuicio de la superior competencia de la Comisaría General de Extranjería y Fronteras en su gestión y coordinación.

Artículo 4. *Participación y colaboración de órganos de la Administración General del Estado y organizaciones no gubernamentales.* 1. Será competencia del Ministerio del Interior la prestación de servicios de asistencia sanitaria y sociales en los centros, sin perjuicio de que tales prestaciones puedan concertarse con otros ministerios o con entidades públicas o privadas, con cargo a los programas de ayuda legalmente establecidos en las correspondientes partidas presupuestarias. Se procurará que las condiciones sanitarias y sociales sean similares en todos los centros.

2. El Ministerio del Interior promoverá especialmente, de acuerdo con lo previsto en la disposición adicional cuarta, la colaboración de las instituciones y asociaciones dedicadas a la ayuda de los extranjeros, que deberán respetar en todo caso las normas de régimen interior del centro. Dicha colaboración se promoverá sin perjuicio de las funciones específicas que tienen encomendadas en el artículo 62 bis.1.j) y 3 de la Ley Orgánica 4/2000, de 11 de enero, de derechos y libertades de los extranjeros en España y su integración social, y se efectuará previa suscripción de los correspondientes conciertos, contratos o convenios y reconocimiento de su condición de entidades colaboradoras por el procedimiento previsto en el artículo 15.

Artículo 5. *Creación.* 1. Los centros se crean, modifican o suprimen mediante orden del Ministro del Interior.

2. Cuando concurran situaciones de emergencia que desborden la capacidad de los centros, podrán habilitarse otros centros de ingreso temporal o provisional pro-

curando que sus instalaciones y servicios sean similares a los de los centros, gozando los internos de los mismos derechos y garantías.

Véase Orden INT/675/2018, de 25 de junio, por la que se suprime el Centro de Internamiento de Extranjeros de Fuerteventura («B.O.E.» 26 junio).

CAPÍTULO III
ORGANIZACIÓN INTERIOR DE LOS CENTROS

Artículo 6. *Departamentos y servicios.* Para la cobertura de los servicios, cada centro dispondrá, además de los medios personales y materiales necesarios, de las siguientes instalaciones:

a) Dirección y administración.
b) Control de entrada y salida.
c) Servicio de vigilancia.
d) Asistencia sanitaria.
e) Asistencia social, jurídica y cultural.
f) Comedor.
g) Alojamiento de los internos.
h) Aseos y duchas.
i) Locutorio para abogados y sala de visitas.
j) Espacios adecuados para el esparcimiento y recreo.

Artículo 7. *Instalaciones y medios básicos.* 1. Todas las instalaciones y dependencias deberán satisfacer las condiciones de accesibilidad e higiene y estar acondicionadas de manera que el volumen de espacio, ventilación, agua, alumbrado y calefacción se ajusten a las normas de habitabilidad y a las condiciones climáticas de la localidad donde se halle ubicado el centro. Asimismo, deberán estar equipadas del mobiliario suficiente para hacerlas aptas para el uso a que se destinan.

2. Los elementos de construcción de las instalaciones y servicios deberán ser los adecuados, respecto a su resistencia, duración y seguridad, para un uso colectivo.

3. Los centros dispondrán de módulos independientes para permitir la separación por sexos de los internos.

Se procurará que los internos que formen una unidad familiar estén juntos y tengan en su compañía a sus hijos menores, facilitándoles*, en la medida de lo posible*, alojamiento separado que garantice un adecuado grado de intimidad.

Inciso ", en la medida de lo posible", declarado inaplicable por Sentencia TS (Sala 3.ª) de 10 febrero 2015, Rec. 373/2014 («B.O.E.» 19 mayo)

Igualmente, se procurará que las instalaciones permitan la separación de los condenados, internados en virtud del artículo 89.6 del Código Penal, o que tengan antecedentes penales, de aquellos otros que se encuentren internos por la mera estancia irregular en España.

4. En los centros existirá un servicio de asistencia sanitaria con disponibilidad de personal, instrumental y equipamiento necesario para la atención permanente y de urgencia de los internos.

Existirán las dependencias necesarias para la permanencia de los extranjeros internados que, según el informe emitido por el facultativo, aun no requiriendo atención hospitalaria en razón de la enfermedad física o psíquica o toxicomanía apreciada en su reconocimiento, aconseje su separación del resto de los internados, medida que será comunicada inmediatamente al Juez competente para el control de la estancia de los extranjeros en el centro.

5. Deberán existir instalaciones adecuadas para la realización de actividades de ocio, entretenimiento y deportivas, así como un patio para el paseo de los internos.

6. Los centros deberán contar con espacio y medios suficientes para el almacenaje seguro de los equipajes y efectos personales de los internos, incluyendo la custodia de dinero en efectivo y objetos de valor.

7. Los centros deberán contar con un número suficiente de teléfonos públicos para su uso por los internos en los horarios y condiciones que se determinen.

CAPÍTULO IV
ESTRUCTURA

Artículo 8. *Estructura.* 1. En cada centro existirán las siguientes unidades y servicios:

a) Dirección.

b) Unidad de seguridad.

c) Administración.

d) Junta de coordinación.

e) Secretaría.

f) Servicio de asistencia sanitaria.

g) Servicio de asistencia social, jurídica y cultural.

2. Los puestos de trabajo de las unidades y servicios que integran los centros que impliquen funciones de dirección y seguridad serán desempeñados por funcionarios del Cuerpo Nacional de Policía. Corresponderá a empleados de las administraciones públicas el de los demás servicios de carácter asistencial, logístico y administrativo, sin perjuicio de lo establecido en los artículos 14 y 15.

Artículo 9. *Dirección.* 1. Al frente de cada centro existirá un director, nombrado por el Director General de la Policía entre funcionarios de carrera del subgrupo A1 del Cuerpo Nacional de Policía, a propuesta del Comisario General de Extranjería y Fronteras. Dependerá funcionalmente de la Comisaría General de Extranjería y Fronteras y de las unidades de extranjería correspondientes a nivel provincial o local, y, orgánicamente, de la plantilla policial de la provincia donde esté ubicado el centro.

2. El director será responsable de garantizar el ejercicio de los derechos de los internos, del correcto funcionamiento del centro, de su seguridad, tanto exterior como interior, así como del mantenimiento del orden y de la correcta convivencia entre los extranjeros internados y demás personal del centro.

3. Le corresponden las siguientes funciones:

a) Representar al centro en sus relaciones con autoridades, centros, entidades o personas.

b) Impartir las directrices de organización de los distintos servicios y coordinar y supervisar su ejecución, inspeccionando y corrigiendo cualquier deficiencia que observe o le sea oportunamente comunicada por el administrador o la autoridad judicial competente. En concreto, le corresponderá aprobar las normas de régimen interior, previa consulta con la junta de coordinación

c) Impulsar, organizar y coordinar las actividades, adoptando las resoluciones que sean procedentes.

d) Desempeñar la jefatura de personal.

e) Velar por la integridad física del personal que se encuentre prestando servicios y de las personas internas.

f) Adoptar, dentro de sus competencias, las medidas necesarias para asegurar el orden y la convivencia entre los extranjeros, así como el cumplimiento de sus derechos, imponiendo medidas a los internos que no respeten las normas de correcta convivencia o de régimen interior.

g) Convocar y presidir la junta de coordinación.

h) Ejecutar las resoluciones de la autoridad judicial por las que se acuerde la entrada, salida y traslado de los extranjeros, así como las dictadas por los jueces competentes para el control de la estancia en los centros.

i) Dar respuesta a los escritos, peticiones y quejas que pudieran formular los internos conforme a lo previsto en el presente reglamento, y, de exceder su ámbito de atribuciones, trasladar los mismos a la autoridad competente para su resolución.

j) Ordenar el sometimiento a reconocimiento médico de los internos, cuando existan causas de salud colectiva apreciadas por el servicio médico y a solicitud de éste. La decisión adoptada será comunicada sin dilación al Juez competente para el control de la estancia de los extranjeros en el centro.

k) Autorizar, cuando la urgencia del caso lo justifique, y se fueran a desarrollar fuera del horario general las visitas de familiares o terceras personas

l) Aceptar o denegar las solicitudes de reserva de plaza formuladas por las brigadas o grupos de extranjería, siguiendo las directrices impartidas por la Comisaría General de Extranjería y Fronteras. Asimismo, será el órgano de interconexión y comunicación con la correspondiente unidad policial que tramite el expediente de expulsión, devolución o regreso, a la que dará curso de las incidencias que puedan surgir y que directa o indirectamente afecten, en alguna forma, a dicho procedimiento.

m) Velar por la custodia de los libros-registro y por el cumplimiento de lo que en ellos se anote.

n) Trasladar a sus superiores las iniciativas que considere necesarias para mejorar el funcionamiento del centro y someter a su aprobación aquellas iniciativas que no le corresponda adoptar, tanto las que pueda apreciar directamente como las que así considere a propuesta del administrador.

ñ) Aquellas otras que le atribuya el ordenamiento jurídico vigente

4. En supuestos de ausencia, vacante o enfermedad del director, será sustituido por el jefe de la unidad de seguridad.

Artículo 10. *Junta de coordinación.* 1. En cada centro se constituirá una junta de coordinación como órgano colegiado, integrada por el director, que la presidirá, y por el administrador y los responsables de la unidad de seguridad y de los servicios de asistencia sanitaria y social, así como por el secretario de dirección, que actuará como secretario.

2. Dicha junta desempeñará funciones consultivas en relación con las siguientes materias:

a) Normas de régimen interior del centro.

b) Directrices e instrucciones de organización de los distintos servicios y programación de actividades.

c) Criterios de actuación establecidos para supuestos de alteración del orden o cuando no se respeten las normas de convivencia y régimen interior.

d) Elaboración de los informes que sean necesarios para resolver sobre las peticiones y quejas que formulen los internos.

3. La junta de coordinación se reunirá en sesión ordinaria una vez al mes y en sesión extraordinaria cuantas veces lo considere necesario su presidente. Su funcionamiento se ajustará a lo dispuesto en el capítulo II del título II de la Ley 30/1992, de 26 de noviembre, de Régimen Jurídico de las Administraciones Públicas y del Procedimiento Administrativo Común.

Artículo 11. *Unidad de seguridad.* 1. La unidad de seguridad estará integrada por los efectivos del Cuerpo Nacional de Policía que se consideren idóneos para la custodia y vigilancia del centro, con dependencia funcional de la Comisaría General de Extranjería y Fronteras y orgánica de la plantilla policial de la provincia en la que se encuentre ubicado el centro.

2. Al frente de la unidad se hallará un jefe nombrado por el Director General de la Policía entre funcionarios de carrera del subgrupo A1 del Cuerpo Nacional de Policía, a propuesta del Comisario General de Extranjería y Fronteras.

3. El jefe de la unidad de seguridad, además de sustituir al director en los supuestos mencionados en el artículo 9.4, desarrollará las siguientes funciones:

a) Desempeñar la jefatura directa del personal que integra la unidad, sin perjuicio de las competencias que correspondan al director.

b) Impartir las directrices de organización necesarias para un correcto funcionamiento de la vigilancia y la custodia de los extranjeros, para lo que podrá recabar cuantos datos sean precisos de los distintos servicios.

c) Adoptar, en primera instancia, por razones de urgencia, las medidas necesarias para restablecer y asegurar el orden y la convivencia entre los extranjeros internados, sin perjuicio del superior criterio del director.

d) Verificar el cumplimiento de las normas de régimen interior, dando cuenta al director de las disfunciones e irregularidades detectadas.

e) Comprobar el estricto cumplimiento de los requisitos previstos en este reglamento para la entrada, salida, o traslado de extranjeros de los centros, así como para las inspecciones, registros y exámenes personales que pudieran practicarse tanto de los internos como de los visitantes.

f) Ordenar la incoación de los atestados policiales que sean precisos sobre la base de conductas que pudieran ser constitutivas de delito o falta.

4. La unidad de seguridad asumirá la protección, custodia y mantenimiento del orden, tanto del interior como del exterior de las instalaciones. En aquellas zonas o espacios en las que razones de seguridad así lo aconsejen, se podrá prestar servicio sin armas de fuego. Dicha medida será propuesta por el director del centro y autorizada por la Comisaría General de Extranjería y Fronteras.

Artículo 12. *Administración.* 1. Bajo la dependencia del director, cada centro contará con un administrador, designado entre funcionarios de carrera de las administraciones públicas pertenecientes al subgrupo A1 o al subgrupo A2. Al administrador le corresponderá dirigir los servicios asistenciales, administrativos y logísticos, cuidando los niveles de calidad y coste de los bienes y servicios, sin perjuicio de las competencias reconocidas en este reglamento al director.

2. En concreto, le corresponden las siguientes funciones:

a) Coordinar la actuación del personal que preste sus servicios en el centro, excluido el personal de seguridad y el secretario.

b) Velar por que los diferentes servicios se lleven a cabo dentro del horario establecido.

c) Recibir las quejas y sugerencias que presenten tanto el personal del centro como los internos conforme a lo dispuesto en este reglamento.

d) Dar traslado al director de las deficiencias que aprecie o que le sean comunicadas por el personal o los internos.

e) Proponer al director del centro la eventual alteración o variación en el horario de la prestación de determinados servicios cuando existan circunstancias que así lo aconsejen.

f) Velar por el cumplimiento de las instrucciones dadas por el personal del servicio sanitario en materia de alimentación, aseo y limpieza, o de las medidas aconsejadas por las creencias religiosas de los internos.

g) Asegurar que los diferentes servicios que integran la asistencia social a los internos se lleven a cabo garantizando la libertad, dignidad e intimidad de los mismos y del resto de personal del centro.

h) Velar por el cumplimiento de las instrucciones o directrices adoptadas por el director del centro sobre cualesquiera servicios de índole asistencial, logística y administrativo.

Artículo 13. *Secretaría.* 1. En cada centro existirá una secretaría de la que será responsable el secretario, que a la vez lo será del centro, y cuyo nombramiento recaerá entre funcionarios de carrera del subgrupo A2 o del subgrupo C1 del Cuerpo Nacional de Policía.

2. Dependerá del director, a quién dará cuenta de las irregularidades o deficiencias que aprecie, velando por el cumplimiento de las instrucciones recibidas de aquel. Será el responsable de que los ingresos se efectúen con la documentación establecida, así como de que los diferentes asientos y anotaciones se realicen en los libros-registro del centro, los cuales quedarán bajo su custodia y conservación.

3. Igualmente, será el que reciba, transmita y cumplimente los diferentes trámites documentales con la unidad policial que gestione el correspondiente expediente en virtud del cual se haya autorizado y permanezca el extranjero internado, así como aquellas que hayan de comunicarse directamente al juez de instrucción que hubiere autorizado el ingreso, o al Juez competente para el control de la estancia de los extranjeros en el centro.

Artículo 14. *Servicio de asistencia sanitaria.* 1. En cada centro existirá un servicio de asistencia sanitaria bajo la responsabilidad de un médico perteneciente a la Administración General del Estado, que estará auxiliado en sus cometidos por, al menos, un ayudante técnico sanitario o diplomado o graduado universitario en enfermería. La Dirección General de la Policía dispondrá lo necesario para garantizar la adaptación de dicho servicio a las necesidades existentes en cada momento en el centro, en función del nivel de ocupación.

2. Corresponde al servicio de asistencia sanitaria, además de la atención sanitaria, médica y farmacéutica de los extranjeros internados, la inspección de los servicios de higiene, informando y proponiendo a la dirección, para su aprobación y previo examen de la junta de coordinación, las medidas necesarias y suficientes, en relación con:

a) El estado, preparación y distribución de los alimentos, que serán los adecuados para el mantenimiento de una dieta normal de los extranjeros internados, teniendo en consideración las adaptaciones necesarias en caso de enfermedad o creencia religiosa, o de aquella especial que, a juicio del facultativo, requieran determinados extranjeros.

b) El aseo e higiene de los extranjeros internados, así como de sus ropas y pertenencias.

c) La higiene, calefacción, iluminación y ventilación de las dependencias.

d) Los servicios de control periódico de la salubridad.

e) La prevención de epidemias y adopción de medidas de aislamiento de pacientes infecto-contagiosos.

3. A fin de cubrir la necesidad eventual de hospitalización de los extranjeros internados, así como de asistencia médica especializada, la Dirección General de la Policía podrá celebrar acuerdos, convenios o contratos con otros ministerios, administraciones públicas y entidades públicas o privadas, conforme a la normativa vigente en materia de contratación del sector público, y con cargo a los programas establecidos en las correspondientes partidas presupuestarias.

Artículo 15. *Servicios de asistencia social, jurídica y cultural.* 1. Los centros dispondrán de los correspondientes servicios de asistencia social y cultural a los extranjeros internados, atendidos por trabajadores sociales, bajo la dependencia directa del director, a quien se someterán, para su aprobación, los oportunos planes o proyectos de actuación, previo análisis de los mismos por la junta de coordinación.

2. La prestación de servicios de asistencia social que se faciliten en los centros podrá ser concertada por la Dirección General de la Policía con órganos de otros ministerios o pertenecientes a otras administraciones públicas o mediante la sus-

cripción de acuerdos, convenios o contratos, conforme a la normativa vigente en materia de contratación del sector público, con entidades públicas o privadas y con organizaciones no gubernamentales u otras sin ánimo de lucro, con experiencia en la colaboración en la prestación de estos servicios.

En todo caso, el personal integrante de los servicios de asistencia social deberá contar con formación o conocimientos adecuados en materia de derechos humanos, extranjería, protección internacional, mediación intercultural, así como de enfoque de género y violencia contra las mujeres.

3. La asistencia social y cultural se orientará fundamentalmente a la resolución de los problemas surgidos a los extranjeros internados y, en su caso, a sus familias, como consecuencia de la situación de ingreso, en especial los relacionados con interpretación de lenguas, relaciones familiares con el exterior o tramitación de documentos.

4. Los centros dispondrán de dependencias que aseguren la confidencialidad de la orientación jurídica que preste al interno su abogado.

Se suscribirán acuerdos de colaboración con los colegios de abogados en orden a establecer las condiciones de funcionamiento del servicio de asistencia jurídica, encargado de asistir jurídicamente a los internos que lo soliciten.

TÍTULO II
ESTATUTO JURÍDICO DE LOS EXTRANJEROS INTERNADOS

Artículo 16. *Derechos de los internos.* 1. Todas las actividades desarrolladas en los centros se llevarán a cabo salvaguardando los derechos y libertades reconocidos a los extranjeros por el ordenamiento jurídico, sin más limitaciones que las que fueran necesarias, conforme al contenido y finalidad de la medida judicial de internamiento acordada.

2. En particular y en atención a su situación, se garantizan a los extranjeros internados, desde su ingreso y durante el tiempo de permanencia en el centro, los siguientes derechos:

a) A ser informado en un idioma que le sea inteligible de su situación, así como de las resoluciones judiciales y administrativas que le afecten.

b) A que se vele por el respeto a su vida, integridad física y salud, sin que pueda en ningún caso ser sometido a tratos degradantes o vejatorios, y a que sea preservada su dignidad y su intimidad. Las personas internadas se designarán por su nombre, salvo manifestación expresa en contrario del interesado.

c) A facilitarle el ejercicio de los derechos reconocidos por el ordenamiento jurídico, sin más limitaciones que las derivadas de su situación de internamiento, y en especial cuando se solicite protección internacional o cuando sea víctima de violencia de género, de trata de seres humanos o de violencia sexual.

d) A no ser objeto de discriminación por razón de origen, incluido el racial o étnico, sexo, orientación o identidad sexual, ideología, religión o creencias, enfermedad, discapacidad o cualquier otra circunstancia personal o social.

e) A recibir asistencia médica y sanitaria adecuada y ser atendido por los servicios de asistencia social del centro.

f) A recibir un seguimiento médico especial, para las mujeres de las que se tenga constancia que se hallan embarazadas.

g) A que se comunique inmediatamente su ingreso o su traslado a la persona que designe en España y a su abogado, así como a la oficina consular del país del que es nacional.

h) A ser asistido de abogado, que se le proporcionará de oficio en su caso, y a comunicarse reservadamente con el mismo, incluso fuera del horario general del centro, cuando la urgencia del caso lo justifique.

i) A comunicarse en el horario establecido en el centro, con sus familiares, funcionarios consulares de su país u otras personas, derecho que sólo podrá restringirse en virtud de resolución judicial.

j) A ser asistido de intérprete si no comprende o no habla castellano, de forma gratuita si careciese de medios económicos.

k) A tener en su compañía a sus hijos menores, siempre que el Ministerio Fiscal informe favorablemente tal medida *y existan en el centro módulos que garanticen la unidad e intimidad familiar*.

Inciso "y existan en el centro módulos que garanticen la unidad e intimidad familiar" del artículo 16.2.k) declarado inaplicable por Sentencia TS (Sala 3.ª) de 10 febrero 2015, Rec. 373/2014 («B.O.E.» 19 mayo).

l) A entrar en contacto con organizaciones no gubernamentales y organismos nacionales, internacionales y no gubernamentales de protección de inmigrantes.

m) A realizar, en el momento de su ingreso, dos comunicaciones telefónicas gratuitas: con su abogado y con un familiar o persona de confianza residente en España.

n) A presentar quejas y peticiones en defensa de sus derechos e intereses legítimos, conforme a lo previsto en este reglamento, que serán remitidas, preservando su secreto, de forma inmediata a su destinatario.

Artículo 17. *Protección de datos de carácter personal.* 1. Los datos de carácter personal incluidos en el expediente personal del extranjero y en los libros-registro a los que se refiere el artículo 51 no serán tratados ni cedidos para ninguna finalidad distinta que la de gestionar la situación del sometido a internamiento y las funciones de vigilancia y control, así como las de seguridad, salubridad y convivencia de todo el personal del centro y de la actividad de los mismos.

2. El tratamiento de los datos de salud se llevará a cabo únicamente por el personal que preste las funciones de asistencia sanitaria establecidas en el artículo 14. La dirección, no obstante, podrá acceder a los datos que resulten estrictamente imprescindibles para, en su caso, ordenar los traslados a los que se refieren los artículos 30.2 y 35.1, así como para adoptar todas las medidas precisas en garantía de la seguridad, salubridad y convivencia de todo el personal del centro y de la actividad de los mismos.

3. Cuando la prestación de los servicios de asistencia sanitaria y social sean objeto de concertación en los términos previstos en los artículos 14 y 15, las entidades que lleven a cabo la prestación de los servicios tendrán condición de encargado del tratamiento, quedando sometidas a lo dispuesto en la normativa de protección de datos de carácter personal.

Artículo 18. *Deberes de los internos.* 1. Mientras dure su internamiento en el centro, los extranjeros deberán cumplir los siguientes deberes:

a) Permanecer en el centro a disposición del órgano judicial que hubiera autorizado u ordenado su internamiento.

b) Observar las normas por las que se rige el centro y cumplir las instrucciones generales impartidas por la dirección y las particulares que reciban de los funcionarios y empleados en el ejercicio legítimo de sus funciones, encaminadas al mantenimiento del orden y la seguridad, así como las relativas a su propio aseo e higiene y la limpieza del centro.

c) Mantener una actividad cívicamente correcta y de respeto con los funcionarios y empleados, con los visitantes y con los otros extranjeros internados, absteniéndose de proferir insultos o amenazas contra los mismos, o de promover o intervenir en agresiones, peleas, desórdenes y demás actos individuales o colectivos que alteren la convivencia.

d) Conservar en buen estado las instalaciones materiales, mobiliario y demás efectos, evitando el deterioro o inutilización deliberada, tanto de éstos como de los bienes o pertenencias de los demás extranjeros internados o funcionarios.

e) Someterse a reconocimiento médico a la entrada y salida del centro, así como en aquellos casos en que, por razones de salud colectiva, apreciadas por el servicio de asistencia sanitaria y a instancia del mismo, lo disponga el director. En caso de negativa del interno, será preciso recabar autorización judicial previa del Juez competente para el control de la estancia en el centro.

2. Asimismo, el interno deberá ser reconocido por el servicio de asistencia sanitaria si se produce un hecho excepcional que lo aconseje o se dan determinadas eventualidades en el centro que indiquen la conveniencia de ser reconocido. En caso de negativa se actuará conforme a lo establecido en el apartado anterior.

Artículo 19. *Peticiones, quejas y recursos.* 1. Los extranjeros internados podrán formular las peticiones o quejas, o interponer los recursos que correspondan, ante los órganos administrativos o judiciales competentes o ante el Ministerio Fiscal. Asimismo, los extranjeros internados podrán dirigir peticiones y quejas al Defensor del Pueblo y a los organismos e instituciones que consideren oportuno. En ambos casos también podrán presentarlas al propio director.

2. Las peticiones, quejas y recursos a las que se refiere el apartado anterior podrán presentarse en el propio registro del centro, de conformidad con las previsiones del artículo 38.4 de la Ley 30/1992, de 26 de noviembre, y con los efectos contemplados en la citada norma. En estos casos, se facilitará al interesado copia sellada de la primera página y se remitirá a la mayor urgencia a su destinatario, dejando constancia en el registro de la fecha y hora de su presentación, identificación del interesado y destinatario al que se envía; ello sin perjuicio del derecho de los interesados a obtener copia sellada de los documentos que presenten, si los aportan y lo solicitan.

A tal efecto, todos los centros dispondrán de un libro-registro de peticiones y quejas, compuesto por impresos normalizados y debidamente numerados a disposición de los internos.

3. Las resoluciones que se adopten al respecto serán motivadas y se notificarán a los interesados, con expresión, en su caso, de los recursos que procedan, plazos para interponerlos y órganos ante los que se han de presentar.

Artículo 20. *Entrevista personal con el director.* Todo extranjero internado tendrá derecho a solicitar una entrevista personal con el director a fin de formular peticiones y quejas sobre aspectos relativos al funcionamiento del centro, pudiendo presentarlas por escrito y, si así lo desea, en sobre cerrado, expidiéndosele en este caso el correspondiente recibo.

TÍTULO III
PROCEDIMIENTOS DE ACTUACIÓN: INGRESOS, SALIDAS, TRASLADOS Y CONDUCCIONES

CAPÍTULO I
DEL INGRESO EN LOS CENTROS

Artículo 21. *Requisitos legales del ingreso y plazo máximo de estancia.* 1. El ingreso en los centros solamente se podrá realizar en virtud de resolución de la autoridad judicial competente, en los supuestos y con los efectos previstos en la Ley Orgánica 4/2000, de 11 de enero, y en el artículo 89.6 del Código Penal.

2. El período de internamiento se mantendrá por el tiempo imprescindible para los fines del expediente y no podrá exceder en ningún caso de sesenta días.

La decisión judicial que lo autorice, atendiendo a las circunstancias concurrentes en cada caso, podrá establecer un periodo máximo de duración del internamiento inferior al citado.

3. Podrá solicitarse un nuevo internamiento del extranjero, por las mismas causas que determinaron el internamiento anterior, cuando habiendo ingresado con anterioridad no hubiera cumplido el plazo máximo de sesenta días, por el periodo que resta hasta cumplir éste. Igualmente se podrán solicitar nuevos ingresos del extranjero si obedecen a causas diferentes, en este caso por la totalidad del tiempo legalmente establecido.

La Sentencia TS (Sala 3.ª) de 10 febrero 2015, Rec. 373/2014, declara inválidos y nulos los incisos "Podrá solicitarse un nuevo internamiento del extranjero, por las mismas causas que determinaron el internamiento anterior, cuando habiendo ingresado con anterioridad no hubiera cumplido el plazo máximo de sesenta días, por el período que resta hasta cumplir éste" del artículo 21.3 del Reglamento impugnado; se anulan, por conexión, los términos "Igualmente" y "en este caso", del segundo inciso del mismo apartado, cuya redacción queda de la siguiente manera: "Se podrán solicitar nuevos ingresos del extranjero si obedecen a causas diferentes, por la totalidad del tiempo legalmente establecido" («B.O.E.» 19 mayo).

Artículo 22. *Reserva de plaza.* Con carácter previo a la solicitud del internamiento ante la autoridad judicial, el instructor del expediente administrativo habrá de tramitar la reserva de plaza en un centro, de acuerdo con el procedimiento establecido por la Comisaría General de Extranjería y Fronteras.

Artículo 23. *Solicitud de internamiento derivada de un expediente administrativo de expulsión, devolución o denegación de entrada.* 1. La solicitud de ingreso se formalizará de manera motivada ante la autoridad judicial, según lo establecido en la Ley Orgánica 4/2000, de 11 de enero, por el instructor del expediente administrativo.

2. El instructor que solicite la autorización de internamiento de un extranjero dispondrá su presentación ante el juez de instrucción competente, junto con aquellos documentos que formen parte del expediente o resolución de expulsión, devolución o denegación de entrada.

3. Asimismo, el instructor aportará al juez certificado de todos los periodos de internamiento en centro o centros por dicho extranjero de los que se tenga constancia, con indicación de los expedientes administrativos de los que derivaron tales medidas cautelares y los juzgados que las acordaron, así como de su resolución.

Artículo 24. *Internamiento en aplicación del artículo 89. 6 del Código Penal.* El juez o tribunal que acuerde la expulsión de un extranjero en los supuestos previstos en el artículo 89.6 del Código Penal será el competente para ordenar su ingreso en un centro con el fin de asegurar la ejecución de la resolución.

Artículo 25. *Presentación del extranjero para su ingreso en el centro.* 1. Acordado el internamiento por la autoridad judicial, los funcionarios de la correspondiente brigada o grupo policial de extranjería dispondrán de los medios precisos para realizar el traslado del extranjero al centro que se le hubiese asignado.

2. El ingreso de un extranjero en un centro se llevará a cabo mediante su presentación ante los funcionarios de la unidad de seguridad en el control de entrada, a cualquier hora del día o de la noche, los cuales, una vez acordada la recepción del detenido, expedirán recibo acreditativo de la entrega a los funcionarios policiales comisionados para su traslado y presentación para su unión al expediente de expulsión.

Artículo 26. *Documentación de ingreso.* 1. Los funcionarios policiales que presenten al extranjero harán entrega, para su unión al expediente personal del ingresado, de los siguientes documentos:

a) Copia de las diligencias de iniciación, ordenación e instrucción del expediente de expulsión y, en su caso, de la resolución recaída, si ya hubiere tenido lugar.

b) Resolución judicial en la que se acuerde el ingreso.

c) Nombre, dirección y teléfono del abogado que asista al interesado, del consulado, embajada o representación diplomática del país al que pertenezca y de sus familiares residentes en España, si los hubiere y así constase en el expediente de expulsión. También podrá comunicarlo el interesado en el momento del ingreso.

d) Hoja informatizada de antecedentes policiales.

e) Reseña fotográfica y decadactilar.

f) Documentación personal del extranjero, si la hubiere.

g) Relación de bienes de uso personal o particular, que se acompañarán en un sobre o bolsa debidamente cerrados.

h) En el caso de que el extranjero presentara alguna lesión producida con carácter previo a su ingreso, se acompañará necesariamente el correspondiente parte facultativo de lesiones.

i) En el caso de que se disponga de certificados médicos del interesado, prescripciones y tratamientos médicos que ha de seguir, se aportarán en sobre cerrado dirigido al servicio de asistencia sanitaria del centro.

2. Los documentos entregados de acuerdo con el apartado anterior irán debidamente relacionados, por duplicado, en un documento cuyo original se entregará a los funcionarios del centro, quienes devolverán firmada una copia a modo de acuse de recibo.

3. En el caso de que falte alguno de los documentos enumerados en este artículo, los responsables del centro instarán la subsanación de tal deficiencia a la mayor brevedad posible.

Artículo 27. *Expediente personal del extranjero.* 1. Se abrirá un expediente personal a cada uno de los extranjeros que ingresen en el centro, en el que se incluirán todos los documentos relativos a su situación personal. El interno podrá consultarlo y obtener copia completa o parcial del expediente. También podrá autorizar a un representante debidamente acreditado a hacerlo en su nombre.

2. Simultáneamente a la apertura del expediente, se procederá a cumplimentar las siguientes fichas:

a) Ficha individual del interno, con todos sus datos personales, los relativos al expediente administrativo, las medidas judiciales acordadas y la reseña detallada de sus entradas, salidas y traslados del centro con indicación de la causas.

b) Ficha de comunicaciones, con los datos conocidos que permitan facilitar la comunicación con los abogados, autoridades consulares, familiares y amigos del internado.

3. Además, el ingreso dará lugar a las oportunas anotaciones en el libro-registro de entradas y salidas.

Artículo 28. *Examen y depósito de efectos y enseres personales de los internos.* 1. Si fuera necesario por motivos de seguridad, se procederá, en el momento del ingreso, a efectuar el examen personal del extranjero en los términos legalmente previstos, retirándole, conforme al procedimiento establecido en este reglamento, los objetos no autorizados e interviniendo los prohibidos. De igual forma se procederá, en su caso, en los sucesivos ingresos que puedan producirse.

2. El interesado podrá entregar, para su depósito en la caja fuerte del centro, los objetos de valor y el dinero de curso legal que posea, así como los equipajes y objetos que no sean de utilidad para su estancia en el centro, pudiendo acceder a sus propiedades cuando lo considere oportuno, dentro de los horarios establecidos en

las normas de régimen interior. Tales efectos, instrumentos, objetos y dinero quedarán bajo la custodia del centro, y les serán devueltos a su salida.

3. Se extenderá un acta de depósito de efectos y bienes del interno, en la que se reseñarán todos los bienes retirados al interno y entregados en depósito, que será firmada por el funcionario actuante y por el interesado y en la que se irán anotando todas las entregas o cambios que se vayan produciendo en dicho depósito durante la estancia del interno en el centro. La custodia de dichos efectos y enseres será responsabilidad de la unidad de seguridad.

Artículo 29. *Información sobre los derechos y obligaciones al nuevo interno.* Los extranjeros tendrán derecho a ser informados a su ingreso de su situación, haciéndoles entrega de un boletín informativo, redactado en su idioma o en otro que le resulte inteligible, con información acerca de sus derechos y obligaciones, de las normas de régimen interior y de convivencia a las que deberá ajustar su conducta, de las normas disciplinarias aplicables, de su derecho a dirigir peticiones y quejas al Juez competente para el control de la estancia en el centro cuando considere vulnerados sus derechos fundamentales y de los medios para formular peticiones y quejas.

Artículo 30. *Reconocimiento médico y entrevista con el servicio de asistencia social.* 1. Tras su ingreso en el centro los extranjeros serán sometidos a examen por el servicio de asistencia sanitaria del centro, con el objeto de conocer si padecen enfermedades de tipo físico o psíquico o presentan cuadro de toxicomanía y disponer al efecto el tratamiento adecuado. Si el tipo de enfermedad o padecimiento, a juicio del facultativo, hiciera aconsejable su ingreso en un centro hospitalario, elevará propuesta motivada en tal sentido al director, quien adoptará las medidas necesarias para llevarlo a efecto, dando cuenta al juez o tribunal a cuya disposición se encuentre el extranjero.

2. Si en el reconocimiento se detectaran lesiones, el servicio de asistencia sanitaria del centro procederá a elaborar el correspondiente parte facultativo y, de ser necesario, ordenará el traslado del paciente a un centro hospitalario conforme al procedimiento establecido en este reglamento. En todo caso, se hará constar si las lesiones son o no anteriores a la entrada en el centro y si habían sido o no previamente descritas en el parte facultativo de lesiones contemplado en el artículo 26.1.h). De no estar descritas en el parte facultativo inicial, el servicio de asistencia sanitaria, además de ponerlo en conocimiento del director, deberá remitir el parte de lesiones al juzgado de instrucción del partido judicial donde se encuentre radicado el centro.

3. Asimismo, en el plazo más breve posible, el nuevo interno será entrevistado por el servicio de asistencia social.

Artículo 31. *Comunicación del ingreso a terceras personas.* 1. Formalizado el ingreso, los responsables del centro lo comunicarán al abogado que conste en el respectivo expediente, así como a la embajada o consulado del país del interesado, y al Ministerio de Asuntos Exteriores y de Cooperación.

2. Se permitirá al extranjero comunicarse telefónicamente, de forma gratuita la primera vez, con su abogado y con un familiar u otra persona de su confianza residentes en España.

Artículo 32. *Entrega de elementos de aseo y abrigo.* 1. En el momento del ingreso se hará entrega al interno de, al menos, los siguientes elementos que, de ser necesario, se repondrán periódicamente:

a) Equipo de artículos básicos para la higiene personal diaria.
b) Toallas.
c) Ropa de cama.

2. De apreciarse que el interno no dispone de ropa o calzado adecuado para la permanencia en el centro, se le proveerán.

CAPÍTULO II
CONDUCCIONES, DESPLAZAMIENTOS Y TRASLADOS

Artículo 33. *Traslado del interno a otro centro.* 1. El traslado del interno a otro centro deberá ser acordado por el juez o tribunal que autorizó el internamiento o lo acordó. Podrá ser solicitado por la unidad policial que pidió el internamiento, previo informe de la Comisaría General de Extranjería y Fronteras. Si el interno tuviera peticiones o quejas por vulneración de derechos fundamentales pendientes ante el juez de control de estancia, la unidad policial deberá con carácter previo obtener autorización de éste.

2. Para hacer efectivo el traslado, el personal responsable del centro hará entrega del extranjero, junto con sus pertenencias y copia de su expediente personal, a los funcionarios del Cuerpo Nacional de Policía comisionados para su conducción, dejando constancia documental de todo ello en la correspondiente diligencia, que será firmada por dichos funcionarios. Una vez recibido el extranjero en el centro de destino, se practicarán las mismas actuaciones previstas para el ingreso.

Artículo 34. *Desplazamientos para la realización de actuaciones judiciales, del Ministerio Fiscal o administrativas.* 1. El director autorizará el desplazamiento de los extranjeros internados a los fines de comparecencias o actuaciones judiciales o del Ministerio Fiscal. También lo autorizará para la realización de los trámites necesarios en la instrucción de los expedientes de expulsión, devolución o denegación de entrada. Se dejará constancia de tales desplazamientos en su expediente personal, con expresión de la fecha y hora de salida y regreso.

2. Los desplazamientos deberán ser comunicados al juez o tribunal a cuya disposición se encuentre el extranjero, cuando no sea la autoridad que los hubiera interesado.

Artículo 35. *Desplazamientos para consulta médica o ingreso hospitalario.* 1. Cuando a juicio del facultativo del centro, recogido en el correspondiente informe y adjuntado a su expediente, sea necesaria la hospitalización o la asistencia médica especializada del interno fuera del centro, lo pondrá en conocimiento del director para que disponga lo conveniente para su traslado al correspondiente centro hospitalario o asistencial. Cualquier desplazamiento para hospitalización o consulta externa será comunicado inmediatamente al juez o tribunal a cuya disposición se halle el extranjero.

2. En ausencia del facultativo médico, y cuando concurran razones de especial urgencia que lo hagan aconsejable, podrá actuarse conforme al apartado anterior a iniciativa del director o de la persona que lo sustituya.

3. Acordada la conducción, el director solicitará de la comisaría de policía de la localidad donde esté ubicado el centro la adopción de las medidas necesarias para garantizar la custodia del interno.

Artículo 36. *Libro-registro de traslados y desplazamientos.* Todos los traslados y desplazamientos deberán ser debidamente diligenciados en el libro- registro de traslados y desplazamientos.

CAPÍTULO III
SALIDA DEL CENTRO

Artículo 37. *Cese del ingreso.* 1. El cese del ingreso será adoptado por el director en los siguientes casos:

a) Cuando lo acuerde la autoridad judicial competente.

b) Cuando lo acuerde la Comisaría General de Extranjería y Fronteras, conforme a lo previsto en el artículo 62.3 de la Ley Orgánica 4/2000, de 11 de enero.

c) Cuando se tenga constancia de que la expulsión, devolución o regreso no podrá llevarse a efecto.

d) Cuando se cumpla el plazo establecido en el auto judicial de ingreso o en su prórroga o venza el plazo máximo de sesenta días.

e) Cuando se vaya a proceder a la inmediata ejecución de la orden de expulsión, devolución o regreso.

f) Cuando existan razones médicas, debidamente fundadas y justificadas por el facultativo del centro, que se consideren necesarias para la salud del interno.

2. La salida del centro se pondrá en conocimiento de la autoridad judicial que acordó el internamiento.

3. Cuando el internamiento se hubiera realizado en aplicación del artículo 89.6 del Código Penal y la expulsión no pueda llevarse a efecto o venza el plazo máximo de internamiento, el director lo comunicará a la respectiva brigada o unidad de extranjería, la cual lo pondrá en conocimiento, con antelación suficiente, de la autoridad judicial que acordó su ingreso, cinco días antes del cumplimiento de dicho plazo máximo, a efectos de que ésta acuerde lo que estime procedente».

4. En el momento de la salida se devolverán al interno todas las pertenencias previamente depositadas, previa firma del correspondiente recibí. Asimismo, se le entregará un certificado del periodo de internamiento y si debiera proseguir algún tratamiento médico, informe facultativo sobre su situación sanitaria y propuesta terapéutica.

5. Se dejará constancia de la salida en el libro-registro de entradas y salidas mediante la inclusión, en el expediente del interno, de los siguientes documentos:

a) Diligencia de salida del centro.

b) Copia del auto judicial o resolución administrativa por la que se acuerda el cese del internamiento o copia de la orden de expulsión, devolución o regreso.

6. Si la salida fuera para hacer efectiva la orden de expulsión, devolución o regreso, se hará entrega del interno a los funcionarios policiales encargados de su traslado a la frontera, formalizando, al efecto, la oportuna diligencia. En los demás casos, la salida se producirá, previa firma por el interno de la oportuna diligencia o, en su caso y de acuerdo con lo dispuesto en el apartado 3, su traslado al centro penitenciario.

Artículo 38. *Reingreso del interno en el centro por imposibilidad de practicar la expulsión, devolución o regreso.* 1. Cuando se hubiera producido la salida del interno para la ejecución de la expulsión, devolución o regreso y finalmente la medida, por cualquier causa, no hubiera podido llevarse a efecto, se procederá a su reingreso en el centro por el plazo que reste hasta el máximo autorizado legal o judicialmente en el auto de internamiento, siempre que no exista constancia de la imposibilidad de llevar a cabo su repatriación, en cuyo caso se actuará conforme a lo previsto para los supuestos contemplados en el artículo 37.1.c) y 2.

2. El reingreso estará sujeto a las disposiciones relativas al ingreso. En todo caso, junto con el extranjero, se hará entrega a los responsables del centro del informe policial detallado de las circunstancias que hubieran impedido la ejecución de la expulsión, devolución o regreso y, en caso de que el extranjero presentase lesiones, el preceptivo parte médico. De todo ello se dará cuenta inmediatamente a la autoridad judicial que acordó el internamiento.

3. Se hará constar en el libro-registro de entradas y salidas la causa que motiva el reingreso, así como su comunicación a la autoridad judicial.

TÍTULO IV
NORMAS DE CONVIVENCIA Y RÉGIMEN INTERIOR

Artículo 39. *Aprobación del horario y de las medidas de régimen interior del centro.* El director, previa consulta con la junta de coordinación, determinará el horario y las medidas de régimen interior que sean adecuadas para garantizar en todo momento la seguridad y orden del centro y una pacífica convivencia entre los extranjeros internados, y organizará las actividades que se desarrollarán, fomentando la participación de aquéllos. Procurará atender sus sugerencias en la organización de las actividades, así como en el desenvolvimiento de los servicios alimentarios.

Artículo 40. *Horario.* 1. El horario determinará el régimen de actividades diarias a desarrollar por los extranjeros internados durante la jornada diurna, teniendo en cuenta las estaciones del año y la climatología propia del lugar donde se halle ubicado, sin que, en ningún caso, tal jornada pueda comenzar antes de las ocho horas ni terminar después de las veinticuatro horas de cada día.

2. El horario de actividades deberá hacer especial referencia a los actos de aseo e higiene personal, visita médica, comidas, visitas externas, comunicaciones telefónicas, paseo al aire libre, ocio y descanso. Salvo por razones especiales o de urgencia debidamente justificadas, el horario establecido deberá ser cumplido puntualmente por todos.

3. El tiempo se distribuirá de manera que se garanticen ocho horas diarias para el descanso nocturno, así como, al menos, cuatro horas de paseo diurno.

Artículo 41. *Régimen de las comunicaciones.* 1. Los extranjeros internados podrán comunicar libremente con su abogado, y con los representantes diplomáticos y consulares de su país, quienes deberán presentar la documentación que les acredite como tales.

2. Las entrevistas darán lugar a la oportuna anotación en el libro-registro de visitas.

Artículo 42. *Visitas de familiares y otras personas.* 1. Las visitas de familiares y otras personas se desarrollarán sin más limitaciones que las derivadas de la custodia de las personas internadas, de su seguridad y salud, de la capacidad de las instalaciones y del régimen y gobierno del centro.

2. La dirección garantizará que internos y visitantes tengan conocimiento de forma previa del horario de visita, debiendo figurar en lugar visible en el exterior del centro.

3. Los extranjeros internados tendrán libertad de comunicación dentro del horario fijado. No obstante cuando las solicitudes de comunicación excediesen de la capacidad de las instalaciones podrán limitarse los días de cada semana o la duración de las visitas, sin que puedan ser inferiores a treinta minutos para visitantes salvo que se trate de familiares, abogados, representantes diplomáticos o consulares.

4. El número de personas que podrá simultanear la comunicación con un mismo extranjero se determinará en las normas de régimen interior, dependiendo de las características y posibilidades de cada centro.

5. Se garantizará el derecho a la intimidad en el desarrollo de estas comunicaciones que, salvo resolución judicial en contrario, se realizarán con vigilancia meramente visual.

6. Para el adecuado desarrollo de las entrevistas, los centros contarán con el correspondiente locutorio de abogados y sala de visitas, evitando la formación en los mismos de grupos numerosos que dificulten el entendimiento entre los comunicantes o no permitan la necesaria intimidad de las comunicaciones.

7. La entrega durante la visita de cualquier efecto al interno deberá hacerse en presencia del personal de seguridad conforme al procedimiento establecido en el artículo 47.

8. Durante las entrevistas, tanto los extranjeros internados como los visitantes deberán ajustarse a la normativa de régimen interior, que será de público conocimiento. Cuando no se observen las referidas normas, la comunicación podrá ser suspendida por los funcionarios encargados de la vigilancia, dando inmediata cuenta a la dirección, a fin de que adopte la resolución que proceda.

9. Los visitantes podrán ser sometidos, con carácter previo a la comunicación con el interno, a un examen personal de seguridad, siéndoles retirados los objetos susceptibles de constituir una amenaza para la seguridad del centro o de las personas que en él se encuentran o que, en alguna forma, pueda afectar a su derecho a la intimidad y a la imagen. Los objetos prohibidos serán intervenidos y remitidos a la autoridad que corresponda. Cualesquiera otros efectos que pudieran ser intervenidos serán retirados por los funcionarios policiales temporalmente y entregados a la salida del visitante del centro. De esta custodia temporal se levantará un acta en que conste tanto la entrega como la posterior devolución y la firma del visitante y el funcionario policial.

No obstante lo dispuesto en el párrafo anterior, adoptadas las medidas que garanticen la seguridad del centro, así como las que aseguren el derecho a la intimidad y a la imagen de todas las personas presentes en el mismo, podrá autorizarse, en el espacio en que se desarrolle la visita y siempre que conste el consentimiento previo del interno, el uso de medios o dispositivos que contengan o capturen imágenes que, en estos casos, únicamente podrán dirigirse hacia el interno y el visitante.

En el supuesto de que el uso de esos medios afectara a la intimidad, la imagen de terceras personas o a la seguridad del centro, se requerirá al interesado para que borre las imágenes grabadas. En caso de negarse, se procederá a su incautación, remitiéndose al Juez competente para el control de la estancia en el centro, acompañado de un informe debidamente motivado.

Artículo 43. *Comunicaciones telefónicas.* 1. El horario del centro determinará los tiempos en los que los internos podrán utilizar los teléfonos de uso público instalados en las zonas comunes, que deberán permitir tanto la realización como la recepción de llamadas.

2. Las comunicaciones telefónicas de los extranjeros internados, salvo resolución judicial en contrario, no estarán sometidas a intervención alguna. A tal efecto, en las zonas de uso común del centro que se determinen por la dirección, se habilitarán teléfonos de uso público, sometidos a la tarifa vigente que correrá a cargo de los interesados, que podrán ser usados por éstos todos los días, dentro del horario fijado por la dirección.

Artículo 44. *Actividades recreativas.* Fuera de los horarios específicamente establecidos para cada actividad, los extranjeros internados podrán permanecer en la sala de estar, que estará equipada con el necesario mobiliario para el descanso, así como con un receptor de televisión, y también con prensa diaria, biblioteca, juegos de mesa u otros elementos recreativos.

Artículo 45. *Práctica religiosa.* La dirección garantizará y respetará la libertad religiosa de los extranjeros internados, facilitando los medios para su práctica. Asimismo, facilitará que los extranjeros puedan respetar la alimentación, los ritos y los días de fiesta de su respectiva confesión, siempre que lo permita la seguridad y las actividades del centro y los derechos fundamentales de los restantes extranjeros internados.

Artículo 46. *Envío y recepción de correspondencia.* Los centros facilitarán el envío y recepción de correspondencia, que podrá ser sometida a control externo en el propio centro o en dependencias policiales próximas, por razones de seguridad. En ningún caso se podrá proceder al registro de la correspondencia, salvo autorización del juez correspondiente.

Artículo 47. *Recepción de entregas y paquetes.* 1. Los internos podrán recibir los efectos y paquetes que les traigan al centro sus familiares o terceras personas y aquellos otros que les envíen a través del servicio de correos o mensajería.

2. Los paquetes deberán ser sometidos a los oportunos controles externos, así como a su apertura en presencia del portador o, en su defecto, del destinatario, para lo que se recabará su autorización. Se devolverán en caso de no concederse.

3. En todos los supuestos, se dejará constancia escrita de lo actuado en el libro-registro correspondiente.

4. No se admitirá la entrega de efectos, productos o instrumentos que puedan poner en peligro la salud e higiene de los extranjeros internados o la seguridad de éstos o del centro. Tales efectos, productos o instrumentos podrán ser intervenidos cuando se hallaren en poder de los mismos, dándoles el destino que corresponda.

TÍTULO V
FORMACIÓN DEL PERSONAL DEL CENTRO Y MECANISMOS DE CONTROL E INSPECCIÓN

CAPÍTULO I
FORMACIÓN Y REGLAS DE CONDUCTA DEL PERSONAL DE LOS CENTROS

Artículo 48. *Formación del personal del centro.* 1. La Dirección General de la Policía promoverá la celebración periódica y continuada de actividades formativas dirigidas a los funcionarios del Cuerpo Nacional de Policía y demás funcionarios y empleados públicos al servicio de los centros, en las materias de derechos humanos, régimen de extranjería, seguridad y prevención, así como de enfoque de género y violencia contra las mujeres.

2. El resto del personal deberá recibir una adecuada formación por parte de la entidad privada en la que se encuentre integrado. Dicha formación será tenida en cuenta a la hora de suscribir convenios o contratos con entidades u organizaciones y para el ejercicio por parte de aquéllas de los derechos y obligaciones que se prevén en este reglamento.

Artículo 49. *Reglas de conducta del personal del centro.* 1. La labor de los funcionarios policiales al servicio del centro se ajustará a los principios y a las normas de conducta establecidos en la Ley Orgánica 2/1986, de 13 de marzo, de Fuerzas y Cuerpos de Seguridad, y en su normativa de desarrollo.

2. Especialmente, observarán un trato correcto en sus relaciones con los internos, garantizarán la integridad, dignidad e imparcialidad en sus actuaciones y evitarán realizar o que se realicen por terceros cualquier práctica abusiva, arbitraria o discriminatoria.

3. Todas las personas que presten servicios en los centros deberán ir identificadas de forma visible.

CAPÍTULO II
MECANISMOS DE CONTROL E INSPECCIÓN

Artículo 50. *Inspección y control.* 1. Con independencia de las competencias que la legislación atribuye a la autoridad judicial, el Cuerpo Nacional de Policía, a través de sus unidades propias, podrá efectuar las inspecciones de los centros y de su personal que considere necesarias para garantizar el eficaz cumplimiento de sus funciones. Sin perjuicio de lo anterior, la Inspección de Personal y Servicios de Seguridad de la Secretaría de Estado de Seguridad adoptará asimismo los planes oportunos para la inspección sistemática de los centros.

2. En todo caso, se facilitará la labor encomendada a los organismos nacionales e internacionales de protección de los derechos humanos con competencias propias para la visita e inspección de los centros.

Artículo 51. *Libros-registro.* Para el adecuado control e inspección de la actividad de los centros, se llevarán, preferiblemente informatizados, al menos, los siguientes libros-registro:

a) Libro-registro de entradas y salidas de internos.
b) Libro-registro de traslados y desplazamientos.
c) Libro-registro de visitas.
d) Libro-registro de correspondencia.
e) Libro-registro de peticiones y quejas.

CAPÍTULO III
SEGUIMIENTO DE LA PRESTACIÓN DE LOS SERVICIOS SANITARIOS, ASISTENCIALES Y SOCIALES

Artículo 52. *Reuniones de seguimiento de la prestación de los servicios sanitarios, asistenciales y sociales.* 1. Con el fin de efectuar el seguimiento y contribuir a la coordinación y mejora de los servicios sanitarios, asistenciales y sociales que se presten en todos o alguno de los centros, se celebrarán reuniones periódicas entre miembros de la Comisaría General de Extranjería y Fronteras y representantes de las instituciones, entidades u organizaciones con las que se hayan suscrito convenios para la prestación de dichos servicios.

2. Las reuniones de seguimiento a las que se refiere el apartado anterior estarán presididas por el Comisario General de Extranjería y Fronteras o por el funcionario que le sustituya, y asistirán a ellas los funcionarios de la Comisaría General a los que aquél convoque, los directores de los centros en los que se presten los servicios mencionados y un representante de cada una de las instituciones, entidades u organizaciones citadas, designado por ellas. Un funcionario de la Comisaría General actuará como secretario de la reunión.

3. Las reuniones de seguimiento serán convocadas por el Comisario General. Se celebrarán con carácter ordinario una vez al semestre, y con carácter extraordinario, cuando lo estime oportuno el Comisario General o a solicitud, al menos, de una de las instituciones, entidades u organizaciones.

4. En las reuniones de seguimiento podrán abordarse cuantos asuntos estén relacionados con la prestación de los servicios sanitarios, asistenciales y sociales, tales como las incidencias registradas, las quejas y sugerencias de los internos o las propuestas de mejora elaboradas por los directores de los centros o por las instituciones, entidades u organizaciones que presten estos servicios.

TÍTULO VI
MEDIDAS DE SEGURIDAD

CAPÍTULO I
VIGILANCIA Y SEGURIDAD DE LOS CENTROS

Artículo 53. *Medidas de vigilancia y seguridad y competencia para su ejecución.* 1. Corresponde a la unidad de seguridad la ejecución de las instrucciones adoptadas por el director, en orden al cumplimiento del deber de custodia y retención de los internos, así como al mantenimiento de la convivencia ordenada y pacífica en el centro.

2. La ejecución de las medidas de seguridad se regirá por los principios de proporcionalidad, oportunidad y congruencia, y se llevará siempre a cabo con absoluto respeto al honor, dignidad y demás derechos fundamentales de las personas.

Artículo 54. *Vigilancia del centro y control de accesos.* 1. En función de sus características, cada centro adoptará las medidas que resulten precisas, incluyendo, en su caso, la instalación de aparatos y medios técnicos tanto en el exterior como en el interior, para garantizar la seguridad del mismo, así como para controlar el acceso de personas y vehículos y evitar la introducción de objetos prohibidos.

2. La vigilancia del interior podrá incluir la visualización y control por circuito cerrado de televisión de todas las dependencias, salvo dormitorios y baños, así como de los demás espacios que se consideren reservados o íntimos. El tratamiento de las imágenes se someterá a lo dispuesto en la normativa en materia de protección de datos de carácter personal.

3. Las actuaciones de vigilancia y seguridad interior podrán incluir, en la forma y con la periodicidad que establezca el director, la realización de inspecciones en las instalaciones, incluyendo el registro de las dependencias de uso común.

4. Cuando sea necesario para garantizar la seguridad, el director podrá acordar la inspección de los dormitorios de los internos, así como de sus ropas y enseres.

Artículo 55. *Vigilancia y control de los internos.* 1. Los funcionarios policiales realizarán la vigilancia de los internos con el fin de garantizar su seguridad personal y custodia y evitar posibles alteraciones del orden y de la convivencia en el centro.

2. En situaciones excepcionales, y cuando sea necesario para garantizar la seguridad del centro o existan motivos racionalmente fundados para creer que el interno pudiera esconder objetos o sustancias prohibidas o no autorizadas, se podrá realizar el registro personal del mismo, incluso con desnudo integral si fuera indispensable, el cual se practicará por funcionarios del mismo sexo que el interno, en lugar cerrado y sin la presencia de otros internos, preservando en todo momento su dignidad e intimidad. Para ello será necesaria la autorización previa del director, salvo que concurran razones urgentes o de extraordinaria necesidad, en cuyo caso será precisa la autorización del jefe de la unidad de seguridad, comunicándolo de forma inmediata al director.

En estos supuestos se dejará constancia documental del examen mediante documento suscrito por los funcionarios actuantes en el que se hará constar los motivos que justificaron la medida y su resultado. Una copia de dicho escrito se remitirá al Juez competente para el control de la estancia en el centro.

Número 2 del artículo 55 declarado inválido y nulo por Sentencia TS (Sala 3.ª) de 10 febrero 2015, Rec. 373/2014, debiendo aplicarse las medidas de registro personal contempladas en el artículo 62 quinquies, apartado 1, de la Ley Orgánica 4/2000, de 11 de enero , de conformidad con los criterios expresados en el fundamento de derecho séptimo («B.O.E.» 19 mayo).

Artículo 56. *Objetos prohibidos y no autorizados.* 1. Tendrán la consideración de artículos u objetos prohibidos a efectos de este reglamento, los que lo sean conforme a la legislación vigente y en especial:

a) Las armas u otros objetos susceptibles de ser utilizados como tales.

b) Las drogas, estupefacientes, sustancias psicotrópicas y medicamentosas, salvo que medie prescripción facultativa.

2. Se considerarán artículos u objetos no autorizados todos aquellos que puedan suponer, en cualquier forma, un peligro para la integridad física, la seguridad, la ordenada convivencia o la salud de cualquier persona que se halle en el centro o una intromisión en su derecho a la intimidad o a la propia imagen.

3. Los artículos u objetos prohibidos y los no autorizados serán retirados de inmediato, procediéndose con ellos de la siguiente forma:

a) Los prohibidos serán incautados y, en su caso, remitidos a la autoridad competente en unión del informe respectivo.

b) Los no autorizados serán devueltos al interno cuando abandone el centro.

CAPÍTULO II
MEDIDAS COERCITIVAS CON INTERNOS

Artículo 57. *Contención o separación preventiva de internos.* 1. El director podrá acordar el empleo de medios de contención física personal, así como la separación preventiva del interno en habitación individual, con el fin de evitar actos de violencia o lesiones propias o ajenas, impedir posibles actos de fuga, o daños en las instalaciones del centro, así como ante la resistencia al personal del mismo en el ejercicio legítimo de su cargo o función.

2. Los medios contemplados en el apartado anterior se aplicarán cuando no exista otra manera menos gravosa de actuar durante el tiempo estrictamente necesario, y, en todo caso, de manera proporcional a la finalidad perseguida, sin que puedan suponer una sanción encubierta.

3. La adopción de estas medidas excepcionales será acordada por el director mediante resolución motivada, en la que se harán constar los hechos o conductas que determinan la adopción de la medida, que será notificada previamente por escrito al interesado en un idioma que comprenda y remitida copia a la autoridad judicial que autorizó u ordenó el internamiento.

4. Cuando concurran razones de urgencia que no permitan su notificación previa por escrito, las medidas descritas en el apartado 1 podrán adoptarse de forma inmediata, informando verbalmente al interno afectado de la causa y medida concreta y procediendo a dictar la correspondiente resolución, que hará referencia a las previsiones indicadas en el apartado anterior.

5. Las habitaciones destinadas al aislamiento provisional de los internos habrán de ser de análogas características a las ordinarias y, diariamente, mientras permanezcan internados en las mismas, deberán ser objeto de examen médico, emitiendo el correspondiente informe.

6. No podrá adoptarse la medida de separación temporal salvo que pueda derivarse un peligro inminente para su integridad o la de otras personas, cuando se trate de:

a) Las mujeres gestantes.

b) Las mujeres que hubiesen terminado el embarazo durante los nueve meses siguientes.

c) Las madres lactantes.

d) Las mujeres que tuvieran hijos consigo.

e) Los enfermos convalecientes de enfermedad grave.

7. El director deberá comunicar de forma inmediata al juez competente para el control de la estancia la adopción de cualquiera de las medidas coercitivas que se establezcan, con expresión detallada de los hechos que hubieren dado lugar a la misma y de las circunstancias que pudiesen aconsejar su mantenimiento. El juez, en el plazo más breve posible deberá acordar su mantenimiento, modificación o revocación. Así mismo, se comunicará inmediatamente el cese de las medidas adoptadas.

TÍTULO VII
PARTICIPACIÓN Y COLABORACIÓN DE LAS ORGANIZACIONES NO GUBERNAMENTALES

Artículo 58. *Participación en los servicios de asistencia social.* Las entidades colaboradoras reconocidas como tales por cumplir con los requisitos establecidos en la correspondiente orden ministerial, a las que se hace referencia en la disposición adicional cuarta, podrán participar en la prestación de servicios de asistencia social a los internos, encaminados a atender las necesidades de esa naturaleza, de acuerdo con las previsiones que se fijen en el marco de los convenios, contratos u otros instrumentos jurídicos que a tal efecto se establezcan.

Artículo 59. *Visitas a los centros de las organizaciones para la defensa de los inmigrantes.* 1. Los miembros de las organizaciones constituidas legalmente en España para la defensa de los inmigrantes o dedicadas al asesoramiento y ayuda a solicitantes de protección internacional y los organismos internacionales de semejante naturaleza podrán ser autorizados por el director para visitar los centros de internamiento y entrevistarse con los internos, en los horarios y condiciones establecidos en las normas de régimen interior.

2. A tal efecto, cada organización deberá solicitar una acreditación previa mediante escrito dirigido al director al que se acompañará:

a) Copia de sus estatutos.

b) Certificado de pertenencia a la organización de los miembros de la misma que soliciten acceder al centro.

c) Objeto de la visita.

3. Las acreditaciones concedidas serán personales e intransferibles, quedando su titular obligado a su correcta conservación y utilización. La acreditación contendrá los datos personales y las medidas de seguridad que se estimen pertinentes por la Comisaría General de Extranjería y Fronteras para asegurar su correcta utilización.

No se permitirá el acceso al centro a aquellas personas que presenten una acreditación deteriorada o con signos de manipulación, debiendo en estos casos dirigir los titulares nueva solicitud al director.

4. En el plazo máximo de 72 horas, y una vez comprobado el cumplimiento de todos los requisitos, el director facilitará a la organización las acreditaciones correspondientes que, en lo sucesivo, permitirán a sus miembros el acceso al centro, en los términos establecidos en el apartado 1. De faltar algún documento, el director solicitará, en el mismo plazo de 72 horas, su subsanación a la organización.

5. Cuando los internos soliciten del director la entrevista con una determinada organización, el centro lo comunicará de inmediato a la misma, que podrá realizar la visita de conformidad con el procedimiento y requisitos establecidos en los apartados anteriores.

Los integrantes acreditados podrán ser sometidos a un examen personal de seguridad si se aprecian por los funcionarios policiales indicios de que pudieran portar objetos o efectos no autorizados o prohibidos, conforme lo indicado en el artículo 56, actuándose en este caso según lo establecido en este reglamento.

6. De cada visita se dejará constancia en el correspondiente libro-registro.

DISPOSICIONES ADICIONALES

Disposición adicional primera. *Sala de inadmisión.* Las salas de inadmisión en que permanezcan los extranjeros en espera del regreso a su punto de origen por haberles sido denegada la entrada en España, se regirán por lo dispuesto en la Ley Orgánica 4/2000, de 11 de enero, sin que les sean de aplicación las previsiones de este reglamento.

Disposición adicional segunda. *No incremento de gasto público.* La aplicación de este reglamento no conllevará incremento del gasto público ni supondrá incremento de dotaciones, de retribuciones, o de otros gastos de personal al servicio del sector público.

Disposición adicional tercera. *Publicación de datos.* Anualmente la Comisaría General de Extranjería y Fronteras publicará los datos relativos a la estancia y la ocupación de cada centro.

Disposición adicional cuarta. *Suscripción de convenios.* Para la suscripción de convenios, contratos u otro tipo de instrumentos legales con entidades colaboradoras u organizaciones no gubernamentales o de otro tipo, será preciso que las mismas cumplan con los requisitos que a tal efecto se determinen en la correspondiente orden ministerial.

Las entidades que cumplan con lo establecido en la misma, serán catalogadas como «entidad colaboradora» por la Dirección General de la Policía. Dicha catalogación se referirá a un determinado campo o materia de prestación (sanitaria, social o de otro tipo) sobre la cual centrarán, exclusivamente, su labor.

DISPOSICIÓN TRANSITORIA ÚNICA

Provisión de medios materiales y humanos.

En el plazo de un año desde la entrada en vigor de esta norma, la Dirección General de la Policía adoptará las medidas oportunas y facilitará los medios materiales y humanos necesarios para dar cumplimiento a lo establecido en este reglamento.

ASILADOS, REFUGIADOS, DESPLAZADOS Y APÁTRIDAS

§ 5. Ley 12/2009, de 30 de octubre, reguladora del derecho de asilo y de la protección subsidiaria

(*BOE* de 31 de Octubre de 2009)

ÍNDICE SISTEMÁTICO

§ 5. Ley 12/2009, de 30 de octubre, reguladora del derecho de asilo y de la protección subsidiaria

(*BOE* de 31 de Octubre de 2009)

Véase el Acuerdo Marco de cooperación entre el Reino de España y la Oficina del Alto Comisionado de las Naciones Unidas para los Refugiados, hecho en Ginebra el 9 de diciembre de 2002 («B.O.E.» 23 mayo 2003).

Véase el Capítulo VII del Título del Instrumento de Ratificación de 23 de julio de 1993 del Acuerdo de 25 de junio de 1991 de Adhesión del Reino de España al Convenio de Aplicación de 19 de junio de 1990 del Acuerdo Schengen de 14 de junio de 1985 entre los Gobiernos de los Estados de la Unión Económica Benelux, de la República Federal de Alemania y de la República Francesa, relativo a la supresión gradual de controles en las fronteras comunes, al cual se adhirió la República Italiana por Acuerdo firmado en París («B.O.E.» 5 abril 1994/«D.O.U.E.L.» 22 septiembre 2000).

JUAN CARLOS I REY DE ESPAÑA

A todos los que la presenten vieren y entendieren.

Sabed: Que las Cortes Generales han aprobado y Yo vengo en sancionar la siguiente ley.

PREÁMBULO

La vigente regulación del derecho de asilo en España, al margen de antecedentes históricos de limitada trascendencia práctica que se remontan al siglo XIX, data de 1984, año en que la Ley 5/1984, de 26 de marzo, reguladora del derecho de asilo y de la condición de refugiado, vino a desarrollar el mandato contenido en el apartado cuatro del artículo 13 de la Constitución.

Esta norma, primera que abordaba la institución del asilo en un marco democrático y de libertades, sufrió una profunda revisión en 1994, al objeto de adecuar el ordenamiento español a la rápida evolución en la cantidad y en las características de las solicitudes de asilo que se produjo en el contexto de la Unión Europea en la segunda mitad de los años 80 del pasado siglo. Contribuyó, además, a corregir las deficiencias detectadas en su aplicación y a avanzar en el régimen de protección a los refugiados, a los que, a partir de entonces, se concede el derecho de asilo en un contexto europeo de progresiva armonización de las legislaciones nacionales de asilo.

Transcurridos más de catorce años desde esta primera modificación, se ha desarrollado una política europea de asilo, que arranca con el Tratado de Ámsterdam de 1997 y que ha producido un extenso elenco de normas comunitarias que deben ser incorporadas al ordenamiento jurídico interno mediante los oportunos cambios legislativos que, en algunos casos, son de gran entidad.

De entre estas normas destacan, por afectar al núcleo de todo sistema de asilo, la Directiva 2004/83/CE, del Consejo, de 29 de abril, por la que se establecen normas mínimas relativas a los requisitos para el reconocimiento y el estatuto de nacionales de terceros países o apátridas como refugiados o personas que necesitan otro tipo de protección internacional y al contenido de la protección concedida; la

Directiva 2005/85/CE, del Consejo, de 1 de diciembre, sobre normas mínimas para los procedimientos que deben aplicar los Estados miembros para conceder o retirar la condición de refugiado; y el Capítulo V de la Directiva 2003/86/CE, del Consejo, de 22 de septiembre, sobre el derecho de reagrupación familiar relativo a los refugiados.

Téngase en cuenta que la Directiva 2005/85/CE, a que hace referencia la presente norma, ha sido derogada por el artículo 53 de la Directiva 2013/32/UE del Parlamento Europeo y del Consejo, de 26 de junio de 2013, sobre procedimientos comunes para la concesión o la retirada de la protección internacional («D.O.U.E.L.» 29 junio).

De la naturaleza misma de las normas mínimas se desprende que los Estados miembros tienen competencia para introducir o mantener disposiciones más favorables para las personas de terceros países o apátridas que pidan protección internacional a un Estado miembro, siempre que tales normas sean compatibles con lo dispuesto en las Directivas comunitarias que con la presente Ley se transponen.

La transposición de esta legislación de la Unión Europea supone la total acogida en nuestro ordenamiento de la denominada Primera Fase del Sistema Europeo Común de Asilo, tal y como se recoge en las Conclusiones de Tampere de 1999 y se ratifica en el Programa de La Haya de 2004, pues contiene las bases para la constitución de un completo régimen de protección internacional garante de los derechos fundamentales, partiendo de la Convención de Ginebra de 1951 y el Protocolo de Nueva York de 1967, sobre el estatuto de los refugiados como piedra angular del régimen jurídico internacional de protección de las personas refugiadas.

A su vez, desde una perspectiva de ámbito nacional, la Ley introduce una serie de disposiciones, dentro del margen que comporta la normativa europea, que responden a su voluntad de servir de instrumento eficaz para garantizar la protección internacional de las personas a quienes les es de aplicación y de reforzar sus instituciones: el derecho de asilo y la protección subsidiaria, en un marco de transparencia de las decisiones que se adoptan.

Una de ellas es el lugar destacado que se concede a la intervención del Alto Comisionado de las Naciones Unidas para los Refugiados (ACNUR). Otra es la introducción de un marco legal para la adopción de programas de reasentamiento, en solidaridad con la Comunidad Internacional en la búsqueda de soluciones duraderas para los refugiados.

Por otro lado, la vigente Ley 5/1984, de 26 de marzo, a pesar de la indiscutible utilidad que ha mostrado como instrumento regulador de los mecanismos de reconocimiento de la condición de refugiado, contiene disposiciones que, con el transcurso del tiempo, han perdido eficacia, a la vez que, por su relativa antigüedad, no contempla cuestiones que en la actualidad son esenciales e insoslayables en el ámbito de la protección internacional.

Consecuentemente, y ante el alcance de las modificaciones impuestas por estos condicionantes, se ha considerado necesario, por razones de técnica legislativa, adoptar una nueva Ley que desarrolle lo dispuesto en el apartado cuarto del artículo 13 de la Constitución, en lugar de proceder a realizar en la Ley 5/1984, de 26 de marzo, modificaciones parciales. Esta opción ha de permitir tanto satisfacer adecuadamente las necesidades derivadas de la incorporación del amplio elenco de actos normativos de la Unión Europea, como reflejar de modo adecuado las nuevas interpretaciones y criterios surgidos en la doctrina internacional y en la jurisprudencia de órganos supranacionales como el Tribunal de Justicia de las Comunidades Europeas o el Tribunal Europeo de Derechos Humanos, con el objeto de mejorar las garantías de las personas solicitantes y beneficiarias de protección internacional.

La nueva Ley debe además adaptarse a los criterios que se desprenden de la doctrina y de la jurisprudencia de los tribunales en materia de asilo.

Expuesta la finalidad y la pertinencia de este nuevo texto legal, conviene justificar su estructura y contenido. Desde este punto de vista, la Ley consta de seis Títulos, completados con ocho Disposiciones Adicionales, dos Transitorias, una Derogatoria y cuatro Finales.

En el Título Preliminar se establece la finalidad de la Ley y el objeto material de regulación, determinando el contenido de la protección internacional integrada por el derecho de asilo y el derecho a la protección subsidiaria. Este segundo tipo de protección internacional se introduce por primera vez en nuestro ordenamiento de forma explícita, mejorando significativamente la actual situación, en que esta protección se ha venido aplicando sobre la base de unas genéricas previsiones de protección humanitaria contenidas en la Ley.

El Título I se dedica a los requisitos que deben cumplirse para dar lugar a la concesión del derecho de asilo derivado del reconocimiento de la condición de persona refugiada o beneficiaria de protección subsidiaria. Se detallan y delimitan, también por vez primera, todos los elementos que integran la clásica definición de refugiado: persecución, motivo de persecución y agente perseguidor. Es en este Título en el que encuentran cabida algunos de los aspectos más innovadores de la Ley, con especiales referencias a la dimensión de género en relación con los motivos que, en caso de existir persecución, pueden conducir a la concesión del estatuto de refugiado. Se incluyen igualmente, y con un detalle sin precedentes en nuestra legislación, las correlativas causas que determinan el cese o la exclusión del disfrute del derecho de asilo.

Además, el Título I dedica todo un Capítulo, de manera paralela y con arreglo a parámetros análogos, a la novedosa figura de la protección subsidiaria, que hasta ahora aparecía configurada como una institución carente de entidad propia y, por ende, desprovista de una regulación detallada de sus elementos constitutivos.

En esta línea, debe destacarse que la Ley regula la protección subsidiaria siguiendo las mismas pautas utilizadas con el derecho de asilo. Ello es consecuencia lógica de la voluntad de unificar en su práctica totalidad ambos regímenes de protección, atendiendo a que, más allá de las diferencias que puedan existir entre las causas que justifican uno y otro, el propósito común de ambos es que las personas beneficiarias reciban una protección, frente a riesgos para su vida, integridad física o libertad, que no pueden encontrar en sus países de origen.

El Título II se dedica en su totalidad al procedimiento a seguir para determinar las necesidades de protección de los solicitantes. Sobre este particular, cabe subrayar que el nuevo texto mejora la regulación vigente al establecer un procedimiento completo para evaluar la procedencia del estatuto de refugiado o de protección subsidiaria.

El procedimiento es único para los dos tipos de protección, lo que, además de resultar coherente con la identificación que la Ley hace de los dos regímenes de protección, permitirá que, al examinar de manera simultánea -y, eventualmente, de oficio- ambas posibilidades, se eviten dilaciones innecesarias o prácticas abusivas.

En todo caso, se introducen previsiones normativas que mejoran significativamente las garantías procedimentales en el examen de las correspondientes solicitudes. Es el caso de la generalización de garantías contencioso-administrativas de carácter judicial, como son las medidas cautelares previstas en el artículo 135 de la Ley 29/1998, de 13 de julio, reguladora de la Jurisdicción Contencioso-Administrativa, cuya utilización en la práctica es actualmente incipiente y casuística, y la intervención del ACNUR, a la que se dedica el Capítulo IV, y que supone una garantía del justo funcionamiento del sistema.

El Título contiene también un Capítulo que innova nuestro sistema de protección de derechos y libertades, al dotar de respaldo legal formal a las condiciones materiales de acogida de las personas solicitantes o beneficiarias de protección internacional. De este modo, la Ley sanciona al máximo nivel jurídico la obligación de proporcionar servicios sociales y de acogida a las personas solicitantes en estado de necesidad.

El Título III de la Ley se destina al mantenimiento o recomposición de la unidad familiar de las personas solicitantes o beneficiarias de protección internacional. La Ley ha mantenido la extensión familiar de la protección internacional para los integrantes de la unidad familiar de las personas solicitantes o protegidas, al tiempo que amplía el ámbito de posibles beneficiarias, tomando en consideración que la realidad ofrece configuraciones familiares que rebasan el concepto de familia nuclear, más propio de nuestro ordenamiento en el terreno de la inmigración.

Junto a ello, la Ley incorpora un procedimiento especial y preferente de reagrupación familiar que garantiza el derecho a la vida en familia de las personas refugiadas o beneficiarias de protección subsidiaria amparado en las previsiones de la Directiva 2003/86/CE, del Consejo, de 22 de septiembre, sobre el derecho a la reagrupación familiar. El procedimiento se configura como una alternativa a la extensión familiar de derecho de asilo, hasta ahora la única opción para los refugiados, y pretende dar una respuesta más eficaz a los casos en que las personas integrantes de la unidad familiar de la persona protegida no requieren ellas mismas de protección, pero sí de un régimen de residencia y prestaciones que permitan el mantenimiento de la unidad familiar en condiciones óptimas.

El Título IV, por su parte, regula las figuras de la revocación y el cese de la protección internacional. En este sentido, se regulan las causas que motivan cada una de dichas decisiones administrativas respecto a las personas beneficiarias del estatuto de refugiado o de la protección subsidiaria. El Título da respuesta, así, a las nuevas exigencias derivadas de los más recientes actos jurídicos de la Unión Europea e introduce medidas adecuadas para evitar que quienes puedan suponer un peligro para la seguridad del Estado, el orden público o que desarrollen actuaciones incompatibles con el estatuto de protección internacional puedan beneficiarse de ésta.

Asimismo, se introduce un procedimiento común para la adopción de tales figuras jurídicas, y se da un paso más en la construcción del Espacio de Libertad, Seguridad y Justicia.

A continuación, se ha considerado oportuno dedicar un título, el Título V, a los menores y a otras personas vulnerables necesitadas de cualquiera de las dos modalidades de protección internacional que regula la Ley. La inclusión de este Título y el tratamiento que en él se otorga a las personas a que se refiere constituyen otra novedad, que viene a subsanar la falta de referencias explícitas a ellas, en especial a los menores, y más en concreto a los no acompañados, en nuestra legislación de asilo.

Con ello, se profundiza en la mencionada línea garantista derivada del interés superior del menor y de la voluntad de evitar discriminaciones por razón de género o que afecten a personas con discapacidad, personas mayores y otras en situación de precariedad, pues alcanza a todos los ámbitos del sistema de asilo.

Por último, en la parte final de la Ley, reservada a las disposiciones que prevén regímenes especiales, situaciones transitorias, derogaciones normativas o desarrollos reglamentarios, así como la previsión de su entrada en vigor, se destaca como otra novedad en el ordenamiento español la habilitación al Gobierno de España para que lleve a cabo programas de reasentamiento en colaboración con el ACNUR y, en su caso, con otras Organizaciones Internacionales relevantes, con la finalidad de hacer efectivo el principio de solidaridad y de dar cumplimiento al designio constitucional de cooperar con el resto de pueblos de la tierra.

La formación de todos los agentes que intervienen en el sistema de asilo, indispensable para su correcto funcionamiento, así como la colaboración con las Organizaciones No Gubernamentales también se recogen en las Disposiciones Adicionales.

Con semejante enfoque, es evidente que el título competencial habilitante que sirve de base a la presente Ley -artículo 149.1.2.ª de la Constitución- contiene un reclamo implícito a la mencionada internacionalización, que, por lo demás, viene impuesta por nuestro texto constitucional no sólo en virtud del artículo 93 en lo atinente a la Unión Europea, sino de forma más amplia en los mandatos interpretativo y aplicativo establecidos, respectivamente, en el apartado uno del artículo 10 y el mismo apartado del 96. La propia normativa de la Unión Europea que es objeto de incorporación se ha hecho eco de estas nuevas tendencias: el bloque actual ya comunitarizado del «acervo de Schengen» ha superado unas normas de alcance más limitado adoptadas en el marco de la anterior cooperación intergubernamental, lo que comporta una ostensible coherencia entre las acciones emprendidas por la Unión Europea y por el Consejo de Europa.

Tal correlación es apreciable, precisamente, en las normas de la Unión Europea que ahora se incorporan, entre ellas en la Directiva 2003/86/CE, del Consejo, de 22 de septiembre, del derecho de reagrupación familiar, en donde se declara expresamente que «la presente Directiva respeta los derechos fundamentales y observa los principios reconocidos en particular por el artículo 8 del Convenio Europeo para la Protección de los Derechos Humanos y de las Libertades Fundamentales y por la Carta de los Derechos Fundamentales de la Unión Europea». Con parecida «ratio», la Directiva 2004/83/CE, del Consejo, de 29 de abril, por la que se establecen normas mínimas relativas a los requisitos para el reconocimiento y el estatuto de nacionales de terceros países o apátridas como refugiados o personas que necesitan otro tipo de protección internacional y al contenido de la protección concedida, señala que «el Consejo Europeo, en su reunión especial de Tampere de los días 15 y 16 de octubre de 1999, acordó trabajar con vistas a la creación de un sistema europeo común de asilo, basado en la plena y total aplicación de la Convención de Ginebra sobre el Estatuto del Refugiado de 28 de julio de 1951, completada por el Protocolo de Nueva York de 31 de enero de 1967, afirmando de esta manera el principio de no devolución y garantizando que ninguna persona sea repatriada a un país en el que sufra persecución» añadiendo, a renglón seguido, que «la presente Directiva respeta los derechos fundamentales y observa los principios reconocidos en particular, por la Carta de los Derechos Fundamentales de la Unión Europea. En especial, la presente Directiva tiene por fin garantizar el pleno respeto de la dignidad humana y el derecho de asilo de los solicitantes de asilo y los miembros de su familia acompañantes».

Por último, en la elaboración de la presente Ley se han tenido en cuenta las contribuciones de aquellos agentes de la sociedad civil que se encuentran implicados en la defensa de las personas necesitadas de protección internacional.

Mención específica debe hacerse en este punto al Alto Comisionado de las Naciones Unidas para los Refugiados (ACNUR), a quien se le reconoce el importante papel que desempeña en la tramitación de las solicitudes de asilo en España, reforzando así las garantías del procedimiento.

Igualmente, han sido objeto de consideración las aportaciones de otros actores u organismos cualificados en la materia regulada por la presente Ley, lo que, sin duda, contribuye a que la nueva regulación se vea impregnada por las tendencias más favorables del Derecho internacional de los derechos humanos.

TÍTULO PRELIMINAR
DISPOSICIONES GENERALES

Artículo 1. *Objeto de la ley.* La presente Ley, de acuerdo con lo previsto en el apartado cuatro del artículo 13 de la Constitución, tiene por objeto establecer los términos en que las personas nacionales de países no comunitarios y las apátridas podrán gozar en España de la protección internacional constituida por el derecho de asilo y la protección subsidiaria, así como el contenido de dicha protección internacional.

Véase el Instrumento de adhesión a la Convención para reducir los casos de apatridia, hecha en Nueva York el 30 de agosto de 1961 («B.O.E.» 13 noviembre 2018).

Artículo 2. *El derecho de asilo.* El derecho de asilo es la protección dispensada a los nacionales no comunitarios o a los apátridas a quienes se reconozca la condición de refugiado en los términos definidos en el artículo 3 de esta Ley y en la Convención sobre el Estatuto de los Refugiados, hecha en Ginebra el 28 de julio de 1951, y su Protocolo, suscrito en Nueva York el 31 de enero de 1967.

Artículo 3. *La condición de refugiado.* La condición de refugiado se reconoce a toda persona que, debido a fundados temores de ser perseguida por motivos de raza, religión, nacionalidad, opiniones políticas, pertenencia a determinado grupo social, de género, orientación sexual o de identidad sexual, se encuentra fuera del país de su nacionalidad y no puede o, a causa de dichos temores, no quiere acogerse a la protección de tal país, o al apátrida que, careciendo de nacionalidad y hallándose fuera del país donde antes tuviera su residencia habitual, por los mismos motivos no puede o, a causa de dichos temores, no quiere regresar a él, y no esté incurso en alguna de las causas de exclusión del artículo 8 o de las causas de denegación o revocación del artículo 9.

Artículo 3 redactado por la disposición final décima de la Ley 4/2023, de 28 de febrero, para la igualdad real y efectiva de las personas trans y para la garantía de los derechos de las personas LGTBI («B.O.E.» 1 marzo).
Vigencia: 2 marzo 2023

Artículo 4. *La protección subsidiaria.* El derecho a la protección subsidiaria es el dispensado a las personas de otros países y a los apátridas que, sin reunir los requisitos para obtener el asilo o ser reconocidas como refugiadas, pero respecto de las cuales se den motivos fundados para creer que si regresasen a su país de origen en el caso de los nacionales o, al de su anterior residencia habitual en el caso de los apátridas, se enfrentarían a un riesgo real de sufrir alguno de los daños graves previstos en el artículo 10 de esta Ley, y que no pueden o, a causa de dicho riesgo, no quieren, acogerse a la protección del país de que se trate, siempre que no concurra alguno de los supuestos mencionados en los artículos 11 y 12 de esta Ley.

Artículo 5. *Derechos garantizados con el asilo y la protección subsidiaria.* La protección concedida con el derecho de asilo y la protección subsidiaria consiste en la no devolución ni expulsión de las personas a quienes se les haya reconocido, así como en la adopción de las medidas contempladas en el artículo 36 de esta Ley y en las normas que lo desarrollen, en la normativa de la Unión Europea y en los Convenios internacionales ratificados por España.

TÍTULO I
DE LA PROTECCIÓN INTERNACIONAL

CAPÍTULO I
DE LAS CONDICIONES PARA EL RECONOCIMIENTO DEL DERECHO DE ASILO

Artículo 6. *Actos de persecución.* 1. Los actos en que se basen los fundados temores a ser objeto de persecución en el sentido previsto en el artículo 3 de esta Ley, deberán:

a) ser suficientemente graves por su naturaleza o carácter reiterado como para constituir una violación grave de los derechos fundamentales, en particular los derechos que no puedan ser objeto de excepciones al amparo del apartado segundo del artículo 15 del Convenio Europeo para la Protección de los Derechos Humanos y de las Libertades Fundamentales, o bien

b) ser una acumulación lo suficientemente grave de varias medidas, incluidas las violaciones de derechos humanos, como para afectar a una persona de manera similar a la mencionada en la letra a).

2. Los actos de persecución definidos en el apartado primero podrán revestir, entre otras, las siguientes formas:

a) actos de violencia física o psíquica, incluidos los actos de violencia sexual;

b) medidas legislativas, administrativas, policiales o judiciales que sean discriminatorias en sí mismas o que se apliquen de manera discriminatoria;

c) procesamientos o penas que sean desproporcionados o discriminatorios;

d) denegación de tutela judicial de la que se deriven penas desproporcionadas o discriminatorias;

e) procesamientos o penas por la negativa a prestar servicio militar en un conflicto en el que el cumplimiento de dicho servicio conllevaría delitos o actos comprendidos en las cláusulas de exclusión establecidas en el apartado segundo del artículo 8 de esta Ley;

f) actos de naturaleza sexual que afecten a adultos o a niños.

3. Los actos de persecución definidos en el presente artículo deberán estar relacionados con los motivos mencionados en el artículo siguiente.

Artículo 7. *Motivos de persecución.* 1. Al valorar los motivos de persecución se tendrán en cuenta los siguientes elementos:

a) el concepto de raza comprenderá, en particular, el color, el origen o la pertenencia a un determinado grupo étnico;

b) el concepto de religión comprenderá, en particular, la profesión de creencias teístas, no teístas y ateas, la participación o la abstención de hacerlo, en cultos formales en privado o en público, ya sea individualmente o en comunidad, así como otros actos o expresiones que comporten una opinión de carácter religioso, o formas de conducta personal o comunitaria basadas en cualquier creencia religiosa u ordenadas por ésta;

c) el concepto de nacionalidad no se limitará a poseer o no la ciudadanía, sino que comprenderá, en particular, la pertenencia a un grupo determinado por su identidad cultural, étnica o lingüística, sus orígenes geográficos o políticos comunes o su relación con la población de otro Estado;

d) el concepto de opiniones políticas comprenderá, en particular, la profesión de opiniones, ideas o creencias sobre un asunto relacionado con los agentes potenciales de persecución y con sus políticas o métodos, independientemente de que el solicitante haya o no obrado de acuerdo con tales opiniones, ideas o creencias;

e) se considerará que un grupo constituye un grupo social determinado, si, en particular:

- las personas integrantes de dicho grupo comparten una característica innata o unos antecedentes comunes que no pueden cambiarse, o bien comparten una característica o creencia que resulta tan fundamental para su identidad o conciencia que no se les puede exigir que renuncien a ella, y
- dicho grupo posee una identidad diferenciada en el país de que se trate por ser percibido como diferente por la sociedad que lo rodea o por el agente o agentes perseguidores.

En función de las circunstancias imperantes en el país de origen, se incluye en el concepto de grupo social determinado un grupo basado en una característica común de orientación sexual o identidad sexual, y, o, edad, sin que estos aspectos por sí solos puedan dar lugar a la aplicación del presente artículo. En ningún caso podrá entenderse como orientación sexual, la realización de conductas tipificadas como delito en el ordenamiento jurídico español.

Asimismo, en función de las circunstancias imperantes en el país de origen, se incluye a las personas que huyen de sus países de origen debido a fundados temores de sufrir persecución por motivos de género y, o, edad, sin que estos aspectos por sí solos puedan dar lugar a la aplicación del presente artículo.

2. En la valoración acerca de si la persona solicitante tiene fundados temores a ser perseguida será indiferente el hecho de que posea realmente la característica racial, religiosa, nacional, social o política que suscita la persecución, a condición de que el agente de persecución se la atribuya.

Artículo 8. *Causas de exclusión.* 1. Quedarán excluidas de la condición de refugiados:

a) las personas que estén comprendidas en el ámbito de aplicación de la sección D del artículo 1 de la Convención de Ginebra en lo relativo a la protección o asistencia de un órgano u organismo de las Naciones Unidas distinto del Alto Comisionado de las Naciones Unidas para los Refugiados. Cuando esta protección o asistencia haya cesado por cualquier motivo, sin que la suerte de tales personas se haya solucionado definitivamente con arreglo a las Resoluciones aprobadas sobre el particular por la Asamblea General de las Naciones Unidas, aquéllas tendrán, «ipso facto», derecho a los beneficios del asilo regulado en la presente Ley;

b) las personas a quienes las autoridades competentes del país donde hayan fijado su residencia les hayan reconocido los derechos y obligaciones que son inherentes a la posesión de la nacionalidad de tal país, o derechos y obligaciones equivalentes a ellos.

2. También quedarán excluidas las personas extranjeras sobre las que existan motivos fundados para considerar que:

a) han cometido un delito contra la paz, un delito de guerra o un delito contra la humanidad, de los definidos en los instrumentos internacionales que establecen disposiciones relativas a tales delitos;

b) han cometido fuera del país de refugio antes de ser admitidas como refugiadas, es decir, antes de la expedición de una autorización de residencia basada en el reconocimiento de la condición de refugiado, un delito grave, entendiéndose por tal los que lo sean conforme al Código Penal español y que afecten a la vida, la libertad, la indemnidad o la libertad sexual, la integridad de las personas o el patrimonio, siempre que fuesen realizados con fuerza en las cosas, o violencia o intimidación en las personas, así como en los casos de la delincuencia organizada, debiendo entenderse incluida, en todo caso, en el término delincuencia organizada la recogida en el apartado cuarto del artículo 282 bis de la Ley de Enjuiciamiento Criminal, en relación con los delitos enumerados;

c) son culpables de actos contrarios a las finalidades y a los principios de las Naciones Unidas establecidos en el Preámbulo y en los artículos 1 y 2 de la Carta de las Naciones Unidas.

3. El apartado segundo se aplicará a las personas que inciten a la comisión de los delitos o actos mencionados en él, o bien participen en su comisión.

Artículo 9. *Causas de denegación.* En todo caso, el derecho de asilo se denegará a:

a) las personas que constituyan, por razones fundadas, un peligro para la seguridad de España;

b) las personas que, habiendo sido objeto de una condena firme por delito grave constituyan una amenaza para la comunidad.

CAPÍTULO II
DE LAS CONDICIONES PARA LA CONCESIÓN DEL DERECHO A LA PROTECCIÓN SUBSIDIARIA

Artículo 10. *Daños graves.* Constituyen los daños graves que dan lugar a la protección subsidiaria prevista en el artículo 4 de esta Ley:

a) la condena a pena de muerte o el riesgo de su ejecución material;

b) la tortura y los tratos inhumanos o degradantes en el país de origen del solicitante;

c) las amenazas graves contra la vida o la integridad de los civiles motivadas por una violencia indiscriminada en situaciones de conflicto internacional o interno.

Artículo 11. *Causas de exclusión.* 1. Quedarán excluidas de la condición de beneficiarias de la protección subsidiaria aquellas personas respecto de las que existan fundados motivos para considerar que:

a) han cometido un delito contra la paz, un delito de guerra o un delito contra la humanidad, de los definidos en los instrumentos internacionales que establecen disposiciones relativas a tales delitos;

b) han cometido fuera del país de protección antes de ser admitidas como beneficiarias de la protección subsidiaria, es decir, antes de la expedición de la autorización de residencia basada en el reconocimiento de la condición de beneficiario de protección subsidiaria, un delito grave, entendiéndose por tal los que lo sean conforme al Código Penal español y que afecten a la vida, la libertad, la indemnidad o la libertad sexual, la integridad de las personas o el patrimonio, siempre que fuesen realizados con fuerza en las cosas, o violencia o intimidación en las personas, así como en los casos de la delincuencia organizada, debiendo entenderse incluida, en todo caso, en el término delincuencia organizada la recogida en el apartado cuarto del artículo 282 bis de la Ley de Enjuiciamiento Criminal, en relación con los delitos enumerados;

c) son culpables de actos contrarios a las finalidades y a los principios de las Naciones Unidas establecidos en el Preámbulo y en los artículos 1 y 2 de la Carta de las Naciones Unidas;

d) constituyen un peligro para la seguridad interior o exterior de España o para el orden público.

2. Lo dispuesto en los apartados anteriores se aplicará a quienes inciten a la comisión de los delitos o actos mencionados en los mismos, o bien participen en su comisión.

Artículo 12. *Causas de denegación.* En todo caso, la protección subsidiaria se denegará a:

a) las personas que constituyan, por razones fundadas, un peligro para la seguridad de España;

b) las personas que, habiendo sido objeto de una condena firme por delito grave constituyan una amenaza para la comunidad.

CAPÍTULO III
DISPOSICIONES COMUNES

Artículo 13. *Agentes de persecución o causantes de daños graves.* Los agentes de persecución o causantes de daños graves podrán ser, entre otros:

a) el Estado;

b) los partidos u organizaciones que controlen el Estado o una parte considerable de su territorio;

c) agentes no estatales, cuando los agentes mencionados en los puntos anteriores, incluidas las organizaciones internacionales, no puedan o no quieran proporcionar protección efectiva contra la persecución o los daños graves.

Artículo 14. *Agentes de protección.* 1. Podrán proporcionar protección:

a) el Estado, o

b) los partidos u organizaciones, incluidas las organizaciones internacionales, que controlen el Estado o una parte considerable de su territorio.

2. En general, se entenderá que existe protección cuando los agentes mencionados en el apartado primero adopten medidas razonables y efectivas para impedir la persecución o el padecimiento de daños graves, tales como el establecimiento de un sistema jurídico eficaz para la investigación, el procesamiento y la sanción de acciones constitutivas de persecución o de daños graves, y siempre que el solicitante tenga acceso efectivo a dicha protección.

3. Se tendrá en cuenta la orientación que pueda desprenderse de los actos pertinentes de las instituciones de la Unión Europea o de organizaciones internacionales relevantes, al efecto de valorar si una organización internacional controla un Estado o una parte considerable de su territorio y proporciona la protección descrita en el apartado anterior.

Véase el Acuerdo internacional administrativo entre el Ministerio del Interior y la Oficina en España del Alto Comisionado de las Naciones Unidas para los refugiados (ACNUR), hecho en Madrid el 22 y 25 de septiembre de 2023 («B.O.E.» 9 octubre).

Artículo 15. *Necesidades de protección internacional surgidas «in situ».* 1. Los fundados temores de ser perseguido o el riesgo real de sufrir daños graves a que se refieren, respectivamente, los artículos 6 y 10 de esta Ley, pueden asimismo basarse en acontecimientos sucedidos o actividades en que haya participado la persona solicitante con posterioridad al abandono del país de origen o, en el caso de apátridas, el de residencia habitual, en especial si se demuestra que dichos acontecimientos o actividades constituyen la expresión de convicciones u orientaciones mantenidas en el país de origen o de residencia habitual.

2. En estos supuestos, se ponderará, a efectos de no reconocer la condición de refugiado, el hecho de que el riesgo de persecución esté basado en circunstancias expresamente creadas por la persona solicitante tras abandonar su país de origen o, en el caso de apátridas, el de su residencia habitual.

TÍTULO II
DE LAS REGLAS PROCEDIMENTALES PARA EL RECONOCIMIENTO DE LA PROTECCIÓN INTERNACIONAL

CAPÍTULO I
DE LA PRESENTACIÓN DE LA SOLICITUD

Artículo 16. *Derecho a solicitar protección internacional.* 1. Las personas nacionales no comunitarias y las apátridas presentes en territorio español tienen derecho a solicitar protección internacional en España.

2. Para su ejercicio, los solicitantes de protección internacional tendrán derecho a asistencia sanitaria y a asistencia jurídica gratuita, que se extenderá a la formalización de la solicitud y a toda la tramitación del procedimiento, y que se prestará en los términos previstos en la legislación española en esta materia, así como derecho a intérprete en los términos del artículo 22 de la Ley Orgánica 4/2000.

La asistencia jurídica referida en el párrafo anterior será preceptiva cuando las solicitudes se formalicen de acuerdo al procedimiento señalado en el artículo 21 de la presente Ley.

3. La presentación de la solicitud conllevará la valoración de las circunstancias determinantes del reconocimiento de la condición de refugiado, así como de la concesión de la protección subsidiaria. De este extremo se informará en debida forma al solicitante.

4. Toda información relativa al procedimiento, incluido el hecho de la presentación de la solicitud, tendrá carácter confidencial.

Artículo 17. *Presentación de la solicitud.* 1. El procedimiento se inicia con la presentación de la solicitud, que deberá efectuarse mediante comparecencia personal de los interesados que soliciten protección en los lugares que reglamentariamente se establezcan, o en caso de imposibilidad física o legal, mediante persona que lo represente. En este último caso, el solicitante deberá ratificar la petición una vez desaparezca el impedimento.

2. La comparecencia deberá realizarse sin demora y en todo caso en el plazo máximo de un mes desde la entrada en el territorio español o, en todo caso, desde que se produzcan los acontecimientos que justifiquen el temor fundado de persecución o daños graves. A estos efectos, la entrada ilegal en territorio español no podrá ser sancionada cuando haya sido realizada por persona que reúna los requisitos para ser beneficiaria de la protección internacional prevista en esta Ley.

3. En el momento de efectuar la solicitud, la persona extranjera será informada, en una lengua que pueda comprender, acerca de:

a) el procedimiento que debe seguirse;

b) sus derechos y obligaciones durante la tramitación, en especial en materia de plazos y medios de que dispone para cumplir éstas;

c) la posibilidad de contactar con el Alto Comisionado de las Naciones Unidas para los Refugiados y con las Organizaciones no Gubernamentales legalmente reconocidas entre cuyos objetivos figure el asesoramiento y ayuda a las personas necesitadas de protección internacional;

d) las posibles consecuencias del incumplimiento de sus obligaciones o de su falta de colaboración con las autoridades; y

e) los derechos y prestaciones sociales a los que tiene acceso en su condición de solicitante de protección internacional.

4. La solicitud se formalizará mediante entrevista personal que se realizará siempre individualmente. De forma excepcional, podrá requerirse la presencia de otros miembros de la familia de los solicitantes, si ello se considerase imprescindible para la adecuada formalización de la solicitud.

5. La Administración adoptará las medidas necesarias para que, cuando sea preciso, en la entrevista se preste un tratamiento diferenciado por razón del sexo de la persona solicitante o demás circunstancias previstas en el artículo 46 de esta Ley. De este trámite se dejará debida constancia en el expediente administrativo.

6. Las personas encargadas de efectuar la entrevista informarán a los solicitantes sobre cómo efectuar la solicitud, y les ayudarán a cumplimentarla, facilitándoles la información básica en relación con aquélla. Asimismo, colaborarán con los interesados para establecer los hechos relevantes de su solicitud.

7. Cuando razones de seguridad lo aconsejen, se podrá registrar a la persona solicitante y sus pertenencias, siempre y cuando se garantice el pleno respeto a su dignidad e integridad.

8. En los términos que se establezcan reglamentariamente, se planteará la posibilidad de una nueva audiencia personal sobre su solicitud de asilo. La ponderación sobre la necesidad o no de efectuar nuevas entrevistas será motivada.

Artículo 18. *Derechos y obligaciones de los solicitantes.* 1. El solicitante de asilo, presentada la solicitud, tiene en los términos recogidos en la presente Ley, en los artículos 16, 17, 19, 33 y 34, los siguientes derechos:

a) a ser documentado como solicitante de protección internacional;

b) a asistencia jurídica gratuita e intérprete;

c) a que se comunique su solicitud al ACNUR;

d) a la suspensión de cualquier proceso de devolución, expulsión o extradición que pudiera afectar al solicitante;

e) a conocer el contenido del expediente en cualquier momento;

f) a la atención sanitaria en las condiciones expuestas;

g) a recibir prestaciones sociales específicas en los términos que se recogen en esta Ley.

2. Serán obligaciones de los solicitantes de protección internacional las siguientes:

a) cooperar con las autoridades españolas en el procedimiento para la concesión de protección internacional;

b) presentar, lo antes posible, todos aquellos elementos que, junto a su propia declaración, contribuyan a fundamentar su solicitud. Entre otros, podrán presentar la documentación de que dispongan sobre su edad, pasado -incluido el de parientes relacionados-, identidad, nacionalidad o nacionalidades, lugares de anterior residencia, solicitudes de protección internacional previas, itinerarios de viaje, documentos de viaje y motivos por los que solicita la protección;

c) proporcionar sus impresiones dactilares, permitir ser fotografiados y, en su caso, consentir que sean grabadas sus declaraciones, siempre que hayan sido previamente informados sobre este último extremo;

d) informar sobre su domicilio en España y cualquier cambio que se produzca en él;

e) informar, asimismo, a la autoridad competente o comparecer ante ella, cuando así se les requiera con relación a cualquier circunstancia de su solicitud.

Artículo 19. *Efectos de la presentación de la solicitud.* 1. Solicitada la protección, la persona extranjera no podrá ser objeto de retorno, devolución o expulsión hasta que se resuelva sobre su solicitud o ésta no sea admitida. No obstante, por motivos de salud o seguridad públicas, la autoridad competente podrá adoptar medidas cautelares en aplicación de la normativa vigente en materia de extranjería e inmigración.

2. Asimismo, la solicitud de protección suspenderá, hasta la decisión definitiva, la ejecución del fallo de cualquier proceso de extradición de la persona interesada que se halle pendiente. A tal fin, la solicitud será comunicada inmediatamente al órgano judicial o al órgano gubernativo ante el que en ese momento tuviera lugar el correspondiente proceso.

3. No obstante lo previsto en los apartados anteriores, podrá entregarse o extraditarse a una persona solicitante, según proceda, a otro Estado miembro de la Unión Europea en virtud de las obligaciones dimanantes de una orden europea de detención y entrega, o a un país tercero ante órganos judiciales penales internacionales.

4. Las personas solicitantes de asilo tienen derecho a entrevistarse con un abogado en las dependencias de los puestos fronterizos y centros de internamiento de extranjeros. Reglamentariamente, y sin perjuicio de las normas de funcionamiento establecidas para las citadas dependencias y centros, podrán establecerse condiciones para el ejercicio de este derecho derivadas de razones de seguridad, orden público o de su gestión administrativa.

5. La solicitud de protección dará lugar al inicio del cómputo de los plazos previstos para su tramitación.

6. La resolución que admita a trámite una solicitud de asilo determinará el procedimiento correspondiente.

7. En caso de que la tramitación de una solicitud pudiese exceder de seis meses, ampliables de acuerdo con lo previsto en el artículo 49 de la Ley 30/1992, de 26 de noviembre, de Régimen Jurídico de las Administraciones Públicas y del Procedi-

miento Administrativo Común, para su resolución y notificación, se informará a la persona interesada del motivo de la demora.

Artículo 20. *No admisión de solicitudes presentadas dentro del territorio español.* 1. El Ministro del Interior, a propuesta de la Oficina de Asilo y Refugio, podrá, mediante resolución motivada, no admitir a trámite las solicitudes cuando concurra alguna de las circunstancias siguientes:

- Por falta de competencia para el examen de las solicitudes:

a) cuando no corresponda a España su examen con arreglo al Reglamento (CE) 343/2003, del Consejo, de 18 de febrero, por el que se establecen los criterios y mecanismos de determinación del Estado miembro responsable del examen de una solicitud de asilo presentada en uno de los Estados miembros por un nacional de un tercer país;

b) cuando no corresponda a España su examen de conformidad con los Convenios Internacionales en que sea Parte. En la resolución por la que se acuerde la no admisión a trámite se indicará a la persona solicitante el Estado responsable de examinarla. En este caso, dicho Estado habrá aceptado explícitamente su responsabilidad y se obtendrán garantías suficientes de protección para la vida, libertad e integridad física de los interesados, así como del respeto a los demás principios indicados en la Convención de Ginebra, en el territorio de dicho Estado.

- Por falta de requisitos:

c) cuando, de conformidad con lo establecido en el artículo 25.2.b) y en el artículo 26 de la Directiva 2005/85/CE del Consejo, la persona solicitante se halle reconocida como refugiada y tenga derecho a residir o a obtener protección internacional efectiva en un tercer Estado, siempre que sea readmitida en ese país, no exista peligro para su vida o su libertad, ni esté expuesta a tortura o a trato inhumano o degradante y tenga protección efectiva contra la devolución al país perseguidor, con arreglo a la Convención de Ginebra;

d) cuando la persona solicitante proceda de un tercer país seguro, de conformidad con lo establecido en el artículo 27 de la Directiva 2005/85/CE del Consejo y, en su caso con la lista que sea elaborada por la Unión Europea, donde, atendiendo a sus circunstancias particulares, reciba un trato en el que su vida, su integridad y su libertad no estén amenazadas por razón de raza, religión, nacionalidad, pertenencia a grupo social u opinión política, se respete el principio de no devolución, así como la prohibición de expulsión en caso de violación del derecho a no ser sometido a torturas ni a tratos crueles, inhumanos o degradantes, exista la posibilidad de solicitar el estatuto de refugiado y, en caso de ser refugiado, a recibir protección con arreglo a la Convención de Ginebra; siempre que el solicitante sea readmitido en ese país y existan vínculos por los cuales sería razonable que el solicitante fuera a ese país. Para la aplicación del concepto de tercer país seguro, también podrá requerirse la existencia de una relación entre el solicitante de asilo y el tercer país de que se trate por la que sería razonable que el solicitante fuera a ese país;

e) cuando la persona solicitante hubiese reiterado una solicitud ya denegada en España o presentado una nueva solicitud con otros datos personales, siempre que no se planteen nuevas circunstancias relevantes en cuanto a las condiciones particulares o a la situación del país de origen o de residencia habitual de la persona interesada;

f) cuando la persona solicitante sea nacional de un Estado miembro de la Unión Europea, de conformidad con lo dispuesto en el Protocolo al Tratado Constitutivo de la Comunidad Europea sobre el derecho de asilo a nacionales de Estados miembros de la Unión Europea.

2. La no admisión a trámite prevista en este artículo deberá notificarse en el plazo máximo de un mes contado a partir de la presentación de la solicitud. El transcurso de dicho plazo sin que se haya notificado la resolución a la persona interesa-

da determinará la admisión a trámite de la solicitud y su permanencia provisional en territorio español, sin perjuicio de lo que pueda acordarse en la resolución definitiva del procedimiento. La no admisión a trámite conllevará los mismos efectos que la denegación de la solicitud.

3. La constatación, con posterioridad a la admisión a trámite de la solicitud de protección internacional, de alguna de las circunstancias que hubiesen justificado su no admisión será causa de denegación de aquélla.

Artículo 21. *Solicitudes presentadas en puestos fronterizos.* 1. Cuando una persona extranjera que no reúna los requisitos necesarios para entrar en territorio español presente una solicitud de protección internacional en un puesto fronterizo, el Ministro del Interior podrá no admitir a trámite la solicitud mediante resolución motivada cuando en dicha solicitud concurra alguno de los supuestos previstos en el apartado primero del artículo 20. En todo caso, la resolución deberá ser notificada a la persona interesada en el plazo máximo de cuatro días desde su presentación.

2. Asimismo, el Ministro del Interior podrá denegar la solicitud mediante resolución motivada, que deberá notificarse a la persona interesada en el plazo máximo de cuatro días desde su presentación, cuando en dicha solicitud concurra alguno de los siguientes supuestos:

a) los previstos en las letras c), d) y f) del apartado primero del artículo 25;

b) cuando la persona solicitante hubiese formulado alegaciones incoherentes, contradictorias, inverosímiles, insuficientes, o que contradigan información suficientemente contrastada sobre su país de origen, o de residencia habitual si fuere apátrida, de manera que pongan claramente de manifiesto que su solicitud es infundada por lo que respecta al hecho de albergar un fundado temor a ser perseguida o a sufrir un daño grave.

3. El plazo previsto en el apartado anterior se ampliará hasta un máximo de diez días por resolución del Ministro del Interior, en los casos en los que, por concurrir alguna de las circunstancias previstas en la letra f) del apartado primero del artículo 25, el ACNUR, de manera razonada, así lo solicite.

4. Contra la resolución de inadmisión a trámite o de denegación de la solicitud se podrá, en el plazo de dos días contados desde su notificación, presentar una petición de reexamen que suspenderá los efectos de aquélla. La resolución de dicha petición, que corresponderá al Ministro del Interior, deberá notificarse a la persona interesada en el plazo de dos días desde el momento en que aquélla hubiese sido presentada.

5. El transcurso del plazo fijado para acordar la inadmisión a trámite, o la denegación de la solicitud en frontera, la petición de reexamen, o del previsto para resolver el recurso de reposición sin que se haya notificado la resolución de forma expresa, determinará su tramitación por el procedimiento ordinario, así como la autorización de entrada y permanencia provisional de la persona solicitante, sin perjuicio de lo que pueda acordarse en la resolución definitiva del expediente.

Artículo 22. *Permanencia del solicitante de asilo durante la tramitación de la solicitud.* En todo caso, durante la tramitación de la petición de reexamen y del recurso de reposición previstos en los apartados cuarto y quinto del artículo 21 de la presente Ley, así como en los supuestos en los que se solicite la adopción de las medidas a las que se refiere el apartado segundo de su artículo 29, la persona solicitante de asilo permanecerá en las dependencias habilitadas a tal efecto.

CAPÍTULO II
DE LA TRAMITACIÓN DE LAS SOLICITUDES

Artículo 23. *Órganos competentes para la instrucción.* 1. La Oficina de Asilo y Refugio, dependiente del Ministerio del Interior, es el órgano competente para la tramitación de las solicitudes de protección internacional, sin perjuicio de las demás funciones que reglamentariamente se le atribuyan.

2. La Comisión Interministerial de Asilo y Refugio es un órgano colegiado adscrito al Ministerio del Interior, que está compuesto por un representante de cada uno de los departamentos con competencia en política exterior e interior, justicia, inmigración, acogida de los solicitantes de asilo e igualdad.

3. Serán funciones de la Comisión las previstas en esta Ley y aquellas otras que, junto con su régimen de funcionamiento, se establezcan reglamentariamente.

Artículo 24. *Procedimiento ordinario.* 1. Toda solicitud de protección internacional admitida a trámite dará lugar al inicio, por parte del Ministerio del Interior, del correspondiente procedimiento, al que se incorporarán las diligencias de instrucción del expediente. Si fuera procedente la realización de nuevas entrevistas a las personas solicitantes, aquéllas deberán reunir los requisitos previstos en el artículo 17.

2. Finalizada la instrucción de los expedientes, se elevarán a estudio de la Comisión Interministerial de Asilo y Refugio, que formulará propuesta al Ministro del Interior, quien será el competente para dictar la correspondiente resolución por la que se conceda o deniegue, según proceda, el derecho de asilo o la protección subsidiaria.

3. Transcurridos seis meses desde la presentación de la solicitud sin que se haya notificado la correspondiente resolución, la misma podrá entenderse desestimada, sin perjuicio de la obligación de la Administración de resolver expresamente y de lo dispuesto en el apartado séptimo del artículo 19 de la presente Ley.

Artículo 25. *Tramitación de urgencia.* 1. El Ministerio del Interior, de oficio o a petición del interesado, acordará la aplicación de la tramitación de urgencia, previa notificación al interesado, en las solicitudes en las que concurra alguna de las siguientes circunstancias:

a) que parezcan manifiestamente fundadas;

b) que hayan sido formuladas por solicitantes que presenten necesidades específicas, especialmente, por menores no acompañados;

c) que planteen exclusivamente cuestiones que no guarden relación con el examen de los requisitos para el reconocimiento de la condición de refugiado o la concesión de la protección subsidiaria;

d) que la persona solicitante proceda de un país de origen considerado seguro, en los términos de lo dispuesto en el artículo 20.1.d), y del que posea la nacionalidad, o si fuere apátrida, en el que tuviera su residencia habitual;

e) que la persona solicitante, sin motivo justificado, presente su solicitud transcurrido el plazo de un mes previsto en el apartado segundo del artículo 17;

f) que la persona solicitante incurra en alguno de los supuestos de exclusión o de denegación previstos en los artículos 8, 9, 11 y 12 de la presente Ley.

2. Cuando la solicitud de protección internacional se hubiera presentado en un Centro de Internamiento para Extranjeros, su tramitación deberá adecuarse a lo dispuesto en el artículo 21 de esta Ley para las solicitudes en frontera. En todo caso, presentadas las solicitudes en estos términos, aquéllas que fuesen admitidas a trámite se ajustarán a la tramitación de urgencia prevista en el presente artículo.

3. La Comisión Interministerial de Asilo y Refugio será informada de los expedientes que vayan a ser tramitados con carácter de urgencia.

4. Será de aplicación al presente procedimiento lo dispuesto en el artículo 24 de la Ley, salvo en materia de plazos que se verán reducidos a la mitad.

Artículo 26. *Evaluación de las solicitudes.* 1. La Administración General del Estado velará por que la información necesaria para la evaluación de las solicitudes de protección no se obtenga de los responsables de la persecución o de los daños graves, de modo tal que dé lugar a que dichos responsables sean informados de que la persona interesada es solicitante de protección internacional cuya solicitud está siendo considerada, ni se ponga en peligro la integridad de la persona interesada y de las personas a su cargo, ni la libertad y la seguridad de sus familiares que aún vivan en el país de origen.

2. Para que se resuelva favorablemente la solicitud bastará que aparezcan indicios suficientes de persecución o de daños graves.

Artículo 27. *Archivo de la solicitud.* Se pondrá fin al procedimiento mediante el archivo de la solicitud cuando la persona solicitante la retire o desista de ella, en los casos y en los términos de la Ley 30/1992, de 26 de noviembre, reguladora del Régimen Jurídico de las Administraciones Públicas y del Procedimiento Administrativo Común. En todo caso, se podrá presumir que dicha retirada o desistimiento se ha producido cuando en el plazo de treinta días el solicitante no hubiese respondido a las peticiones de facilitar información esencial para su solicitud, no se hubiese presentado a una audiencia personal a la que hubiera sido convocado, o no compareciera para la renovación de la documentación de la que se le hubiera provisto, salvo que demuestre que estos comportamientos fueron debidos a circunstancias ajenas a su voluntad.

Artículo 28. *Notificación.* A efectos de comunicaciones y notificaciones, se tendrá en cuenta el último domicilio o residencia que conste en el expediente. Cuando no prospere este procedimiento de notificación, el trámite se realizará a través del Portal del Ciudadano, del portal electrónico de la Oficina de Asilo y Refugio y de los tablones de anuncios, accesibles al público, de la Comisaría de Policía correspondiente o de la Oficina de Extranjeros de la provincia en que conste el último lugar de residencia de la persona solicitante y, en todo caso, de la Oficina de Asilo y Refugio. De estos extremos se informará a los solicitantes al formalizar su solicitud, que podrán exigir que se cumpla la garantía del apartado 4 del artículo 16.

Artículo 29. *Recursos.* 1. Las resoluciones previstas en la presente Ley pondrán fin a la vía administrativa, salvo en el caso de que se haya presentado la petición de reexamen prevista en el apartado cuarto del artículo 21, en que se entenderá que pone fin a la vía administrativa la resolución que decida dicha petición, y serán susceptibles de recurso de reposición con carácter potestativo y de recurso ante la jurisdicción contencioso-administrativa.

2. Cuando se interponga un recurso contencioso-administrativo y se solicite la suspensión del acto recurrido, dicha solicitud tendrá la consideración de especial urgencia contemplada en el artículo 135 de la Ley 29/1998, de 13 de julio, Reguladora de la Jurisdicción Contencioso-Administrativa.

3. La persona a quien le haya sido denegada la solicitud podrá solicitar su revisión cuando aparezcan nuevos elementos probatorios, conforme a lo establecido en la Ley 30/1992, de 26 de noviembre, de Régimen Jurídico de las Administraciones Públicas y del Procedimiento Administrativo Común.

CAPÍTULO III
DE LAS CONDICIONES DE ACOGIDA DE LOS SOLICITANTES DE PROTECCIÓN INTERNACIONAL

Véase el R.D. 220/2022, de 29 de marzo, por el que se aprueba el Reglamento por el que se regula el sistema de acogida en materia de protección internacional («B.O.E.» 30 marzo).

Artículo 30. *Derechos sociales generales.* 1. Se proporcionará a las personas solicitantes de protección internacional, siempre que carezcan de recursos económicos, los servicios sociales y de acogida necesarios con la finalidad de asegurar la satisfacción de sus necesidades básicas en condiciones de dignidad, sin perjuicio, en tanto que extranjeros, de lo establecido en la Ley Orgánica 4/2000, de 11 de enero, sobre derechos y libertades de los extranjeros en España y su integración social, y en su normativa de desarrollo.

2. Los servicios sociales y de acogida específicamente destinados a las personas solicitantes de protección internacional se determinarán reglamentariamente por el Ministerio competente.

3. Si se comprobara que la persona solicitante dispone de suficientes medios de acuerdo con la normativa vigente, para cubrir los costes inherentes a los servicios y prestaciones reservados a personas que carezcan de recursos económicos, se procederá a la reclamación de su reembolso.

Artículo 31. *Acogida de los solicitantes de protección internacional.* 1. Los servicios de acogida, su definición, disponibilidad, programas y servicios, específicamente destinados a aquellas personas que soliciten protección internacional, se determinarán reglamentariamente por el Ministerio competente para atender las necesidades básicas de estas personas.

Este Ministerio podrá prestar por sí mismo esos servicios de acogida de forma directa, de forma indirecta por fórmulas contractuales, o bien, mediante la correspondiente autorización de acción concertada a entidades cuando no sea necesario celebrar contratos públicos, tal y como establece el artículo 11.6 de la Ley 9/2017, de 8 de noviembre, de contratos del sector público.

Asimismo, también será posible prestar los servicios de acogida a través de los centros subvencionados a organizaciones no gubernamentales. En ningún caso podrá duplicarse la financiación pública de los servicios prestados por estas organizaciones, concurriendo la financiación obtenida por la autorización de acción concertada y por las subvenciones.

A los efectos de esta ley se entiende por acción concertada el instrumento por el que se concede la autorización a aquellas entidades que cumplan las condiciones previamente fijadas de forma reglamentaria para la prestación de servicios de acogida de responsabilidad pública, debiendo el sistema que se establezca, en todo caso, cumplir todos los requisitos que contempla el artículo 11.6 de la Ley 9/2017, de 8 de noviembre, incluidos los principios de publicidad, transparencia y no discriminación.

La financiación de la acción concertada, el cumplimiento de los requisitos de acceso y el control de la prestación de los servicios se realizará por el Ministerio competente para prestar los servicios de acogida, según se establezca de forma reglamentaria.

Estas entidades habrán de acreditar la disposición de medios y recursos necesarios para la prestación de los servicios de acción concertada. En todo caso, se acreditará la propiedad de los centros en que se vaya a desarrollar la acción concertada, o, en su defecto, el derecho al uso, con este fin, de los bienes inmuebles, ya sean de propiedad privada o pública, por un periodo no inferior al de vigencia de la autorización de acción concertada, que podrá alcanzar cuatro años prorrogables de mutuo acuerdo, por igual periodo, sin perjuicio de poder solicitar una nueva autorización una vez expirada la anterior. Excepcionalmente, en situaciones de necesidad y siempre que concurran razones de interés público, dicho derecho al uso podrá ser por un periodo inferior al de vigencia de la autorización de la acción concertada.

Con carácter general, la Administración anticipará hasta el 50 % de la retribución máxima acordada por las prestaciones y servicios asignados que supondrán entregas de fondos con carácter previo a la justificación, como financiación necesaria para poder llevar a cabo las actuaciones inherentes a la acción concertada.

Los pagos anticipados se deberán asegurar mediante la prestación de garantía. Las entidades no lucrativas autorizadas quedan exoneradas de la constitución de garantía de los fondos entregados.

La falta de constitución y acreditación de la garantía ante el órgano competente implicará la retención del pago de la retribución, hasta el momento en que se acredite, pudiendo dar lugar a la pérdida del derecho al pago de forma definitiva cuando, habiéndose realizado requerimiento previo del órgano concedente para que se acredite la constitución de la garantía, éste no fuera atendido en el plazo de 15 días.

Reglamentariamente se desarrollarán, entre otras materias, los aspectos y criterios de la organización de los servicios de acogida a través de la acción concertada, las condiciones que deben cumplir las entidades para obtener la correspondiente autorización, los supuestos de pérdida de autorización para el caso de incumplimiento de obligaciones, así como el cálculo de su retribución. Este cálculo tendrá en consideración que, la retribución se limitará a los costes necesarios para prestar los servicios establecidos.

Número 1 del artículo 31 redactado por la disposición final séptima del R.D.-ley 10/2022, de 13 de mayo, por el que se establece con carácter temporal un mecanismo de ajuste de costes de producción para la reducción del precio de la electricidad en el mercado mayorista («B.O.E.» 14 mayo).
Vigencia: 15 mayo 2022

2. Se adoptarán, con el acuerdo de los interesados, las medidas necesarias para mantener la unidad de la familia, integrada por los miembros enumerados en el artículo 40 de esta Ley, tal y como se encuentre presente en el territorio español, siempre que se reúnan los requisitos que se señalan en la presente Ley.

Artículo 32. *Autorización de trabajo a los solicitantes de protección internacional.* Las personas solicitantes de protección internacional serán autorizadas para trabajar en España en los términos que reglamentariamente se establezcan.

Artículo 33. *Reducción o retirada de las condiciones de acogida.* 1. El Ministerio competente en el ejercicio de las competencias sobre servicios, ayudas y prestaciones de los diferentes programas de acogida, podrá reducir o retirar alguno o la totalidad de los servicios de acogida en los siguientes casos:

a) cuando la persona solicitante abandone el lugar de residencia asignado sin informar a la autoridad competente o, en caso de haberlo solicitado, sin permiso;

b) cuando la persona solicitante accediese a recursos económicos y pudiese hacer frente a la totalidad o parte de los costes de las condiciones de acogida o cuando hubiere ocultado sus recursos económicos, y, por tanto, se beneficie indebidamente de las prestaciones de acogida establecidas;

c) cuando se haya dictado resolución de la solicitud de protección internacional, y se haya notificado al interesado, salvo lo dispuesto en el apartado tercero del artículo 36 de esta Ley;

d) cuando por acción u omisión se vulneren los derechos de otros residentes o del personal encargado de los centros donde estén acogidos o se dificulte gravemente la convivencia en ellos, de conformidad con lo establecido en las normas internas de los mismos;

e) cuando haya finalizado el periodo del programa o prestación autorizado.

2. Las personas solicitantes de protección internacional podrán ver reducidos o retirados los programas de ayudas del servicio de acogida, como consecuencia de las sanciones que se deriven de la comisión de alguna de las faltas enunciadas en el apartado primero de este artículo.

3. A los efectos del apartado anterior, el sistema de faltas y sanciones a aplicar en los centros de acogida será el que de forma reglamentaria establezca el Ministerio competente.

Véase la Orden ISM/922/2023, de 6 de julio, por la que se desarrolla el régimen disciplinario del sistema de acogida en materia de protección internacional («B.O.E.» 3 agosto).

CAPÍTULO IV
INTERVENCIÓN DEL ALTO COMISIONADO DE LAS NACIONES UNIDAS PARA LOS REFUGIADOS (ACNUR)

Artículo 34. *Intervención en el procedimiento de solicitud.* La presentación de las solicitudes de protección internacional se comunicará al ACNUR, quien podrá informarse de la situación de los expedientes, estar presente en las audiencias a la persona solicitante y presentar informes para su inclusión en el expediente.

A estos efectos, tendrá acceso a las personas solicitantes, incluidas las que se encuentren en dependencias fronterizas o en centros de internamiento de extranjeros o penitenciarios.

Artículo 35. *Intervención en la tramitación de protección internacional.* 1. El representante en España del ACNUR será convocado a las sesiones de la Comisión Interministerial de Asilo y Refugio.

2. Asimismo será informado inmediatamente de la presentación de las solicitudes en frontera y podrá entrevistarse, si lo desea, con los solicitantes. Con carácter previo a dictarse las resoluciones que sobre estas solicitudes prevén los apartados primero, segundo y tercero del artículo 21 de la presente Ley, se dará audiencia al ACNUR.

3. En los casos que se tramiten las solicitudes mediante el procedimiento de urgencia, y en los casos de admisión a trámite del artículo 20, si la propuesta de resolución de la Oficina de Asilo y Refugio fuese desfavorable se dará un plazo de diez días al ACNUR para que, en su caso, informe.

CAPÍTULO V
DE LOS EFECTOS DE LA RESOLUCIÓN

Artículo 36. *Efectos de la concesión del derecho de asilo o de protección subsidiaria.* 1. La concesión del derecho de asilo o de la protección subsidiaria implicará el reconocimiento de los derechos establecidos en la Convención de Ginebra sobre el Estatuto de los Refugiados, en la normativa vigente en materia de extranjería e inmigración, así como en la normativa de la Unión Europea, y, en todo caso:

a) la protección contra la devolución en los términos establecidos en los tratados internacionales firmados por España;

b) el acceso a la información sobre los derechos y obligaciones relacionados con el contenido de la protección internacional concedida, en una lengua que le sea comprensible a la persona beneficiaria de dicha protección;

c) la autorización de residencia y trabajo permanente, en los términos que establece la Ley Orgánica 4/2000, de 11 de enero, sobre derechos y libertades de los extranjeros en España y su integración social;

d) la expedición de documentos de identidad y viaje a quienes les sea reconocida la condición de refugiado, y, cuando sea necesario, para quienes se beneficien de la protección subsidiaria;

e) el acceso a los servicios públicos de empleo;

f) el acceso a la educación, a la asistencia sanitaria, a la vivienda, a la asistencia social y servicios sociales, a los derechos reconocidos por la legislación aplicable a las personas víctimas de violencia de género, en su caso, a la seguridad social y a los programas de integración, en las mismas condiciones que los españoles;

g) el acceso, en las mismas condiciones que los españoles, a la formación continua u ocupacional y al trabajo en prácticas, así como a los procedimientos de reconocimiento de diplomas y certificados académicos y profesionales y otras pruebas de calificaciones oficiales expedidas en el extranjero;

h) la libertad de circulación;

i) el acceso a los programas de integración con carácter general o específico que se establezcan;

j) el acceso a los programas de ayuda al retorno voluntario que puedan establecerse;

k) el mantenimiento de la unidad familiar en los términos previstos en la presente Ley y acceso a los programas de apoyo que a tal efecto puedan establecerse.

2. Con el fin de facilitar la integración de las personas con estatuto de protección internacional, se establecerán los programas necesarios, procurando la igualdad de oportunidades y la no discriminación en su acceso a los servicios generales.

3. Las personas con estatuto de protección internacional podrán seguir beneficiándose de todos o algunos de los programas o prestaciones de que hubieran disfrutado con anterioridad a la concesión del estatuto en aquellos casos en que circunstancias especiales así lo requieran, con sometimiento al régimen previsto para tales programas y prestaciones por el Ministerio de Trabajo e Inmigración.

4. En casos específicos, debido a dificultades sociales o económicas, las Administraciones Públicas podrán poner en marcha servicios complementarios a los sistemas públicos de acceso al empleo, a la vivienda y a los servicios educativos generales, así como servicios especializados de interpretación y traducción de documentos, ayudas permanentes para ancianos y personas con discapacidad y ayudas económicas de emergencia.

Artículo 37. *Efectos de las resoluciones denegatorias.* La no admisión a trámite o la denegación de las solicitudes de protección internacional determinarán, según corresponda, el retorno, la devolución, la expulsión, la salida obligatoria del territorio español o el traslado al territorio del Estado responsable del examen de la solicitud de asilo de las personas que lo solicitaron, salvo que, de acuerdo con la Ley Orgánica 4/2000, de 11 de enero, y su normativa de desarrollo, se dé alguno de los siguientes supuestos:

a) que la persona interesada reúna los requisitos para permanecer en España en situación de estancia o residencia;

b) que se autorice su estancia o residencia en España por razones humanitarias determinadas en la normativa vigente.

CAPÍTULO VI
SOLICITUDES DE PROTECCIÓN INTERNACIONAL EN EMBAJADAS Y CONSULADOS

Artículo 38. *Solicitudes de protección internacional en Embajadas y Consulados.* Con el fin de atender casos que se presenten fuera del territorio nacional, siempre y cuando el solicitante no sea nacional del país en que se encuentre la Representación diplomática y corra peligro su integridad física, los Embajadores de España podrán promover el traslado del o de los solicitantes de asilo a España para hacer posible la presentación de la solicitud conforme al procedimiento previsto en esta Ley.

El Reglamento de desarrollo de esta Ley determinará expresamente las condiciones de acceso a las Embajadas y Consulados de los solicitantes, así como el procedimiento para evaluar las necesidades de traslado a España de los mismos.

TÍTULO III
DE LA UNIDAD FAMILIAR DE LAS PERSONAS BENEFICIARIAS DE PROTECCIÓN INTERNACIONAL

Artículo 39. *Mantenimiento de la unidad familiar.* 1. Se garantizará el mantenimiento de la familia de las personas refugiadas y beneficiarias de protección subsidiaria en los términos previstos los artículos 40 y 41 de la presente Ley.

2. Cuando, durante la tramitación de una solicitud de protección internacional, los miembros de la familia de la persona interesada a los que se hace referencia en el artículo 40 se encontrasen también en España, y no hubiesen presentado una solicitud independiente de protección internacional, se les autorizará la residencia en España con carácter provisional, condicionada a la resolución de la solicitud de protección internacional y en los términos que reglamentariamente se determinen.

Artículo 40. *Extensión familiar del derecho de asilo o de la protección subsidiaria.* 1. El restablecimiento de la unidad familiar de las personas refugiadas y beneficiarias de protección subsidiaria podrá garantizarse mediante la concesión, respectivamente, del derecho de asilo o de la protección subsidiaria por extensión familiar, en los siguientes supuestos:

a) Los ascendientes en primer grado que acreditasen la dependencia y sus descendientes en primer grado que fueran menores de edad, quedando exceptuado el derecho a la extensión familiar en los supuestos de distinta nacionalidad.

Las relaciones familiares de los ascendientes y descendientes deberán establecerse mediante las pruebas científicas que sean necesarias, en los casos donde no pueda determinarse sin dudas esa relación de parentesco.

b) El cónyuge o persona ligada por análoga relación de afectividad y convivencia, salvo los supuestos de divorcio, separación legal, separación de hecho, distinta nacionalidad o concesión del estatuto de refugiado por razón de género, cuando en el expediente de la solicitud quede acreditado que la persona ha sufrido o tenido fundados temores de sufrir persecución singularizada por violencia de género por parte de su cónyuge o conviviente.

c) Otro adulto que sea responsable del beneficiario de protección internacional, de acuerdo con la legislación española vigente, cuando dicho beneficiario sea un menor no casado.

d) Podrá también concederse asilo o protección subsidiaria por extensión familiar a otros miembros de la familia de la persona refugiada o beneficiaria de protección subsidiaria siempre que resulte suficientemente establecida la dependencia respecto de aquellas y la existencia de convivencia previa en el país de origen.

2. La Oficina de Asilo y Refugio tramitará las solicitudes de extensión familiar presentadas. Una vez instruidas se procederá, previo estudio en la Comisión interministerial de Asilo y Refugio, a elevar la propuesta de resolución al Ministro del Interior, quien resolverá.

3. La resolución por la que se acuerde la concesión del derecho de asilo o de la protección subsidiaria por extensión familiar conllevará para los beneficiarios los efectos previstos en el artículo 36.

4. En ningún caso se concederá protección internacional por extensión familiar a las personas incursas en los supuestos previstos en los apartados 2 y 3 del artículo 8 y en los artículos 9, 11 y 12 de la presente ley.

Artículo 40 modificado conforme establece la disposición final tercera de la Ley 2/2014, de 25 de marzo, de la Acción y del Servicio Exterior del Estado («B.O.E.» 26 marzo).

Vigencia: 27 marzo 2014

Artículo 41. *Reagrupación familiar.* 1. Las personas refugiadas y beneficiarias de protección subsidiaria podrán optar por reagrupar a las enumeradas en el artículo anterior, aun cuando ya se encontrasen en España, sin solicitar la extensión del estatuto de que disfruten. Esta reagrupación será siempre aplicable cuando los beneficiarios sean de nacionalidad distinta a la persona refugiada o beneficiaria de protección subsidiaria.

2. En este supuesto, que se desarrollará reglamentariamente, no se exigirá a los refugiados o beneficiarios de la protección subsidiaria, ni tampoco a los beneficiarios de la reagrupación familiar, los requisitos establecidos en la normativa vigente de extranjería e inmigración.

3. La resolución por la que se acuerde la reagrupación familiar implicará la concesión de autorización de residencia y, en su caso, de trabajo, de análoga validez a la de la persona reagrupante.

4. La reagrupación familiar será ejercitable una sola vez, sin que las personas que hubiesen sido reagrupadas y obtenido autorización para residir en España en virtud de lo dispuesto en el apartado anterior puedan solicitar reagrupaciones sucesivas de sus familiares.

5. En ningún caso se concederá protección internacional por extensión familiar a las personas incursas en los supuestos previstos en los apartados 2 y 3 del artículo 8 y en los artículos 9, 11 y 12 de la presente Ley.

TÍTULO IV
DEL CESE Y LA REVOCACIÓN DE LA PROTECCIÓN INTERNACIONAL

Artículo 42. *Cese del estatuto de refugiado.* 1. Cesarán en la condición de refugiados quienes:

a) expresamente así lo soliciten;

b) se hayan acogido de nuevo, voluntariamente, a la protección del país de su nacionalidad;

c) habiendo perdido su nacionalidad, la hayan recobrado voluntariamente;

d) hayan adquirido una nueva nacionalidad y disfruten de la protección del país de su nueva nacionalidad;

e) se hayan establecido, de nuevo, voluntariamente, en el país que habían abandonado, o fuera del cual habían permanecido, por temor a ser perseguidos;

f) hayan abandonado el territorio español y fijado su residencia en otro país;

g) no puedan continuar negándose a la protección del país de su nacionalidad por haber desaparecido las circunstancias en virtud de las cuales fueron reconocidos como refugiados; el Estado español tendrá en cuenta si el cambio de circunstancias es lo suficientemente significativo, sin ser de carácter temporal, como para dejar de considerar fundados los temores del refugiado a ser perseguido;

h) no teniendo nacionalidad, puedan regresar al país de su anterior residencia habitual por haber desaparecido las circunstancias en virtud de las cuales fueron reconocidos como refugiados.

2. El cese en la condición de refugiado no impedirá la continuación de la residencia en España conforme a la normativa vigente en materia de extranjería e inmigración. A estos efectos se tendrá en cuenta el período de tiempo que los interesados hayan residido legalmente en nuestro país.

Artículo 43. *Cese de la protección subsidiaria.* 1. La protección subsidiaria cesará cuando:

a) se solicite expresamente por la persona beneficiaria;

b) la persona beneficiaria haya abandonado el territorio español y fijado su residencia en otro país;

c) las circunstancias que condujeron a su concesión dejen de existir o cambien de tal forma que dicha protección ya no sea necesaria. El Estado español tendrá en cuenta si el cambio de circunstancias es lo suficientemente significativo, sin ser de carácter temporal, como para que la persona con derecho a protección subsidiaria ya no corra un riesgo real de sufrir daños graves.

2. El cese en la protección subsidiaria no impedirá la continuación de la residencia en España conforme a la normativa vigente en materia de extranjería e inmigración. A estos efectos se tendrá en cuenta el período que los interesados hayan residido legalmente en nuestro país.

Artículo 44. *Revocación.* 1. Procederá la revocación del estatuto de refugiado o del estatuto de protección subsidiaria cuando:

a) concurra alguno de los supuestos de exclusión previstos en los artículos 8, 9, 11 y 12 de esta Ley;

b) la persona beneficiaria haya tergiversado u omitido hechos, incluido el uso de documentos falsos, que fueron decisivos para la concesión del estatuto de refugiado o de protección subsidiaria;

c) la persona beneficiaria constituya, por razones fundadas, un peligro para la seguridad de España, o que, habiendo sido condenada por sentencia firme por delito grave, constituya una amenaza para la comunidad.

2. La revocación de la protección internacional conllevará la inmediata aplicación de la normativa vigente en materia de extranjería e inmigración, y, cuando así procediera, la tramitación del correspondiente expediente administrativo sancionador para la expulsión del territorio nacional de la persona interesada, de conformidad con lo previsto en el artículo 57 de la Ley Orgánica 4/2000, de 11 de enero, y en su normativa de desarrollo.

3. A los efectos previstos en el apartado anterior, la Oficina de Asilo y Refugio dará traslado inmediato de la revocación al órgano competente para incoar el correspondiente expediente sancionador.

4. No obstante lo dispuesto en los anteriores apartados, ninguna revocación ni eventual expulsión posterior podrá determinar el envío de los interesados a un país en el que exista peligro para su vida o su libertad o en el que estén expuestos a tortura o a tratos inhumanos o degradantes o, en su caso, en el que carezca de protección efectiva contra la devolución al país perseguidor o de riesgo.

Artículo 45. *Procedimientos para el cese y la revocación.* 1. La Oficina de Asilo y Refugio iniciará, de oficio o a instancia de parte, cuando concurra causa legal suficiente, los procedimientos de cese y revocación de la protección internacional concedida, haciéndoselo saber a los interesados.

2. En los supuestos de cese y revocación del estatuto de refugiado y de la protección subsidiaria, la persona afectada disfrutará, además de las previstas en el artículo 17, de las siguientes garantías:

a) que sea informada por escrito de que se está reconsiderando su derecho de asilo o de protección subsidiaria, así como de los motivos de dicha reconsideración;

b) que le sea otorgado trámite de audiencia para la formulación de alegaciones.

c) que la autoridad competente pueda obtener información precisa y actualizada de diversas fuentes, como por ejemplo, cuando proceda, del Alto Comisionado de las Naciones Unidas para los Refugiados (ACNUR), sobre la situación general existente en los países de origen de las personas afectadas, y

d) que cuando se recopile información sobre el caso concreto con objeto de reconsiderar el estatuto de refugiado, dicha información no se obtenga de los responsables de la persecución de modo tal que dé lugar a que dichos responsables sean informados directamente de que la persona interesada es un refugiado cuyo estatuto está siendo reconsiderado, ni se ponga en peligro la integridad física de la persona interesada y de las personas a su cargo, ni la libertad y la seguridad de sus familiares que aún vivan en el país de origen.

3. A la vista de las actuaciones practicadas en la tramitación del expediente, la Oficina de Asilo y Refugio podrá archivar el expediente, si no fuesen fundadas las causas de cese o revocación inicialmente advertidas.

4. Completado el expediente de cese o revocación, el mismo será remitido por la Oficina de Asilo y Refugio a la Comisión Interministerial de Asilo y Refugio. Si ésta entendiese que no concurren causas suficientes para proceder a la declaración de cese o revocación, ordenará el archivo del expediente.

5. Si, por el contrario, a criterio de la Comisión Interministerial de Asilo y Refugio procediese el cese o la revocación, aquélla elevará la propuesta de resolución al Ministro del Interior, que será quien resuelva.

6. Los ceses y revocaciones conllevarán el cese en el disfrute de todos los derechos inherentes a la condición de refugiado o persona beneficiaria de protección subsidiaria.

7. El plazo para la notificación de las resoluciones recaídas en estos procedimientos será de seis meses a partir de la presentación de la solicitud por la persona interesada o de la notificación del acuerdo de incoación del procedimiento de cese o revocación. Concluido dicho plazo, y habida cuenta de las suspensiones o ampliaciones que fuesen aplicables, se tendrá por caducado el expediente, procediéndose de oficio a su archivo.

8. Las resoluciones previstas en este Título pondrán fin a la vía administrativa y serán susceptibles de recurso de reposición con carácter potestativo ante el Ministro del Interior y de recurso contencioso-administrativo.

TÍTULO V
DE LOS MENORES Y OTRAS PERSONAS VULNERABLES

Artículo 46. *Régimen general de protección.* 1. En el marco de la presente Ley, y en los términos en que se desarrolle reglamentariamente, se tendrá en cuenta la situación específica de las personas solicitantes o beneficiarias de protección internacional en situación de vulnerabilidad, tales como menores, menores no acompañados, personas con discapacidad, personas de edad avanzada, mujeres embarazadas, familias monoparentales con menores de edad, personas que hayan padecido torturas, violaciones u otras formas graves de violencia psicológica o física o sexual y víctimas de trata de seres humanos.

2. Dada su situación de especial vulnerabilidad, se adoptarán las medidas necesarias para dar un tratamiento diferenciado, cuando sea preciso, a las solicitudes de protección internacional que efectúen las personas a las que se refiere el apartado anterior. Asimismo, se dará un tratamiento específico a aquéllas que, por sus características personales, puedan haber sido objeto de persecución por varios de los motivos previstos en la presente Ley.

3. Por razones humanitarias distintas de las señaladas en el estatuto de protección subsidiaria, se podrá autorizar la permanencia de la persona solicitante de protección internacional en España en los términos previstos por la normativa vigente en materia de extranjería e inmigración.

Artículo 47. *Menores.* Los menores solicitantes de protección internacional que hayan sido víctimas de cualquier forma de abuso, negligencia, explotación, tortura, trato cruel, inhumano, o degradante, o que hayan sido víctimas de conflictos armados recibirán la asistencia sanitaria y psicológica adecuada y la asistencia cualificada que precisen.

Artículo 48. *Menores no acompañados.* 1. Los menores no acompañados solicitantes de protección internacional serán remitidos a los servicios competentes en materia de protección de menores y el hecho se pondrá en conocimiento del Ministerio Fiscal.

2. En los supuestos en los que la minoría de edad no pueda ser establecida con seguridad, se pondrá el hecho en conocimiento inmediato del Ministerio Fiscal, que dispondrá lo necesario para la determinación de la edad del presunto menor, para lo que colaborarán las instituciones sanitarias oportunas que, con carácter prioritario y urgente, realizarán las pruebas científicas necesarias. La negativa a someterse a tal reconocimiento médico no impedirá que se dicte resolución sobre la solicitud de protección internacional. Determinada la edad, si se tratase de una persona menor de edad, el Ministerio Fiscal lo pondrá a disposición de los servicios competentes de protección de menores.

3. De forma inmediata se adoptarán medidas para asegurar que el representante de la persona menor de edad, nombrado de acuerdo con la legislación vigente en materia de protección de menores, actúe en nombre del menor de edad no acompañado y lo asista con respecto al examen de la solicitud de protección internacional.

DISPOSICIONES ADICIONALES

Disposición Adicional Primera. *Reasentamiento.* El marco de protección previsto en la presente Ley será de aplicación a las personas acogidas en España en virtud de programas de Reasentamiento elaborados por el Gobierno de la Nación, en colaboración con el Alto Comisionado de las Naciones Unidas para los Refugiados, y, en su caso, otras Organizaciones Internacionales relevantes. El Consejo de Ministros, a propuesta de los Ministros del Interior y de Trabajo e Inmigración, oída la Comisión Interministerial de Asilo y Refugio, acordará anualmente el número de personas que podrán ser objeto de reasentamiento en España en virtud de estos programas.

Los refugiados reasentados en España tendrán el mismo estatuto que los refugiados reconocidos en virtud de las disposiciones de la presente Ley.

Véase la Orden PJC/75/2024, de 29 de enero, por la que se determina la cuantía anual de personas beneficiarias de la ampliación del Programa Nacional de Reasentamiento de Refugiados en España para 2023, aprobado por Acuerdo de Consejo de Ministros de 3 de mayo de 2023 («B.O.E.» 5 febrero).

Véase R.D. 225/2016, de 27 de mayo, por el que se regula la concesión directa de una subvención a la Organización Internacional para las Migraciones, OIM España, para la colaboración en la ejecución del Programa de Reasentamiento de Refugiados («B.O.E.» 28 mayo).

Disposición Adicional Segunda. *Desplazados.* La protección temporal en caso de afluencia masiva de personas desplazadas será la prevista en el Reglamento sobre régimen de protección temporal en caso de afluencia masiva de personas desplazadas, aprobado por el Real Decreto 1325/2003, de 24 de octubre.

Disposición Adicional Tercera. *Formación.* La Administración General del Estado velará por que los empleados públicos y demás personas que se ocupen de los solicitantes de protección internacional, refugiados y personas beneficiarias de protección subsidiaria, dispongan de la formación adecuada. A estos efectos, los Ministerios competentes elaborarán programas formativos que les permitan adquirir las capacidades necesarias para el desempeño de los puestos de trabajo.

Disposición Adicional Cuarta. *Cooperación con otras Administraciones Públicas.* Las Comunidades Autónomas, de acuerdo con sus respectivas competencias en los ámbitos sanitario, educativo y social gestionarán los servicios y programas específicamente destinados a las personas solicitantes de asilo, en coordinación y cooperación con la Administración General del Estado.

Asimismo, facilitarán el acceso a la información respecto de los recursos sociales específicos para este colectivo, así como sobre las diferentes organizaciones de atención especializada a personas solicitantes de asilo.

Disposición Adicional Quinta. *Cooperación en el marco de la Unión Europea.* Las autoridades españolas, en el marco de la presente Ley, adoptarán todas las medidas necesarias, con objeto de reforzar el sistema europeo común de asilo y de protección internacional.

Disposición Adicional Sexta. *Colaboración con las Organizaciones No Gubernamentales.* Los poderes públicos promoverán la actividad de las asociaciones no lucrativas legalmente reconocidas entre cuyos objetivos figuren el asesoramiento y ayuda a las personas necesitadas de protección internacional. Sus informes se incorporarán a los oportunos expedientes de solicitudes de protección internacional incoados por el Ministerio del Interior.

Disposición Adicional Séptima. *Normativa supletoria en materia de procedimiento.* En lo no previsto en materia de procedimiento en la presente Ley, será de aplicación con carácter supletorio la Ley 30/1992, de 26 de noviembre.

Disposición Adicional Octava. *Informe Anual.* El Gobierno remitirá a las Cortes Generales un informe anual sobre el número de personas que han solicitado asilo o protección subsidiaria, el número de personas a las que les ha sido concedido o denegado tal estatuto, así como del número de reasentamientos que se hayan efectuado y número de personas beneficiarias de la reagrupación familiar; ceses y revocaciones y situación específica de menores u otras personas vulnerables.

DISPOSICIONES TRANSITORIAS

Disposición Transitoria Primera. *Normativa aplicable a los procedimientos en curso.* Los procedimientos administrativos en tramitación a la entrada en vigor de esta Ley se instruirán y resolverán de acuerdo con lo previsto en ella, salvo que los interesados soliciten expresamente la aplicación de la normativa vigente en el momento de presentación de la solicitud, por considerarlo más favorable a sus intereses.

Disposición Transitoria Segunda. *Normativa aplicable a las personas autorizadas a residir en España por razones humanitarias.* Las personas que hubieran obtenido una autorización para permanecer en España por razones humanitarias conforme a lo previsto en el artículo 17.2 de la Ley 5/1984, de 26 de marzo, reguladora del derecho de asilo y de la condición de refugiado, y en los términos de lo dispuesto en el apartado tercero del artículo 31 de su Reglamento de aplicación, aprobado por el Real Decreto 203/1995, de 10 de febrero, podrán beneficiarse del derecho a la protección subsidiaria previsto en esta Ley.

DISPOSICIÓN DEROGATORIA ÚNICA

Derogación normativa.

Queda derogada la Ley 5/1984, de 26 de marzo, reguladora del derecho de asilo y de la condición de refugiado, y cuantas disposiciones de igual o inferior rango se opongan a lo establecido en esta Ley.

DISPOSICIONES FINALES

Disposición Final Primera. *Título competencial.* Esta Ley se dicta al amparo de lo dispuesto en el artículo 149.1.2ª de la Constitución, que atribuye al Estado la competencia exclusiva sobre el derecho de asilo.

Disposición Final Segunda. *Incorporación del Derecho de la Unión Europea.* Mediante esta Ley se incorporan al Derecho español la Directiva 2003/86/CE, del Consejo, de 22 de septiembre, sobre el derecho a la reagrupación familiar; la Directiva 2004/83/CE, del Consejo, de 29 de abril, por la que se establecen normas mínimas relativas a los requisitos para el reconocimiento y el estatuto de nacionales de terceros países o apátridas como refugiados o personas que necesitan otro tipo de protección internacional, y al contenido de la protección concedida; y la Directiva 2005/85/CE, del Consejo, de 1 de diciembre, sobre normas mínimas para los procedimientos que deben aplicar los Estados miembros para conceder o retirar la condición de refugiado.

Disposición Final Tercera. *Desarrollo reglamentario.* Se autoriza al Gobierno para dictar, en el plazo de seis meses, cuantas disposiciones de carácter reglamentario exija el desarrollo de la presente Ley.

Disposición Final Cuarta. *Entrada en vigor.* La presente Ley entrará en vigor a los veinte días de su publicación en el Boletín Oficial del Estado.

Por tanto,

Mando a todos los españoles, particulares y autoridades, que guarden y hagan guardar esta Ley.

§ 6. Real Decreto 865/2001, de 20 de julio, por el que se aprueba el Reglamento de reconocimiento del estatuto de apátrida

(*BOE* de 21 de Julio de 2001; c. e. *BOE* de 17 de Noviembre de 2001)

ÍNDICE SISTEMÁTICO

§ 6. Real Decreto 865/2001, de 20 de julio, por el que se aprueba el Reglamento de reconocimiento del estatuto de apátrida

(*BOE* de 21 de Julio de 2001; c. e. *BOE* de 17 de Noviembre de 2001)

R.D. 865/2001, 20 julio, rectificado por Corrección de errores («B.O.E.» 17 noviembre).

El artículo 13.4 de la Constitución señala que la ley establecerá los términos en los que los ciudadanos de otros países y los apátridas podrán gozar del derecho de asilo.

El mandato constitucional se cumplió con la promulgación de la Ley reguladora del derecho de asilo y de la condición de refugiado, Ley 5/1984, de 26 de marzo, actualmente modificada por la Ley 9/1994, de 19 de mayo, aun cuando España, con anterioridad a la promulgación de la Constitución, ya se había adherido mediante Instrumento de 22 de julio de 1978 («Boletín Oficial del Estado» de 21 de octubre de 1978), a la Convención de Ginebra de 28 de julio de 1951 y al Protocolo de Nueva York de 31 de enero de 1967, sobre el Estatuto de los Refugiados.

En dicha Ley se regula el derecho de asilo que se concede a quien se reconoce la condición de refugiado, la cual puede hacerse valer no sólo por nacionales de otros países, sino también por apátridas, como se recoge en el artículo 1 de la Convención de Ginebra, en concordancia con lo establecido en el 13.4 de la Constitución.

Sin embargo, estos últimos, los apátridas, no siempre reúnen los requisitos para ser reconocidos como refugiados y, por tanto, no pueden gozar del derecho de asilo. Si bien, ello no supone la privación del ejercicio de los derechos y libertades fundamentales, pues se trata de personas a las que la Comunidad Internacional ha prestado su atención por entender que es deseable regularizar y mejorar su condición.

Ésa fue la consideración que llevó a la adopción de la Convención sobre el Estatuto de los Apátridas, hecha en Nueva York el 28 de septiembre de 1954, a la que España se ha adherido por Instrumento de 24 de abril de 1997 («Boletín Oficial del Estado» de 4 de julio de 1997).

La Ley Orgánica 4/2000, de 11 de enero, sobre derechos y libertades de los extranjeros en España y su integración social, reformada por la Ley Orgánica 8/2000, de 22 de diciembre, dispone, en su artículo 34, el reconocimiento de la condición de apátrida por el Ministro del Interior al extranjero que careciendo de nacionalidad reúna los requisitos previstos en la Convención sobre Estatuto de Apátridas de 1954 y la expedición de la documentación prevista en el artículo 27 de la citada Convención. La ejecución de esa previsión normativa, así como la adhesión de España a la citada Convención, exige el establecimiento de un procedimiento para la determinación del citado Estatuto que prevea las peculiaridades derivadas de la singularidad de la condición de apátrida y las dificultades indagatorias y documentales en la instrucción del expediente, sin perjuicio de lo dispuesto en el citado Tratado internacional, tal y como señala el artículo 1.2 de la Ley 4/2000.

En su virtud, previo informe favorable de la Comisión Interministerial de Extranjería, a propuesta del Vicepresidente Primero del Gobierno y Ministro del Interior y de los Ministros de Asuntos Exteriores, de Justicia y de Trabajo y Asuntos Sociales, con la aprobación del Ministro de Administraciones Públicas, de acuerdo con el Consejo de Estado y previa deliberación del Consejo de Ministros en su reunión del día 20 de julio de 2001,

DISPONGO:

Artículo único. *Aprobación.* Se aprueba el Reglamento de reconocimiento del estatuto de apátrida, cuyo texto se inserta a continuación.

DISPOSICIONES FINALES

Disposición final primera. *Modificación del Reglamento de aplicación de la Ley 5/1984, de 26 de marzo, reguladora del derecho de asilo y de la condición de refugiado, modificada por la Ley 9/1994, de 19 de mayo, aprobado por Real Decreto 203/1995, de 10 de febrero.* Se modifica el Reglamento de aplicación de la Ley 5/1984, de 26 de marzo, reguladora del derecho de asilo y de la condición de refugiado, modificada por la Ley 9/1994, de 19 de mayo, aprobado por el Real Decreto 203/1995, de 10 de febrero, en los siguientes términos:

1. Se añade al artículo 3 un nuevo párrafo, «i», con la siguiente redacción:

> «i) Examinar los expedientes de apatridia y elevar propuestas de resolución al Ministro del Interior a través de la Dirección General de Extranjería e Inmigración.»

2. Se añade al artículo 3, un nuevo párrafo, «j», con la siguiente redacción:

> «j) Instruir los expedientes para reconocer el estatuto de apátrida, así como aquellas otras funciones señaladas en los apartados anteriores de aplicación a dichos expedientes.»

Disposición final segunda. *Facultad de desarrollo.* Se autoriza al Ministro del Interior a dictar cuantas disposiciones exija el desarrollo y ejecución del presente Real Decreto.

Disposición final tercera. *Entrada en vigor.* El presente Real Decreto entrará en vigor el día 1 de agosto del presente año.

REGLAMENTO DE RECONOCIMIENTO DEL ESTATUTO DE APÁTRIDA

CAPÍTULO PRELIMINAR

Artículo 1. *Reconocimiento del estatuto de apátrida.* 1. Se reconocerá el estatuto de apátrida conforme a lo dispuesto en la Convención sobre el Estatuto de los Apátridas, hecha en Nueva York el 28 de septiembre de 1954, a toda persona que no sea considerada como nacional suyo por ningún Estado, conforme a su legislación, y manifieste carecer de nacionalidad. Para hacer efectivo dicho reconocimiento, deberá cumplir los requisitos y procedimiento previstos en el presente Reglamento.

2. En ningún caso se concederá dicho estatuto a quienes se encuentren comprendidos en alguno de los supuestos previstos en el artículo 1.2 de la citada Convención.

CAPÍTULO I
SOLICITUD Y SUS EFECTOS

Artículo 2. *Iniciación del procedimiento.* 1. El procedimiento se iniciará de oficio o a instancia del interesado. En todo caso será necesario que el interesado manifieste carecer de nacionalidad.

2. Se iniciará de oficio cuando la Oficina de Asilo y Refugio tenga conocimiento de hechos, datos o información que indiquen la posible concurrencia de las circunstancias determinantes del estatuto de apátrida. En este caso la Oficina de Asilo y Refugio informará debidamente al solicitante para que éste tenga la oportunidad de presentar sus alegaciones.

3. Cuando se inicie a solicitud del interesado, ésta se dirigirá a la Oficina de Asilo y Refugio y se presentará, sin perjuicio de lo dispuesto en el artículo 38.4 de la Ley 30/1992, de 26 de noviembre, de Régimen Jurídico de las Administraciones Públicas y del Procedimiento Administrativo Común, modificada por Ley 4/1999, de 13 de enero, ante cualquiera de las siguientes dependencias:

a) Oficinas de Extranjeros.
b) Comisarías de Policía.
c) Oficina de Asilo y Refugio.

Artículo 3. *Requisitos de la solicitud.* 1. La solicitud deberá contener los requisitos especificados en el artículo 70 de la Ley 30/1992, de 26 de noviembre, de Régimen Jurídico de las Administraciones Públicas y del Procedimiento Administrativo Común. Asimismo, se le acompañarán los documentos de identidad y de viaje que se posean o se justificará la carencia de los mismos.

2. En la solicitud se deberá hacer una exposición clara y detallada de los hechos, datos y alegaciones que se estimen pertinentes en apoyo de la misma, y en particular la mención del lugar de nacimiento, de la relación de parentesco con otras personas que en su caso tengan atribuida nacionalidad de algún Estado, y del lugar de residencia habitual en otro Estado y tiempo que se haya mantenido.

3. El domicilio que conste en la solicitud será considerado domicilio habitual a efectos de la práctica de las notificaciones. El interesado deberá comunicar, con la mayor brevedad posible, a la Oficina de Asilo y Refugio, los cambios de domicilio durante la tramitación de su solicitud.

Artículo 4. *Tiempo de presentación de la solicitud.* 1. La solicitud habrá de presentarse en el plazo de un mes desde la entrada en el territorio nacional, salvo en los supuestos en que el extranjero disfrute de un periodo de estancia legal superior al citado, en cuyo caso podrá presentarse antes de la expiración del mismo. Cuando las causas que justifiquen la solicitud se deban a circunstancias sobrevenidas, se computará el plazo de un mes a partir del momento en que hayan acontecido dichas circunstancias.

2. Cuando el interesado haya permanecido en situación de ilegalidad durante más de un mes, o haya presentado su petición de reconocimiento del estatuto de apátrida teniendo incoada una orden de expulsión, la solicitud se presumirá manifiestamente infundada. Este hecho se tendrá en cuenta a la hora de redactar la propuesta de resolución.

Artículo 5. *Autorización de permanencia provisional.* Durante la tramitación del procedimiento se podrá autorizar la permanencia provisional del solicitante que se halle en territorio nacional y que no se encuentre incurso en un procedimiento de expulsión o devolución, para lo que se expedirá la correspondiente documentación.

Artículo 6. *Menores.* 1. Cuando se trate de solicitantes menores de edad en situación de desamparo según la legislación civil, éstos serán encomendados a los servicios de protección de menores de la Comunidad Autónoma correspondiente, poniéndolo asimismo en conocimiento del Ministerio Fiscal.

2. La entidad pública que ejerza su tutela los representará en el procedimiento de reconocimiento del estatuto de apátrida.

3. En todo caso, sin perjuicio de la aplicación de las normas especiales de protección de menores, se entenderá autorizada su permanencia en territorio nacional durante la tramitación del procedimiento.

CAPÍTULO II
TRAMITACIÓN DE LA SOLICITUD

Artículo 7. *Instrucción.* 1. La instrucción del procedimiento se llevará a cabo por la Oficina de Asilo y Refugio, sin que durante la tramitación del mismo se interrumpa el pleno disfrute de los derechos y autorizaciones que con arreglo a la legislación general de extranjería tenga reconocido el interesado.

2. El interesado deberá colaborar plenamente durante la instrucción para la acreditación, comprobación y verificación de todos aquellos extremos relevantes para la determinación del estatuto de apátrida.

3. Aquellos solicitantes que lo necesiten podrán ser asistidos por un intérprete durante la tramitación del procedimiento, que será de forma gratuita en los casos en que carezcan de medios económicos.

4. Durante la Instrucción del procedimiento se podrá requerir la presencia del interesado para la realización de una entrevista.

5. Las Administraciones públicas competentes informarán a la Oficina de Asilo y Refugio sobre cualquier procedimiento o hecho que afecte a solicitantes del estatuto de apátrida.

Artículo 8. *Pruebas, alegaciones e informes.* 1. Durante la tramitación del procedimiento, el interesado podrá presentar cuantas pruebas e información complementaria estime pertinentes, así como formular las alegaciones que tenga por conveniente en apoyo de su petición.

2. Al procedimiento se incorporarán, en su caso, los informes de las Asociaciones legalmente reconocidas que, entre sus objetivos, cuenten con el asesoramiento y ayuda al apátrida.

3. En su actividad instructora, la Oficina de Asilo y Refugio podrá recabar, tanto de los órganos de la Administración del Estado como de cualesquiera otras entidades nacionales o internacionales, cuantos informes estime necesarios.

Artículo 9. *Trámite de audiencia.* 1. Instruido el procedimiento se pondrá de manifiesto al interesado para que, en el plazo de quince días, pueda alegar y presentar los documentos y justificaciones que estime pertinentes.

2. Se podrá prescindir del trámite de audiencia cuando ni figuren en el procedimiento ni sean tenidos en cuenta en la resolución otros hechos ni otras alegaciones y pruebas que las aducidas por el interesado.

Artículo 10. *Propuesta de resolución.* Concluida la instrucción por la Oficina de Asilo y Refugio, ésta elevará la correspondiente propuesta de resolución debidamente motivada e individualizada al Ministro del Interior, a través de la Dirección General de Extranjería e Inmigración.

Artículo 11. *Resolución.* 1. El Ministro del Interior resolverá en un plazo no superior a tres meses. Transcurrido dicho plazo sin que haya recaído resolución expresa sobre la petición de reconocimiento del estatuto de apátrida formulada, ésta podrá entenderse desestimada de conformidad con lo dispuesto en la disposición adicional primera de la Ley Orgánica 4/2000, de 11 de enero, sobre Derechos y

Deberes de los Extranjeros en España y su Integración Social, modificada por la Ley Orgánica 8/2000, de 22 de diciembre.

2. La resolución se notificará dentro del plazo fijado en el apartado anterior, al interesado en los términos previstos en la Ley de Régimen Jurídico de las Administraciones Públicas y del Procedimiento Administrativo Común.

3. La resolución favorable supondrá el reconocimiento de la condición de apátrida en los términos previstos en la Convención sobre el Estatuto de Apátridas de 1954.

4. La denegación de la solicitud determinará la aplicación del régimen general de extranjería.

CAPÍTULO III
SITUACIÓN DE LOS APÁTRIDAS RECONOCIDOS

Artículo 12. *Obligación general.* Todo apátrida tendrá el deber de acatar la Constitución española y el ordenamiento jurídico español.

Artículo 13. *Residencia y trabajo.* 1. Los apátridas reconocidos tendrán derecho a residir en España y a desarrollar actividades laborales, profesionales y mercantiles de conformidad con lo dispuesto en la normativa de extranjería.

2. La autoridad competente expedirá, en su caso, la tarjeta acreditativa del reconocimiento de apátrida, que habilitará para residir en España y para desarrollar actividades laborales, profesionales y mercantiles, así como el documento de viaje previsto en el artículo 28 de la Convención sobre el Estatuto de los Apátridas de 28 de septiembre de 1954. La validez del documento de viaje será de dos años.

3. La Oficina de Asilo y Refugio adoptará las medidas necesarias para vigilar y controlar que, en los términos previstos en el artículo 25 de la Convención sobre el Estatuto de los Apátridas, se expida por el órgano competente a los apátridas aquellos documentos o certificaciones que normalmente serían expedidos a los extranjeros por sus autoridades nacionales o por conducto de éstas.

Artículo 14. *Reagrupación familiar.* El apátrida reconocido tendrá derecho a reagrupar a los familiares a los que se refiere el artículo 17.1 de la Ley Orgánica 4/2000, de 11 de enero, sobre Derechos y Libertades de los Extranjeros en España y su Integración Social, modificada por la Ley Orgánica 8/2000, de 22 de diciembre, conforme a los requisitos previstos en su Reglamento de ejecución.

Artículo 15. *Revocación.* 1. La Oficina de Asilo y Refugio iniciará los trámites para revocar la resolución por la que se concede el estatuto de apátrida cuando éste se haya obtenido mediante datos, documentos o declaraciones cuya falta de veracidad se ponga de manifiesto por otros a los que se tenga acceso posteriormente y que resulten esenciales y determinantes para la resolución final.

2. También se acordará la revocación cuando con posterioridad al reconocimiento se tengan razones fundadas para considerar que los beneficiarios se encuentran comprendidos en alguna de las causas recogidas en los párrafos i), ii) e iii) del artículo 1.2 de la Convención sobre el Estatuto de los Apátridas de 28 de septiembre de 1954.

3. Una vez instruido el procedimiento de revocación, el Consejo de Ministros decidirá, previa propuesta motivada del Ministro del Interior.

Artículo 16. *Cese del estatuto.* 1. El estatuto de apátrida cesará de forma automática cuando se produzca alguno de los siguientes hechos:

a) Que el apátrida haya obtenido la nacionalidad española.

b) Que el apátrida haya sido considerado nacional por otro Estado o el Estado donde haya fijado su residencia le reconozca derechos y obligaciones análogos a la posesión de la nacionalidad de dicho Estado.

c) Que sea reconocida su estancia y permanencia en el territorio de otro Estado que le haya documentado como apátrida.

2. Constatada la concurrencia de cualquiera de estas causas, el Ministro del Interior declarará cesados los beneficios de la Convención sobre el Estatuto de los Apátridas, a propuesta de la Oficina de Asilo y Refugio.

Artículo 17. *Registro Central de Extranjeros.* 1. La solicitud, concesión o denegación del estatuto de apátrida se inscribirá en el Registro Central de Extranjeros.

2. La solicitud se inscribirá en el momento en el que se provea al solicitante de la documentación prevista en este Real Decreto.

Artículo 18. *Expulsión.* 1. Los apátridas podrán ser expulsados del territorio español en los términos previstos en el artículo 31 de la Convención sobre el Estatuto de los Apátridas y con arreglo al procedimiento establecido en la legislación de extranjería.

2. En todo caso, se concederá al expulsado el plazo máximo que establece la legislación de extranjería, en los casos de expulsión, para buscar su admisión legal en otro país.

§ 7. Real Decreto 1325/2003, de 24 de octubre, por el que se aprueba el Reglamento sobre régimen de protección temporal en caso de afluencia masiva de personas desplazadas

(*BOE* de 25 de Octubre de 2003)

ÍNDICE SISTEMÁTICO

§ 7. Real Decreto 1325/2003, de 24 de octubre, por el que se aprueba el Reglamento sobre régimen de protección temporal en caso de afluencia masiva de personas desplazadas

(*BOE* de 25 de Octubre de 2003)

La situación de la población civil víctima de la guerra y la obligación de protección dispensada por los Estados que no participan en el conflicto arranca, en el derecho internacional humanitario, de las Convenciones de Ginebra de 1949 y, especialmente, de la IV convención.

Sucesivas declaraciones regionales, como la de la Organización de la Unidad Africana, de 10 de septiembre de 1969, o la de Cartagena de Indias, de 22 de noviembre de 1984, han configurado en el derecho internacional el principio de no devolución al país de origen a la población civil que huye de su país cuando éste está sumido en un conflicto armado.

La proliferación de conflictos armados internos en la década de los años 90, en los que sectores de población civil se convirtieron en uno de los principales objetivos militares, ha colocado el problema de la protección de estas poblaciones amenazadas en un lugar preferente en los debates de la Comunidad Internacional.

Haciéndose eco de estas preocupaciones, el Tratado Constitutivo de la Comunidad Europea en su artículo 63.2 establece que el Consejo de Ministros deberá adoptar unas normas mínimas para conceder protección temporal a las personas desplazadas procedentes de terceros países que no pueden volver a su país de origen.

En cumplimiento de este mandato, el Consejo de Ministros de la Unión Europea adoptó la Directiva 2001/55/CE del Consejo, de 20 de julio de 2001, relativa a las normas mínimas para la concesión de protección temporal en caso de afluencia masiva de personas desplazadas y a medidas de fomento de un esfuerzo equitativo entre los Estados miembros para acoger a dichas personas y asumir las consecuencias de su acogida.

El ordenamiento jurídico español, sin embargo, no era ajeno a estas preocupaciones. Así, la Ley 5/1984, de 26 de marzo, reguladora del derecho de asilo y de la condición de refugiado, modificada por la Ley 9/1994, de 19 de mayo, establece en su artículo 17.2 que al extranjero cuya solicitud de asilo le haya sido inadmitida a trámite o denegada se le podrá autorizar por razones humanitarias o de interés público, en el marco de la legislación general de extranjería, la permanencia en España, en particular cuando se trate de personas que, como consecuencia de conflictos o disturbios graves de carácter político, étnico o religioso, se hayan visto obligadas a abandonar su país. Este precepto ha sido desarrollado en el artículo 31.3 y en la disposición adicional primera del Reglamento de aplicación de la Ley 5/1984, de 26 de marzo, reguladora del derecho de asilo y de la condición de refugiado, modificada por la Ley 9/1994, de 19 de mayo, aprobado por el Real Decreto 203/1995, de 10 de febrero.

Este desarrollo reglamentario ha dado lugar a dos situaciones jurídicas diferentes: una, para atender razones humanitarias vinculadas al principio de no devolución y a la situación del país de origen; y la segunda, dirigida a los desplazados, bien cuando el Consejo de Ministros decide acoger en España a personas necesitadas de protección, bien cuando de forma individual y por las mismas circunstancias accedan al territorio español, recogidas en el artículo 31.3 y en la disposición adicional primera del Reglamento de aplicación de la Ley reguladora del derecho de asilo y de la condición de refugiado, respectivamente.

Al mismo tiempo, la disposición adicional segunda del citado reglamento recoge unas mínimas normas de actuación para el caso de que flujos de desplazados lleguen de forma masiva a las fronteras españolas.

Estas disposiciones adicionales del Reglamento de aplicación de la Ley reguladora del derecho de asilo y de la condición de refugiado, referidas a los desplazados, se ven directamente afectadas por la Directiva 2001/55/CE del Consejo, de 20 de julio de 2001, relativa a las normas mínimas para la concesión de protección temporal en caso de afluencia masiva de personas desplazadas y a medidas de fomento de un esfuerzo equitativo entre los Estados miembros para acoger a dichas personas y asumir las consecuencias de su acogida, cuya adopción y cumplimiento conlleva la necesidad de elaborar un nuevo reglamento que, por una parte, proceda a su transposición y, por otra, desarrolle de forma más explícita los procedimientos que deban seguirse cuando se actúa en el ámbito de las competencias nacionales, y regule el régimen de protección temporal, ya sea declarado por el Consejo de la Unión Europea o por el Gobierno español; mientras, el estatuto de refugiado y la protección por razones humanitarias se continuarán rigiendo por la vigente normativa de asilo.

No obstante, debe destacarse que, para el correcto funcionamiento del sistema que se establece con este reglamento, se hace preciso modificar en lo indispensable el Reglamento de aplicación de la Ley 5/1984, de 26 de marzo, reguladora del derecho de asilo y de la condición de refugiado, modificada por la Ley 9/1994, de 19 de mayo, aprobado por el Real Decreto 203/1995, a fin de, por una parte, ajustar el juego de la protección que España dispensa a las distintas categorías de personas necesitadas de ella, y, por otra, corregir las deficiencias que se han puesto de manifiesto en la aplicación práctica del régimen de protección por razones humanitarias, sin que ello suponga el abandono de la doctrina que en materia de protección internacional había establecido el Consejo de Estado y que inspira todo nuestro sistema, modificación que se recoge en la disposición final segunda de este real decreto.

La consecución del objetivo del correcto funcionamiento del sistema también obliga, por último, a modificar el Reglamento de ejecución de la Ley Orgánica 4/2000, de 11 de enero, sobre derechos y libertades de los extranjeros en España y su integración social, reformada por la Ley Orgánica 8/2000, de 22 de diciembre, aprobado por el Real Decreto 864/2001, de 20 de julio, lo que se lleva a cabo por la disposición final tercera de este real decreto, para adaptar sus referencias a la nueva norma y a la modificación de determinados preceptos del Reglamento de aplicación de la Ley reguladora del derecho de asilo y de la condición de refugiado, y evitar lagunas jurídicas que se producirían con la derogación de las disposiciones adicionales primera y segunda del citado reglamento.

En su virtud, a propuesta del Ministro del Interior, con la aprobación previa de la Ministra de Administraciones Públicas, de acuerdo con el Consejo de Estado y previa deliberación del Consejo de Ministro en su reunión del día 24 de octubre de 2003,

DISPONGO:

Artículo único. *Aprobación del Reglamento sobre régimen de protección temporal en caso de afluencia masiva de personas desplazadas.* Se aprueba el Reglamento sobre régimen de protección temporal en caso de afluencia masiva de personas desplazadas, cuyo texto se inserta a continuación.

DISPOSICIÓN DEROGATORIA ÚNICA

Derogación normativa.

Quedan derogadas las disposiciones adicionales primera y segunda del Reglamento de aplicación de la Ley 5/1984, de 26 de marzo, reguladora del derecho de asilo y de la condición de refugiado, modificada por la Ley 9/1994, de 19 de mayo, aprobado por el Real Decreto 203/1995, de 10 de febrero, y cuantas normas de igual o inferior rango se opongan a lo dispuesto en este real decreto.

DISPOSICIONES FINALES

Disposición final primera. *Habilitación de desarrollo.* 1. Se autoriza a los Ministros de Asuntos Exteriores, del Interior, de Trabajo y Asuntos Sociales y de Administraciones Públicas para dictar, en el ámbito de sus respectivas competencias y, en su caso, previo informe de la Comisión Interministerial de Extranjería, las normas que sean necesarias para la ejecución y desarrollo de lo dispuesto en este real decreto.

2. En el supuesto de que las materias no sean objeto de la exclusiva competencia de cada uno de ellos, la ejecución y desarrollo de lo dispuesto en este real decreto se llevará a cabo mediante orden del Ministro de la Presidencia, a propuesta conjunta de los ministros afectados.

Véase la Orden PCM/169/2022, de 9 de marzo, por la que se desarrolla el procedimiento para el reconocimiento de la protección temporal a personas afectadas por el conflicto en Ucrania («B.O.E.» 10 marzo).

Disposición final segunda. *Modificación del Reglamento de aplicación de la Ley 5/1984, de 26 de marzo, reguladora del derecho de asilo y de la condición de refugiado, modificada por la Ley 9/1994, de 19 de mayo, aprobado por el Real Decreto 203/1995, de 10 de febrero.* El Reglamento de aplicación de la Ley 5/1984, de 26 de marzo, reguladora del derecho de asilo y de la condición de refugiado, modificada por la Ley 9/1994, de 19 de mayo, aprobado por el Real Decreto 203/1995, de 10 de febrero, queda modificado en los siguientes términos:

Uno. Se modifica el párrafo c) del artículo 2.3, que queda redactado como sigue:

> «c) Elevar al Ministro del Interior las propuestas de autorización de permanencia en España acordadas en el ámbito del artículo 17.2 de la Ley 5/1984, de 26 de marzo, reguladora del derecho de asilo y de la condición de refugiado, de conformidad con lo previsto en el artículo 31.3 de este reglamento.»

Dos. Se modifican los párrafos d) y h) del artículo 2.3, que quedan redactados como sigue:

> «d) Proponer la documentación que se expedirá a los solicitantes de asilo, a los refugiados reconocidos, a quienes se autorice a permanecer en España en aplicación del apartado anterior y a aquellos a los que es de aplicación el Reglamento sobre régimen de protección temporal en caso de afluencia masiva de personas desplazadas, aprobado por el Real Decreto 1325/2003, de 24 de octubre.
>
> h) Elevar al Ministro del Interior las propuestas de resolución previstas en el Reglamento sobre régimen de protección temporal en caso de afluencia masiva de personas desplazadas, aprobado por el Real Decreto 1325/2003, de 24 de octubre

Tres. Se modifica el párrafo g) del artículo 3, que queda redactado como sigue:

«g) Someter a dicha comisión las propuestas de autorización de permanencia en España acordadas en el ámbito del artículo 17.2 de la Ley 5/1984, de 26 de marzo, reguladora del derecho de asilo y de la condición de refugiado, en los términos previstos en el artículo 31.3 de este reglamento.»

Cuatro. Se añade un párrafo k) al artículo 3, con la siguiente redacción:

«k) Instruir los expedientes para la concesión de los beneficios de la protección temporal de conformidad con lo previsto en el Reglamento sobre régimen de protección temporal en caso de afluencia masiva de personas desplazadas, aprobado por el Real Decreto 1325/2003, de 24 de octubre, así como aquellas otras funciones señaladas en los apartados anteriores de aplicación a dichos expedientes.»

Cinco. Se modifica el apartado 2 del artículo 22, que queda redactado como sigue:

«2. No obstante lo previsto en el apartado anterior, al inadmitir a trámite una solicitud de asilo en frontera el Ministro del Interior, en aplicación del artículo 17.2 de la Ley 5/1984, de 26 de marzo, reguladora del derecho de asilo y de la condición de refugiado, podrá autorizar la entrada del extranjero y su permanencia en España en los términos previstos en el artículo 31.3 de este reglamento.»

Seis. Se modifica el apartado 2 del artículo 23, que queda redactado como sigue:

«2. No obstante lo dispuesto en el apartado anterior, si el solicitante de asilo inadmitido reuniera los requisitos necesarios para permanecer en España con arreglo a la normativa de extranjería, o si se considerara que existen razones humanitarias conforme al artículo 17.2 de la Ley 5/1984, de 26 de marzo, reguladora del derecho de asilo y de la condición de refugiado, el Ministro del Interior, a propuesta de la Comisión Interministerial de Asilo y Refugio, podrá autorizar su permanencia en España en los términos previstos en el artículo 31.3 de este reglamento.»

Siete. Se modifica el apartado 3 del artículo 31, que queda redactado como sigue:

«3. El Ministro del Interior, a propuesta de la Comisión Interministerial de Asilo y Refugio, podrá autorizar la permanencia en España conforme a lo previsto en el artículo 17.2 de la Ley 5/1984, de 26 de marzo, reguladora del derecho de asilo y de la condición de refugiado, siempre que se aprecien motivos serios y fundados para determinar que el retorno al país de origen supondría un riesgo real para la vida o la integridad física del interesado. La resolución denegatoria deberá contener la justificación y especificar el régimen jurídico de la situación de permanencia y su duración de conformidad con la normativa de extranjería vigente.

Si a la finalización de la estancia o residencia concedida como consecuencia de la autorización de permanencia mantuvieran su vigencia los motivos que la justificaron, el interesado, según proceda, podrá instar la concesión o renovación del permiso de residencia temporal. La autoridad competente para ello solicitará informe a la Comisión Interministerial de Asilo y Refugio sobre dicha vigencia.»

Ocho. Se añade un apartado 4 al artículo 31, con la siguiente redacción:

«4. Por razones humanitarias distintas de las señaladas en el apartado anterior el interesado podrá solicitar la autorización de permanencia en España al amparo de lo dispuesto en la Ley Orgánica 4/2000, de 11 de enero, sobre derechos y libertades de los extranjeros en España y su integración social, reformada por la Ley Orgánica 8/2000, de 22 de diciembre.»

Disposición final tercera. *Modificación del Reglamento de ejecución de la Ley Orgánica 4/2000, de 11 de enero, sobre derechos y libertades de los extranjeros en España y su integración social, reformada por Ley Orgánica 8/2000, de 22 de diciembre, aprobado por el Real Decreto 864/2001, de 20 de julio.* El Reglamento de ejecución de la Ley Orgánica 4/2000, de 11 de enero, sobre derechos y libertades de los extranjeros en España y su integración social, reformada por la Ley Orgánica 8/2000, de 22 de diciembre, aprobado por el Real Decreto 864/2001, de 20 de julio, se modifica en los siguientes términos:

Uno. Los párrafos a) y b) del artículo 41.3 quedan redactados como sigue:

«a) A las personas beneficiarias de la protección temporal prevista en el Reglamento sobre régimen de protección temporal en caso de afluencia masiva de personas desplazadas, aprobado por el Real Decreto 1325/2003, de 24 de octubre.

b) A aquellas personas a las que, habiéndoles sido denegada o indamitida(sic) a trámite su solicitud de asilo, se ha autorizado la permanencia en España al amparo del artículo 17.2 de la Ley 5/1984, de 26 de marzo, reguladora del derecho de asilo y de la condición de refugiado, en los términos previstos en el artículo 31.3 de su Reglamento de aplicación, aprobado por el Real Decreto 203/1995, de 10 de febrero.»

Dos. El último párrafo del apartado 8 del artículo 41 queda redactado como sigue:

«En el caso de que hayan sido concedidos al amparo de lo establecido en los párrafos a) y b) del apartado 3 de este artículo, los permisos se renovarán anualmente en los términos establecidos en el artículo 16 del Reglamento sobre régimen de protección temporal en caso de afluencia masiva de personas desplazadas, aprobado por el Real Decreto 1325/2003, de 24 de octubre, y 31.3 del Reglamento de aplicación de la Ley reguladora del derecho de asilo y de la condición de refugiado, aprobado por el Real Decreto 203/1995, de 10 de febrero.»

Disposición final cuarta. *Entrada en vigor.* El presente real decreto entrará en vigor el día siguiente al de su publicación en el «Boletín Oficial del Estado».

REGLAMENTO SOBRE RÉGIMEN DE PROTECCIÓN TEMPORAL EN CASO DE AFLUENCIA MASIVA DE PERSONAS DESPLAZADAS

CAPÍTULO I
DISPOSICIONES DE CARÁCTER GENERAL

Artículo 1. *Objeto.* Este reglamento tiene por objeto regular el régimen de protección temporal en caso de afluencia masiva de personas desplazadas procedentes de terceros países no miembros de la Unión Europea que no puedan regresar en condiciones seguras y duraderas debido a la situación existente en ese país, y que puedan eventualmente caer dentro del ámbito de aplicación del artículo 1.A de la Convención de Ginebra sobre el Estatuto de los Refugiados, de 28 de julio de

1951, u otros instrumentos internacionales o nacionales de protección internacional.

Véase la Orden PCM/169/2022, de 9 de marzo, por la que se desarrolla el procedimiento para el reconocimiento de la protección temporal a personas afectadas por el conflicto en Ucrania («B.O.E.» 10 marzo).

Artículo 2. *Definición de desplazado.* Se consideran desplazados a los nacionales de un tercer país no miembro de la Unión Europea o apátridas que hayan debido abandonar su país o región de origen, o que hayan sido evacuados, en particular:

a) Las personas que hayan huido de zonas de conflicto armado o de violencia permanente.

b) Las personas que hayan estado o estén en peligro grave de verse expuestas a una violación sistemática o generalizada de los derechos humanos.

Artículo 3. *Ámbito de aplicación.* Podrán acogerse al régimen previsto en este reglamento los colectivos de personas desplazadas que se encuentren amparados por una declaración general de protección temporal adoptada conforme a lo previsto en el capítulo II.

CAPÍTULO II
DECLARACIÓN GENERAL DE PROTECCIÓN COLECTIVA

Artículo 4. *Declaración general de protección.* El régimen de protección temporal regulado en este reglamento se declarará por:

a) El Consejo de la Unión Europea, mediante decisión, a propuesta de la Comisión Europea.

b) El Gobierno español, mediante acuerdo del Consejo de Ministros, a propuesta del Ministro de Asuntos Exteriores en los supuestos de evacuación, o del Ministro del Interior en los de emergencia.

Véase la Orden PCM/170/2022, de 9 de marzo, por la que se publica el Acuerdo del Consejo de Ministros de 8 de marzo de 2022, por el que se amplía la protección temporal otorgada en virtud de la Decisión de Ejecución (UE) 2022/382 del Consejo de 4 de marzo de 2022 a personas afectadas por el conflicto de .Ucrania que puedan encontrar refugio en España («B.O.E.» 10 marzo).

Artículo 5. *Declaración general del Consejo de la Unión Europea.* 1. El Consejo de Ministros podrá solicitar a la Comisión Europea que eleve al Consejo de la Unión Europea una propuesta para que declare la protección temporal, que incluya una descripción de los grupos concretos de personas a los que se aplicaría y de las necesidades del Gobierno español para hacer frente a la situación creada.

2. La información sobre la capacidad de recepción del Estado español, así como, en su caso, la disponibilidad suplementaria de acogida con posterioridad a que haya sido declarada la protección temporal será comunicada por el Ministro del Interior, previo informe de la Comisión Interministerial de Extranjería.

3. El Delegado del Gobierno para la Extranjería y la Inmigración designará la autoridad nacional encargada de cooperar con las designadas por los otros Estados miembros en la gestión de la protección temporal. La designación se comunicará a los Estados miembros y a la Comisión Europea.

Artículo 6. *Declaración general del Gobierno español.* La declaración general del Gobierno español se realizará mediante acuerdo motivado del Consejo de Ministros que deberá contener, como mínimo, las siguientes menciones:

a) Una descripción de los grupos concretos de personas a las que se aplicará la protección temporal.

b) La fecha en que surtirá efecto la protección temporal.

c) Una estimación de la magnitud de los movimientos de personas desplazadas.

Véase la Orden PCM/170/2022, de 9 de marzo, por la que se publica el Acuerdo del Consejo de Ministros de 8 de marzo de 2022, por el que se amplía la protección temporal otorgada en virtud de la Decisión de Ejecución (UE) 2022/382 del Consejo de 4 de marzo de 2022 a personas afectadas por el conflicto de .Ucrania que puedan encontrar refugio en España («B.O.E.» 10 marzo).

Artículo 7. *Duración.* 1. Cuando el Consejo de Ministros declare la protección temporal, ésta tendrá una duración de un año, automáticamente prorrogable por otro periodo anual. Una vez agotada dicha prórroga, y si persistieran los motivos que dieron lugar a su adopción, el Consejo de Ministros, a propuesta del Ministro del Interior, oída la Comisión Interministerial de Extranjería, podrá prorrogar dicha protección temporal durante un año más como máximo.

2. En cualquier momento el Consejo de Ministros, a propuesta del Ministro del Interior, oída la Comisión Interministerial de Extranjería, podrá dar por finalizada la protección temporal cuando se resuelva el conflicto que la motivó y existan condiciones favorables al retorno.

Artículo 8. *Actuaciones previas en situaciones de emergencia.* 1. Cuando, a consecuencia de un conflicto o disturbio grave de carácter político, étnico o religioso, se acerquen a las fronteras españolas o entren en territorio español un número importante de personas, y resulten insuficientes las previsiones de la Ley 5/1984, de 26 de marzo, reguladora del derecho de asilo y de la condición de refugiado, y las de su Reglamento de aplicación, aprobado por el Real Decreto 203/1995, de 10 de febrero, el Delegado del Gobierno para la Extranjería y la Inmigración, con la colaboración de las unidades administrativas responsables en la materia, ordenará las actuaciones necesarias para atender sus necesidades humanas inmediatas, en especial alimentación, alojamiento y atención médica, y convocará a la Comisión Interministerial de Extranjería para dar cuenta de la situación.

2. La Oficina de Asilo y Refugio y la Comisaría General de Extranjería y Documentación, en cooperación con la Dirección General de Protección Civil y las instituciones públicas y privadas que estimen pertinentes, efectuarán la inscripción de los afectados y hará una evaluación de la situación del colectivo en función de las circunstancias personales de sus componentes.

3. El informe que resulte de esta valoración irá acompañado de una descripción de las necesidades de protección del colectivo. El Director General de Extranjería e Inmigración presentará el informe a la Comisión Interministerial de Asilo y Refugio para su análisis y remisión a la Comisión Interministerial de Extranjería. A la sesión de la Comisión Interministerial de Asilo y Refugio se convocará al Alto Comisionado de las Naciones Unidas para los Refugiados.

Artículo 9. *Procedimiento de emergencia.* El Ministro del Interior, oída a la Comisión Interministerial de Extranjería, elevará al Consejo de Ministros una propuesta para acordar el régimen de protección temporal si procede, o la recomendación, en su caso, de solicitar a la Comisión Europea la presentación de una propuesta al Consejo de la Unión Europea para que tome la decisión sobre la existencia de una afluencia masiva de personas desplazadas; el Consejo de Ministros adoptará el acuerdo que estime oportuno.

Artículo 10. *Procedimiento de evacuación.* 1. El Consejo de Ministros, a propuesta del Ministro de Asuntos Exteriores, oída la Comisión Interministerial de Extranjería, podrá dispensar protección temporal a las personas desplazadas a consecuencia de conflictos o disturbios graves de carácter político, étnico o religioso, en el marco de programas de evacuación humanitarios.

2. La operación de acogida se coordinará por el Delegado del Gobierno para la Extranjería y la Inmigración con la colaboración de la Dirección General de Asuntos

Consulares y Protección de los Españoles en el Extranjero, la Dirección General de Extranjería e Inmigración, la Comisaría General de Extranjería y Documentación y el Instituto de Migraciones y Servicios Sociales, y podrá solicitar la colaboración de otras unidades administrativas responsables en la materia, así como del Alto Comisionado de las Naciones Unidas para los Refugiados y de otras organizaciones internacionales y no gubernamentales interesadas.

3. Los visados, salvoconductos o autorizaciones de entrada que se expidan en aplicación de este artículo se tramitarán con carácter preferente.

CAPÍTULO III
PROCEDIMIENTO DE RECONOCIMIENTO INDIVIDUAL

Artículo 11. *Resolución del Ministro del Interior.* 1. Una vez adoptada la declaración general de protección temporal por el Consejo de la Unión Europea o por el Gobierno español, el Ministro del Interior, previa solicitud de los interesados que será tramitada por la Oficina de Asilo y Refugio, y a propuesta de la Comisión Interministerial de Asilo y Refugio, resolverá motivada e individualmente sobre la concesión de los beneficios del régimen de protección temporal en los términos y plazos establecidos en la Ley Orgánica 4/2000, de 11 de enero, reformada por la Ley Orgánica 8/2000, de 22 de diciembre.

2. El Ministro del Interior podrá extender el disfrute del régimen de protección temporal a otras personas desplazadas por las mismas razones y que procedan del mismo país o región de origen que las cubiertas por la declaración general de protección de conformidad con lo dispuesto en el apartado anterior.

Artículo 12. *Denegación.* 1. No se concederán los beneficios del régimen de protección temporal a las personas comprendidas en los siguientes supuestos:

a) Cuando existan motivos justificados para considerar que la persona en cuestión:

1.º Ha cometido un delito contra la paz, un crimen de guerra o un crimen contra la humanidad, según se definen en los instrumentos internacionales elaborados para responder a tales crímenes.

2.º Ha cometido un grave delito común fuera del Estado español antes de su admisión en éste como beneficiaria de protección temporal. La gravedad de la persecución que cabe esperar debe considerarse en relación con la naturaleza del delito presuntamente cometido por el interesado. Las acciones especialmente crueles, incluso si se han cometido con un objetivo pretendidamente político, podrán ser calificadas como delitos comunes graves. Esto es válido tanto para los participantes en el delito como para los instigadores de éste.

3.º Se ha hecho culpable de actos contrarios a las finalidades y a los principios de las Naciones Unidas.

b) Cuando existan razones fundadas para considerar que la persona en cuestión representa un peligro para la seguridad nacional o cuando, por haber sido objeto de una condena definitiva por un delito particularmente grave, constituya una amenaza al orden público.

2. La apreciación de los motivos contemplados en el apartado anterior se basarán únicamente en el comportamiento de la persona en cuestión y respetarán el principio de proporcionalidad.

Artículo 13. *Registro.* 1. Existirá en la Oficina de Asilo y Refugio un registro donde consten al menos los datos de las personas que se beneficien del régimen de protección temporal en territorio español que se mencionan a continuación:

a) Datos personales de filiación y aquellos otros que ayuden a determinar la condición de desplazado.

b) Documentos de identidad y de viaje.

c) Documentos probatorios de los vínculos familiares (acta de matrimonio, partida de nacimiento, certificado de adopción).

d) Otra información esencial para determinar la identidad o el vínculo familiar de la persona.

e) Permisos de residencia, visados o decisiones de denegación de permiso de residencia expedidos a la persona en cuestión, así como los documentos en que se basen dichas decisiones.

f) Solicitudes de permiso de residencia o de visado presentadas por la persona en cuestión y estado de su tramitación.

2. El tratamiento de estos datos se sujetará a lo dispuesto en la Ley Orgánica 15/1999, de 13 de diciembre, de Protección de Datos de Carácter Personal.

3. A petición de otro Estado miembro, se facilitará la información existente en el registro, para la realización de las diligencias previstas en este reglamento.

CAPÍTULO IV
CONTENIDO DE LA PROTECCIÓN TEMPORAL

Artículo 14. *Libertad de circulación y residencia. Medidas cautelares.* 1. La persona a la que por resolución del Ministro del Interior se le conceda el régimen de protección temporal tendrá derecho a circular libremente por el territorio español y a residir libremente en él.

2. No obstante, por razones de seguridad pública, el Ministro del Interior podrá adoptar cualquiera de las medidas cautelares previstas en el artículo 5 de la Ley Orgánica 4/2000, de 11 de enero, reformada por la Ley Orgánica 8/2000, de 22 de diciembre, y en el artículo 18 de la Ley 5/1984, de 26 de marzo, reguladora del derecho de asilo y de la condición de refugiado.

Artículo 15. *Información.* Se informará por escrito a las personas beneficiarias de la protección temporal, en una lengua que puedan éstas comprender, de los derechos y obligaciones del estatuto de desplazado. Este documento será entregado a los solicitantes en el momento de formular la solicitud.

Artículo 16. *Permiso de residencia.* 1. A los beneficiarios de la protección temporal se les concederá un permiso de residencia al amparo de lo dispuesto en el artículo 41.3.a) del Reglamento de ejecución de la Ley Orgánica 4/2000, de 11 de enero, reformada por la Ley Orgánica 8/2000, de 22 de diciembre, aprobado por el Real Decreto 864/2001, de 20 de julio, y sus renovaciones serán anuales previo informe de la Comisión Interministerial de Asilo y Refugio sobre la vigencia del régimen de protección temporal.

2. A fin de obtener el permiso de residencia regulado en el apartado anterior, así como cualquiera de sus renovaciones, los interesados deberán solicitarlo mediante comparecencia personal ante las oficinas de extranjeros o, en su defecto, la comisaría de policía de la localidad donde pretenda fijar o tenga fijada su residencia.

Artículo 17. *Título de viaje.* A los beneficiarios de la protección temporal que justifiquen la necesidad de salir del territorio nacional y no tengan pasaporte ni título de viaje, o que, teniéndolos, no sean válidos, se les proveerá de un título de viaje de acuerdo con el artículo 57 del Reglamento de ejecución de la Ley Orgánica 4/2000, de 11 de enero, reformada por la Ley Orgánica 8/2000, de 22 de diciembre, aprobado por el Real Decreto 864/2001, de 20 de julio.

Artículo 18. *Acogida en territorio nacional.* Cuando una persona beneficiaria de la protección temporal en territorio español en virtud de una decisión del Consejo de la Unión Europea permanezca o pretenda entrar sin autorización en el territorio de otro Estado miembro de la Unión Europea durante el periodo cubierto por dicha decisión, se volverá a acoger en territorio nacional, salvo que se establezca lo contrario en un acuerdo bilateral.

Artículo 19. *Autorización para trabajar.* Se otorgará la autorización administrativa para trabajar a los beneficiarios de la protección temporal de acuerdo con el artículo 79.1.b) del Reglamento de ejecución de la Ley Orgánica 4/2000, de 11 de enero, modificada por la Ley Orgánica 8/2000, de 22 de diciembre, aprobado por el Real Decreto 864/2001, de 20 de julio.

Artículo 20. *Ayudas sociales.* 1. Los beneficiarios de la protección temporal que no dispongan de recursos suficientes podrán beneficiarse de servicios sociales y sanitarios de acuerdo con la normativa de asilo, en particular los que presenten necesidades especiales, de conformidad con lo que se establece en el artículo 15 del Reglamento de aplicación de la Ley 5/1984, de 26 de marzo, reguladora del derecho de asilo y de la condición de refugiado, aprobado por el Real Decreto 203/1995, de 10 de febrero.

2. A los beneficiarios de la protección temporal menores de 18 años en situación de desamparo les será de aplicación lo dispuesto en el artículo 15.4 del Reglamento de aplicación de la Ley 5/1984, de 26 de marzo, reguladora del derecho de asilo y de la condición de refugiado, aprobado por el Real Decreto 203/1995, de 10 de febrero. Su régimen de tutela, representación y alojamiento será el vigente en la comunidad autónoma donde se encuentre el menor.

Artículo 21. *Reagrupación familiar.* 1. Se concederán los beneficios de la protección temporal, previa solicitud del beneficiario de ésta en España tramitada por la Oficina de Asilo y Refugio, a los miembros de su familia, siempre que ésta estuviese ya constituida en el país de origen y que, debido a las circunstancias que dieron lugar a la declaración de la protección temporal, se hayan separado.

2. A estos efectos, se considerarán miembros de la familia:

a) Al cónyuge del beneficiario o la persona que se halle ligada por análoga relación de afectividad y convivencia, salvo casos de separación legal, separación de hecho o divorcio.

b) Los hijos menores solteros del beneficiario o de las personas mencionadas en el párrafo anterior.

c) Los ascendientes en primer grado del beneficiario que conviviesen juntos y formasen parte de la unidad familiar en el momento de producirse los acontecimientos que dieron lugar a la declaración de protección temporal, y que fueran total o parcialmente dependientes del beneficiario en dicho momento.

3. En su caso, los visados, salvoconductos o autorizaciones de entrada que se expidan en aplicación de lo dispuesto en este artículo se tramitarán con carácter preferente.

4. Si, debido a las circunstancias que dieron lugar a la declaración del régimen de protección temporal por el Consejo de la Unión Europea, los distintos miembros de una familia disfrutasen de aquélla en España y en otro u otros Estados miembros de la Unión Europea, se procederá a su reagrupación. La Oficina de Asilo y Refugio será competente para llevar a cabo las actuaciones necesarias con las instituciones de los otros Estados miembros designadas al efecto y, en su caso, en cooperación con las organizaciones internacionales pertinentes. Para el traslado de estos beneficiarios se utilizará el modelo de salvoconducto establecido en el anexo.

Artículo 22. *Solicitud del estatuto de refugiado.* Las personas beneficiaras de protección temporal podrán, en su calidad de extranjeros, solicitar el reconocimiento de la condición de refugiado conforme a la Ley 5/1984, de 26 de marzo, reguladora del derecho de asilo y de la condición de refugiado, y su Reglamento de aplicación, aprobado por el Real Decreto 203/1995, de 10 de febrero. No se acumulará el beneficio de la protección temporal con los beneficios del solicitante de asilo cuando se esté tramitando la solicitud.

CAPÍTULO V
EXTINCIÓN DE LA PROTECCIÓN TEMPORAL

Artículo 23. *Finalización de protección temporal.* 1. El acuerdo de finalización del régimen de protección temporal conforme a lo dispuesto en el artículo 7.2 se comunicará a los interesados en el momento de renovar el permiso de residencia, y se les dará un plazo para formular las alegaciones que estimen oportunas.

2. Si, finalizado el régimen de protección temporal por el transcurso del tiempo, se mantuvieran vigentes las circunstancias que dieron lugar a su declaración, los beneficiarios podrán optar a la protección prevista en el artículo 17.2 de la Ley 5/1984, de 26 de marzo, reguladora del derecho y de la condición de refugiado. Los interesados deberán presentar personalmente su solicitud en cualquiera de los lugares señalados en los párrafos a), b), c) y d) del artículo 4.1 del Reglamento de aplicación de la citada ley, aprobado por el Real Decreto 203/1995, de 10 de febrero.

3. Así mismo, se permitirá la continuación de la residencia al amparo de lo dispuesto en la normativa vigente de extranjería, siempre que se cumplan los requisitos que en ella se recogen, cuando el interesado alegue justificación razonable para permanecer en España.

Artículo 24. *Cese de los beneficios de la protección temporal.* 1. Los beneficios de la protección temporal cesarán de forma automática en los siguientes casos:

a) Por el transcurso del plazo establecido en el artículo 7.1.

b) Cuando el beneficiario de protección temporal haya obtenido la nacionalidad española.

c) Cuando voluntariamente decida el beneficiario de la protección temporal regresar a su lugar de procedencia y así lo manifieste de forma expresa ante la autoridad gubernativa competente.

d) Por renuncia expresa del beneficiario.

e) Cuando se efectúe el traslado del beneficiario al territorio de otro Estado miembro de la Unión Europea con arreglo a lo dispuesto en el artículo 21.4.

2. El Ministro del Interior, a propuesta de la Comisión Interministerial de Asilo y Refugio, declarará cesados los beneficios de la protección temporal por renuncia tácita del beneficiario. Se entenderá que se ha producido una renuncia tácita cuando el interesado, tras haber sido requerida su comparecencia ante la autoridad competente para la realización de un trámite indispensable, no se persone en el plazo de 45 días desde que se practicó el requerimiento, salvo que se acredite que la incomparecencia fue debida a causa justificada.

Artículo 25. *Revocación del beneficio de protección temporal.* 1. La Oficina de Asilo y Refugio iniciará los trámites para revocar la resolución por la que se concede la protección temporal cuando ésta se haya obtenido mediante datos, documentos o declaraciones cuya falta de veracidad se ponga de manifiesto por otros a los que se tenga acceso posteriormente y que resulten esenciales y determinantes para la resolución final.

2. También se acordará la revocación cuando con posterioridad a la concesión de los beneficios de la protección temporal se tengan razones fundadas para considerar que los beneficiarios se encuentran comprendidos en alguna de las causas recogidas en el artículo 12.

3. Una vez instruido el procedimiento de revocación, el Ministro del Interior decidirá, previa propuesta de la Comisión Interministerial de Asilo y Refugio.

Artículo 26. *Regreso al país de origen.* Los Ministerios del Interior, de Asuntos Exteriores y de Trabajo y Asuntos Sociales coordinarán sus actuaciones para posibilitar el regreso voluntario de las personas beneficiarias de la protección temporal o de aquéllas cuya protección temporal haya llegado a su fin.

ANEXO
MODELO DE SALVOCONDUCTO PARA EL TRASLADO DE PERSONAS EN RÉGIMEN DE PROTECCIÓN TEMPORAL

MODELO

SALVOCONDUCTO

Nombre del Estado miembro que expide el salvoconducto:

N.° de referencia (*):

Expedido en aplicación del Reglamento sobre régimen de protección temporal en caso de afluencia masiva de personas desplazadas, aprobado por el Real Decreto 1325/2003, de 24 de octubre.

Válido solamente para el traslado desde.. (1) a.................................(2);

La persona deberá presentarse en.........................(3) antes del ....(4).

Expedido en:..

NOMBRE(S): ....

APELLIDO(S): ....

LUGAR Y FECHA DE NACIMIENTO: ....

Si se trata de un menor, identidad de la persona adulta responsable de éste: ....

SEXO:...

NACIONALIDAD: ....

Fecha de expedición: ....

FOTOGRAFÍA

SELLO

Firma de la persona beneficiaria:...................... Por las autoridades competentes:.........................

El portador de este salvoconducto ha sido identificado por las autoridades . ... (5)(6).

La identidad del portador de este salvoconducto no ha sido establecida.......................................

Este documento no constituye, en ningún caso, un documento asimilable a un título de viaje por el que se autorice el cruce de la frontera exterior o a un documento por el que se pruebe la identidad del individuo.

(*) El número de referencia será asignado por el país a partir del cual se efectúe el traslado a otro Estado miembro de la Unión Europea.

(1) Estado miembro a partir del que se efectúa el traslado a otro Estado miembro.
(2) Estado miembro al que se efectúa el traslado.
(3) Lugar en el que la persona deberá presentarse a su llegada al segundo Estado miembro.
(4) Fecha límite en la que la persona deberá presentarse a su llegada al segundo Estado miembro.
(5) A partir de los siguientes documentos de viaje o identidad presentados a las autoridades.
(6) A partir de documentos distintos del de viaje o de identidad.

CIUDADANOS DE ESTADOS MIEMBROS DE LA UE

§ 8. Real Decreto 240/2007, de 16 de febrero, sobre entrada, libre circulación y residencia en España de ciudadanos de los Estados miembros de la Unión Europea y de otros Estados parte en el Acuerdo sobre el Espacio Económico Europeo

(*BOE* de 28 de Febrero de 2007)

ÍNDICE SISTEMÁTICO

§ 8. Real Decreto 240/2007, de 16 de febrero, sobre entrada, libre circulación y residencia en España de ciudadanos de los Estados miembros de la Unión Europea y de otros Estados parte en el Acuerdo sobre el Espacio Económico Europeo

(*BOE* de 28 de Febrero de 2007)

España se adhirió a las Comunidades Europeas como Estado miembro de pleno derecho el 1 de enero de 1986, siendo necesario en aquellos momentos dictar el Real Decreto 1099/1986, de 26 de mayo, sobre entrada, permanencia y trabajo en España de ciudadanos de los Estados miembros de las Comunidades Europeas, en el que se regulaban las formalidades administrativas para el ejercicio de los derechos de entrada y permanencia en España por parte de los ciudadanos de sus Estados miembros para la realización de actividades por cuenta ajena o por cuenta propia o para prestar o recibir servicios al amparo de lo establecido en el Tratado de la Comunidad Económica Europea.

Posteriormente, el Consejo de las Comunidades Europeas adoptó el Reglamento (CEE) 2194/1991, de 25 de junio de 1991, relativo al período transitorio aplicable a la libre circulación de los trabajadores entre España y Portugal y los restantes Estados miembros, y las Directivas 90/364/CEE, relativa al derecho de residencia; 90/365/CEE, relativa al derecho de residencia de los trabajadores por cuenta ajena o por cuenta propia que hayan dejado de ejercer una actividad profesional, y 93/96/CEE, relativa al derecho de residencia de los estudiantes, lo que motivó que se dictase el Real Decreto 766/1992, de 26 de junio, sobre entrada y permanencia en España de nacionales de Estados miembros de las Comunidades Europeas.

La entrada en vigor, el 1 de enero de 1994, del Acuerdo ratificado por España el 26 de noviembre de 1993, sobre el Espacio Económico Europeo, así como la necesaria adecuación del citado real decreto a la Jurisprudencia emanada del Tribunal de Justicia de las Comunidades Europeas (asunto 267/83, Diatta contra Land Berlin), obligaron a modificar el Real Decreto 766/1992, de 26 de junio, por el Real Decreto 737/1995, de 5 de mayo, y por el Real Decreto 1710/1997, de 14 de noviembre.

Debe también recordarse la vigencia, desde 1 de junio de 2002, del Acuerdo, de 21 de junio de 1999, entre la Comunidad Europea y la Confederación Suiza, sobre libre circulación de personas, por el que a los ciudadanos suizos y a los miembros de su familia les es de aplicación el mismo tratamiento que a los ciudadanos de los Estados miembros de la Unión Europea y a sus familiares.

La firma, el 28 de julio de 2000, en Marsella, por los Ministros del Interior de Francia, Alemania, Italia y España, de una Declaración en la que se comprometían a suprimir la obligación de poseer una tarjeta de residencia en determinados supuestos, obligaba a introducir las correspondientes adaptaciones en el régimen contemplado en los reales decretos mencionados, por lo que se hizo necesario introducir la no exigencia de tarjeta de residencia para los ciudadanos de los Estados miembros de la Unión Europea y de otros Estados parte del Acuerdo sobre el Espacio Económico Europeo que fueran activos, beneficiarios del derecho a residir con carácter permanente, estudiantes o familiares de estas personas que sean a su vez ciudadanos de los mencionados Estados.

Por otra parte, se consideró necesaria la elaboración de un nuevo texto normativo que derogara los entonces aún vigentes Real Decreto 766/1992, de 26 de junio, sobre entrada y permanencia en España de nacionales de Estados miembros de las Comunidades Europeas; Real Decreto 737/1995, de 5 de mayo, que lo modificaba, así como el Real Decreto 1710/1997, de 14 de noviembre, y por ello se aprobó el Real Decreto 178/2003, de 14 de febrero, sobre entrada y permanencia en España de nacionales de Estados miembros de la Unión Europea y de otros Estados Parte en el Acuerdo sobre el Espacio Económico Europeo.

Posteriormente, el Parlamento Europeo y el Consejo de la Unión Europea han valorado la necesidad de codificar y revisar los instrumentos comunitarios existentes, con objeto de simplificar y reforzar el derecho de libre circulación y residencia de todos los ciudadanos de la Unión Europea, lo que ha hecho necesario un acto legislativo único, con el fin de facilitar el ejercicio de este derecho.

Dicho acto legislativo lo ha constituido la Directiva 2004/38/CE, del Parlamento Europeo y del Consejo, de 29 de abril de 2004, relativa al derecho de los ciudadanos de la Unión y de los miembros de sus familias a circular y residir libremente en el territorio de los Estados miembros por la que se modifica el Reglamento (CEE) n.º 1612/68 y se derogan las Directivas 64/221/CEE, 68/360/CEE, 72/194/CEE, 73/148/CEE, 75/34/CEE, 75/35/CEE, 90/364/CEE, 90/365/CEE y 93/96/CEE. Dicho instrumento comunitario ha modificado el Reglamento (CEE) 1612/68, relativo a la libre circulación de los trabajadores dentro de la Comunidad, y ha derogado diversas Directivas CEE en materia de desplazamiento y residencia, estancia de trabajadores de los Estados miembros y de sus familias dentro de la Comunidad, establecimiento y libre prestación de servicios, y residencia de los estudiantes nacionales de los Estados miembros.

La Directiva 2004/38/CE, del Parlamento Europeo y del Consejo, de 29 de abril de 2004, regula el derecho de entrada y salida del territorio de un Estado miembro, el derecho de residencia de los ciudadanos de la Unión y de los miembros de su familia, y los trámites administrativos que deben realizar ante las Autoridades de los Estados miembros. Asimismo regula el derecho de residencia permanente, y finalmente establece limitaciones a los derechos de entrada y de residencia por razones de orden público, seguridad pública o salud pública.

En todo caso, la aprobación de la citada Directiva 2004/38/CE, de 29 de abril de 2004, ha hecho necesario proceder a incorporar su contenido al Ordenamiento jurídico español, todo ello de acuerdo a lo dispuesto por los artículos 17 y 18 del Tratado constitutivo de la Comunidad Europea relativos a la ciudadanía de la Unión, así como a los derechos y principios inherentes a la misma, y al principio de no discriminación por razón de sexo, raza, color, origen étnico o social, características genéticas, lengua, religión o convicciones, opiniones políticas o de otro tipo, pertenencia a una minoría nacional, patrimonio, nacimiento, discapacidad, edad u orientación sexual.

Por otra parte, y de conformidad con lo dispuesto en el artículo 1.3 de la Ley Orgánica 4/2000, de 11 de enero, sobre derechos y libertades de los extranjeros en España y su integración social, en su redacción dada por las Leyes Orgánicas 8/2000, 11/2003 y 14/2003, debe recordarse que dicha Ley Orgánica es de aplicación para las personas incluidas en el ámbito de aplicación de este real decreto en aquellos aspectos que pudieran serles más favorables.

Igualmente, el derecho a la reagrupación familiar se determina como un derecho inherente al ciudadano de un Estado miembro, pero asociado necesariamente al ejercicio de su derecho de libre circulación y residencia en el territorio de los otros Estados miembros, todo ello de conformidad con la normativa comunitaria y con la Jurisprudencia del Tribunal de Justicia de las Comunidades Europeas. En este sentido, para regular la reagrupación familiar de ciudadanos españoles que no han ejercido el derecho de libre circulación, se introduce una Disposición final tercera que, a su vez, introduce dos nuevas Disposiciones adicionales, decimonovena y vigésima, en el Reglamento de la Ley Orgánica 4/2000, sobre derechos y libertades de los extranjeros en España y su integración social, aprobado por Real Decreto 2393/2004, de 30 de diciembre. Estas Disposiciones protegen especialmente al cónyuge o pareja de ciudadano español y a sus descendientes menores de veintiún años, mayores de dicha edad que vivan a su cargo, o incapaces.

El presente real decreto ha sido informado por el Foro para la Integración Social de los Inmigrantes, por la Comisión Permanente de la Comisión Laboral Tripartita de Inmigración y por la Comisión Interministerial de Extranjería.

En su virtud, a propuesta de los Ministros de Trabajo y Asuntos Sociales, de Asuntos Exteriores y de Cooperación, y del Interior, con la aprobación previa del Ministro de Administraciones Públicas, de acuerdo con el Consejo de Estado y previa deliberación del Consejo de Ministros, en su reunión del día 16 de febrero de 2007,

DISPONGO:

CAPÍTULO I
DISPOSICIONES GENERALES

Artículo 1. *Objeto.* 1. El presente real decreto regula las condiciones para el ejercicio de los derechos de entrada y salida, libre circulación, estancia, residencia, residencia de carácter permanente y trabajo en España por parte de los ciudadanos de otros Estados miembros de la Unión Europea y de los restantes Estados parte en el Acuerdo sobre el Espacio Económico Europeo, así como las limitaciones a los derechos anteriores por razones de orden público, seguridad pública o salud pública.

2. El contenido del presente real decreto se entenderá sin perjuicio de lo dispuesto en leyes especiales y en los tratados internacionales en los que España sea parte.

Artículo 2. *Aplicación a miembros de la familia del ciudadano de un Estado miembro de la Unión Europea o de otro Estado parte en el Acuerdo sobre el Espacio Económico Europeo.* El presente real decreto se aplica también, cualquiera que sea su nacionalidad, y en los términos previstos por éste, a los familiares de ciudadano de *otro Estado miembro* de la Unión Europea o de otro Estado parte en el Acuerdo sobre el Espacio Económico Europeo, cuando le acompañen o se reúnan con él, que a continuación se relacionan:

Expresión «otro Estado miembro» del párrafo 1.º del artículo 2 anulada por Sentencia TS (Sala 3.ª, Sección 5.ª) de 1 de junio de 2010 («B.O.E.» 3 noviembre).

a) A su cónyuge, siempre que no haya recaído el acuerdo o la declaración de nulidad del vínculo matrimonial, divorcio o *separación legal*.

Expresión «separación legal» de la letra a) del artículo 2 anulada por Sentencia TS (Sala 3.ª, Sección 5.ª) de 1 de junio de 2010 («B.O.E.» 3 noviembre).

b) A la pareja con la que mantenga una unión análoga a la conyugal inscrita en un registro público establecido a esos efectos en un Estado miembro de la Unión Europea o en un Estado parte en el Espacio Económico Europeo, *que impida la posibilidad de dos registros simultáneos en dicho Estado*, y siempre que no se haya cancelado dicha inscripción, lo que deberá ser suficientemente acreditado. Las situaciones de matrimonio e inscripción como pareja registrada se considerarán, en todo caso, incompatibles entre sí.

Expresión «que impida la posibilidad de dos registros simultáneos en dicho Estadol» de la letra b) del artículo 2 anulada por Sentencia TS (Sala 3.ª, Sección 5.ª) de 1 de junio de 2010 («B.O.E.» 3 noviembre).

c) A sus descendientes directos, y a los de su cónyuge o pareja registrada siempre que no haya recaído el acuerdo o la declaración de nulidad del vínculo matrimonial, divorcio o *separación legal*, o se haya cancelado la inscripción registral de pareja, menores de veintiún años, mayores de dicha edad que vivan a su cargo, o incapaces.

Expresión «separación legal» de la letra c) del artículo 2 anulada por Sentencia TS (Sala 3.ª, Sección 5.ª) de 1 de junio de 2010 («B.O.E.» 3 noviembre).

d) A sus ascendientes directos, y a los de su cónyuge o pareja registrada que vivan a su cargo, siempre que no haya recaído el acuerdo o la declaración de nulidad del vínculo matrimonial, divorcio o *separación legal*, o se haya cancelado la inscripción registral de pareja.

Expresión «separación legal» de la letra d) del artículo 2 anulada por Sentencia TS (Sala 3.ª, Sección 5.ª) de 1 de junio de 2010 («B.O.E.» 3 noviembre).

Artículo 2.bis. *Entrada y residencia de otros familiares del ciudadano de un Estado miembro de la Unión Europea o de otros Estados parte en el Acuerdo sobre el Espacio Económico Europeo.* 1. Se podrá solicitar la aplicación de las disposiciones previstas en este real decreto para miembros de la familia de un ciudadano de un Estado miembro de la Unión Europea o de otros Estados parte en el Acuerdo sobre el Espacio Económico Europeo a favor de:

a) Los miembros de su familia, cualquiera que sea su nacionalidad, no incluidos en el artículo 2 del presente real decreto, que acompañen o se reúnan con él y acrediten de forma fehaciente en el momento de la solicitud que se encuentran en alguna de las siguientes circunstancias:

1.º Que, en el país de procedencia, estén a su cargo o vivan con él.

2.º Que, por motivos graves de salud o de discapacidad, sea estrictamente necesario que el ciudadano de la Unión se haga cargo del cuidado personal del miembro de la familia.

b) La pareja de hecho con la que mantenga una relación estable debidamente probada, de acuerdo con el criterio establecido en el apartado 4.b) de este artículo.

2. Si los miembros de la familia y la pareja de hecho que se contemplan en el apartado 1, están sometidos a la exigencia de visado de entrada según lo establecido en el Reglamento (CE) 539/2001, de 15 de marzo, por el que se establece la lista de terceros países cuyos nacionales están sometidos a la obligación de visado para cruzar las fronteras exteriores y la lista de terceros países cuyos nacionales están exentos de esa obligación, la solicitud de visado, contemplada en el artículo 4 del presente real decreto, deberá acompañarse de lo siguientes documentos:

a) Pasaporte válido y en vigor del solicitante.

b) En los casos contemplados en la letra a) del apartado 1, documentos acreditativos de la dependencia, del grado de parentesco y, en su caso, de la existencia de motivos graves de salud o discapacidad o de la convivencia.

c) En el supuesto de pareja, la prueba de la existencia de una relación estable con el ciudadano de un Estado miembro de la Unión Europea o de otros Estados parte en el Acuerdo sobre el Espacio Económico Europeo y el tiempo de convivencia.

3. La solicitud de la tarjeta de familiar de ciudadano de la Unión deberá acompañarse de los siguientes documentos:

a) Pasaporte válido y en vigor del solicitante. En el supuesto de que el documento esté caducado, deberá aportarse copia de éste y de la solicitud de renovación.

b) Documentación acreditativa de que el ciudadano de un Estado miembro de la Unión Europea o de otros Estados parte en el Acuerdo sobre el Espacio Económico Europeo al que acompañan o con el que van a reunirse cumple los requisitos del artículo 7.

c) En los casos contemplados en la letra a) del apartado 1, documentos acreditativos de la dependencia, del grado de parentesco y, en su caso, de la existencia de motivos graves de salud o discapacidad o de la convivencia.

d) En el supuesto de pareja, la prueba de la existencia de una relación estable con el ciudadano de un Estado miembro de la Unión Europea o de otros Estados parte en el Acuerdo sobre el Espacio Económico Europeo y el tiempo de convivencia.

4. Las autoridades valorarán individualmente las circunstancias personales del solicitante y resolverán motivadamente debiendo tener en cuenta los siguientes criterios:

a) En el caso de familiares, se valorará el grado de dependencia financiera o física, el grado de parentesco con el ciudadano de un Estado miembro de la Unión Europea o de otros Estados parte en el Acuerdo sobre el Espacio Económico Europeo, y, en su caso, la gravedad de la enfermedad o discapacidad que hace necesario su cuidado personal o el tiempo de convivencia previo. En todo caso, se entenderá acreditada la convivencia cuando se demuestre fehacientemente una convivencia continuada de 24 meses en el país de procedencia.

b) En el caso de pareja de hecho, se considerará que se trata de una pareja estable aquella que acredite la existencia de un vínculo duradero. En todo caso, se entenderá la existencia de este vínculo si se acredita un tiempo de convivencia marital de, al menos, un año continuado, salvo que tuvieran descendencia en común, en cuyo caso bastará la acreditación de convivencia estable debidamente probada.

5. Las autoridades resolverán motivadamente toda resolución.

Artículo 2 bis introducido por el apartado uno del artículo único del R.D. 987/2015, de 30 de octubre, por el que se modifica el R.D. 240/2007, de 16 de febrero, sobre entrada, libre circulación y residencia en España de ciudadanos de los Estados miembros de la Unión Europea y de otros Estados parte en el Acuerdo sobre el Espacio Económico Europeo («B.O.E.» 9 noviembre).
Vigencia: 9 diciembre 2015

Artículo 3. *Derechos.* 1. Las personas incluidas en el ámbito de aplicación del presente real decreto tienen derecho a entrar, salir, circular y residir libremente en territorio español, previo el cumplimiento de las formalidades previstas por éste y sin perjuicio de las limitaciones establecidas en el mismo.

2. Asimismo, las personas incluidas en el ámbito de aplicación del presente real decreto, *exceptuando a los descendientes mayores de veintiún años que vivan a cargo, y a los ascendientes a cargo contemplados en el artículo 2.d) del presente real decreto*, tienen derecho a acceder a cualquier actividad, tanto por cuenta ajena como por cuenta propia, prestación de servicios o estudios, en las mismas condiciones que los españoles, sin perjuicio de la limitación establecida en el artículo 39.4 del Tratado Constitutivo de la Comunidad Europea.

Expresión «exceptuando a los descendientes mayores de veintiún años que vivan a cargo, y a los ascendientes a cargo contemplados en el artículo 2.d) del presente Real Decreto» del número 2 del artículo 3 anulada por Sentencia TS (Sala 3.ª, Sección 5.ª) de 1 de junio de 2010 («B.O.E.» 3 noviembre).

No alterará la situación de familiar a cargo la realización por éste de una actividad laboral en la que se acredite que los ingresos obtenidos no tienen el carácter de recurso necesario para su sustento, y en los casos de contrato de trabajo a jornada completa con una duración que no supere los tres meses en cómputo anual ni tenga una continuidad como ocupación en el mercado laboral, o a tiempo parcial teniendo la retribución el citado carácter de recurso no necesario para el sustento. En caso de finalización de la situación de familiar a cargo y eventual cesación en la condición de familiar de ciudadano de la Unión, será aplicable el artículo 96.5 del Reglamento de la Ley Orgánica 4/2000.

Expresión «No alterará la situación de familiar a cargo la realización por éste de una actividad laboral en la que se acredite que los ingresos obtenidos no tienen el carácter de recurso necesario para su sustento, y en los casos de contrato de trabajo a jornada completa con una duración que no supere los tres meses en cómputo anual ni tenga una continuidad como ocupación en el mercado laboral, o a tiempo parcial teniendo la retribución el citado carácter de recurso no necesario para el sustento» del número 2 del artículo 3 anulada por Sentencia TS (Sala 3.ª, Sección 5.ª) de 1 de junio de 2010 («B.O.E.» 3 noviembre).

3. Los titulares de los derechos a que se refieren los apartados anteriores que pretendan permanecer o fijar su residencia en España durante más de tres meses estarán obligados a solicitar un certificado de registro o una tarjeta de residencia de familiar de ciudadano de la Unión, según el procedimiento establecido en la presente norma.

4. Todos los ciudadanos de la Unión que residan en España conforme a lo dispuesto en el presente real decreto gozarán de igualdad de trato respecto de los ciudadanos españoles en el ámbito de aplicación del Tratado constitutivo de la Comunidad Europea. Este derecho extenderá sus efectos a los miembros de la familia que no tengan la nacionalidad de un Estado miembro de la Unión Europea o de un Estado parte en el Acuerdo sobre el Espacio Económico Europeo, beneficiarios del derecho de residencia o del derecho de residencia permanente.

CAPÍTULO II
ENTRADA Y SALIDA

Artículo 4. *Entrada.* 1. La entrada en territorio español del ciudadano de la Unión se efectuará con el pasaporte o documento de identidad válido y en vigor y en el que conste la nacionalidad del titular.

2. Los miembros de la familia que no posean la nacionalidad de uno de los Estados miembros de la Unión Europea o de otro Estado parte en el Acuerdo sobre el Espacio Económico Europeo efectuarán su entrada con un pasaporte válido y en vigor, necesitando, además, el correspondiente visado de entrada cuando así lo disponga el Reglamento (CE) 539/2001, de 15 de marzo, por el que se establece la lista de terceros países cuyos nacionales están sometidos a la obligación de visado para cruzar las fronteras exteriores y la lista de terceros países cuyos nacionales están exentos de esa obligación. La expedición de dichos visados será gratuita y su tramitación tendrá carácter preferente cuando acompañen al ciudadano de la Unión o se reúnan con él.

La posesión de la tarjeta de residencia de familiar de ciudadano de la Unión, válida y en vigor, expedida por otro Estado parte en el Acuerdo sobre el Espacio Económico Europeo, eximirá a dichos miembros de la familia de la obligación de obtener el visado de entrada y, a la presentación de dicha tarjeta, no se requerirá la estampación del sello de entrada o de salida en el pasaporte.

Párrafo 2.º del número 2 del artículo 4 redactado por el artículo único del R.D. 1161/2009, de 10 de julio, por el que se modifica el R.D. 240/2007, de 16 de febrero, sobre entrada, libre circulación y residencia en España de ciudadanos de los Estados miembros de la Unión Europea y de otros Estados parte en el Acuerdo sobre el Espacio Económico Europeo («B.O.E.» 23 julio).

Vigencia: 24 julio 2009

3. Cualquier resolución denegatoria de una solicitud de visado o de entrada, instada por una persona incluida en el ámbito de aplicación del presente real decreto deberá ser motivada. Dicha resolución denegatoria indicará las razones en que se base, bien por no acreditar debidamente los requisitos exigidos a tal efecto por el presente real decreto, bien por motivos de orden público, seguridad o salud públicas. Las razones serán puestas en conocimiento del interesado salvo que ello sea contrario a la seguridad del Estado.

4. En los supuestos en los que un ciudadano de un Estado miembro de la Unión Europea o de un Estado parte en el Acuerdo sobre el Espacio Económico Europeo, o un miembro de su familia, no dispongan de los documentos de viaje necesarios para la entrada en territorio español, o, en su caso, del visado, las Autoridades responsables del control fronterizo darán a estas personas, antes de proceder a su retorno, las máximas facilidades para que puedan obtener o recibir en un plazo razonable los documentos necesarios, o para que se pueda confirmar o probar por otros medios que son beneficiarios del ámbito de aplicación del presente real decreto, siempre que la ausencia del documento de viaje sea el único motivo que impida la entrada en territorio español.

Artículo 5. *Salida.* Los ciudadanos de un Estado miembro de la Unión Europea o de otro Estado parte en el Acuerdo sobre el Espacio Económico Europeo, y los miembros de su familia con independencia de su nacionalidad, tendrán derecho a salir de España para trasladarse a otro Estado miembro, ello con independencia de la presentación del pasaporte o documento de identidad en vigor a los funcionarios del control fronterizo si la salida se efectúa por un puesto habilitado, para su obligada comprobación, y de los supuestos legales de prohibición de salida por razones de seguridad nacional o de salud pública, o previstos en el Código Penal.

CAPÍTULO III
ESTANCIA Y RESIDENCIA

Artículo 6. *Estancia inferior a tres meses.* 1. En los supuestos en los que la permanencia en España de un ciudadano de un Estado miembro de la Unión Europea o de otro Estado parte en el Acuerdo sobre el Espacio Económico Europeo, cualquiera que sea su finalidad, tenga una duración inferior a tres meses, será suficiente la posesión de pasaporte o documento de identidad en vigor, en virtud del cual se haya efectuado la entrada en territorio español, no computándose dicha permanencia a los efectos derivados de la situación de residencia.

2. Lo dispuesto en el apartado anterior será de aplicación para los familiares de los ciudadanos de un Estado miembro de la Unión Europea o de otro Estado parte en el Acuerdo sobre el Espacio Económico Europeo, que no sean nacionales de uno de estos Estados, y acompañen al ciudadano de uno de estos Estados o se reúnan con él, que estén en posesión de un pasaporte válido y en vigor, y que hayan cumplido los requisitos de entrada establecidos en el artículo 4 del presente real decreto.

Artículo 7. *Residencia superior a tres meses de ciudadanos de un Estado miembro de la Unión Europea o de otro Estado parte en el Acuerdo sobre el Espacio Económico Europeo.* 1. Todo ciudadano de un Estado miembro de la Unión Europea o de otro Estado parte en el Acuerdo sobre el Espacio Económico Europeo tiene derecho de residencia en el territorio del Estado Español por un período superior a tres meses si:

a) Es un trabajador por cuenta ajena o por cuenta propia en España, o

b) Dispone, para sí y los miembros de su familia, de recursos suficientes para no convertirse en una carga para la asistencia social en España durante su período de residencia, así como de un seguro de enfermedad que cubra todos los riesgos en España, o

c) Está matriculado en un centro público o privado, reconocido o financiado por la administración educativa competente con arreglo a la legislación aplicable, con la finalidad principal de cursar estudios, inclusive de formación profesional; y cuenta con un seguro de enfermedad que cubre todos los riesgos en España y garantiza a la autoridad nacional competente, mediante una declaración o por cualquier otro medio equivalente de su elección, que posee recursos suficientes para sí y los miembros de su familia para no convertirse en una carga para la asistencia social del Estado español durante su período de residencia, o

d) Es un miembro de la familia que acompaña a un ciudadano de la Unión Europea o de otro Estado parte en el Acuerdo sobre el Espacio Económico Europeo, o va a reunirse con él, y que cumple las condiciones contempladas en las letras a), b) o c).

2. El derecho de residencia establecido en el apartado 1 se ampliará a los miembros de la familia que no sean nacionales de un Estado miembro cuando acompañen al ciudadano de la Unión Europea o de otro Estado parte en el Acuerdo sobre el Espacio Económico Europeo o se reúnan con él en el Estado español, siempre que dicho ciudadano cumpla las condiciones contempladas en las letras a), b) o c) de dicho apartado 1.

3. A los efectos de la letra a) del apartado 1, el ciudadano de la Unión Europea o de otro Estado parte en el Acuerdo sobre el Espacio Económico Europeo que ya no ejerza ninguna actividad por cuenta ajena o por cuenta propia mantendrá la condición de trabajador por cuenta ajena o por cuenta propia en los siguientes casos:

a) Si sufre una incapacidad temporal resultante de una enfermedad o accidente;

b) Si, habiendo quedado en paro involuntario debidamente acreditado, tras haber estado empleado durante más de un año, se ha inscrito en el servicio de empleo competente con el fin de encontrar un trabajo;

c) Si, habiendo quedado en paro involuntario debidamente acreditado tras concluir un contrato de trabajo de duración determinada inferior a un año o habiendo quedado en paro involuntario durante los primeros doce meses, se ha inscrito en el servicio de empleo competente con el fin de encontrar un trabajo. En este caso, la condición de trabajador se mantendrá durante un período que no podrá ser inferior a seis meses;

d) Si sigue una formación profesional. Salvo que se encuentre en situación de paro involuntario, el mantenimiento de la condición de trabajador exigirá que la formación guarde relación con el empleo previo.

4. No obstante lo dispuesto en la letra d) del apartado 1 y en el apartado 2, únicamente el cónyuge o persona a la que se refiere el apartado b) del artículo 2 y los hijos a cargo tendrán el derecho de residencia como miembros de la familia de un ciudadano de la Unión Europea o de otro Estado parte en el Acuerdo sobre el Espacio Económico Europeo que cumple los requisitos de la letra c) del apartado 1 anterior.

5. Los nacionales de un Estado miembro de la Unión Europea o de otro Estado parte en el Acuerdo sobre el Espacio Económico Europeo estarán obligados a solicitar personalmente ante la oficina de extranjeros de la provincia donde pretendan permanecer o fijar su residencia o, en su defecto, ante la Comisaría de Policía correspondiente, su inscripción en el Registro Central de Extranjeros. Dicha solicitud deberá presentarse en el plazo de tres meses contados desde la fecha de entrada en España, siéndole expedido de forma inmediata un certificado de registro en el que constará el nombre, nacionalidad y domicilio de la persona registrada, su número de identidad de extranjero, y la fecha de registro.

6. Junto a la solicitud de inscripción, deberá presentarse el pasaporte o documento nacional de identidad válido y en vigor del solicitante, así como la documen-

tación acreditativa del cumplimiento de los requisitos exigibles para la inscripción establecidos en este artículo. En el supuesto de que el pasaporte o el documento nacional de identidad estén caducados, deberá aportarse copia de éstos y de la solicitud de renovación.

7. En lo que se refiere a medios económicos suficientes, no podrá establecerse un importe fijo, sino que habrá de tenerse en cuenta la situación personal de los nacionales de un Estado miembro de la Unión Europea o de otro Estado parte en el Acuerdo sobre el Espacio Económico Europeo. En cualquier caso, dicho importe no superará el nivel de recursos por debajo del cual se concede asistencia social a los españoles o el importe de la pensión mínima de Seguridad Social.

Artículo 7 redactado por la disposición final quinta del R.D.-ley 16/2012, de 20 de abril, de medidas urgentes para garantizar la sostenibilidad del Sistema Nacional de Salud y mejorar la calidad y seguridad de sus prestaciones («B.O.E.» 24 abril).
Vigencia: 24 abril 2012

Véase la Orden PRE/1490/2012, de 9 de julio, por la que se dictan normas para la aplicación del artículo 7 del R.D. 240/2007, de 16 de febrero, sobre entrada, libre circulación y residencia en España de ciudadanos de los Estados miembros de la Unión Europea y de otros Estados parte en el Acuerdo sobre el Espacio Económico Europeo («B.O.E.» 10 julio).

Artículo 8. *Residencia superior a tres meses con tarjeta de residencia de familiar de ciudadano de la Unión.* 1. Los miembros de la familia de un ciudadano de un Estado miembro de la Unión Europea o de un Estado parte en el Acuerdo sobre el Espacio Económico Europeo especificados en el artículo 2 del presente real decreto, que no ostenten la nacionalidad de uno de dichos Estados, cuando le acompañen o se reúnan con él, podrán residir en España por un período superior a tres meses, estando sujetos a la obligación de solicitar y obtener una «tarjeta de residencia de familiar de ciudadano de la Unión».

2. La solicitud de la tarjeta de residencia de familiar de ciudadano de la Unión deberá presentarse en el plazo de tres meses desde la fecha de entrada en España, ante la Oficina de Extranjeros de la provincia donde el interesado pretenda permanecer o fijar su residencia o, en su defecto, ante la Comisaría de Policía correspondiente. En todo caso, se entregará de forma inmediata un resguardo acreditativo de la presentación de la solicitud de la tarjeta, que será suficiente para acreditar su situación de estancia legal hasta la entrega de la tarjeta. La tenencia del resguardo no podrá constituir condición previa para el ejercicio de otros derechos o la realización de trámites administrativos, siempre que el beneficiario de los derechos pueda acreditar su situación por cualquier otro medio de prueba.

3. Junto con el impreso de solicitud de la tarjeta de residencia de familiar de ciudadano de la Unión, cumplimentado en el modelo oficial establecido al efecto, deberá presentarse la documentación siguiente:

a) Pasaporte válido y en vigor del solicitante. En el supuesto de que el documento esté caducado, deberá aportarse copia de éste y de la solicitud de renovación.

b) Documentación acreditativa, en su caso debidamente traducida y apostillada o legalizada, de la existencia del vínculo familiar, matrimonio o unión registrada que otorga derecho a la tarjeta.

c) Certificado de registro del familiar ciudadano de un Estado miembro de la Unión Europea o de otro Estado parte en el Acuerdo sobre el Espacio Económico Europeo al que acompañan o con el que van a reunirse.

d) Documentación acreditativa, en los supuestos en los que así se exija en el artículo 2 del presente real decreto, de que el solicitante de la tarjeta vive a cargo del ciudadano de un Estado miembro de la Unión Europea o de otro Estado parte en el Acuerdo sobre el Espacio Económico Europeo del que es familiar.

e) Tres fotografías recientes en color, en fondo blanco, tamaño carné.

4. La expedición de la tarjeta de residencia de familiar de ciudadano de la Unión deberá realizarse en el plazo de los tres meses siguientes a la presentación de la solicitud. La resolución favorable tendrá efectos retroactivos, entendiéndose vigente la situación de residencia desde la fecha acreditada de entrada en España siendo familiar de ciudadano de la Unión.

Número 4 del artículo 8 redactado por el apartado uno del artículo único del R.D. 1710/2011, de 18 de noviembre, por el que se modifica el R.D. 240/2007, de 16 de febrero, sobre entrada, libre circulación y residencia en España de ciudadanos de los Estados miembros de la Unión Europea y de otros Estados parte en el Acuerdo sobre el Espacio Económico Europeo («B.O.E.» 26 noviembre).
Vigencia: 27 noviembre 2011

5. La tarjeta de residencia de familiar de ciudadano de la Unión tendrá una validez de cinco años a partir de la fecha de su expedición, o por el período previsto de residencia del ciudadano de la Unión o de un Estado parte en el Acuerdo sobre el Espacio Económico Europeo, si dicho periodo fuera inferior a cinco años.

Artículo 9. *Mantenimiento a título personal del derecho de residencia de los miembros de la familia, en caso de fallecimiento, salida de España, nulidad del vínculo matrimonial, divorcio, separación legal o cancelación de la inscripción como pareja registrada, en relación con el titular del derecho de residencia.* 1. El fallecimiento del ciudadano de un Estado miembro de la Unión Europea o de un Estado parte en el Acuerdo sobre el Espacio Económico Europeo, su salida de España, o la nulidad del vínculo matrimonial, divorcio, *separación legal* o cancelación de la inscripción como pareja registrada, no afectará al derecho de residencia de los miembros de su familia ciudadanos de uno de dichos Estados.

Expresión «separación legal» del número 1 del artículo 9 anulada por Sentencia TS (Sala 3.ª, Sección 5.ª) de 1 de junio de 2010 («B.O.E.» 3 noviembre).

2. El fallecimiento del ciudadano de un Estado miembro de la Unión Europea o de un Estado parte en el Acuerdo sobre el Espacio Económico Europeo, en el caso de miembros de la familia que no sean ciudadanos de uno de dichos Estados, tampoco afectará a su derecho de residencia, siempre que éstos hayan residido en España, en calidad de miembros de la familia, antes del fallecimiento del titular del derecho. Los familiares tendrán obligación de comunicar el fallecimiento a las autoridades competentes.

Transcurridos seis meses desde el fallecimiento salvo que haya adquirido el derecho a residir con carácter permanente, el familiar deberá solicitar una autorización de residencia, de conformidad con lo previsto en el artículo 96.5 Reglamento de la Ley Orgánica 4/2000, de 11 de enero, sobre derechos y libertades de los extranjeros en España y su integración social. Para obtener la nueva autorización deberá demostrar que está en alta en el régimen correspondiente de seguridad social como trabajador, bien por cuenta ajena o bien por cuenta propia, o que disponen, para sí y para los miembros de su familia, de recursos suficientes, o que son miembros de la familia, ya constituida en el Estado miembro de acogida, de una persona que cumpla estos requisitos.

Párrafo 2.º del número 2 del artículo 9 anulado por Sentencia TS (Sala 3.ª, Sección 5.ª) de 1 de junio de 2010 («B.O.E.» 3 noviembre).

3. La salida de España o el fallecimiento del ciudadano de un Estado miembro de la Unión Europea o de un Estado parte en el Acuerdo sobre el Espacio Económico Europeo no supondrá la pérdida del derecho de residencia de sus hijos ni del progenitor que tenga atribuida la custodia efectiva de éstos, con independencia de su nacionalidad, siempre que dichos hijos residan en España y se encuentren matriculados en un centro de enseñanza para cursar estudios, ello hasta la finalización de éstos.

4. En el caso de nulidad del vínculo matrimonial, divorcio o cancelación de la inscripción como pareja registrada, de un nacional de un Estado miembro de la Unión Europea o de un Estado parte en el Acuerdo sobre el Espacio Económico Europeo, con un nacional de un Estado que no lo sea, éste tendrá obligación de comunicar dicha circunstancia a las autoridades competentes. Para conservar el derecho de residencia, deberá acreditarse uno de los siguientes supuestos:

a) Duración de al menos tres años del matrimonio o situación de pareja registrada, hasta el inicio del procedimiento judicial de nulidad del matrimonio, divorcio o de la cancelación de la inscripción como pareja registrada, de los cuales deberá acreditarse que al menos uno de los años ha transcurrido en España.

b) Otorgamiento por mutuo acuerdo o decisión judicial, de la custodia de los hijos del ciudadano comunitario, al ex cónyuge o ex pareja registrada que no sea ciudadano de un Estado miembro de la Unión Europea ni de un Estado parte en el Acuerdo sobre el Espacio Económico Europeo.

c) Existencia de circunstancias especialmente difíciles como:

1.º Haber sido víctima de violencia de género durante el matrimonio o la situación de pareja registrada, circunstancia que se considerará acreditada de manera provisional cuando exista una orden de protección a su favor o informe del Ministerio Fiscal en el que se indique la existencia de indicios de violencia de género, y con carácter definitivo cuando haya recaído resolución judicial de la que se deduzca que se han producido las circunstancias alegadas.

2.º Haber sido sometido a trata de seres humanos por su cónyuge o pareja durante el matrimonio o la situación de pareja registrada, circunstancia que se considerará acreditada de manera provisional cuando exista un proceso judicial en el que el cónyuge o pareja tenga la condición de imputado y su familiar la de posible víctima, y con carácter definitivo cuando haya recaído resolución judicial de la que se deduzca que se han producido las circunstancias alegadas.

d) Resolución judicial o mutuo acuerdo entre las partes que determine el derecho de visita, al hijo menor, del ex cónyuge o ex pareja registrada que no sea ciudadano de un Estado miembro de la Unión Europea o de un Estado parte en el Acuerdo sobre el Espacio Económico Europeo, cuando dicho menor resida en España y dicha resolución o acuerdo se encuentre vigente.

Número 4 del artículo 9 modificado conforme establece el apartado dos del artículo único del R.D. 1710/2011, de 18 de noviembre, por el que se modifica el R.D. 240/2007, de 16 de febrero, sobre entrada, libre circulación y residencia en España de ciudadanos de los Estados miembros de la Unión Europea y de otros Estados parte en el Acuerdo sobre el Espacio Económico Europeo («B.O.E.» 26 noviembre).
Vigencia: 27 noviembre 2011

5. Cuando las Autoridades competentes consideren que existen dudas razonables en cuanto al cumplimiento de las condiciones establecidas en los artículos 8 y 9, podrán llevar a cabo comprobaciones al objeto de verificar si se cumplen las mismas. Dichas comprobaciones no tendrán en ningún caso carácter sistemático.

Número 5 del artículo 9 introducido por el apartado tres del artículo único del R.D. 1710/2011, de 18 de noviembre, por el que se modifica el R.D. 240/2007, de 16 de febrero, sobre entrada, libre circulación y residencia en España de ciudadanos de los Estados miembros de la Unión Europea y de otros Estados parte en el Acuerdo sobre el Espacio Económico Europeo («B.O.E.» 26 noviembre).
Vigencia: 27 noviembre 2011

Expresión «separación legal» de la rúbrica del artículo 9 anulada por Sentencia TS (Sala 3.ª , Sección 5.ª) de 1 de junio de 2010 («B.O.E.» 3 noviembre).

Artículo 9 bis. *Mantenimiento del derecho de residencia.* 1. Los ciudadanos de los Estados miembros de la Unión Europea y de otros Estados parte en el Acuerdo sobre el Espacio Económico Europeo y los miembros de sus familias gozarán del derecho de residencia establecido en los artículos 7, 8 y 9 mientras cumplan las condiciones en ellos previstas.

En casos específicos en los que existan dudas razonables en cuanto al cumplimiento, por parte de un ciudadano de algún Estado miembro de la Unión Europea o de otro Estado parte en el Acuerdo sobre el Espacio Económico Europeo o de los miembros de su familia, de las condiciones establecidas en los artículos 7, 8 y 9, los órganos competentes podrán comprobar si se cumplen dichas condiciones. Dicha comprobación no se llevará a cabo sistemáticamente.

2. El recurso a la asistencia social en España de un ciudadano de algún Estado miembro de la Unión Europea o de otro Estado parte en el Acuerdo sobre el Espacio Económico Europeo o de un miembro de su familia no tendrá por consecuencia automática una medida de expulsión.

3. No obstante lo dispuesto en los apartados anteriores y sin perjuicio de las disposiciones del Capítulo VI de este real decreto, en ningún caso podrá adoptarse una medida de expulsión contra ciudadanos de los Estados miembros de la Unión Europea o de otros Estados parte en el Acuerdo sobre el Espacio Económico Europeo o miembros de su familia si:

a) son trabajadores por cuenta ajena o por cuenta propia; o,

b) han entrado en territorio español para buscar trabajo. En este caso, no podrán ser expulsados mientras puedan demostrar que siguen buscando empleo y que tienen posibilidades reales de ser contratados.

Artículo 9 bis introducido por la disposición final segunda del R.D. 1192/2012, de 3 de agosto, por el que se regula la condición de asegurado y de beneficiario a efectos de la asistencia sanitaria en España, con cargo a fondos públicos, a través del Sistema Nacional de Salud («B.O.E.» 4 agosto).

Vigencia: 5 agosto 2012

CAPÍTULO IV
RESIDENCIA DE CARÁCTER PERMANENTE

Artículo 10. *Derecho a residir con carácter permanente.* 1. Son titulares del derecho a residir con carácter permanente los ciudadanos de un Estado miembro de la Unión Europea o de un Estado parte en el Acuerdo sobre el Espacio Económico Europeo, y los miembros de la familia que no sean nacionales de uno de dichos Estados, que hayan residido legalmente en España durante un período continuado de cinco años. Este derecho no estará sujeto a las condiciones previstas en el capítulo III del presente real decreto.

A petición del interesado, la Oficina de Extranjeros de la provincia donde éste tenga su residencia o, en su defecto, la Comisaría de Policía correspondiente, expedirá, con la mayor brevedad posible y tras verificar la duración de la residencia, un certificado del derecho a residir con carácter permanente.

2. Asimismo, tendrán derecho a la residencia permanente, antes de que finalice el período de cinco años referido con anterioridad, las personas en las que concurra alguna de las siguientes circunstancias:

a) El trabajador por cuenta propia o ajena que, en el momento en que cese su actividad, haya alcanzado la edad prevista en la legislación española para acceder a la jubilación con derecho a pensión, o el trabajador por cuenta ajena que deje de ocupar la actividad remunerada con motivo de una jubilación anticipada, cuando hayan ejercido su actividad en España durante, al menos, los últimos doce meses y hayan residido en España de forma continuada durante más de tres años.

La condición de duración de residencia no se exigirá si el cónyuge o pareja registrada del trabajador es ciudadano español o ha perdido su nacionalidad española tras su matrimonio o inscripción como pareja registrada con el trabajador.

b) El trabajador por cuenta propia o ajena que haya cesado en el desempeño de su actividad como consecuencia de incapacidad permanente, habiendo residido en España durante más de dos años sin interrupción. No será necesario acreditar tiempo alguno de residencia si la incapacidad resultara de accidente de trabajo o de enfermedad profesional que dé derecho a una pensión de la que sea responsable, total o parcialmente, un organismo del Estado español.

La condición de duración de residencia no se exigirá si el cónyuge o pareja registrada del trabajador es ciudadano español o ha perdido su nacionalidad española tras su matrimonio o inscripción como pareja con el trabajador.

c) El trabajador por cuenta propia o ajena que, después de tres años consecutivos de actividad y de residencia continuadas en territorio español desempeñe su actividad, por cuenta propia o ajena, en otro Estado miembro y mantenga su residencia en España, regresando al territorio español diariamente o, al menos, una vez por semana. A los exclusivos efectos del derecho de residencia, los períodos de actividad ejercidos en otro Estado miembro de la Unión Europea se considerarán cumplidos en España.

3. Los miembros de la familia del trabajador por cuenta propia o ajena que residan con él en España tendrán, con independencia de su nacionalidad, derecho de residencia permanente cuando el propio trabajador haya adquirido para sí el derecho de residencia permanente por hallarse incluido en alguno de los supuestos del apartado 2 anterior, expidiéndoseles o renovándose, cuando fuera necesario, una tarjeta de residencia permanente de familiar de ciudadano de la Unión.

4. A los efectos contemplados en el apartado 2 anterior, los períodos de desempleo involuntario, debidamente justificados por el servicio público de empleo competente, los períodos de suspensión de la actividad por razones ajenas a la voluntad del interesado, y las ausencias del puesto de trabajo o las bajas por enfermedad o accidente se considerarán como períodos de empleo.

5. Si el titular del derecho a residir en territorio español hubiera fallecido en el curso de su vida activa, con anterioridad a la adquisición del derecho de residencia permanente en España, los miembros de su familia que hubieran residido con él en el territorio nacional tendrán derecho a la residencia permanente siempre y cuando concurra alguna de las siguientes circunstancias:

a) Que el titular del derecho a residir en territorio español hubiera residido, de forma continuada en España, en la fecha del fallecimiento durante, al menos, dos años.

b) Que el fallecimiento se haya debido a accidente de trabajo o enfermedad profesional.

c) Que el cónyuge supérstite fuera ciudadano español y hubiera perdido la nacionalidad española como consecuencia del matrimonio con el fallecido.

6. A los efectos del presente artículo, la continuidad de la residencia se valorará de conformidad con lo previsto en el presente real decreto.

7. Se perderá el derecho de residencia permanente por ausencia del territorio español durante más de dos años consecutivos.

Artículo 11. *Tarjeta de residencia permanente para miembros de la familia que no tengan la nacionalidad de un Estado miembro de la Unión Europea o de otro Estado parte en el Acuerdo sobre el Espacio Económico Europeo.* 1. Las autoridades competentes expedirán a los miembros de la familia con derecho de residencia permanente que no sean nacionales de otro Estado miembro de la Unión europea o de un Estado parte en el Acuerdo sobre el Espacio Económico Europeo, una tarjeta de residencia permanente, en el plazo de tres meses contados desde la fecha en que la correspondiente solicitud haya tenido entrada en el registro del órgano competente para su tramitación.

La solicitud deberá presentarse en el modelo oficial establecido al efecto, durante el mes anterior a la caducidad de la tarjeta de residencia, pudiendo también presentarse dentro de los tres meses posteriores a dicha fecha de caducidad sin perjuicio de la sanción administrativa que corresponda. Dicha tarjeta será renovable automáticamente cada diez años.

2. Junto con la solicitud de la citada tarjeta de residencia permanente, deberá presentarse la documentación siguiente:

a) Pasaporte válido y en vigor del solicitante. En el supuesto de que dicho documento esté caducado, deberá aportarse copia de éste y de la solicitud de renovación.

b) Documentación acreditativa del supuesto que da derecho a la tarjeta.

c) Tres fotografías recientes en color, en fondo blanco, tamaño carné.

3. Las interrupciones de residencia no superiores a dos años consecutivos, no afectarán a la vigencia de la tarjeta de residencia permanente.

CAPÍTULO V
DISPOSICIONES COMUNES A LOS PROCEDIMIENTOS DE SOLICITUD, TRAMITACIÓN, EXPEDICIÓN Y RENOVACIÓN DE CERTIFICADOS DE REGISTRO Y TARJETAS DE RESIDENCIA

Artículo 12. *Tramitación y resolución de las solicitudes.* 1. Las solicitudes de los certificados de registro y tarjetas de residencia previstos en el presente real decreto se presentarán personalmente en el modelo oficial establecido al efecto, se tramitarán con carácter preferente y se resolverán conforme a lo previsto en los artículos 7, 8 y 11 del presente real decreto.

2. La solicitud y tramitación del certificado de registro o de las tarjetas de residencia no supondrá obstáculo alguno a la permanencia provisional de los interesados en España, ni al desarrollo de sus actividades.

3. Las Autoridades competentes para tramitar y resolver las solicitudes de certificado de registro o de tarjetas de residencia que se regulan en el presente real decreto podrán, excepcionalmente, recabar información sobre posibles antecedentes penales del interesado a las autoridades del Estado de origen o a las de otros Estados.

4. Asimismo, cuando así lo aconsejen razones de salud pública y según lo previsto en al artículo 15 del presente real decreto, podrá exigirse al interesado la presentación de certificado médico acreditativo de su estado de salud.

Artículo 13. *Renovación de las tarjetas de residencia.* En caso de que fuese necesaria la renovación de la tarjeta de residencia antes de la adquisición del derecho a residir con carácter permanente, dicha renovación se tramitará conforme a lo dispuesto en el presente real decreto, si bien en el caso de ascendientes y descendientes no se exigirá la aportación de la documentación acreditativa de la existencia del vínculo familiar que da derecho a la expedición de la tarjeta.

Artículo 14. *Expedición y vigencia del certificado de registro y de la tarjeta de residencia.* 1. La expedición del certificado de registro o de la tarjeta de residencia se realizará de conformidad con los modelos que determinen las Autoridades competentes y previo abono de la tasa correspondiente, de conformidad con la legislación vigente de tasas y precios públicos, cuya cuantía será la equivalente a la que se exige a los españoles para la obtención y renovación del documento nacional de identidad.

2. En todo caso, la vigencia de los certificados de registro y tarjetas de residencia contemplados en el presente real decreto, y el reemplazo de éstos por un documento acreditativo de la residencia permanente o una tarjeta de residencia permanente, respectivamente, estará condicionada al hecho de que su titular continúe encontrándose en alguno de los supuestos que dan derecho a su obtención. Los interesados deberán comunicar los eventuales cambios de circunstancias referidos a

su nacionalidad, estado civil o domicilio a la Oficina de Extranjeros de la provincia donde residan o, en su defecto, a la Comisaría de Policía correspondiente.

3. La vigencia de la tarjeta de residencia de familiar de ciudadano de la Unión caducará por las ausencias superiores a seis meses en un año. No obstante, dicha vigencia no se verá afectada por las ausencias de mayor duración del territorio español que se acredite sean debidas al cumplimiento de obligaciones militares o, que no se prolonguen más de doce meses consecutivos y sean debidas a motivos de gestación, parto, posparto, enfermedad grave, estudios, formación profesional, o traslados por razones de carácter profesional a otro Estado miembro o a un tercer país.

Esta caducidad por ausencia no será de aplicación a los titulares de tarjeta de familiar de ciudadano de la Unión vinculados mediante una relación laboral a organizaciones no gubernamentales, fundaciones o asociaciones, inscritas en el registro general correspondiente y reconocidas oficialmente de utilidad pública como cooperantes, y que realicen para aquéllas proyectos de investigación, cooperación al desarrollo o ayuda humanitaria, llevados a cabo en el extranjero. Tampoco será de aplicación a los titulares de dicha tarjeta que permanezcan en el territorio de otro Estado miembro de la Unión Europea para la realización de programas temporales de estudios promovidos por la propia Unión.

4. Sin perjuicio de la obligación de los ciudadanos de los Estados miembros de la Unión Europea y de los restantes Estados parte en el Acuerdo sobre el Espacio Económico Europeo así como de sus familiares de solicitar y obtener el certificado de registro o la tarjeta de residencia y sus correspondientes renovaciones, los mismos podrán acreditar ser beneficiarios del régimen comunitario previsto en el presente Real Decreto por cualquier medio de prueba admitido en Derecho.

Número 4 del artículo 14 introducido por el apartado cuatro del artículo único del R.D. 1710/2011, de 18 de noviembre, por el que se modifica el R.D. 240/2007, de 16 de febrero, sobre entrada, libre circulación y residencia en España de ciudadanos de los Estados miembros de la Unión Europea y de otros Estados parte en el Acuerdo sobre el Espacio Económico Europeo («B.O.E.» 26 noviembre).
Vigencia: 27 noviembre 2011

CAPÍTULO VI
LIMITACIONES POR RAZONES DE ORDEN PÚBLICO, SEGURIDAD PÚBLICA Y SALUD PÚBLICA

Artículo 15. *Medidas por razones de orden público, seguridad y salud pública.* 1. Cuando así lo impongan razones de orden público, de seguridad pública o de salud pública, se podrá adoptar alguna de las medidas siguientes en relación con los ciudadanos de un Estado miembro de la Unión Europea o de otro Estado parte en el Acuerdo sobre el Espacio Económico Europeo, o con los miembros de su familia:

a) Impedir la entrada en España, aunque los interesados presenten la documentación prevista en el artículo 4 del presente real decreto.

b) Denegar la inscripción en el Registro Central de Extranjeros, o la expedición o renovación de las tarjetas de residencia previstas en el presente real decreto.

c) Ordenar la expulsión o devolución del territorio español.

Únicamente podrá adoptarse una decisión de expulsión respecto a ciudadanos de un Estado miembro de la Unión Europea o de otro Estado parte en el Acuerdo sobre el Espacio Económico Europeo, o a miembros de su familia, con independencia de su nacionalidad, que hayan adquirido el derecho de residencia permanente en España, si existen motivos graves de orden público o seguridad pública. Asimismo, antes de adoptarse una decisión en ese sentido, se tendrán en cuenta la duración de la residencia e integración social y cultural del interesado en España, su edad, estado de salud, situación familiar y económica, y la importancia de los vínculos con su país de origen.

2. Aquellas personas que hayan sido objeto de una decisión de prohibición de entrada en España podrán presentar una solicitud de levantamiento de la misma en un plazo razonable que será determinado por la Autoridad competente en función de las circunstancias concurrentes y que constará en la resolución por la que se determine la prohibición de entrada. La solicitud de levantamiento de la prohibición de entrada se realizará con alegación de los motivos que demuestren un cambio material de las circunstancias que justificaron la prohibición de entrada en España. En todo caso, dicha solicitud podrá ser presentada transcurridos tres años desde la ejecución de la decisión de prohibición de entrada en España.

La Autoridad competente que resolvió dicha prohibición de entrada deberá resolver dicha solicitud en un plazo máximo de tres meses a partir de su presentación.

Durante el tiempo en el que dicha solicitud es examinada, el afectado no podrá entrar en España.

Número 2 del artículo 15 redactado por el apartado cinco del artículo único del R.D. 1710/2011, de 18 de noviembre, por el que se modifica el R.D. 240/2007, de 16 de febrero, sobre entrada, libre circulación y residencia en España de ciudadanos de los Estados miembros de la Unión Europea y de otros Estados parte en el Acuerdo sobre el Espacio Económico Europeo («B.O.E.» 26 noviembre).

Vigencia: 27 noviembre 2011

3. La continuidad de la residencia referida en el presente real decreto se verá interrumpida por cualquier resolución de expulsión ejecutada válidamente contra el interesado.

4. En los casos en los que una resolución de expulsión vaya a ejecutarse más de dos años después de haberse dictado, las autoridades competentes deberán comprobar y valorar posibles cambios de circunstancias que pudieran haberse producido desde el momento en el que se adoptó la decisión de expulsión, así como la realidad de la amenaza que el interesado representa para el orden público o la seguridad pública.

5. La adopción de una de las medidas previstas en los apartados anteriores 1 a 4 se atendrá a los siguientes criterios:

a) Habrá de ser adoptada con arreglo a la legislación reguladora del orden público y la seguridad pública y a las disposiciones reglamentarias vigentes en la materia.

b) Podrá ser revocada de oficio o a instancia de parte cuando dejen de subsistir las razones que motivaron su adopción.

c) No podrá ser adoptada con fines económicos.

d) Cuando se adopte por razones de orden público o de seguridad pública, deberán estar fundadas exclusivamente en la conducta personal de quien sea objeto de aquéllas, que, en todo caso, deberá constituir una amenaza real, actual y suficientemente grave que afecte a un interés fundamental de la sociedad, y que será valorada, por el órgano competente para resolver, en base a los informes de las Autoridades policiales, fiscales o judiciales que obren en el expediente. La existencia de condenas penales anteriores no constituirá, por sí sola, razón para adoptar dichas medidas.

6. No podrá adoptarse una decisión de expulsión o repatriación respecto a ciudadanos de un Estado miembro de la Unión Europea o de otro Estado parte en el Acuerdo sobre el Espacio Económico Europeo, salvo si existen motivos imperiosos de seguridad pública, en los siguientes casos:

a) Si hubiera residido en España durante los diez años anteriores, o:

b) Si fuera menor de edad, salvo si la repatriación es conforme al interés superior del menor, no teniendo dicha repatriación, en ningún caso, carácter sancionador.

7. La caducidad del documento de identidad o del pasaporte con el que el interesado efectuara su entrada en España, o, en su caso, de la tarjeta de residencia, no podrá ser causa de expulsión.

8. El incumplimiento de la obligación de solicitar la tarjeta de residencia o del certificado de registro conllevará la aplicación de las sanciones pecuniarias que, en idénticos términos y para supuestos similares, se establezca para los ciudadanos españoles en relación con el Documento Nacional de Identidad.

9. Las únicas dolencias o enfermedades que pueden justificar la adopción de alguna de las medidas del apartado 1 del presente artículo serán las enfermedades con potencial epidémico, como se definen en los instrumentos correspondientes de la Organización Mundial de la Salud, así como otras enfermedades infecciosas o parasitarias contagiosas, de conformidad con la legislación española vigente.

Las enfermedades que sobrevengan tras los tres primeros meses siguientes a la fecha de llegada del interesado, no podrán justificar la expulsión de territorio español.

En los casos individuales en los que existan indicios graves que lo justifiquen, podrá someterse a la persona incluida en el ámbito de aplicación del presente real decreto, en los tres meses siguientes a la fecha de su llegada a España, a un reconocimiento médico gratuito para que se certifique que no padece ninguna de las enfermedades mencionadas en este apartado. Dichos reconocimientos médicos no podrán exigirse con carácter sistemático.

Artículo 16. *Informe de la Abogacía del Estado.* 1. La resolución administrativa de expulsión de un titular de tarjeta o certificado requerirá, con anterioridad a que se dicte, el informe previo de la Abogacía del Estado en la provincia, salvo en aquellos casos en que concurran razones de urgencia debidamente motivadas.

2. Sin perjuicio de los recursos administrativos y judiciales legalmente procedentes, la resolución de la Autoridad competente que ordene la expulsión de personas solicitantes de tarjeta de residencia o certificado de registro será sometida, previa petición del interesado, a examen de la Dirección del Servicio Jurídico del Estado o de la Abogacía del Estado en la provincia. El interesado podrá presentar personalmente sus medios de defensa ante el órgano consultivo, a no ser que se opongan a ello motivos de seguridad del Estado. El dictamen de la Abogacía del Estado será sometido a la autoridad competente para que confirme o revoque la anterior resolución.

Artículo 17. *Garantías procesales.* 1. Cuando la presentación de recurso administrativo o judicial contra la resolución de expulsión vaya acompañada de la solicitud de una medida cautelar de suspensión de la ejecución de dicha resolución, no podrá producirse la expulsión en sí hasta el momento en que se haya adoptado la decisión sobre la medida cautelar, excepto si se da una de las siguientes circunstancias:

a) Que la resolución de expulsión se base en una decisión judicial anterior.

b) Que las personas afectadas hayan tenido acceso previo a la revisión judicial.

c) Que la resolución de expulsión se base en motivos imperiosos de seguridad pública según lo señalado en el artículo 15.5.a) y d) del presente real decreto.

2. Durante la sustanciación del recurso judicial, el interesado no podrá permanecer en territorio español, salvo en el trámite de vista, en que podrá presentar personalmente su defensa, excepto que concurran motivos graves de orden público o de seguridad pública o cuando el recurso se refiera a una denegación de entrada en el territorio.

Artículo 18. *Resolución.* 1. Las resoluciones de expulsión serán dictadas por los Subdelegados del Gobierno o Delegados del Gobierno en las comunidades autónomas uniprovinciales.

2. Las resoluciones de expulsión deberán ser motivadas, con información acerca de los recursos que se puedan interponer contra ellas, plazo para hacerlo y autoridad ante quien se deben formalizar, así como, cuando proceda, del plazo concedido para abandonar el territorio español.

Las resoluciones de expulsión establecerán un plazo para abandonar el territorio español, que sólo podrá ser excepcionado en los supuestos en que concurra alguna de las circunstancias mencionadas en el artículo 17.1.

Excepto en casos urgentes, debidamente justificados, dicho plazo no podrá ser inferior a un mes a partir de la fecha de notificación. En todo caso, la decisión adoptada sobre la duración del plazo no podrá suponer impedimento para el control de la resolución de expulsión en vía administrativa y/o judicial.

Número 2 del artículo 18 redactado por el apartado seis del artículo único del R.D. 1710/2011, de 18 de noviembre, por el que se modifica el R.D. 240/2007, de 16 de febrero, sobre entrada, libre circulación y residencia en España de ciudadanos de los Estados miembros de la Unión Europea y de otros Estados parte en el Acuerdo sobre el Espacio Económico Europeo («B.O.E.» 26 noviembre).

Vigencia: 27 noviembre 2011

DISPOSICIONES ADICIONALES

Disposición adicional primera. *Atribución de competencias.* Las competencias en materia de recepción de comunicaciones o resolución de solicitudes en el ámbito del presente real decreto no expresamente atribuidas serán ejercidas por el Jefe de la Oficina de Extranjeros de la provincia en la que el solicitante tenga su domicilio.

Disposición adicional segunda. *Normativa aplicable a los procedimientos.* En lo no previsto en materia de procedimientos en el presente real decreto, se estará a lo dispuesto en la Ley Orgánica 4/2000, de 11 de enero, sobre derechos y libertades de los extranjeros en España y su integración social, en su Reglamento, aprobado por Real Decreto 2393/2004, de 30 de diciembre, en la Ley 30/1992, de 26 de noviembre, de régimen jurídico de las Administraciones Públicas y del procedimiento administrativo común, y en su normativa de desarrollo, con carácter supletorio y en la medida en que no se oponga a lo dispuesto en los Tratados constitutivos de las Comunidades Europeas y el derecho derivado de los mismos.

Disposición adicional tercera. *Régimen especial de aplicación a los ciudadanos de algunos Estados no miembros de la Unión Europea ni Parte en el Acuerdo sobre el Espacio Económico Europeo.* 1. En virtud del Acuerdo entre la Comunidad Europea y la Confederación Suiza sobre libre circulación de personas, firmado en Luxemburgo el 21 de junio de 1999, a los ciudadanos suizos y a los miembros de su familia les es de aplicación lo previsto en el presente real decreto.

2. En virtud de acuerdos celebrados entre la Comunidad y sus Estados miembros, por una parte, y Estados no miembros de la Unión Europea ni Parte en el Acuerdo sobre el Espacio Económico Europeo, por otra, a los ciudadanos de dichos Estados terceros y a los miembros de su familia les será de aplicación lo previsto en el presente real decreto para el ejercicio de los derechos de entrada y salida, libre circulación, estancia, residencia y trabajo en España, cuando ello sea conforme con lo establecido en dichos acuerdos.

DISPOSICIONES TRANSITORIAS

Disposición transitoria primera. *Solicitudes presentadas con anterioridad a la entrada en vigor de este real decreto.* Las solicitudes presentadas con anterioridad a la entrada en vigor de este real decreto se tramitarán y resolverán conforme a lo previsto en él, salvo que el interesado solicite la aplicación de la normativa vigente en el momento de la solicitud y siempre que ello sea compatible con las previsiones del presente real decreto.

Disposición transitoria segunda. *Atribución transitoria de competencias.* En las provincias en las que aún no haya sido creada la correspondiente Oficina de Extranjeros, las competencias en el ámbito del presente real decreto no expresamente atribuidas serán ejercidas por el Subdelegado del Gobierno o por el Delegado del Gobierno en las comunidades autónomas uniprovinciales.

Disposición transitoria tercera. *Régimen especial de los trabajadores por cuenta ajena nacionales de Estados miembros de la Unión Europea a los que se apliquen medidas transitorias para regular su acceso al mercado de trabajo español.* Los trabajadores por cuenta ajena nacionales de Estados miembros que se incorporen a la Unión Europea, podrán verse sometidos a determinadas limitaciones de acceso al mercado de trabajo español en virtud de lo establecido en las Actas de adhesión de dichos Estados y de acuerdo con las decisiones adoptadas por el Gobierno en cada caso respecto a la aplicación de un período transitorio sobre esta materia.

Las medidas transitorias que regulen su situación como trabajadores por cuenta ajena, que en ningún caso supondrán menoscabo alguno del resto de derechos contemplados en tanto que ciudadanos de la Unión Europea, determinarán la obligación de proveerse de la correspondiente autorización de trabajo por cuenta ajena. Las autorizaciones necesarias habrán de ser solicitadas y tramitadas según lo previsto en la Ley Orgánica 4/2000, de 11 de enero, sobre derechos y libertades de los extranjeros en España y su integración social, y su normativa de desarrollo, teniendo en cuenta lo establecido por las citadas Actas de adhesión y por el acervo comunitario aplicable.

DISPOSICIÓN DEROGATORIA ÚNICA

Derogación normativa.

Queda derogado el Real Decreto 178/2003, de 14 de febrero, sobre entrada y permanencia en España de nacionales de Estados miembros de la Unión Europea y de otros Estados Parte en el Acuerdo sobre el Espacio Económico Europeo, así como todas aquellas normas de igual o inferior rango que contradigan lo dispuesto en el presente real decreto.

DISPOSICIONES FINALES

Disposición final primera. *Incorporación de derecho de la Unión Europea.* Mediante el presente real decreto se incorpora al derecho español la Directiva 2004/38/CE, del Parlamento Europeo y del Consejo, de 29 de abril de 2004, relativa al derecho de los ciudadanos de la Unión y de los miembros de sus familias a circular y residir libremente en el territorio de los Estados miembros por la que se modifica el Reglamento (CEE) n.º 1612/68 y se derogan las Directivas 64/221/CEE, 68/360/CEE, 72/194/CEE, 73/148/CEE, 75/34/CEE, 75/35/CEE, 90/364/CEE, 90/365/CEE y 93/96/CEE.

Disposición final segunda. *Facultad de desarrollo.* Se autoriza a los titulares de los Ministerios de Empleo y Seguridad Social, de Asuntos Exteriores y de Cooperación, del Interior, y de Hacienda y Administraciones Públicas para dictar, en el ámbito de sus respectivas competencias y, en su caso, previo informe de la Comisión Interministerial de Extranjería, las normas que sean necesarias para la ejecución y desarrollo de lo dispuesto en este real decreto.

En el supuesto de que las materias no sean objeto de la exclusiva competencia de cada uno de ellos, la ejecución y desarrollo de lo dispuesto en este real decreto se llevará a cabo mediante orden del titular del Ministerio de la Presidencia, a propuesta conjunta de los Ministerios afectados, previo informe de la Comisión Interministerial de Extranjería.

Disposición final segunda redactada por el apartado dos del artículo único del R.D. 987/2015, de 30 de octubre, por el que se modifica el R.D. 240/2007, de 16 de febrero, sobre entrada, libre circulación y residencia en España de ciudadanos de los Estados miembros de la Unión Europea y de otros Estados parte en el Acuerdo sobre el Espacio Económico Europeo («B.O.E.» 9 noviembre).
Vigencia: 9 diciembre 2015

Véase la Res. de 29 de enero de 2024, de la Subsecretaría, por la que se publica el Acuerdo de encomienda de gestión de la Secretaría de Estado de Política Territorial a la Secretaría de Estado de Migraciones, para la gestión de expedientes de extranjería («B.O.E.» 30 enero).

Disposición final tercera. *Modificación del Reglamento de la Ley Orgánica 4/2000, de 11 de enero, sobre derechos y libertades de los extranjeros en España y su integración social, aprobado por Real Decreto 2393/2004, de 30 de diciembre.* El Reglamento de la Ley Orgánica 4/2000, de 11 de enero, sobre derechos y libertades de los extranjeros en España y su integración social, aprobado por Real Decreto 2393/2004, de 30 de diciembre, queda modificado como sigue:

Uno. Se introduce una disposición adicional decimonovena:

> «**Disposición adicional decimonovena.** *Facilitación de la entrada y residencia de los familiares de ciudadano de un Estado miembro de la Unión Europea o de otro Estado parte en el Acuerdo sobre el Espacio Económico Europeo, no incluidos en el ámbito de aplicación del Real Decreto 240/2007, de 16 de febrero, sobre entrada, libre circulación y residencia en España de ciudadanos de los Estados miembros de la Unión Europea y de otros Estados parte en el Acuerdo sobre el Espacio Económico Europeo .*
>
> Las Autoridades competentes facilitarán, de acuerdo con lo dispuesto en la Ley Orgánica 4/2000, de 11 de enero, sobre derechos y libertades de los extranjeros en España y su integración social, y en el presente Reglamento, la obtención del visado de residencia o, en su caso, de una autorización de residencia por circunstancias excepcionales, a quien sin estar incluido en el artículo 2 del Real Decreto 240/2007, de 16 de febrero, sobre entrada, libre circulación y residencia en España de ciudadanos de los Estados miembros de la Unión Europea y de otros Estados parte en el Acuerdo sobre el Espacio Económico Europeo, acompañe a un ciudadano de la Unión o se reúna con él, y se halle en una de las siguientes circunstancias:
>
> *a) Sea otro familiar con parentesco hasta segundo grado, en línea directa o colateral, consanguínea o por afinidad, que, en el país de procedencia, esté a cargo o viva con el ciudadano de otro Estado miembro de la Unión Europea o de otro Estado parte en el Acuerdo sobre el Espacio Económico Europeo, o cuando por motivos graves de salud o discapacidad, sea estricta-*

mente necesario que dicho ciudadano se haga cargo de su cuidado personal,

Expresión «parentesco hasta segundo grado», así como la palabra «otro» de la expresión «ciudadano de otro Estado miembro» que se contienen en el párrafo primero, apartado a) anuladas por Sentencia TS (Sala 3.ª , Sección 5.ª) de 1 de junio de 2010 («B.O.E.» 3 noviembre; rectificada por Auto 13 enero 2011«B.O.E.» 4 marzo 2011).

b) sea la pareja, ciudadano de un Estado no miembro de la Unión Europea ni parte en el Acuerdo sobre el Espacio Económico Europeo, con la que el ciudadano de la Unión mantiene una relación estable debidamente probada.

Las autoridades exigirán la presentación de acreditación, por parte de la autoridad competente del país de origen o procedencia, que certifique que está a cargo del ciudadano de la Unión o que vivía con él en ese país, o la prueba de la existencia de motivos graves de salud o discapacidad que requieran estrictamente que el ciudadano de la Unión se haga cargo del cuidado personal del miembro de la familia. Igualmente se exigirá prueba suficiente de la existencia de una relación estable con el ciudadano de la Unión.

Las autoridades competentes estudiarán detenidamente las circunstancias personales en las solicitudes de entrada, visado o autorizaciones de residencia presentadas y justificarán toda denegación de las mismas.»

Dos.Se introduce una disposición adicional vigésima:

«**Disposición adicional vigésima.** *Normativa aplicable a miembros de la familia de ciudadano español que no tengan la nacionalidad de un Estado miembro de la Unión Europea o de un Estado parte en el Acuerdo sobre el Espacio Económico Europeo.*

1.El Real Decreto 240/2007, de 16 de febrero, sobre entrada, libre circulación y residencia en España de ciudadanos de los Estados miembros de la Unión Europea y de otros Estados parte en el Acuerdo sobre el Espacio Económico Europeo, será de aplicación, cualquiera que sea su nacionalidad, y en los términos previstos por éste, a los familiares de ciudadano español, cuando le acompañen o se reúnan con él, y estén incluidos en una de las siguientes categorías:

a) A su cónyuge, siempre que no haya recaído el acuerdo o la declaración de nulidad del vínculo matrimonial, divorcio o separación legal.

b) A la pareja con la que mantenga una unión análoga a la conyugal inscrita en un registro público establecido a esos efectos en un Estado miembro de la Unión Europea o en un Estado parte en el Espacio Económico Europeo, que impida la posibilidad de dos registros simultáneos en dicho Estado, y siempre que no se haya cancelado dicha inscripción, lo que deberá ser suficientemente acreditado. Las situaciones de matrimonio e inscripción como pareja registrada se considerarán, en todo caso, incompatibles entre sí.

c) A sus descendientes directos, y a los de su cónyuge o pareja registrada siempre que no haya recaído el acuerdo o la declaración de nulidad del vínculo matrimonial, divorcio o separación legal, o se haya cancelado la inscripción registral de pareja, menores de veintiún años, mayores de dicha edad que vivan a su cargo, o incapaces.

d) A sus ascendientes y a los de su cónyuge, siempre que no haya recaído el acuerdo o la declaración de nulidad del vínculo matrimonial, divorcio o separación legal, que vivan a su cargo, siempre que en la fecha de entrada en vigor del Real Decreto 240/2007, de 16 de febrero, sobre entrada, libre circulación y residencia en España de ciudadanos de los Estados miembros de la Unión Europea y de otros Estados parte en el Acuerdo sobre el Espacio Económico Europeo, fueran titulares de una tarjeta de familiar de residente comunitario en vigor o susceptible de ser renovada, obtenida al amparo del Real Decreto 178/2003, de 14 de febrero, sobre entrada y permanencia en España de nacionales de Estados miembros de la Unión Europea y de otros Estados parte en el Acuerdo sobre el Espacio Económico Europeo.

2.La reagrupación familiar de ascendientes directos de ciudadano español, o de su cónyuge, se regirá por lo previsto en la sección 2.ª del capítulo I del título IV del presente reglamento.»

Apartado dos de la disposición final tercera anulado por Sentencia TS (Sala 3.ª , Sección 5.ª) de 1 de junio de 2010 («B.O.E.» 3 noviembre)

Disposición final cuarta. *Normativa subsidiaria y supletoria.* 1. La entrada, permanencia y trabajo en España de los familiares de los ciudadanos de los Estados miembros de la Unión Europea y de otros Estados parte en el Acuerdo sobre el Espacio Económico Europeo, incluidos en el ámbito de aplicación del presente real decreto, se regirán por la Ley Orgánica 4/2000, de 11 de enero, sobre derechos y libertades de los extranjeros en España y su integración social, en aquellos casos en que no quede acreditada la concurrencia de los requisitos previstos en el presente real decreto.

2. Las normas de carácter general contenidas en la citada Ley Orgánica 4/2000, de 11 de enero, sobre derechos y libertades de los extranjeros en España y su integración social, así como las normas reglamentarias vigentes sobre la materia, serán aplicables a los supuestos comprendidos en el ámbito de aplicación del presente real decreto, con carácter supletorio y en la medida en que pudieran ser más favorables y no se opongan a lo dispuesto en los Tratados constitutivos de las Comunidades Europeas, así como en el Derecho derivado de los mismos.

Disposición final quinta. *Entrada en vigor.* El presente real decreto entrará en vigor al mes de su publicación en el «Boletín Oficial del Estado».

ÍNDICE ANALÍTICO

A

C

E

F

G

H

I

R

S

T

U